U0709734
9787101050349

殷周金文集成

修訂增補本

第三册

中國社會科學院考古研究所編

中華書局

本册目録

毁類 〇二九一一～〇四二五六

器號	器名	字數	拓片頁碼	説明頁碼
〇二九四五	[illegible]殷	一	一六九三	二四八三
〇二九四六	[illegible]殷	一	一六九三	二四八三
〇二九四七	[illegible]殷	一	一六九三	二四八三
〇二九四八	[illegible]殷	一	一六九四	二四八三
〇二九四九	[illegible]殷	一	一六九四	二四八三
〇二九五〇	徙殷	一	一六九四	二四八三
〇二九五一	[illegible]殷	一	一六九四	二四八三
〇二九五二	[illegible]殷	一	一六九五	二四八三
〇二九五三	[illegible]殷	一	一六九五	二四八四
〇二九五四	[illegible]殷	一	一六九五	二四八四
〇二九五五	叙殷	一	一六九六	二四八四
〇二九五六	叙殷	一	一六九六	二四八四
〇二九五七	史殷	一	一六九六	二四八四
〇二九五八	史殷	一	一六九六	二四八四
〇二九五九	史殷	一	一六九七	二四八四
〇二九六〇	史殷	一	一六九七	二四八四
〇二九六一	史殷	一	一六九七	二四八四
〇二九六二	史殷	一	一六九七	二四八四
〇二九六三	史殷	一	一六九八	二四八四
〇二九六四	[illegible]殷	一	一六九八	二四八四
〇二九六五	[illegible]殷	一	一六九八	二四八四
〇二九六六	[illegible]殷	一	一六九八	二四八五

器號	器名	字數	拓片頁碼	説明頁碼
〇二九六七	守殷	一	一六九九	二四八五
〇二九六八	守殷	一	一六九九	二四八五
〇二九六九	耒殷	一	一六九九	二四八五
〇二九七〇	剢殷	一	一七〇〇	二四八五
〇二九七一	㱿殷	一	一七〇〇	二四八五
〇二九七二	逐殷	一	一七〇〇	二四八五
〇二九七三	牛殷	一	一七〇〇	二四八五
〇二九七四	虎殷	一	一七〇一	二四八五
〇二九七五	虎殷	一	一七〇一	二四八五
〇二九七六	虎殷	一	一七〇二	二四八五
〇二九七七	虎殷蓋	一	一七〇二	二四八五
〇二九七八	虎殷	一	一七〇二	二四八五
〇二九七九	鳥形銘殷	一	一七〇三	二四八六
〇二九八〇	鳥形銘殷	一	一七〇三	二四八六
〇二九八一	鳶殷	一	一七〇三	二四八六
〇二九八二	魚殷	一	一七〇三	二四八六
〇二九八三	魚殷	一	一七〇四	二四八六
〇二九八四	魚殷	一	一七〇四	二四八六
〇二九八五	黿殷	一	一七〇四	二四八六
〇二九八六	亯殷	一	一七〇四	二四八六
〇二九八七	亯殷	一	一七〇五	二四八六
〇二九八八	車殷	一	一七〇五	二四八六

器號	器名	字數	拓片頁碼	説明頁碼
○二九八九	奄毁	一	一七○六	二四八六
○二九九○	[illegible]毁	一	一七○六	二四八六
○二九九一	[illegible]毁	一	一七○六	二四八六
○二九九二	[illegible]毁	一	一七○六	二四八七
○二九九三	[illegible]毁	一	一七○六	二四八七
○二九九四	[illegible]毁	一	一七○七	二四八七
○二九九五	[illegible]毁	一	一七○七	二四八七
○二九九六	[illegible]毁	一	一七○七	二四八七
○二九九七	[illegible]毁	一	一七○八	二四八七
○二九九八	[illegible]毁	一	一七○八	二四八七
○二九九九	[illegible]毁	一	一七○八	二四八七
○三○○○	[illegible]毁	一	一七○八	二四八七
○三○○一	[illegible]毁	一	一七○九	二四八七
○三○○二	[illegible]毁	一	一七○九	二四八七
○三○○三	皿毁	一	一七一○	二四八七
○三○○四	皿毁	一	一七一○	二四八七
○三○○五	[illegible]毁	一	一七一○	二四八七
○三○○六	[illegible]毁	一	一七一○	二四八七
○三○○七	[illegible]毁	一	一七一一	二四八七
○三○○八	[illegible]毁	一	一七一一	二四八七
○三○○九	[illegible]毁	一	一七一一	二四八八
○三○一○	[illegible]毁	一	一七一一	二四八八
○三○一一	[illegible]毁	一	一七一二	二四八八
○三○一二	[illegible]毁	一	一七一二	二四八八
○三○一三	[illegible]毁	一	一七一二	二四八八
○三○一四	[illegible]毁	一	一七一二	二四八八
○三○一五	鼎毁	一	一七一三	二四八八
○三○一六	[illegible]毁	一	一七一三	二四八八
○三○一七	[illegible]毁	一	一七一三	二四八八
○三○一八	戈毁	一	一七一四	二四八八
○三○一九	戈毁	一	一七一四	二四八八
○三○二○	戈毁	一	一七一四	二四八八
○三○二一	戈毁	一	一七一五	二四八八
○三○二二	戈毁	一	一七一五	二四八八
○三○二三	戈毁	一	一七一五	二四八八
○三○二四	戈毁	一	一七一五	二四八九
○三○二五	戠毁	一	一七一六	二四八九
○三○二六	[illegible]毁	一	一七一六	二四八九
○三○二七	[illegible]毁	一	一七一六	二四八九
○三○二八	[illegible]毁	一	一七一六	二四八九
○三○二九	尹毁	一	一七一七	二四八九
○三○三○	受毁	一	一七一七	二四八九
○三○三一	受毁	一	一七一七	二四八九
○三○三二	山毁	一	一七一七	二四八九

器號	器名	字數	拓片頁碼	說明頁碼
〇三〇三三	[illegible]殷	一	一七一八	二四八九
〇三〇三四	[illegible]殷	一	一七一八	二四八九
〇三〇三五	[illegible]殷	一	一七一八	二四八九
〇三〇三六	[illegible]殷	一	一七一八	二四八九
〇三〇三七	[illegible]殷	一	一七一九	二四九〇
〇三〇三八	[illegible]殷	一	一七一九	二四九〇
〇三〇三九	[illegible]殷	一	一七一九	二四九〇
〇三〇四〇	[illegible]殷	一	一七一九	二四九〇
〇三〇四一	啟殷	一	一七二〇	二四九〇
〇三〇四二	[illegible]殷	一	一七二〇	二四九〇
〇三〇四三	[illegible]殷	一	一七二〇	二四九〇
〇三〇四四	[illegible]殷	一	一七二〇	二四九〇
〇三〇四五	[illegible]殷	一	一七二一	二四九〇
〇三〇四六	[illegible]殷	一	一七二一	二四九〇
〇三〇四七	[illegible]殷	一	一七二一	二四九〇
〇三〇四八	[illegible]殷	一	一七二三	二四九〇
〇三〇四九	且乙殷	二	一七二三	二四九〇
〇三〇五〇	且戊殷	二	一七二三	二四九〇
〇三〇五一	且辛殷	二	一七二三	二四九〇
〇三〇五二	父乙殷	二	一七二三	二四九〇
〇三〇五三	父丁殷	二	一七二三	二四九〇
〇三〇五四	父丁殷	二	一七二三	二四九一

器號	器名	字數	拓片頁碼	說明頁碼
〇三〇五五	父戊殷	二	一七二三	二四九一
〇三〇五六	父戊殷	二	一七二四	二四九一
〇三〇五七	父己殷	二	一七二四	二四九一
〇三〇五八	父己殷	二	一七二四	二四九一
〇三〇五九	父辛殷	二	一七二四	二四九一
〇三〇六〇	父辛殷	二	一七二五	二四九一
〇三〇六一	[illegible]乙殷	二	一七二五	二四九一
〇三〇六二	乙戈殷	二	一七二五	二四九一
〇三〇六三	乙魚殷	二	一七二六	二四九一
〇三〇六四	[illegible]丁殷	二	一七二六	二四九一
〇三〇六五	何戊殷	二	一七二七	二四九一
〇三〇六六	戈己殷	二	一七二七	二四九一
〇三〇六七	天己殷	二	一七二七	二四九一
〇三〇六八	辛[illegible]殷	二	一七二七	二四九一
〇三〇六九	辛[illegible]殷	二	一七二八	二四九二
〇三〇七〇	癸山殷	二	一七二八	二四九二
〇三〇七一	子癸殷	二	一七二八	二四九二
〇三〇七二	子[illegible]殷	二	一七二八	二四九二
〇三〇七三	子妻殷	二	一七二九	二四九二
〇三〇七四	子妻殷	二	一七二九	二四九二
〇三〇七五	子妥殷	二	一七二九	二四九二
〇三〇七六	子[illegible]殷	二	一七三〇	二四九二

器號	器名	字數	拓片頁碼	說明頁碼
〇三〇七七	子[illegible]毁	二	一七三〇	二四九二
〇三〇七八	龏子毁	二	一七三一	二四九二
〇三〇七九	子刀毁	二	一七三一	二四九二
〇三〇八〇	子刀毁	二	一七三一	二四九二
〇三〇八一	帚[illegible]毁	二	一七三一	二四九二
〇三〇八二	守婦毁	二	一七三二	二四九二
〇三〇八三	龏女毁	二	一七三二	二四九三
〇三〇八四	女[illegible]毁	二	一七三二	二四九三
〇三〇八五	康母毁	二	一七三二	二四九三
〇三〇八六	乙[illegible]毁	二	一七三三	二四九三
〇三〇八七	[illegible]丁毁	二	一七三三	二四九三
〇三〇八八	己[illegible]毁	二	一七三三	二四九三
〇三〇八九	癸[illegible]毁	二	一七三三	二四九三
〇三〇九〇	亞矣毁	二	一七三四	二四九三
〇三〇九一	亞矣毁	二	一七三四	二四九三
〇三〇九二	亞矣毁	二	一七三四	二四九三
〇三〇九三	亞奚毁	二	一七三四	二四九三
〇三〇九四	亞告毁	二	一七三五	二四九三
〇三〇九五	亞醜毁	二	一七三五	二四九三
〇三〇九六	亞醜毁	二	一七三五	二四九四
〇三〇九七	亞醜毁	二	一七三五	二四九四
〇三〇九八	亞醜方毁	二	一七三六	二四九四

器號	器名	字數	拓片頁碼	說明頁碼
〇三〇九九	亞醜毁	二	一七三六	二四九四
〇三一〇〇	亞盥毁	二	一七三六	二四九四
〇三一〇一	亞[illegible]毁	二	一七三七	二四九四
〇三一〇二	亞獏毁	二	一七三七	二四九四
〇三一〇三	亞夫毁	二	一七三七	二四九四
〇三一〇四	亞光毁	二	一七三八	二四九四
〇三一〇五	亞登毁	二	一七三八	二四九四
〇三一〇六	尹舟毁	二	一七三八	二四九四
〇三一〇七	尹舟毁	二	一七三九	二四九四
〇三一〇八	[illegible]冊毁	二	一七三九	二四九四
〇三一〇九	冊光毁	二	一七三九	二四九四
〇三一一〇	[illegible]冊毁	二	一七三九	二四九五
〇三一一一	鄉宁毁	二	一七四〇	二四九五
〇三一一二	冀戲毁	二	一七四〇	二四九五
〇三一一三	冀[illegible]毁	二	一七四〇	二四九五
〇三一一四	冀[illegible]毁	二	一七四〇	二四九五
〇三一一五	立[illegible]毁	二	一七四一	二四九五
〇三一一六	弔龜毁	二	一七四一	二四九五
〇三一一七	[illegible]萬毁	二	一七四一	二四九五
〇三一一八	[illegible]大毁	二	一七四一	二四九五
〇三一一九	[illegible]毁	二	一七四二	二四九五
〇三一二〇	北單毁	二	一七四二	二四九五

器號	器名	字數	拓片頁碼	說明頁碼
〇三二二	秉□毁	二	一七四二	二四九五
〇三二三	禾休毁	二	一七四二	二四九五
〇三二三	鼎□毁	二	一七四三	二四九五
〇三二四	聑□毁	二	一七四三	二四九五
〇三二五	□毁	二	一七四三	二四九五
〇三二六	車徙毁	二	一七四三	二四九六
〇三二七	□侯毁	二	一七四四	二四九六
〇三二八	魚從毁	二	一七四四	二四九六
〇三二九	魚從毁	二	一七四四	二四九六
〇三三〇	夆彝毁	二	一七四四	二四九六
〇三三一	夆彝毁	二	一七四五	二四九六
〇三三二	遽從毁	二	一七四五	二四九六
〇三三三	作彝毁	二	一七四五	二四九六
〇三三四	□廙毁	二	一七四五	二四九六
〇三三五	□且丁毁	三	一七四六	二四九六
〇三三六	門且丁毁	三	一七四六	二四九六
〇三三七	竹且丁毁	三	一七四七	二四九六
〇三三八	□且丁毁	三	一七四七	二四九六
〇三三九	戈且己毁	三	一七四七	二四九六
〇三四〇	□且己毁	三	一七四七	二四九六
〇三四一	且辛□毁	三	一七四八	二四九七
〇三四二	田父甲毁	三	一七四八	二四九七

器號	器名	字數	拓片頁碼	說明頁碼
〇三四三	戈父甲毁	三	一七四八	二四九七
〇三四四	□父甲毁	三	一七四八	二四九七
〇三四五	冀父乙毁	三	一七四九	二四九七
〇三四六	冀父乙毁	三	一七四九	二四九七
〇三四七	冀父乙毁	三	一七五〇	二四九七
〇三四八	冀父乙毁	三	一七五〇	二四九七
〇三四九	共父乙毁	三	一七五一	二四九七
〇三五〇	咸父乙毁	三	一七五一	二四九七
〇三五一	□父乙毁	三	一七五一	二四九七
〇三五二	□父乙毁	三	一七五一	二四九七
〇三五三	□父乙毁	三	一七五二	二四九七
〇三五四	父乙□毁	三	一七五二	二四九七
〇三五五	□父乙毁	三	一七五二	二四九八
〇三五六	戈父乙毁	三	一七五二	二四九八
〇三五七	□父乙毁	三	一七五三	二四九八
〇三五八	天父乙毁	三	一七五三	二四九八
〇三五九	天父乙毁	三	一七五三	二四九八
〇三六〇	□父乙毁	三	一七五三	二四九八
〇三六一	魚父乙毁	三	一七五四	二四九八
〇三六二	魚父乙毁	三	一七五四	二四九八
〇三六三	爻父乙毁	三	一七五四	二四九八
〇三六四	爻父乙毁	三	一七五四	二四九八

器號	器名	字數	拓片頁碼	說明頁碼
○三一六五	[illegible]父乙毁	三	一七五五	二四九八
○三一六六	[illegible]父乙毁	三	一七五五	二四九八
○三一六七	父乙[illegible]毁	三	一七五五	二四九八
○三一六八	木父丙毁	三	一七五六	二四九八
○三一六九	㠱父丁毁	三	一七五六	二四九八
○三一七○	㠱父丁毁	三	一七五六	二四九九
○三一七一	戈父丁毁	三	一七五七	二四九九
○三一七二	戈父丁毁	三	一七五七	二四九九
○三一七三	戈父丁毁	三	一七五七	二四九九
○三一七四	[illegible]父丁毁	三	一七五八	二四九九
○三一七五	父丁[illegible]毁	三	一七五八	二四九九
○三一七六	父丁口毁	三	一七五八	二四九九
○三一七七	[illegible]父丁毁	三	一七五九	二四九九
○三一七八	[illegible]父丁毁	三	一七五九	二四九九
○三一七九	黿父丁毁	三	一七五九	二四九九
○三一八○	保父丁毁	三	一七六○	二四九九
○三一八一	[illegible]父丁毁	三	一七六○	二四九九
○三一八二	亞父丁毁	三	一七六○	二五○○
○三一八三	[illegible]父丁毁	三	一七六一	二五○○
○三一八四	[illegible]父丁毁	三	一七六一	二五○○
○三一八五	[illegible]父戊毁	三	一七六二	二五○○
○三一八六	子父戊毁	三	一七六二	二五○○

器號	器名	字數	拓片頁碼	說明頁碼
○三一八七	父戊黿毁	三	一七六二	二五○○
○三一八八	[illegible]父戊毁	三	一七六三	二五○○
○三一八九	叙父戊毁	三	一七六三	二五○○
○三一九○	[illegible]父戊毁	三	一七六三	二五○○
○三一九一	[illegible]父己毁	三	一七六四	二五○○
○三一九二	[illegible]父己毁	三	一七六四	二五○○
○三一九三	京父己毁	三	一七六五	二五○○
○三一九四	車父己毁	三	一七六五	二五○○
○三一九五	[illegible]父己毁	三	一七六六	二五○○
○三一九六	[illegible]父己毁	三	一七六六	二五○一
○三一九七	[illegible]父己毁	三	一七六七	二五○一
○三一九八	[illegible]父己毁	三	一七六七	二五○一
○三一九九	[illegible]父己毁	三	一七六七	二五○一
○三二○○	[illegible]父辛毁	三	一七六八	二五○一
○三二○一	鳶父辛毁	三	一七六八	二五○一
○三二○二	枚父辛毁	三	一七六九	二五○一
○三二○三	串父辛毁	三	一七六九	二五○一
○三二○四	串父辛毁	三	一七六九	二五○一
○三二○五	[illegible]父辛毁	三	一七七○	二五○一
○三二○六	[illegible]父辛毁	三	一七七○	二五○一
○三二○七	[illegible]父辛毁	三	一七七○	二五○一
○三二○八	[illegible]父辛毁	三	一七七一	二五○一

器號	器名	字數	拓片頁碼	說明頁碼
〇三二〇九	書父辛毁	三	一七七一	二五〇一
〇三二一〇	酉父癸毁	三	一七七一	二五〇二
〇三二一一	[illegible]父癸毁	三	一七七二	二五〇二
〇三二一二	獸父癸毁	三	一七七三	二五〇二
〇三二一三	臤父癸毁	三	一七七三	二五〇二
〇三二一四	[illegible]父癸毁	三	一七七四	二五〇二
〇三二一五	[illegible]父癸毁	三	一七七四	二五〇二
〇三二一六	魚父癸毁	三	一七七五	二五〇二
〇三二一七	[illegible]父癸毁	三	一七七五	二五〇二
〇三二一八	[illegible]父癸毁	三	一七七六	二五〇二
〇三二一九	[illegible]父癸毁	三	一七七六	二五〇二
〇三二二〇	冀母乙毁	三	一七七七	二五〇二
〇三二二一	戈母丁毁	三	一七七七	二五〇二
〇三二二二	[illegible]母己毁	三	一七七八	二五〇二
〇三二二三	[illegible]匕辛毁	三	一七七八	二五〇三
〇三二二四	冀母辛毁	三	一七七九	二五〇三
〇三二二五	史母癸毁	三	一七七九	二五〇三
〇三二二六	[illegible]母癸毁	三	一七七九	二五〇三
〇三二二七	[illegible]女鳶毁	三	一七八〇	二五〇三
〇三二二八	帚女旋毁	三	一七八〇	二五〇三
〇三二二九	婦[illegible]咸毁	三	一七八〇	二五〇三
〇三二三〇	作己姜毁	三	一七八〇	二五〇三

器號	器名	字數	拓片頁碼	說明頁碼
〇三二三一	[illegible]父寶毁	三	一七八一	二五〇三
〇三二三二	[illegible]乙[illegible]毁	三	一七八一	二五〇三
〇三二三三	天己丁毁	三	一七八一	二五〇三
〇三二三四	[illegible]止子毁	三	一七八二	二五〇三
〇三二三五	亞保酉毁	三	一七八二	二五〇三
〇三二三六	弦作肇毁	三	一七八二	二五〇三
〇三二三七	戈亳册毁	三	一七八二	二五〇三
〇三二三八	辰寢出毁	三	一七八三	二五〇三
〇三二三九	北單戈毁	三	一七八三	二五〇四
〇三二四〇	作女皿毁	三	一七八三	二五〇四
〇三二四一	[illegible][illegible]豋毁	三	一七八三	二五〇四
〇三二四二	□伯陪毁	三	一七八四	二五〇四
〇三二四三	西隻單毁	三	一七八四	二五〇四
〇三二四四	虢叔毁	三	一七八四	二五〇四
〇三二四五	亞□□毁	三	一七八四	二五〇四
〇三二四六	亞[illegible]衍毁	三	一七八五	二五〇四
〇三二四七	作旅毁	三	一七八五	二五〇四
〇三二四八	作旅毁	三	一七八五	二五〇四
〇三二四九	作旅毁	三	一七八五	二五〇四
〇三二五〇	作旅毁	三	一七八六	二五〇四
〇三二五一	作寶毁	三	一七八六	二五〇四
〇三二五二	作寶毁	三	一七八六	二五〇四

器號	器名	字數	拓片頁碼	說明頁碼
〇三二五三	作寶毀	三	一七八六	二五〇五
〇三二五四	作寶毀	三	一七八七	二五〇五
〇三二五五	作寶毀	三	一七八七	二五〇五
〇三二五六	作寶毀	三	一七八七	二五〇五
〇三二五七	作寶毀	三	一七八七	二五〇五
〇三二五八	作寶毀	三	一七八八	二五〇五
〇三二五九	作寶毀	三	一七八八	二五〇五
〇三二六〇	作寶毀	三	一七八八	二五〇五
〇三二六一	作旅彝毀	三	一七八九	二五〇五
〇三二六二	作旅彝毀	三	一七八九	二五〇五
〇三二六三	作旅彝毀	三	一七八九	二五〇五
〇三二六四	作寶彝毀	三	一七八九	二五〇五
〇三二六五	作寶彝毀	三	一七九〇	二五〇五
〇三二六六	作寶彝毀	三	一七九〇	二五〇五
〇三二六七	作寶彝毀	三	一七九〇	二五〇五
〇三二六八	作寶彝毀	三	一七九〇	二五〇五
〇三二六九	作寶彝毀	三	一七九一	二五〇六
〇三二七〇	作寶彝毀	三	一七九一	二五〇六
〇三二七一	作寶彝毀	三	一七九二	二五〇六
〇三二七二	作寶彝毀	三	一七九二	二五〇六
〇三二七三	作寶彝毀	三	一七九二	二五〇六
〇三二七四	作寶彝毀	三	一七九二	二五〇六

器號	器名	字數	拓片頁碼	說明頁碼
〇三二七五	作寶彝毀	三	一七九三	二五〇六
〇三二七六	作寶彝毀	三	一七九三	二五〇六
〇三二七七	作寶彝毀	三	一七九三	二五〇六
〇三二七八	作寶彝毀	三	一七九三	二五〇六
〇三二七九	作寶彝毀	三	一七九四	二五〇六
〇三二八〇	作從彝毀	三	一七九四	二五〇六
〇三二八一	作從彝毀	三	一七九四	二五〇六
〇三二八二	作障彝毀	三	一七九四	二五〇六
〇三二八三	作障彝毀	三	一七九五	二五〇六
〇三二八四	作障彝毀	三	一七九六	二五〇六
〇三二八五	伯作彝毀	三	一七九六	二五〇六
〇三二八六	伯作彝毀	三	一七九六	二五〇七
〇三二八七	伯作彝毀	三	一七九六	二五〇七
〇三二八八	伯作彝毀	三	一七九七	二五〇七
〇三二八九	伯作彝毀	三	一七九七	二五〇七
〇三二九〇	伯作彝毀	三	一七九七	二五〇七
〇三二九一	伯作彝毀	三	一七九七	二五〇七
〇三二九二	伯作彝毀	三	一七九八	二五〇七
〇三二九三	伯作毀	三	一七九八	二五〇七
〇三二九四	□作彝毀	三	一七九八	二五〇七
〇三二九五	作用毀	三	一七九八	二五〇七
〇三二九六	且癸父丁毀	四	一七九九	二五〇七

器號	器名	字數	拓片頁碼	説明頁碼
〇三二九七	亞[illegible]父乙毁	四	一七九九	二五〇七
〇三二九八	父乙亞矢毁	四	一七九九	二五〇七
〇三二九九	亞[illegible]父乙毁	四	一七九九	二五〇七
〇三三〇〇	亞鼻父乙毁	四	一八〇〇	二五〇七
〇三三〇一	亞□父乙毁	四	一八〇〇	二五〇七
〇三三〇二	[illegible]父乙毁	四	一八〇〇	二五〇七
〇三三〇三	[illegible]册父乙毁	四	一八〇〇	二五〇八
〇三三〇四	[illegible]册父乙毁	四	一八〇一	二五〇八
〇三三〇五	[illegible]作父乙毁	四	一八〇一	二五〇八
〇三三〇六	作父乙[illegible]毁	四	一八〇一	二五〇八
〇三三〇七	□作父乙毁	四	一八〇一	二五〇八
〇三三〇八	亞束父丁毁	四	一八〇二	二五〇八
〇三三〇九	亞豈父丁毁	四	一八〇二	二五〇八
〇三三一〇	亞醜父丁毁	四	一八〇二	二五〇八
〇三三一一	豙馬父丁毁	四	一八〇三	二五〇八
〇三三一二	文頣父丁毁	四	一八〇三	二五〇八
〇三三一三	[illegible]父丁毁	四	一八〇四	二五〇八
〇三三一四	[illegible]父丁毁	四	一八〇四	二五〇八
〇三三一五	[illegible]父丁毁	四	一八〇四	二五〇八
〇三三一六	[illegible]父丁毁	四	一八〇四	二五〇八
〇三三一七	宁戈父丁毁	四	一八〇五	二五〇八
〇三三一八	宁矢父丁毁	四	一八〇五	二五〇八

器號	器名	字數	拓片頁碼	説明頁碼
〇三三一九	册劦父丁毁	四	一八〇五	二五〇八
〇三三二〇	瞏父丁册毁	四	一八〇五	二五〇九
〇三三二一	□□父丁毁	四	一八〇六	二五〇九
〇三三二二	子羽父丁毁	四	一八〇六	二五〇九
〇三三二三	[illegible]册父戊毁	四	一八〇六	二五〇九
〇三三二四	北[illegible]父己毁	四	一八〇六	二五〇九
〇三三二五	尹舟父己毁	四	一八〇七	二五〇九
〇三三二六	亞[illegible]父己毁	四	一八〇八	二五〇九
〇三三二七	亞戈父己毁	四	一八〇八	二五〇九
〇三三二八	[illegible]作父己毁	四	一八〇八	二五〇九
〇三三二九	又牧父己毁	四	一八〇九	二五〇九
〇三三三〇	亞龏父辛毁	四	一八〇九	二五〇九
〇三三三一	亞醜父辛毁	四	一八〇九	二五〇九
〇三三三二	亞醜父辛毁	四	一八一〇	二五〇九
〇三三三三	亞醜父辛毁	四	一八一〇	二五〇九
〇三三三四	亞[illegible]父辛毁	四	一八一一	二五一〇
〇三三三五	書作父辛毁	四	一八一一	二五一〇
〇三三三六	作父辛彝毁	四	一八一一	二五一〇
〇三三三七	鄉父癸宁毁	四	一八一一	二五一〇
〇三三三八	亞弜父癸毁	四	一八一二	二五一〇
〇三三三九	亞共父癸毁	四	一八一二	二五一〇
〇三三四〇	衛天父癸毁	四	一八一二	二五一〇

器號	器名	字數	拓片頁碼	説明頁碼
〇三三四一	何父癸□毁	四	一八一三	二五一〇
〇三三四二	作父癸[illegible]毁	四	一八一三	二五一〇
〇三三四三	彭女彝[illegible]毁	四	一八一四	二五一〇
〇三三四四	王妊作毁	四	一八一五	二五一〇
〇三三四五	聑𦣞婦[illegible]毁	四	一八一五	二五一〇
〇三三四六	考母作緊毁	四	一八一五	二五一〇
〇三三四七	女[illegible]作毁	四	一八一六	二五一〇
〇三三四八	吕姜作毁	四	一八一六	二五一一
〇三三四九	作母隮彝毁	四	一八一六	二五一一
〇三三五〇	伯姬作亻毁	四	一八一七	二五一一
〇三三五一	伯作旅毁	四	一八一七	二五一一
〇三三五二	伯作旅毁	四	一八一七	二五一一
〇三三五三	伯作寶毁	四	一八一七	二五一一
〇三三五四	伯作寶毁	四	一八一八	二五一一
〇三三五五	伯作寶毁	四	一八一八	二五一一
〇三三五六	伯作寶毁	四	一八一八	二五一一
〇三三五七	伯作寶毁	四	一八一八	二五一一
〇三三五八	伯作寶彝毁	四	一八一九	二五一一
〇三三五九	伯作寶彝毁	四	一八一九	二五一一
〇三三六〇	伯作寶彝毁	四	一八一九	二五一一
〇三三六一	伯作寶彝毁	四	一八一九	二五一一
〇三三六二	伯[illegible]作寶毁	四	一八二〇	二五一二

器號	器名	字數	拓片頁碼	説明頁碼
〇三三六三	槅仲作肇毁	四	一八二〇	二五一二
〇三三六四	仲作寶毁	四	一八二一	二五一二
〇三三六五	叔作姒隮毁	四	一八二一	二五一二
〇三三六六	晨作寶[illegible]毁	四	一八二一	二五一二
〇三三六七	晨作寶毁	四	一八二一	二五一二
〇三三六八	戟作寶毁	四	一八二二	二五一二
〇三三六九	戟作寶毁	四	一八二二	二五一二
〇三三七〇	央作寶毁	四	一八二二	二五一二
〇三三七一	旂作寶毁	四	一八二二	二五一二
〇三三七二	奪作寶毁	四	一八二三	二五一二
〇三三七三	舍作寶毁	四	一八二三	二五一二
〇三三七四	霝作寶飤毁	四	一八二三	二五一二
〇三三七五	舟作寶毁	四	一八二四	二五一二
〇三三七六	闕作肇毁	四	一八二四	二五一三
〇三三七七	中作肇毁	四	一八二四	二五一三
〇三三七八	戜作旅毁	四	一八二四	二五一三
〇三三七九	殷作寶彝毁	四	一八二五	二五一三
〇三三八〇	[illegible]作寶彝毁	四	一八二五	二五一三
〇三三八一	匀作寶彝毁	四	一八二五	二五一三
〇三三八二	邵作寶彝毁	四	一八二五	二五一三
〇三三八三	戈作肇彝毁	四	一八二六	二五一三
〇三三八四	戈作肇彝毁	四	一八二六	二五一三

器號	器名	字數	拓片頁碼	說明頁碼
〇三三八五	朁作旅彝毀	四	一八二六	二五一三
〇三三八六	[illegible]作從彝毀	四	一八二六	二五一三
〇三三八七	豐作從彝毀	四	一八二七	二五一三
〇三三八八	德作障彝毀	四	一八二七	二五一三
〇三三八九	王作䵼彝毀蓋	四	一八二七	二五一三
〇三三九〇	見作寶障毀	四	一八二七	二五一四
〇三三九一	尹作寶障毀	四	一八二八	二五一四
〇三三九二	作矩父毀	四	一八二八	二五一四
〇三三九三	亞[illegible]竜□毀	四	一八二八	二五一四
〇三三九四	戈咢作匕毀	四	一八二八	二五一四
〇三三九五	戈咢作匕毀	四	一八二九	二五一四
〇三三九六	戈咢作匕毀	四	一八三〇	二五一四
〇三三九七	臣辰[illegible]册毀	四	一八三〇	二五一四
〇三三九八	宜陽右倉毀	四	一八三〇	二五一四
〇三三九九	作寶障彝毀	四	一八三一	二五一四
〇三四〇〇	作寶障彝毀	四	一八三一	二五一四
〇三四〇一	作寶障彝毀	四	一八三二	二五一四
〇三四〇二	作寶障彝毀	四	一八三二	二五一四
〇三四〇三	作寶障彝毀	四	一八三三	二五一四
〇三四〇四	作寶障彝毀	四	一八三三	二五一五
〇三四〇五	作寶障彝毀	四	一八三三	二五一五
〇三四〇六	作寶障彝毀	四	一八三三	二五一五
〇三四〇七	作寶障彝毀	四	一八三四	二五一五
〇三四〇八	作寶障彝毀	四	一八三四	二五一五
〇三四〇九	作寶障彝毀	四	一八三四	二五一五
〇三四一〇	作寶障彝毀	四	一八三五	二五一五
〇三四一一	作寶障彝毀蓋	四	一八三五	二五一五
〇三四一二	作寶障毀	四	一八三五	二五一五
〇三四一三	作寶用毀	四	一八三五	二五一五
〇三四一四	用作寶彝毀	四	一八三六	二五一五
〇三四一五	作旅毀	四	一八三六	二五一五
〇三四一六	作旅毀	五	一八三六	二五一五
〇三四一七	[illegible]單[illegible]且己毀	五	一八三七	二五一五
〇三四一八	庚豕馬父乙毀	五	一八三七	二五一五
〇三四一九	亞共覃父乙毀	五	一八三八	二五一五
〇三四二〇	子眉[illegible]父乙毀	五	一八三八	二五一六
〇三四二一	秉册[illegible]父乙毀	五	一八三八	二五一六
〇三四二二	臣辰父乙毀	五	一八三九	二五一六
〇三四二三	臣辰父乙毀	五	一八三九	二五一六
〇三四二四	臣辰父乙毀	五	一八四〇	二五一六
〇三四二五	聑作父乙毀	五	一八四〇	二五一六
〇三四二六	弔龜父丙毀	五	一八四〇	二五一六
〇三四二七	弔龜父丙毀	五	一八四〇	二五一六
〇三四二八	戈亳册父丁毀	五	一八四一	二五一六

器號	器名	字數	拓片頁碼	説明頁碼
〇三四二九	[illegible]父丁毁	五	一八四一	二五一六
〇三四三〇	[illegible]父丁毁	五	一八四一	二五一六
〇三四三一	劦册竹父丁毁	五	一八四一	二五一六
〇三四三二	劦册竹父丁毁	五	一八四二	二五一六
〇三四三三	天工册父己毁	五	一八四二	二五一七
〇三四三四	冀父辛毁	五	一八四二	二五一七
〇三四三五	囝父辛毁	五	一八四三	二五一七
〇三四三六	[illegible]父癸毁	五	一八四三	二五一七
〇三四三七	[illegible]毁	五	一八四三	二五一七
〇三四三八	皿屖毁	五	一八四四	二五一七
〇三四三九	新[illegible]毁	五	一八四四	二五一七
〇三四四〇	新[illegible]毁	五	一八四四	二五一七
〇三四四一	粃單毁	五	一八四四	二五一七
〇三四四二	雁事毁	五	一八四五	二五一七
〇三四四三	[illegible]毁	五	一八四五	二五一七
〇三四四四	季[illegible]毁	五	一八四五	二五一七
〇三四四五	舟虘毁	五	一八四六	二五一七
〇三四四六	舟虘毁	五	一八四六	二五一七
〇三四四七	仲州毁	五	一八四六	二五一七
〇三四四八	季楚毁	五	一八四七	二五一七
〇三四四九	[illegible]仲子日乙毁	五	一八四七	二五一八
〇三四五〇	作姬毁	五	一八四八	二五一八

器號	器名	字數	拓片頁碼	説明頁碼
〇三四五一	[illegible]毁	五	一八四八	二五一八
〇三四五二	姜□毁	五	一八四九	二五一八
〇三四五三	作豖商毁	五	一八四九	二五一八
〇三四五四	作車毁	五	一八四九	二五一八
〇三四五五	作任氏毁	五	一八五〇	二五一八
〇三四五六	作任氏毁	五	一八五〇	二五一八
〇三四五七	大丏毁	五	一八五〇	二五一八
〇三四五八	[illegible]馬毁	五	一八五一	二五一八
〇三四五九	[illegible]馬毁	五	一八五一	二五一八
〇三四六〇	王作又毁	五	一八五二	二五一八
〇三四六一	農父毁	五	一八五二	二五一九
〇三四六二	[illegible]父毁	五	一八五二	二五一九
〇三四六三	事父毁	五	一八五三	二五一九
〇三四六四	[illegible]父毁	五	一八五三	二五一九
〇三四六五	[illegible]毁	五	一八五三	二五一九
〇三四六六	[illegible]毁	五	一八五三	二五一九
〇三四六七	[illegible]毁	五	一八五四	二五一九
〇三四六八	御毁	五	一八五四	二五一九
〇三四六九	[illegible]毁	五	一八五四	二五一九
〇三四七〇	畢毁	五	一八五五	二五一九
〇三四七一	文毁	五	一八五五	二五一九
〇三四七二	文毁	五	一八五六	二五一九

器號	器名	字數	拓片頁碼	說明頁碼
〇三四七三	□□□寶彝毀	五	一八五六	二五一九
〇三四七四	果毀	五	一八五七	二五一九
〇三四七五	咲毀	五	一八五八	二五二〇
〇三四七六	闇毀	五	一八五八	二五二〇
〇三四七七	雁公毀	五	一八五九	二五二〇
〇三四七八	雁公毀	五	一八五九	二五二〇
〇三四七九	公毀	五	一八五九	二五二〇
〇三四八〇	[illegible]伯毀	五	一八六〇	二五二〇
〇三四八一	縈伯毀	五	一八六〇	二五二〇
〇三四八二	卂伯毀	五	一八六一	二五二〇
〇三四八三	夷伯毀	五	一八六一	二五二〇
〇三四八四	□伯毀	五	一八六二	二五二〇
〇三四八五	叔[illegible]毀	五	一八六二	二五二〇
〇三四八六	叔京毀	五	一八六二	二五二〇
〇三四八七	叔臤毀	五	一八六三	二五二〇
〇三四八八	伯鄮毀	五	一八六三	二五二〇
〇三四八九	伯戜毀	五	一八六三	二五二〇
〇三四九〇	伯[illegible]毀	五	一八六四	二五二一
〇三四九一	伯尚毀	五	一八六四	二五二一
〇三四九二	伯毀	五	一八六四	二五二一
〇三四九三	伯毀蓋	五	一八六五	二五二一
〇三四九四	伯毀	五	一八六五	二五二一

器號	器名	字數	拓片頁碼	說明頁碼
〇三四九五	伯毀	五	一八六六	二五二一
〇三四九六	伯毀	五	一八六六	二五二一
〇三四九七	伯毀	五	一八六六	二五二一
〇三四九八	伯毀	五	一八六七	二五二一
〇三四九九	伯作南宮毀	五	一八六七	二五二一
〇三五〇〇	作且戊毀	六	一八六七	二五二一
〇三五〇一	作且戊毀	六	一八六七	二五二一
〇三五〇二	文父乙毀	六	一八六八	二五二一
〇三五〇三	戈作父乙毀	六	一八六八	二五二二
〇三五〇四	亞㠱侯矣父乙毀	六	一八六八	二五二二
〇三五〇五	亞㠱矣作父乙毀	六	一八六九	二五二二
〇三五〇六	臣辰[illegible]册父乙毀	六	一八六九	二五二二
〇三五〇七	用作父乙毀	六	一八六九	二五二二
〇三五〇八	令作父乙毀	六	一八七〇	二五二二
〇三五〇九	作父乙毀	六	一八七〇	二五二二
〇三五一〇	作父乙毀	六	一八七〇	二五二二
〇三五一一	作父乙毀	六	一八七〇	二五二二
〇三五一二	[illegible]作父丁毀	六	一八七一	二五二二
〇三五一三	亞㠱侯矣父戊毀	六	一八七一	二五二二
〇三五一四	作父戊毀	六	一八七一	二五二二
〇三五一五	[illegible]作父己毀	六	一八七二	二五二二
〇三五一六	[illegible]作父庚毀	六	一八七二	二五二二

器號	器名	字數	拓片頁碼	說明頁碼
〇三五一七	殺作父庚毁	六	一八七二	二五二三
〇三五一八	訊作父辛毁	六	一八七三	二五二三
〇三五一九	□作父辛毁	六	一八七三	二五二三
〇三五二〇	虘作父辛毁	六	一八七三	二五二三
〇三五二一	敶作父癸毁	六	一八七三	二五二三
〇三五二二	臣辰[illegible]册父癸毁	六	一八七四	二五二三
〇三五二三	臣辰[illegible]册父癸毁	六	一八七四	二五二三
〇三五二四	陵伯毁	六	一八七五	二五二三
〇三五二五	陵伯毁	六	一八七五	二五二三
〇三五二六	亶伯毁	六	一八七六	二五二三
〇三五二七	弴伯毁	六	一八七六	二五二三
〇三五二八	弴伯毁	六	一八七七	二五二三
〇三五二九	弴伯毁	六	一八七七	二五二三
〇三五三〇	㫃伯毁	六	一八七八	二五二三
〇三五三一	㫃伯毁	六	一八七八	二五二三
〇三五三二	伯矩毁	六	一八七八	二五二四
〇三五三三	伯矩毁	六	一八七九	二五二四
〇三五三四	伯魚毁	六	一八七九	二五二四
〇三五三五	伯魚毁	六	一八八〇	二五二四
〇三五三六	伯[illegible]毁	六	一八八一	二五二四
〇三五三七	伯要毁	六	一八八一	二五二四
〇三五三八	伯丂庚毁	六	一八八二	二五二四

器號	器名	字數	拓片頁碼	說明頁碼
〇三五三九	伯丂庚毁	六	一八八二	二五二四
〇三五四〇	伯作乙公毁	六	一八八三	二五二四
〇三五四一	伯毁	六	一八八三	二五二四
〇三五四二	伯毁	六	一八八四	二五二四
〇三五四三	伯隻父毁	六	一八八四	二五二四
〇三五四四	伯㑪毁	六	一八八四	二五二五
〇三五四五	仲自父毁	六	一八八五	二五二五
〇三五四六	仲□父毁	六	一八八五	二五二五
〇三五四七	仲酉父毁	六	一八八五	二五二五
〇三五四八	仲言父毁	六	一八八六	二五二五
〇三五四九	櫑仲毁	六	一八八六	二五二五
〇三五五〇	敔仲毁	六	一八八六	二五二五
〇三五五一	城虢仲毁	六	一八八七	二五二五
〇三五五二	叔虢毁	六	一八八七	二五二五
〇三五五三	叔虢毁	六	一八八七	二五二五
〇三五五四	叔虢毁	六	一八八八	二五二五
〇三五五五	叔若父毁	六	一八八八	二五二五
〇三五五六	季屖毁	六	一八八八	二五二五
〇三五五七	季㝨毁	六	一八八九	二五二五
〇三五五八	嬴季毁	六	一八八九	二五二六
〇三五五九	𢍰父毁	六	一八八九	二五二六
〇三五六〇	□父毁	六	一八九〇	二五二六

器號	器名	字數	拓片頁碼	說明頁碼
〇三五六一	安父毁	六	一八九〇	二五二六
〇三五六二	[illegible]父毁	六	一八九一	二五二六
〇三五六三	姞囗父毁	六	一八九一	二五二六
〇三五六四	員父毁	六	一八九一	二五二六
〇三五六五	霸姞毁	六	一八九二	二五二六
〇三五六六	[illegible]敀毁	六	一八九二	二五二六
〇三五六七	[illegible]娶毁	六	一八九二	二五二六
〇三五六八	雒娶毁	六	一八九三	二五二六
〇三五六九	[illegible]姬毁	六	一八九三	二五二六
〇三五七〇	王作姜氏毁	六	一八九四	二五二六
〇三五七一	姜林母毁	六	一八九五	二五二六
〇三五七二	向毁	六	一八九五	二五二七
〇三五七三	師[illegible]毁	六	一八九五	二五二七
〇三五七四	噩叔毁	六	一八九五	二五二七
〇三五七五	農毁	六	一八九六	二五二七
〇三五七六	田農毁	六	一八九七	二五二七
〇三五七七	卜孟毁	六	一八九七	二五二七
〇三五七八	陽尹毁	六	一八九八	二五二七
〇三五七九	年[illegible]毁	六	一八九八	二五二七
〇三五八〇	利毁	六	一八九八	二五二七
〇三五八一	長甶毁	六	一八九九	二五二七
〇三五八二	長甶毁	六	一八九九	二五二七

器號	器名	字數	拓片頁碼	說明頁碼
〇三五八三	史鋟毁	六	一八九九	二五二七
〇三五八四	焚子旅毁	六	一九〇〇	二五二七
〇三五八五	嬴霝惪毁	六	一九〇〇	二五二七
〇三五八六	段金歸毁	六	一九〇〇	二五二八
〇三五八七	段金歸毁	六	一九〇一	二五二八
〇三五八八	囗作盩伯毁	六	一九〇一	二五二八
〇三五八九	荓侯毁	六	一九〇一	二五二八
〇三五九〇	鄧公牧毁	六	一九〇二	二五二八
〇三五九一	鄧公牧毁	六	一九〇三	二五二八
〇三五九二	葵侯[illegible]毁	六	一九〇三	二五二八
〇三五九三	葵侯[illegible]毁	六	一九〇四	二五二八
〇三五九四	葵侯[illegible]毁	六	一九〇五	二五二八
〇三五九五	葵侯[illegible]毁	六	一九〇六	二五二八
〇三五九六	葵侯[illegible]毁	六	一九〇七	二五二八
〇三五九七	葵侯[illegible]毁	六	一九〇八	二五二八
〇三五九八	葵侯[illegible]毁	六	一九〇九	二五二八
〇三五九九	葵侯[illegible]毁	六	一九一〇	二五二八
〇三六〇〇	[illegible]作且丁毁	七	一九一〇	二五二八
〇三六〇一	偁[illegible]作且癸毁	七	一九一一	二五二九
〇三六〇二	作父乙毁	七	一九一一	二五二九
〇三六〇三	天禾作父乙毁	七	一九一二	二五二九
〇三六〇四	宔父丁毁	七	一九一二	二五二九

器號	器名	字數	拓片頁碼	説明頁碼
〇三六〇五	叔作父丁毁	七	一九一三	二五二九
〇三六〇六	鯡作文父日丁毁	七	一九一三	二五二九
〇三六〇七	古作父丁毁	七	一九一三	二五二九
〇三六〇八	宰□作父丁毁	七	一九一四	二五二九
〇三六〇九	休作父丁毁	七	一九一四	二五二九
〇三六一〇	[illegible]作父戊毁	七	一九一四	二五二九
〇三六一一	廣作父己毁	七	一九一五	二五二九
〇三六一二	衛作父庚毁	七	一九一五	二五二九
〇三六一三	[illegible]作父辛毁	七	一九一六	二五二九
〇三六一四	匽侯毁	七	一九一六	二五三〇
〇三六一五	[illegible][illegible]伯毁	七	一九一七	二五三〇
〇三六一六	𢐗伯毁	七	一九一七	二五三〇
〇三六一七	𢐗伯毁	七	一九一八	二五三〇
〇三六一八	𢐗伯毁	七	一九一八	二五三〇
〇三六一九	義伯毁	七	一九一九	二五三〇
〇三六二〇	嫊伯毁	七	一九一九	二五三〇
〇三六二一	陸婦毁	七	一九二〇	二五三〇
〇三六二二	召父毁	七	一九二〇	二五三〇
〇三六二三	[illegible]毁	七	一九二〇	二五三〇
〇三六二四	叔單毁	七	一九二一	二五三〇
〇三六二五	[illegible]毁	七	一九二一	二五三〇
〇三六二六	[illegible]毁	七	一九二二	二五三〇

器號	器名	字數	拓片頁碼	説明頁碼
〇三六二七	[illegible]毁	七	一九二二	二五三〇
〇三六二八	旃毁	七	一九二三	二五三〇
〇三六二九	[illegible]毁	七	一九二三	二五三一
〇三六三〇	[illegible]毁	七	一九二三	二五三一
〇三六三一	伊生毁	七	一九二四	二五三一
〇三六三二	寧遹毁	七	一九二四	二五三一
〇三六三三	大師毁	七	一九二四	二五三一
〇三六三四	邵王之諻毁	七	一九二五	二五三一
〇三六三五	邵王之諻毁	七	一九二五	二五三一
〇三六三六	曾侯乙毁	七	一九二六	二五三一
〇三六三七	曾侯乙毁	七	一九二七	二五三一
〇三六三八	曾侯乙毁	七	一九二八	二五三一
〇三六三九	曾侯乙毁	七	一九二九	二五三一
〇三六四〇	曾侯乙毁	七	一九三〇	二五三一
〇三六四一	曾侯乙毁	七	一九三一	二五三一
〇三六四二	曾侯乙毁	七	一九三二	二五三一
〇三六四三	曾侯乙毁	七	一九三三	二五三一
〇三六四四	史梅兕作且辛毁	八	一九三四	二五三一
〇三六四五	[illegible]作且癸毁	八	一九三四	二五三一
〇三六四六	史述作父乙毁	八	一九三五	二五三一
〇三六四七	堇臨作父乙毁	八	一九三五	二五三一
〇三六四八	堇臨作父乙毁蓋	八	一九三五	二五三一

器號	器名	字數	拓片頁碼	說明頁碼
〇三六四九	[illegible]作父丁毀	八	一九三六	二五三三
〇三六五〇	[illegible]作父丁毀	八	一九三六	二五三三
〇三六五一	牧共作父丁毀	八	一九三六	二五三三
〇三六五二	龠作父丁毀	八	一九三六	二五三三
〇三六五三	子阩作父己毀	八	一九三七	二五三三
〇三六五四	鼎作父壬毀	八	一九三七	二五三三
〇三六五五	亞高作父癸毀	八	一九三八	二五三三
〇三六五六	集屠作父癸毀	八	一九三八	二五三三
〇三六五七	集屠作父癸毀	八	一九三九	二五三三
〇三六五八	集屠作父癸毀	八	一九三九	二五三三
〇三六五九	子令作父癸毀	八	一九四〇	二五三三
〇三六六〇	歒作父癸毀	八	一九四〇	二五三三
〇三六六一	歒作父癸毀	八	一九四一	二五三三
〇三六六二	歒作父癸毀	八	一九四一	二五三三
〇三六六三	[illegible]作父癸毀	八	一九四二	二五三三
〇三六六四	無敄毀	八	一九四二	二五三三
〇三六六五	戈[illegible]作兄日辛毀	八	一九四三	二五三三
〇三六六六	木工册作母日甲毀	八	一九四三	二五三三
〇三六六七	倗[illegible]毀	八	一九四四	二五三三
〇三六六八	su侯[illegible]季毀	八	一九四四	二五三三
〇三六六九	su季奞父毀	八	一九四四	二五三三
〇三六七〇	滕侯毀	八	一九四五	二五三四

器號	器名	字數	拓片頁碼	說明頁碼
〇三六七一	旟嗣土梡毀	八	一九四五	二五三四
〇三六七二	北伯邑辛毀	八	一九四六	二五三四
〇三六七三	□作厥母毀	八	一九四六	二五三四
〇三六七四	伯作諲子毀	八	一九四六	二五三四
〇三六七五	或者毀	八	一九四七	二五三四
〇三六七六	[illegible]毀	八	一九四七	二五三四
〇三六七七	畏毀	八	一九四八	二五三四
〇三六七八	伯蔡父毀	八	一九四八	二五三四
〇三六七九	伯嘉父毀	八	一九四九	二五三四
〇三六八〇	伯嘉父毀	八	一九四九	二五三四
〇三六八一	毅毀	八	一九五〇	二五三四
〇三六八二	大師小子師望毀	八	一九五〇	二五三四
〇三六八三	亞保且辛毀	九	一九五一	二五三四
〇三六八四	[illegible]函作且戊毀	九	一九五一	二五三四
〇三六八五	見作父己毀	九	一九五一	二五三四
〇三六八六	耕□冀作父癸毀	九	一九五二	二五三五
〇三六八七	[illegible]婦毀	九	一九五三	二五三五
〇三六八八	通□作父癸毀	九	一九五三	二五三五
〇三六八九	亞異吴作母辛毀	九	一九五四	二五三五
〇三六九〇	伯毀	九	一九五五	二五三五
〇三六九一	伯好父毀	九	一九五五	二五三五
〇三六九二	伯[illegible]毀蓋	九	一九五六	二五三五

器號	器名	字數	拓片頁碼	說明頁碼
〇三六九三	伯塋殷蓋	九	一九五六	二五三五
〇三六九四	叔[illegible]殷	九	一九五七	二五三五
〇三六九五	妹叔昏殷	九	一九五七	二五三五
〇三六九六	𤔲土𤔲殷	九	一九五八	二五三五
〇三六九七	𤔲土𤔲殷	九	一九五八	二五三五
〇三六九八	柬人□父殷	九	一九五九	二五三五
〇三六九九	□大□殷	九	一九五九	二五三五
〇三七〇〇	兟殷	九	一九六〇	二五三五
〇三七〇一	兟殷	九	一九六〇	二五三六
〇三七〇二	彔殷	九	一九六一	二五三六
〇三七〇三	同自殷	九	一九六二	二五三六
〇三七〇四	孟𦘔父殷	九	一九六三	二五三六
〇三七〇五	師寏父殷	九	一九六三	二五三六
〇三七〇六	師寏父殷	九	一九六四	二五三六
〇三七〇七	内公殷蓋	九	一九六五	二五三六
〇三七〇八	内公殷蓋	九	一九六五	二五三六
〇三七〇九	内公殷蓋	九	一九六六	二五三六
〇三七一〇	西替殷	九	一九六六	二五三六
〇三七一一	且乙告田殷	一〇	一九六七	二五三六
〇三七一二	鳳作且癸殷	一〇	一九六七	二五三六
〇三七一三	亞若癸殷	一〇	一九六八	二五三七
〇三七一四	辨作文父己殷	一〇	一九六八	二五三七

器號	器名	字數	拓片頁碼	說明頁碼
〇三七一五	辨作文父己殷	一〇	一九六九	二五三七
〇三七一六	辨作文父己殷	一〇	一九六九	二五三七
〇三七一七	戈册父辛殷	一〇	一九七〇	二五三七
〇三七一八	伯殷	一〇	一九七〇	二五三七
〇三七一九	[illegible]伯殷	一〇	一九七一	二五三七
〇三七二〇	康伯殷	一〇	一九七一	二五三七
〇三七二一	康伯殷蓋	一〇	一九七二	二五三七
〇三七二二	葬伯殷	一〇	一九七二	二五三七
〇三七二三	仲殷	一〇	一九七三	二五三七
〇三七二四	叔寍殷	一〇	一九七三	二五三七
〇三七二五	叔友父殷蓋	一〇	一九七四	二五三八
〇三七二六	友父殷	一〇	一九七四	二五三八
〇三七二七	友父殷	一〇	一九七五	二五三八
〇三七二八	叔妃殷蓋	一〇	一九七五	二五三八
〇三七二九	叔妃殷	一〇	一九七六	二五三八
〇三七三〇	季[illegible]殷	一〇	一九七七	二五三八
〇三七三一	[illegible]殷	一〇	一九七七	二五三八
〇三七三二	鼒殷	一〇	一九七八	二五三八
〇三七三三	德殷	一〇	一九七九	二五三八
〇三七三四	辰殷蓋	一〇	一九七九	二五三八
〇三七三五	旂殷蓋	一〇	一九八〇	二五三八
〇三七三六	旂殷蓋	一〇	一九八〇	二五三八

器號	器名	字數	拓片頁碼	說明頁碼
〇三七三七	备毁	一〇	一九八一	二五三八
〇三七三八	音毁	一〇	一九八一	二五三八
〇三七三九	鮇公毁	一〇	一九八二	二五三九
〇三七四〇	齊史逗毁	一〇	一九八二	二五三九
〇三七四一	作寶毁	一〇	一九八三	二五三九
〇三七四二	作寶障毁	一〇	一九八三	二五三九
〇三七四三	保侃母毁蓋	一一	一九八四	二五三九
〇三七四四	保侃母毁	一一	一九八四	二五三九
〇三七四五	欶毁	一一	一九八五	二五三九
〇三七四六	數寏敽毁	一一	一九八五	二五三九
〇三七四七	仲爯毁	一一	一九八六	二五三九
〇三七四八	伯者父毁	一一	一九八六	二五三九
〇三七四九	[illegible]毁	一一	一九八七	二五三九
〇三七五〇	毁見駒毁	一一	一九八七	二五三九
〇三七五一	[illegible]父甲毁	一一	一九八八	二五四〇
〇三七五二	[illegible]侯毁	一一	一九八八	二五四〇
〇三七五三	仲𠂤父毁	一一	一九八九	二五四〇
〇三七五四	仲𠂤父毁	一一	一九八九	二五四〇
〇三七五五	中友父毁	一一	一九九〇	二五四〇
〇三七五六	中友父毁	一一	一九九〇	二五四〇
〇三七五七	仲⋈父毁蓋	一一	一九九一	二五四〇
〇三七五八	仲⋈父毁蓋	一一	一九九一	二五四〇

器號	器名	字數	拓片頁碼	說明頁碼
〇三七五九	仲⋈父毁	一一	一九九二	二五四〇
〇三七六〇	叔臨父毁	一一	一九九三	二五四〇
〇三七六一	[illegible]毁蓋	一一	一九九三	二五四〇
〇三七六二	伯奈父毁	一一	一九九四	二五四〇
〇三七六三	[illegible]伯睘毁	一二	一九九五	二五四〇
〇三七六四	叔杲父毁	一二	一九九五	二五四一
〇三七六五	伯幾父毁	一二	一九九六	二五四一
〇三七六六	伯幾父毁	一二	一九九七	二五四一
〇三七六七	[illegible]追毁	一二	一九九八	二五四一
〇三七六八	[illegible]追毁	一二	一九九八	二五四一
〇三七六九	乎毁	一二	一九九九	二五四一
〇三七七〇	降人[illegible]毁	一二	二〇〇〇	二五四一
〇三七七一	晉人毁	一二	二〇〇〇	二五四一
〇三七七二	己侯毁	一二	二〇〇一	二五四一
〇三七七三	伯闢毁	一二	二〇〇二	二五四一
〇三七七四	伯闢毁	一二	二〇〇二	二五四一
〇三七七五	鄧公毁	一二	二〇〇三	二五四一
〇三七七六	鄧公毁	一二	二〇〇三	二五四二
〇三七七七	散伯毁	一二	二〇〇四	二五四二
〇三七七八	散伯毁	一二	二〇〇五	二五四二
〇三七七九	散伯毁	一二	二〇〇六	二五四二
〇三七八〇	散伯毁	一二	二〇〇七	二五四二

器號	器名	字數	拓片頁碼	說明頁碼
〇三七八一	侯氏毁	一二	二〇〇八	二五四二
〇三七八二	侯氏毁	一二	二〇〇九	二五四二
〇三七八三	仲競毁	一二	二〇一〇	二五四二
〇三七八四	伯𤔲毁	一二	二〇一〇	二五四二
〇三七八五	戲召妊毁	一二	二〇一一	二五四二
〇三七八六	史宊毁	一二	二〇一二	二五四三
〇三七八七	保子達毁	一二	二〇一三	二五四三
〇三七八八	達毁	一二	二〇一四	二五四三
〇三七八九	史𧨸父毁蓋	一二	二〇一四	二五四三
〇三七九〇	臣梱殘毁	一三	二〇一五	二五四三
〇三七九一	彐䜌君毁	一三	二〇一五	二五四三
〇三七九二	伯荓毁	一三	二〇一六	二五四三
〇三七九三	伯𣲝父毁	一三	二〇一七	二五四三
〇三七九四	伯𣲝父毁	一三	二〇一八	二五四三
〇三七九五	伯𣲝父毁	一三	二〇一九	二五四三
〇三七九六	伯𣲝父毁	一三	二〇二〇	二五四三
〇三七九七	歸叔山父毁	一三	二〇二一	二五四三
〇三七九八	歸叔山父毁	一三	二〇二二	二五四三
〇三七九九	歸叔山父毁	一三	二〇二二	二五四三
〇三八〇〇	歸叔山父毁	一三	二〇二三	二五四四
〇三八〇一	歸叔山父毁	一三	二〇二三	二五四四
〇三八〇二	叔侯父毁	一三	二〇二四	二五四四

器號	器名	字數	拓片頁碼	說明頁碼
〇三八〇三	叔侯父毁	一三	二〇二四	二五四四
〇三八〇四	枯衍毁蓋	一三	二〇二五	二五四四
〇三八〇五	害叔毁	一三	二〇二六	二五四四
〇三八〇六	害叔毁	一三	二〇二七	二五四四
〇三八〇七	叡先伯毁	一三	二〇二七	二五四四
〇三八〇八	兮仲毁	一三	二〇二八	二五四四
〇三八〇九	兮仲毁	一三	二〇二九	二五四四
〇三八一〇	兮仲毁	一三	二〇三〇	二五四四
〇三八一一	兮仲毁	一三	二〇三一	二五四五
〇三八一二	兮仲毁	一三	二〇三一	二五四五
〇三八一三	兮仲毁蓋	一三	二〇三二	二五四五
〇三八一四	兮仲毁	一三	二〇三二	二五四五
〇三八一五	陳侯毁	一三	二〇三三	二五四五
〇三八一六	齊嫚姬毁	一三	二〇三三	二五四五
〇三八一七	寺季故公毁	一三	二〇三四	二五四五
〇三八一八	寺季故公毁	一三	二〇三四	二五四五
〇三八一九	叔旦毁	一三	二〇三五	二五四五
〇三八二〇	虢姜毁	一三	二〇三五	二五四五
〇三八二一	湋伯毁	一三	二〇三六	二五四五
〇三八二二	效父毁	一四	二〇三七	二五四五
〇三八二三	效父毁	一四	二〇三七	二五四五
〇三八二四	圂毁	一四	二〇三八	二五四五

器號	器名	字數	拓片頁碼	説明頁碼
〇三八二五	圛毁	一四	二〇三九	二五四六
〇三八二六	亘臣戭毁	一四	二〇四〇	二五四六
〇三八二七	敔毁	一四	二〇四〇	二五四六
〇三八二八	滕虎毁	一四	二〇四一	二五四六
〇三八二九	滕虎毁	一四	二〇四一	二五四六
〇三八三〇	滕虎毁蓋	一四	二〇四二	二五四六
〇三八三一	滕虎毁	一四	二〇四二	二五四六
〇三八三二	滕虎毁	一四	二〇四三	二五四六
〇三八三三	伯賓父毁	一四	二〇四三	二五四六
〇三八三四	伯賓父毁	一四	二〇四四	二五四六
〇三八三五	華毁	一四	二〇四五	二五四六
〇三八三六	衛[illegible]毁蓋	一四	二〇四五	二五四六
〇三八三七	伯喜父毁	一四	二〇四六	二五四六
〇三八三八	伯喜父毁	一四	二〇四七	二五四六
〇三八三九	伯喜父毁	一四	二〇四八	二五四七
〇三八四〇	[illegible]毁	一四	二〇四九	二五四七
〇三八四一	[illegible]毁	一四	二〇五〇	二五四七
〇三八四二	孟鄭父毁	一四	二〇五一	二五四七
〇三八四三	孟鄭父毁	一四	二〇五二	二五四七
〇三八四四	孟鄭父毁	一四	二〇五三	二五四七
〇三八四五	妖[illegible]每毁	一四	二〇五四	二五四七
〇三八四六	[illegible]伯毁蓋	一四	二〇五四	二五四七
〇三八四七	倗伯毁蓋	一四	二〇五五	二五四七
〇三八四八	遣小子[illegible]毁	一四	二〇五六	二五四七
〇三八四九	叔向父毁	一四	二〇五七	二五四八
〇三八五〇	叔向父毁	一四	二〇五八	二五四八
〇三八五一	叔向父毁	一四	二〇五九	二五四八
〇三八五二	叔向父毁	一四	二〇五九	二五四八
〇三八五三	叔向父毁	一四	二〇六〇	二五四八
〇三八五四	叔向父毁	一四	二〇六一	二五四八
〇三八五五	叔向父毁	一四	二〇六二	二五四八
〇三八五六	伯家父毁	一五	二〇六三	二五四八
〇三八五七	伯家父毁	一五	二〇六四	二五四八
〇三八五八	鄧公毁	一五	二〇六五	二五四八
〇三八五九	辛叔皇父毁	一五	二〇六五	二五四八
〇三八六〇	雁侯毁	一五	二〇六六	二五四八
(〇三九六〇	孟𢍰父毁)		二一四六	二五五六
(〇三九六一	孟𢍰父毁)		二一四七	二五五七
〇三八六一	作父己毁	一五	二〇六七	二五四八
〇三八六二	[illegible]父乙毁	一五	二〇六八	二五四八
〇三八六三	彔毁	一五	二〇六九	二五四八
〇三八六四	伯毁	一五	二〇六九	二五四九
〇三八六五	戜且庚毁	一五	二〇七〇	二五四九
〇三八六六	城虢遣生毁	一五	二〇七〇	二五四九

器號	器名	字數	拓片頁碼	説明頁碼
〇三八六七	洹秦𣪘	一五	二〇七一	二五四九
〇三八六八	且辛𣪘	一五	二〇七二	二五四九
〇三八六九	大僕𣪘	一五	二〇七三	二五四九
〇三八七〇	叔向父爲備𣪘	一五	二〇七三	二五四九
〇三八七一	矢王𣪘蓋	一五	二〇七四	二五四九
〇三八七二	旅仲𣪘	一五	二〇七四	二五四九
〇三八七三	檠𣪘	一五	二〇七五	二五四九
〇三八七四	旛嫼𣪘蓋	一五	二〇七五	二五四九
〇三八七五	旛嫼𣪘蓋	一五	二〇七六	二五四九
〇三八七六	旛嫼𣪘蓋	一五	二〇七六	二五四九
〇三八七七	季口父𣪘蓋	一五	二〇七七	二五五〇
〇三八七八	鄭牧馬受𣪘蓋	一五	二〇七七	二五五〇
〇三八七九	鄭牧馬受𣪘蓋	一五	二〇七八	二五五〇
〇三八八〇	鄭牧馬受𣪘蓋	一五	二〇七八	二五五〇
〇三八八一	栿車父𣪘	一五	二〇七九	二五五〇
〇三八八二	栿車父𣪘	一五	二〇八一	二五五〇
〇三八八三	栿車父𣪘	一五	二〇八三	二五五〇
〇三八八四	栿車父𣪘	一五	二〇八四	二五五〇
〇三八八五	栿車父𣪘	一五	二〇八五	二五五〇
〇三八八六	栿車父𣪘	一五	二〇八五	二五五〇
〇三八八七	伯遟父𣪘蓋	一五	二〇八六	二五五〇
〇三八八八	叡𣪘	一五	二〇八七	二五五〇
〇三八八九	叡𣪘	一五	二〇八八	二五五〇
〇三八九〇	廣𣪘蓋	一五	二〇八九	二五五〇
〇三八九一	井口叔安父𣪘	一五	二〇九〇	二五五一
〇三八九二	師昊父𣪘	一五	二〇九〇	二五五一
〇三八九三	齊巫姜𣪘	一五	二〇九一	二五五一
〇三八九四	學父𣪘	一五	二〇九二	二五五一
〇三八九五	鼄仲鄭父𣪘	一五	二〇九三	二五五一
〇三八九六	共姜大宰巳𣪘	一五	二〇九三	二五五一
〇三八九七	杞伯每亡𣪘	一五	二〇九四	二五五一
〇三八九八	杞伯每亡𣪘	一五	二〇九五	二五五一
〇三八九九	杞伯每亡𣪘	一五	二〇九七	二五五一
〇三九〇〇	杞伯每亡𣪘蓋	一五	二〇九九	二五五一
〇三九〇一	杞伯每亡𣪘	一五	二一〇〇	二五五一
〇三九〇二	杞伯每亡𣪘	一五	二一〇一	二五五二
〇三九〇三	㰻侯作嘉姬𣪘	一五	二一〇三	二五五二
〇三九〇四	小子𤔲𣪘	一六	二一〇三	二五五二
〇三九〇五	[illegible]父丁𣪘	一六	二一〇四	二五五二
〇三九〇六	攸𣪘	一六	二一〇五	二五五二
〇三九〇七	過伯𣪘	一六	二一〇六	二五五二
〇三九〇八	量侯𣪘	一六	二一〇七	二五五二
〇三九〇九	[illegible]𣪘	一六	二一〇七	二五五二
〇三九一〇	是要𣪘	一六	二一〇八	二五五二

器號	器名	字數	拓片頁碼	説明頁碼
〇三九一一	是要毀	一六	二二〇九	二五五三
〇三九一二	爯毀	一六	二二一〇	二五五三
〇三九一三	爯毀	一六	二二一〇	二五五三
〇三九一四	大自事良父毀	一六	二二一一	二五五三
〇三九一五	周[illegible]生毀	一六	二二一一	二五五三
〇三九一六	姞氏毀	一六	二二一二	二五五三
〇三九一七	是[illegible]毀	一六	二二一三	二五五三
〇三九一八	隩仲孝毀	一六	二二一三	二五五三
〇三九一九	[illegible]公昏毀	一六	二二一四	二五五三
〇三九二〇	伯百父毀	一六	二二一五	二五五三
〇三九二一	叔[illegible]父毀	一六	二二一五	二五五三
〇三九二二	叔[illegible]父毀	一六	二二一六	二五五三
〇三九二三	豐井叔毀	一六	二二一七	二五五四
〇三九二四	東仲[illegible]父毀蓋	一六	二二一七	二五五四
〇三九二五	命父謹毀	一六	二二一八	二五五四
〇三九二六	命父謹毀	一六	二二一九	二五五四
〇三九二七	伯田父毀	一六	二二二〇	二五五四
〇三九二八	[illegible]侯毀	一六	二二二一	二五五四
〇三九二九	[illegible]侯毀	一六	二二二二	二五五四
〇三九三〇	[illegible]侯毀	一六	二二二三	二五五四
〇三九三一	毳毀	一六	二二二四	二五五四
〇三九三二	毳毀	一六	二二二五	二五五四

器號	器名	字數	拓片頁碼	説明頁碼
〇三九三三	毳毀	一六	二二二六	二五五四
〇三九三四	毳毀	一六	二二二七	二五五五
〇三九三五	[illegible]生[illegible]毀	一六	二二二八	二五五五
〇三九三六	仲駒父毀蓋	一六	二二二八	二五五五
〇三九三七	仲駒父毀	一六	二二二九	二五五五
〇三九三八	仲駒父毀	一六	二二三〇	二五五五
〇三九三九	禾毀	一六	二二三一	二五五五
〇三九四〇	亞[illegible]作且丁毀	一七	二二三二	二五五五
〇三九四一	[illegible]敄毀	一七	二二三二	二五五五
〇三九四二	叔德毀	一七	二二三三	二五五五
〇三九四三	伯誓毀	一七	二二三三	二五五五
〇三九四四	鑄子叔黑臣毀	一七	二二三四	二五五五
〇三九四五	鸉姬毀蓋	一七	二二三五	二五五五
〇三九四六	中伯毀	一七	二二三六	二五五五
〇三九四七	中伯毀	一六	二二三六	二五五五
〇三九四八	臣卿毀	一八	二二三七	二五五六
〇三九四九	季[illegible]毀	一八	二二三七	二五五六
〇三九五〇	琟叔毀（[illegible]毀）	一八	二二三八	二五五六
〇三九五一	琟叔毀（[illegible]毀）	一八	二二三九	二五五六
〇三九五二	格伯作晉姬毀	一八	二二四〇	二五五六
〇三九五三	辰在寅毀	一八	二二四〇	二五五六
〇三九五四	仲幾父毀	一八	二二四一	二五五六

器號	器名	字數	拓片頁碼	説明頁碼
〇三九五五	兑毁	一八	二一四二	二二五六
〇三九五六	仲叀父毁	一八	二一四三	二二五六
〇三九五七	仲叀父毁	一八	二一四四	二二五六
〇三九五八	叔角父毁蓋	一八	二一四四	二二五六
〇三九五九	叔角父毁	一八	二一四五	二二五六
〇三九六〇	孟𢍰父毁	一四	二一四六	二二五六
〇三九六一	孟𢍰父毁	一四	二一四七	二二五七
〇三九六二	孟𢍰父毁	一八	二一四七	二二五七
〇三九六三	孟𢍰父毁	一八	二一四八	二二五七
〇三九六四	仲殷父毁	一八	二一四九	二二五七
〇三九六五	仲殷父毁	一八	二一五〇	二二五七
〇三九六六	仲殷父毁	一八	二一五一	二二五七
〇三九六七	仲殷父毁	一八	二一五二	二二五七
〇三九六八	仲殷父毁	一八	二一五三	二二五七
〇三九六九	仲殷父毁	一八	二一五三	二二五七
〇三九七〇	仲殷父毁	一八	二一五四	二二五七
〇三九七一	虢季氏子緩毁	一八	二一五五	二二五七
〇三九七二	虢季氏子緩毁	一八	二一五六	二二五七
〇三九七三	虢季氏子緩毁	一八	二一五七	二二五八
〇三九七四	魯伯大父作季姬婧毁	一八	二一五八	二二五八
〇三九七五	邐毁(耶毁)	一九	二一五九	二二五八
〇三九七六	㝬駿毁	一九	二一五九	二二五八

器號	器名	字數	拓片頁碼	説明頁碼
〇三九七七	己侯貉子毁蓋	一九	二一六〇	二二五八
〇三九七八	溓姬毁	一九	二一六〇	二二五八
〇三九七九	吕伯毁	一九	二一六一	二二五八
〇三九八〇	吴尨父毁	一九	二一六二	二二五八
〇三九八一	吴尨父毁	一九	二一六三	二二五八
〇三九八二	吴尨父毁	一九	二一六四	二二五八
〇三九八三	伯庶父毁	一九	二一六四	二二五八
〇三九八四	陽飤生毁蓋	一九	二一六五	二二五九
〇三九八五	陽飤生毁蓋	一九	二一六五	二二五九
〇三九八六	德克毁	一九	二一六六	二二五九
〇三九八七	魯大宰邍父毁	一九	二一六七	二二五九
〇三九八八	魯伯大父作孟□姜毁	一九	二一六八	二二五九
〇三九八九	魯伯大父作仲姬俞毁	一九	二一六九	二二五九
〇三九九〇	亞卿父乙毁	二〇	二一七〇	二二五九
〇三九九一	且日庚毁	二〇	二一七〇	二二五九
〇三九九二	且日庚毁	二〇	二一七一	二二五九
〇三九九三	䎓毁	二〇	二一七二	二二五九
〇三九九四	䎓毁	二〇	二一七二	二二五九
〇三九九五	伯□父毁	二〇	二一七三	二二六〇
〇三九九六	害吝毁	二〇	二一七三	二二六〇
〇三九九七	伯喜毁	二〇	二一七四	二二六〇
〇三九九八	伯喜毁	二〇	二一七五	二二六〇

器號	器名	字數	拓片頁碼	説明頁碼
〇三九九九	伯喜毁	二〇	二一七六	二五六〇
〇四〇〇〇	伯喜毁	二〇	二一七七	二五六〇
〇四〇〇一	豐兮夷毁	二〇	二一七八	二五六〇
〇四〇〇二	豐兮夷毁	二〇	二一七九	二五六〇
〇四〇〇三	豐兮夷毁	二〇	二一八〇	二五六〇
〇四〇〇四	叔多父毁	二〇	二一八一	二五六〇
〇四〇〇五	叔多父毁	二〇	二一八二	二五六〇
〇四〇〇六	叔多父毁	二〇	二一八三	二五六〇
〇四〇〇七	泆伯寺毁	二〇	二一八四	二五六〇
〇四〇〇八	兮吉父毁	二〇	二一八五	二五六〇
〇四〇〇九	毛伯毁	二〇	二一八五	二五六一
〇四〇一〇	及偖生毁	二〇	二一八六	二五六一
〇四〇一一	復公子毁	二〇	二一八七	二五六一
〇四〇一二	復公子毁	二〇	二一八八	二五六一
〇四〇一三	復公子毁	二〇	二一八九	二五六一
〇四〇一四	穌公子毁	二〇	二一九一	二五六一
〇四〇一五	穌公子毁	二〇	二一九二	二五六一
〇四〇一六	鄁公毁	二〇	二一九三	二五六一
〇四〇一七	鄁公毁	二〇	二一九四	二五六一
〇四〇一八	卓林父毁蓋	二〇	二一九六	二五六一
〇四〇一九	曹伯狄毁	二〇	二一九七	二五六一
（〇四〇六五	内叔寷父毁）		二二三九	二五六五

器號	器名	字數	拓片頁碼	説明頁碼
（〇四〇六六	内叔寷父毁）		二二四〇	二五六五
（〇四〇六七	内叔寷父毁）		二二四一	二五六六
〇四〇二〇	天君毁	二一	二一九七	二五六一
〇四〇二一	寧毁蓋	二一	二一九八	二五六一
〇四〇二二	寧毁蓋	二一	二一九八	二五六二
〇四〇二三	伯中父毁	二一	二一九九	二五六二
〇四〇二四	鄭虢仲毁	二一	二二〇〇	二五六二
〇四〇二五	鄭虢仲毁	二一	二二〇二	二五六二
〇四〇二六	鄭虢仲毁	二一	二二〇三	二五六二
〇四〇二七	伯椃父毁	二一	二二〇三	二五六二
〇四〇二八	毛昪毁	二一	二二〇四	二五六二
〇四〇二九	明公毁（魯侯尊）	二二	二二〇四	二五六二
〇四〇三〇	史䛐毁	二二	二二〇五	二五六二
〇四〇三一	史䛐毁	二二	二二〇六	二五六二
〇四〇三二	官𡘇父毁	二二	二二〇七	二五六二
〇四〇三三	向𠭯毁	二二	二二〇八	二五六三
〇四〇三四	向𠭯毁	二二	二二〇八	二五六三
〇四〇三五	伯吉父毁	二二	二二〇九	二五六三
〇四〇三六	筥小子毁	二二	二二一〇	二五六三
〇四〇三七	筥小子毁	二二	二二一一	二五六三
〇四〇三八	章叔𢍚毁	二二	二二一二	二五六三
〇四〇三九	𠤳同毁蓋	二二	二二一三	二五六三

器號	器名	字數	拓片頁碼	説明頁碼
〇四〇四〇	邿鼈殷	二二	二二一四	二五六三
〇四〇四一	禽殷	二三	二二一六	二五六三
〇四〇四二	易夭殷（小臣殷）	二三	二二一七	二五六三
〇四〇四三	易夭殷（小臣殷）	二三	二二一七	二五六三
〇四〇四四	御正衛殷	二三	二二一八	二五六四
〇四〇四五	雁侯殷	二三	二二一九	二五六四
〇四〇四六	燮殷	二三	二二二〇	二五六四
〇四〇四七	陖貯殷	二三	二二二〇	二五六四
〇四〇四八	琱伐父殷	二三	二二二一	二五六四
〇四〇四九	琱伐父殷	二三	二二二二	二五六四
〇四〇五〇	琱伐父殷	二三	二二二三	二五六四
〇四〇五一	曾伯文殷	二三	二二二四	二五六四
〇四〇五二	曾伯文殷	二三	二二二五	二五六四
〇四〇五三	曾伯文殷	二三	二二二六	二五六四
〇四〇五四	曾大保殷	二三	二二二六	二五六四
〇四〇五五	鄧公殷蓋	二三	二二二七	二五六四
〇四〇五六	叔噩父殷	二三	二二二八	二五六五
〇四〇五七	叔噩父殷	二三	二二二九	二五六五
〇四〇五八	叔噩父殷	二三	二二三〇	二五六五
〇四〇五九	渣嗣土逘殷	二四	二二三一	二五六五
〇四〇六〇	不壽殷	二四	二二三二	二五六五
〇四〇六一	畢鮮殷	二四	二二三二	二五六五
〇四〇六二	麸叔麸姬殷	二四	二二三三	二五六五
〇四〇六三	麸叔麸姬殷	二四	二二三五	二五六五
〇四〇六四	麸叔麸姬殷	二四	二二三七	二五六五
〇四〇六五	麸叔麸姬殷（内叔𡪞父殷）	二四	二二三九	二五六五
〇四〇六六	麸叔麸姬殷（内叔𡪞父殷）	二四	二二四〇	二五六五
〇四〇六七	麸叔麸姬殷（内叔𡪞父殷）	二四	二二四一	二五六六
〇四〇六八	叔娸父殷	二四	二二四二	二五六六
〇四〇六九	叔娸父殷蓋	二四	二二四四	二五六六
〇四〇七〇	叔娸父殷蓋	二四	二二四五	二五六六
〇四〇七一	孟姬湝殷	二四	二二四六	二五六六
〇四〇七二	孟姬湝殷	二四	二二四七	二五六六
〇四〇七三	伯麻殷	二五	二二四七	二五六六
〇四〇七四	遣殷	二五	二二四八	二五六六
〇四〇七五	遣殷	二五	二二四八	二五六六
〇四〇七六	宗婦鄁嬰殷蓋	二五	二二四九	二五六六
〇四〇七七	宗婦鄁嬰殷	二五	二二四九	二五六六
〇四〇七八	宗婦鄁嬰殷	二五	二二五〇	二五六六
〇四〇七九	宗婦鄁嬰殷	二五	二二五〇	二五六六
〇四〇八〇	宗婦鄁嬰殷	二五	二二五一	二五六七

器號	器名	字數	拓片頁碼	說明頁碼
〇四〇八一	宗婦鄁嫛毀蓋	二五	二二五一	二五六七
〇四〇八二	宗婦鄁嫛毀	二五	二二五二	二五六七
〇四〇八三	宗婦鄁嫛毀	二五	二二五二	二五六七
〇四〇八四	宗婦鄁嫛毀	二五	二二五三	二五六七
〇四〇八五	宗婦鄁嫛毀	二五	二二五三	二五六七
〇四〇八六	宗婦鄁嫛毀	二五	二二五四	二五六七
〇四〇八七	宗婦鄁嫛毀	二五	二二五五	二五六七
〇四〇八八	奢毀	二六	二二五五	二五六七
〇四〇八九	事族毀	二六	二二五六	二五六七
〇四〇九〇	叔皮父毀	二六	二二五八	二五六八
〇四〇九一	伯椃虘毀	二六	二二五九	二五六八
〇四〇九二	伯椃虘毀	二六	二二六〇	二五六八
〇四〇九三	伯椃虘毀	二六	二二六一	二五六八
〇四〇九四	伯椃虘毀	二六	二二六二	二五六八
〇四〇九五	食生走馬谷毀	二六	二二六三	二五六八
〇四〇九六	塦逆毀	二六	二二六四	二五六八
〇四〇九七	窖毀	二七	二二六四	二五六八
〇四〇九八	癸毀	二七	二二六五	二五六八
〇四〇九九	敼毀	二七	二二六六	二五六八
〇四一〇〇	生史毀	二七	二二六八	二五六八
〇四一〇一	生史毀	二七	二二六九	二五六八
〇四一〇二	仲叡父毀	二七	二二七〇	二五六八

器號	器名	字數	拓片頁碼	說明頁碼
〇四一〇三	仲叡父毀	二七	二二七一	二五六八
〇四一〇四	賢毀	二七	二二七二	二五六九
〇四一〇五	賢毀	二七	二二七四	二五六九
〇四一〇六	賢毀	二七	二二七六	二五六九
〇四一〇七	豐伯車父毀	二七	二二七七	二五六九
〇四一〇八	叔□孫父毀	二七	二二七八	二五六九
〇四一〇九	内伯多父毀	二七	二二七九	二五六九
〇四一一〇	魯士商叡毀	二七	二二八一	二五六九
〇四一一一	魯士商叡毀	二七	二二八二	二五六九
〇四一一二	命毀	二八	二二八三	二五六九
〇四一一三	井南伯毀	二八	二二八四	二五六九
〇四一一四	仲辛父毀	二八	二二八五	二五六九
〇四一一五	伯戓毀	二九	二二八六	二五六九
〇四一一六	師害毀	二九	二二八七	二五六九
〇四一一七	師害毀	二九	二二八九	二五六九
〇四一一八	宴毀	二九	二二九一	二五七〇
〇四一一九	宴毀	二九	二二九三	二五七〇
〇四一二〇	曾仲之孫毀	二九	二二九五	二五七〇
〇四一二一	爽毀	三〇	二二九六	二五七〇
〇四一二二	彔作辛公毀	三〇	二二九七	二五七〇
〇四一二三	妊小毀	三〇	二二九八	二五七〇
〇四一二四	封仲毀蓋	三〇	二二九九	二五七〇

器號	器名	字數	拓片頁碼	說明頁碼
〇四一二五	大𣪘蓋	三〇	二三〇〇	二五七〇
〇四一二六	楸季𣪘	三〇	二三〇一	二五七〇
〇四一二七	鑄叔皮父𣪘	三〇	二三〇二	二五七〇
〇四一二八	復公仲𣪘蓋	三〇	二三〇三	二五七一
〇四一二九	□叔買𣪘	三一	二三〇四	二五七一
〇四一三〇	[illegible]叔𣪘蓋	三一	二三〇五	二五七一
〇四一三一	利𣪘	三三	二三〇六	二五七一
〇四一三二	叔𣪘	三三	二三〇七	二五七一
〇四一三三	叔𣪘	三三	二三〇八	二五七一
〇四一三四	御史競𣪘	三三	二三〇九	二五七一
〇四一三五	御史競𣪘	三三	二三一〇	二五七一
〇四一三六	相侯𣪘	三三	二三一一	二五七一
〇四一三七	叔妀𣪘	三三	二三一二	二五七一
〇四一三八	小子罾𣪘	三三	二三一三	二五七一
〇四一三九	樆侯𣪘蓋	三三	二三一四	二五七一
〇四一四〇	大保𣪘	三四	二三一五	二五七二
〇四一四一	圅皇父𣪘	三四	二三一六	二五七二
〇四一四二	圅皇父𣪘	三四	二三一八	二五七二
〇四一四三	圅皇父𣪘	三四	二三一九	二五七二
〇四一四四	肄作父乙𣪘	三五	二三二〇	二五七二
〇四一四五	塦侯午𣪘	三六	二三二一	二五七二
〇四一四六	緐𣪘殘底	三六	二三二二	二五七二

器號	器名	字數	拓片頁碼	說明頁碼
〇四一四七	善夫沙其𣪘	三六	二三二三	二五七二
〇四一四八	善夫沙其𣪘	三六	二三二五	二五七二
〇四一四九	善夫沙其𣪘	三六	二三二七	二五七二
〇四一五〇	善夫沙其𣪘	三六	二三二九	二五七三
〇四一五一	善夫沙其𣪘	三五	二三三一	二五七三
〇四一五二	鄦侯少子𣪘	三六	二三三二	二五七三
〇四一五三	[illegible]𣪘	三七	二三三三	二五七三
〇四一五四	仲枏父𣪘	三七	二三三四	二五七三
〇四一五五	仲枏父𣪘	三七	二三三五	二五七三
〇四一五六	伯家父𣪘蓋	三八	二三三七	二五七三
〇四一五七	竈乎𣪘	三八	二三三八	二五七三
〇四一五八	竈乎𣪘	三八	二三四〇	二五七三
〇四一五九	鼂𣪘	三八	二三四二	二五七三
〇四一六〇	伯康𣪘	三九	二三四三	二五七三
〇四一六一	伯康𣪘	三九	二三四四	二五七三
〇四一六二	孟𣪘	四〇	二三四五	二五七四
〇四一六三	孟𣪘	四〇	二三四六	二五七四
〇四一六四	孟𣪘	四〇	二三四七	二五七四
〇四一六五	大𣪘	四〇	二三四八	二五七四
〇四一六六	敔𣪘	四〇	二三四九	二五七四
〇四一六七	豦𣪘	四一	二三五一	二五七四
〇四一六八	[illegible]兑𣪘	四一	二三五二	二五七四

器號	器名	字數	拓片頁碼	說明頁碼
〇四一六九	章伯馭毁	四二	二三五三	二五七四
〇四一七〇	瘨毁	四二	二三五四	二五七四
〇四一七一	瘨毁	四二	二三五六	二五七四
〇四一七二	瘨毁	四二	二三五八	二五七四
〇四一七三	瘨毁	四二	二三六〇	二五七四
〇四一七四	瘨毁	四二	二三六二	二五七四
〇四一七五	瘨毁	四二	二三六四	二五七五
〇四一七六	瘨毁	四二	二三六六	二五七五
〇四一七七	瘨毁	四二	二三六八	二五七五
〇四一七八	君夫毁蓋	四二	二三七〇	二五七五
〇四一七九	小臣守毁	四二	二三七一	二五七五
〇四一八〇	小臣守毁	四二	二三七二	二五七五
〇四一八一	小臣守毁蓋	四二	二三七三	二五七五
〇四一八二	虢姜毁蓋	四二	二三七四	二五七五
〇四一八三	上鄀公敄人毁蓋	四二	二三七五	二五七五
〇四一八四	公臣毁	四三	二三七六	二五七五
〇四一八五	公臣毁	四三	二三七七	二五七五
〇四一八六	公臣毁	四三	二三七八	二五七五
〇四一八七	公臣毁	四三	二三七九	二五七六
〇四一八八	仲爯父毁	四二	二三八〇	二五七六
〇四一八九	仲爯父毁	四三	二三八二	二五七六
〇四一九〇	塦肪毁蓋	四三	二三八四	二五七六

器號	器名	字數	拓片頁碼	說明頁碼
〇四一九一	穆公毁蓋	四四	二三八五	二五七六
〇四一九二	肄毁	四四	二三八六	二五七六
〇四一九三	肄毁	四四	二三八八	二五七六
〇四一九四	春毁	四四	二三八九	二五七六
〇四一九五	⿱艹兩毁	四五	二三九一	二五七六
〇四一九六	師毛父毁	四六	二三九三	二五七六
〇四一九七	部[illegible]毁	四八	二三九四	二五七七
〇四一九八	蔡姞毁	四八	二三九五	二五七七
〇四一九九	恒毁蓋	四九	二三九六	二五七七
〇四二〇〇	恒毁蓋	四九	二三九七	二五七七
〇四二〇一	小臣宅毁	五一	二三九八	二五七七
〇四二〇二	⿱冖可毁	五一	二三九九	二五七七
〇四二〇三	曾仲大父螽毁	五一	二四〇〇	二五七七
〇四二〇四	曾仲大父螽毁	五一	二四〇一	二五七七
〇四二〇五	獻毁	五二	二四〇三	二五七七
〇四二〇六	小臣傳毁	五二	二四〇四	二五七七
〇四二〇七	遹毁	五三	二四〇五	二五七七
〇四二〇八	段毁	五五	二四〇六	二五七八
〇四二〇九	衛毁	五五	二四〇七	二五七八
〇四二一〇	衛毁	五五	二四〇九	二五七八
〇四二一一	衛毁	五五	二四一一	二五七八
〇四二一二	衛毁	五五	二四一三	二五七八

器號	器名	字數	拓片頁碼	說明頁碼
〇四二一三	屓敖𣪕蓋	五五	二四一五	二五七八
〇四二一四	師遽𣪕蓋	五六	二四一六	二五七八
〇四二一五	虤𣪕	五六	二四一七	二五七八
〇四二一六	五年師旋𣪕	五七	二四一九	二五七八
〇四二一七	五年師旋𣪕	五七	二四二一	二五七八
〇四二一八	五年師旋𣪕	五七	二四二三	二五七九
〇四二一九	追𣪕	五八	二四二四	二五七九
〇四二二〇	追𣪕	五八	二四二五	二五七九
〇四二二一	追𣪕	五八	二四二六	二五七九
〇四二二二	追𣪕蓋	五八	二四二七	二五七九
〇四二二三	追𣪕	五八	二四二九	二五七九
〇四二二四	追𣪕	五八	二四三一	二五七九
〇四二二五	無㠱𣪕	五八	二四三二	二五七九
〇四二二六	無㠱𣪕	五八	二四三四	二五七九
〇四二二七	無㠱𣪕蓋	五八	二四三六	二五七九
〇四二二八	無㠱𣪕蓋	五八	二四三七	二五八〇
〇四二二九	史頌𣪕	六〇	二四三八	二五八〇
〇四二三〇	史頌𣪕	六〇	二四四一	二五八〇
〇四二三一	史頌𣪕蓋	六〇	二四四二	二五八〇
〇四二三二	史頌𣪕	六〇	二四四三	二五八〇
〇四二三三	史頌𣪕	六〇	二四四五	二五八〇
〇四二三四	史頌𣪕	六〇	二四四六	二五八〇

器號	器名	字數	拓片頁碼	說明頁碼
〇四二三五	史頌𣪕	六〇	二四四七	二五八〇
〇四二三六	史頌𣪕	六〇	二四四九	二五八〇
〇四二三七	臣諫𣪕	存六二	二四五一	二五八〇
〇四二三八	小臣謎𣪕	六四	二四五二	二五八一
〇四二三九	小臣謎𣪕	六四	二四五四	二五八一
〇四二四〇	免𣪕	六四	二四五六	二五八一
〇四二四一	𤇾作周公𣪕	六七	二四五七	二五八一
〇四二四二	叔向父禹𣪕	存六五	二四五八	二五八一
〇四二四三	投𣪕蓋	六七	二四五九	二五八一
〇四二四四	走𣪕	存六七	二四六〇	二五八一
〇四二四五	三兒𣪕	存六七	二四六一	二五八一
〇四二四六	楚𣪕	六九	二四六三	二五八一
〇四二四七	楚𣪕	六九	二四六五	二五八一
〇四二四八	楚𣪕	六九	二四六七	二五八二
〇四二四九	楚𣪕	六九	二四六九	二五八二
〇四二五〇	即𣪕	七〇	二四七〇	二五八二
〇四二五一	大師虘𣪕	七〇	二四七一	二五八二
〇四二五二	大師虘𣪕	七〇	二四七三	二五八二
〇四二五三	弭叔師察𣪕	七〇	二四七五	二五八二
〇四二五四	弭叔師察𣪕	七〇	二四七六	二五八二
〇四二五五	𢦔𣪕	七〇	二四七七	二五八二
〇四二五六	廿七年衛𣪕	七一	二四七八	二五八二

甲毁

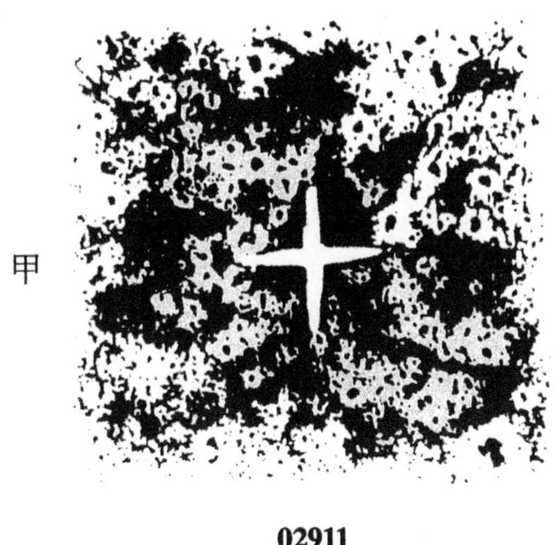

甲

02911

天毁

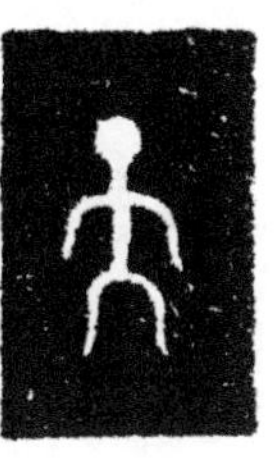

天

02912

天毁

天

02913

天毁

天

02914

犮𣪘

犮

02915

𣪘

⿰弓吴

02916

𣪘

⿰弓吴

02917

𣪘

專

02918

𣪕

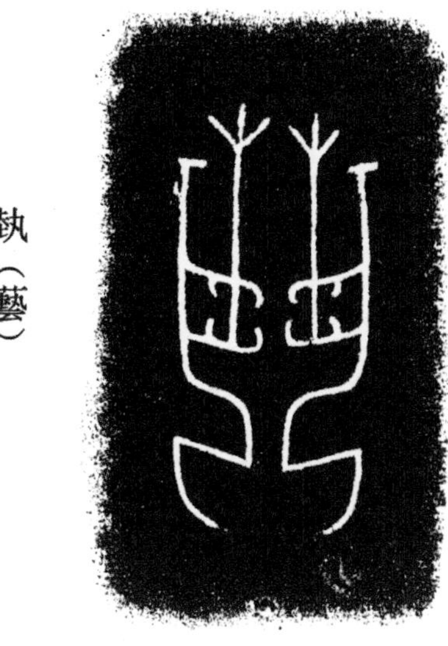

埶（藝）

02919

𣪕

咠及（及倗）

02920

𣪕

婐（戎）

02921

婦𣪕

婦

02922

好毁

好

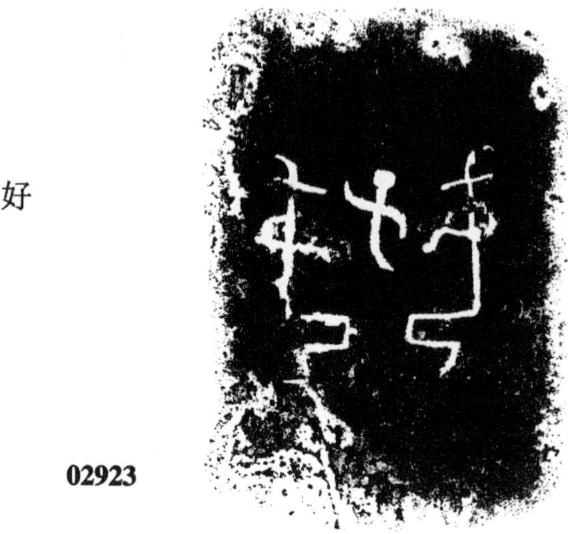

02923

嫚毁

嫚

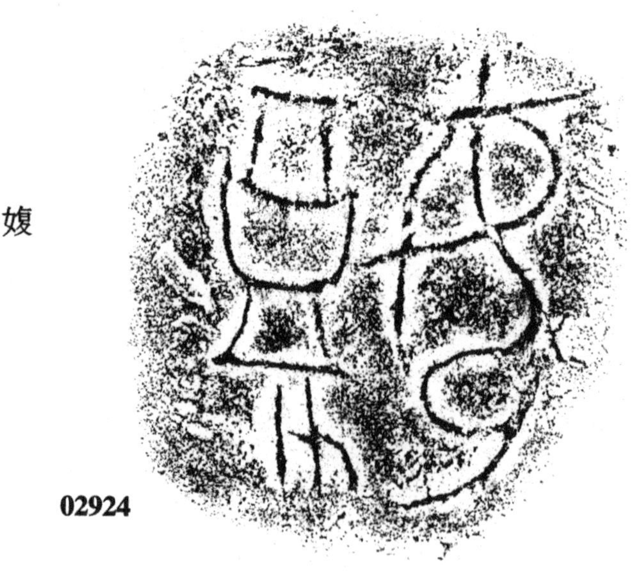

02924

好殷

好

02925

重殷

重

02927

母殷

母

02926

何殷

何

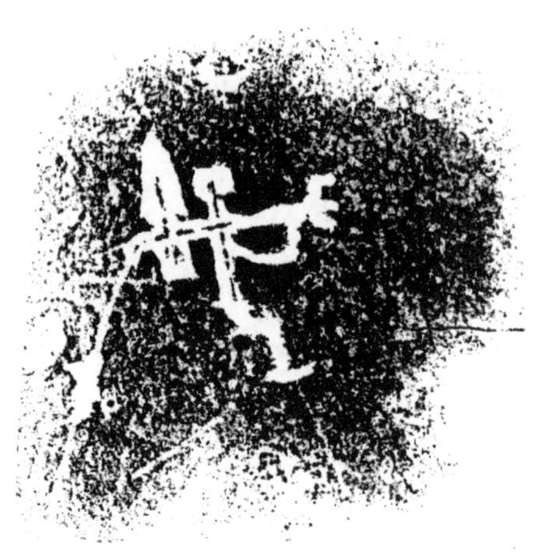

02928

殷

忍

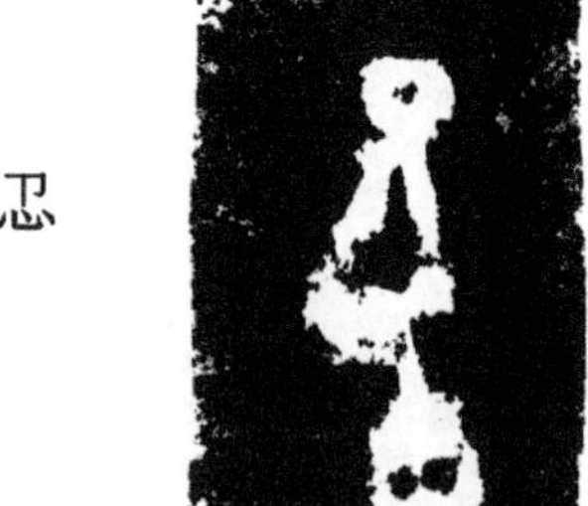

02929

奺殷

奺（賨）

02930

卷𣪘

卷

02931

䚄𣪘

䚄

02932

䚄𣪘

䚄

02933

觥𣪘

觥

02934

[illegible]𣪘

竟

02936

觥𣪘

觥

02935

⿰彳卷𣪘

⿰彳卷（踡）

02937

兒𣪘

兒

02938

兒𣪘

兒

02939

兒𣪘

兒

02940

⿱子兒𣪘

⿱子兒

02941

⿱子大

02942

⿱止⿰止止殷

⿱止⿰止止

02944

⿱丵大殷

⿱丵大

02943

[illegible]𣪕

[illegible]（圍）

02945

[illegible]𣪕

[illegible]𣪕

[illegible]（圍）

02947

[illegible]（圍）

02946

[口正]𣪘

正

02948

徙𣪘

徙

02950

[口正]𣪘

02949

✧𣪘

02951

⊠簋

⊠

02952

⊕簋

⊕

02953

𢔶簋

得

02954.1

得

02954.2

[矢又]簋

[矢又]（矧）

02955

史簋

史

02957

[矢又]簋

[矢又]（矧）

02956

史簋

史

02958

史毁

史

02959

史毁

史

02960

史毁

史

02961

史毁

史

02962

史毁

史

02963

拲毁

拲

02964

拲毁

拲

02965

拲毁

拲

02966

守𣪘

02967

耒𣪘

耒

02969

守𣪘

02968.1

02968.2

剢殷

剢（𧳇）

02970

㱿殷

般

02971

逐殷

逐

02972

牛殷

牛

02973

虎殷

虎

02974.1

虎

02974.2

虎殷

虎

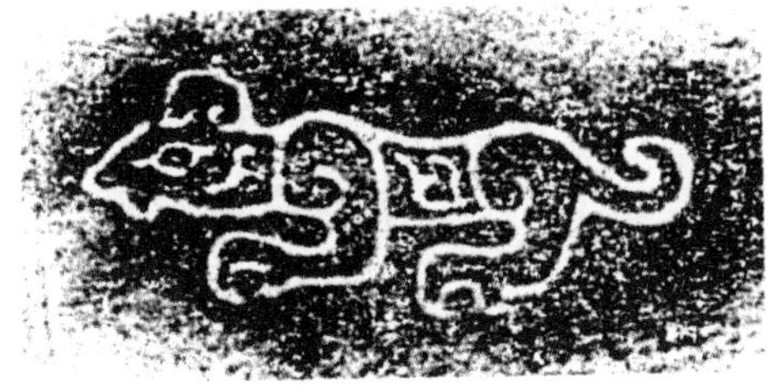

02975.1

虎

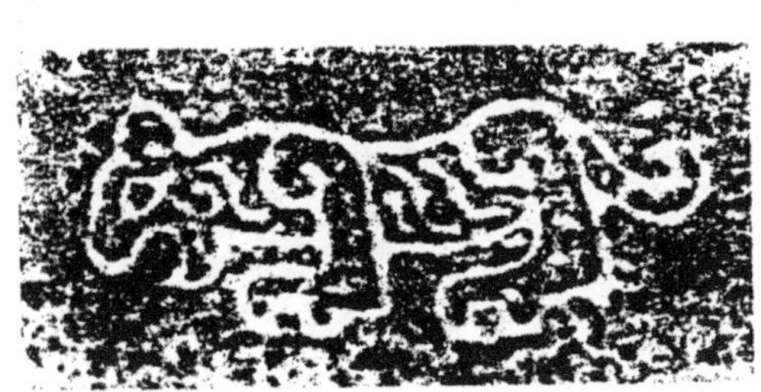

02975.2

虎簋

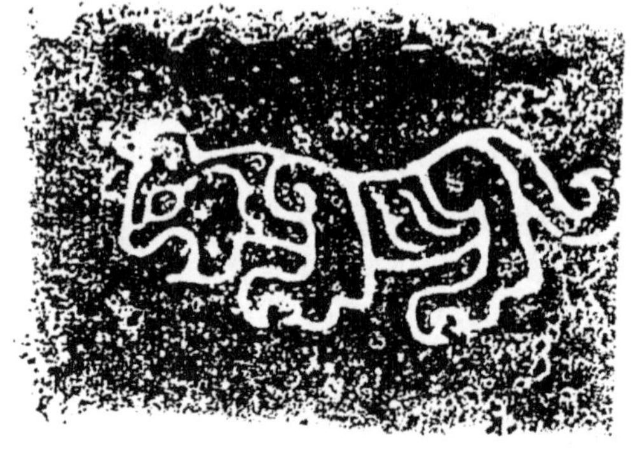

虎

02976.1

虎

02976.2

虎簋蓋

虎

02977

虎簋

虎

02978

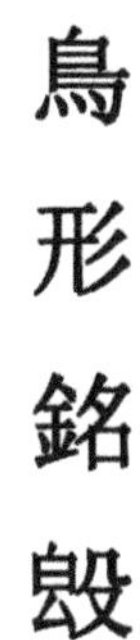
鳥形銘毁

鳥

02979

鳶毁

鳶

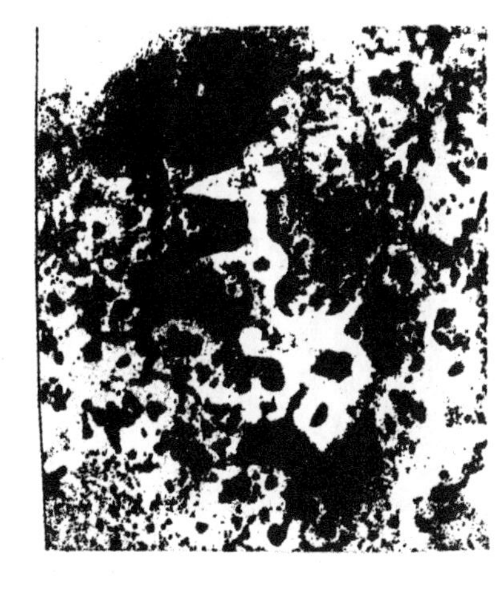

02981

鳥形銘毁

鳥（鶴）

02980

魚毁

魚

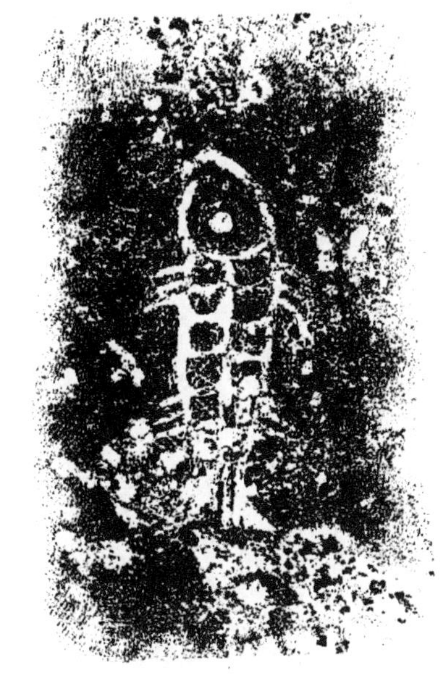

02982

魚毁

魚

02983

魚毁

魚

02984

黿毁

黿

02985

亯毁

享

02986

亯毁

享

02987

車毁

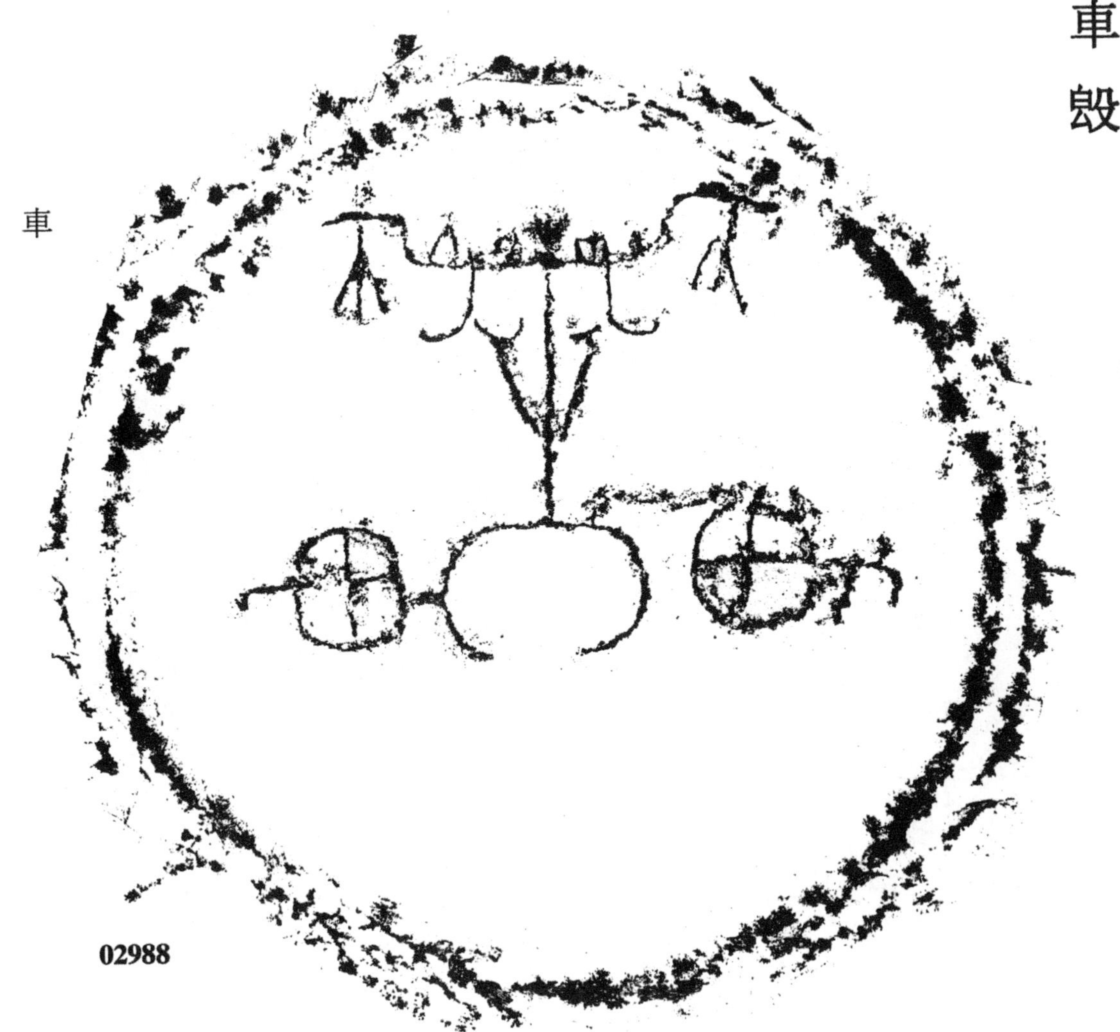

車

02988

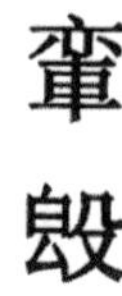

亦車

02989

[illegible]殷

[illegible]（尺）

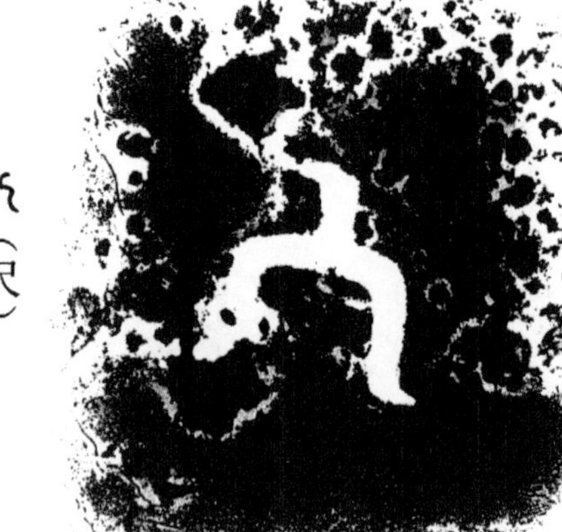

02990

[illegible]殷

[illegible]

02991

[illegible]殷

[illegible]

02992

[illegible]殷

[illegible]

02993

丙殷

丙

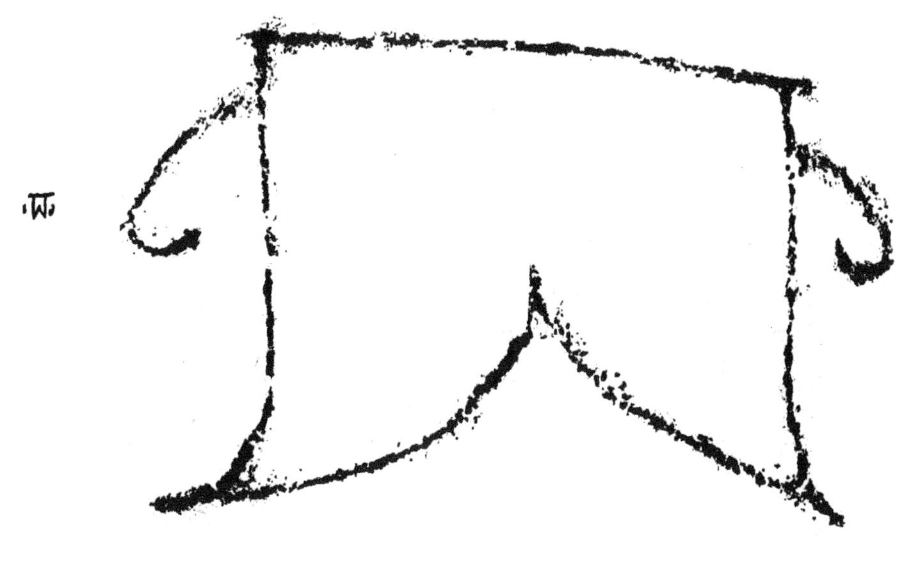

02994

丙殷

丙

02995

丙殷

丙

02996

丙殷

02997

丙殷

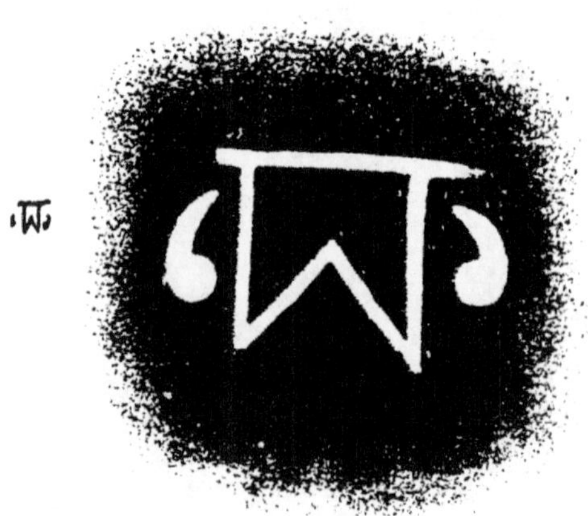

02998

丙殷

02999

丙殷

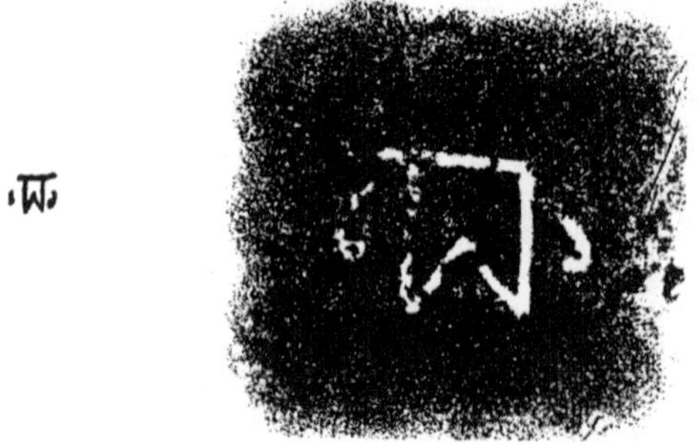

03000

殷

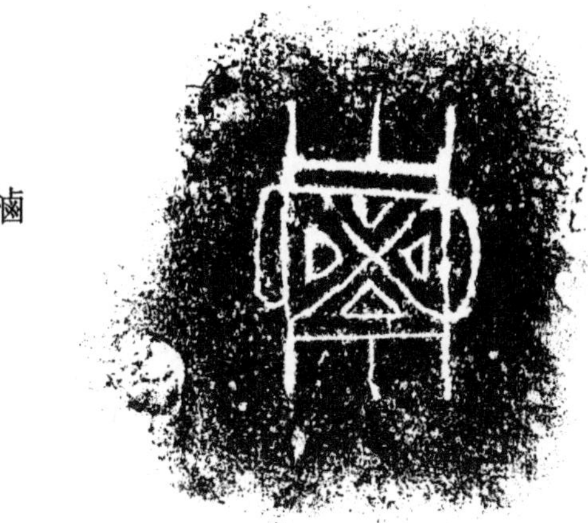

03001

殷

03002.2

03002.1

皿殷

03003

皿殷

03004

⿴囗皿殷

03005

⿴囗皿殷

03006

毁

03007

冉毁

冉

03008

冉毁

冉

03009

冉毁

冉

03010

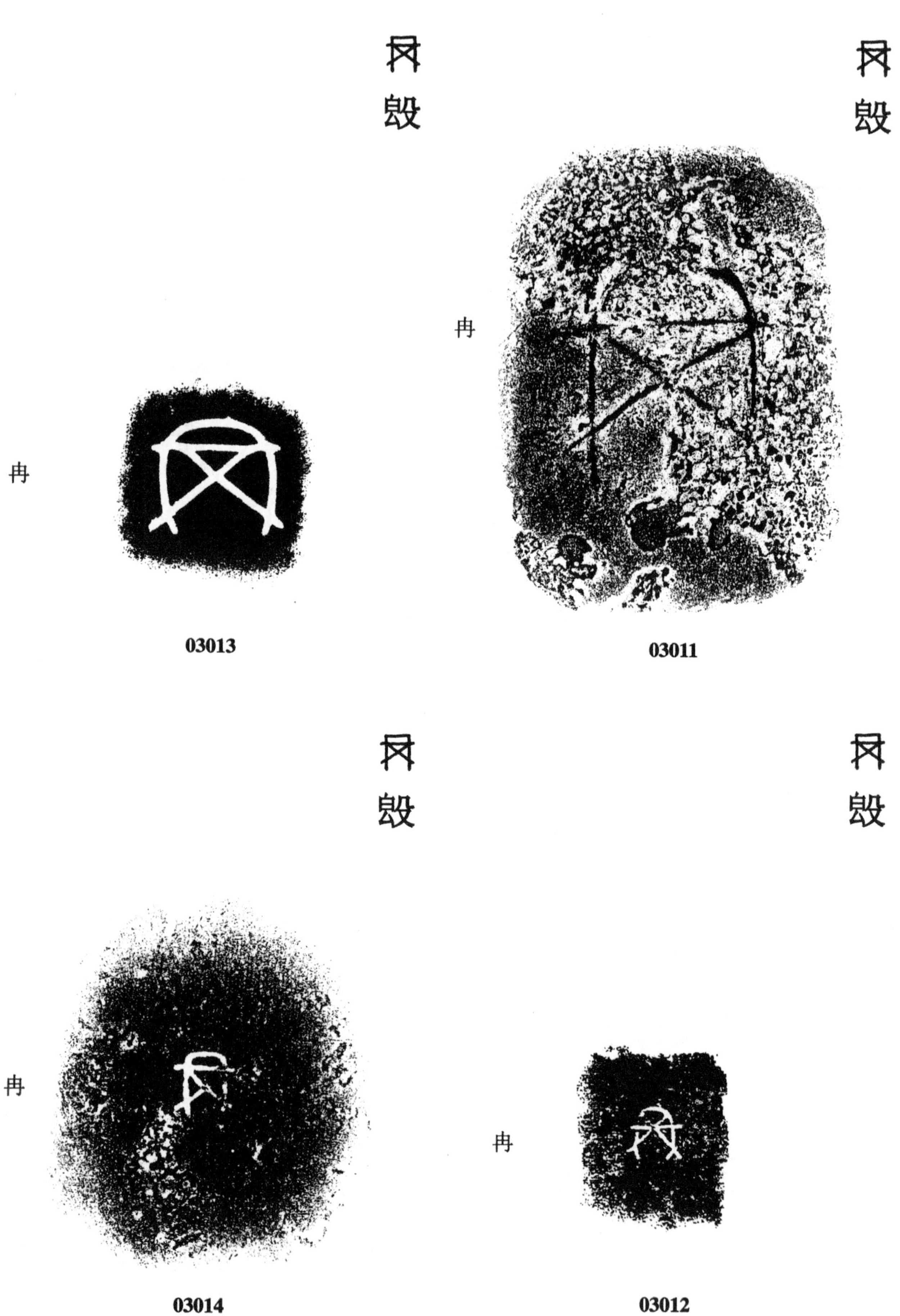

冄毁

冉

03011

冄毁

冉

03013

冄毁

冉

03012

冄毁

冉

03014

鼎簋

鼎

03015

簋

03016

簋

03017

戈
毁

戈

03018

戈
毁

戈

03020

戈
毁

戈

03019

戈毁

戈

03021

戈毁

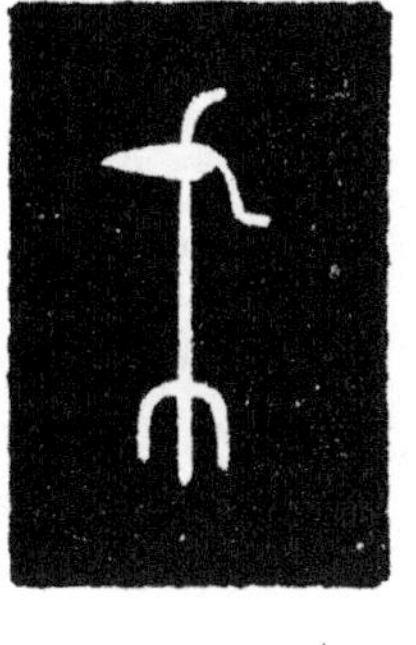

戈

03022

戈毁

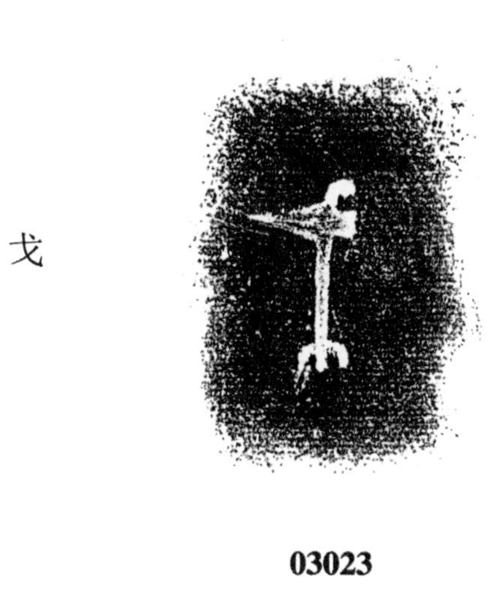

戈

03023

戈毁

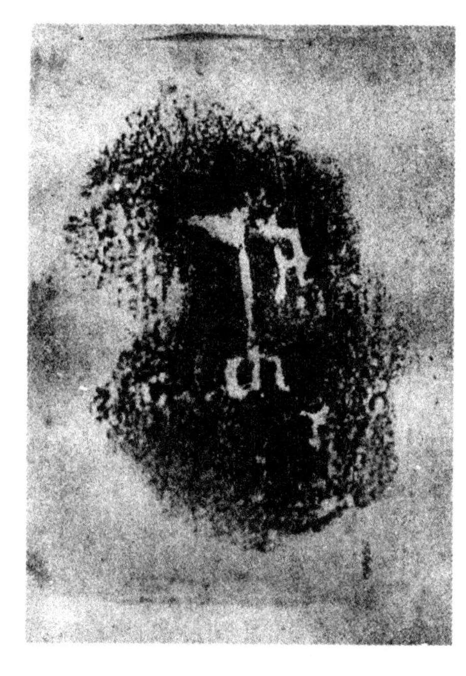

戈

03024

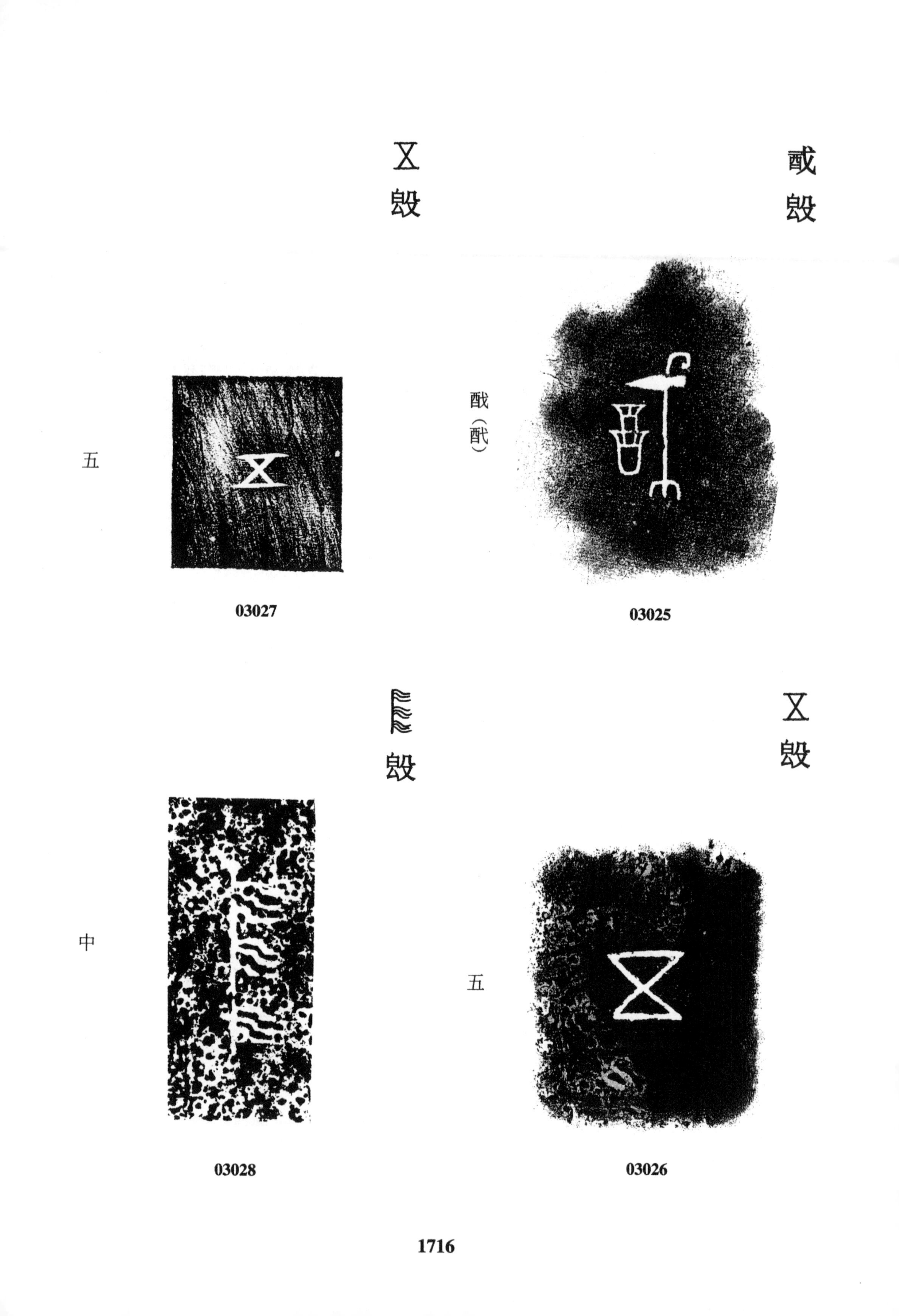

酨殷

酨（酨）

03025

㐅殷

五

03026

㐅殷

五

03027

殷

中

03028

尹毁

尹

03029

受毁

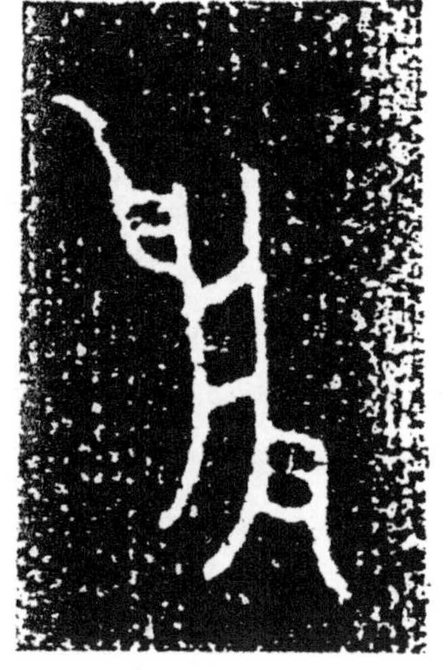

受

03030

受毁

受

03031

山毁

山

03032

殷

03033

殷

句須

03034

殷

九

03035

殷

03036

爵𣪘

爵

03037

竹冬𣪘

竹冬

03038

[illegible]𣪘

[illegible]

03039

龍𣪘

龍

03040

啟殷

𢼄

03041

ㄨ殷

ㄨ（規）

03042

己Y殷

己Y

03043

殷

03044

殷

寅

03045

殷

宫（字）

03046.1

宫（字）

03046.2

殷

宫（字）

03047.1

宫（字）

03047.2

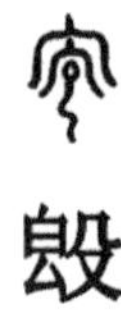毁

宦（字）

03048

且乙毁

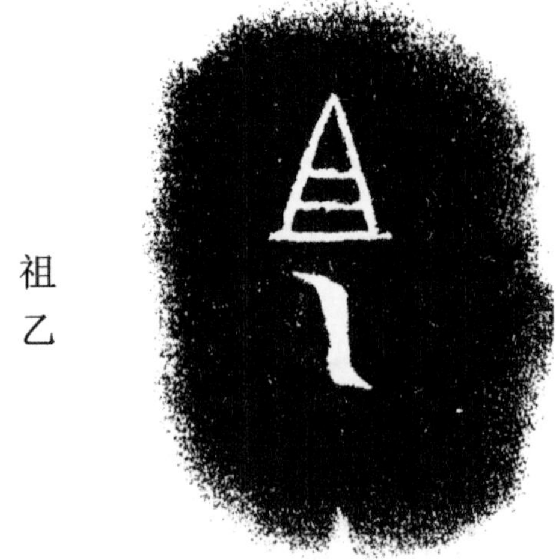

祖乙

03049

且戊毁

祖戊

03050

且辛毁

祖辛

03051

父乙毁

父乙

03052

父丁毁

父丁

03053

父丁毁

父丁

03054

父戊毁

父戊

03055

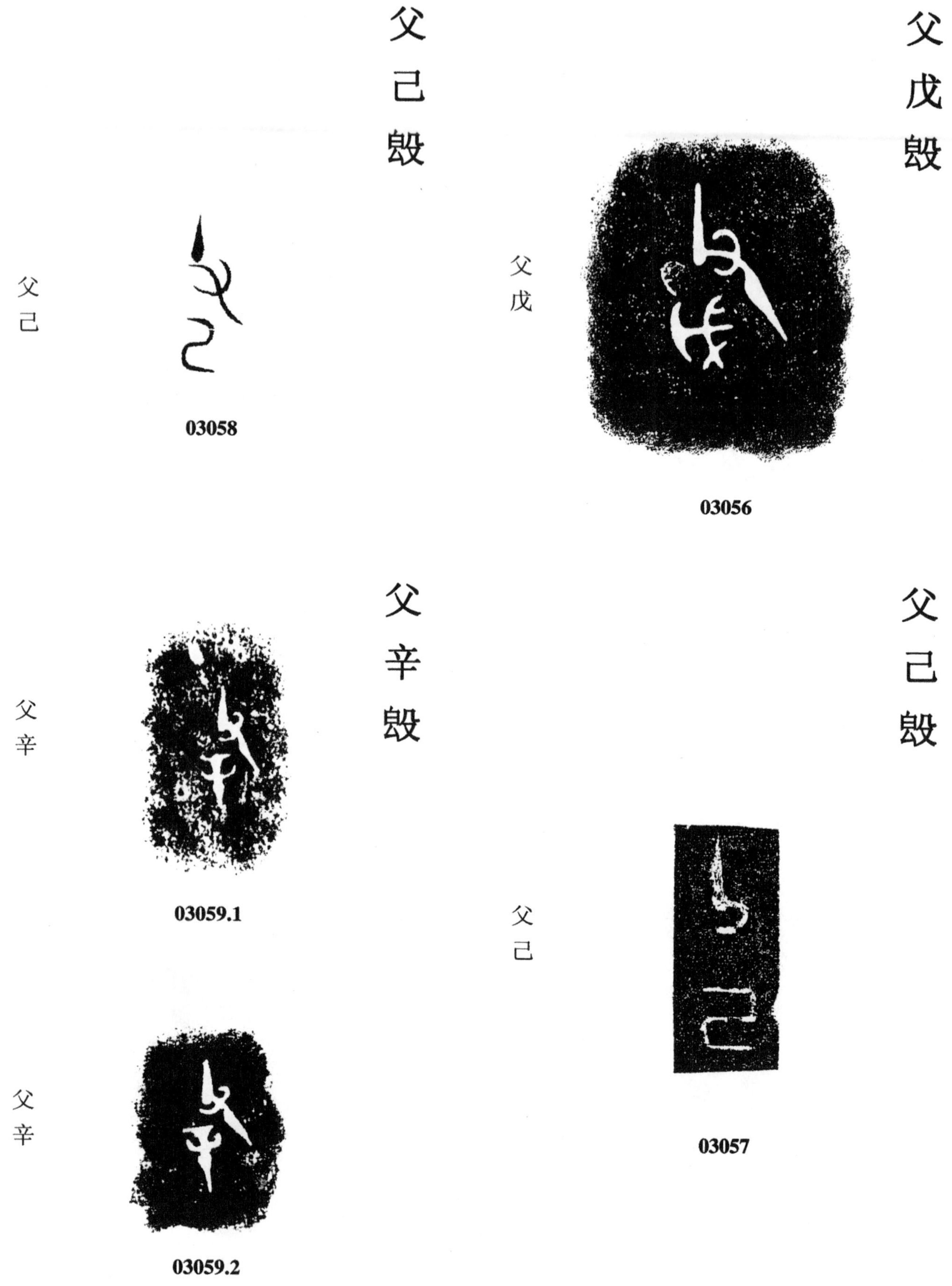

父戊殷

父戊

03056

父己殷

父己

03057

父己殷

父己

03058

父辛殷

父辛

03059.1

父辛

03059.2

父辛簋

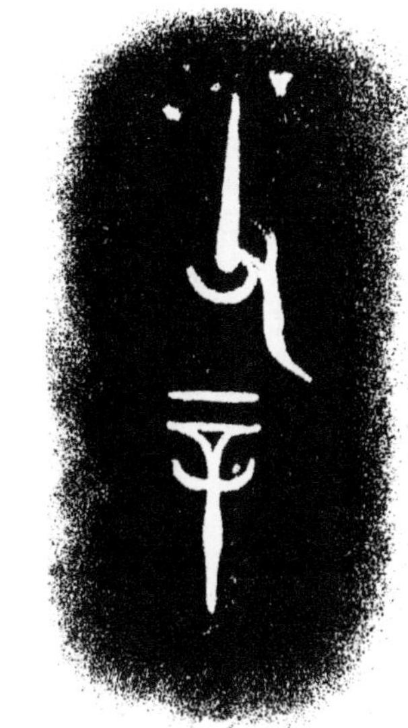

父辛

03060

[illegible]乙簋

[illegible]乙

03061

乙戈簋

乙戈

03062

乙魚毁

乙
魚

03063

𢦔丁毁

卷
丁

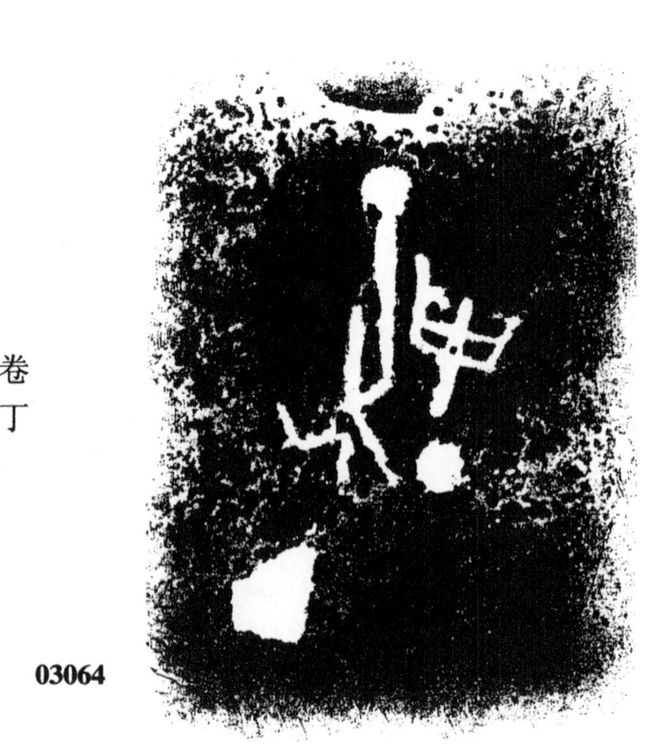

03064

何戊毁

何戊

03065

戈己毁

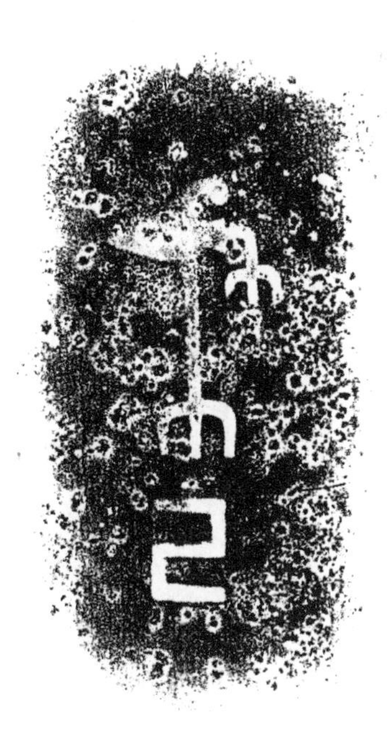

戈己

03066

天己毁

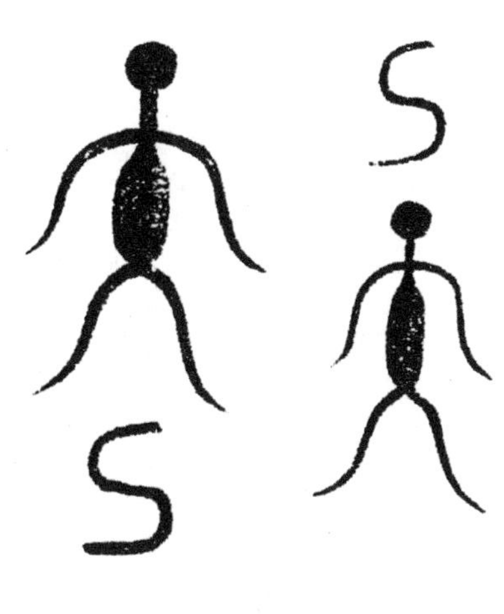

己天，父己

03067

辛倗毁

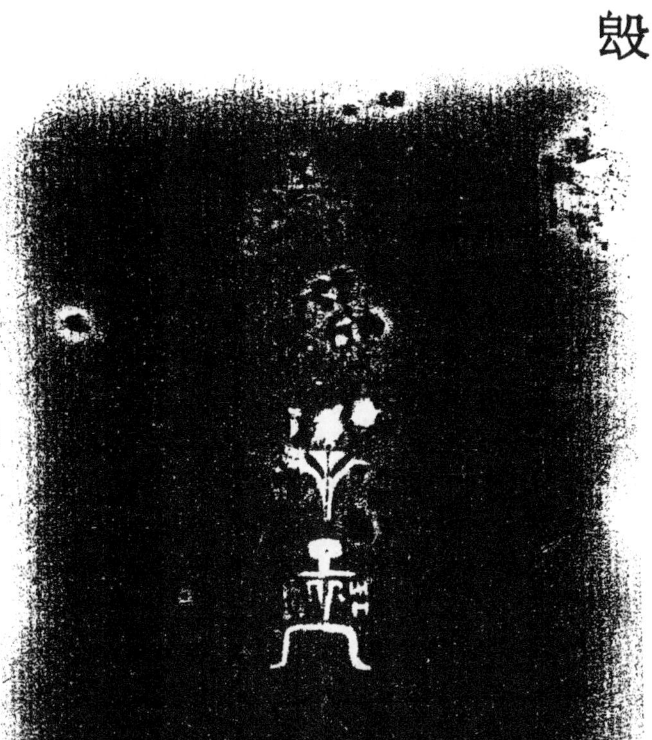

辛倗

03068

辛[illegible]𣪘

辛𠙵

03069

子癸𣪘

子巫

03071

癸山𣪘

癸山

03070

子[illegible]𣪘

子青

03072

子妻毁

子
妻（晝）

03073

子妻毁

子
妻（晝）

03074

子妥毁

子
妥

03075

子□殷

子 昊（扣）

03076

子□殷

子 □（孤）

03077

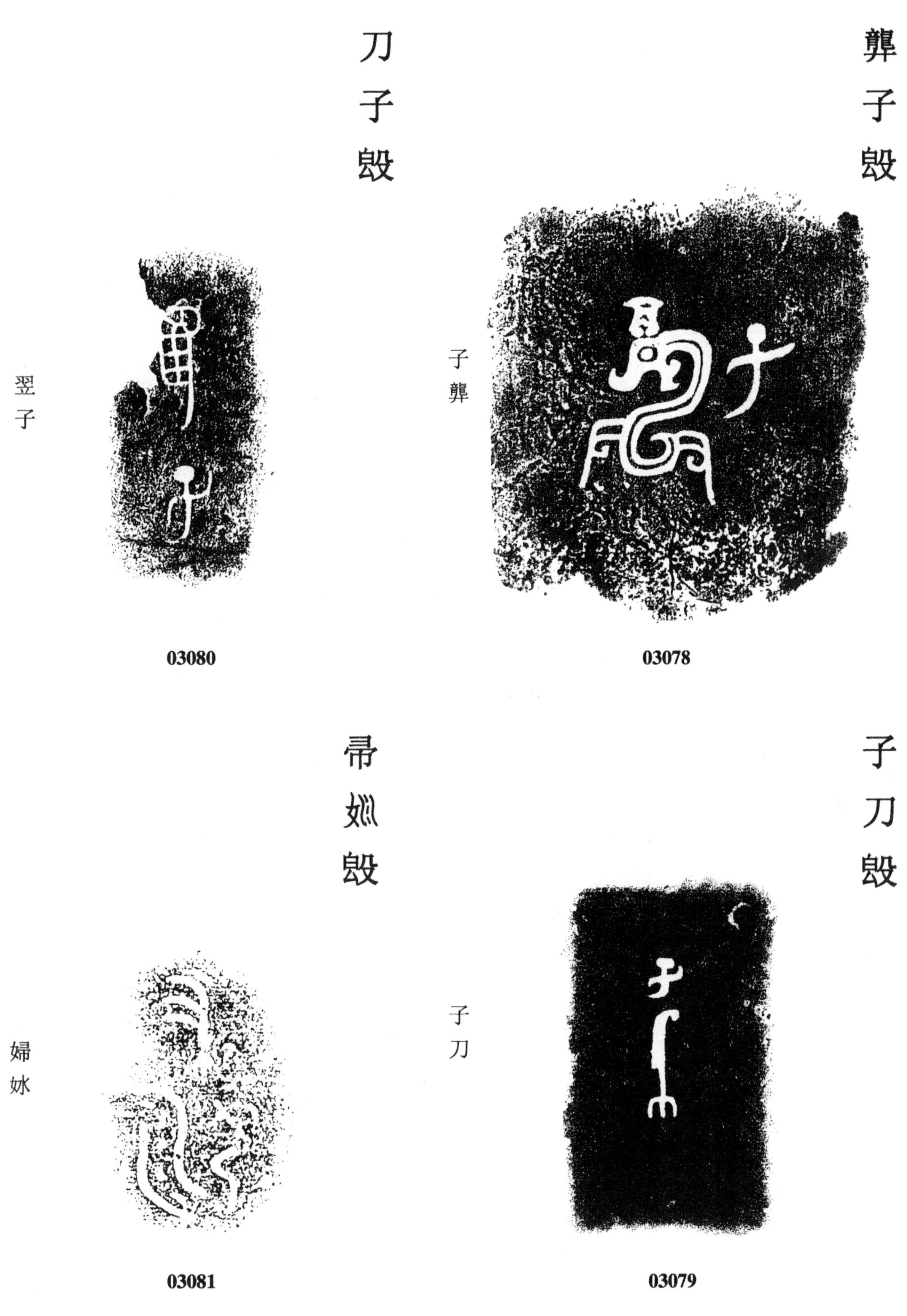

龏子殷

子龏

03078

刀子殷

翌子

03080

子刀殷

子刀

03079

帚𡛥殷

婦𡛥

03081

守婦𣪘

□婦

03082

龏女𣪘

龏母

03083

女□𣪘

母襄

03084

康母𣪘

康母

03085

乙冉毁

乙冉

03086

己冉毁

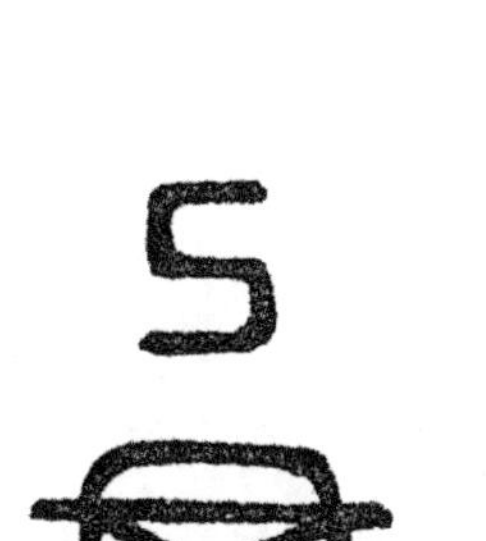

己冉

03088

冉丁毁

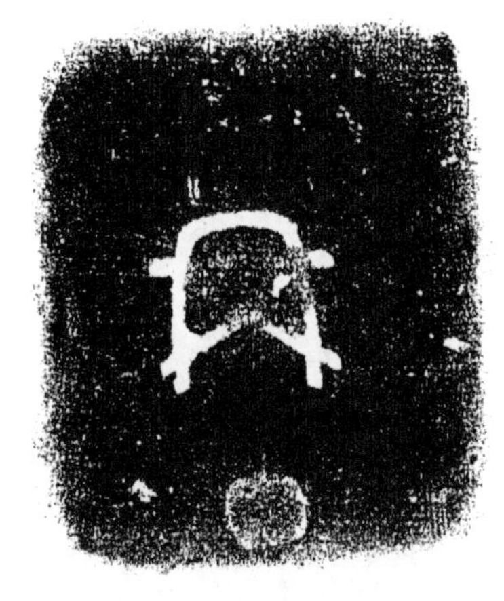

冉丁

03087

癸冉毁

癸冉

03089

亞吴毁

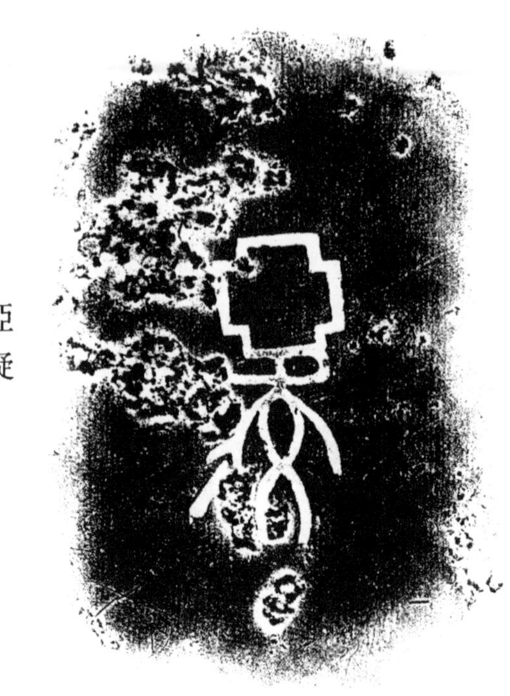

亞疑

03090

亞吴毁

亞疑

03092

亞吴毁

亞疑

03091

亞奚毁

亞奚

03093

亞
告

03094

亞䤃𣪘

亞
䤃

03095

亞
䤃

03096

亞䤃𣪘

亞
䤃

03097

亞醜方殷

亞醜

03098

亞醜殷

亞醜

03099

亞盥殷

亞盥

03100

亞毁

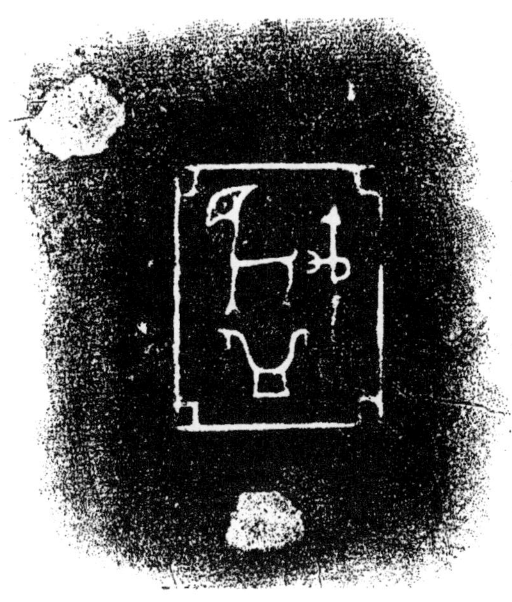

亞盤

03101

亞獏毁

亞獏

03102

亞夫毁

亞夫

03103

亞光殷

亞光

03104

亞登殷

亞登

03105

尹舟殷

尹舟

03106

尹舟毁

尹舟

03107

⿱䀠豕册毁

⿱䀠豕（貜）册

03108

册光毁

光册

03109

允册毁

允册

03110

鄉宁𣪘

鄉宁

03111

[illegible]逋𣪘

逋

03113

[illegible]䖒𣪘

䖒[illegible]

03112

[illegible][illegible]𣪘

[illegible][illegible]

03114

立臽𣪕

立
臽

03115

丅萬𣪕

丅
萬

03117

弔龜𣪕

弔
龜

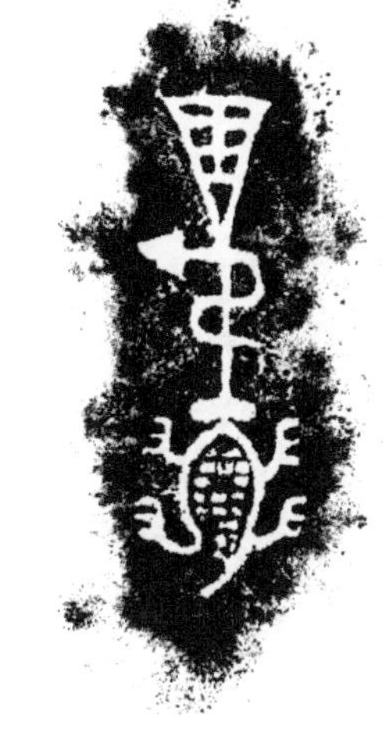

03116

大𣪕

大

03118

秉冊殷

（曰）叜（柄）

秉冊

03121

𡥎殷

03119

禾保殷

禾保

03122

北單殷

北單

03120

鼎乚毁

甗乚

03123

𢍰虎毁

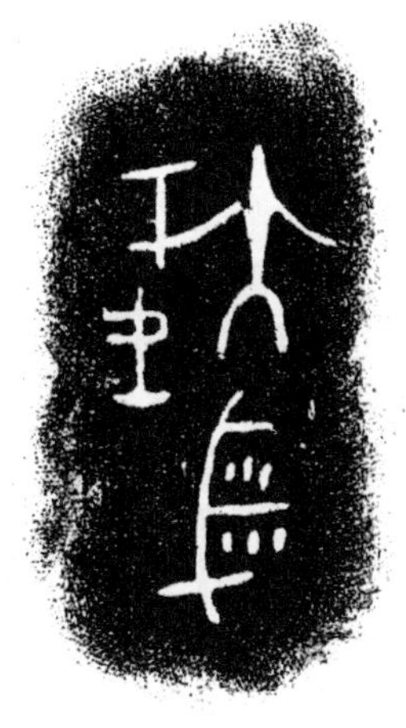

𢍰(擧)虎粊

03125

聑䍒毁

聑𦋊

03124

車徙毁

車徙

03126

⿱口正侯殷

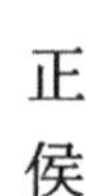
正侯

03127

魚從殷

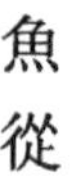
魚從

03128

魚從殷

魚從

03129

夆彝殷

夆彝

03130

夆彝毁

夆彝

03131

作彝毁

乍（作）彝

03133

遽從毁

遽從

03132

中府毁

中府

03134

丙且丁毁

丙祖丁

03135

門且丁毁

門祖丁

03136

竹且丁殷

竹祖丁

03137

戈且己殷

戈祖己

03139

倗且丁殷

倗祖丁

03138

倗且己殷

倗祖己

03140

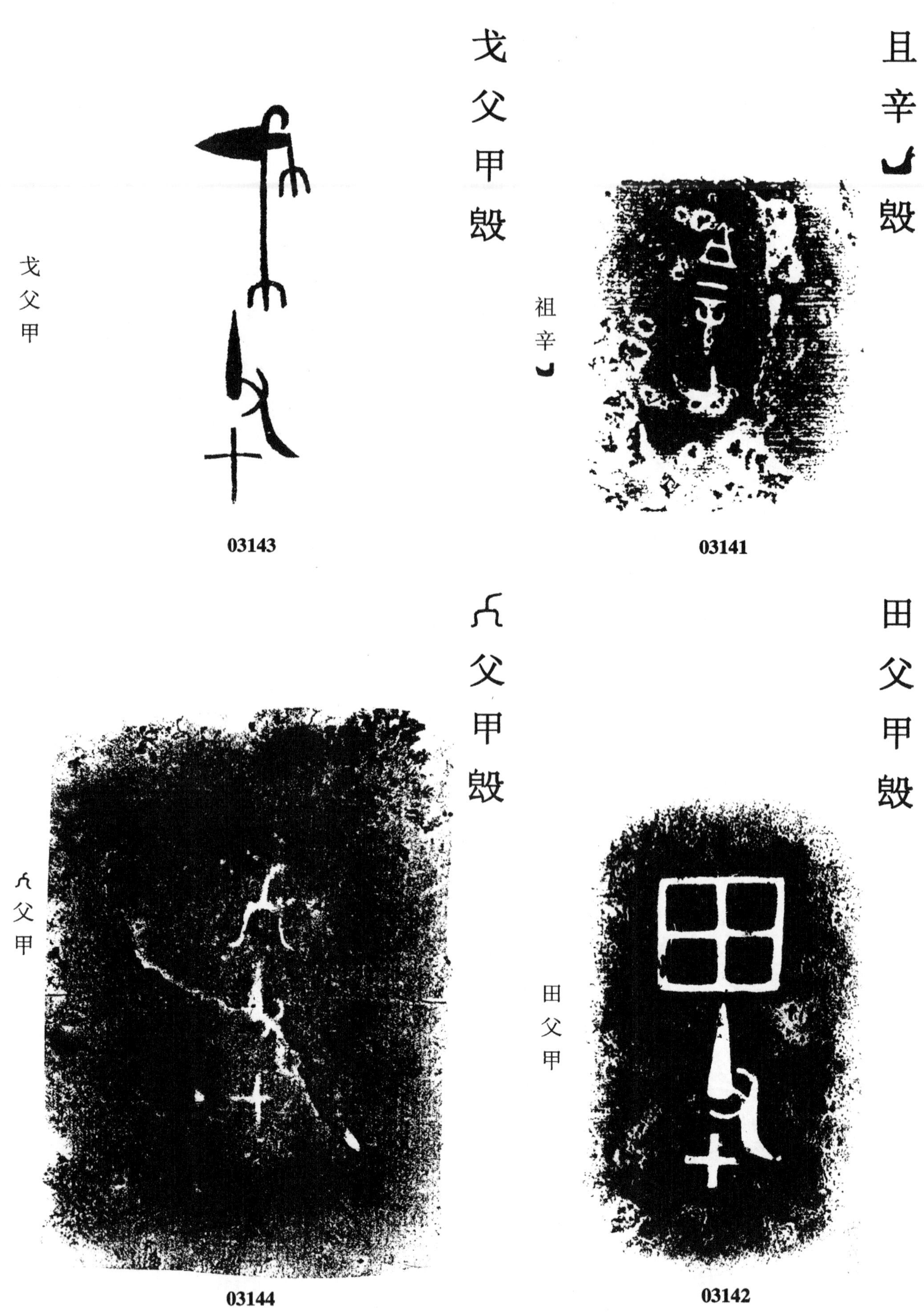

且辛乚毁

祖辛乚

03141

戈父甲毁

戈父甲

03143

田父甲毁

田父甲

03142

□父甲毁

□父甲

03144

冀父乙毁

冀父乙

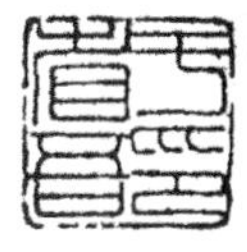

03145

冀父乙毁

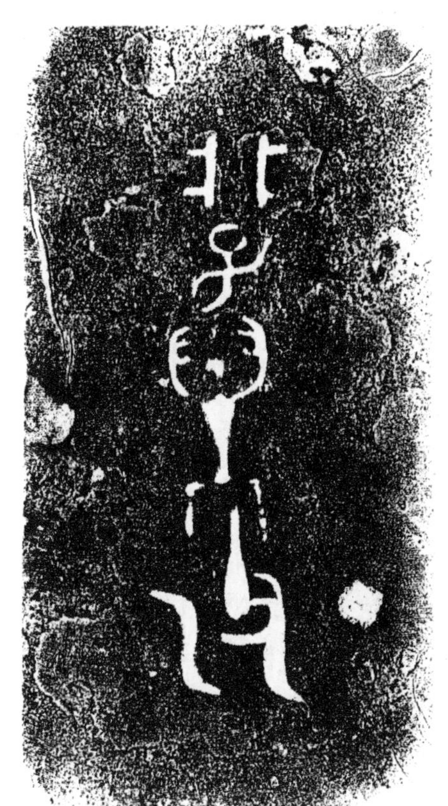

冀父乙

03146

𠔁父乙毀

𠔁父乙

03147

𠔁父乙毀

父乙𠔁

03148

共父乙簋

父乙

03149

咸父乙簋

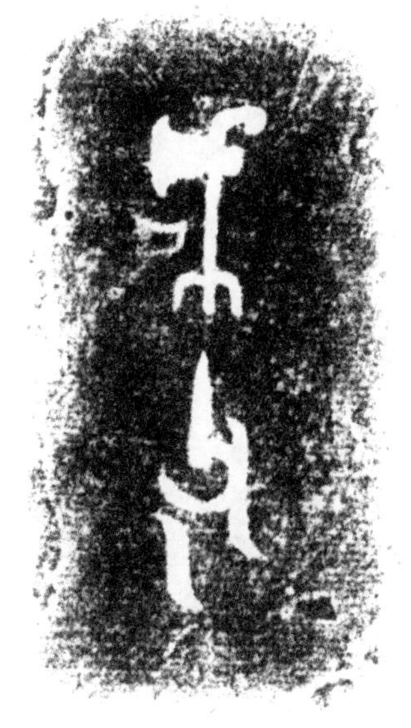

咸父乙

03150

父乙簋

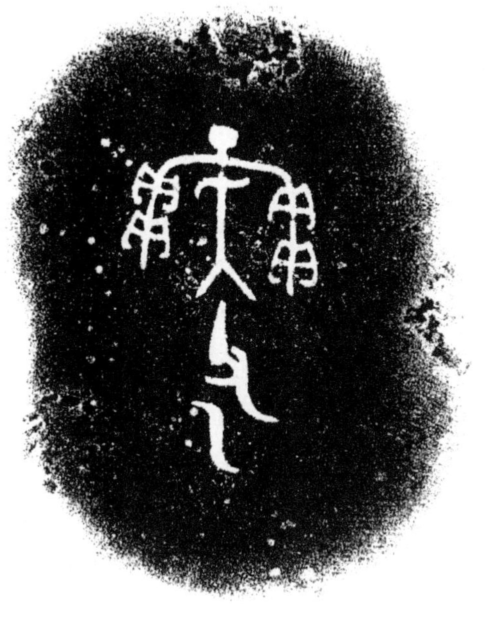

⿺走朋（⿺走𦙶）父乙

03151

乃父乙簋

乃父乙

03152

[雋雋]父乙毁

雋父乙

03153

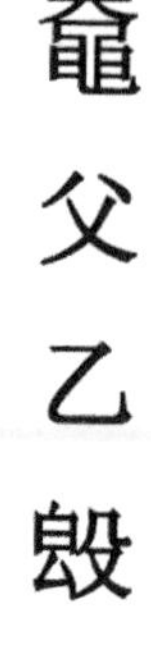

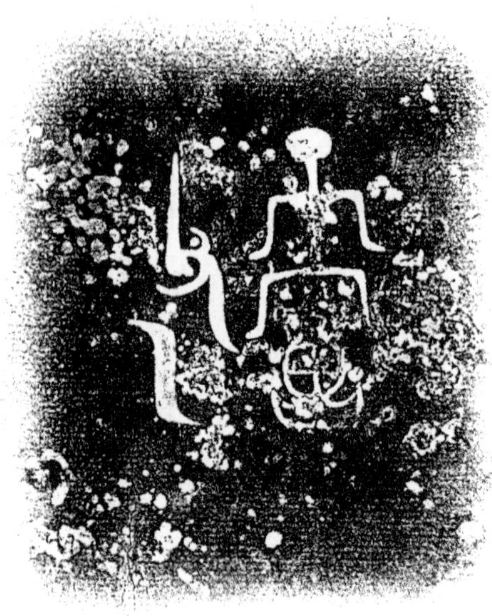

黿父乙

03155

父乙冉毁

父乙冉

03154

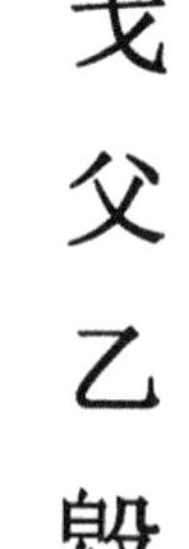

戈父乙

03156

葡父乙毁

葡（箙）父乙

03157

天父乙毁

天父乙

03159

天父乙毁

天父乙

03158

谷父乙毁

父乙冟

03160

魚父乙毁

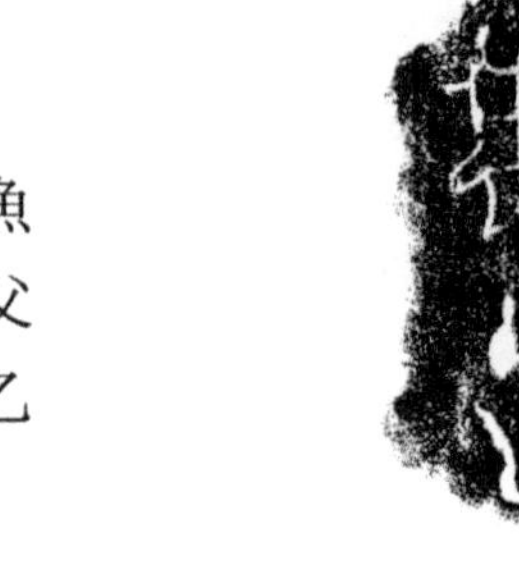

魚父乙

03161

魚父乙毁

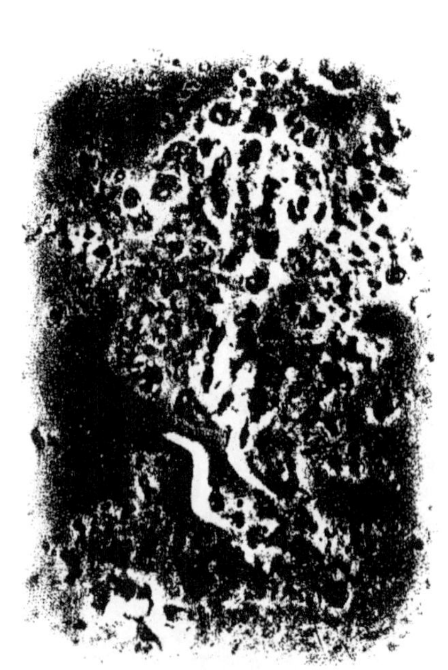

魚父乙

03162

爻父乙毁

爻父乙

03163

爻父乙毁

爻父乙

03164

父乙毁

侁父乙

03165

父乙毁

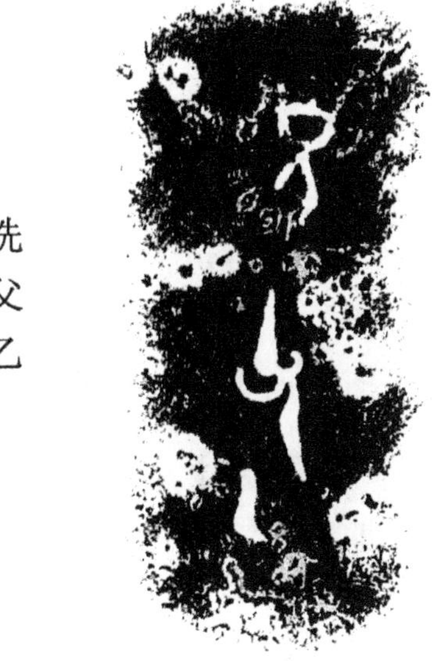

侁父乙

03166

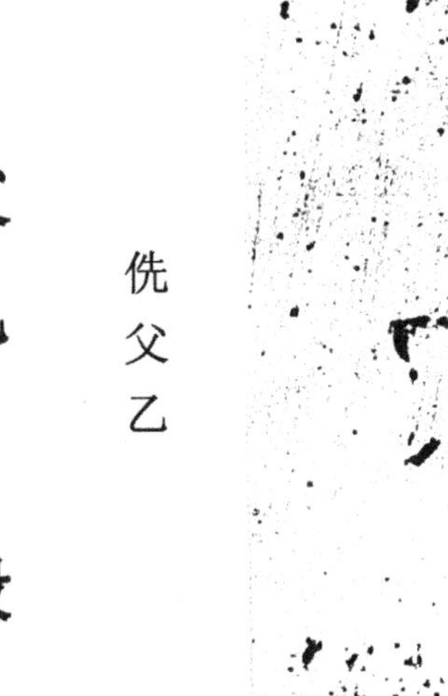

父乙毁

父乙侁

03167

木父丙殷

木父丙

03168

冀父丁殷

冀父丁

03170

冀父丁殷

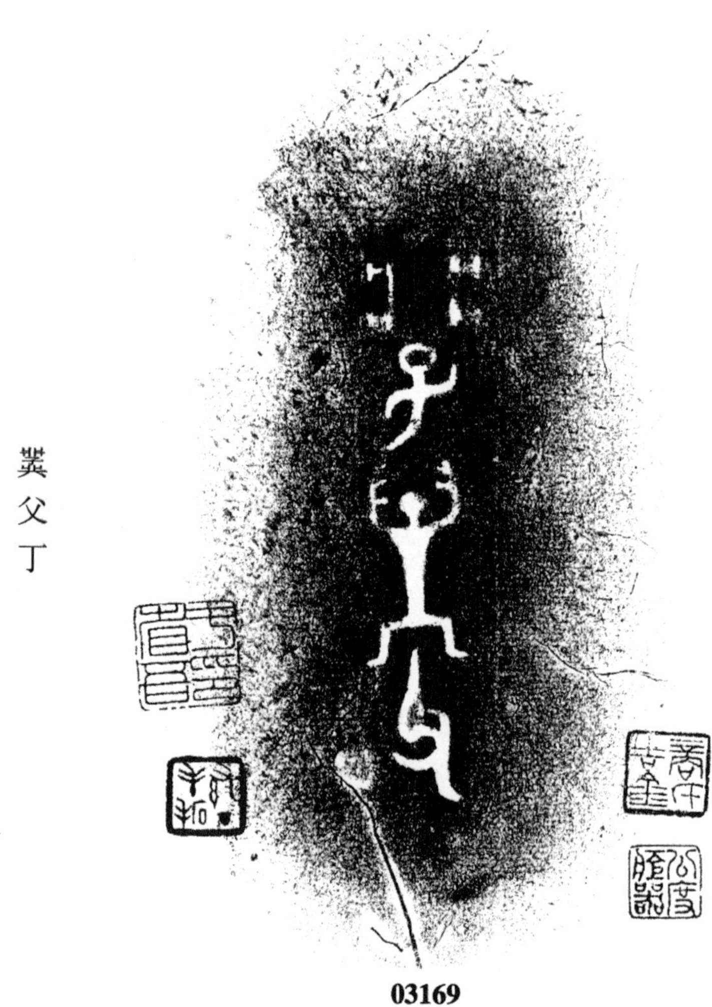

冀父丁

03169

戈父丁毁

戈父丁

03171

戈父丁毁

03172

戈父丁毁

03173

𠘧父丁殷

𠘧父丁

03174

父丁□殷

父丁𦉲殷

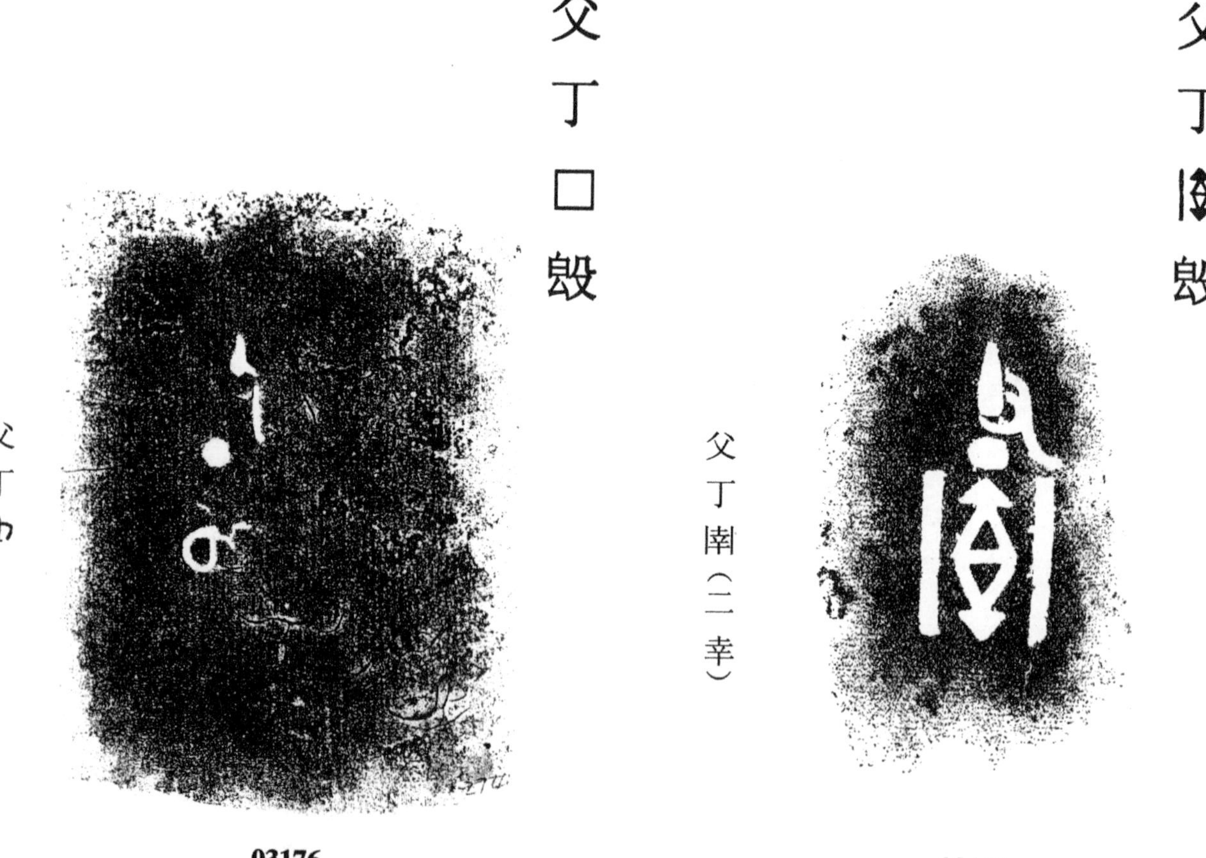

父丁□

父丁南（二幸）

03176

03175

𪏰父丁殷

𪏰（耤）父丁

03177

䶀父丁殷

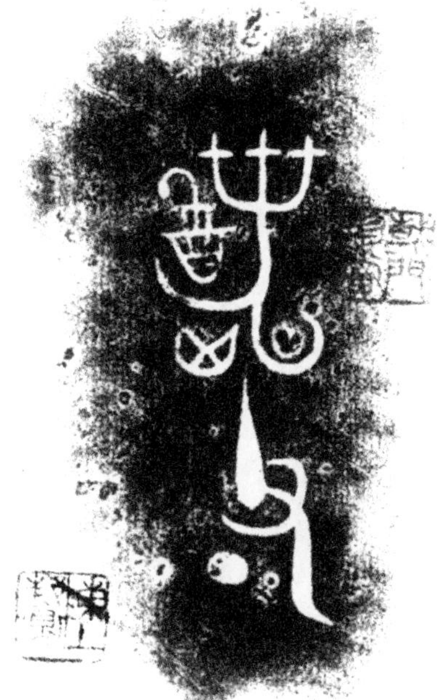

䶀父丁

03178

奄父丁殷

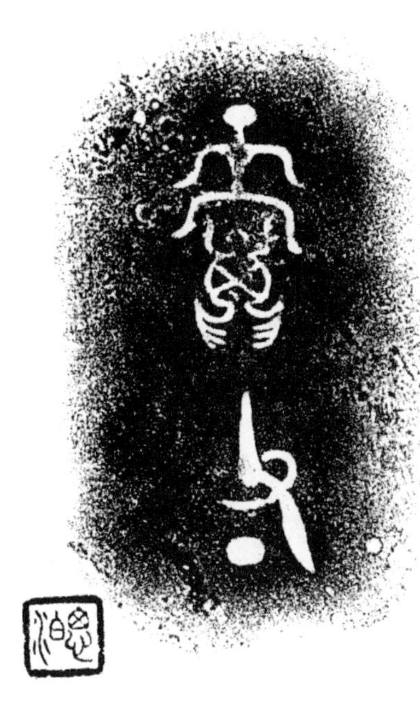

奄父丁

03179

保父丁毁

保父丁

03180

爻父丁毁

爻父丁

03181

亞父丁毁

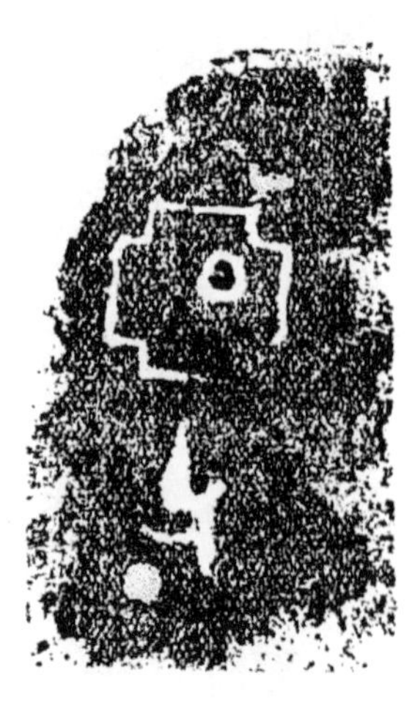

亞父丁

03182

赫父丁毁

弔父丁

03183.1

弔父丁

03183.2

赫父丁毁

弔父丁

03184.1

弔父丁

03184.2

丩冊父戊毁

簋

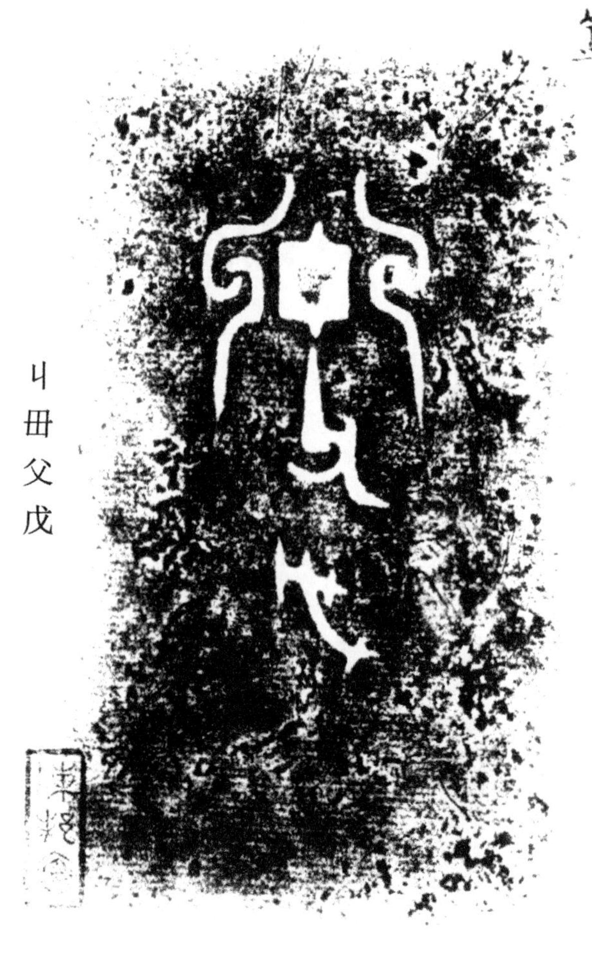

丩冊父戊

03185

子父戊毁

子父戊

03186

父戊黽毁

父戊黽

03187

舄父戊毁

舊父戊

03188

⿸广寿父戊毁

⿸广寿（庚）父戊

03190

⿰矢又父戊毁

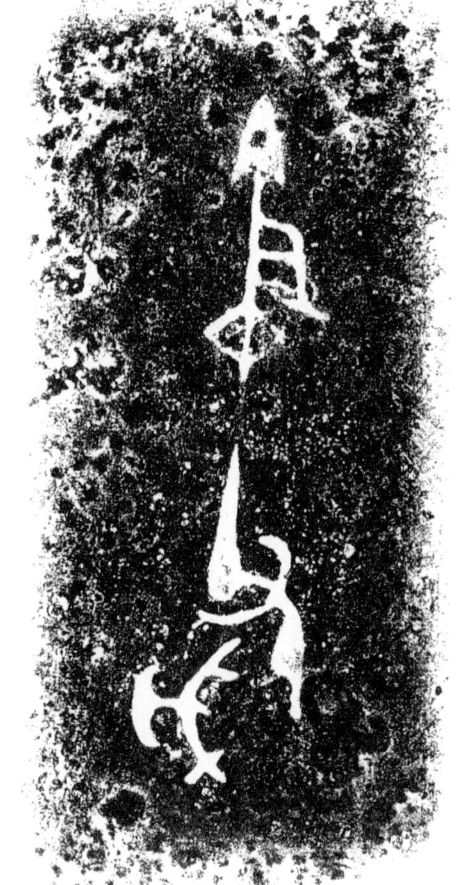

⿰矢又（矧）父戊

03189

冄父己毁

冉父己

03191.1

冉父己

03191.2

冄父己毁

冉父己

03192.1

冉父己

03192.2

京父己毁

京父己

03193

車父己毁

車父己

03194

𡧊父己毁

𡧊父己

03195

䢅父己毁

埶（藝）父己

03196

舌父己簋

舌父己

03197

氏父己簋

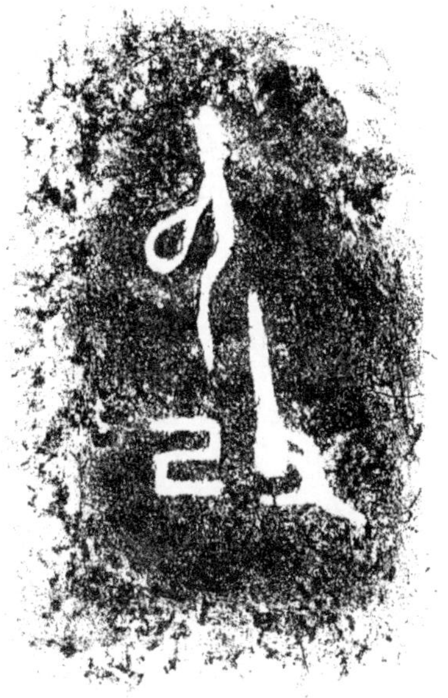

氏父己

03198

[illegible]父辛簋

[illegible]父辛

03199

[illegible]父辛毁

[illegible]父辛

03200

鳶父辛毁

鳶父辛

03201

枚父辛毁

杒父辛

03202

串父辛毁

串父辛

03203

串父辛毁

串父辛

03204

[illegible]父辛殷

03205

[illegible]父辛

[illegible]父辛殷

03206

執（藝）父辛

[illegible]父辛殷

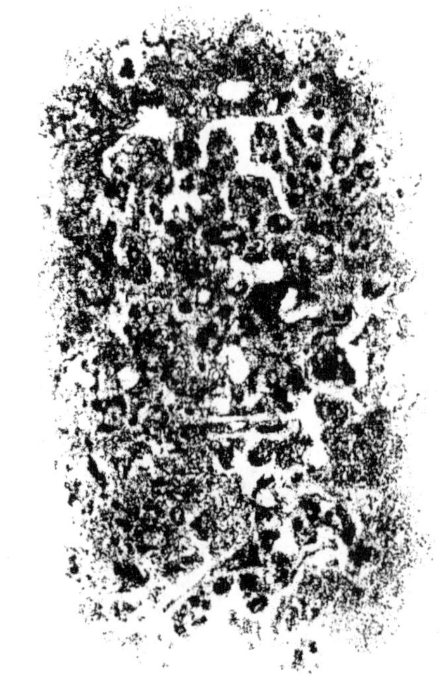

03207

[illegible]（戒）父辛

𠩺父辛毁

03208

責父辛毁

責(贐)父辛

03209

酉父癸毁

酉父癸

03210

舀父癸毁

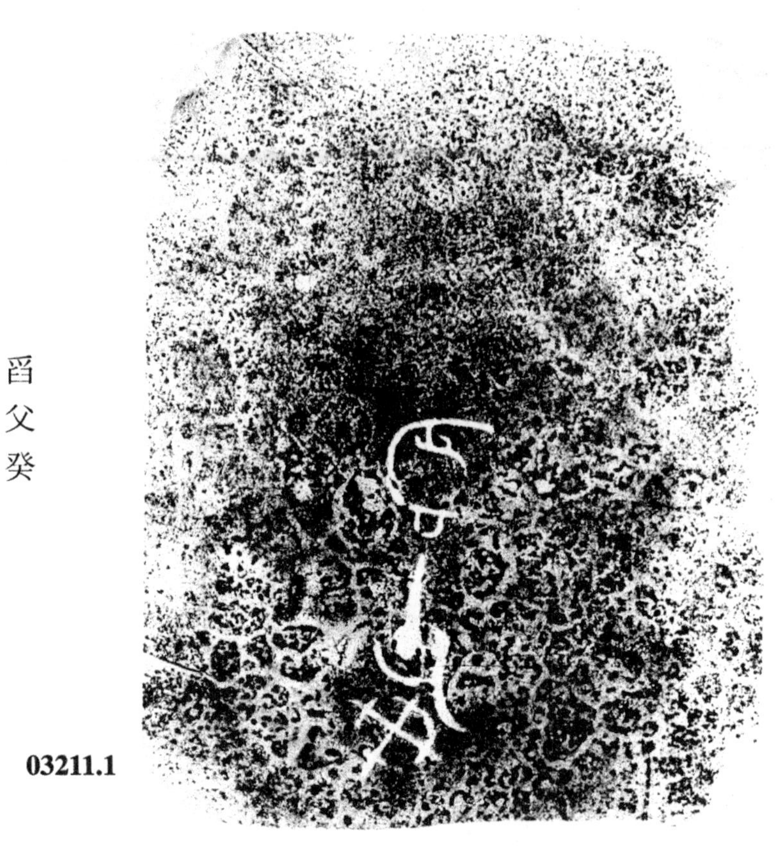

舀父癸

03211.1

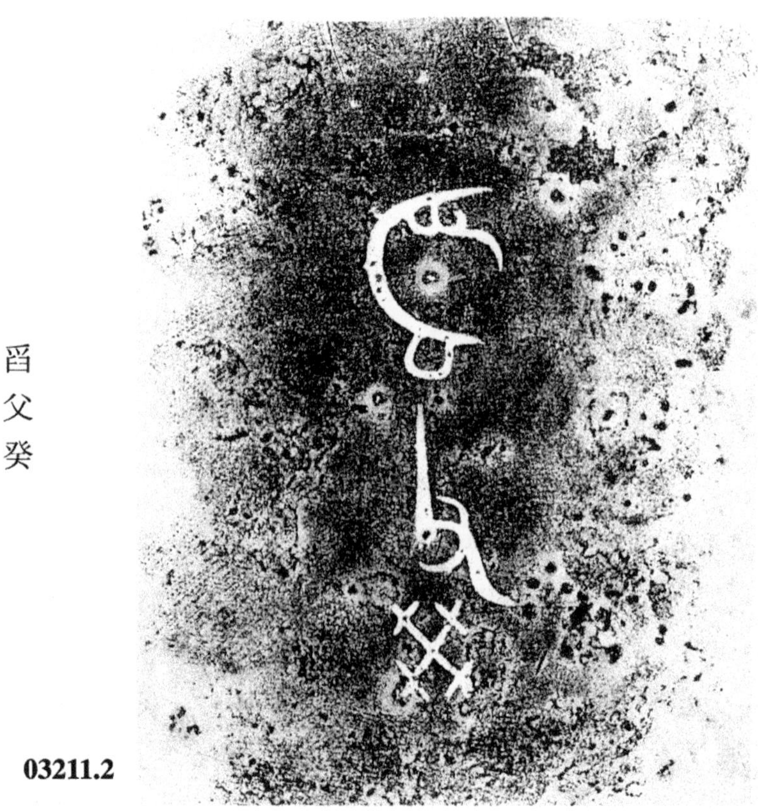

舀父癸

03211.2

獸父癸毁

獸父癸

03212

敃父癸毁

敃父癸

03213

父癸毁

父癸倗

03214

父癸毁

𢍏（𢪊）父癸

03215

魚父癸殷

魚父癸

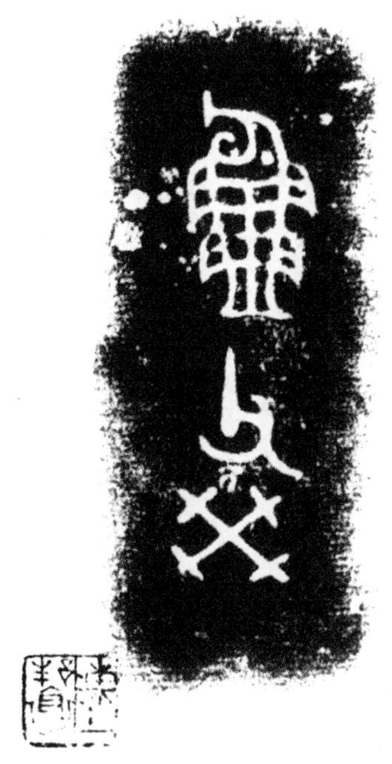

03216

□父癸

03217

冄父癸簋

冉父癸

03218

[八毌]父癸簋

[八毌]父癸

03219

㠱母乙簋

母乙㠱

03220

戈母丁簋

戈母丁

03221.2

戈母丁

03221.1

𡚸母己毁

𡚸母己

03222

豸匕辛毁

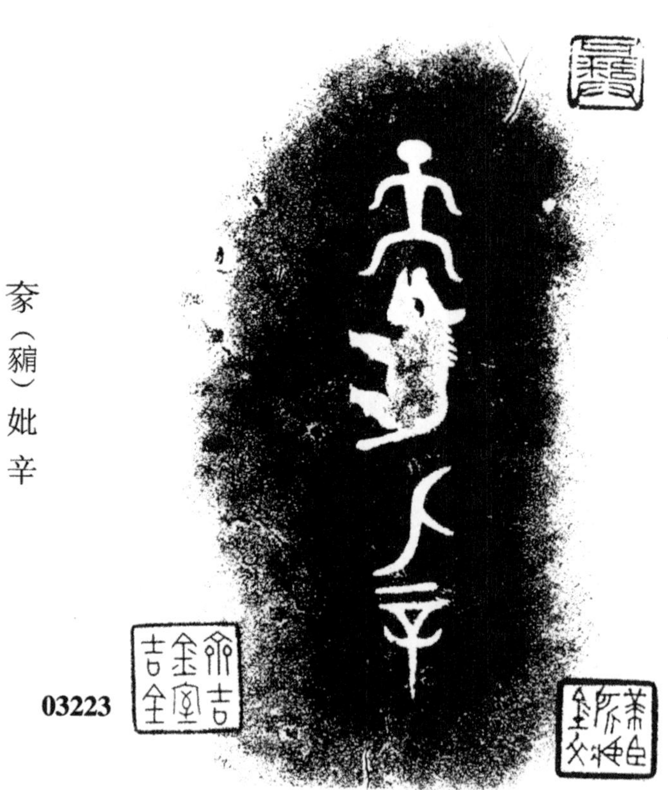

豸（貑）妣辛

03223

冀母辛毁

冀母辛

03224

史母癸毁

史母癸

03225

赫母癸毁

弔母癸

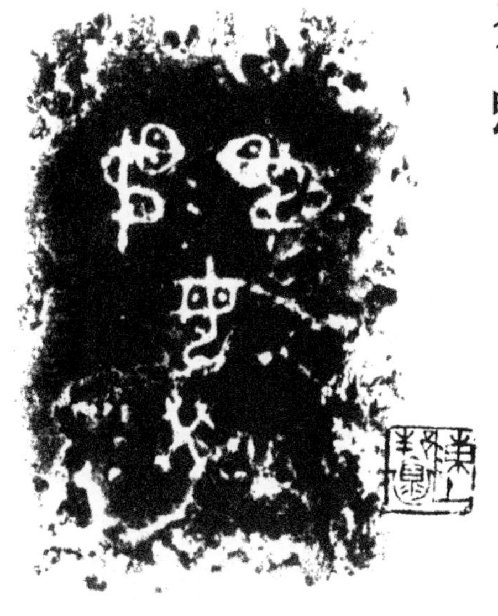

03226

斿女鳶毁

旅母鳶

03227

婦酓咸毁

婦㛷咸

03229

帚女旋毁

婦旋

03228

作己姜毁

乍（作）己姜

03230

絲父寶毁

絲父寶

03231

㫃乙毁

㫃乙

03232

天己丁毁

天己丁

03233.1

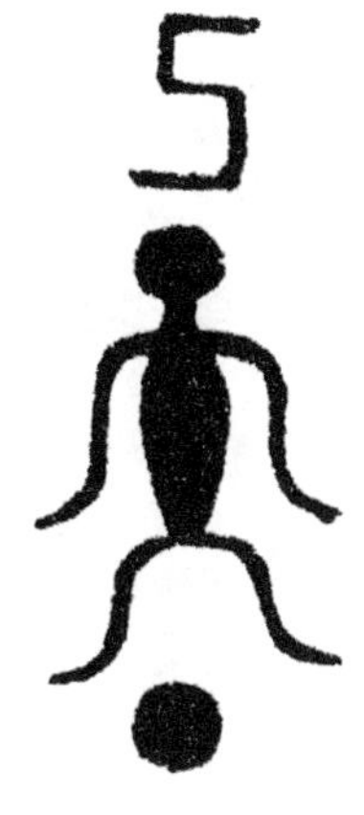

天己丁

03233.2

丁止子殷

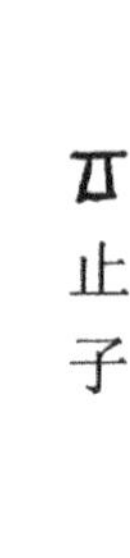

丁止子

03234

亞保酉殷

亞保酉

03235

弢作肇殷

弢乍(作)旅

03236

戈亳册殷

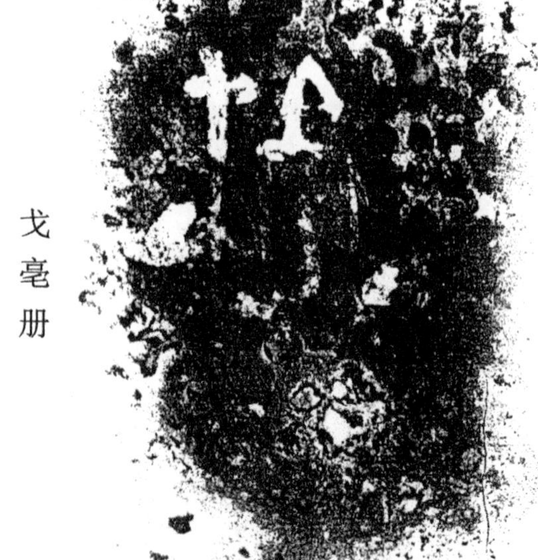

戈亳册

03237

辰寑出毁

寢出

03238

作女皿毁

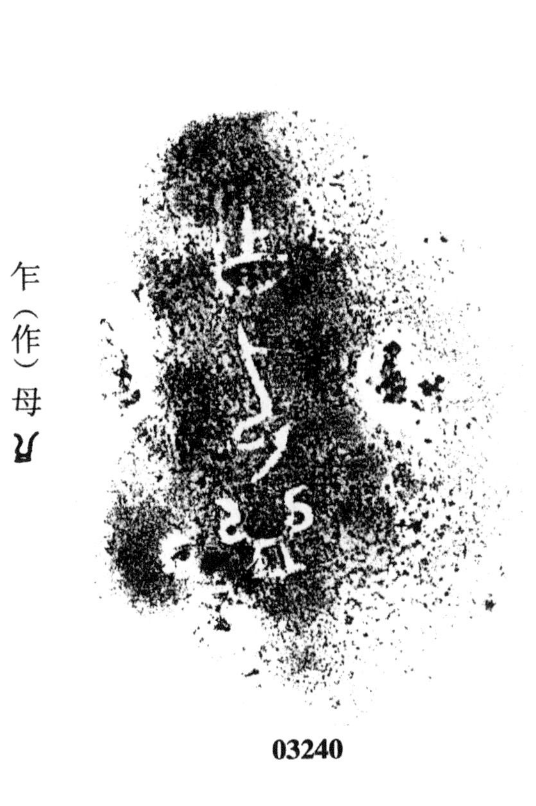

乍（作）母

03240

北單戈毁

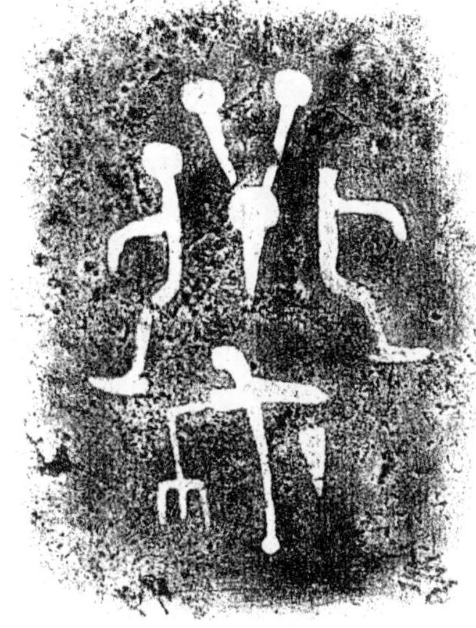

北單戠

03239

𣏟⿱召止登毁

⿱召止（⿱⿰召召止）丰登

03241

□伯陪毁

耳伯陪(隌)

03242

虢叔毁

虢叔乍(作)

03244

西隻單毁

西單獲

03243

亞□□毁

亞□□

03245

亞卣衘毁

亞卣（趙）衘（延）

03246

作旅毁

乍（作）旅毁

03248

作旅毁

乍（作）旅毁

03247

作旅毁

乍（作）旅毁

03249

作旅毁

乍(作)旅毁

03250

作寶毁

乍(作)寶毁

03252

作寶毁

乍(作)寶毁

03251

作寶毁

乍(作)寶毁

03253

作寶毁

乍(作)寶毁

03254

作寶毁

乍(作)寶毁

03256

作寶毁

乍(作)寶毁

03255

作寶毁

乍(作)寶毁

03257

乍(作)寶毁

03258.1

作寶毁

乍(作)寶毁

03259

乍(作)寶毁

03258.2

作寶毁

乍(作)寶毁

03260

作旅彝毁

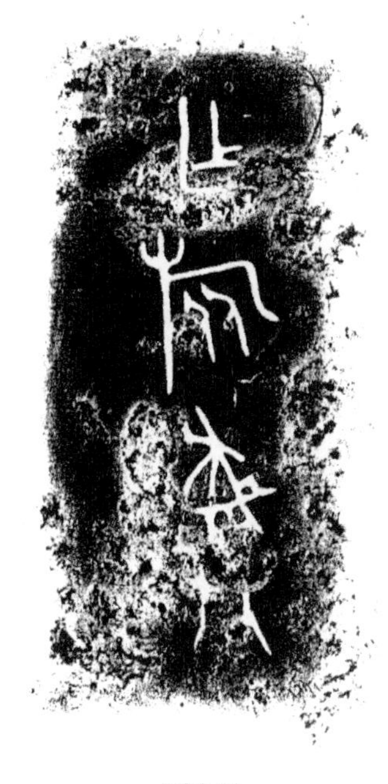

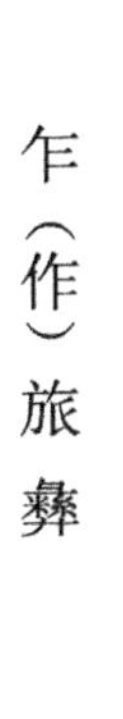
乍(作)旅彝

03261

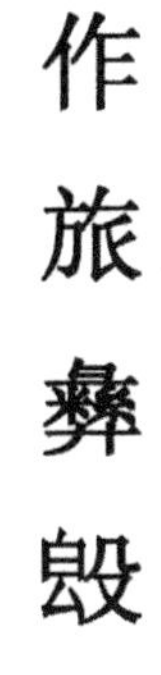
作旅彝毁

乍(作)旅彝

03263

作旅彝毁

乍(作)旅彝

03262

作寶彝毁

乍(作)寶彝

03264

作寶彝毁

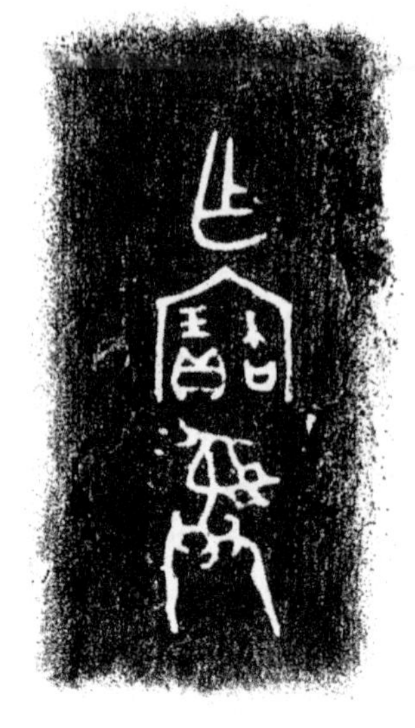

乍(作)寶彝

03265

作寶彝毁

乍(作)寶彝

03266

作寶彝毁

乍(作)寶彝

03267

作寶彝毁

乍(作)寶彝

03268

作寶彝設

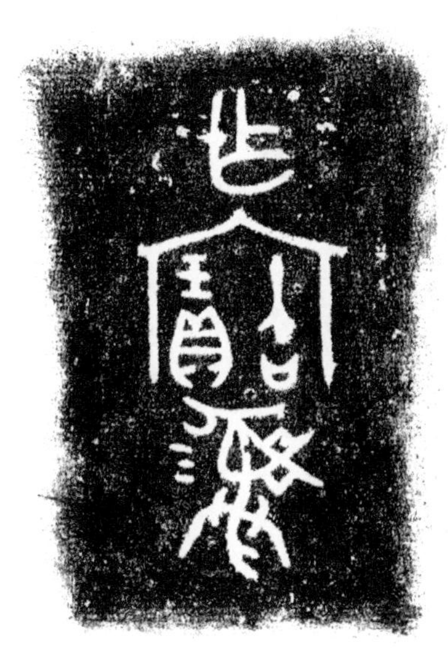

乍（作）寶彝

03269

作寶彝設

乍（作）寶彝

03270

作寶彝簋

乍(作)寶彝

03271

作寶彝簋

乍(作)寶彝

03273

作寶彝簋

乍(作)寶彝

03272

作寶彝簋

乍(作)寶彝

03274

作寶彝殷

乍(作)寶彝

03275

作寶彝殷

乍(作)寶彝

03277

作寶彝殷

乍(作)寶彝

03276

作寶彝殷

乍(作)寶彝

03278

作寶彝毀

乍(作)寶彝

03279

作從彝毀

乍(作)從彝

03281

作從彝毀

乍(作)從彝

03280

作隫彝毀

乍(作)尊彝

03282

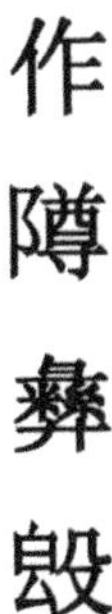

作隮彝毁

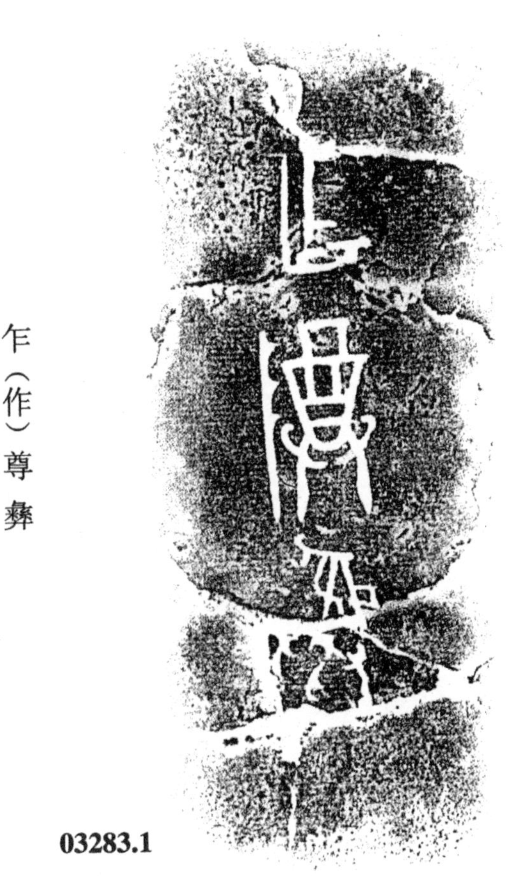

乍（作）尊彝

03283.1

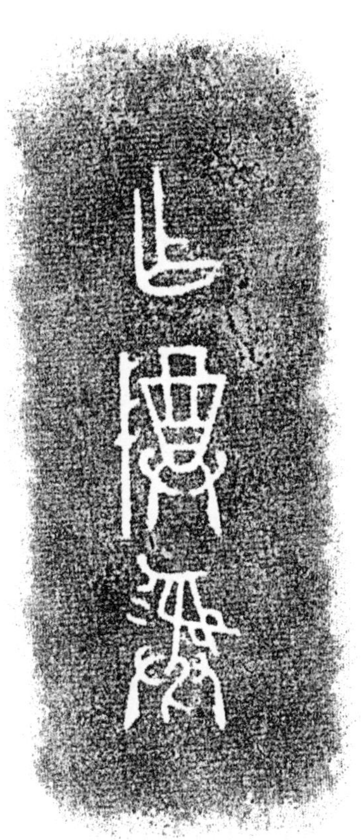

乍（作）尊彝

03283.2

作隮彝殷

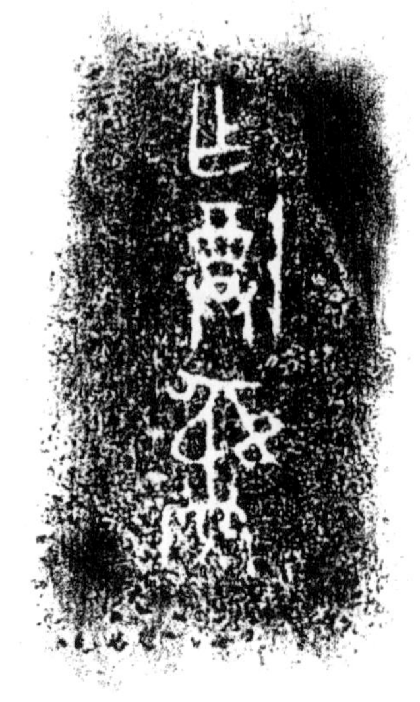

乍(作)尊彝

03284

伯作彝殷

伯乍(作)彝

03285

伯作彝殷

伯乍(作)彝

03286

伯作彝殷

伯乍(作)彝

03287

伯作彝毁

伯乍（作）彝

03288

伯作彝毁

伯乍（作）彝

03290

伯作彝毁

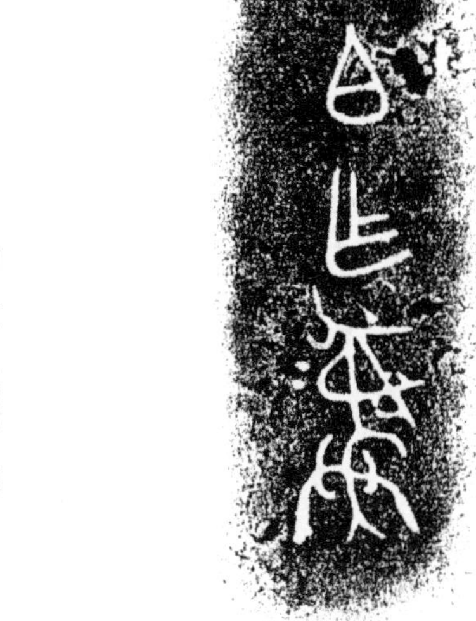

伯乍（作）彝

03289

伯作彝毁

伯乍（作）彝

03291

伯作彝毀

伯乍（作）彝

03292

作彝毀

（縈）乍（作）彝

03294

伯作毀

伯乍（作）毀

03293

作用毀

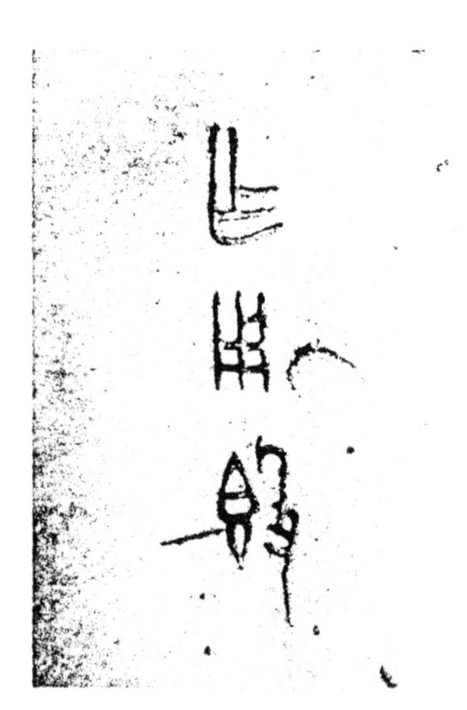

乍（作）用毀

03295

且癸父丁毁

03296

祖癸父丁

父乙亞矢毁

03298

父乙亞矢

亞攸父乙毁

03297

亞攸父乙

亞□父乙毁

03299

獸亞父乙

亞雋父乙毁

亞雋父乙

03300

◇葡父乙毁

◇啐葡父乙

03302

亞□父乙毁

亞殺父乙

03301

◆册父乙毁

✧（薺）册父乙

03303

𠃌册父乙毁

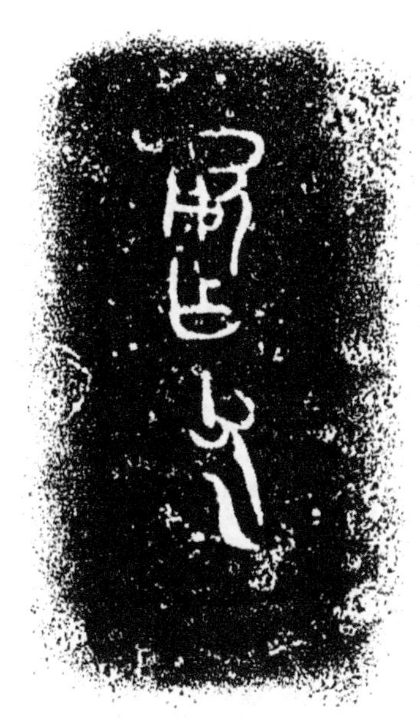

允册父乙

03304

作父乙𠂤毁

乍(作)父乙侁

03306

㪅作父乙毁

㪅乍(作)父乙

03305

□作父乙毁

□乍(作)父乙

03307

亞束父丁殷

亞橐父丁

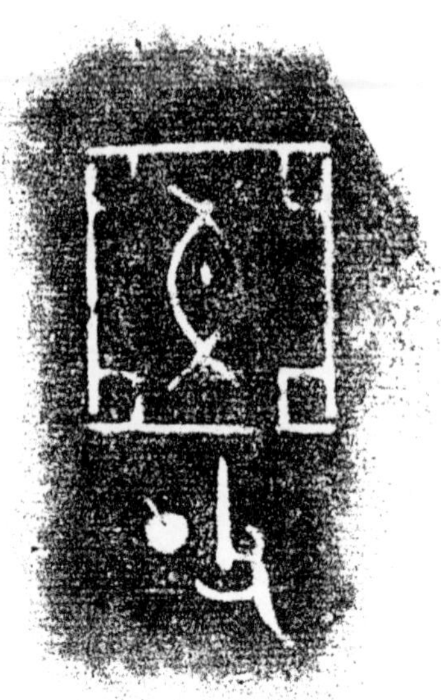
03308

亞[止亘]父丁殷

亞[止亘]（趞）父丁

03309

亞[酉兇]父丁殷

亞[酉兇]父丁

03310

豕馬父丁簋

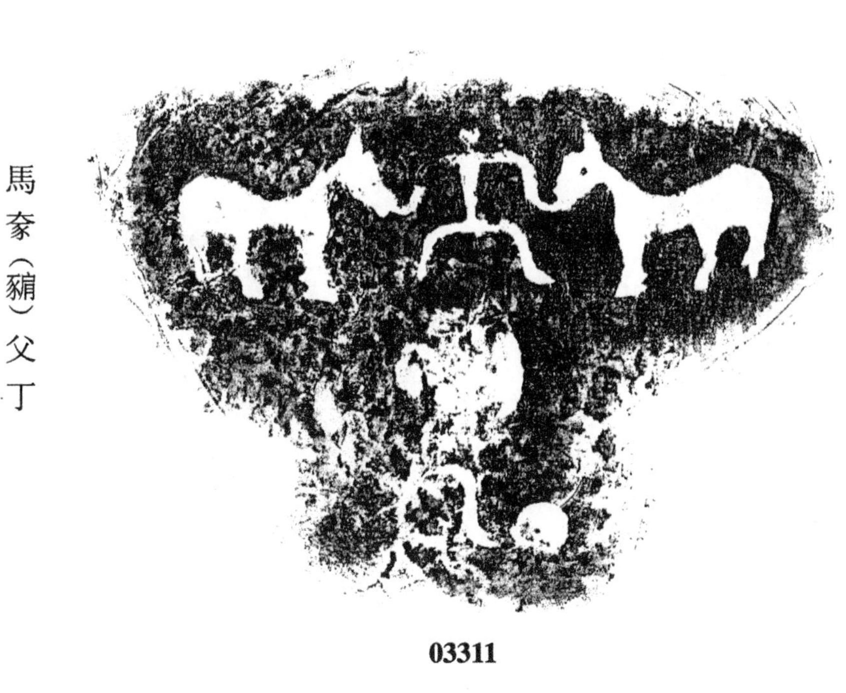

馬豕（䝘）父丁

03311

文暊父丁簋

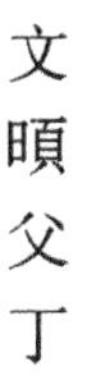

文暊父丁

03312.1

文暊父丁

03312.2

亼父丁毁

蚰羊父丁

03313

父丁毁

冉鷲（？）父丁

03315

羊父丁毁

蚰羊父丁

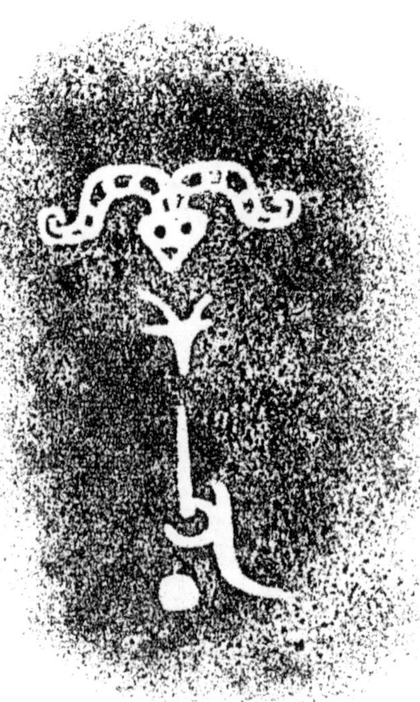

03314

父丁毁

冉蛙父丁

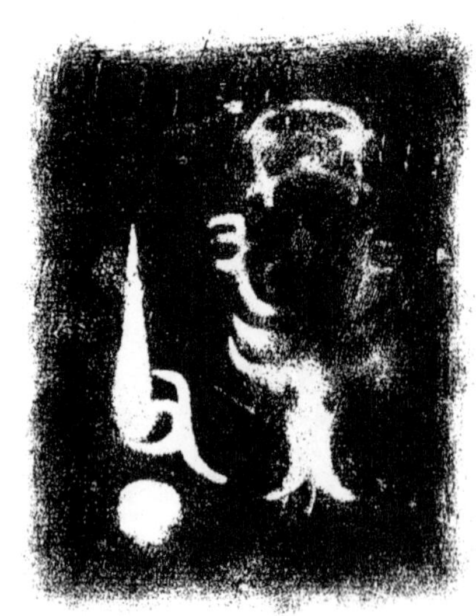

03316

宁戈父丁𣪘

宁戈父丁

03317

册劦父丁𣪘

劦册父丁

03319

宁矢父丁𣪘

竚父丁

03318

⿱䀠豕父丁册𣪘

⿱䀠豕（玃）册父丁

03320

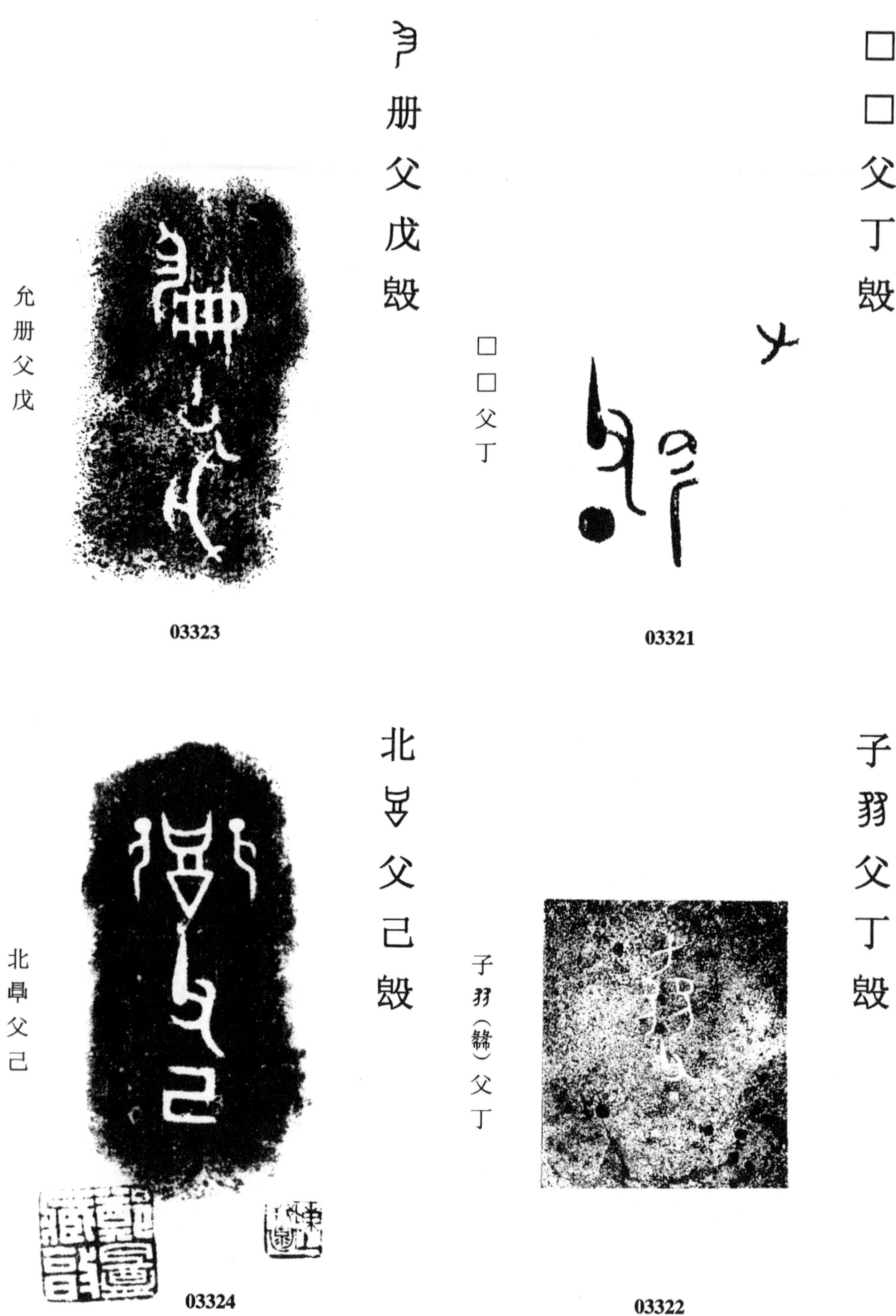

□□父丁殷

□□父丁

03321

允册父戊殷

允册父戊

03323

子䍐父丁殷

子䍐（緐）父丁

03322

北單父己殷

北單父己

03324

尹舟父己毁

尹舟父己

03325.2

尹舟父己

03325.1

尹舟父己

03325.3

亞夭夭父己毁

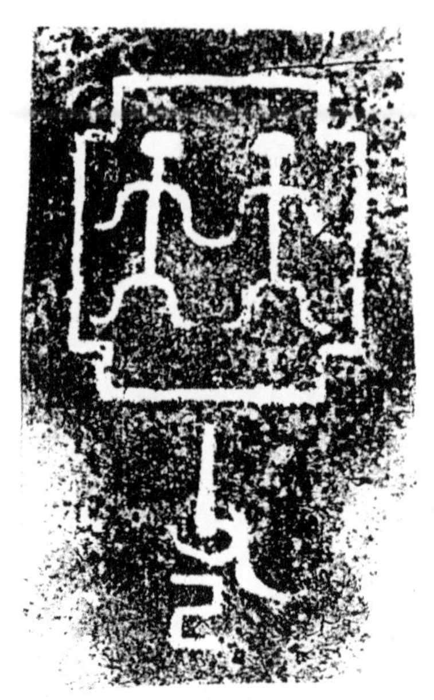

亞竝父己

03326

亞戈父己毁

亞戈父己

03327

耒作父己毁

耒乍（作）父己

03328

又牧父己毁

又(右)敄父己

03329

亞𩰫父辛毁

亞𩰫父辛

03330

亞䣲父辛毁

亞䣲父辛

03331

亞䣯父辛簋

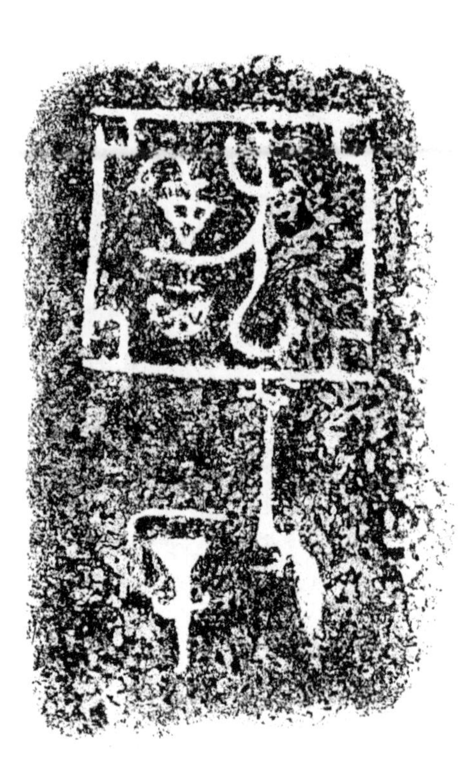

亞䣯父辛

03332

亞䣯父辛簋

亞䣯父辛

03333

亞𡔷父辛簋

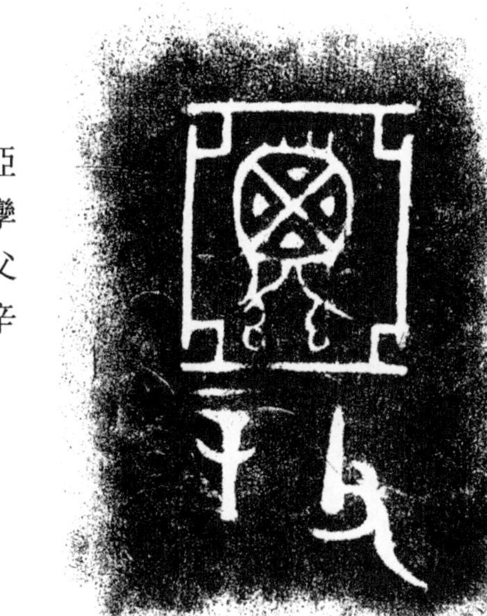

亞斆父辛

03334

作父辛彝簋

乍(作)父辛彝

03336

𧴪作父辛簋

𧴪(賸)乍(作)父辛

03335

鄉父癸宁簋

鄉父癸宁

03337

亞弜父癸𣪘

亞弜父癸

03338

亞共父癸𣪘

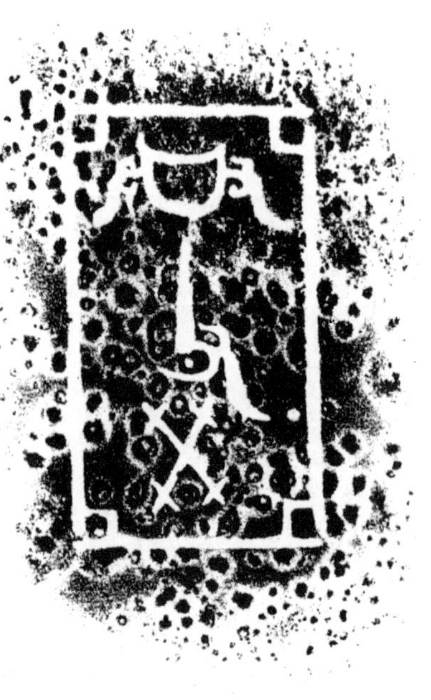

亞廾父癸

03339

衜天父癸𣪘

耳衜父癸

03340

何父癸□毁

何竈父癸

03341

作父癸□毁

乍（作）父癸，侁

03342

彭女彝冉毁

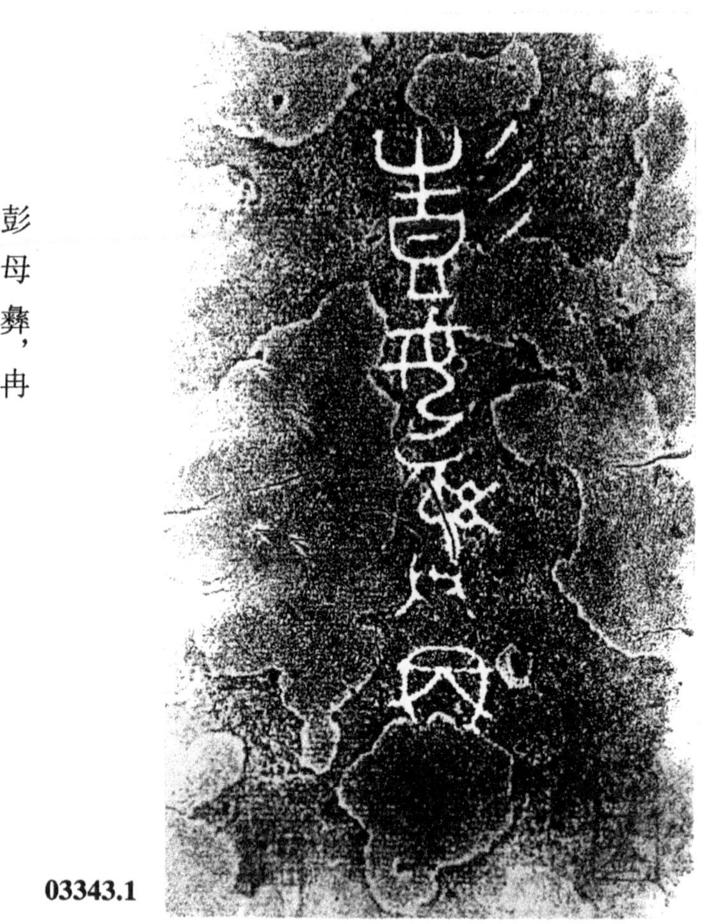

彭母彝，冉

03343.1

彭母彝，冉

03343.2

王妊作毁

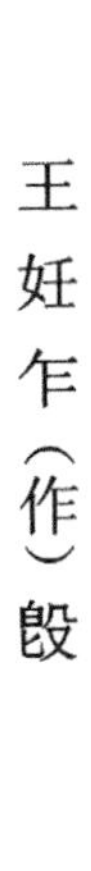

王妊乍（作）毁

03344

聑斐婦娽毁

聑髭婦[illegible]

03345

考母作聯毁

考母
乍（作）聯（聯）医

03346

女妦作毁

母妦乍(作)毁

03347

吕姜作毁

吕姜乍(作)毁

03348

作母隮彝毁

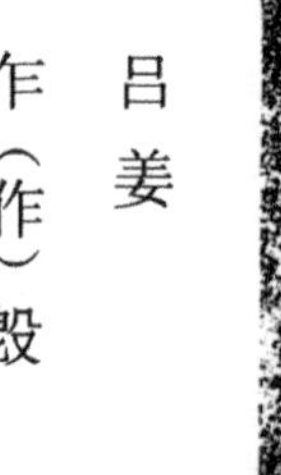

乍(作)母尊彝

03349

伯姬作亻毁

伯姬

乍（作），亻（攴）

03350

伯作旅毁

伯乍（作）旅毁

03352

伯作旅毁

伯乍（作）旅毁

03351

伯作寶毁

伯乍（作）寶毁

03353

伯作寶毁

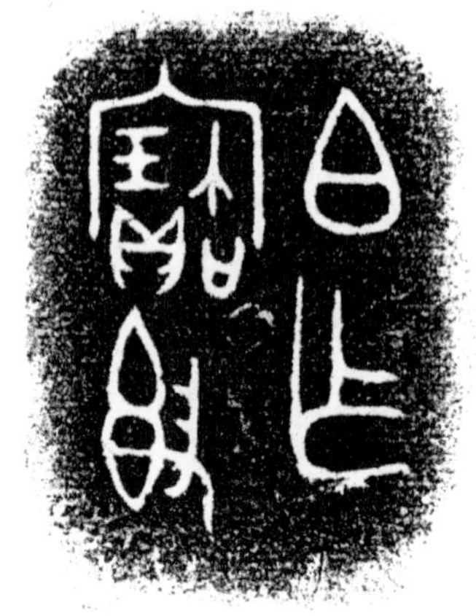

伯乍(作)寶毁

03354

伯作寶毁

伯乍(作)寶毁

03355

伯作寶毁

伯乍(作)寶毁

03356

伯作寶毁

伯乍(作)寶毁

03357

伯作寶彝毁

伯乍(作)寶彝

03358

伯作寶彝毁

伯乍(作)寶彝

03360

伯作寶彝毁

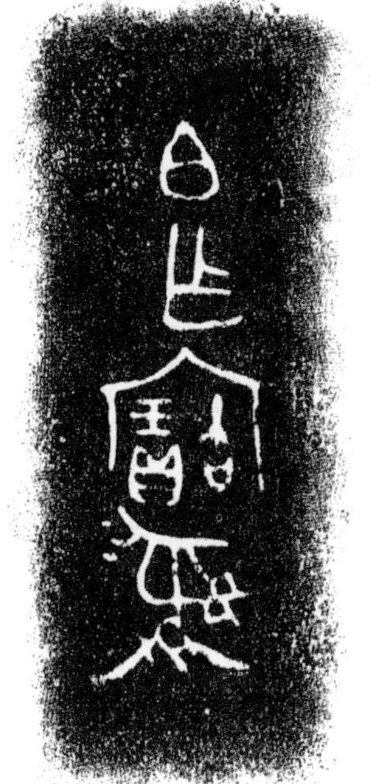

伯乍(作)寶彝

03359

伯作寶彝毁

伯乍(作)寶彝

03361

伯身作寶殷

伯身
乍(作)寶

03362

槁仲作簞殷

楷仲
乍(作)旅

03363.2

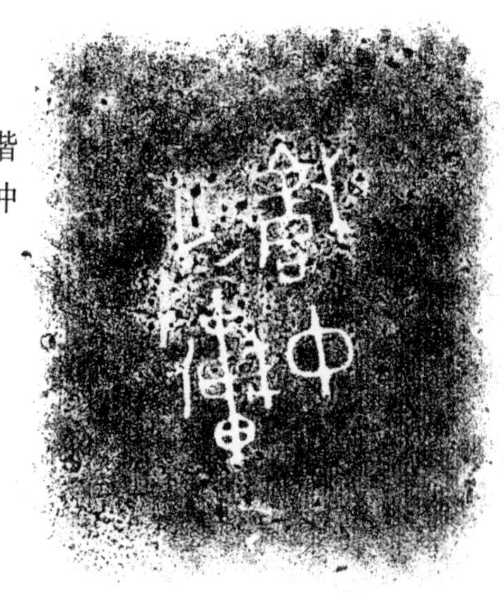

楷仲
乍(作)旅

03363.1

仲作寶毁

仲乍（作）寶毁

03364

晨作寶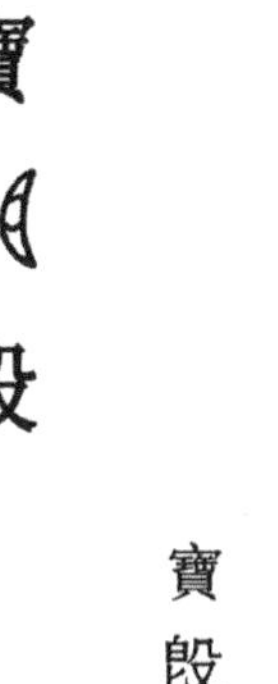毁

晨乍（作）寶，朋

03366

叔作姒障毁

ㄑ（畎）叔乍（作）姒尊

03365

晨作寶毁

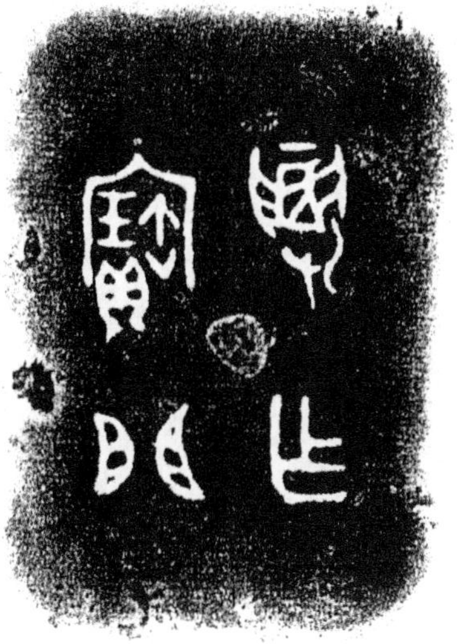

晨乍（作）寶毁（匓、毁）

03367

[辛戈]作寶殷

[辛必]乍(作)寶殷

03368

央作寶殷

央乍(作)寶殷

03370

[辛戈]作寶殷

[辛必]乍(作)寶殷

03369

旂作寶殷

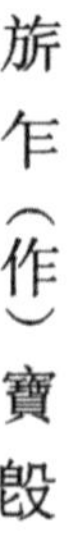

旂乍(作)寶殷

03371

奪作寶𣪘

奪乍(作)寶𣪘

03372.1

舍作寶𣪘

舍乍(作)寶𣪘

03373

奪乍(作)寶𣪘

03372.2

霝作寶飤𣪘

霝乍(作)寶飤

03374

舟作寶毁

舟乍(作)寶毁

03375

中作肇毁

中乍(作)旅毁

03377

閿作肇毁

閿乍(作)旅毁

03376

戜作旅毁

戜乍(作)旅毁

03378

殷乍（作）寶彝

03379

匀乍（作）寶彝

03381

兓作寶彝毁

兓乍（作）寶彝

03380

卲作寶彝毁

卲乍（作）寶彝

03382

戈作⿱旅車彝毁

戈乍（作）旅彝

03383

昚作旅彝毁

昚乍（作）旅彝

03385

戈作⿱旅車彝毁

戈乍（作）旅彝

03384

屮作從彝毁

屮（草）乍（作）從彝

03386

豐作從彝毁

豐乍(作)從彝

03387

王作䵼彝毁蓋

王乍(作)䵼彝

03389

德作隮彝毁

德乍(作)尊彝

03388

見作寶隮毁

見乍(作)寶尊

03390

尹作寶隮毀

尹乍（作）寶尊

03391

亞𠂤黽□毀

亞疋黽□

03393

作矩父毀

乍（作）矩父毀

03392

戈器作匕毀

戈器乍（作）厥

03394

戈䍜作匕毁

戈䍜乍（作）厥

03395.1

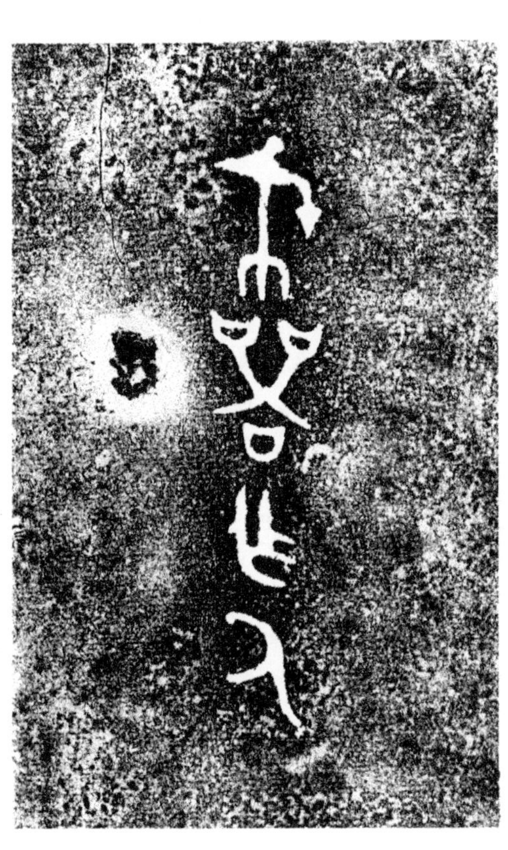

戈䍜乍（作）厥

03395.2

戈罟作匕毁

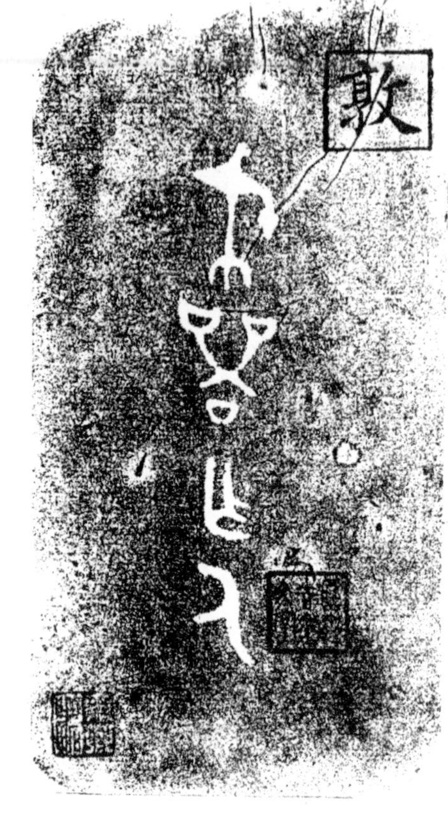

戈罟乍（作）厥

03396

臣辰侁册毁

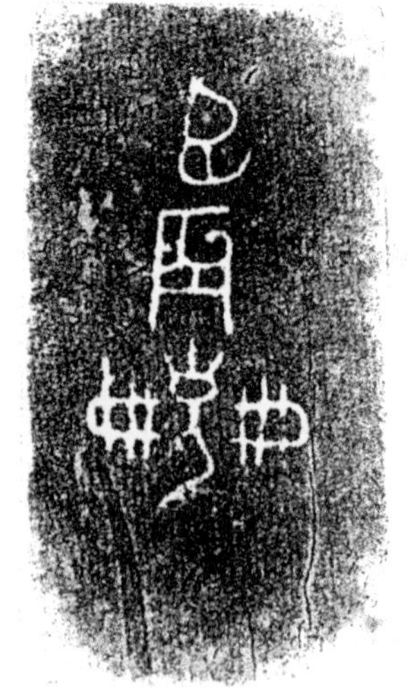

臣辰侁册

03397

宜陽右倉毁

宜陽右倉

03398

作寶隮彝毀

乍(作)寶尊彝

03399

作寶隮彝毀

乍(作)寶尊彝

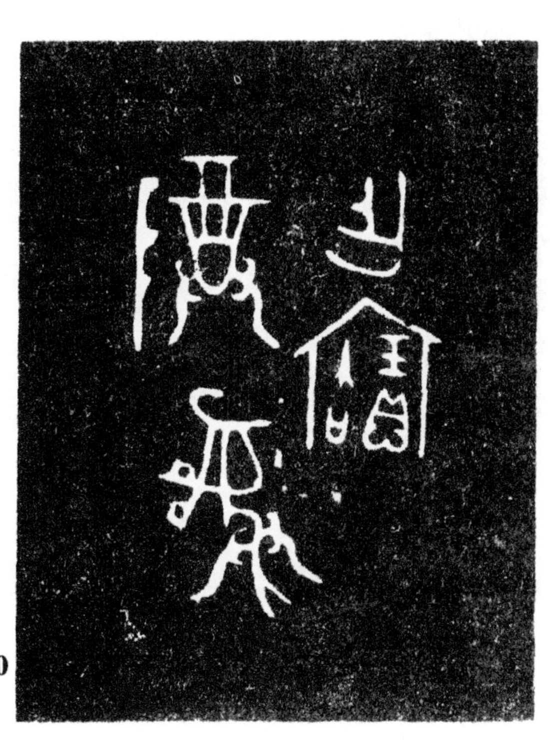

03400

作寶隮彝毁

乍（作）寶
尊彝

03401.1

乍（作）寶
尊彝

03401.2

作寶隮彝毁

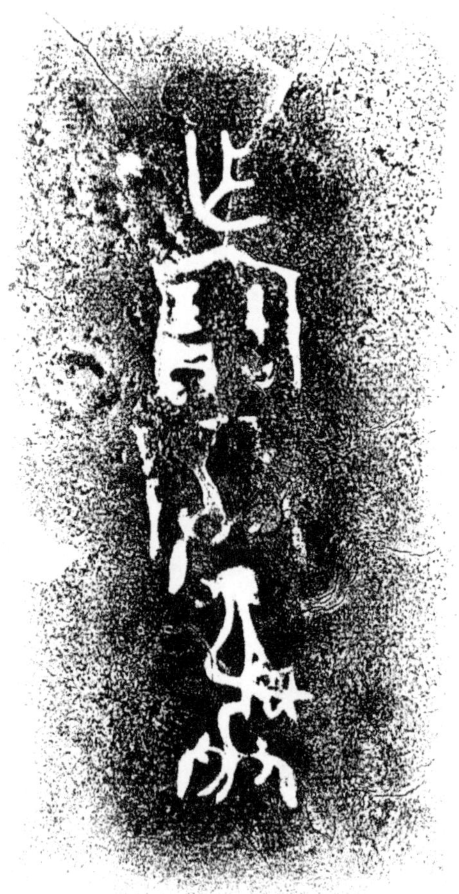

乍（作）寶尊彝

03402

作寶𨼖彝毁

乍(作)寶尊彝

03403

作寶𨼖彝毁

乍(作)寶尊彝

03405

作寶𨼖彝毁

乍(作)寶尊彝

03404

作寶𨼖彝毁

乍(作)寶尊彝

03406

作寶𨽍彝毀

乍（作）寶

尊彝

03407

作寶𨽍彝毀

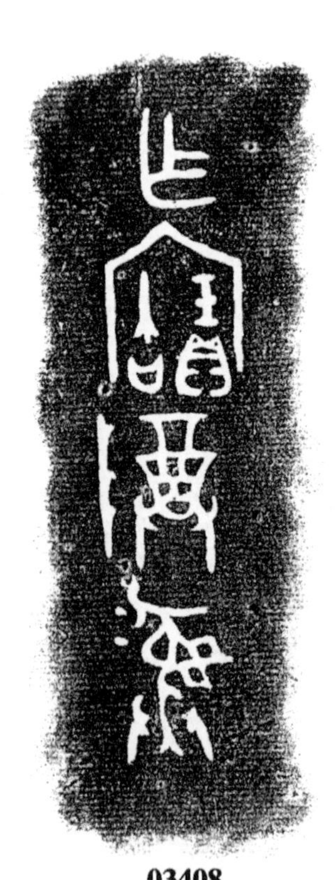

乍（作）寶尊彝

03408

作寶𨽍彝毀

乍（作）寶尊彝

03409

作寶隮彝毁

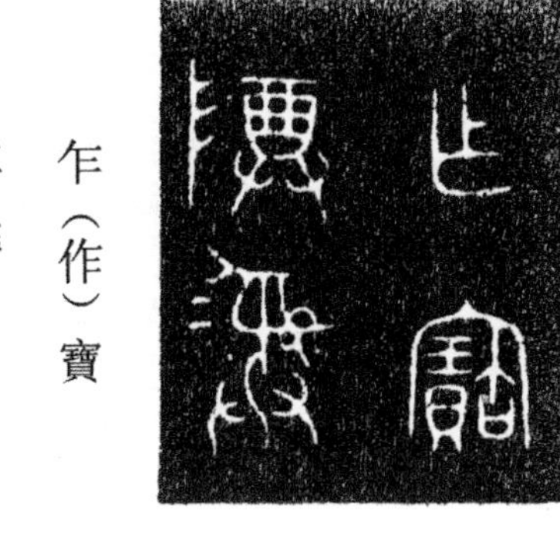

乍(作)寶
尊彝

03410

作寶隮毁

乍(作)寶尊毁

03412

作寶隮彝毁蓋

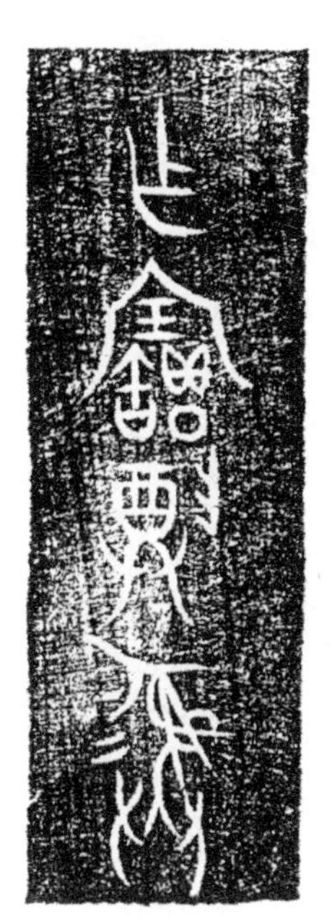

乍(作)寶尊彝

03411

作寶用毁

乍(作)寶用毁

03413

用作寶彝毁

□□□□，
用乍（作）寶彝

03414

作旅毁

乍（作）旅毁，尹

03415

作旅毁

乍（作）旅毁，⿰齒厚

03416

囧單𨸏且己𣪕

角單𨸏祖己

03417

庚豕馬父乙𣪕

庚夒馬父乙

03418

亞共覃父乙毀

亞弁覃父乙

03419

子眉▮父乙毀

子眉□父乙

03420

秉冊中父乙毀

秉毌冊父乙

03421

臣辰父乙殷

臣辰𠈇父乙

03422

臣辰父乙殷

父乙臣辰𠈇

03423.2

父乙臣辰𠈇

03423.1

臣辰父乙毁

父乙臣辰侁

03424

弔龜父丙毁

弔龜乍(作)父丙

03426

聑作父乙毁

乍(作)父乙毁，聑

03425

弔龜父丙毁

弔龜乍(作)父丙

03427

戈亳册父丁毁

戈亳册父丁

03428

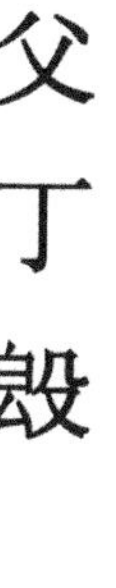父丁毁

乍（作）父丁彝

03430

父丁毁

乍（作）父丁，

03429

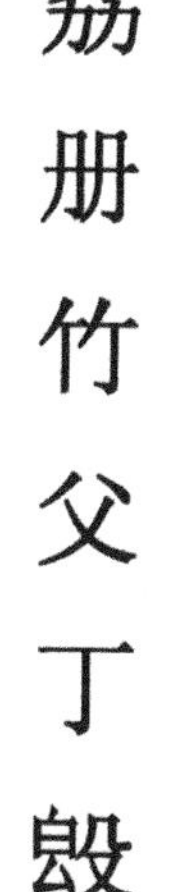

劦册竹父丁毁

劦册竹父丁

03431

劦册竹父丁毁

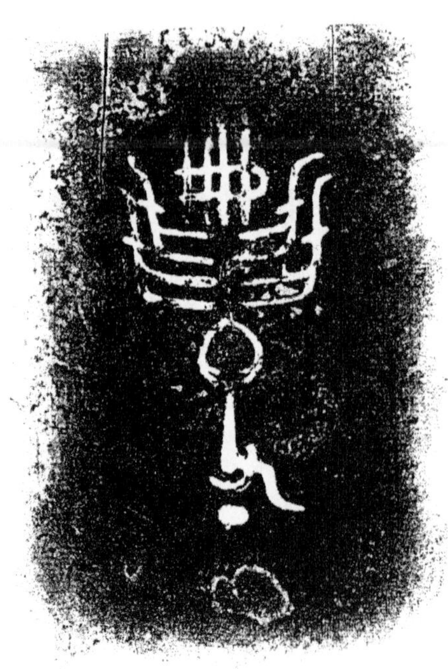

劦册竹父丁

03432

天工册父己毁

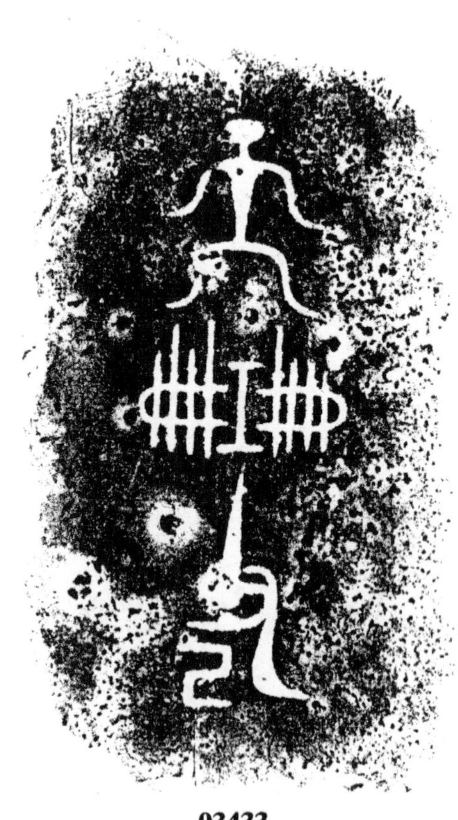

天工册父己

03433

冀父辛毁

乍(作)父辛彝，冀

03434

囝父辛毁

囝乍(作)父辛彝

03435

父癸毁

緣(總)乍(作)父癸彝

03436

毁

乍(作)尊彝

束(剌)凌

03437

皿屖殷

皿辟乍(作)尊彝

03438

新𡚬殷

新妟乍(作)鎛(饙)殷

03440

新𡚬殷

新妟乍(作)鎛(饙)殷

03439

粃單殷

單光乍(作)從彝

03441

𤼈事𣪘

膺（應）事乍（作）旅𣪘

03442.1

膺（應）事乍（作）旅𣪘

03442.2

𥝩𥝩𣪘

杝（杝）𥝩（𥝩）乍（作）寶𣪘

03443

季㝨𣪘

季㝨乍（作）旅𣪘

03444

舟虞𣪘

舟虞乍（作）
旅𣪘

03445

舟虞𣪘

舟虞乍（作）
旅𣪘

03446

仲州𣪘

仲州乍（作）寶𣪘

03447

季楚𣪘

季楚乍(作)寶𣪘

03448

𪇞仲子日乙𣪘

弔，仲子日乙

03449

作姬毁

乍（作）姬寶

尊彝

03450

㚸毁

㚸乍（作）寶

尊彝

03451

姜□毁

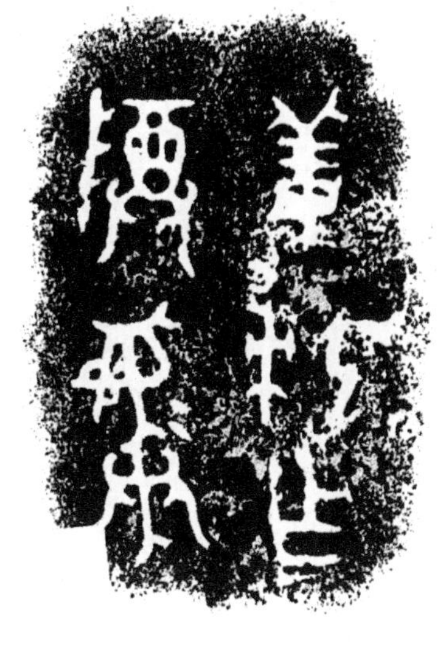

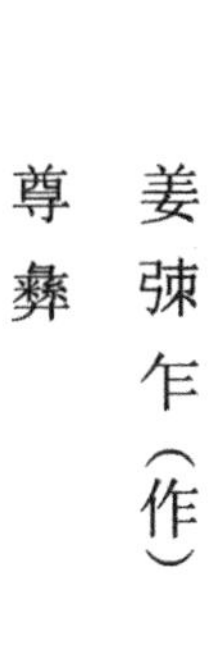

姜弜乍（作）

尊彝

03452

作車毁

乍（作）車寶彝尊

03454

作豕商毁

乍（作）彖商

彝毁

03453

作任氏毁

乍(作)妊氏从毁

03455

大丏毁

大丏乍(作)母彝

03457.1

作任氏毁

乍(作)妊氏从毁

03456

大丏乍(作)母彝

03457.2

豥馬毁

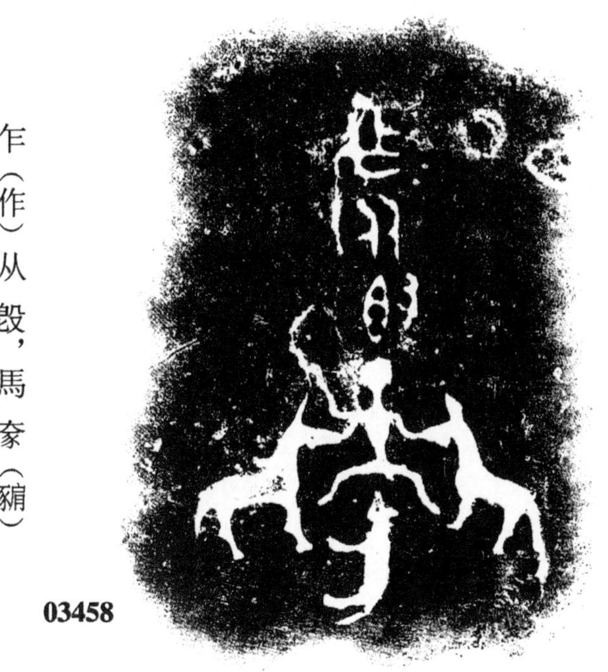

乍（作）从毁，馬豥（豥）

03458

豥馬毁

乍（作）从毁，馬豥（豥）

03459

王作又殷

王乍(作)又䵼彝

03460

農父殷

農父
乍(作)寶殷

03461

[illegible]父殷

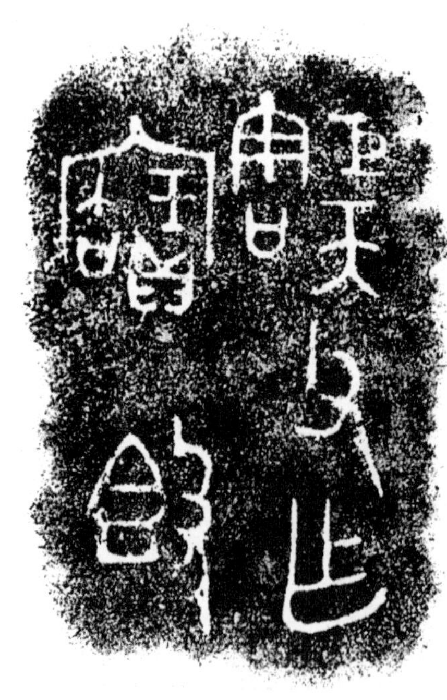

矩父乍(作)
寶殷

03462

事父簋

事父乍（作）寶彝

03463

[阝盧]簋

[阝盧]乍（作）寶尊彝

03465

[土卩]父簋

[土卩]（[土阝]）父乍（作）車登

03464

[阝爾]簋

[匚不]（[匚否]、杯）乍（作）寶尊彝

03466

触𣪕

触乍（作）寶
尊彝

03467

御𣪕

御乍（作）寶
尊彝

03468

賕𣪕

賕乍（作）寶
尊彝

03469

畢𣪘

畢□□□
父戊旅𣪘

03470

文𣪘

文乍(作)寶
尊彝

03471

文簋

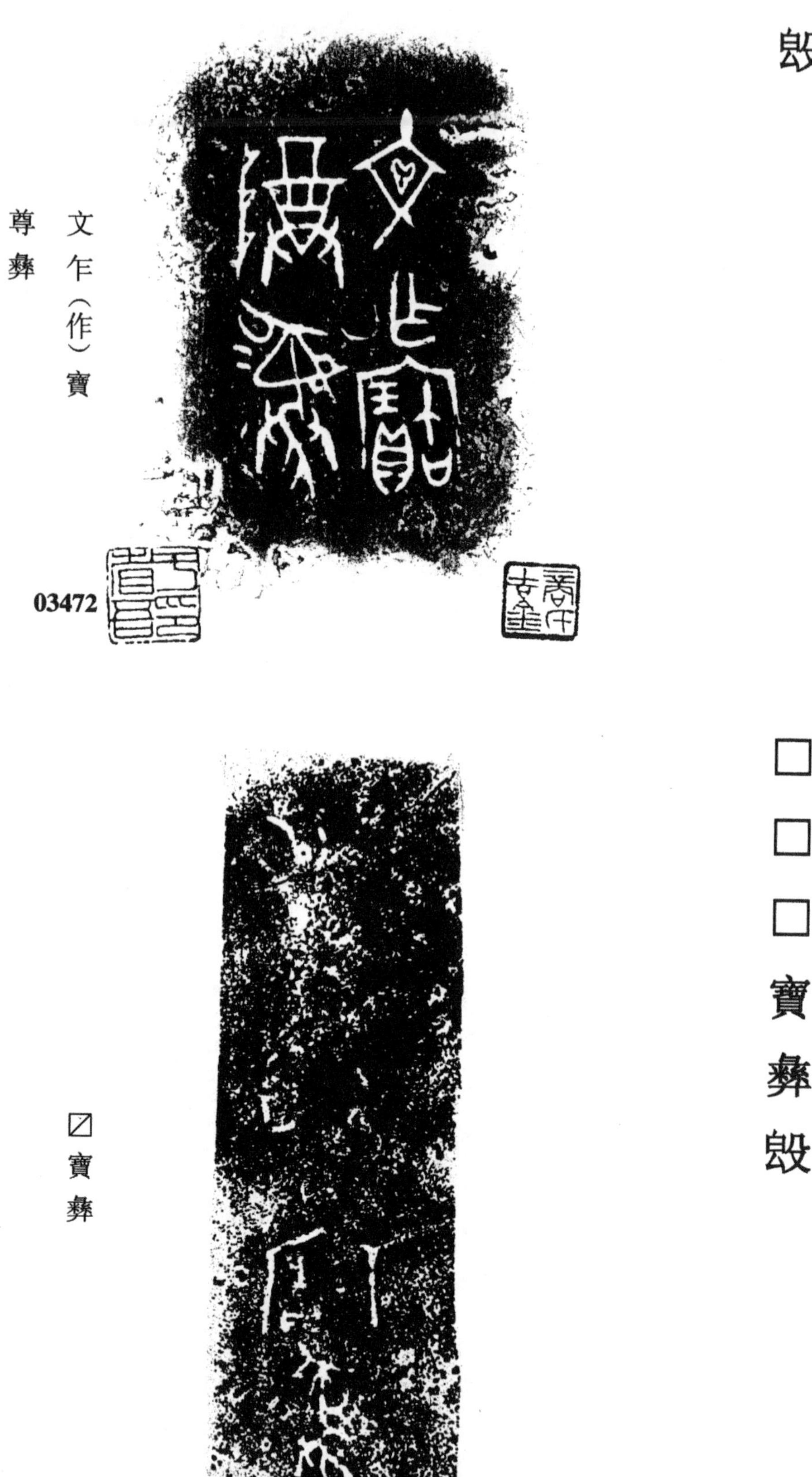

文乍(作)寶尊彝

03472

□□□寶彝簋

⧄寶彝

03473

果殷

果乍（作）放（昉）旅殷

03474.1

果乍（作）放（昉）旅殷

03474.2

陕殷

闇殷

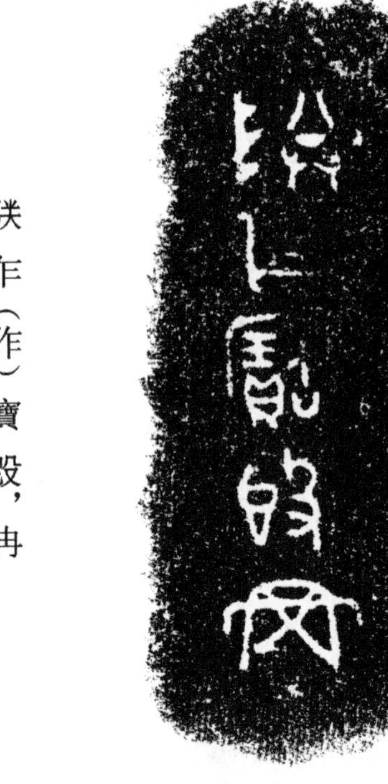

陕乍（作）寶殷，冉

03475

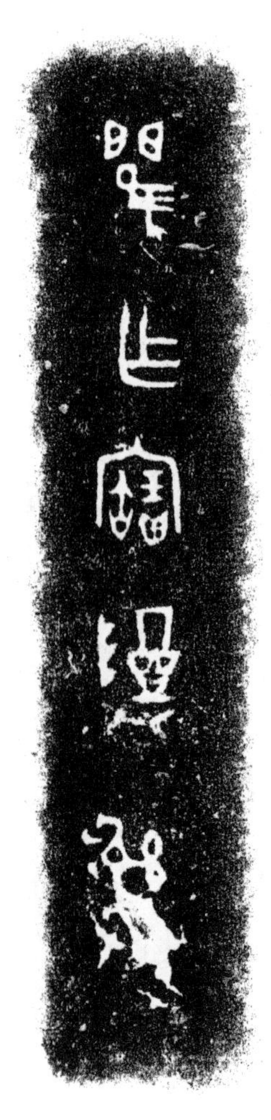

闇乍（作）寶尊彝

03476

雁公簋

膺（應）公乍（作）旅彝

03477

雁公簋

膺（應）公乍（作）旅彝

03478

公簋

公乍（作）寶尊彝

03479

伯毁

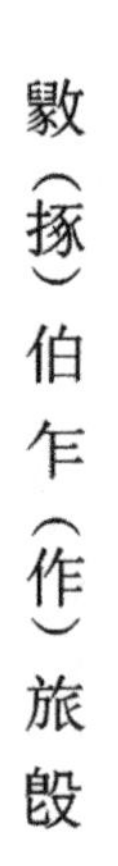

[illegible]（掾）伯乍（作）旅毁

03480

縈伯毁

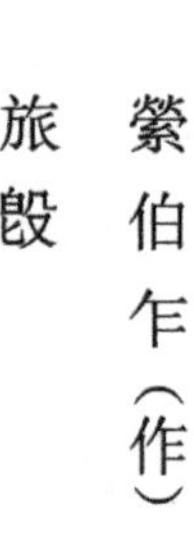

縈伯乍（作）旅毁

03481

卂伯𣪘

卂伯乍(作)旅𣪘

03482.2

卂伯乍(作)旅𣪘

03482.1

夷伯𣪘

尸曰乍(作)寶尊

03483.2

尸曰乍(作)寶尊

03483.1

□伯毁

□伯乍(作)寶毁

03484

叔□毁

叔□(曶)乍(作)寶毁

03485

叔京毁

叔京乍(作)旅彝

03486

叔臤殷

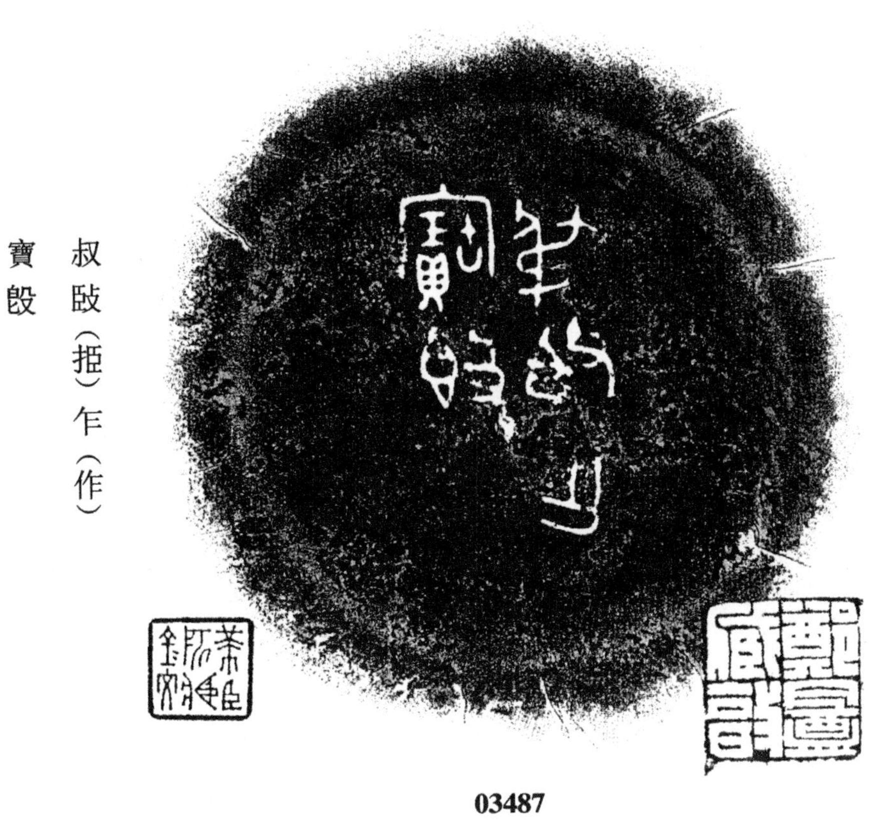

叔敐（挋）乍（作）寶殷

03487

伯郅殷

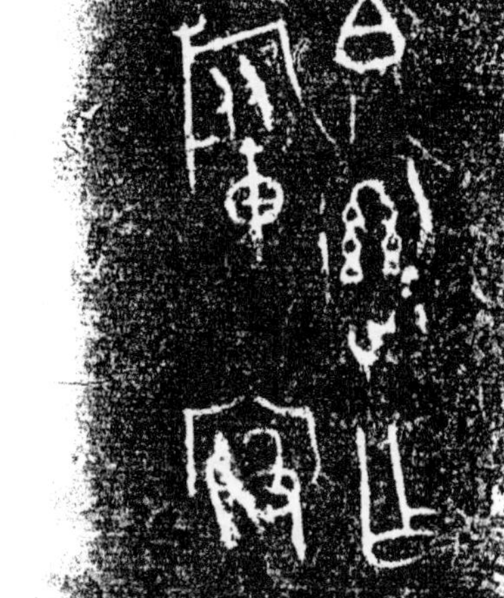

伯郅（倢）乍（作）旅殷

03488

伯𢦏殷

伯𢦏乍（作）旅殷

03489

伯到毁

伯到乍(作)嬶毁

03490.1

伯尚毁

伯尚乍(作)寶毁

03491

伯到乍(作)嬶毁

03490.2

伯毁

伯乍(作)寶尊彝

03492

伯毁蓋

伯乍(作)寶
尊彝

03493

伯毁

伯乍(作)寶
尊彝

03494

伯毁

伯乍(作)寶
尊彝

03495

伯毁

伯乍(作)寶
尊毁

03496

伯毁

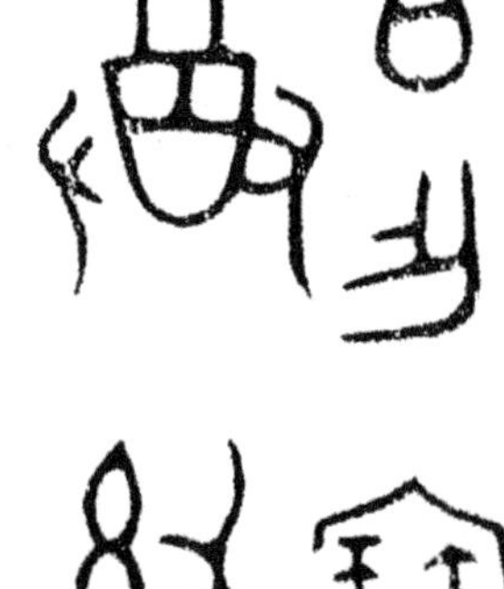

伯乍(作)寶
尊毁

03497

伯簋

伯乍（作）寶尊彝

03498

作且戊簋

乍（作）祖戊寶設，𩰫

03500

伯作南宮簋

伯乍（作）南宮設

03499

作且戊簋

乍（作）祖戊寶設，𩰫

03501

文父乙毀

文父乙卯婦娸

03502

戈作父乙毀

戈乍（作）父乙尊彝

03503

亞㠱侯吴父乙毀

亞疑㠱侯父乙

03504

亞曩矣作父乙毁

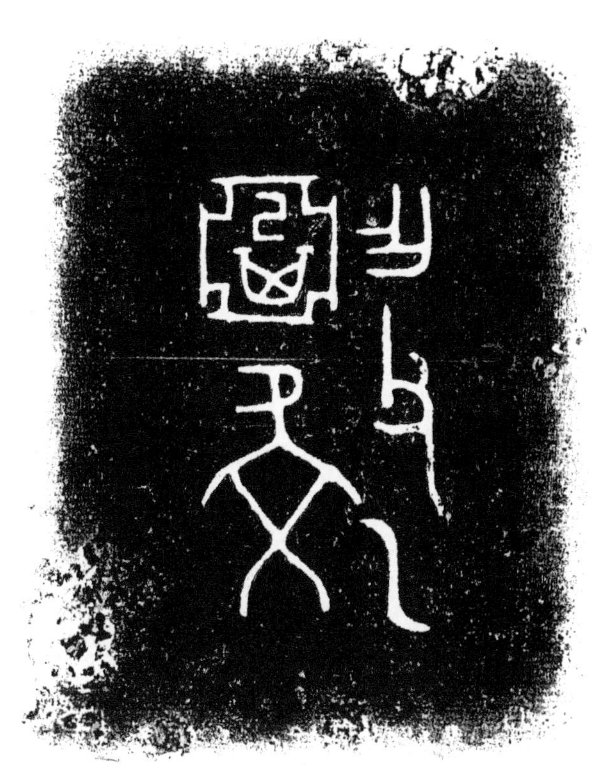

乍(作)父乙
亞疑曩

03505

臣辰[illegible]册父乙毁

臣辰侁
册父乙

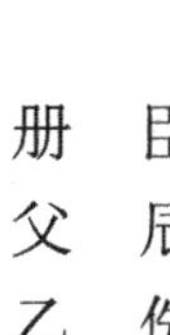

03506

用作父乙毁

用乍(作)父乙尊彝

03507

令作父乙毁

令乍(作)父乙
尊彝

03508

作父乙毁

乍(作)父乙
寶毁，侁

03510

作父乙毁

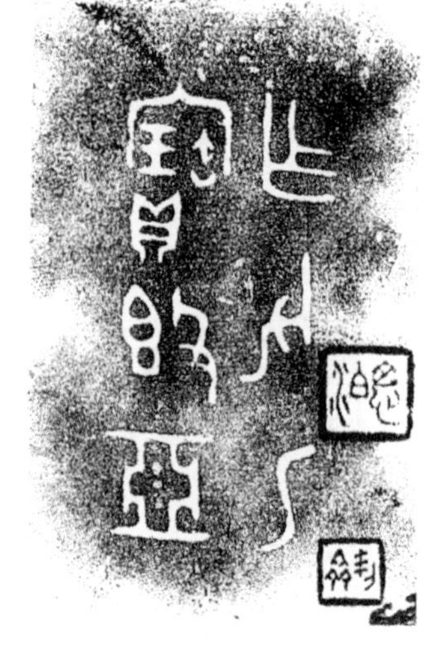

乍(作)父乙
寶毁，亞

03509

作父乙毁

乍(作)父乙
寶毁，侁

03511

𣞤作父丁毁

柠（楮）乍（作）父丁

尊彝

03512

亞䝬侯吴父戊毁

亞疑䝬侯父戊

03513

作父戊毁

乍（作）父戊

旅彝，屮

03514

ΥA作父己毁

03515

ΥA乍（作）父己
尊彝

歘作父庚毁

歘乍（作）父
庚寶彝

03516

殺作父庚毁

殺乍（作）父庚旅彝

03517

𠨘作父辛𣪘

03518

𠨘乍（作）父辛
尊彝

虘作父辛𣪘

03520

虘乍（作）父
辛尊彝

□作父辛𣪘

03519

□乍（作）父辛
寶彝

敟作父癸𣪘

03521

𠙵敟（摶）乍（作）父
癸尊彝

臣辰侁册父癸簋

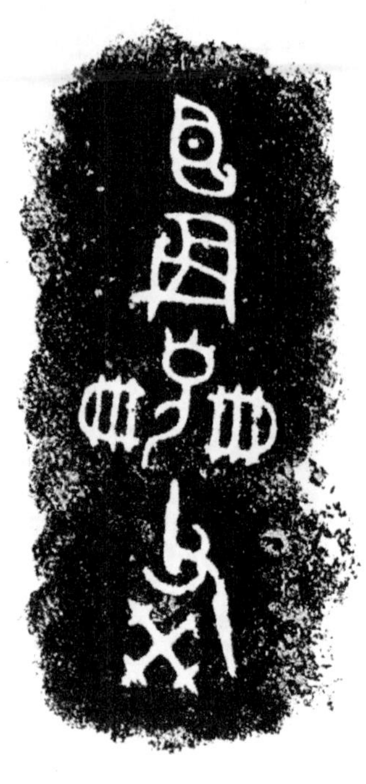

03522.1

臣辰侁册父癸

臣辰侁册父癸簋

03523.1

臣辰侁册父癸

03522.2

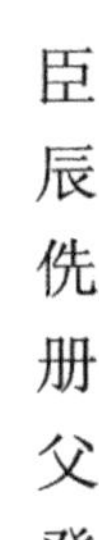

臣辰侁册父癸

03523.2

臣辰侁册父癸

⿰阝妥伯毀

⿰阝妥（隋）伯乍（作）

寶尊彝

03524

⿰阝妥伯毀

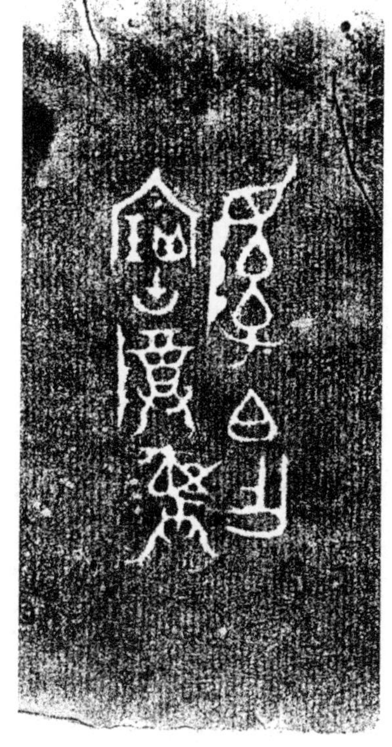

⿰阝妥（隋）伯乍（作）

寶尊彝

03525

亶伯毁

亶(蟺檀)伯乍(作)寶尊彝

03526

弜魚伯毁

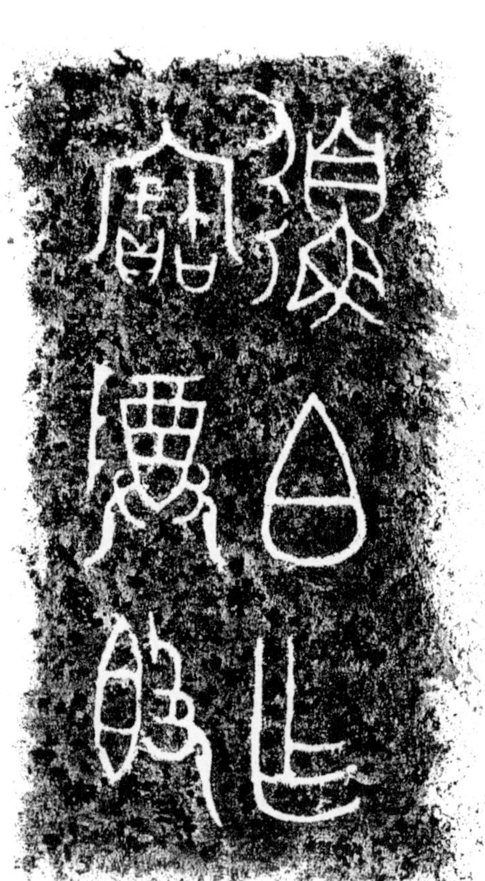

弜魚伯乍(作)寶尊毁

03527

𢐗伯毁

𢐗伯乍(作)寶尊毁

03528

𢐗伯毁

𢐗伯乍(作)寶尊毁

03529

宂伯毁

宂伯乍（作）
姬寶毁

03530

宂伯毁

宂伯乍（作）
姬寶毁

03531

伯矩毁

伯矩乍（作）
寶尊彝

03532

伯矩毁

伯矩乍(作)
寶尊彝

03533

伯魚毁

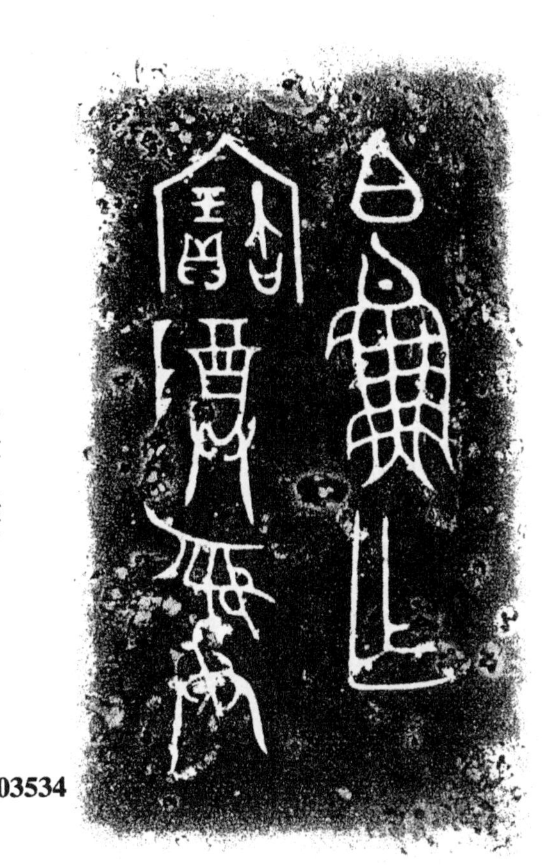

伯魚乍(作)
寶尊彝

03534

伯魚𣪘

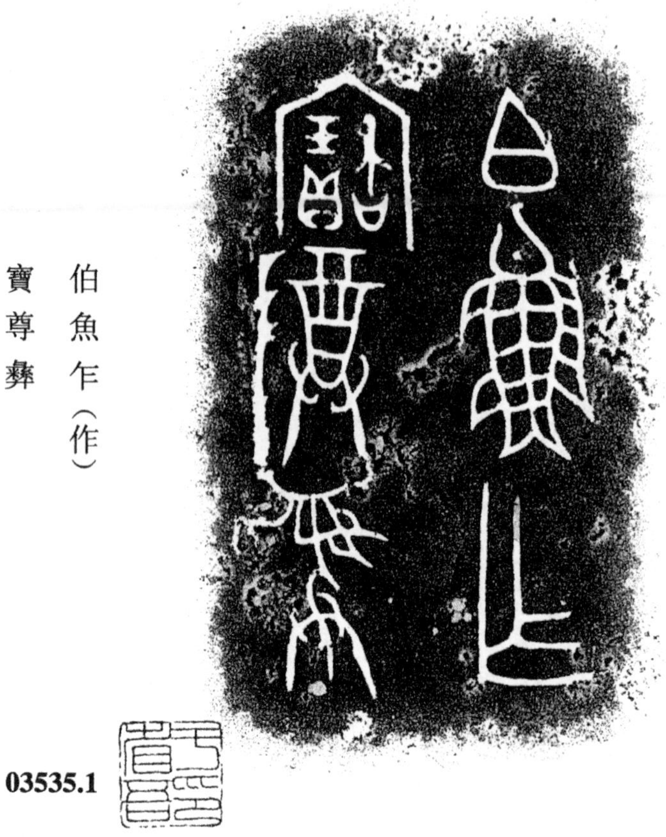

伯魚乍（作）寶尊彝

03535.1

伯魚乍（作）寶尊彝

03535.2

伯𦨶𣪘

伯𦨶（𦨶）乍（作）寶尊彝

03536

伯要𣪘

伯婁俯乍（作）寶𣪘

03537.1

伯婁俯乍（作）寶𣪘

03537.2

伯丂庚乍(作)寶彝

03538

伯丂庚毁

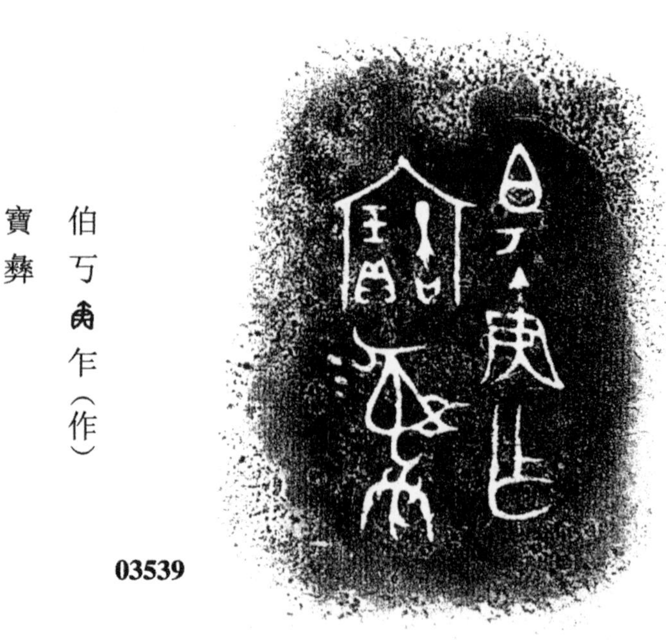

伯丂庚乍(作)寶彝

03539

伯作乙公毁

伯乍(作)乙
公尊毁

03540

伯毁

伯乍(作)寶
用尊毁

03541

伯毁

伯乍（作）寶
用尊毁

03542

仲𢓊毁

仲隻父毁

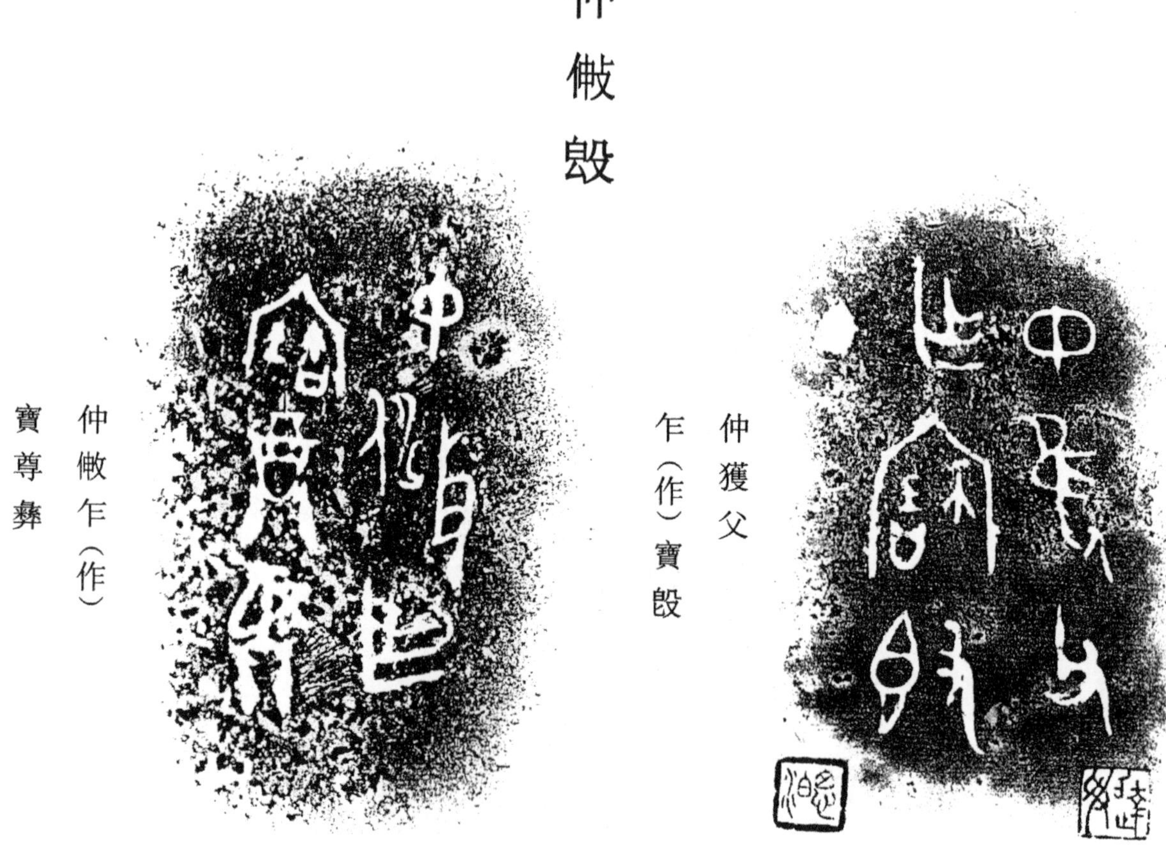

仲𢓊乍（作）
寶尊彝

03544

仲獲父
乍（作）寶毁

03543

仲自父𣪘

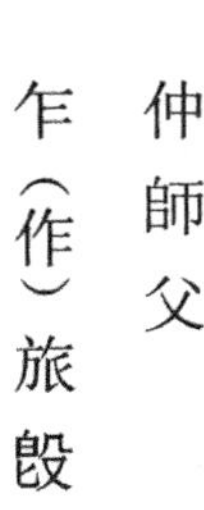

仲師父

乍(作)旅𣪘

03545

仲□父𣪘

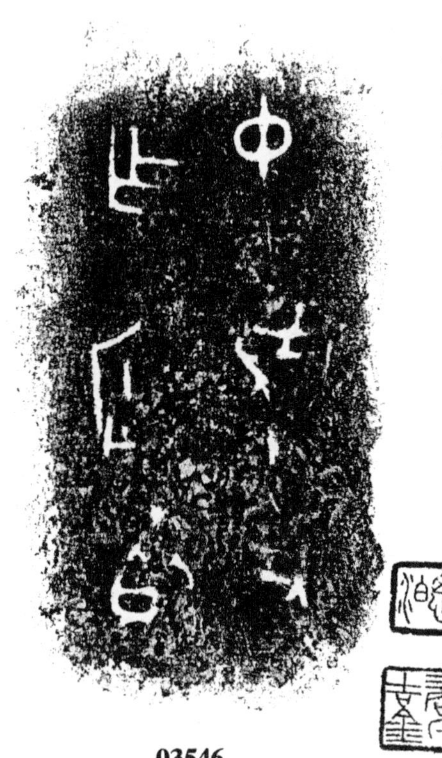

仲□父

乍(作)寶𣪘

03546

仲酉父𣪘

仲酉父

乍(作)旅𣪘

03547

仲言父𣪕

仲言（？）父乍（作）旅𣪕

03548

㮚仲𣪕

㮚仲乍（作）寶尊彝

03549

敔仲𣪕

敔仲乍（作）其旅𣪕

03550

城虢仲𣪘

城虢仲

乍（作）旅𣪘

03551

叔虤𣪘

叔虤

乍（作）寶

尊𣪘

03552

叔虤𣪘

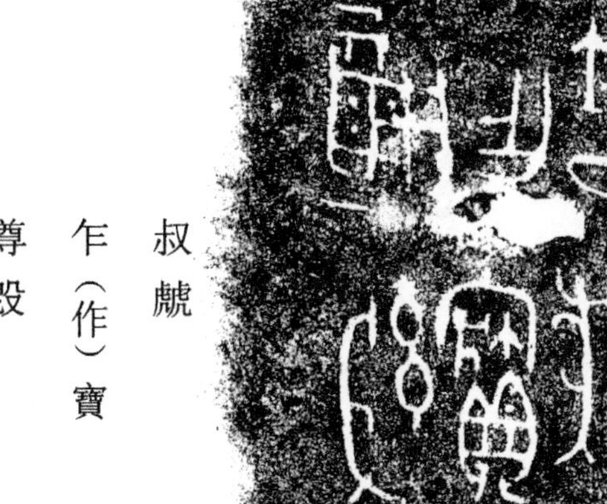

叔虤

乍（作）寶

尊𣪘

03553

叔虢殷

叔虢
乍（作）寶
尊殷

03554

叔若父殷

叔伩父
乍（作）叀殷

03555

季屖殷

季屖乍（作）
寶尊彝

03556

季㜷毁

季㜷（姒）乍（作）用毁，䀠

03557

嬴季毁

嬴季乍（作）
寶尊彝

03558

⿰夃田父毁

⿰夃田父乍（作）寶尊彝

03559

□父毁

安父毁

□父☐

03560

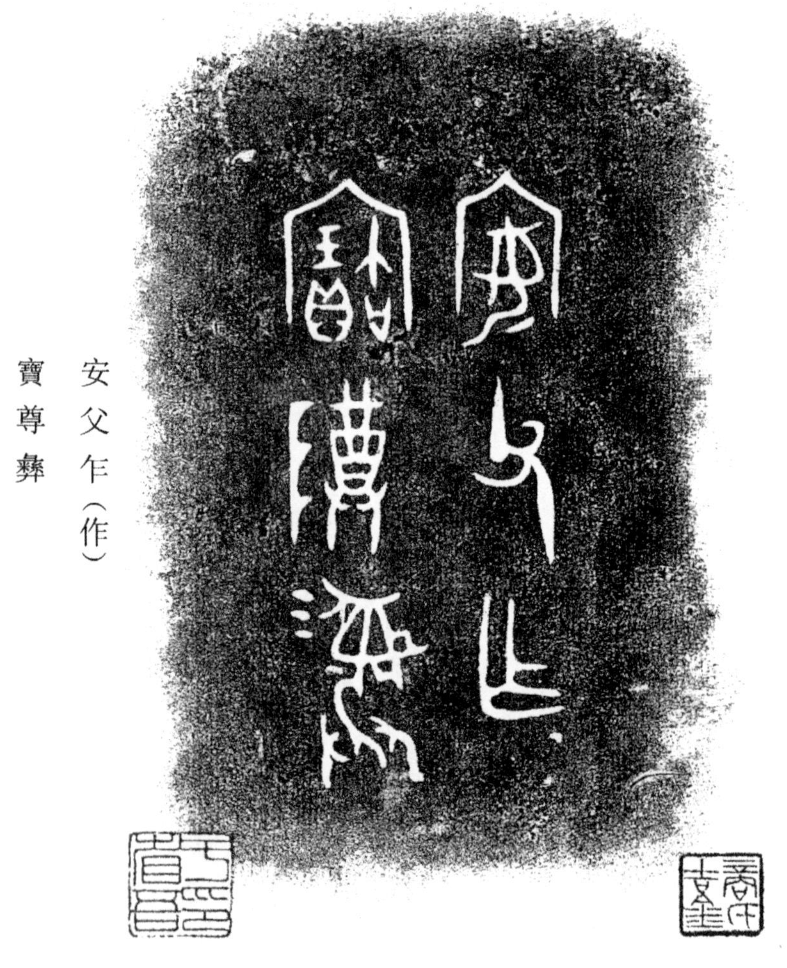

安父乍(作)寶尊彝

03561

微父𣪘

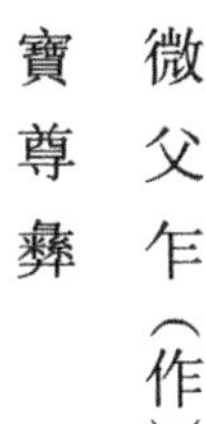

微父乍(作)寶尊彝

03562

姞□父𣪘

員父𣪘

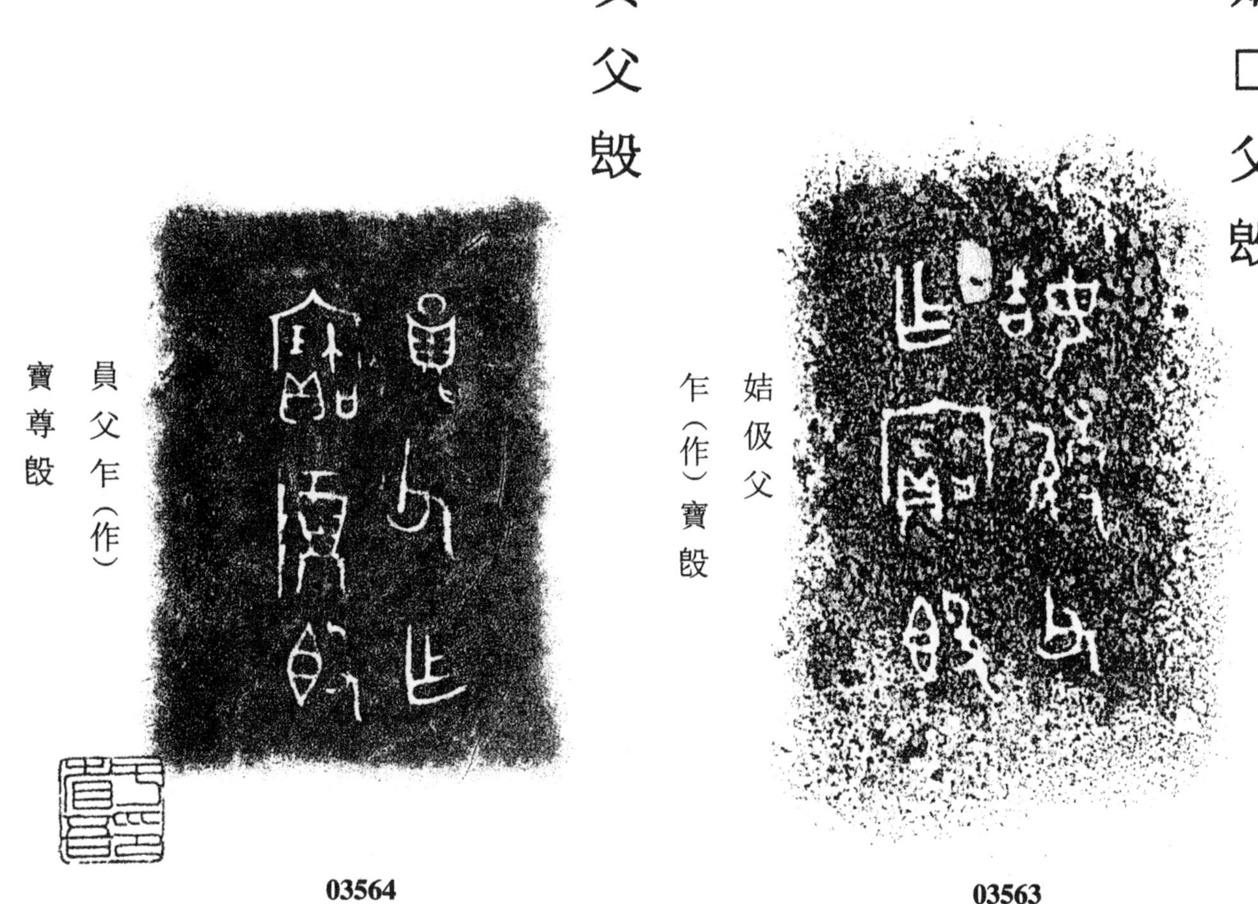

姞仮父乍(作)寶𣪘

03563

員父乍(作)寶尊𣪘

03564

霸姑簋

霸姑乍（作）寶尊彝

03565

驫㚸簋

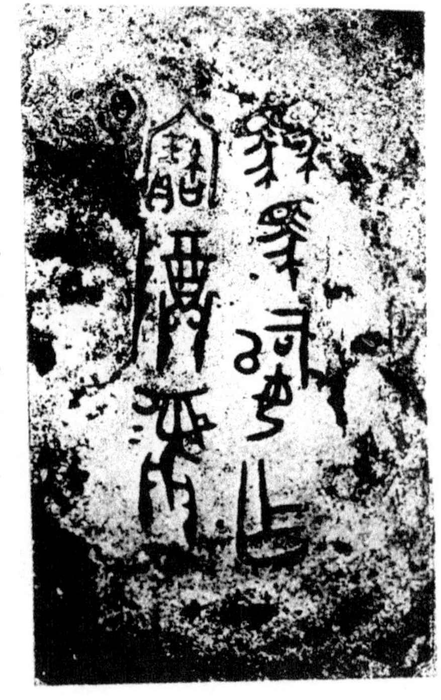

驫㚸（姒）乍（作）寶尊彝

03567

[illegible]始簋

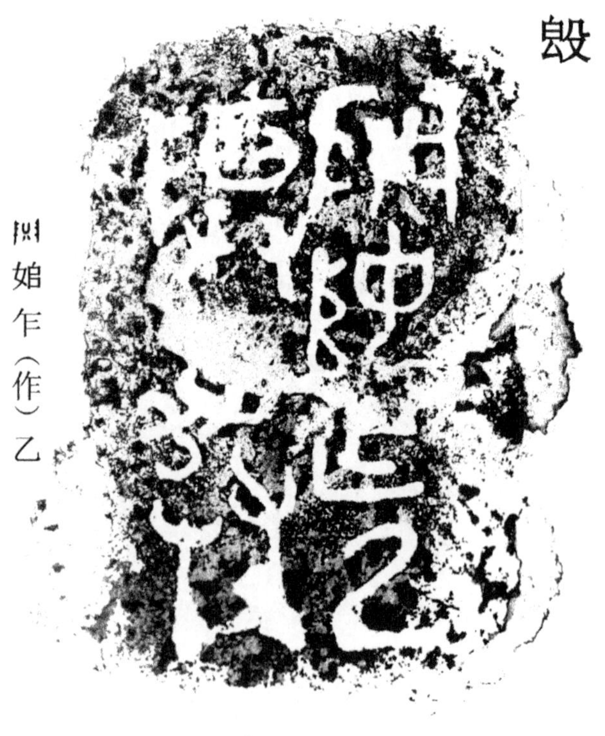

[illegible]姶乍（作）乙尊彝

03566

雒嫛𣪘

雍嫛（姒）乍（作）
寶尊彝

03568

𤇾姬𣪘

戚姬乍（作）
寶尊𣪘

03569

王作姜氏𣪘

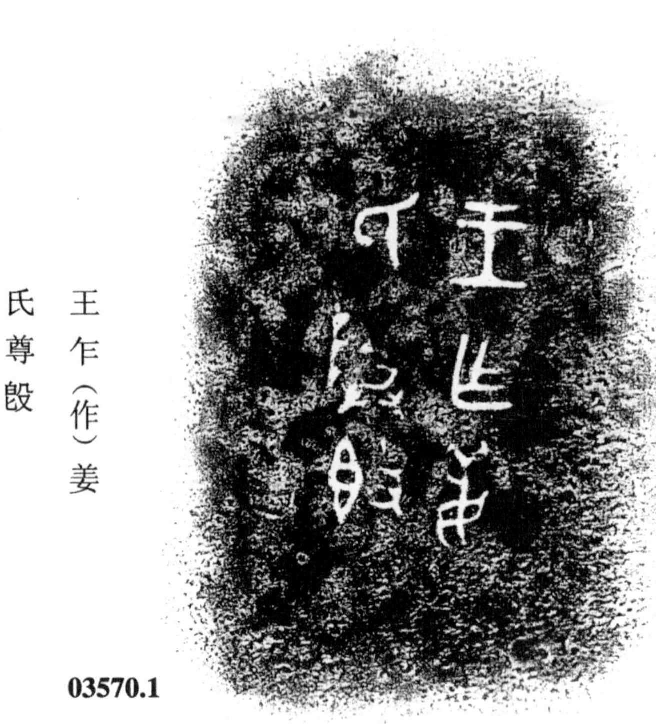

王乍(作)姜
氏尊𣪘

03570.1

王乍(作)姜
氏尊𣪘

03570.2

姜林母毁

姜林母
乍（作）⿱雨害（鎝）毁

03571

師⿱艹⿱䜌止毁

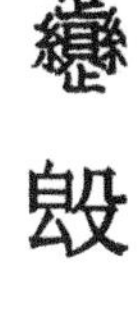

師⿱艹績其
乍（作）寶毁

03573

向毁

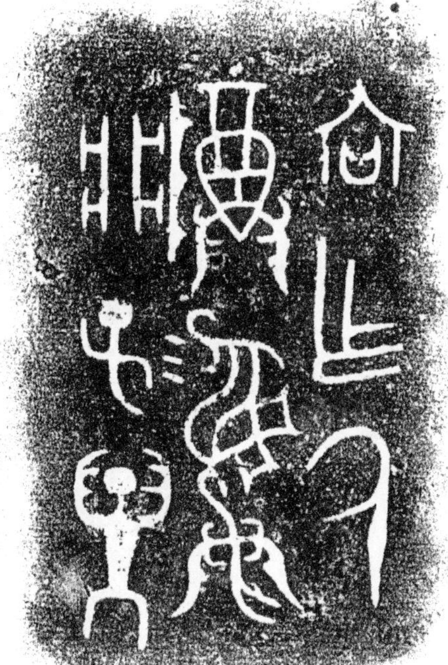

向乍（作）厥
尊彝，
⿱业大

03572

噩叔毁

噩（鄂）叔乍（作）
寶尊彝

03574

農
簋

農乍（作）

寶尊彝，

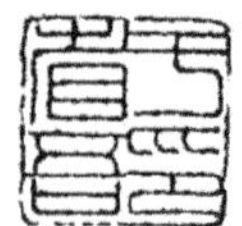

03575.1

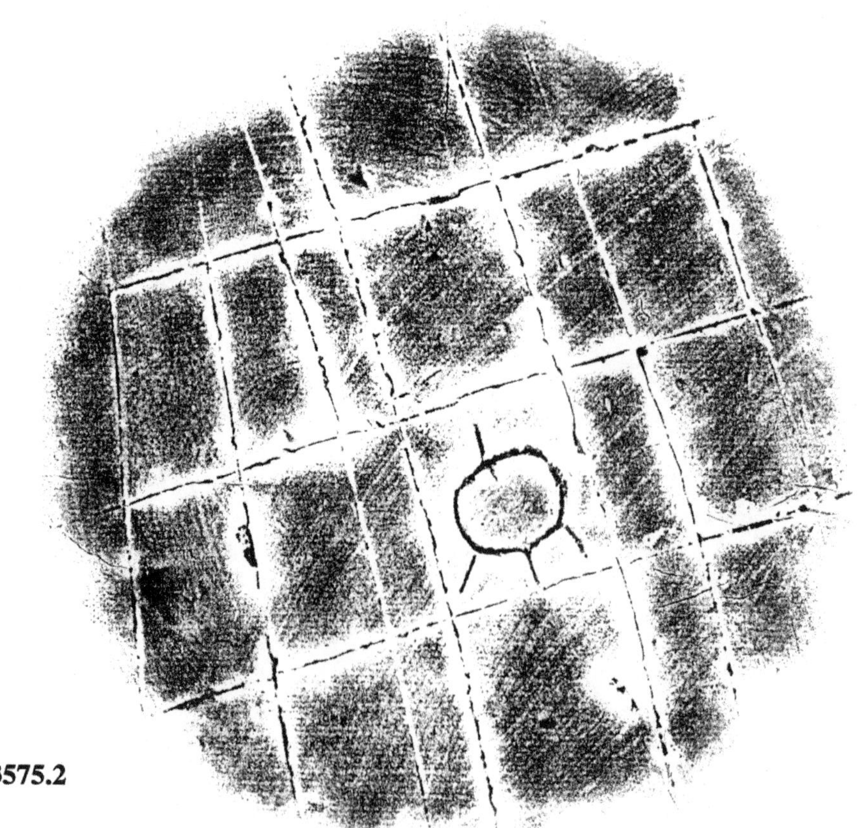

皇

03575.2

田農毀

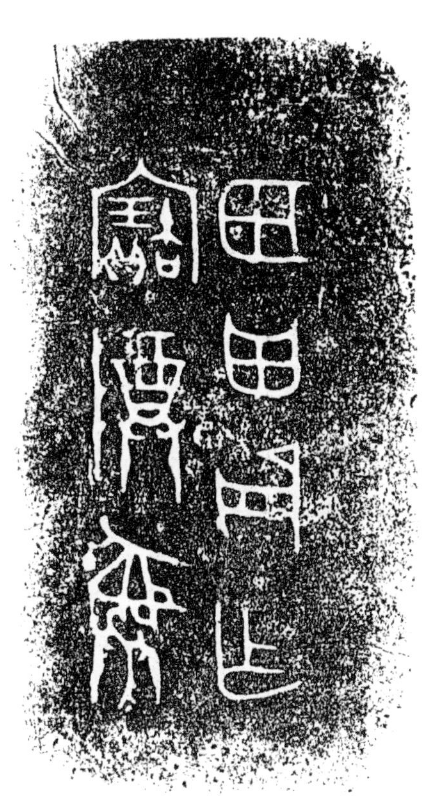

田農乍(作)
寶尊彝

03576

卜孟毀

卜孟乍(作)
寶尊彝

03577.1

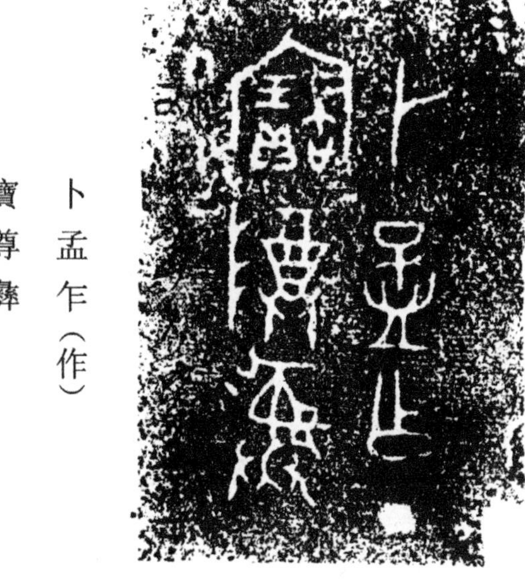

卜孟乍(作)
寶尊彝

03577.2

陽尹𣪘

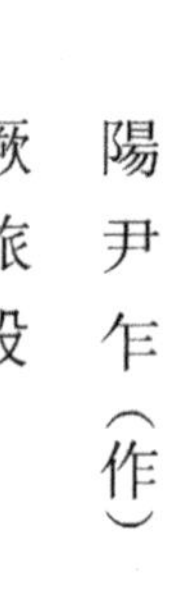

陽尹乍(作)

厥旅𣪘

03578

年姒𣪘

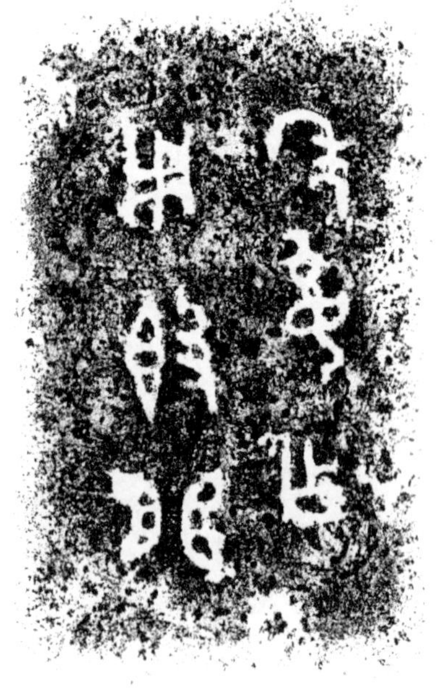

年姒乍(作)

用𣪘,䀠

03579

利𣪘

利乍(作)寶

尊䵼彝

03580

長由毁

長由乍(作)寶尊毁

03581

長由毁

長由乍(作)寶尊毁

03582

史綅毁

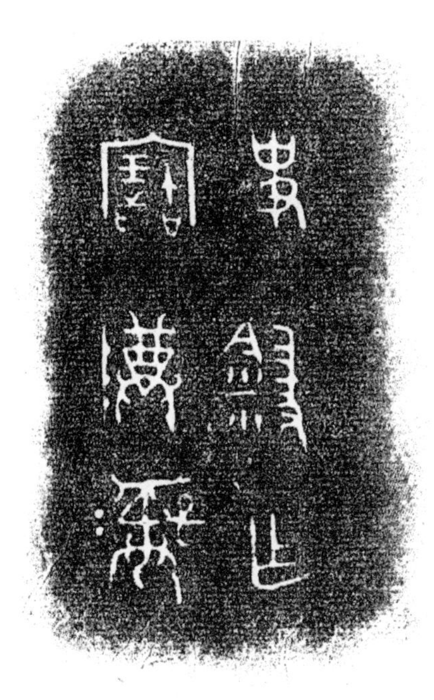

史綅乍(作)

寶尊彝

03583

𤇾子旅毁

𤇾（榮）子旅乍（作）寶毁

03584.1

𤇾（榮）子旅乍（作）寶毁

03584.2

嬴霝悳毁

嬴霝德乍（作）䵼毁

03585

段金歸毁

段（鍛）金歸乍（作）旅毁

03586

段金歸毁

段(鍛)金歸
乍(作)旅毁

03587

□作⿱夆厘伯毁

㞷(役)乍(作)⿱夆厘
伯寶毁

03588

茾侯毁

芇侯乍(作)
登寶毁

03589

鄧公牧𣪘

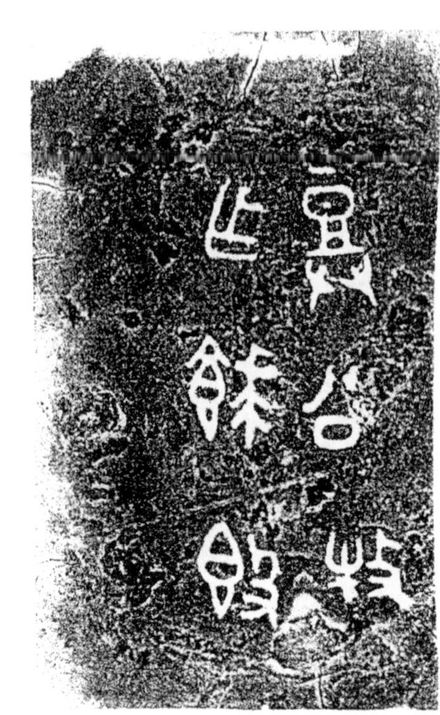

登（鄧）公牧
乍（作）𩟄（饙）𣪘

03590.1

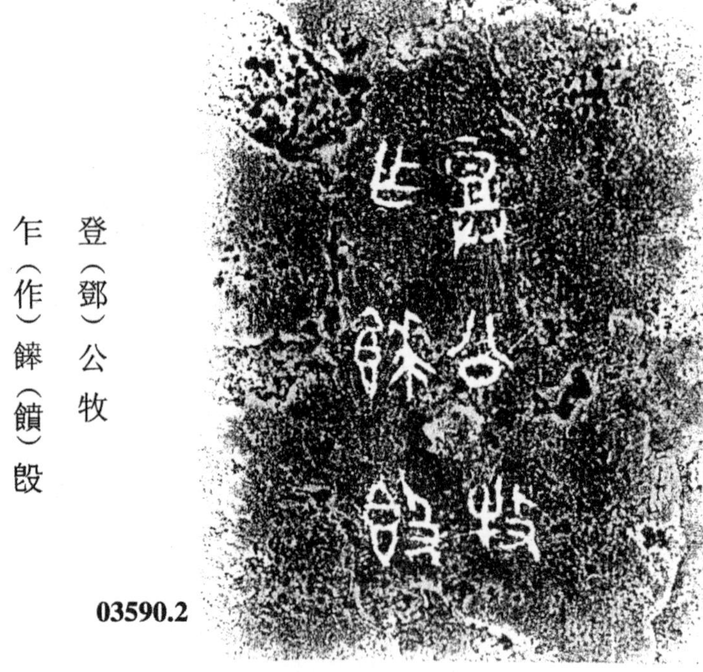

登（鄧）公牧
乍（作）𩟄（饙）𣪘

03590.2

鄧公牧𣪘

登(鄧)公牧
乍(作)𩰫(饙)𣪘

03591

蔡侯𩡝𣪘

蔡侯𩡝(申)
乍(作)淄(𩱦)𣪘

03592.2

蔡侯𩡝(申)
乍(作)淄(𩱦)𣪘

03592.1

蔡侯龖殷

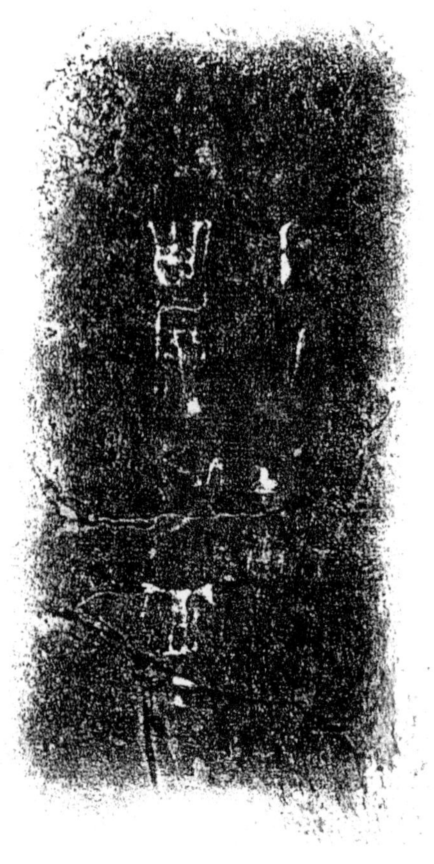

蔡侯龖（申）
乍（作）淄（𣪘）殷

03593.1

蔡侯龖（申）
乍（作）淄（𣪘）殷

03593.2

蔡侯䵻段

蔡侯䵻(申)乍(作)淄(䣄)段

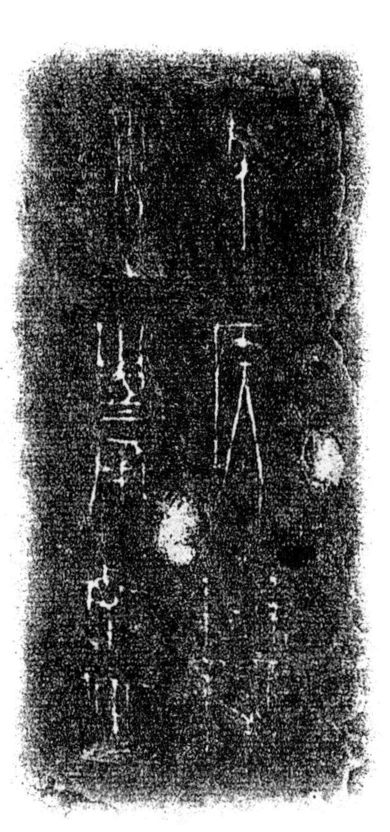

03594.1

蔡侯䵻(申)乍(作)淄(䣄)段

03594.2

蔡侯𪏹𣪘

蔡侯𪏹（申）乍（作）淄（𨥑）𣪘

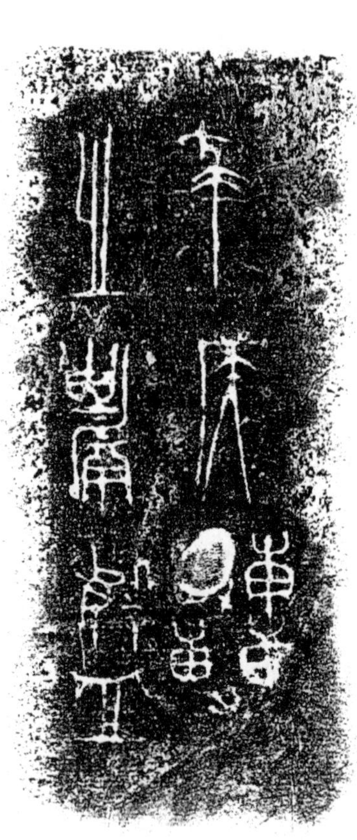

03595.2

蔡侯𪏹（申）乍（作）淄（𨥑）𣪘

03595.1

蔡侯䨷毁

蔡侯䨷（申）乍（作）淄（𨰻）毁

03596.2

蔡侯䨷（申）乍（作）淄（𨰻）毁

03596.1

蔡侯𪓐毁

蔡侯𪓐（申）

乍（作）淄（䵼）毁

03597.1

蔡侯𪓐（申）

乍（作）淄（䵼）毁

03597.2

蔡侯䡅簋

蔡侯䡅(申)乍(作)淄(𬯀)簋

03598.2

蔡侯䡅(申)乍(作)淄(𬯀)簋

03598.1

蔡侯[illegible]𣪘

蔡侯[illegible]（申）
乍（作）淄（[illegible]）𣪘

03599

[illegible]作且丁𣪘

[illegible]乍（作）祖丁寶
尊彝

03600

偁缶作且癸毁

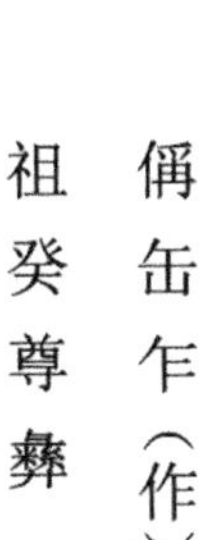

偁缶乍(作)祖癸尊彝

03601

作父乙毁

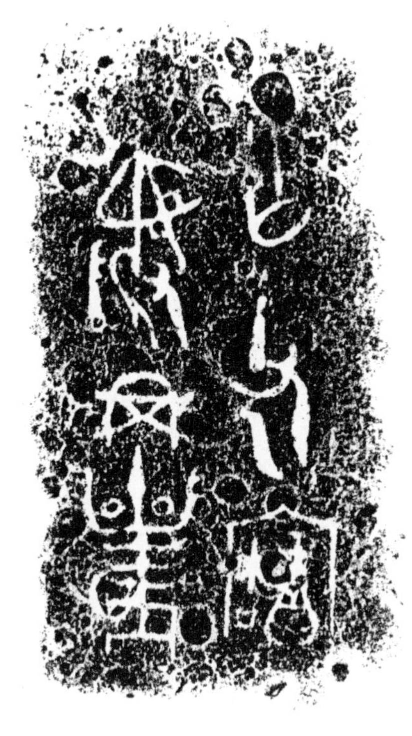

乍(作)父乙寶彝，冉蛙

03602.1

乍(作)父乙寶彝，冉蛙

03602.2

天禾作父乙毁

大禾乍（作）父乙尊彝

03603

宔父丁毁

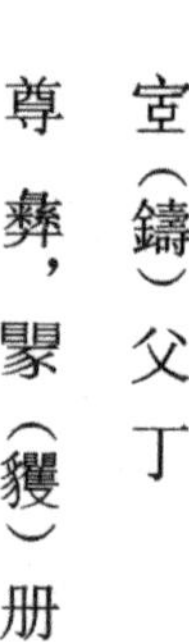

宔（鑄）父丁尊彝，瞏（玃）册

03604

叔作父丁毁

弔乍（作）父丁寶尊彝

03605

雔作文父日丁毁

雔（雔）乍（作）文父日丁，𦍒

03606

古作父丁毁

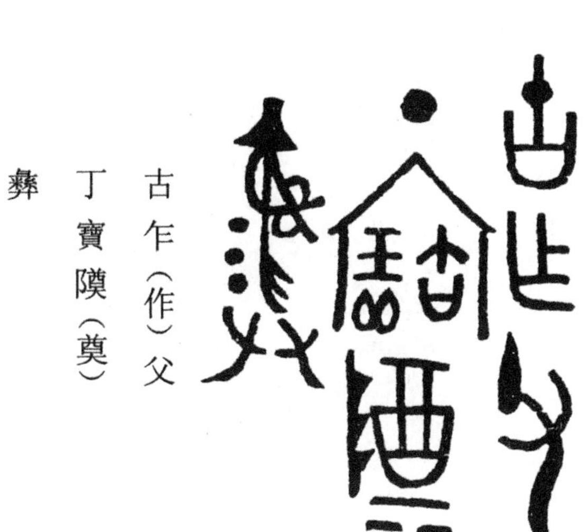

古乍（作）父丁寶隩（奠）彝

03607

牢□作父丁毁

牢犬乍(作)
父丁𩰫(饙)彝

03608

休作父丁毁

休乍(作)父
丁寶毁，

03609

𡉚作父戊毁

𡉚乍(作)父戊
寶尊彝

03610

廣作父己毁

廣乍(作)父己
寶尊，幸旅

03611

衛作父庚毁

衛乍(作)父庚
寶尊彝

03612

⿱我日作父辛毁

哦乍（作）父辛寶尊彝

03613

匽侯毁

匽（燕）侯乍（作）姬承尊彝

03614

⿰𠦝比敝伯毁

⿰𠦝比(坒)敝(搋)伯具乍(作)寶毁

03615

𢐗伯毁

𢐗伯乍(作)旅用鼎毁

03616

鴋伯毁

鴋伯乍（作）旅
用鼎毁

03617

鴋伯毁

鴋伯乍（作）自
爲貞（鼎）毁

03618

義伯毁

義伯乍(作)宄婦陸姞

03619

嫘仲毁

嫘(媄)仲乍(作)乙伯寶毁

03620.2

嫘(媄)仲乍(作)乙伯寶毁

03620.1

陸婦𣪘

陸婦乍(作)高
姑尊彝

03621

召父𣪘

召父乍(作)厥
□寶彝

03622

杯沽𣪘

杯沽乍(作)父卯寶𣪘

03623

叔單殷

比殷

03624

叔單乍（作）義
公尊彝

03625

比乍（作）伯婦
尊彝，𡛟（戉）

𤝔毁

𢿢乍(作)文祖寶尊彝

03626

𤝔毁

𢿢乍(作)文祖寶尊彝

03627

旃毁

旃乍（作）寶尊彝，用饆（饋）

03628

觋毁

觋乍（作）寶毁，用日享

03630

叉毁

叉乍（作）厥考寶尊彝

03629

伊生簋

伊生(甥)乍(作)公母尊彝

03631

寧遹簋

寧遹乍(作)柙(甲)姛尊簋

03632

大師簋

大(太)師乍(作)孟姜鏌(饙)簋

03633

邵王之諻毁

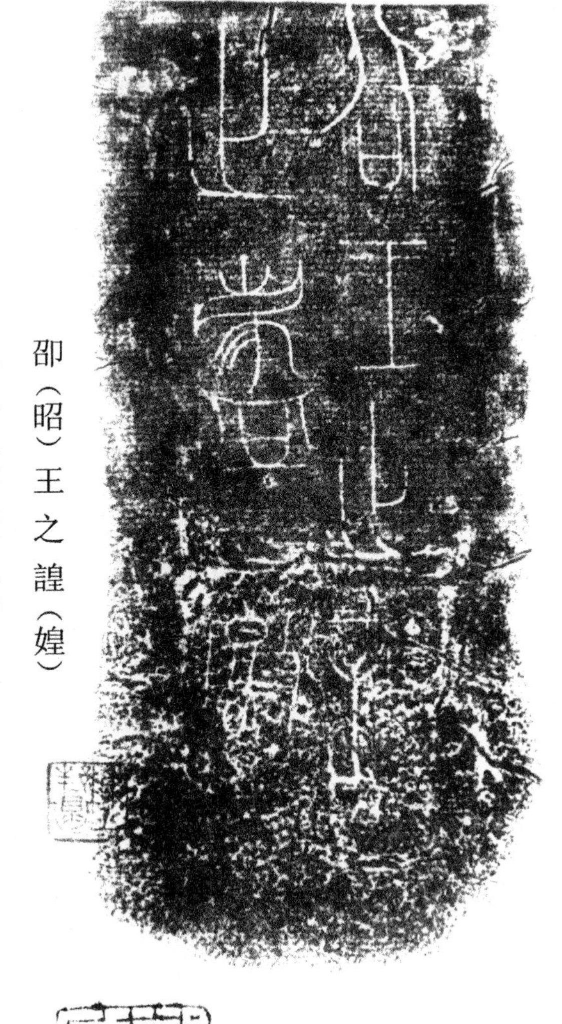

邵（昭）王之諻（媓）之廌（薦）簋（毁）

03634

邵王之諻毁

邵（昭）王之諻（媓）之廌（薦）簋（毁）

03635

曾侯乙簋

曾侯乙詐（作）時（持）甬（用）冬（終）

03636.1

曾侯乙詐（作）
時（持）甬（用）冬（終）

03636.2

曾侯乙毀

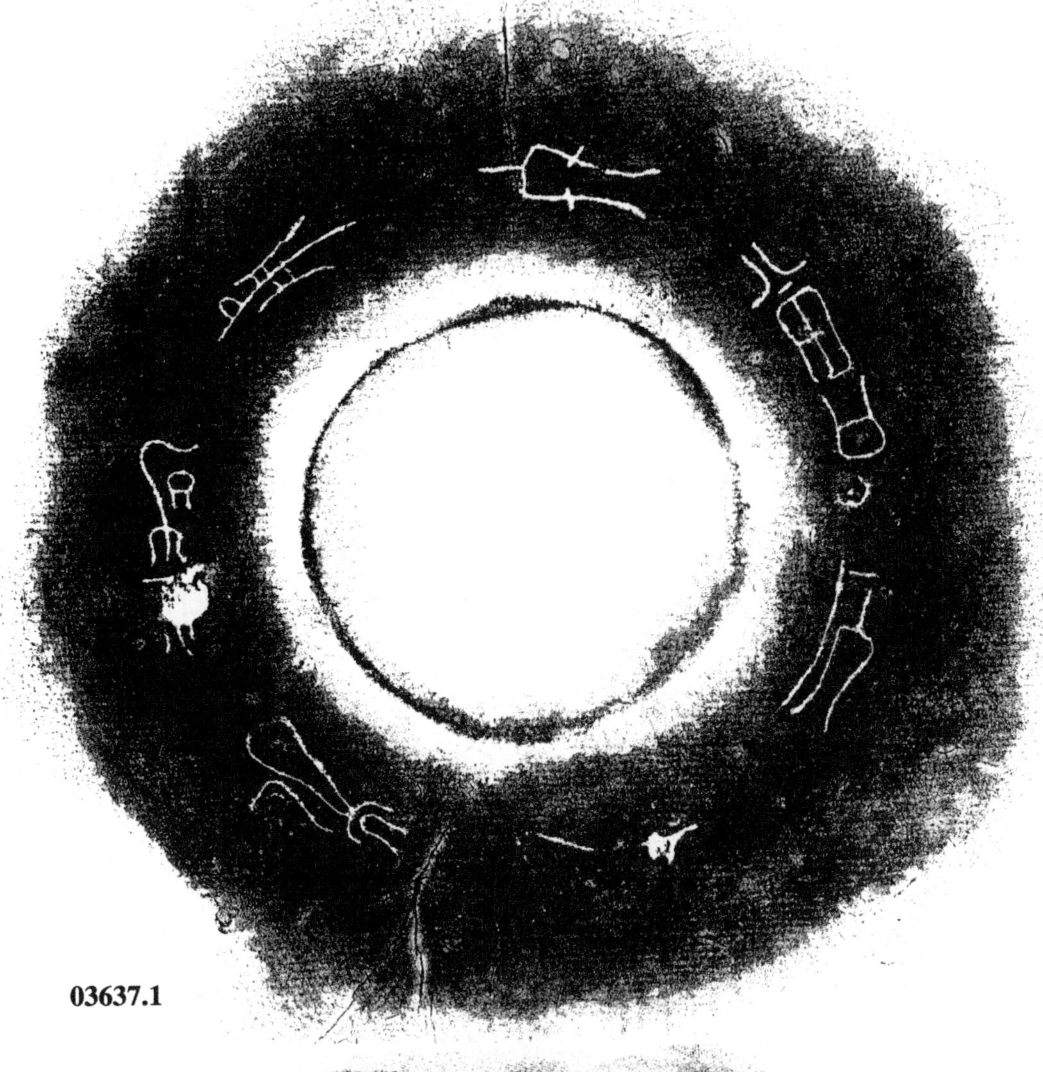

曾侯乙詐（作）時（持）甬（用）冬（終）

03637.1

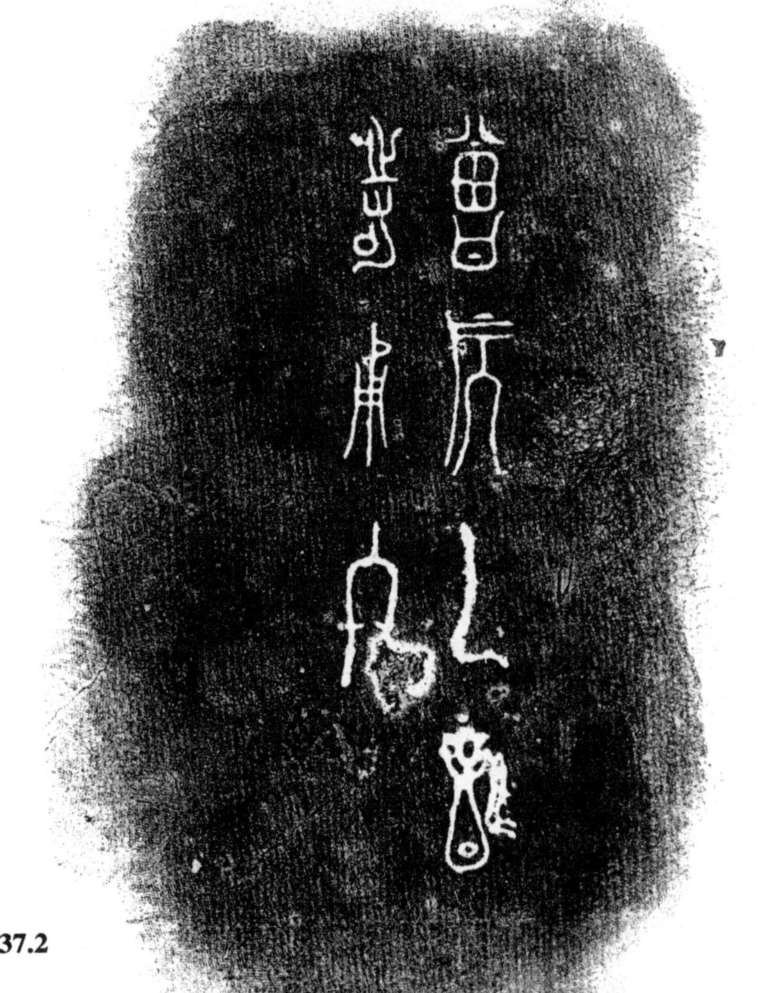

曾侯乙詐（作）

時（持）甬（用）冬（終）

03637.2

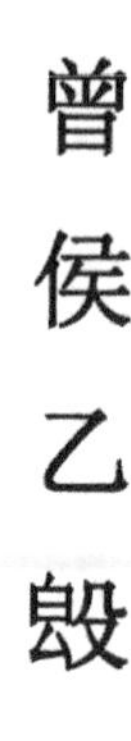

曾侯乙㲃

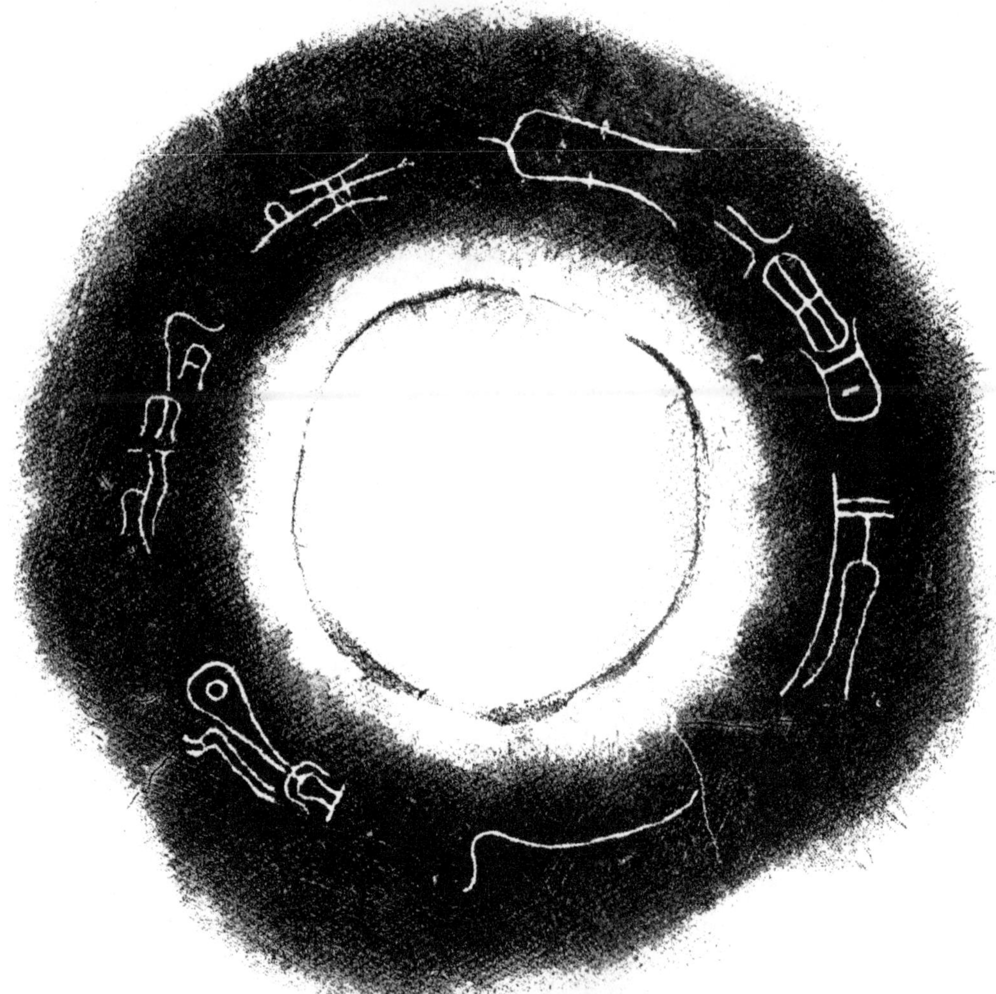

曾侯乙詐（作）時（持）甬（用）冬（終）

03638.1

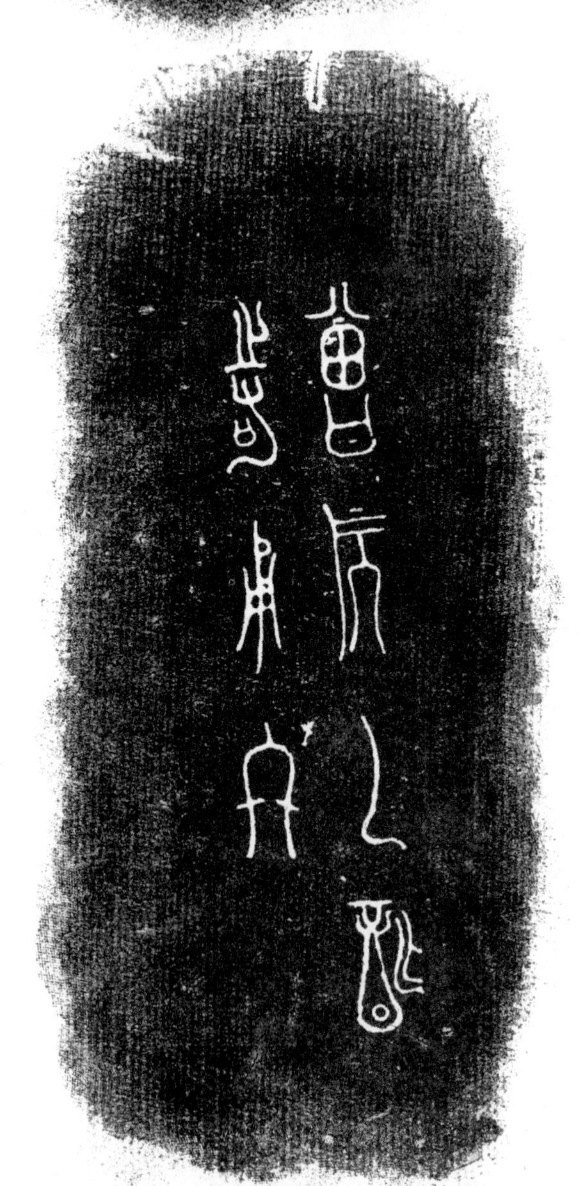

曾侯乙詐（作）時（持）甬（用）冬（終）

03638.2

曾侯乙毁

03639.1

曾侯乙詐（作）時（持）甬（用）冬（終）

03639.2

曾侯乙詐（作）時（持）甬（用）冬（終）

曾侯乙毁

曾侯乙詐（作）時（持）甬（用）冬（終）

03640.1

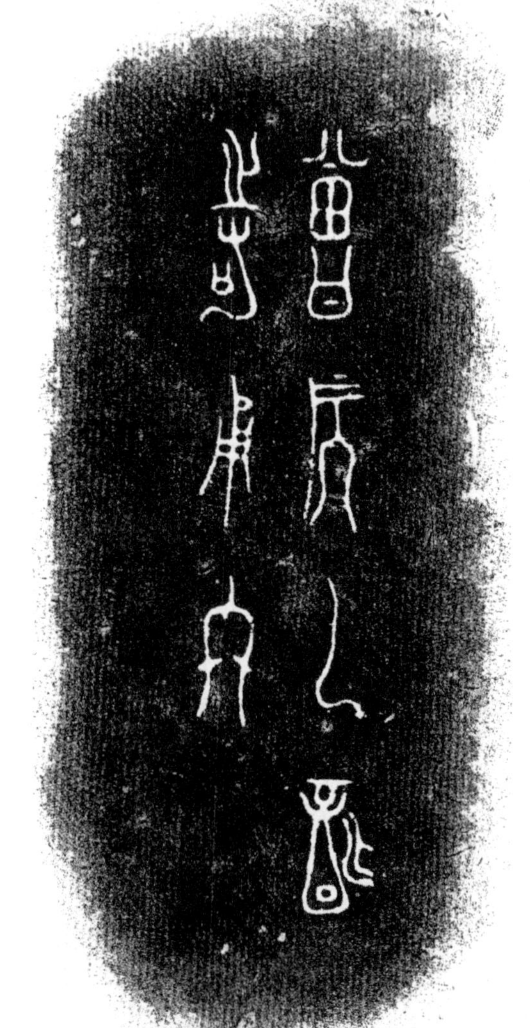

曾侯乙詐（作）時（持）甬（用）冬（終）

03640.2

曾侯乙毁

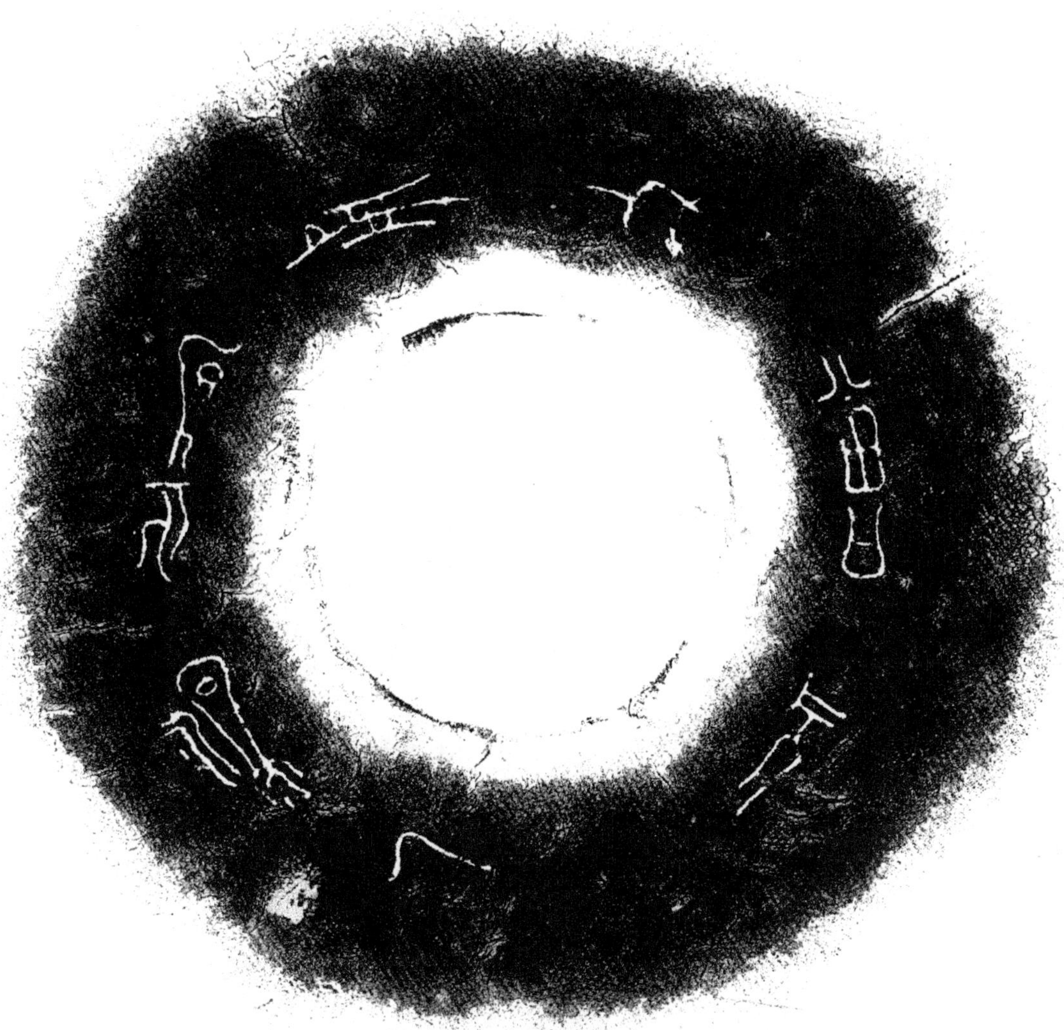

03641.1

曾侯乙詐（作）時（持）甬（用）冬（終）

曾侯乙詐（作）
時（持）甬（用）冬（終）

03641.2

曾侯乙毁

曾侯乙詐（作）時（持）甬（用）冬（終）

03642.1

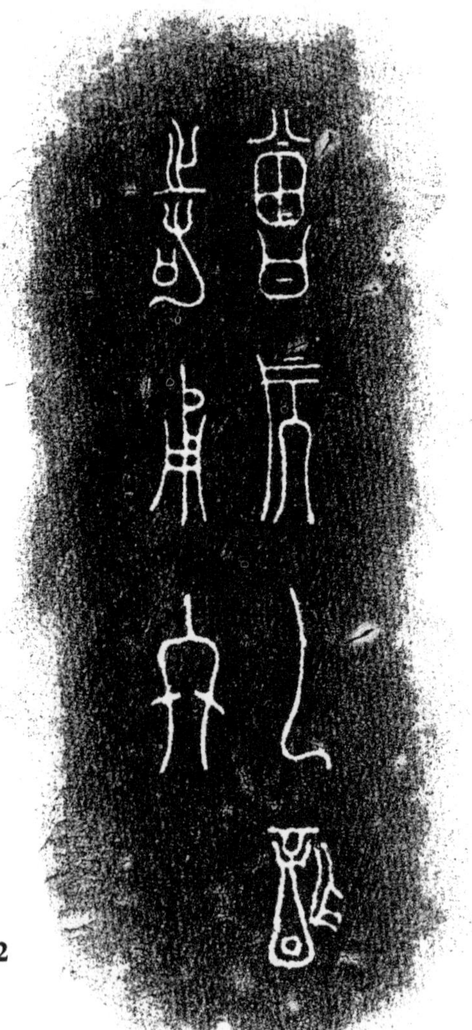

曾侯乙詐（作）
時（持）甬（用）冬（終）

03642.2

曾侯乙𣪘

曾侯乙詐（作）時（持）甬（用）冬（終）

03643.1

曾侯乙詐（作）

時（持）甬（用）冬（終）

03643.2

史梅蚬作且辛毀

史楳蚬(貺)，乍(作)祖辛寶彝

03644

敍作且癸毀

㠱，敎乍(作)祖癸寶尊彝

03645

史述作父乙𣪘

史述乍(作)父乙寶𣪘，飤

03646

堇臨作父乙𣪘

堇臨乍(作)父乙寶尊彝

03647

堇臨作父乙𣪘蓋

堇臨乍(作)父乙寶尊彝

03648

✦凵作父丁毁

✦凵，乍(作)父丁
寶尊彝

03649

牧共作父丁毁

牧璧乍(作)父丁
少(小)食毁

03651

✦凵作父丁毁

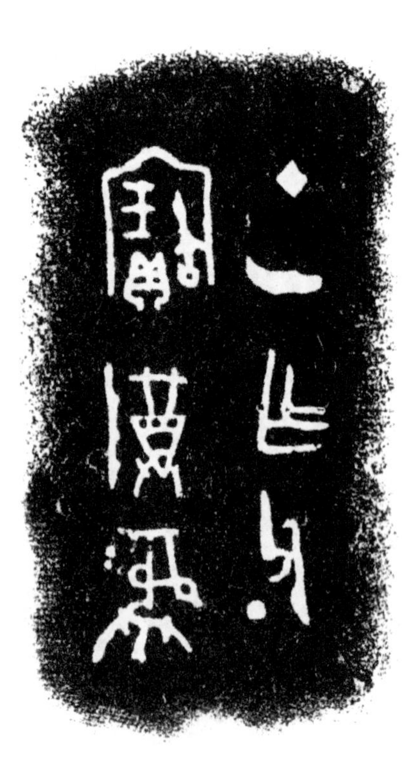

✦凵，乍(作)父丁
寶尊彝

03650

龠作父丁毁

龠乍(作)父丁
寶尊彝，[illegible]

03652

子阱作父己𣪕

子阱乍（作）父己
寶尊彝

03653

⿰皇見作父壬𣪕

⿰見皇乍（作）父壬
寶尊彝，射

03654.1

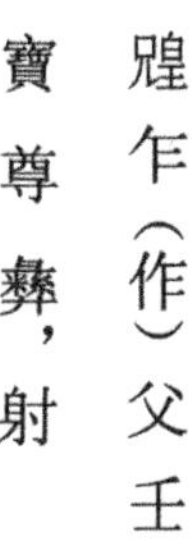

⿰見皇乍（作）父壬
寶尊彝，射

03654.2

亞高作父癸毁

亞高亢乍(作)父
癸尊彝

03655

集屠作父癸毁

集,屠(征)乍(作)父癸
寶尊彝

03656.1

集,屠(征)乍(作)父癸
寶尊彝

03656.2

集𡰥作父癸毁

集，𡰥（征）乍（作）父癸寶尊彝

03657

集𡰥作父癸毁

集，𡰥（征）乍（作）父癸寶尊彝

03658

子令作父癸毁

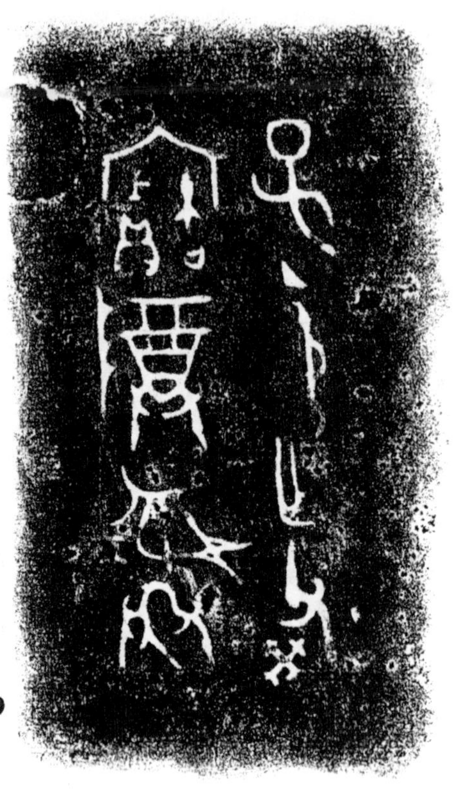

子令乍（作）父癸
寶尊彝

03659

⿰冊欠作父癸毁

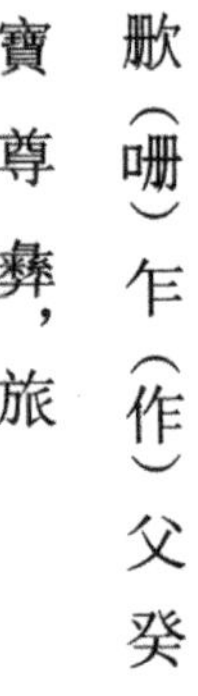

⿰冊欠（⿰口冊）乍（作）父癸
寶尊彝，旅

03660

𣪕作父癸𣪘

03661

𣪕(哵)乍(作)父癸寶尊彝，旅

𣪕作父癸𣪘

03662

𣪕(哵)乍(作)父癸寶尊彝，旅

□(晄)，黃乍(作)父癸寶尊彝

03663

無敄毁

無敄，乍(作)父乙寶尊彝

03664

戈厚作兄日辛毁

戈，厚乍（作）兄日辛寶彝

03665

木工册作母日甲毁

木工册，乍（作）母日甲尊彝

03666

倗丏𣪕

倗丏乍（作）義妣
寶尊彝

03667

噩侯𢉖季𣪕

噩（鄂）侯弟𢉖
季自乍（作）𣪕

03668

噩季奞父𣪕

噩（鄂）季奞父
乍（作）寶尊彝

03669

滕侯毁

滕（滕）侯乍（作）朕

公寶尊彝

03670

旟嗣土梡毁

旟嗣土（徒）梡

乍（作）寶尊毁

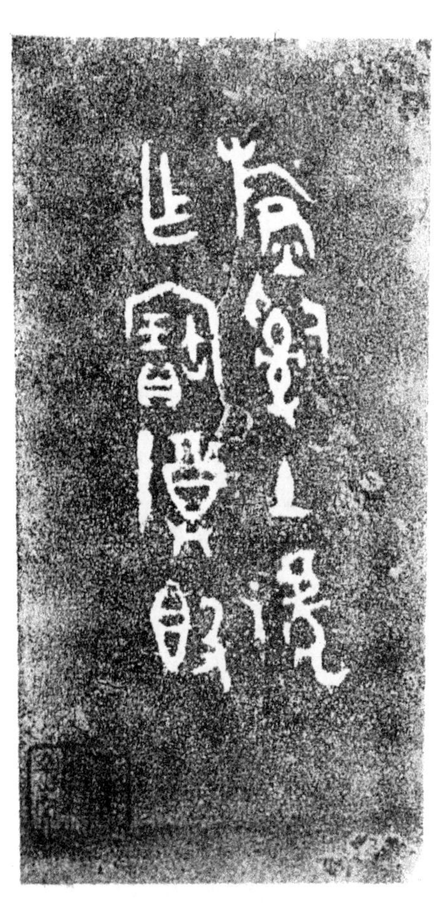

03671

北伯邑辛毁

北伯邑辛
乍(作)寶尊毁

03672

□作厥母毁

蛙乍(作)厥母
寶尊毁，乛(攴)

03673

伯作𧩯子毁

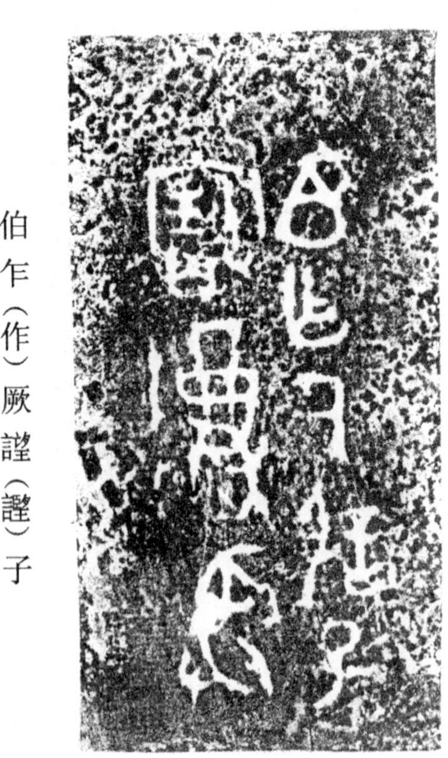

伯乍(作)厥謹(𧩯)子
寶尊彝

03674

戜者設

戜者乍（作）宫伯寶尊彝

03675

㫃設

㫃乍（作）寶設，其萬年用

03676

睘毁

睘乍（作）寶毁，
其永寶用

03677

伯蔡父毁

伯蔡父乍（作）
母嬨寶毁

03678

伯嘉父𣪘

03679

伯嘉父乍（作）叀姬尊𣪘

伯嘉父𣪘

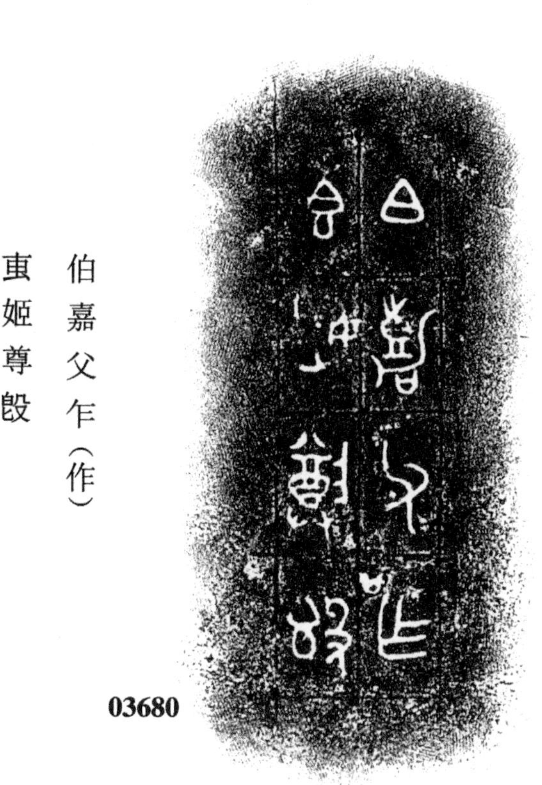

03680

伯嘉父乍（作）叀姬尊𣪘

毅𣪕

毅乍(作)寶𣪕，子子孫孫永用

03681.1

毅乍(作)寶𣪕，子子孫孫永用

03681.2

大師小子師望𣪕

大(太)師小子師望乍(作)䵼彝

03682

亞保且辛𣪕

亞俞，父父庚保𢓊祖辛

03683

劃函作且戊𣪕

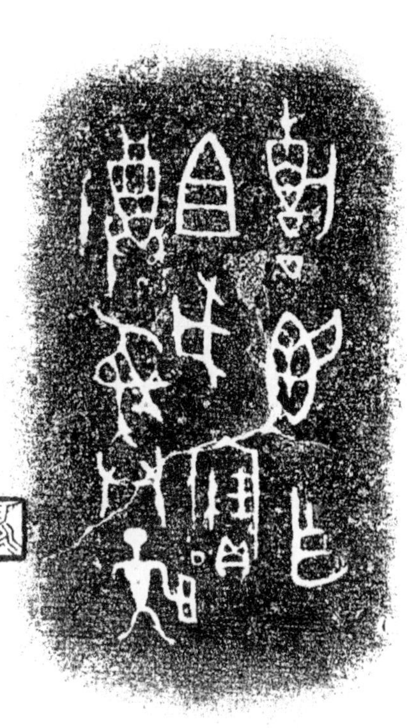

劃函乍（作）祖戊寶尊彝，𡚸（戎）

03684

見作父己𣪕

見乍（作）父己寶尊彝，亞其

03685

𤔲□冀作父癸𣪘

𤔲廷冀乍（作）父
癸寶尊彝

03686

婦毁

婦乍(作)日
癸尊彝，虢冊

03687

遹□作父癸毁

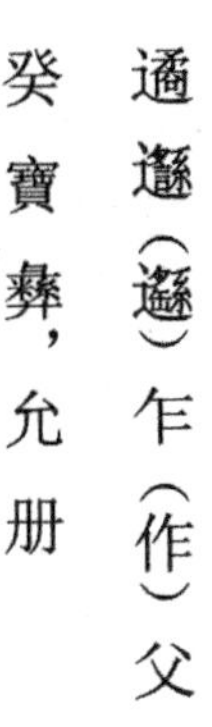

遹遹(遹)乍(作)父
癸寶彝，允冊

03688.1

遹遹(遹)乍(作)父
癸寶彝，允冊

03688.2

亞㠱吴作母辛毁

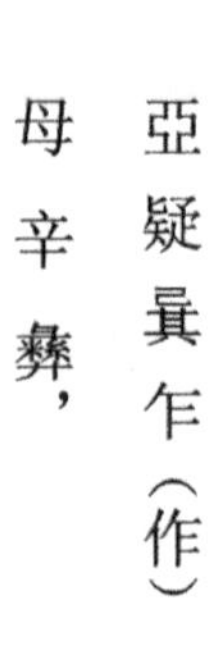

亞疑㠱乍（作）
母辛彝，

03689.1

亞疑㠱旃乍（作）女（母）
辛寶彝

03689.2

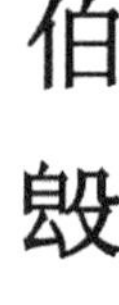

伯𣪕

03690

伯乍(作)寶𣪕，
子子孫孫永寶用

伯好父𣪕

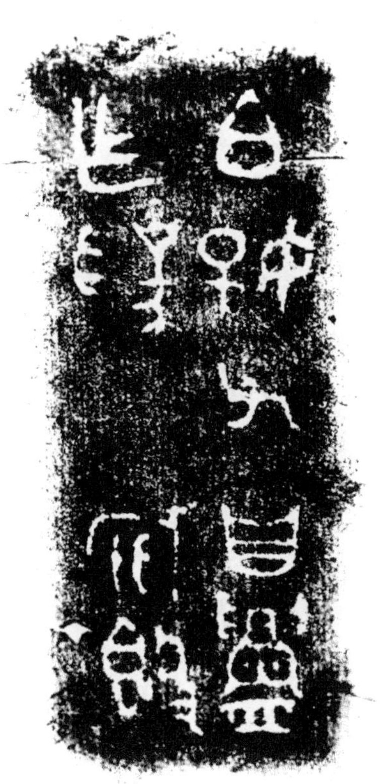

03691

伯好父自鑄
乍(作)爲旅𣪕

伯𤐣簋蓋

伯𤐣乍（作）媿氏旅，用追考（孝）

03692

伯𤐣簋蓋

伯𤐣乍（作）媿氏旅，用追考（孝）

03693

叔宿𣪘

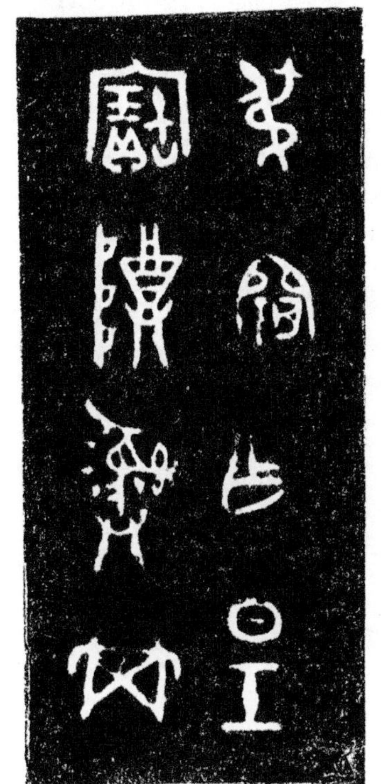

叔宿乍(作)日壬

寶尊彝,冉

03694

妹叔昏𣪘

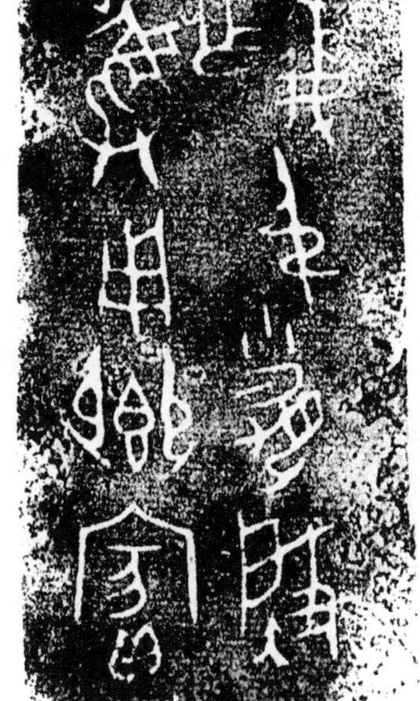

義叔聞𤈦(肇)

乍(作)彝,用鄉(饗)賓

03695

𤔲土𤔲𣪘

厥丂(考)寶尊彝
𤔲土(徒)𤔲乍(作)

03696

𤔲土𤔲𣪘

厥丂(考)寶尊彝
𤔲土(徒)𤔲乍(作)

03697

柬人□父𣪕

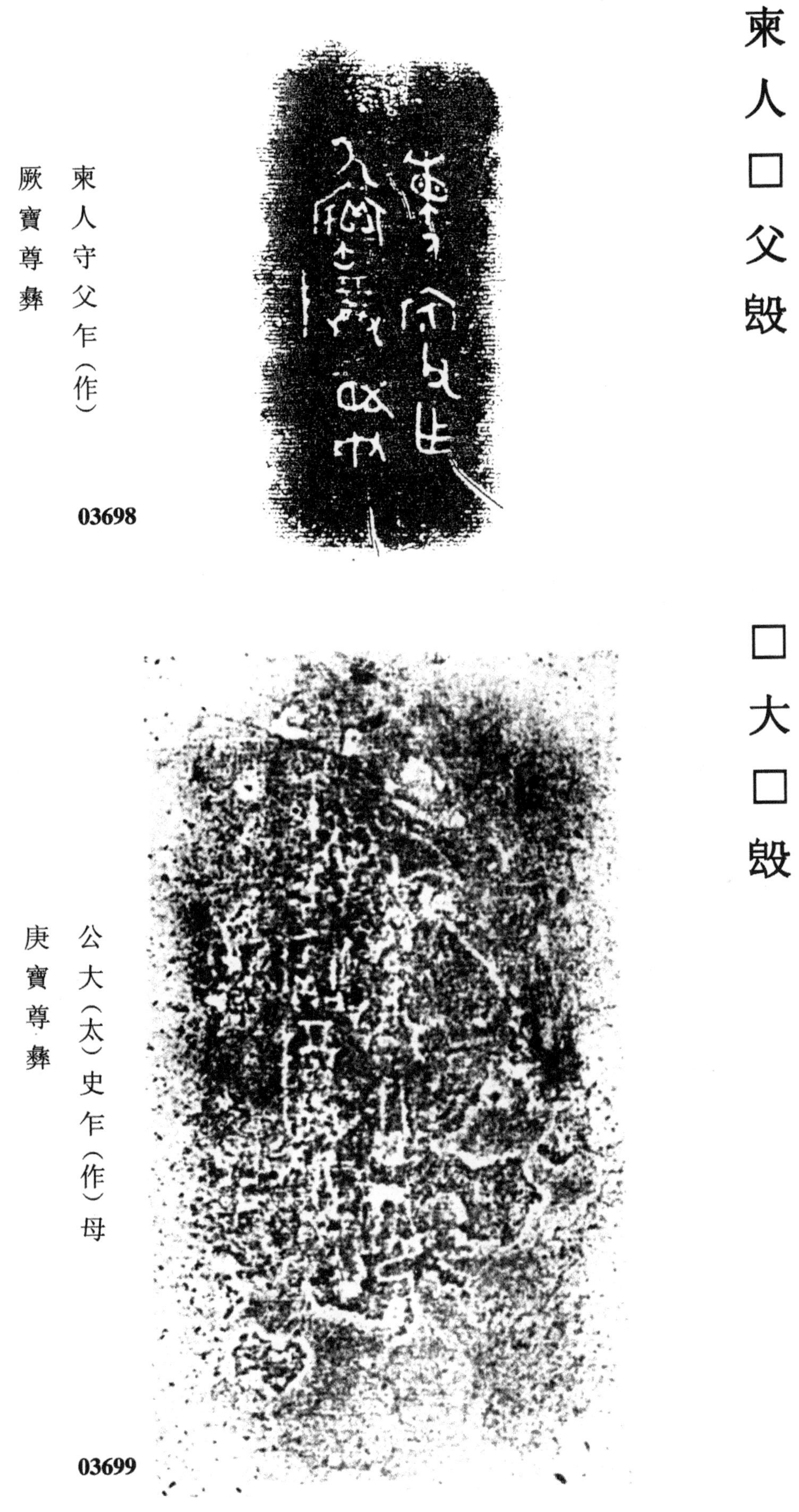

柬人守父乍（作）
厥寶尊彝

03698

□大□𣪕

公大（太）史乍（作）母
庚寶尊彝

03699

⿰𧾷光殷

⿰𧾷光乍(作)尊殷，其壽考寶用

03700

⿰𧾷光殷

⿰𧾷光乍(作)尊殷，其壽考寶用

03701

彔毁

彔乍(作)文考乙
公寶尊毁

03702.1

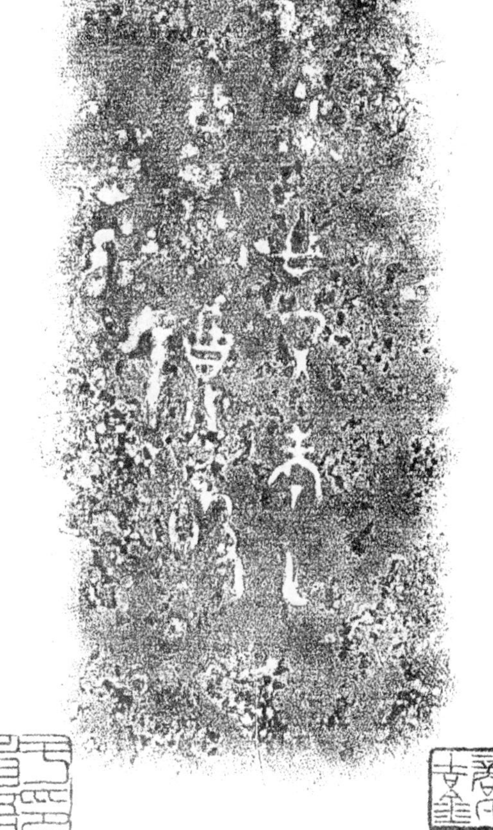

彔乍(作)文考乙
公寶尊毁

03702.2

同𠂤毁

同師乍（作）旅毁，
其萬年用

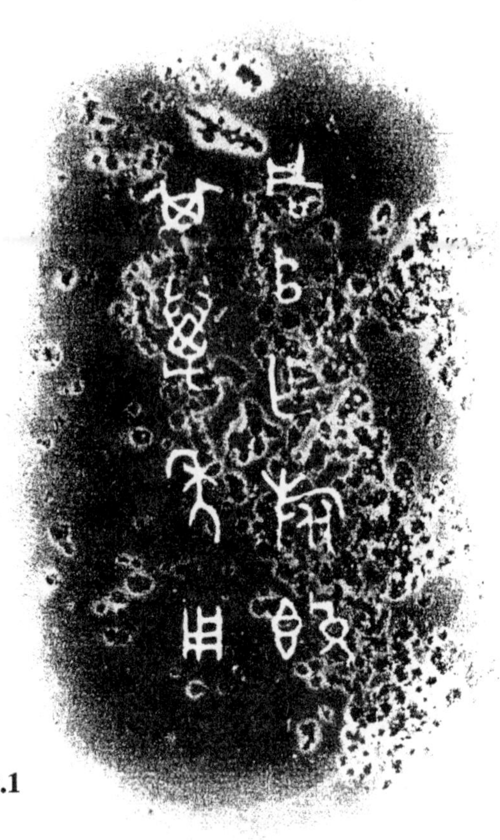

03703.1

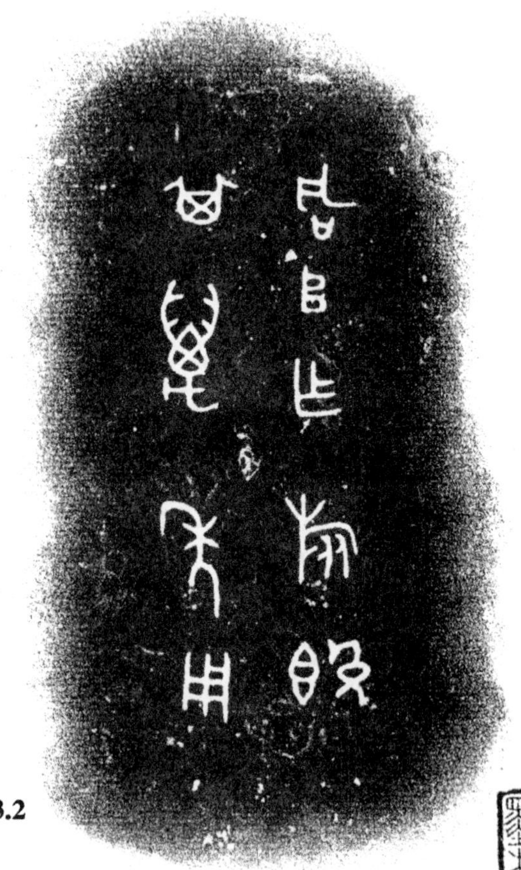

同師乍（作）旅毁，
其萬年用

03703.2

孟𦘡父毀

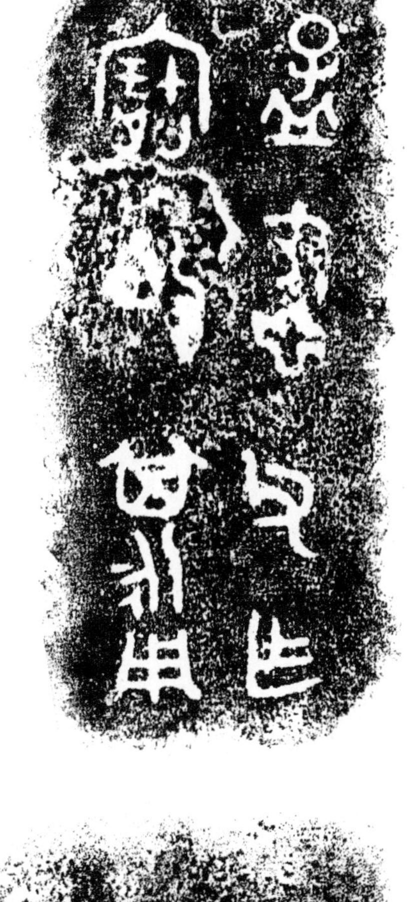

孟肅父乍(作)寶毀，其永用

03704

師寏父毀

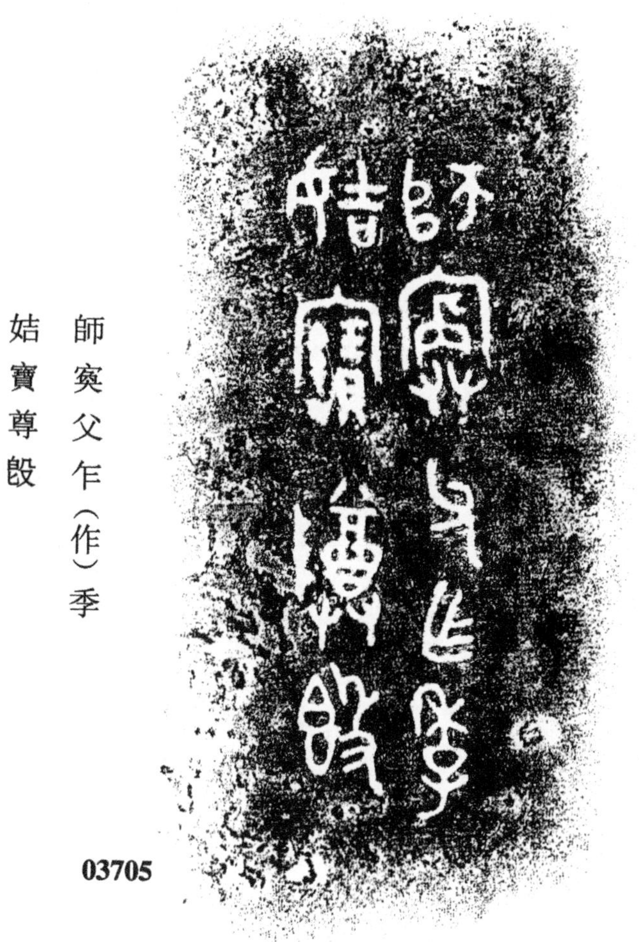

師寏父乍(作)季姞寶尊毀

03705

師寏父毁

師寏父乍(作)叔
姑寶尊毁

3706.1

師寏父乍(作)叔
姑寶尊毁

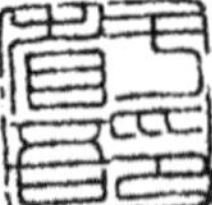

3706.2

內公𣪘蓋

3707

內（芮）公乍（作）鑄從𣪘，永寶用

內公𣪘蓋

3708

內（芮）公乍（作）鑄從𣪘，永寶用

内公毁蓋

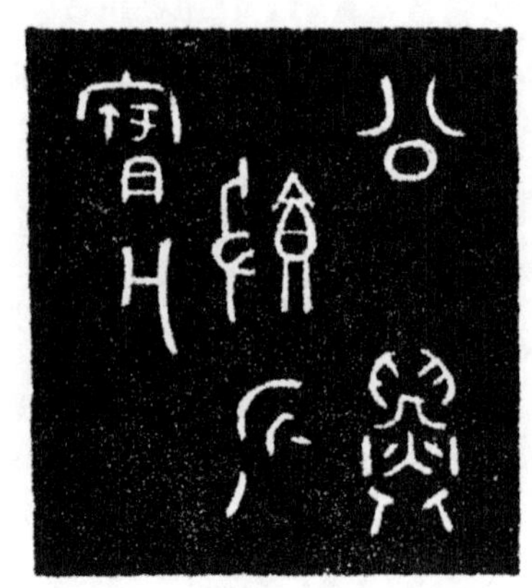

内（芮）公乍（作）鑄
從毁，永
寶用

03709

西替毁

西替乍（作）
其妹蕲
鋅（饙）鉦鐳

03710

且乙告田毁

乍（作）祖乙⿺走雚侯
叔尊彝，告田

03711

鳳作且癸毁

玌賜鳳玉，用
乍（作）祖癸彝，臤

03712

亞若癸毁

亞若癸
受丁旅乙沚自(師)

03713

辨作文父己毁

辨乍(作)文父
己寶尊彝，馬豕(豩)

03714

辨作文父己毁

辨乍(作)文父己寶尊彝，馬豙(䝘)

03715

辨作文父己毁

辨乍(作)文父己寶尊彝，馬豙(䝘)

03716

戈册父辛毁

戠册北單，
□乍（作）父辛尊彝

03717

伯毁

伯乍（作）寶毁，其
萬年，子子孫孫用

03718

𠫔伯毁

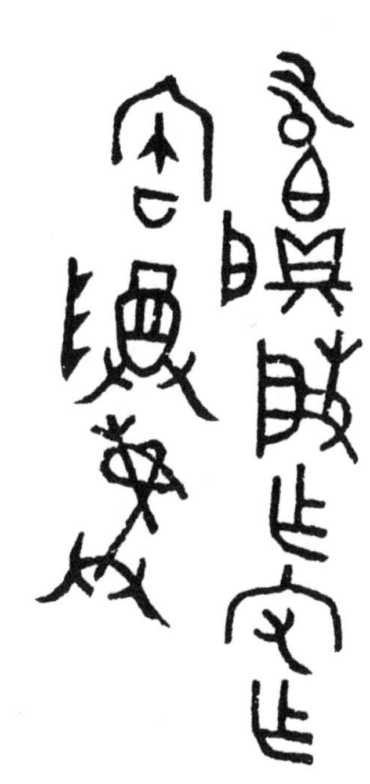

訇伯㡊肇乍（作）守，乍（作）宝（寶）尊彝

03719

康伯毁

康伯乍（作）登用毁，𥨶邁（萬）年寶

03720

康伯毁蓋

康伯乍(作)登用毁，寬萬年寶

03721

彝伯毁

莓(䰝)伯乍(作)井姬寶毁，子子孫孫用

03722

仲毁

仲乍（作）寶尊彝，
其萬年永用

03723

叔盂毁

叔盂（宇）乍（作）寶毁，
其邁（萬）年永寶

03724

叔友父毁蓋

叔友父乍(作)尊毁，
其邁(萬)年用

03725

友父毁

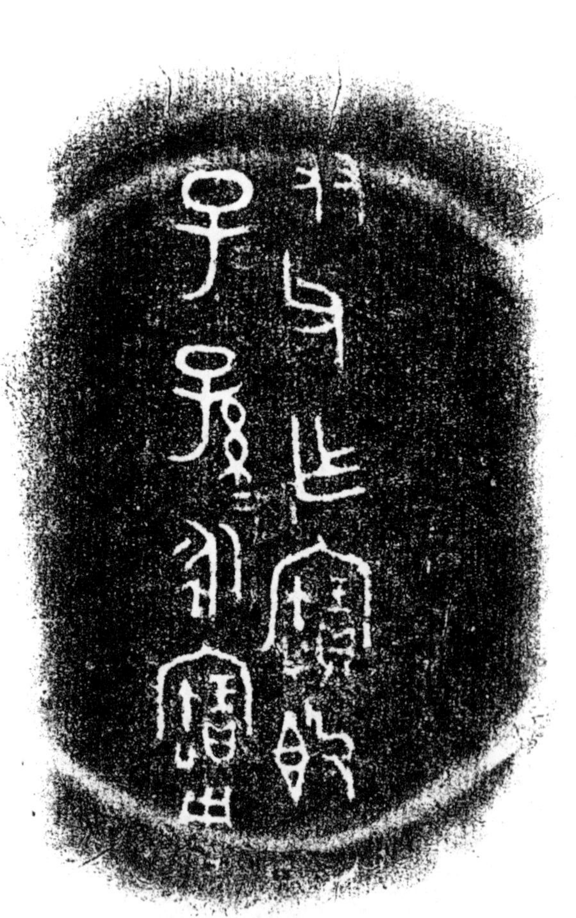

友父乍(作)寶毁，
子子孫孫永寶用

03726

友父𣪘

友父乍（作）寶𣪘，子子孫孫永寶用

03727

叔妃𣪘蓋

叔妃乍（作）尊𣪘，其萬年寶用

03728

叔妃㲃

叔妃乍(作)尊，其萬年寶用，

叔妃乍(作)尊㲃，其萬年寶用

03729.1

03729.2

季餀毁

季餀乍(作)旅毁，
唯子孫乍(作)寶

03730

卬毁

卬乍(作)寶毁，用
鄉(饗)王逆造事

03731

鼑毁

真從王戍荆，
俘，用乍（作）鋒（饋）毁

03732.1

真從王戍荆，
俘，用乍（作）鋒（饋）毁

03732.2

德𣪕

王賜德貝廿朋，用乍（作）寶尊彝

03733

辰𣪕蓋

辰乍（作）𩞁（饙）𣪕，其子子孫孫永寶用

03734

旂毁蓋

旂乍（作）寶毁，其

子子孫孫永寶用

03735

旂毁蓋

旂乍（作）寶毁，其

子子孫孫永寶用

03736

畚殷

畚乍(作)豐嫞寶

殷，子子孫孫永用

03737

畗殷

意乍(作)寶殷，其

邁(萬)年孫子寶

03738

穌公毁

穌（蘇）公乍（作）王妃
盂毁，永寶用

03739

齊史逗毁

齊史逗乍（作）寶
毁，其萬年用

03740

作寶毀

乍(作)寶毀，其子
孫邁(萬)年永寶

03741

作寶隮毀

乍(作)寶尊毀，孫孫
子子其萬年用

03742

保侃母毁蓋

保侃母賜貝
于庚宮，乍（作）寶毁

03743

保侃母毁

保侃母賜貝
于庚宮，乍（作）寶毁

03744

旂殷

旂乍（作）厥殷兩，其萬年用鄉（饗）寶

03745

𩵦𡨦𣪘殷

𡡉𡨦歈用乍（作）訇辛𢧵殷，𢉖册

03746

仲爯毁

仲爯乍（作）又（厥）寶彝，用鄉（饗）王逆造

03747

伯者父毁

伯者父乍（作）寶毁，用鄉（饗）王逆造

03748

□殷

□乍（作）厥祖寶尊彝，在十月，亞㚔

03749

𢦚見駒殷

𢦚（彃）見（獻）駒，用乍（作）父乙尊彝，羊侁

03750

秄父甲毁

秄（稃）乍（作）父柙（甲）寶毁，邁（萬）年孫子寶

03751

牀侯毁

牀侯曰：爲季姬毁，其邁（萬）年用

03752

仲皇父毀

仲師父乍（作）好旅毀，其用萬年

03753

仲皇父毀

仲師父乍（作）好旅毀，其用萬年

03754

中友父毁

中友父乍(作)寶毁，
子子孫永寶用

03755

中友父毁

中友父乍(作)寶毁，
子子孫永寶用

03756

仲⊠父毁蓋

仲五父乍（作）毁，

其萬年永寶用

03757

仲⊠父毁蓋

仲五父乍（作）毁，

其萬年永寶用

03758

仲⊠父簋

仲五父乍（作）簋，
其萬年永寶用

03759

叔臨父簋

叔臨父乍(作)寶段,
其子子孫孫永用

03760

𤔲段蓋

𤔲乍(作)寶段,
其邁(萬)年,子子
孫孫永用

03761

伯𣪘父𣪕

伯就父乍（作）𠭯（飤）𣪕，子子孫孫永寶用

03762

⿰阝豦伯睘毁

遽伯睘乍（作）寶
尊彝，用貝十朋又四朋

03763

叔枭父毁

叔枭父乍（作）寶毁，
子子孫孫其萬年用

03764

伯幾父毁

伯幾父乍（作）𣪕（𩠹、饙）毁，子子孫孫，其永寶用

03765.1

伯幾父乍（作）𣪕（𩠹、饙）毁，子子孫孫，其永寶用

03765.2

伯幾父毁

伯幾父乍（作）𡴖（餴、饙）毁，子子孫孫，其永寶用

03766.1

伯幾父乍（作）𡴖（餴、饙）毁，子子孫孫，其永寶用

03766.2

𦥎迠簋

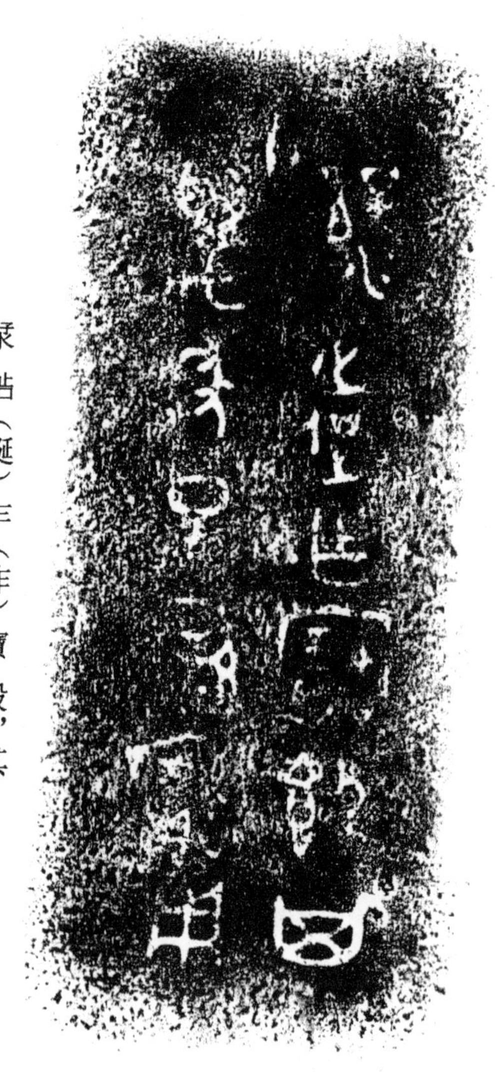

𦥎𢓊（誕）乍（作）寶簋，其萬年子孫寶用

03767

𦥎迠簋

𦥎𢓊（誕）乍（作）寶簋，其萬年子孫寶用

03768

乎毁

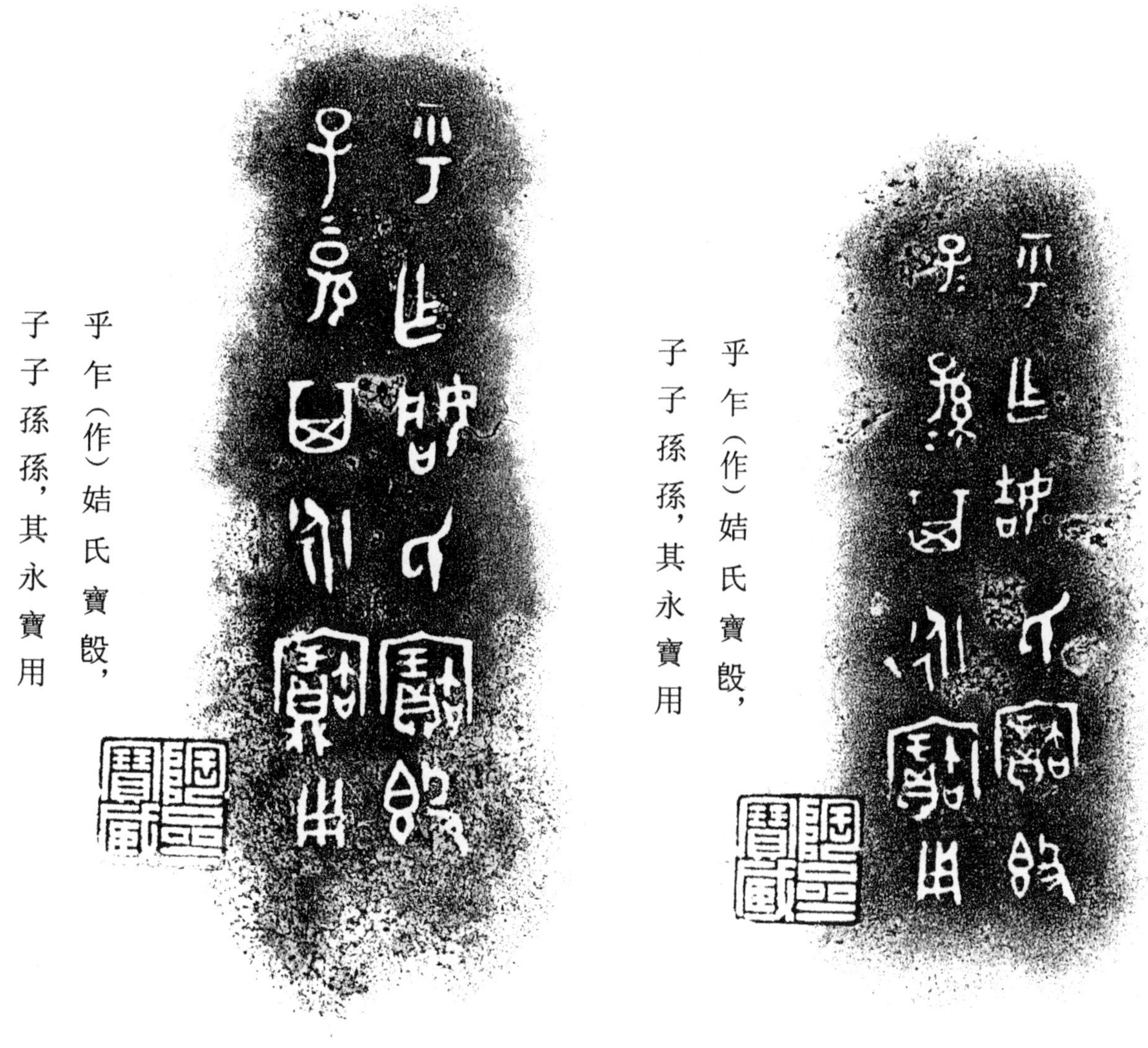

03769.2

03769.1

降人𦅫毁

降（絳）人繁乍（作）
寶毁，其子子
孫孫邁（萬）年用

03770

晉人毁

晉人事（吏）寓乍（作）寶
毁，其孫子永寶

03771

己侯殷

己（紀）侯乍（作）姜
縈殷，子子孫
其永寶用

03772.1

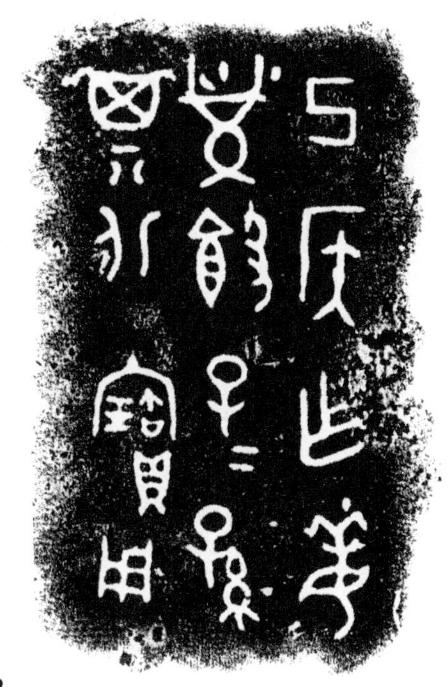

己（紀）侯乍（作）姜
縈殷，子子孫
其永寶用

03772.2

伯闢毁

伯闢乍（作）尊毁，其子子孫孫萬年寶用

03773

伯闢毁

伯闢乍（作）尊毁，其子子孫孫萬年寶用

03774

鄧公毁

登（鄧）公乍（作）膺（應）

嫚毗（毘）朕（媵）毁，

其永寶用

03775

鄧公毁

登（鄧）公乍（作）膺（應）

嫚毗（毘）朕（媵）毁，

其永寶用

03776

散伯殷

散伯乍(作)矢姬寶殷，其厲(萬)年永用

03777.1

散伯乍(作)矢姬寶殷，其厲(萬)年永用

03777.2

散伯殷

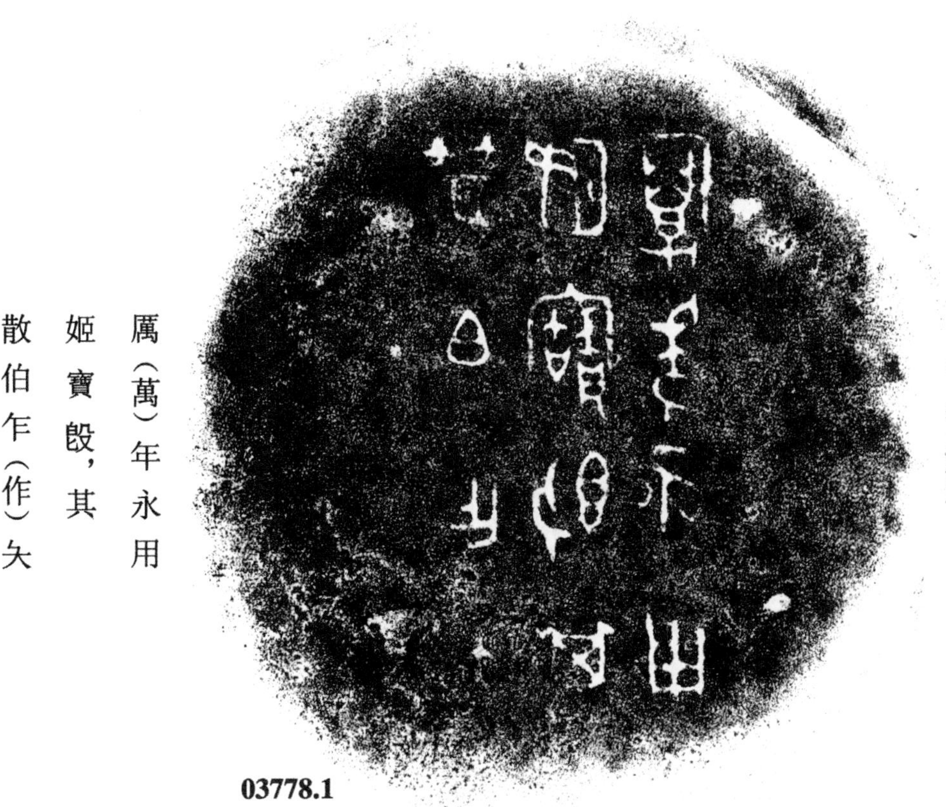

厲(萬)年永用
姬寶殷，其
散伯乍(作)矢

03778.1

散伯乍(作)矢
姬寶殷，其
厲(萬)年永用

03778.2

散伯毁

散伯乍（作）矢
姬寶毁，其
厲（萬）年永用

03779.1

散伯乍（作）矢
姬寶毁，其
厲（萬）年永用

03779.2

散伯毁

散伯乍（作）矢
姬寶毁，其
厲（萬）年永用

03780.1

厲（萬）年永用
姬寶毁，其
散伯乍（作）矢

03780.2

侯氏毁

侯氏乍（作）孟
姬尊毁，其
邁（萬）年永寶

03781

侯氏毁

侯氏乍（作）孟
姬尊毁，其
邁（萬）年永寶

03782

仲競毁

仲競乍（作）寶毁，其萬年，子子孫永用

03783

伯𤔲毁

伯⿰亻爭乍（作）伯⿱䜌皿寶毁，世子孫孫寶用

03784

䖒吾妊毁

䖒吾妊乍（作）寶毁，
子孫孫永寶用享

03785

史窦毁

史窦乍（作）寶毁，其萬年，子子孫孫永寶

03786.1

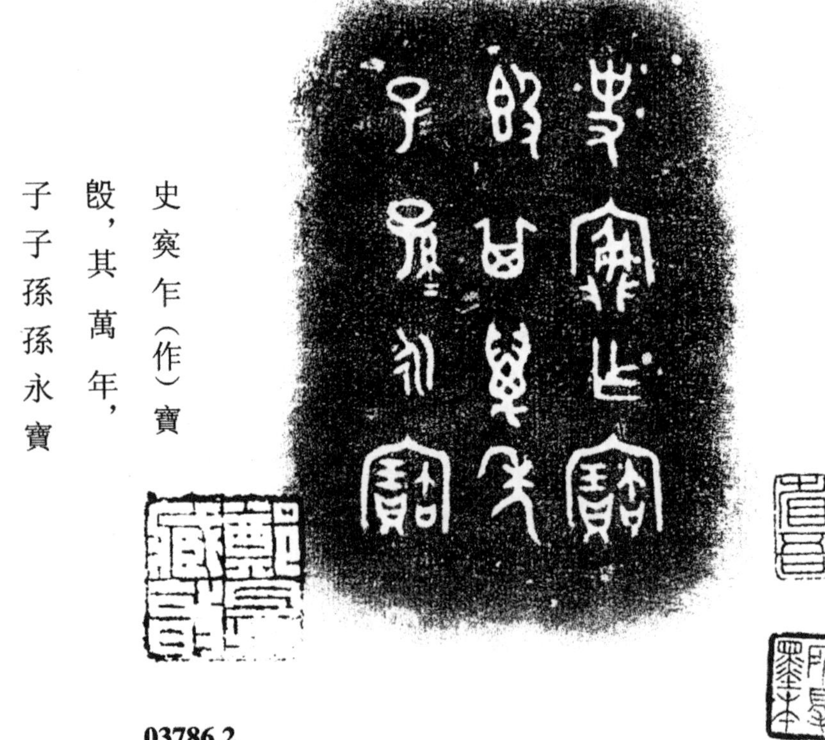

史窦乍（作）寶毁，其萬年，子子孫孫永寶

03786.2

保子達毁

保子達乍（作）寶毁，其子子孫孫永用，ㄱ（攴）

03787.1

保子達乍（作）寶毁，其子子孫孫永用，ㄱ（攴）

03787.2

達𣪕

趚乍（作）寶𣪕，

其萬年，子

孫永寶用

03788

史𨑃父𣪕蓋

史𨑃（場）父乍（作）

尊𣪕，其萬

年永寶用

03789

臣梱殘𣪘

大(太)保賜厥臣梱(剖)金,用乍(作)父丁尊彝

03790

𠬝𢀚君𣪘

甚學君休于王,自乍(作)器,孫子永寶

03791

伯芀毁

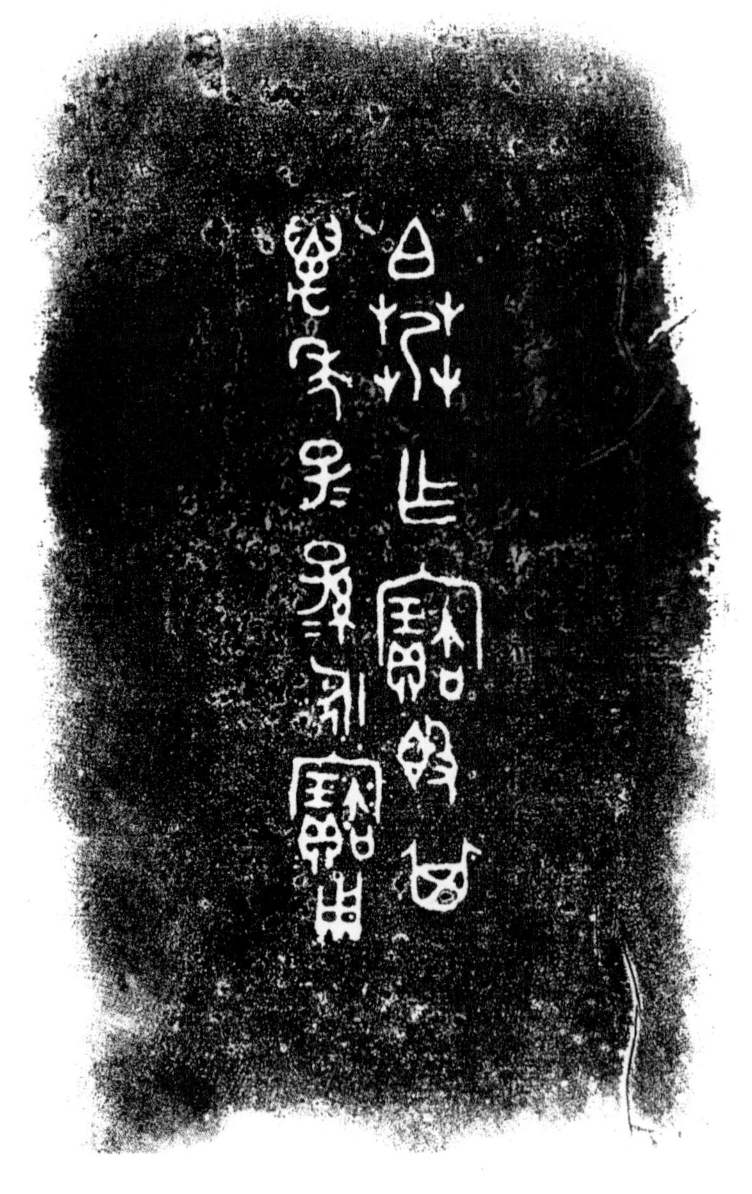

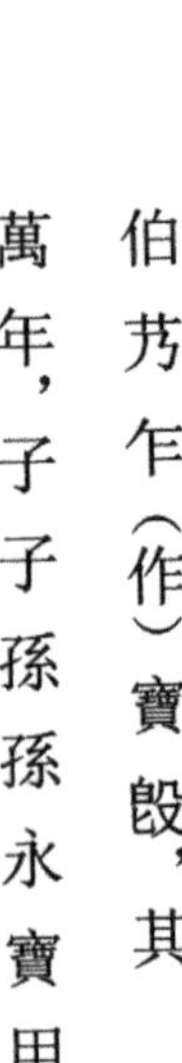

伯芀乍（作）寶毁，其萬年，子子孫孫永寶用

03792

伯汈父𣪕

伯梁父乍（作）
嫭（龏）姞尊𣪕，
子子孫孫永寶用

03793.1

伯梁父乍（作）
嫭（龏）姞尊𣪕，
子子孫孫永寶用

03793.2

伯汲父毁

伯梁父乍(作)
嬶(龔)姑尊毁,
子子孫孫永寶用

03794.1

伯梁父乍(作)
嬶(龔)姑尊毁,
子子孫孫永寶用

03794.2

伯汈父毁

伯梁父乍（作）
嫹（龏）姞尊毁，
子子孫孫永寶用

03795.1

伯梁父乍（作）嫹（龏）
姞尊毁，子子
孫孫永寶用

03795.2

伯汲父毀

伯梁父乍（作）
嫭（龏）姞尊毀，
子子孫孫永寶用

03796.1

伯梁父乍（作）
嫭（龏）姞尊毀，
子子孫孫永寶用

03796.2

歸叔山父𣪘

歸叔山父乍（作）
疊（嬗、姪）姬尊𣪘，
其永寶用

03797.1

歸叔山父乍（作）
疊（嬗、姪）姬尊𣪘，
其永寶用

03797.2

歸叔山父𣪘

歸叔山父乍(作)
疊(嬗、姪)姬尊𣪘,
其永寶用

03798

歸叔山父𣪘

歸叔山父乍(作)
疊(嬗、姪)姬尊𣪘,
其永寶用

03799

歸叔山父𣪘

歸叔山父乍(作)
疊(㜑、姪)姬尊𣪘,
其永寶用

03800

歸叔山父𣪘

歸叔山父乍(作)
疊(㜑、姪)姬尊𣪘,
其永寶用

03801

叔侯父毁

叔侯父乍(作)尊毁，
其子子孫孫永寶用，𠃌(攴)

03802

叔侯父毁

叔侯父乍(作)尊毁，
其子子孫孫永寶用，𠃌(攴)

03803

枯衍𣪘蓋

枯（𫐆胡）衍乍（作）寶𣪘，其邁（萬）年，子子孫孫永寶用

03804

害叔𣪘

害叔乍(作)尊𣪘，其萬年，子子孫孫永寶用

03805.1

害叔乍(作)尊𣪘，其萬年，子子孫孫永寶用

03805.2

害叔毁

害叔乍(作)尊

毁，其萬年，

子子孫孫永寶用

03806

叡先伯毁

唯九月初吉，

叡(搈)年伯自

乍(作)其寶毁

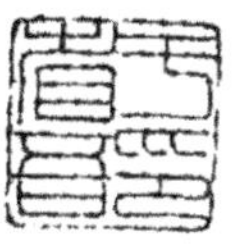

03807

兮仲毁

兮仲乍(作)寶
毁，其萬年，
子子孫孫永寶用

03808.1

兮仲乍(作)寶
毁，其萬年，
子子孫孫永寶用

03808.2

兮仲殷

兮仲乍（作）寶
殷，其萬年，
孫孫（子子）孫孫永寶用，

03809.1

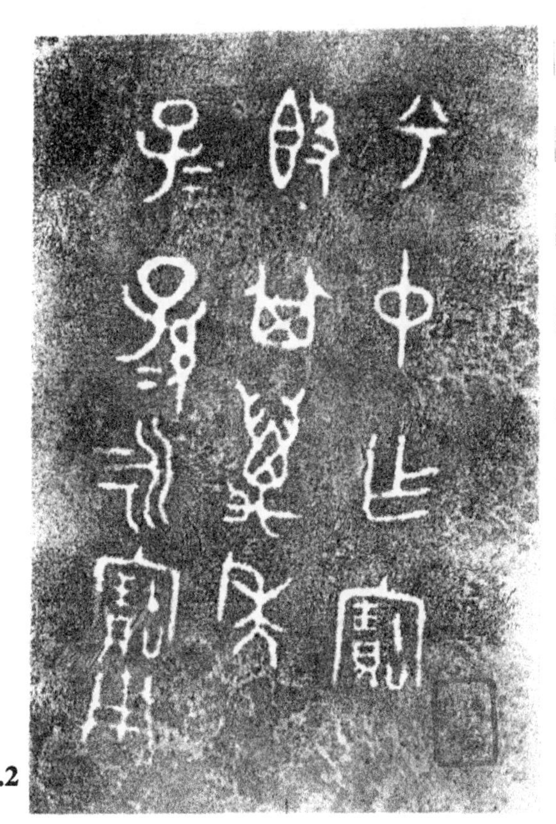

兮仲乍（作）寶
殷，其萬年，
子子孫孫永寶用

03809.2

兮仲𣪕

兮仲乍（作）寶𣪕，其萬年，子子孫孫永寶用

03810.1

兮仲乍（作）寶𣪕，其萬年，子子孫孫永寶用

03810.2

兮仲毁

兮仲乍(作)寶
毁，其萬年，
子子孫孫永寶用

03811

兮仲毁

兮仲乍(作)寶
毁，其萬年，
子子孫孫永寶用

03812

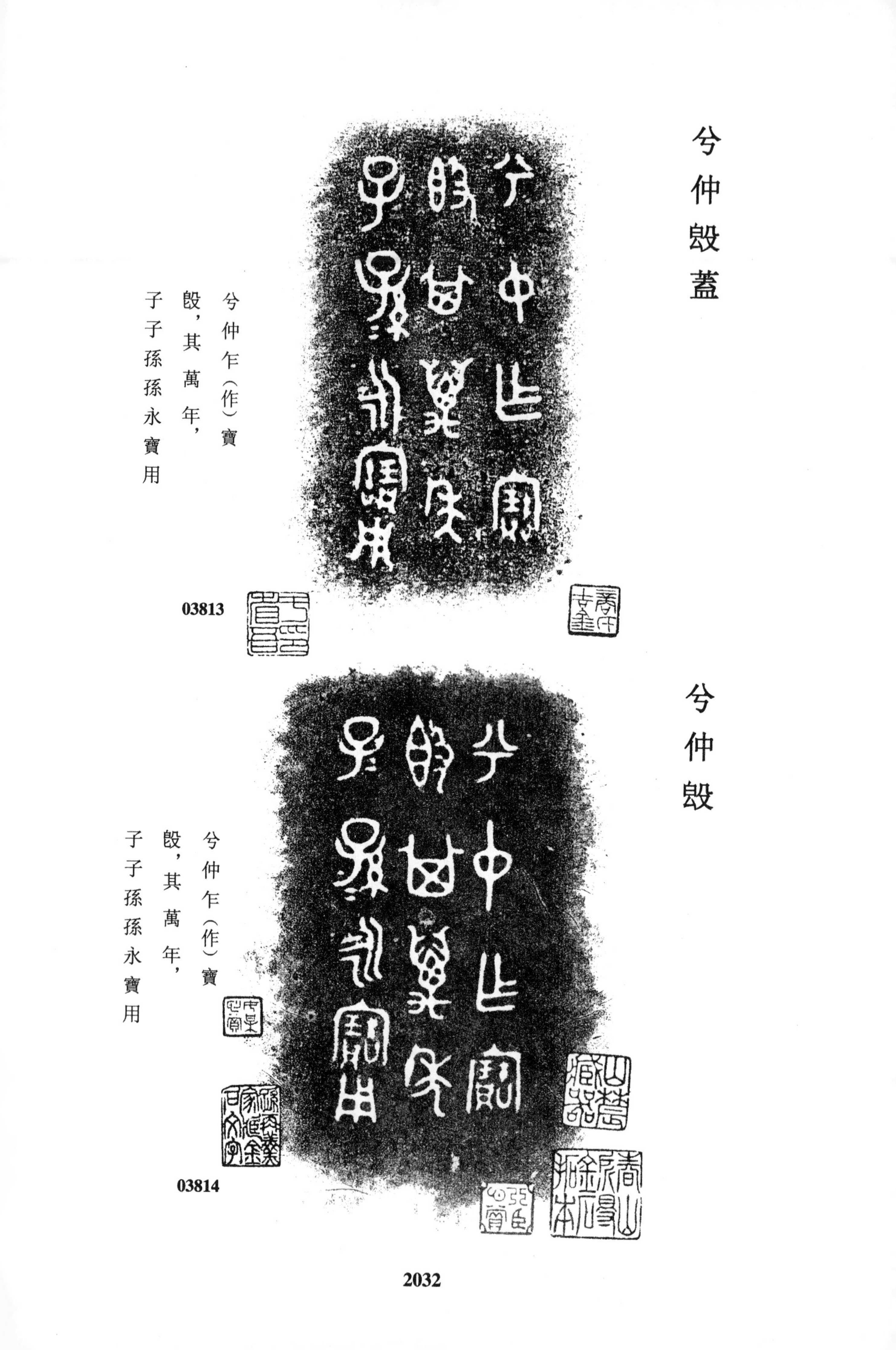

兮仲毀蓋

兮仲乍（作）寶
毀，其萬年，
子子孫孫永寶用

03813

兮仲毀

兮仲乍（作）寶
毀，其萬年，
子子孫孫永寶用

03814

陳侯毁

03815

陳（陳）侯乍（作）王嬀媵毁，其萬年永寶用

齊嫙姬毁

03816

齊嫙（姪）姬乍（作）寶毁，其萬年，子子孫孫永用

寺季故公毁

寺(邿)季故公
乍(作)寶毁，子子
孫孫，永寶用享

03817

寺季故公毁

寺(邿)季故公
乍(作)寶毁，子子
孫孫，永寶用享

03818

叔旦𣪕

叔旦乍（作）寶𣪕，其邁（萬）年，子子孫孫永寶用

03819

虢姜𣪕

唯王四年，虢姜乍（作）寶𣪕，其永用享

03820

湋伯毁

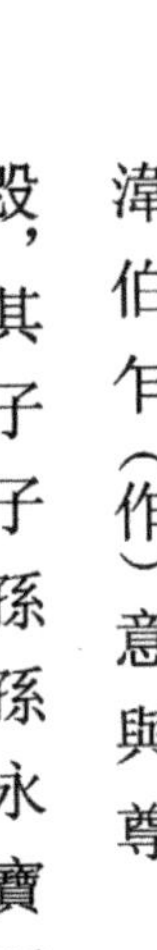

湋伯乍（作）意與尊毁，其子子孫孫永寶用

03821

效父毁

休王賜效父吕（鋁）三，用乍（作）厥寶尊彝，五八六

03822

效父毁

休王賜效父吕（鋁）三，用乍（作）又（厥）寶尊彝，五八六

03823

圉毁

王𠦪（祓）于成周，
王賜圉貝，用乍（作）
寶尊彝

03824

圉殷

王𠦪(祓)于成周，王賜圉貝，用乍(作)寶尊彝，

03825.1

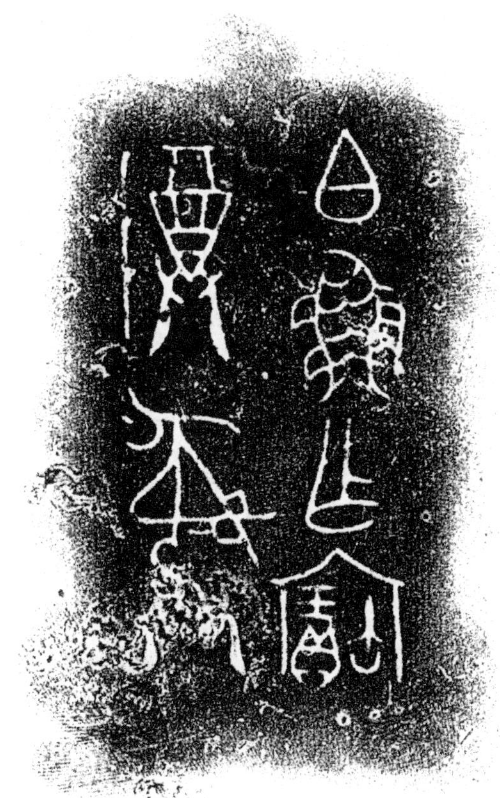

伯魚乍(作)寶尊彝

03825.2

㠱臣戣毁

耳侯戣乍（作）𪬑
皇祖匽辟乙
公父癸文考，
于永寶用

03826

敔毁

敔乍（作）寶毁，用
餴（饙）厥孫子，厥
不（丕）吉，其𣞤

03827

𦛗虎毁

𦛗(滕)虎敢肇乍(作)
厥皇考公命
仲寶尊彝

03828

𦛗虎毁

𦛗(滕)虎敢肇乍(作)
厥皇考公命
仲寶尊彝

03829

𦝡虎𣪘蓋

𦝡(滕)虎敢肇乍(作)
厥皇考公命
仲寶尊彝

03830

𦝡虎𣪘

𦝡(滕)虎敢肇乍(作)
厥皇考公命
仲寶尊彝

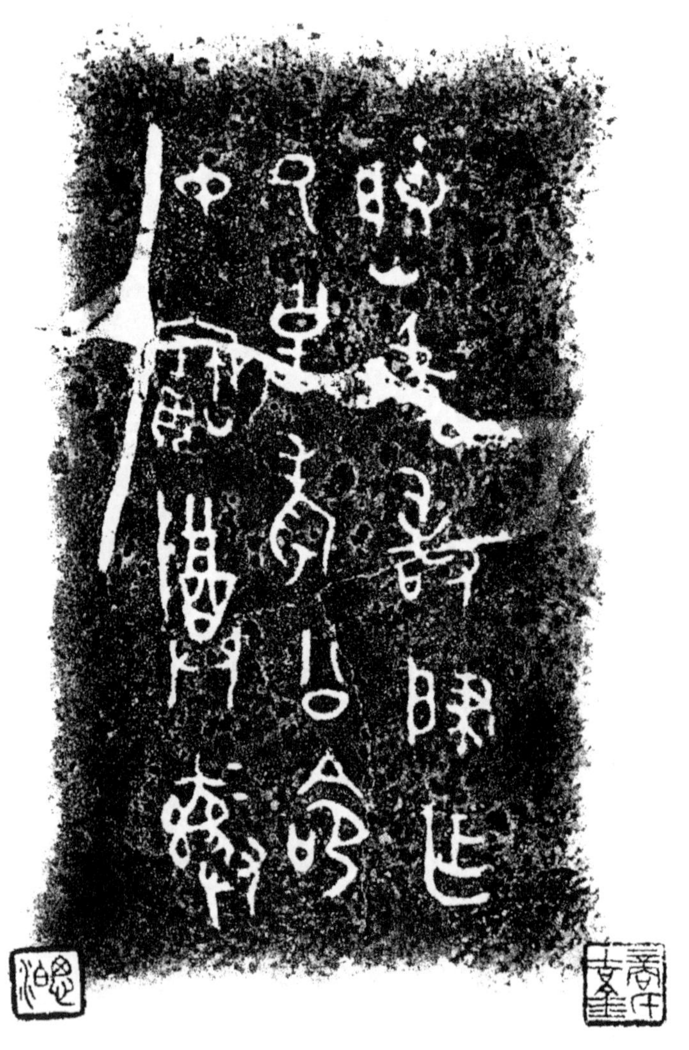

03831

滕虎𣪘

滕（滕）虎敢肇乍（作）
厥皇考公命
仲寶尊彝

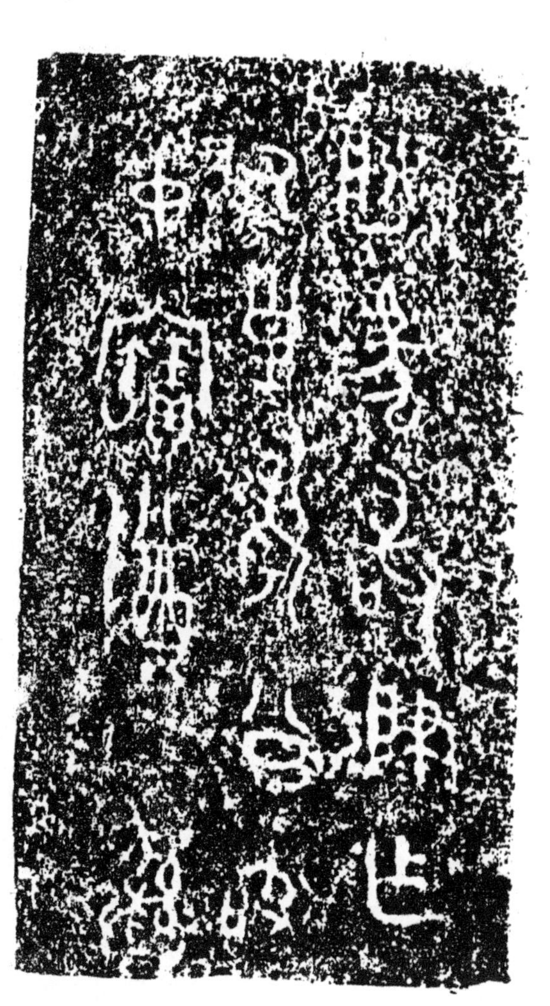

03832

伯賓父𣪘

伯賓父乍（作）寶
𣪘，其邁（萬）年，子子
孫孫永寶用

03833

伯賓父毀

伯賓父乍（作）寶毀，其邁（萬）年，子子孫孫永寶用

03834.1

伯賓父乍（作）寶毀，其邁（萬）年，子子孫孫永寶用

03834.2

華毁

華乍（作）父寶尊毁，其子子孫孫萬年永寶用，

03835

衛嫛毁蓋

衛嫛（姒）乍（作）寶尊毁，子子孫孫，其萬年永寶用

03836

伯喜父𣪘

伯喜父乍(作)洹鏄(饙)𣪘，洹其萬年永寶用

03837

伯喜父毁

伯喜父乍（作）洹
鍏（饋）毁，洹其
萬年永寶用

03838

伯喜父毁

伯喜父乍(作)洹
鏄(饙)毁，洹其萬
年永寶用

03839

詁𣪘

詁乍(作)皇母尊𣪘，其
子子孫孫邁(萬)年永寶用

03840.1

詁乍(作)皇母尊𣪘，其
子子孫孫邁(萬)年永寶用

03840.2

詁毁

詁乍（作）皇母尊毁，其子子孫孫邁（萬）年永寶用

03841.1

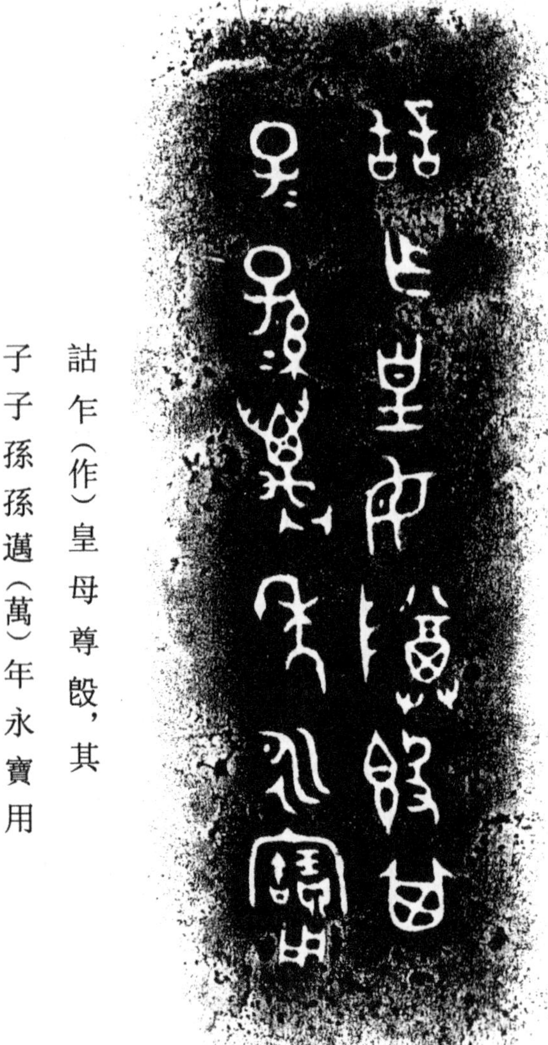

詁乍（作）皇母尊毁，其子子孫孫邁（萬）年永寶用

03841.2

孟鄭父毀

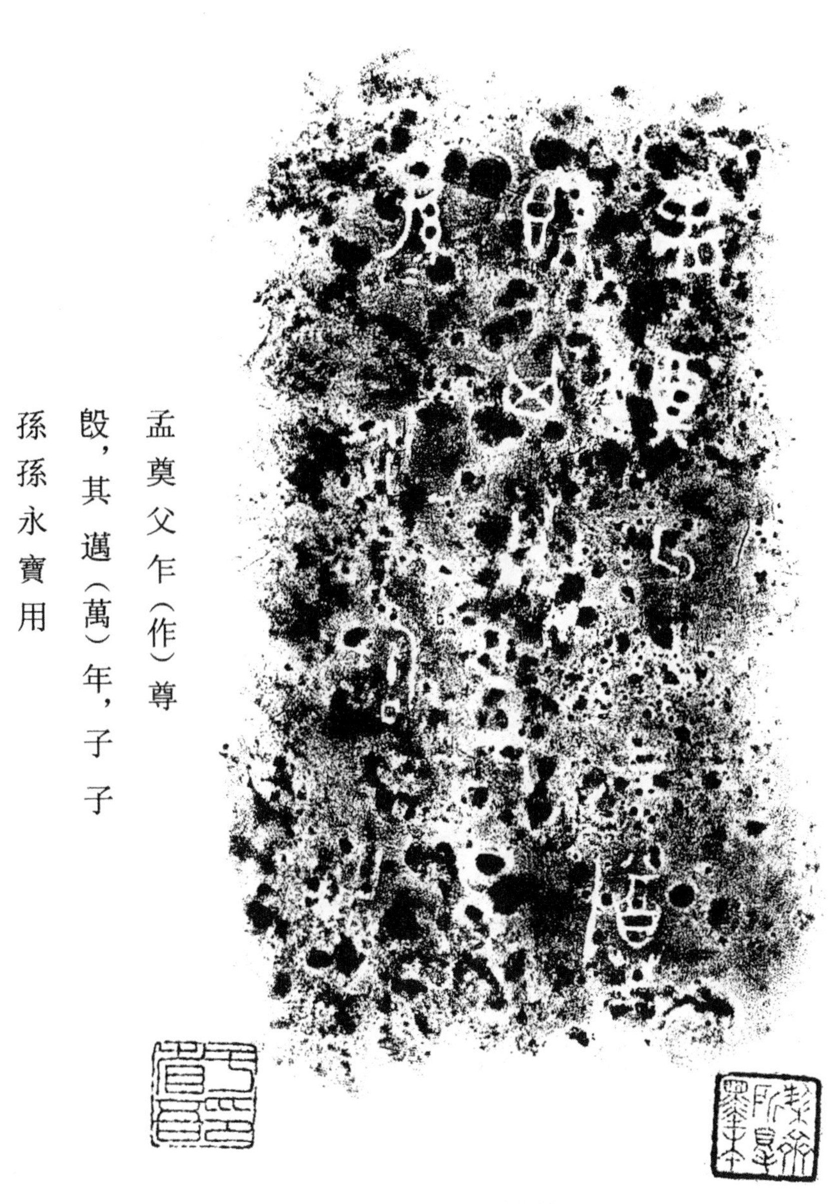

孟奠父乍(作)尊毀，其邁(萬)年，子子孫孫永寶用

03842

孟鄭父毁

孟奠父乍（作）尊毁，其邁（萬）年，子子孫孫永寶用

03843

孟鄭父毁

孟奠父乍（作）尊毁，其邁（萬）年，子子孫孫永寶用

03844

句伯𣪘蓋

句伯𧼑（達）乍（作）寶𣪘，㫷（其）萬年，孫孫子子其永用

03846

㚤理每𣪘

㚤娌（理）母乍（作）南旁寶𣪘，子子孫孫其永寶用

03845

倗伯毁蓋

倗伯雇自乍（作）尊毁，

其子子孫孫永寶用享

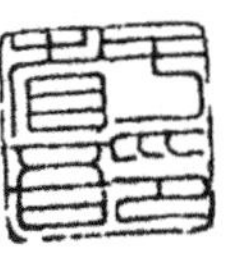

03847

遣小子䡅毁

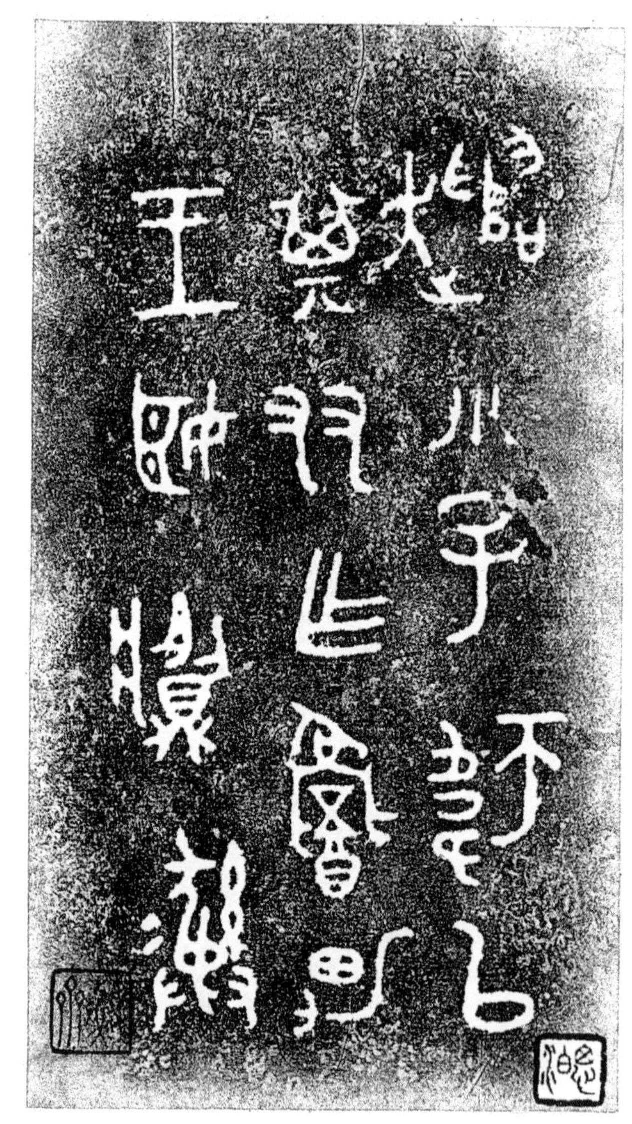

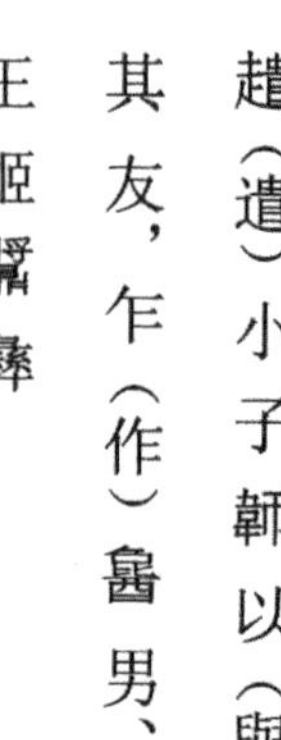

趞（遣）小子䡅以（與）其友，乍（作）啚男、王姬䵼彝

03848

叔向父毁

叔向父乍（作）婞（辛）
姒尊毁，其子子
孫孫永寶用

03849.1

叔向父乍（作）婞（辛）
姒尊毁，其子子
孫孫永寶用

03849.2

叔向父毁

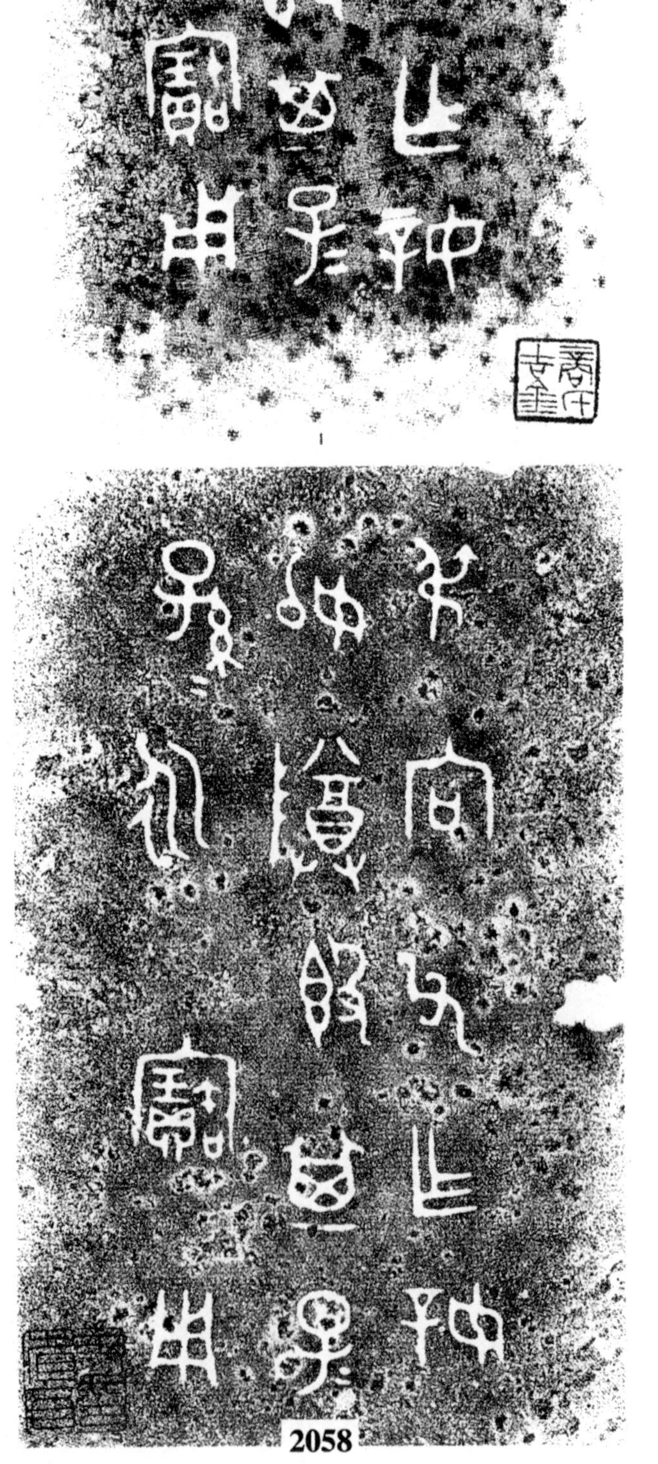

叔向父乍（作）婞（辛）
姒尊毁，其子子
孫孫永寶用

03850.1

叔向父乍（作）婞（辛）
姒尊毁，其子子
孫孫永寶用

03850.2

叔向父殷

叔向父乍(作)婞(辛)姒尊殷，其子子孫孫永寶用

03851

叔向父殷

叔向父乍(作)婞(辛)姒尊殷，其子子孫孫永寶用

03852

叔向父𣪘

叔向父乍（作）婞（辛）
姒尊𣪘，其子子
孫孫永寶用

03853.1

叔向父乍（作）婞（辛）
姒尊𣪘，其子子
孫孫永寶用

03853.2

叔向父毀

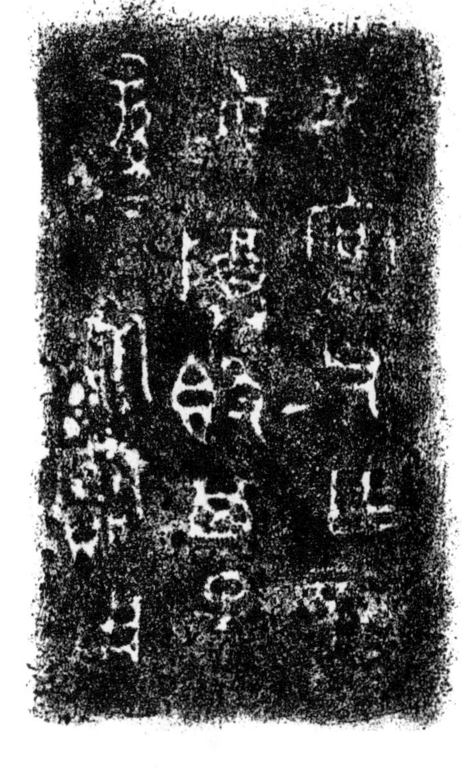

叔向父乍(作)婞(辛)姒尊毀，其子子孫孫永寶用

03854.1

叔向父乍(作)婞(辛)姒尊毀，其子子孫孫永寶用

03854.2

叔向父毁

叔向父乍(作)婞(辛)
姒尊毁，其子子
孫孫永寶用

03855.1

叔向父乍(作)婞(辛)
姒尊毁，其子子
孫孫永寶用

03855.2

伯家父毁

伯家父乍（作）盂
姜賸（媵）毁，其子子
孫孫永寶用

03856.1

伯家父乍（作）盂
姜賸（媵）毁，其子子
孫孫永寶用

03856.2

伯家父毁

伯家父乍(作)盂
姜賸(媵)毁，其子子
孫孫永寶用

03857.1

伯家父乍(作)盂
姜賸(媵)毁，其子子
孫孫永寶用

03857.2

鄧公毁

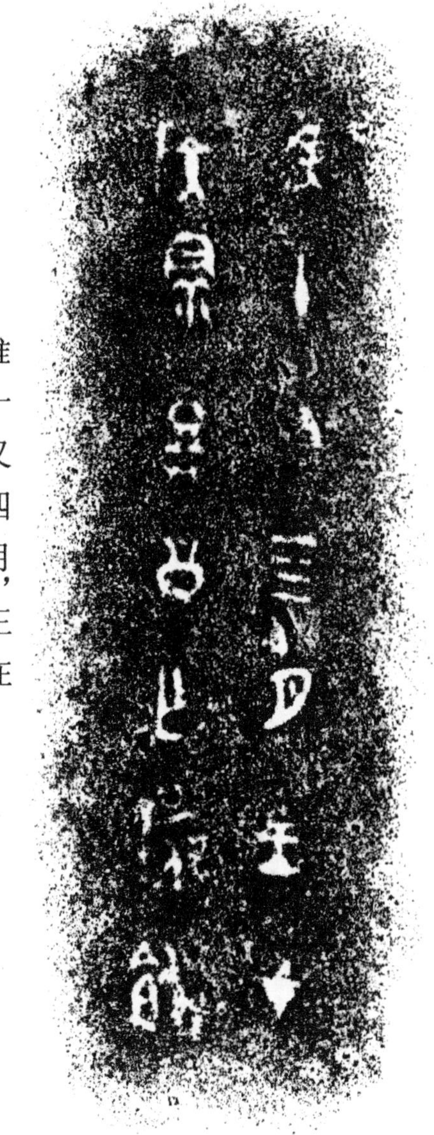

唯十又四月，王在侯[illegible]，登（鄧）公乍（作）旅毁

03858

辛叔皇父毁

辛叔皇父乍（作）中姬尊毁，子子孫孫其寶用

03859

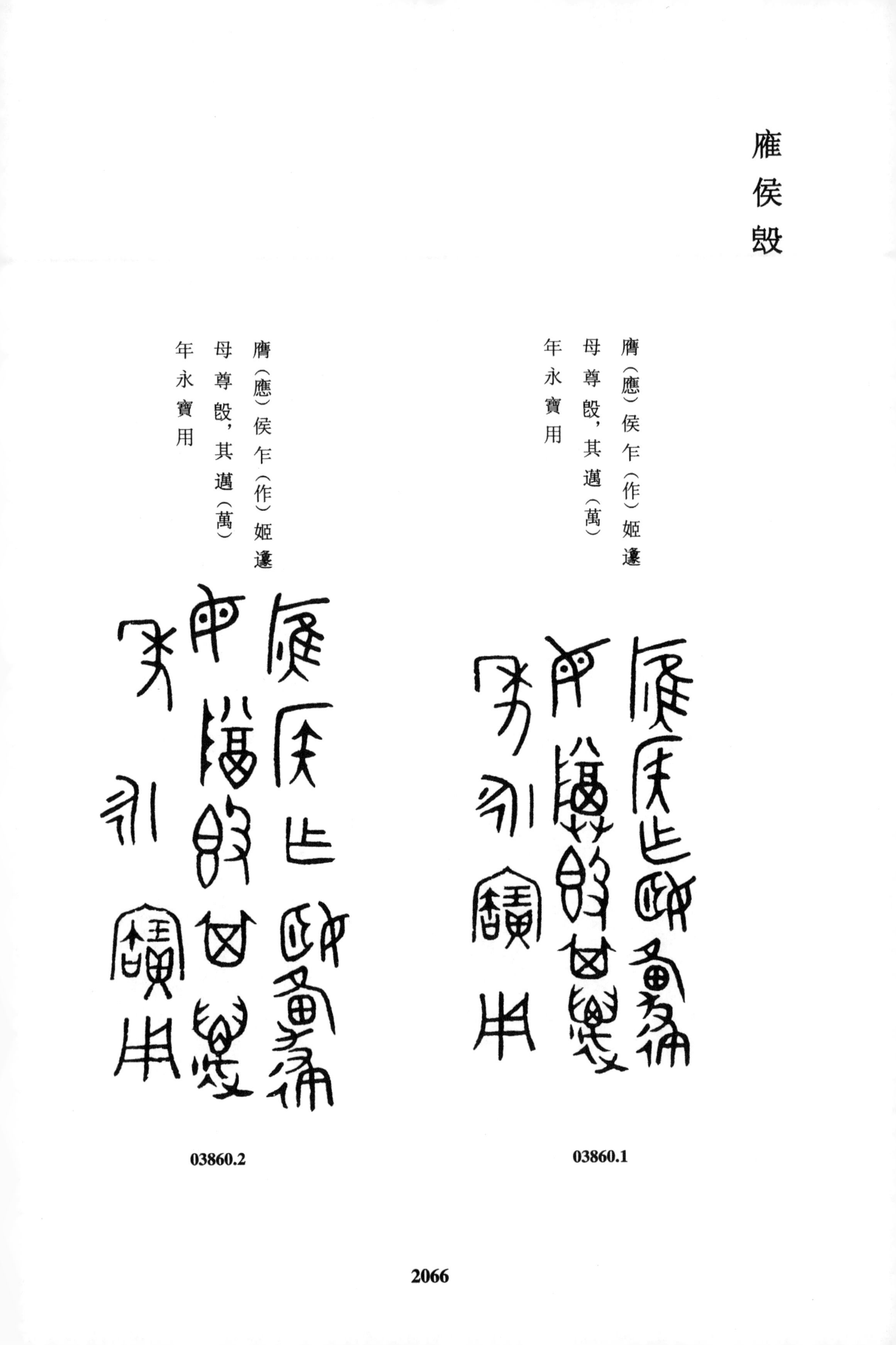

雁侯毁

03860.1

膺（應）侯乍（作）姬邍

母尊毁，其邁（萬）

年永寶用

03860.2

膺（應）侯乍（作）姬邍

母尊毁，其邁（萬）

年永寶用

作父己毁

己亥，王賜貝
在闌(管)，用乍(作)
父己尊彝，亞古

03861.1

己亥，王賜貝
在闌(管)，用乍(作)
父己尊彝，亞古

03861.2

逘父乙殷

公史（使）微，事又（有）息，用乍（作）父乙寶尊彝，冉蛙生

03862

彔毁

彔乍(作)厥文考乙公
寶尊毁，子子孫其永寶

03863

伯毁

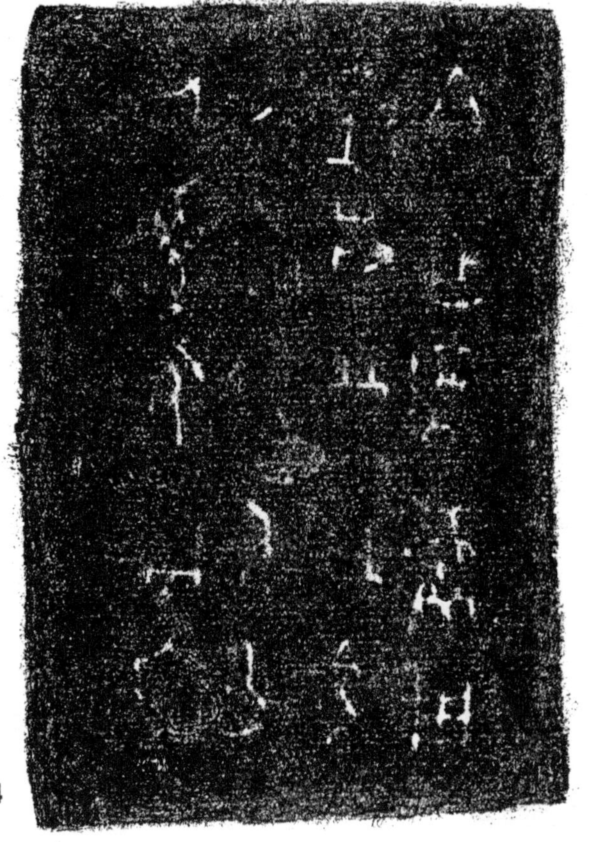

伯乍(作)尊彝，用
對揚公休令(命)，
☑其萬年用寶

03864

㦰且庚毁

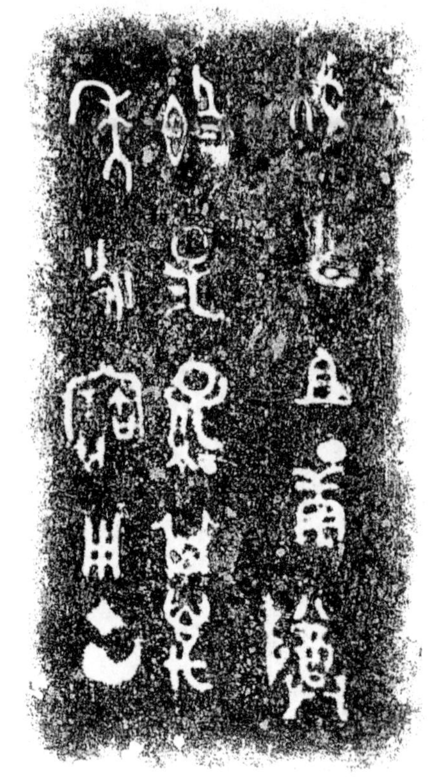

㦰乍（作）祖庚尊毁，子子孫孫，其萬年永寶用，[illegible]

03865

城虢遣生毁

城虢遣生（甥）乍（作）旅毁，其萬年，子孫永寶用

03866

洹秦毁

洹秦乍(作)祖乙寶毁，其萬年，子孫寶用，舟

03867.2

舟

03867.1

且辛毁

䵼乍（作）祖辛寶毁，其萬年，孫孫子子永寶用，㚔（𩵦）

03868

大僕毁

亢僕乍（作）父己
尊毁，子子孫孫，其
邁（萬）年永寶用

03869

叔向父為備毁

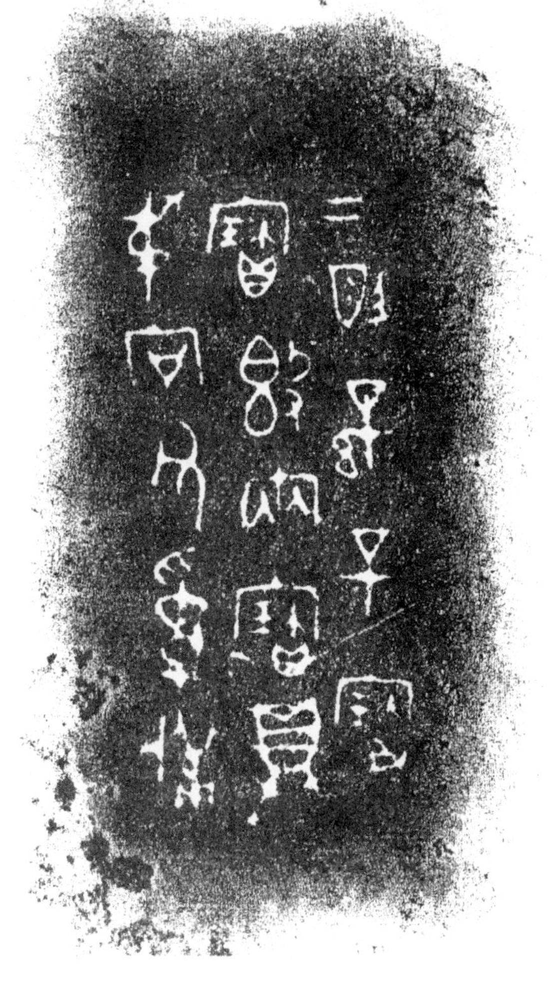

二，哂（百）世孫子寶
寶毁兩、寶鼎
叔向父爲備

03870

夨王毁蓋

夨王乍（作）奠（鄭）姜
尊毁，子子孫孫，其
邁（萬）年永寶用

03871

旅仲毁

旅仲乍（作）諆寶
毁，其萬年，子子
孫孫永用享考（孝）

03872

槷𣪘

槷（藝）其乍（作）寶𣪘，其邁（萬）年壽考，子子孫孫永寶用

03873

旛嫼𣪘蓋

旛嫼乍（作）尊𣪘，旛嫼其邁（萬）年，子子孫孫永寶用

03874

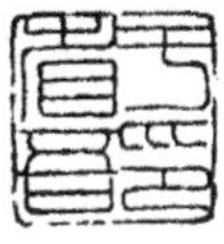

旓嫼毁蓋

03875

旓嫼乍（作）尊毁，
旓嫼其邁（萬）年，
子子孫孫永寶用

旓嫼毁蓋

03876

旓嫼乍（作）尊毁，
旓嫼其邁（萬）年，
子子孫孫永寶用

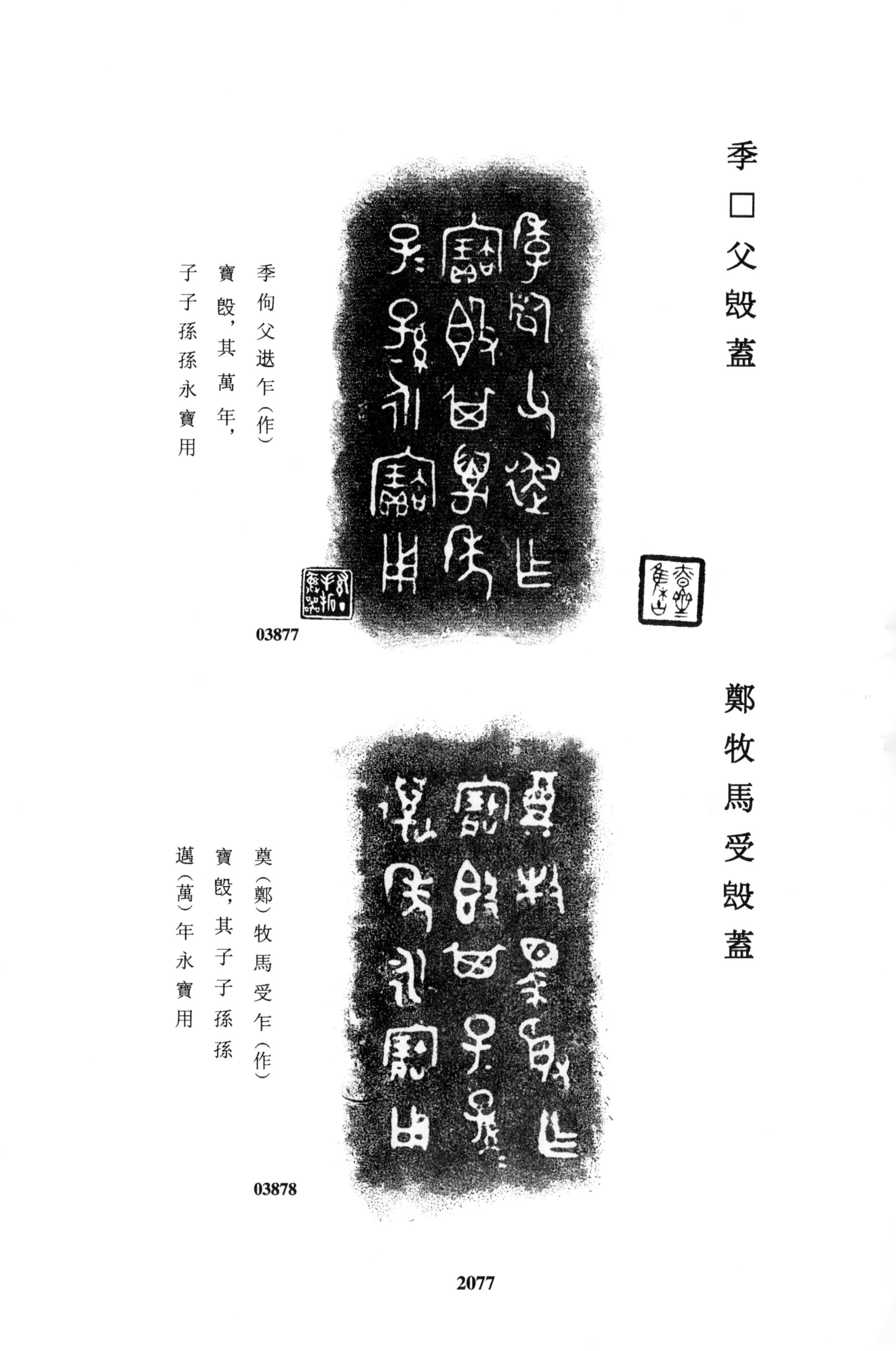

季□父毁蓋

03877

季佝父遊乍（作）

寶毁，其萬年，

子子孫孫永寶用

鄭牧馬受毁蓋

03878

奠（鄭）牧馬受乍（作）

寶毁，其子子孫孫

邁（萬）年永寶用

鄭牧馬受毁蓋

奠(鄭)牧馬受乍(作)
寶毁，其子子孫孫
邁(萬)年永寶用

03879

鄭牧馬受毁蓋

奠(鄭)牧馬受乍(作)
寶毁，其子子孫孫
邁(萬)年永寶用

03880

楙車父𣪘

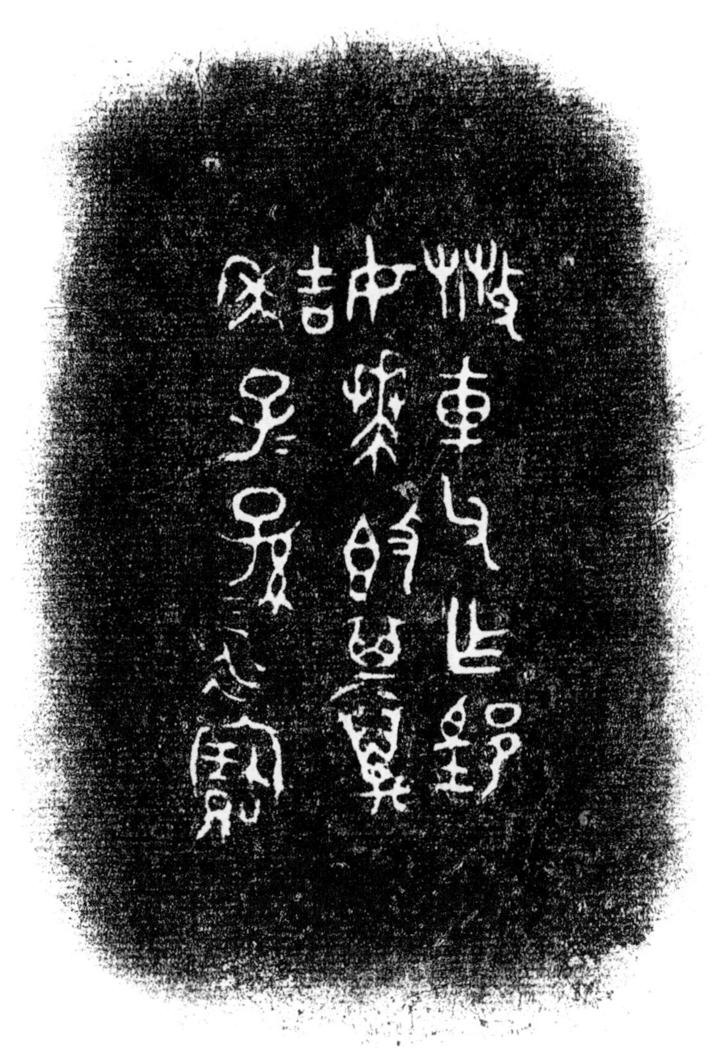

03881.1

楙車父乍（作）鄡（鄒）姞𡘋（饙、饋）𣪘，其萬年，子子孫孫永寶

楸車父乍(作)鄓(鄭)姞𡴕(𩜁、饙)𣪘，其萬年，子子孫孫永寶

03881.2

棭車父毁

棭車父乍（作）鄭（鄭）姞餴（饋）毁，其萬年，孫孫子子永寶

03882.1

楸車父乍（作）鄦（鄦）姞餴（饙）𣪕，其萬年，子子孫孫永寶

03882.2

楙車父毁

楙車父乍（作）鄭（鄭）姞餴（饙）毁，其萬年，子子孫孫永寶

03883

㭉車父毁

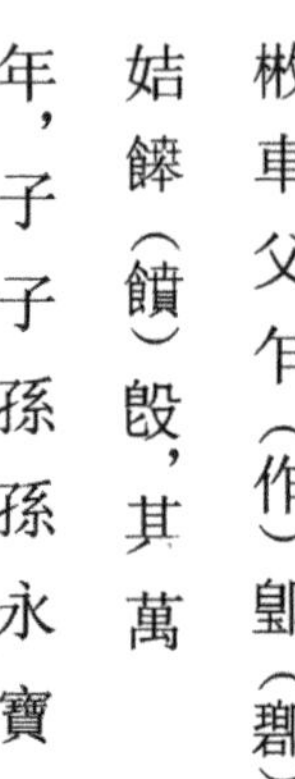

㭉車父乍（作）鄡（鄡）

姞餴（饙）毁，其萬

年，子子孫孫永寶

03884

㭊車父𣪘

㭊車父乍（作）𨛫（鄭）姞𩟄（饙）𣪘，其萬年，子子孫孫永寶

03885

㭊車父𣪘

㭊車父乍（作）𨛫（鄭）姞𩟄（饙）𣪘，其萬年，子子孫孫永寶

03886

伯遟父簋蓋

伯遟父乍(作)嫭寶𣪘，其邁(萬)年，子子孫孫永寶用

03887

𡔷𣪘

𡔷（㨁）其肇乍（作）𣪘，其萬年眉壽，子子孫孫永寶用

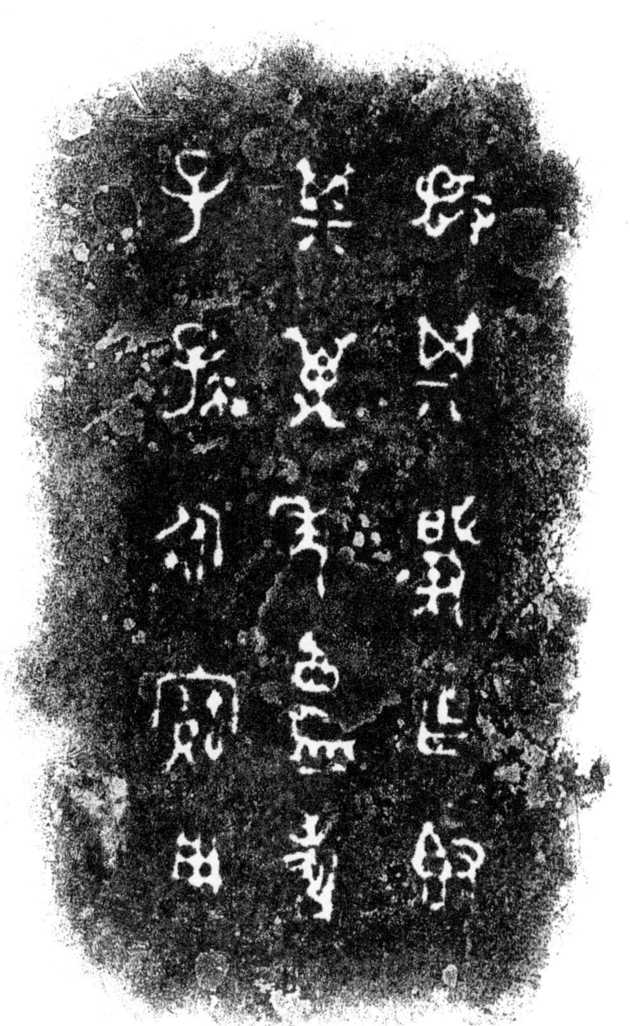

03888.1

𡔷（㨁）其肇乍（作）𣪘，其萬年眉壽，子子孫孫永寶用

03888.2

敾毁

03889

敾（揰）其肈乍（作）毁，
其萬年眉壽，
子子孫孫永寶用

廣毁蓋

廣乍（作）叔彭父
寶毁，其萬年，
子子孫孫永寶用

03890

井□叔安父𣪘

井□叔安父
自乍（作）寶𣪘，其
子孫永寶用

03891

師昊父𣪘

師昊父乍（作）寶
𣪘，子子孫其萬
年，永寶用𦎫（享）

03892

齊巫姜殷

齊巫姜乍(作)尊殷，其萬年，子子孫永寶用享

03893

學父毁

學（犨）父乍（作）姬獻
賸（媵）毁，其萬年
眉壽，永寶用

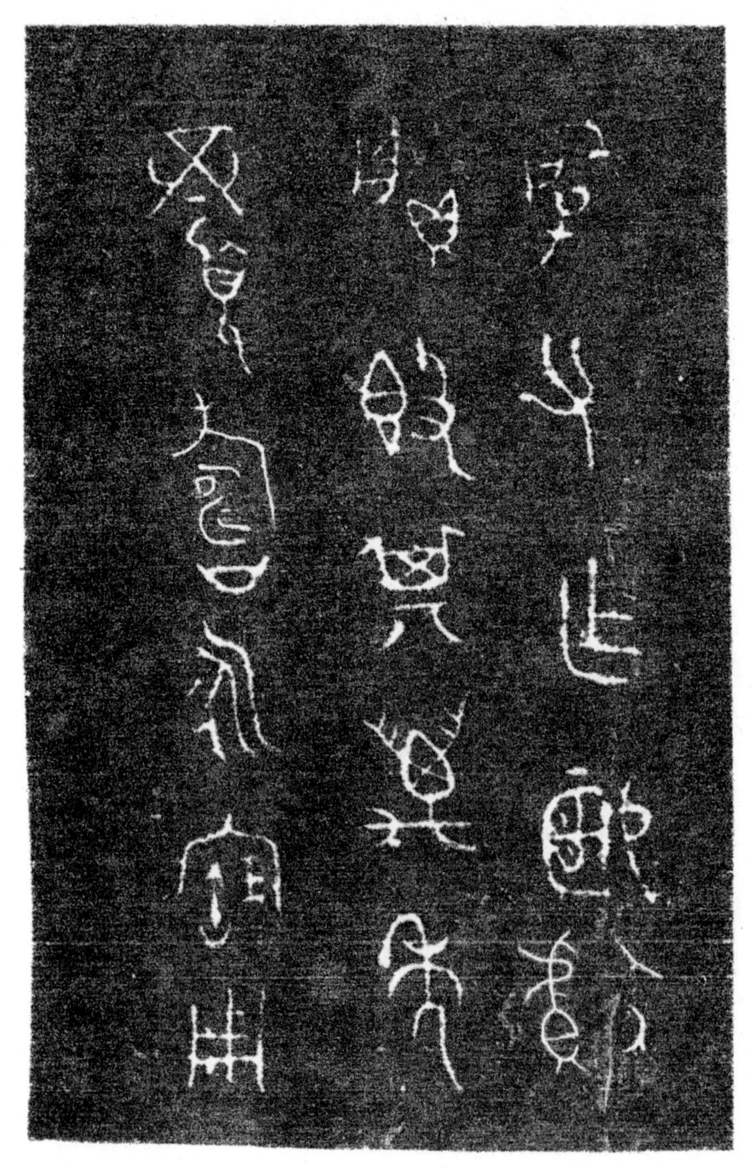

03894B　　03894A

⿰酉夅仲鄭父𣪕

⿰酉夅仲奠父乍（作）尊𣪕，其萬年，子子孫孫永寶用

03895

井姜大宰巳𣪕

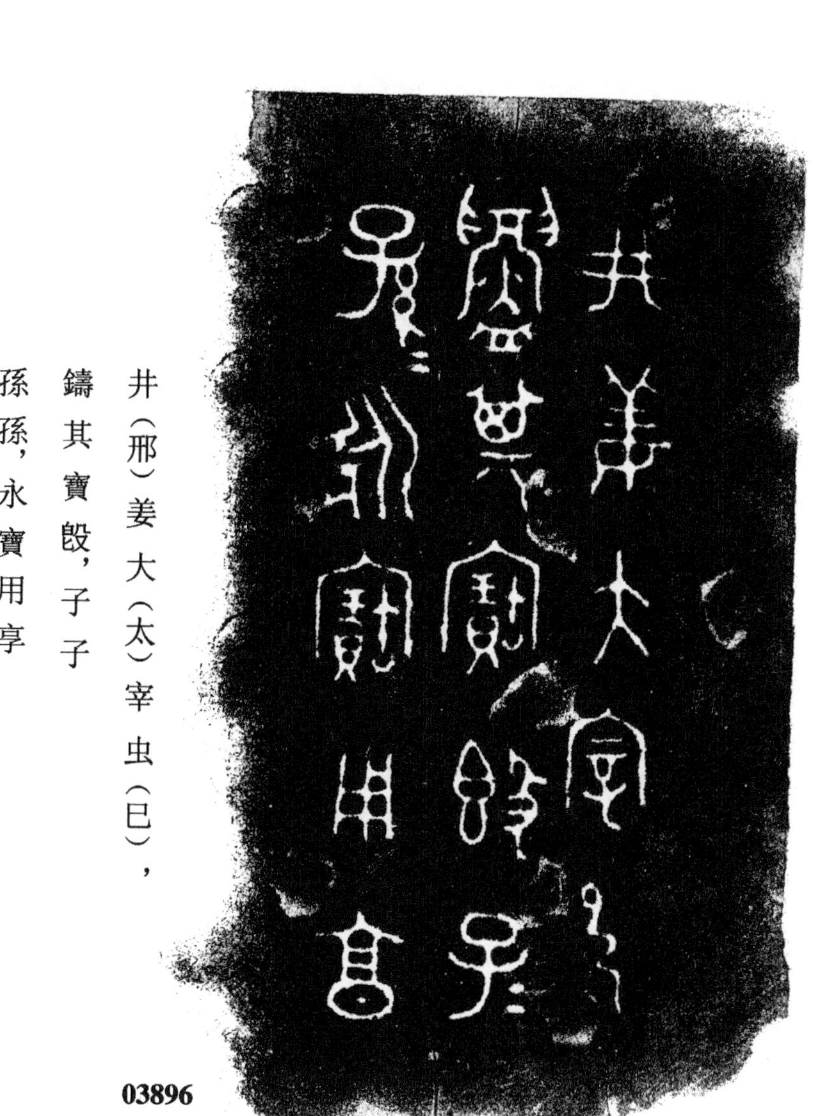

井（邢）姜大（太）宰虫（巳），鑄其寶𣪕，子子孫孫，永寶用享

03896

杞伯每刃毁

杞伯每刃乍（作）鼄（邾）
婞寶毁，子子
孫孫，永寶用享

03897

杞伯每𠚣毁

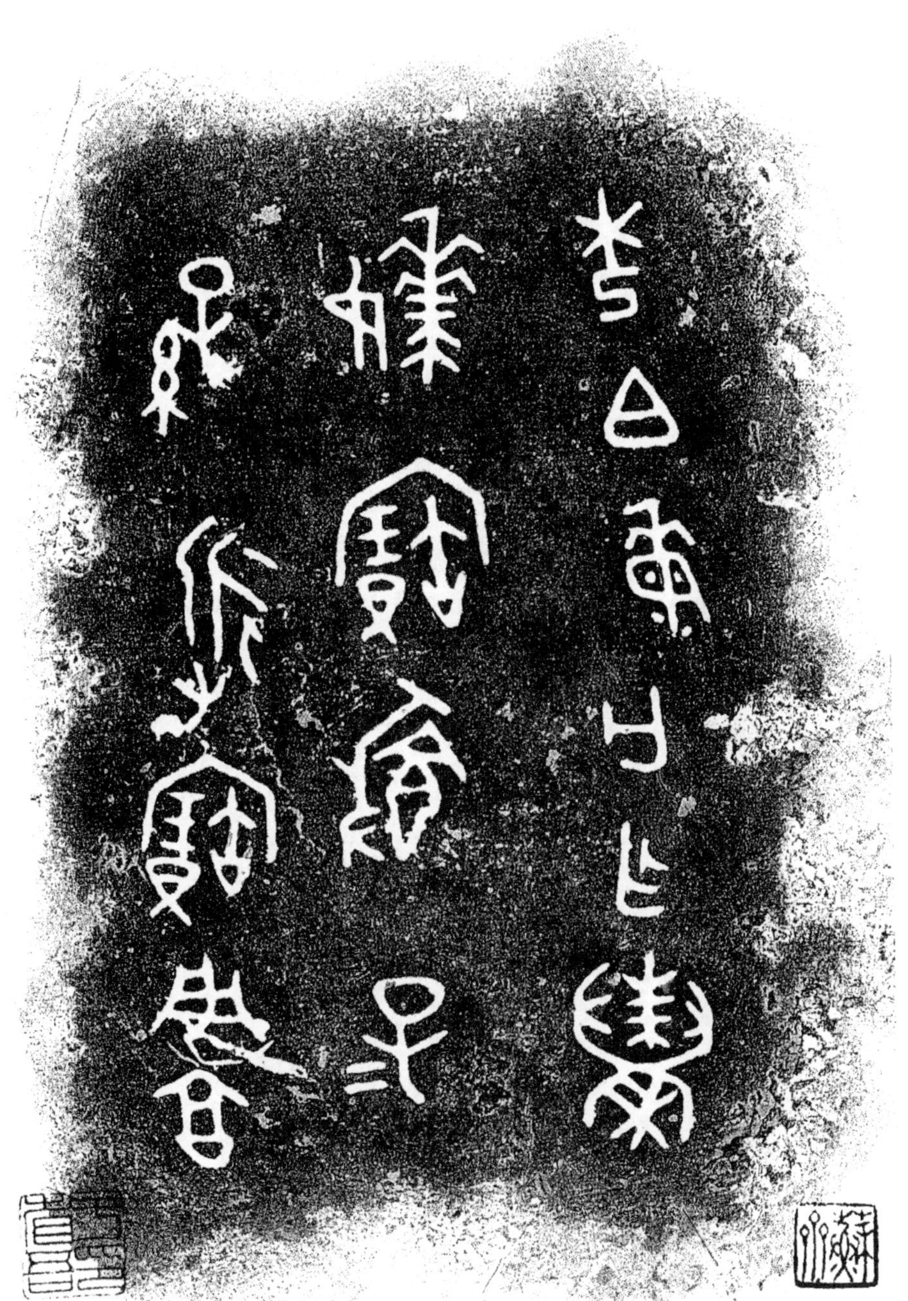

杞伯每刃乍(作)鼄(邾)

婞寶毁，子子

孫孫，永寶用享

03898.1

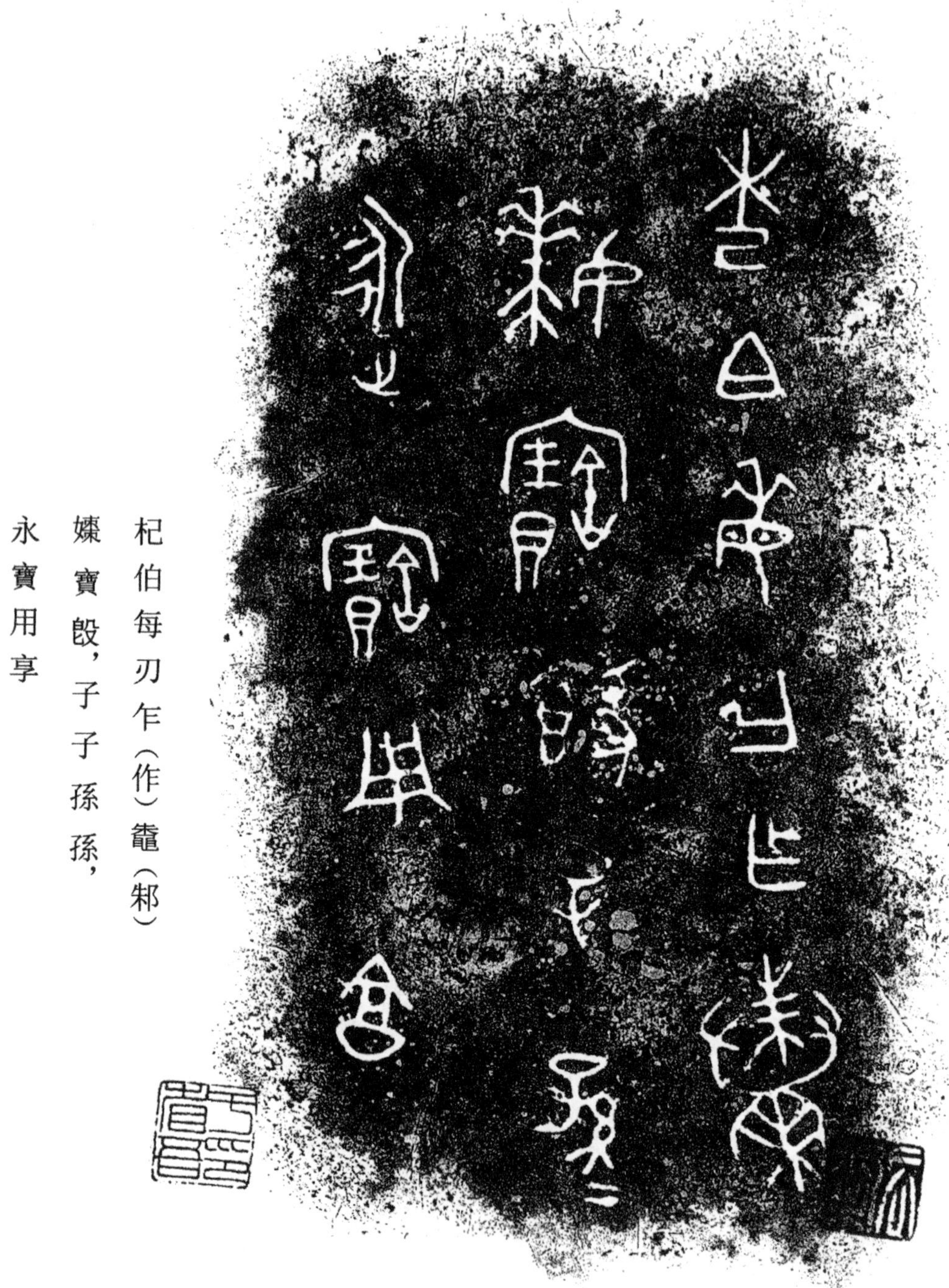

杞伯每刃乍（作）鼄（邾）
嫀寶𣪘，子子孫孫，
永寶用享

03898.2

杞伯每𠟭毁

杞伯每刃乍（作）鼄（邾）

嫀寶毁，子子孫孫，

永寶用享

03899.1

杞伯每刃乍(作)鼄(邾)
媄寶𣪘，子子孫孫，
永寶用享

03899.2

杞伯每𠚣毁蓋

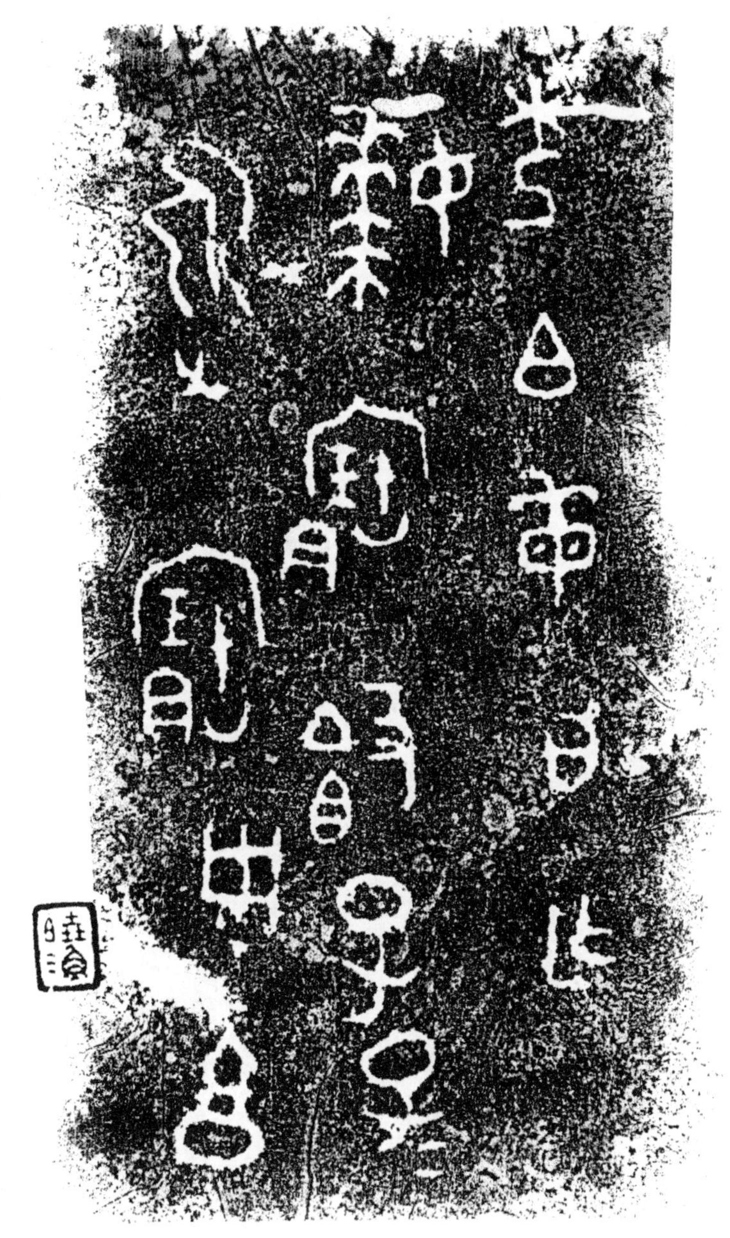

杞伯每刃乍（作）嫊寶毁，子子孙（孫），永寶用享

03900

杞伯每㣇毁

杞伯每刃乍（作）鼄（邾）嬺寶毁，子子孫永寶用享

03901

杞伯每刃𣪕

杞伯每刃乍（作）鼄（邾）
媄寶𣪕，子子孫孫，
永寶用享

03902.1

杞伯每㲋毁

杞伯每刃乍（作）鼄（邾）
嫀寶毁，子子孫孫，
永寶用享

03902.2

陳侯作嘉姬毁

陳（陳）侯乍（作）嘉姬
寶毁，其邁（萬）年，
子子孫孫永寶用

03903

小子䚄毁

乙未，卿事
賜小子䚄貝
二百，用乍（作）父丁
尊毁，䖒

03904

𡚬父丁毁

辛未，蛙□賜𡚬貝卄朋，𡚬用乍（作）父丁尊彝，亞

03905

攸殷

侯賞攸貝三朋，攸用乍（作）父戊寶尊彝，肈乍（作）綦

03906.1

侯賞攸貝三朋，攸用乍（作）父戊寶尊彝，肈乍（作）綦

03906.2

過伯𣪕

03907

過伯從王伐反(叛)荆，孚金，用乍(作)宗室寶尊彝

量侯𣪘

量侯𧆞（豺）柞（作）寶
尊𣪘，子子孫邁（萬）年
永寶，卲（斷）勿喪

03908

臭𣪘

臭乍（作）日辛
尊寶𣪘，其
萬年，子子孫
永用，幸旅

03909

是要𣪘

唯十月，是婁
乍（作）文考寶𣪘，
其子孫永寶用

03910.1

唯十月，是婁
乍（作）文考寶𣪘，
其子孫永寶用

03910.2

是要毁

唯十月，是婁
乍(作)文考寶毁，其
子孫永寶用

03911.1

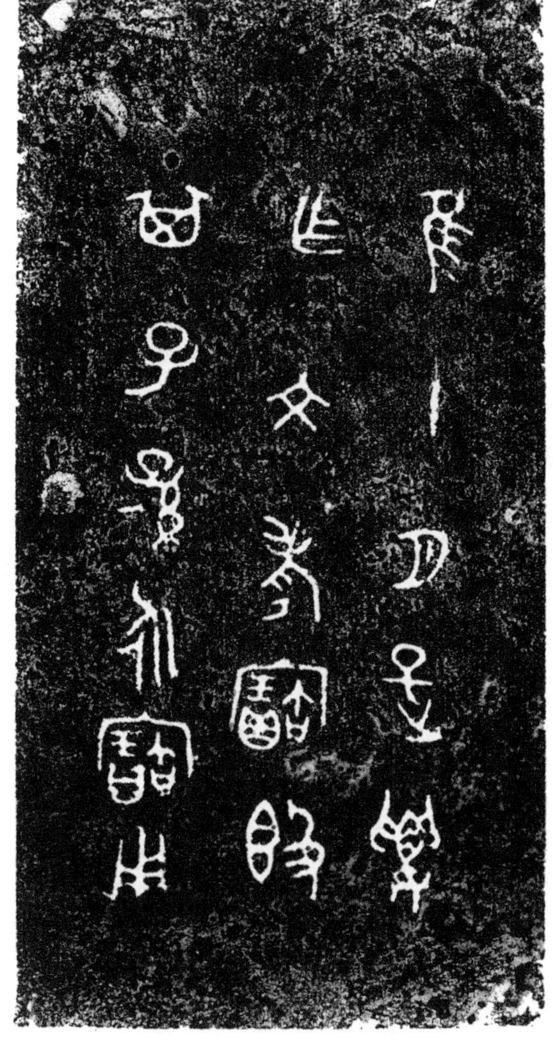

唯十月，是婁
乍(作)文考寶毁，
其子孫永寶用

03911.2

爯毁

皃生(甥)穠(蔑)爯曆，
用乍(作)季日乙，
子子孫孫永寶用，𦘔(畫)

03912

爯毁

皃生(甥)穠(蔑)爯曆，
用乍(作)季日乙，
子子孫孫永寶用，𦘔(畫)

03913

大自事良父毁蓋

大（太）師事（史）良父乍（作）寶毁，其萬年，子子孫孫永寶用

03914

周𩁹生毁

周𩁹生（甥）乍（作）楷娟（妘）媅賸（媵）毁，其孫孫子子永寶用，𠬝

03915

姑氏毁

姑氏自钕(作)爲
寶尊毁，其邁(萬)
年，子子孫孫永寶用

03916.1

姑氏自钕(作)爲
寶尊毁，其邁(萬)
年，子子孫孫永寶用

03916.2

是⿰馬⿱羴劦殷

是⿰馬劦乍（作）朕文考乙公尊殷，子子孫孫永寶用，鼎

03917

陵仲孝殷

陵仲孝乍（作）父日乙尊殷，子子孫其永寶用，）

03918

鼄公䎽毁

郘公聞自乍(作)𩞄(饙)毁，其邁(萬)年，子子孫孫，永壽用之

03919

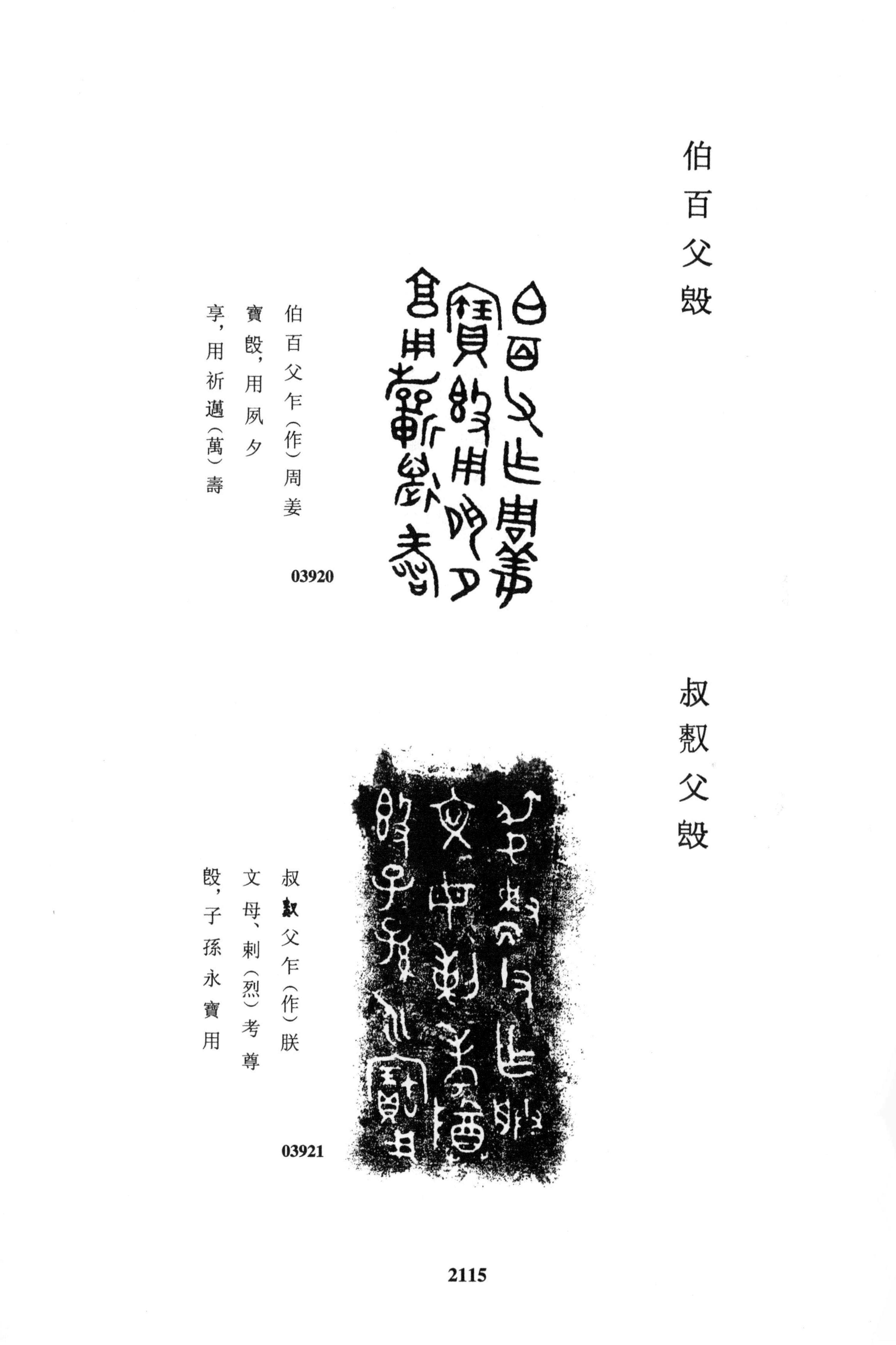

伯百父毁

伯百父乍(作)周姜

寶毁，用夙夕

亨，用祈邁(萬)壽

03920

叔䝿父毁

叔䝿父乍(作)朕

文母、剌(烈)考尊

毁，子孫永寶用

03921

叔𣪕父毁

叔𣪕父乍(作)朕文母、剌(烈)考尊毁，子子孫孫永寶用

03922.1

叔𣪕父乍(作)朕文母、剌(烈)考尊毁，子子孫孫永寶用

03922.2

豐井叔殷

豐井叔乍(作)伯姬
尊殷，其萬年，
子子孫孫永寶用

03923

束仲豆父殷蓋

束仲豆父
乍(作)淄(䵼)殷，其
萬年，子子孫孫，
永寶用享

03924

命父諆𣪘

03925

命父諆乍（作）寶𣪘，其萬年，子子孫孫，用享考（孝）受寶（福）

命父諲毁

命父諲乍（作）寶毁，其萬年，子子孫孫，用享考（孝）受賓（福）

03926

伯田父毁

伯田父乍(作)井妧寶毁，其萬年，子子孫孫永寶用

03927

噩侯𣪕

噩（鄂）侯乍（作）王姑𡛗（媵）𣪕，王姑其萬年，子子孫永寶

03928

噩侯𣪕

03929

噩（鄂）侯乍（作）王姞㬝（媵）𣪕，王姞其萬年，子子孫永寶

噩侯毁

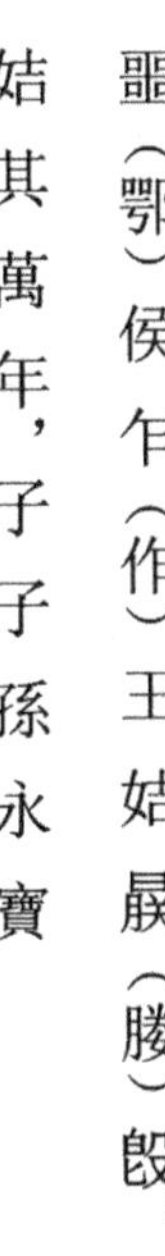
噩（鄂）侯乍（作）王姞媵（媵）毁，王姞其萬年，子子孫永寶

03930

毳𣪘

毳乍（作）王母媿
氏𩞄（饙）𣪘，媿氏
其眉壽，萬（邁）年用

003931.1

毳乍（作）王母媿
氏𩞄（饙）𣪘，媿氏
其眉壽，萬（邁）年用

03931.2

龜毁

龜乍（作）王母媿
氏鑵（饙）毁，媿氏
其眉壽，邁（萬）年用

03932.1

龜乍（作）王母媿
氏鑵（饙）毁，媿氏
其眉壽，邁（萬）年用

03932.2

⿱垂乇殷

⿱垂乇乍(作)王母媿

氏𩞄(饙)殷，媿氏

其眉壽，萬年用

03933.1

⿱垂乇乍(作)王母媿

氏𩞄(饙)殷，媿氏

其眉壽，萬年用

03933.2

毳毀

毳乍（作）王母媿
氏鏷（饙）毀，媿氏
其眉壽，邁（萬）年用

03934.1

毳乍（作）王母媿
氏鏷（饙）毀，媿氏
其眉壽，邁（萬）年用

03934.2

𢓊生鎗毁

𢓊生鎗乍（作）寶毁，子子孫孫，其𦳮（萬）年用享，𠃊十

03935

仲駒父毁蓋

录旁仲駒父乍（作）仲姜毁，子子孫永寶，用享孝

03936

仲駒父毁

寶，用享孝
毁，子子孫孫永
父乍（作）仲姜
彔旁仲駒

03937.1

彔旁仲駒
父乍（作）仲姜
毁，子子孫孫永
寶，用享孝

03937.2

仲駒父𣪕

03938.1

录旁仲駒父乍(作)仲姜寶，用享孝𣪕，子子孫孫永

03938.2

录旁仲駒父乍(作)仲姜𣪕，子子孫孫永寶，用享孝

禾簋

唯正月己亥，禾（和）肇乍（作）皇母懿龏孟姬餴（饋）彝

03939

亞舟作且丁毁

03940

亞舟，乙亥，王賜巂
瓛玉十玉（玨）、章（璋），
用乍（作）祖丁彝

寢敄毁

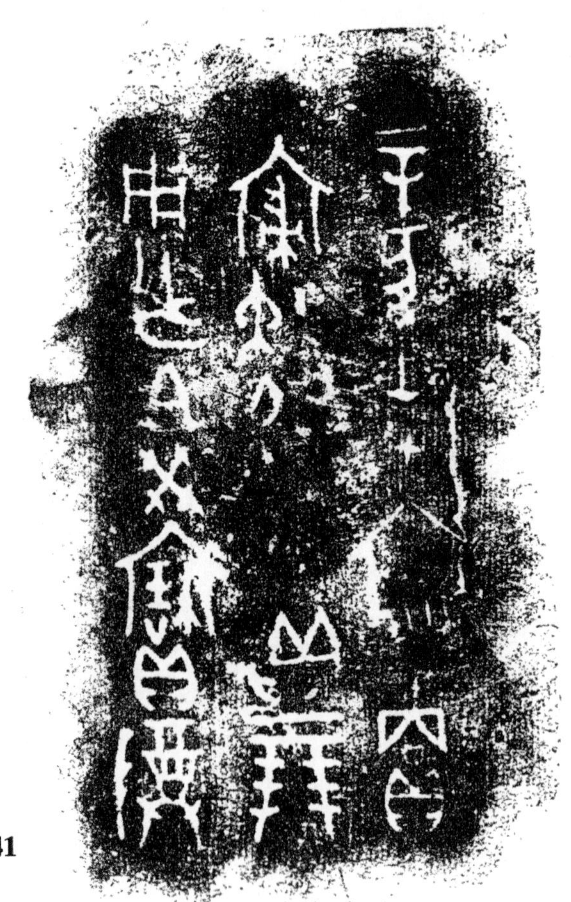

03941

辛亥，王在寢，賞
寢敄□貝二朋，
用乍（作）祖癸寶尊

叔德毁

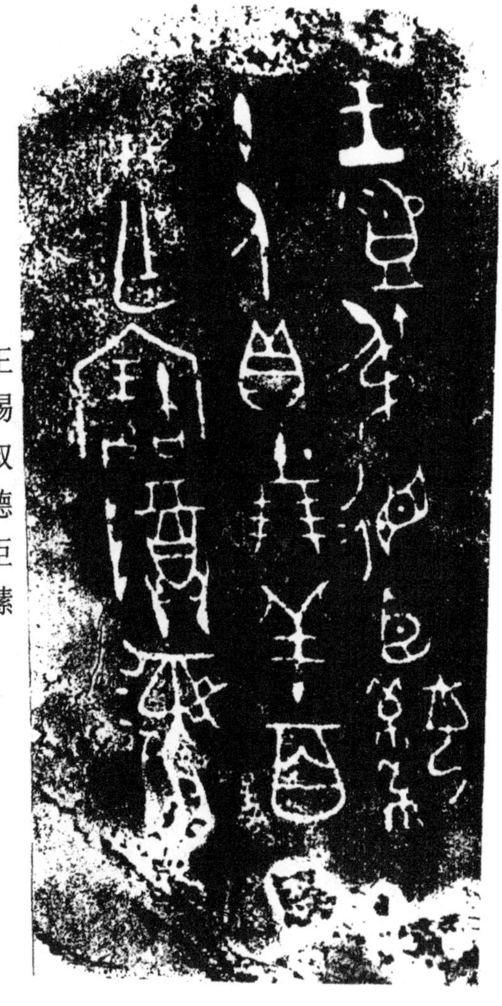

王賜叔德臣嫊十人、貝十朋、羊百，用乍（作）寶尊彝

03942

伯簪毁

伯祈乍（作）文考幽仲尊毁，祈其萬年寶，用鄉（饗、享）孝

03943

鑄子叔黑𦣞𣪘

鑄子叔黑𦣞肇乍（作）寶𣪘，其萬年眉壽，永寶用

03944

鴋姬殷蓋

03945

䨷（鴋、唐）姬乍（作）旛嫖賸（媵）

殷，旛嫖其邁（萬）

年，子子孫孫永寶用

中伯𣪕

中伯乍（作）亲（辛）姬䜌人寶𣪕，其萬年，子子孫孫永寶用

03946

中伯𣪕

中伯乍（作）亲（辛）姬䜌人寶𣪕，其萬年，子孫寶用

03947

臣卿𣪘

公違省自東，在新邑，臣
卿賜金，用乍（作）父乙寶彝

03948

季𩁹𣪘

季𩁹肇乍（作）厥文
考井叔寶尊彝，
子子孫孫其永寶用

03949

𨾴叔𣪕

唯九月，𪈥（𨾴）叔從
王、員征楚荆，在
成周，誃乍（作）寶𣪕

03950

㪤叔毁

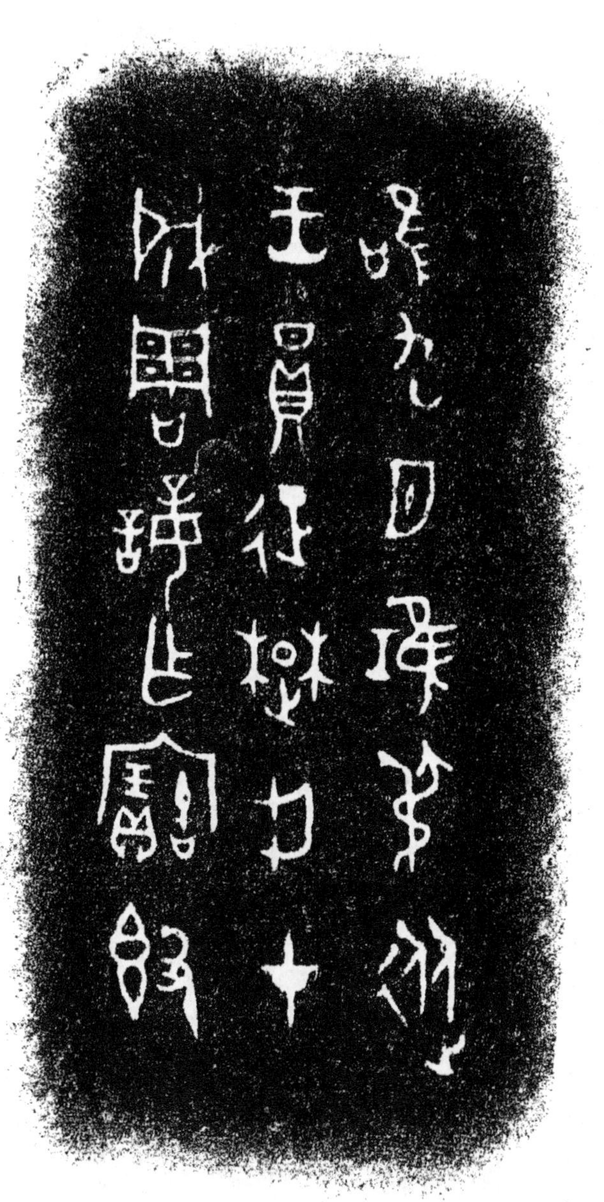

唯九月，鴅（㪤）叔從王、員征楚荊，在成周，誃乍（作）寶毁

03951

格伯作晉姬毁

唯三月初吉，格
伯乍（作）晉姬寶毁，
子子孫孫，其永寶用

03952

辰在寅毁

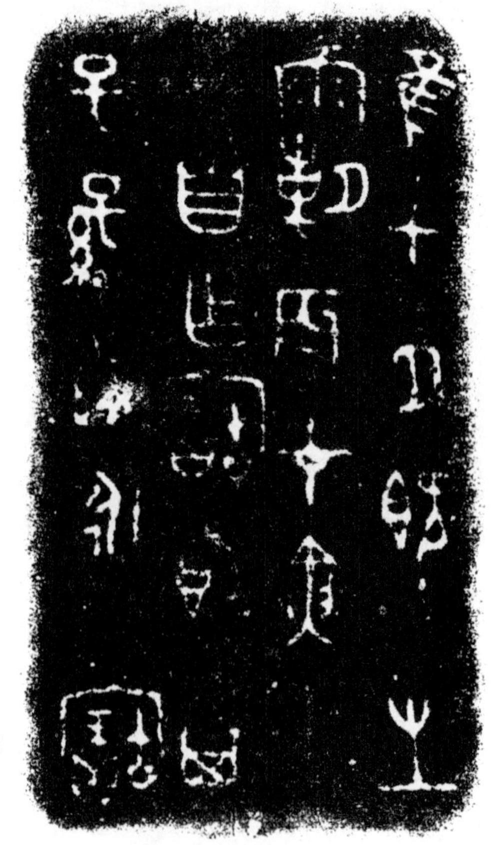

唯七月既生
霸，辰在寅，□
□自乍（作）寶毁，其
子孫永寶

03953

仲幾父毁

仲幾父事（使）幾事（使）
于者（諸）侯、者（諸）監，用
厥賓（儐）乍（作）丁寶毁

03954

兑𣪘

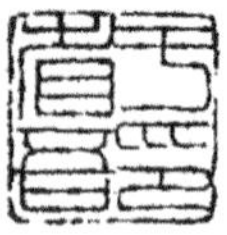

兑乍(作)朕皇考叔氏尊𣪘，兑其萬年，子子孫孫永寶用

03955

仲叀父毁

唯王正月，仲
叀父乍（作）餴（饙）
毁，其邁（萬）年，
子子孫孫永寶用

03956.1

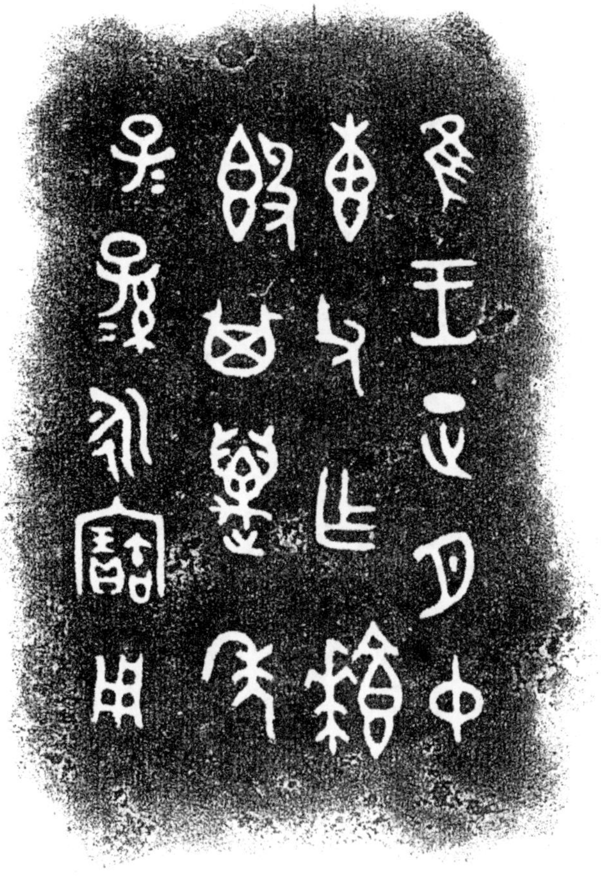

唯王正月，仲
叀父乍（作）餴（饙）
毁，其邁（萬）年，
子子孫孫永寶用

03956.2

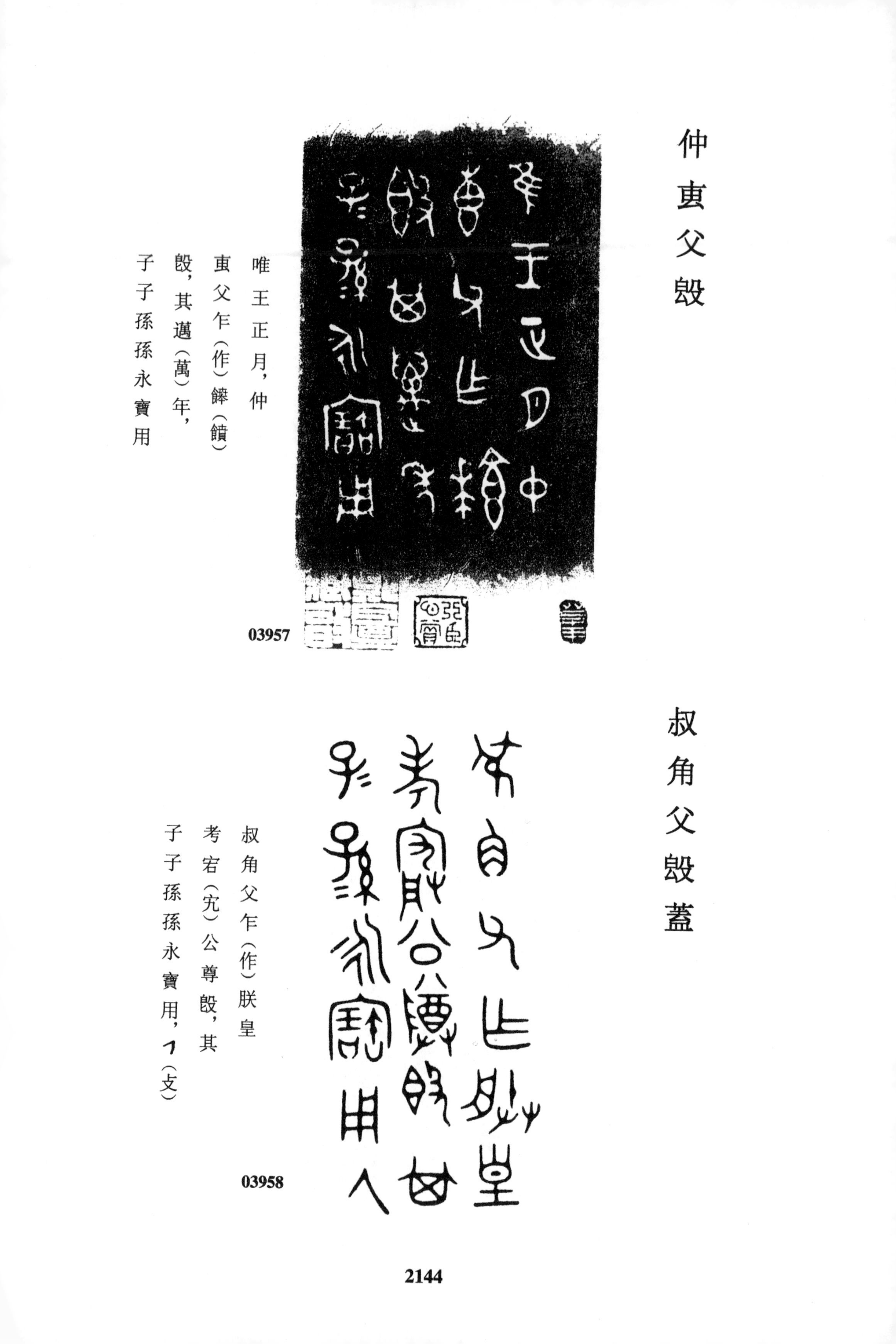

仲叀父𣪘

唯王正月，仲
叀父乍(作)𨯑(饙)
𣪘，其邁(萬)年，
子子孫孫永寶用

03957

叔角父𣪘蓋

叔角父乍(作)朕皇
考宕(宄)公尊𣪘，其
子子孫孫永寶用，𠃌(攴)

03958

叔角父毁

叔角父乍(作)朕皇考宕(宄)公尊毁,其子孫永寶用,𠃌(攴)

03959

盂𢦚父𣪘

盂𢦚父乍（作）寶𣪘，其邁（萬）年，子子孫孫永寶用

03960.1

盂𢦚父乍（作）寶𣪘，其邁（萬）年，子子孫孫永寶用

03960.2

孟𤔲父毁

孟𤔲父乍（作）寶毁，其邁（萬）年，子子孫孫永寶用

03961

孟𤔲父毁

孟𤔲父乍（作）幻伯妊賸（媵）毁八，其萬年，子子孫孫永寶用

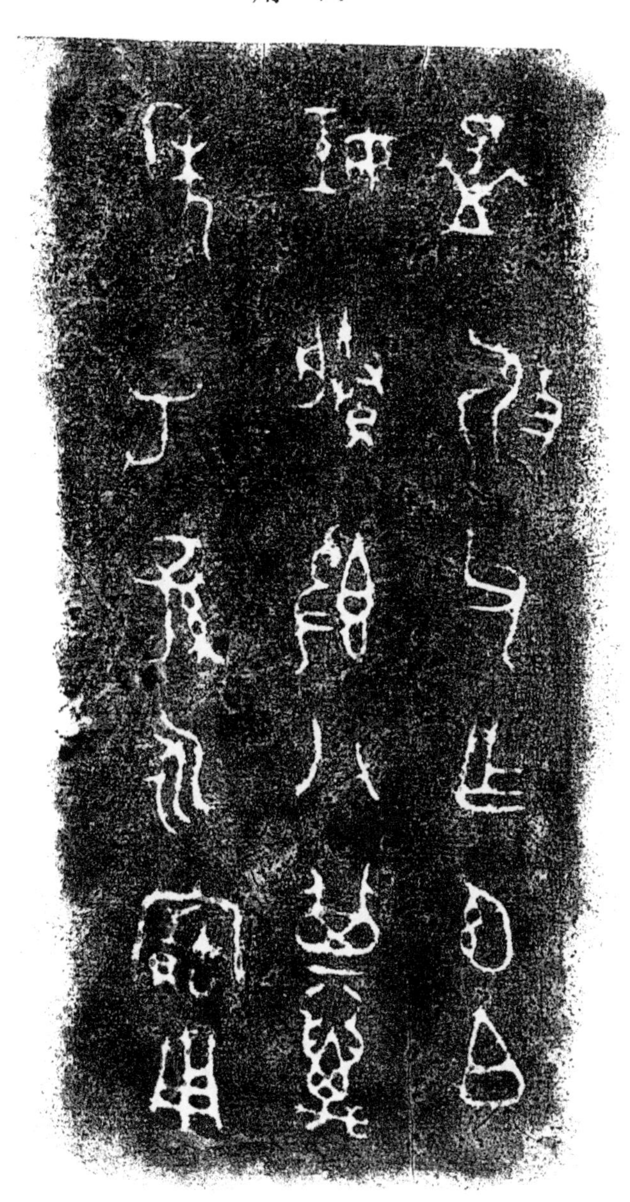

03962

孟𢍰父𣪘

孟𢍰父乍（作）幻伯妊賸（媵）𣪘八，其萬年，子子孫孫永寶用

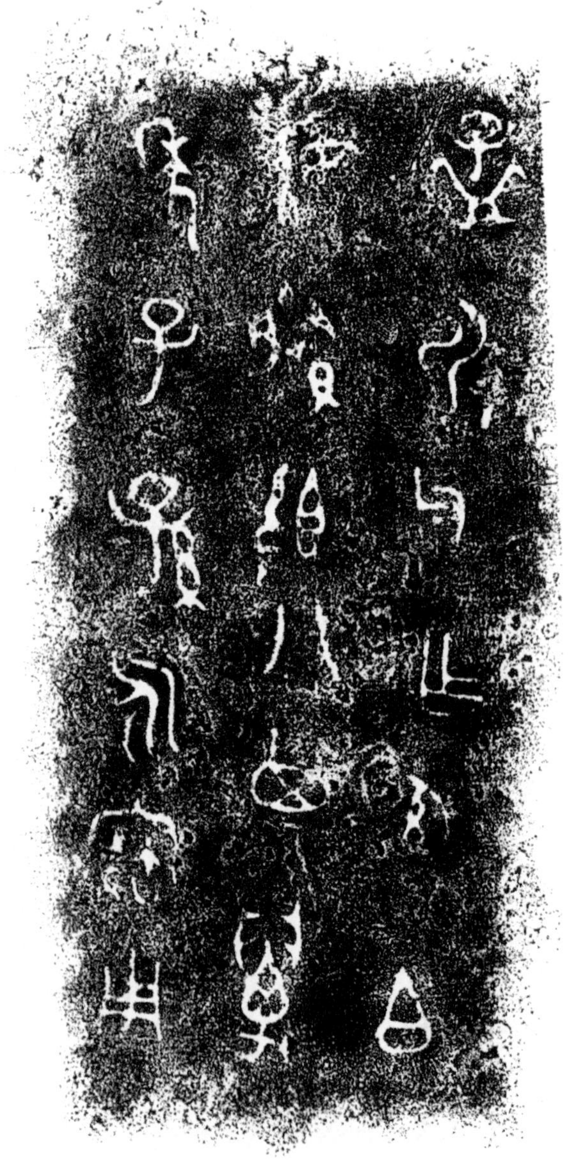

03963.1

孟𢍰父乍（作）幻伯妊賸（媵）𣪘八，其萬年，子子孫孫永寶用

03963.2

仲殷父毁

仲殷父鑄毁，用
朝夕享考（孝）宗室，其
子子孫永寶用

03964.1

仲殷父鑄
毁，用朝夕享
考（孝）宗室，其
子子孫永寶用

03964.2

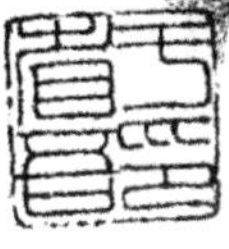

仲殷父毁

仲殷父鑄
毁，用朝夕享
考（孝）宗室，其
子子孫永寶用

03965.1

仲殷父鑄毁，用
朝夕享考（孝）宗室，
其子子孫永寶用

03965.2

仲殷父毁

仲殷父鑄毁，用朝夕享考（孝）宗室，其子子孫永寶用

03966.1

仲殷父鑄毁，用朝夕享考（孝）宗室，其子子孫永寶用

03966.2

仲殷父簋

仲殷父鑄
毁，用朝夕享
考（孝）宗室，其
子子孫孫永寶用

03967.1

仲殷父鑄
毁，用朝夕享
考（孝）宗室，其子子
孫孫永寶用

03967.2

仲殷父毁

仲殷父鑄
毁，用
朝夕享考（孝）宗室，
其子子孫永寶用

03968

仲殷父毁

仲殷父鑄
毁，用朝夕享
考（孝）宗室，其子子
孫永寶用

03969

仲殷父毀

仲殷父鑄
毀，用朝夕
享考（孝）宗室，其
子子孫永寶用

03970

虢季氏子緵毁

虢季氏子緵（組）乍（作）毁，其萬年無疆，子子孫孫，永寶用享

03971

虢季氏子緵𣪕

虢季氏子緵（組）乍（作）𣪕，其萬年無疆，子子孫孫，永寶用享

03972

虢季氏子緵毁

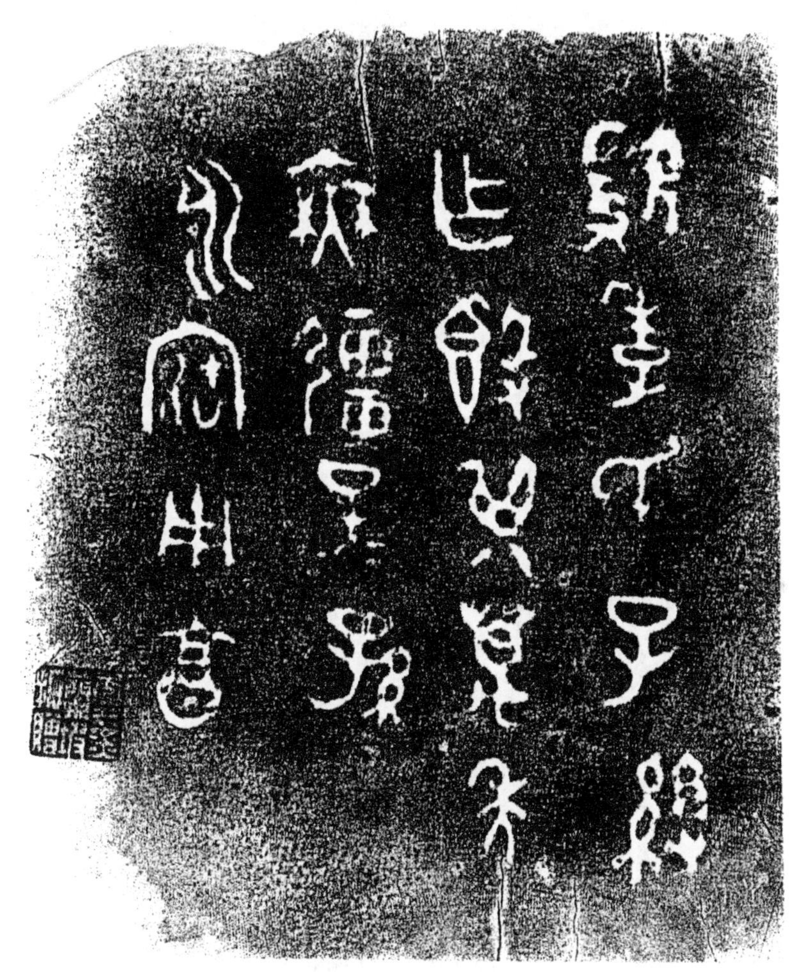

虢季氏子緵（組）乍（作）毁，其萬年無疆，子子孫孫，永寶用享

03973

魯伯大父作季姬婧𣪘

魯伯大父乍(作)季姬婧賸(媵)𣪘，其萬年眉壽，永寶用

03974

遷毁

賜貝二朋，用乍（作）大子丁，䀠髭

聽享京，遷

辛巳，王畲（飲）多亞，

03975

㹜駿毁

㹜（獮）馭從王南征，

伐楚荆，又（有）得，用乍（作）

父戊寶尊彝，吳

03976

己侯貉子㲋蓋

03977

己(紀)侯貉子分
己(紀)姜寶，乍(作)㲋，
己(紀)姜石(祏)用𡨦，
用匄萬年

㴲姬㲋

03978

㴲(濂)姬乍(作)父庚
尊㲋，用乍(作)乃
後御，孫子其
萬年永寶

呂伯毁

呂伯乍(作)厥宮
室寶尊彝
毁，大牢其萬
年祀厥取(祖)考

03979.1

呂伯乍(作)厥宮
室寶尊彝
毁，大牢其萬
年祀厥取(祖)考

03979.2

吳彭父毁

吳彩父乍(作)皇
祖考庚孟尊
毁，其萬年，子子
孫孫永寶用

03980.1

吳彩父乍(作)皇
祖考庚孟尊
毁，其萬年，子子
孫孫永寶用

03980.2

吳彭父毁

吳彩父乍（作）皇
祖考庚孟尊
毁，其萬年，子子
孫孫永寶用

03981.1

吳彩父乍（作）皇
祖考庚孟尊
毁，其萬年，子子
孫孫永寶用

03981.2

吴彭父殷

吴𢒉父乍(作)皇
祖考庚孟尊
毁，其萬年，子子
孫孫永寶用

03982

伯庶父殷

唯二月戊寅，
伯庶父乍(作)
王姑凡姜尊
毁，其永寶用

03983

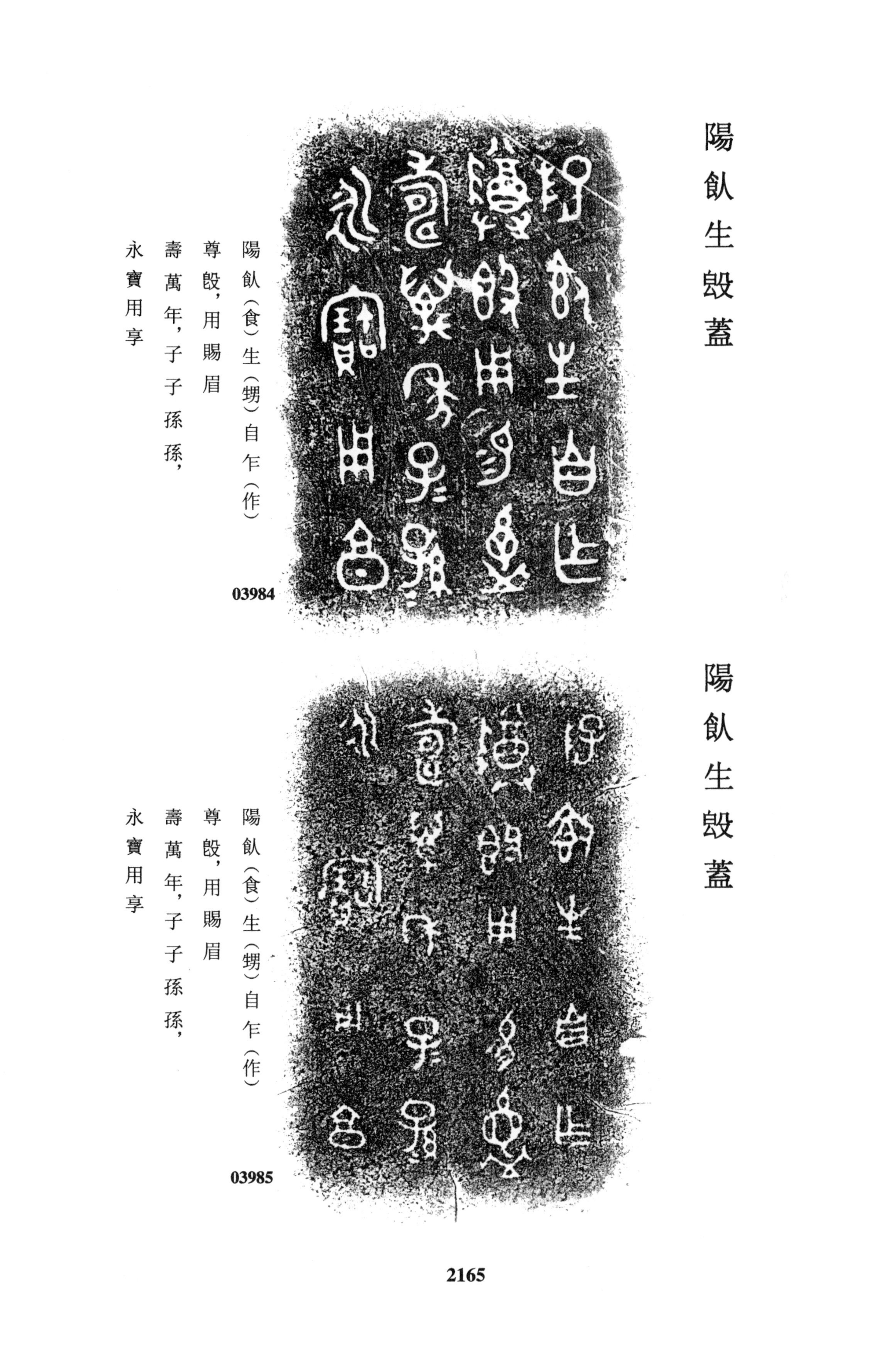

陽飤生毁蓋

陽飤(食)生(甥)自乍(作)尊毁，用賜眉壽萬年，子子孫孫，永寶用享

03984

陽飤生毁蓋

陽飤(食)生(甥)自乍(作)尊毁，用賜眉壽萬年，子子孫孫，永寶用享

03985

德克毁

德克乍(作)朕文祖考尊毁，克其萬年，子子孫孫，永寶用享

03986

魯大宰邍父𣪘

魯大（太）宰邍父乍（作）季姬牙賸（媵）𣪘，其萬年眉壽，永寶用

03987

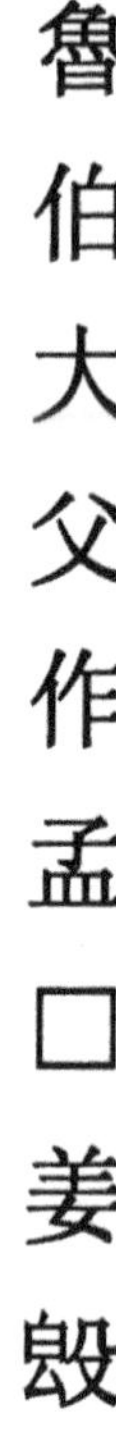
魯伯大父作孟□姜毁

魯伯大父乍(作)孟
姜賸(媵)毁，其萬年
眉壽，永寶用

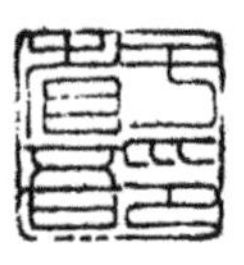

03988

魯伯大父作仲姬俞𣪕

魯伯大父乍（作）仲姬俞賸（媵）𣪕，其萬年眉壽，永寶用享

03989

亞𨙸父乙毁

亞沚，辛巳，𨙸(倢)
尋貪，在小圃，
王光商(賞)𨙸(倢)
貝，用乍(作)父乙彝

03990

且日庚毁

祖日庚，乃孫乍(作)寶
毁，用笹(世)享孝，其
子子孫其永寶用，𩫖

03991

且日庚𣪘

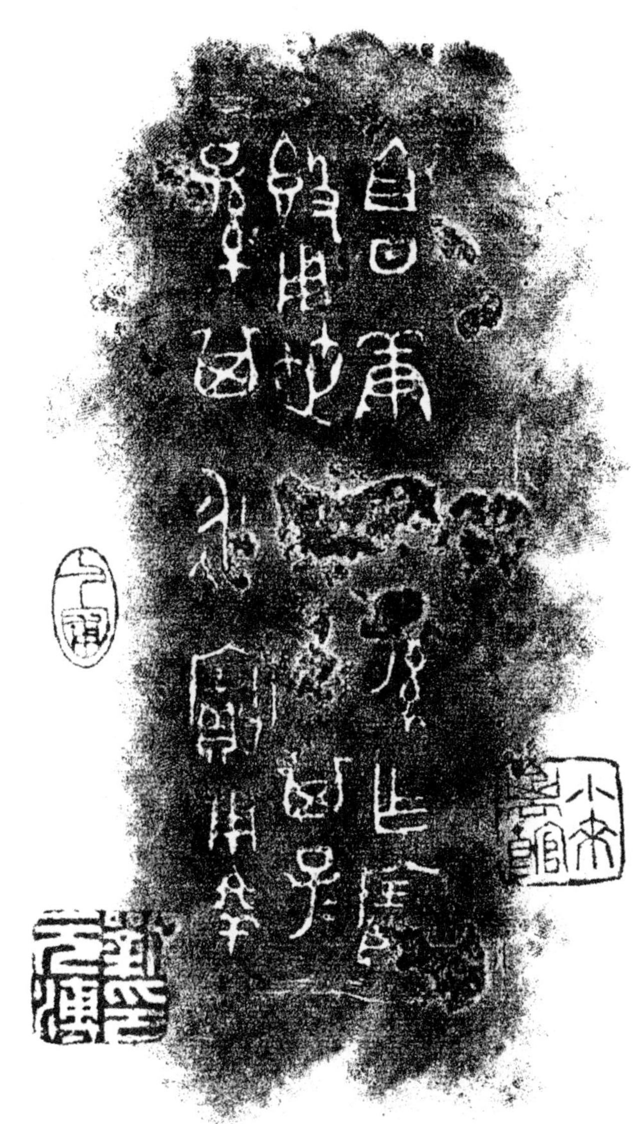

祖日庚，乃孫乍（作）寶
𣪘，用笹（世）享孝，其子子
孫其永寶用，𦎫

03992

翏殷

翏乍(作)北子作殷，用興厥祖父日乙，其萬年，子子孫孫永寶(寶)

03993

翏殷

翏乍(作)北柞殷，用興厥祖父日乙，其萬年，子子孫孫寶(寶)

03994

伯□父毁

伯偈父乍（作）姬
麋寶毁，用夙
夜享于宗室，
子子孫永寶用

03995

害客毁

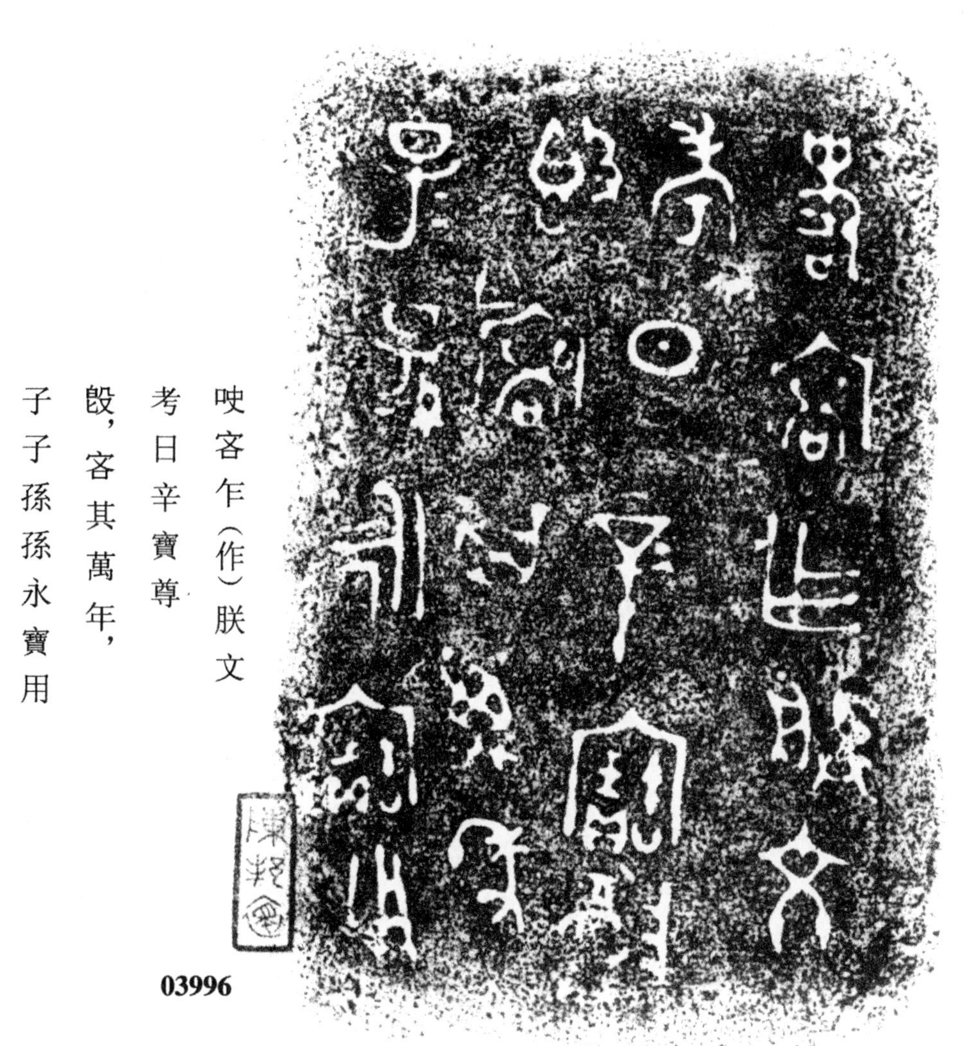

吏客乍（作）朕文
考日辛寶尊
毁，客其萬年，
子子孫孫永寶用

03996

伯喜毁

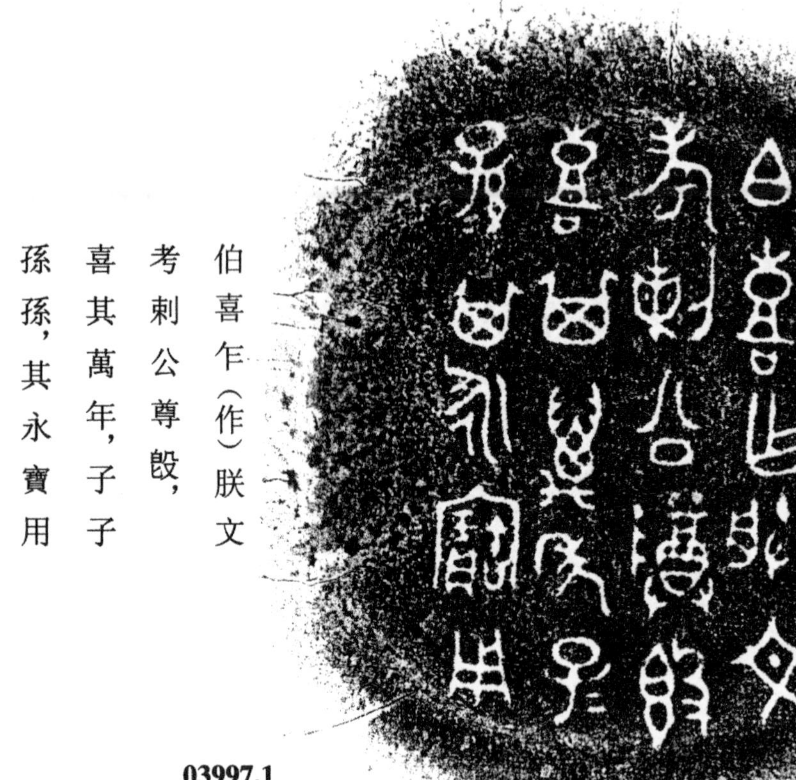

伯喜乍（作）朕文
考剌公尊毁，
喜其萬年，子子
孫孫，其永寶用

03997.1

伯喜乍（作）朕文
考剌公尊毁，
喜其萬年，子子
孫孫，其永寶用

03997.2

伯喜毁

伯喜乍（作）朕文考剌公尊毁，喜其萬年，子子孫孫，其永寶用

03998.1

伯喜乍（作）朕文考剌公尊毁，喜其萬年，子子孫孫，其永寶用

03998.2

伯喜殷

伯喜乍（作）朕文考剌公尊殷，喜其萬年，子子孫孫，其永寶用

03999.1

伯喜乍（作）朕文考剌公尊殷，喜其萬年，子子孫孫，其永寶用

03999.2

伯喜殷

伯喜乍(作)朕文
考剌公尊殷,
喜其萬年,子子
孫孫,其永寶用

04000.1

伯喜乍(作)朕文
考剌公尊殷,
喜其萬年,子子
孫孫,其永寶用

04000.2

豐兮夷毁

豐兮尸乍（作）朕
皇考酋（尊）毁，尸
其萬年，子孫
永寶，用享考（孝）

04001.1

豐兮尸乍（作）朕
皇考尊毁，尸
其萬年，子子孫孫
永寶，用享考（孝）

04001.2

豐兮夷毁

豐兮尸乍（作）朕
皇考尊毁，尸
其萬年，子子孫孫
永寶，用享考（孝）

04002.1

豐兮尸乍（作）朕
皇考尊毁，尸
其萬年，子子孫孫
永寶，用享考（孝）

04002.2

豐兮夷𣪘

豐兮尸乍（作）朕皇考酋（尊）𣪘，尸其萬年，子子孫孫永寶，用享考（孝）

04003.1

豐兮尸乍（作）朕皇考酋（尊）𣪘，尸其萬年，子子孫孫永寶，用享考（孝）

04003.2

叔多父毁

師趯父孫孫叔
多父，乍（作）孟姜
尊毁，其邁（萬）年，
子子孫孫永寶用

04004

叔多父毁

師趩父孫孫叔多父，乍（作）孟姜尊毁，其邁（萬）年，子子孫孫永寶用

04005.1

師趩父孫孫叔多父，乍（作）孟姜尊毁，其邁（萬）年，子子孫孫永寶用

04005.2

叔多父毁

師𧽊父孫孫叔
多父，乍（作）孟姜
尊毁，其邁（萬）年，
子子孫孫永寶用

04006

洂伯寺𣪕

洂伯寺自乍(作)
寶𣪕，用賜眉
壽，其萬年，子子
孫孫，永寶用享

04007

兮吉父𣪘

兮吉父乍（作）仲姜寶尊𣪘，其萬年無疆，子子孫孫，永寶用享

04008

毛伯𣪘

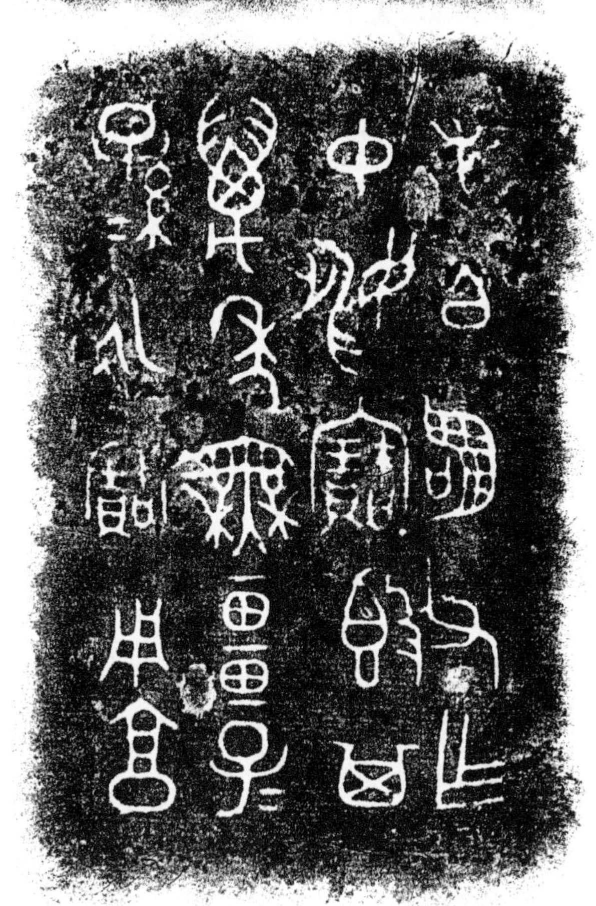

毛伯嘦（𠱾）父乍（作）仲姚寶𣪘，其萬年無疆，子子孫孫，永寶用享

04009

及𠑇生毁

殳𠑇（㮨）生（甥）乍（作）尹

姞尊毁，其萬

年無疆，子子孫孫

永寶，用享考（孝）

04010

復公子毁

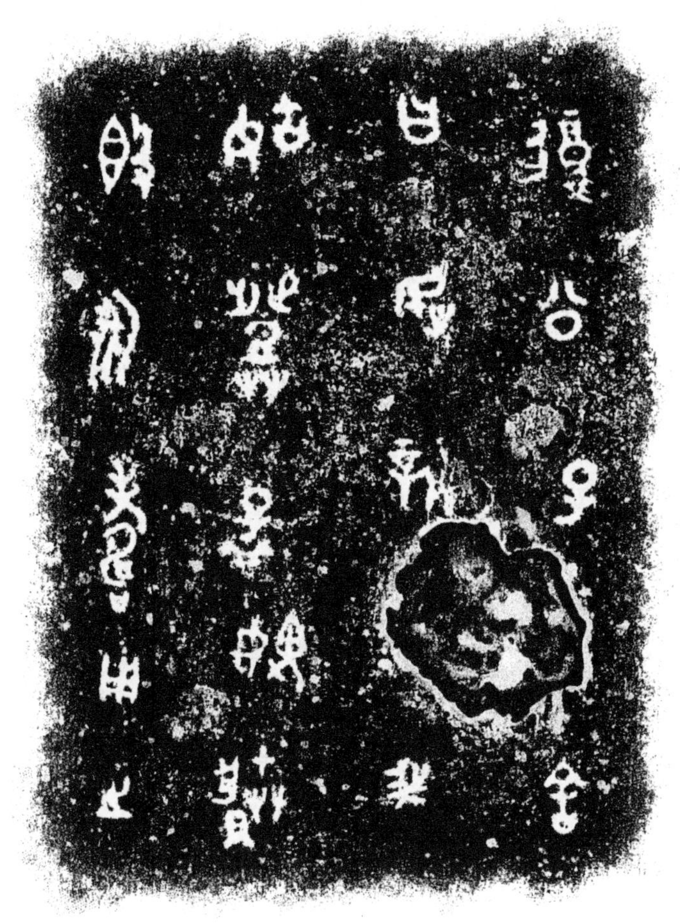

復公子伯舍曰：敃新，乍(作)我姑登(鄧)孟媿賸(媵)毁，永壽用之

04011

復公子毁

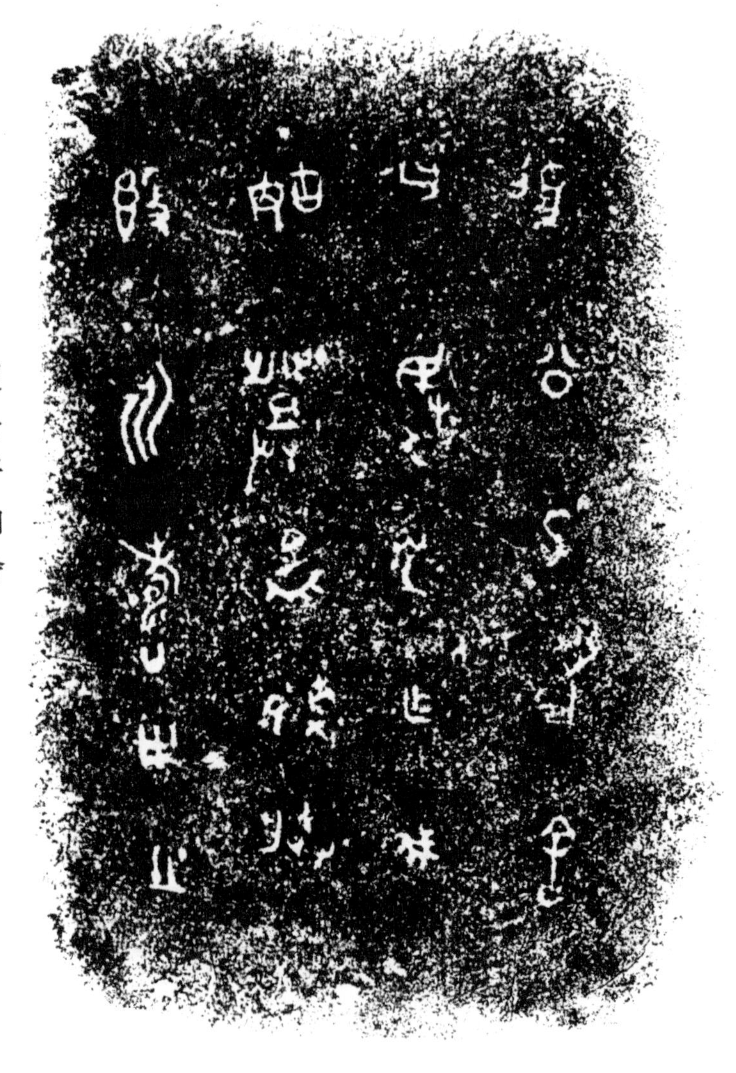

復公子伯舍
曰：敃新，乍（作）我
姑登（鄧）孟媿賸（媵）
毁，永壽用之

4012

復公子毁

04013.1A

復公子伯舍
曰：敃新，乍（作）我
姑登（鄧）孟媿賸（媵）
毁，永壽用之

04013.1B

04013.2A

復公子伯舍
曰：敃新，乍（作）我
姑登（鄧）孟媿賸（媵）
毁，永壽用之

04013.2B

穌公子毁

穌(蘇)公子癸父甲乍(作)尊毁，其萬年無疆，子子孫孫，永寶用享

04014

穌公子毁

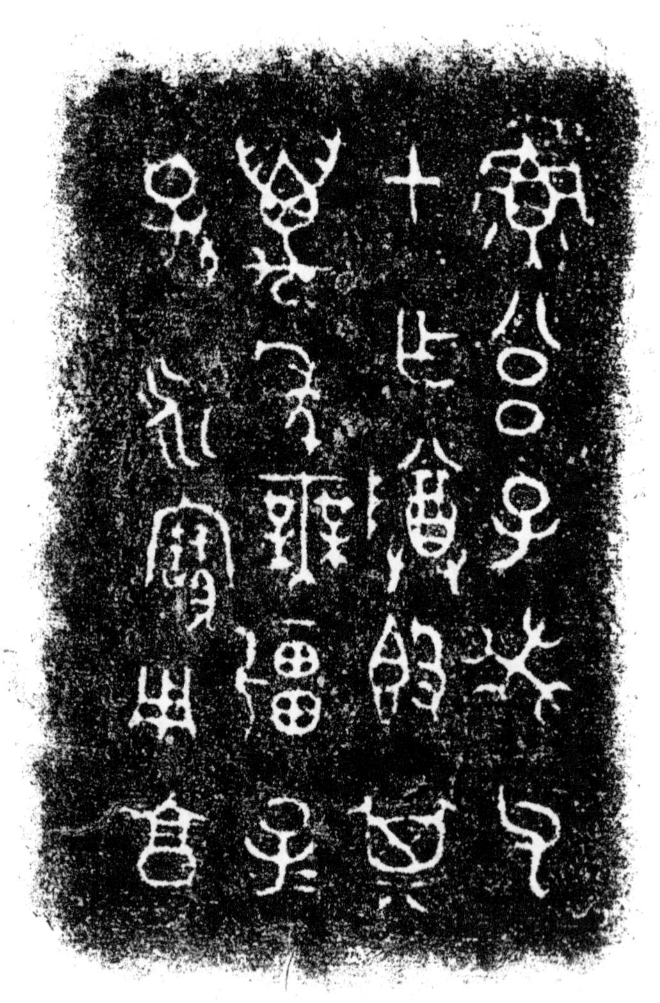

穌(蘇)公子癸父甲乍(作)尊毁，其萬年無疆，子子孫孫，永寶用享

04015

鄑公毁

鄑公伯盄(韭)用
吉金,用乍(作)寶
毁,子子孫孫永用
亨,萬年無疆

04016

鄀公毁

鄀公伯韭(韔)用吉金,用乍(作)寶毁,子子孫孫永用享,萬年無疆

04017.1

鄀公伯韭(韡)用吉金，用乍(作)寶毀，子子孫孫永用享，萬年無疆

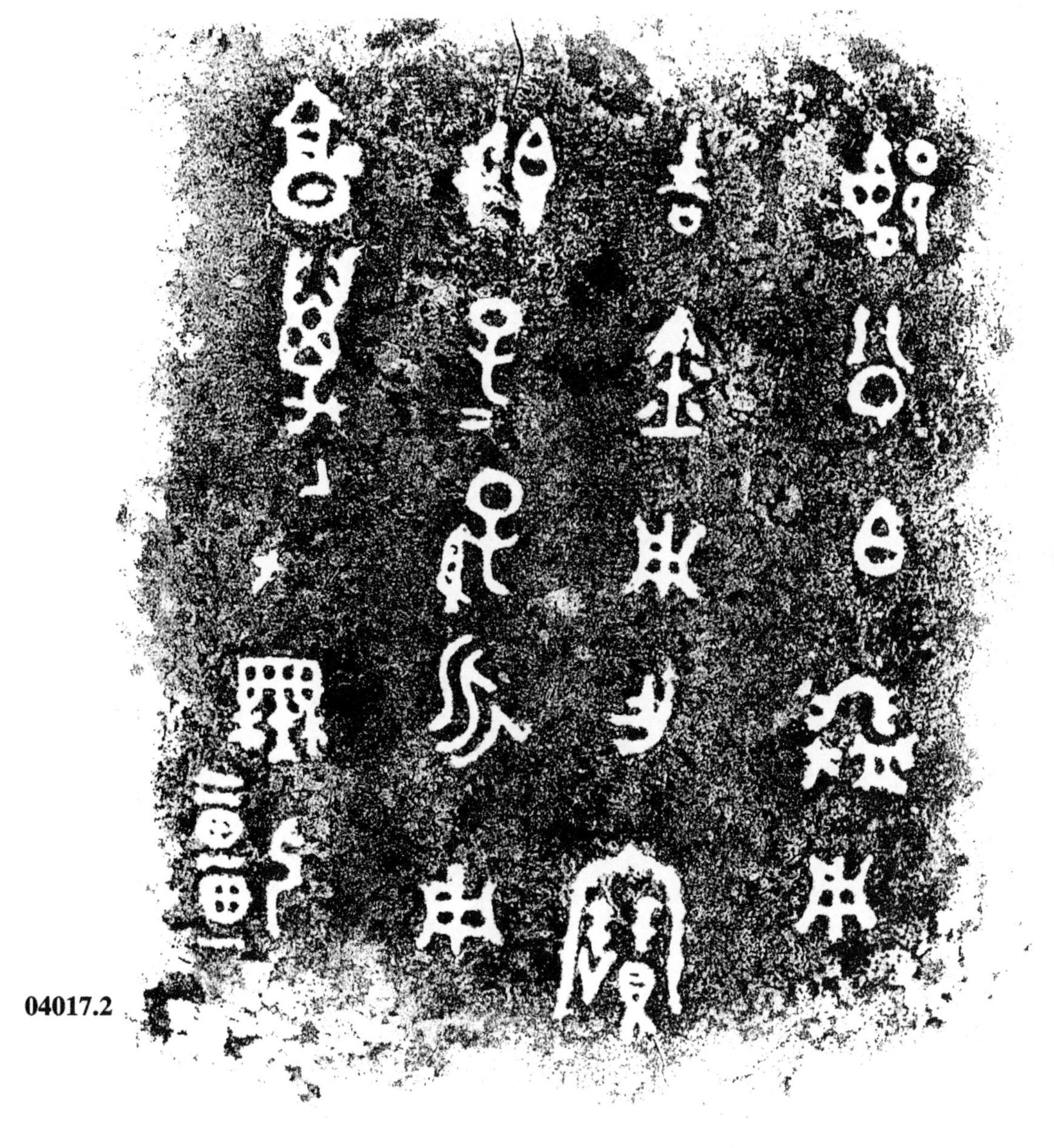

04017.2

卓林父𣪕蓋

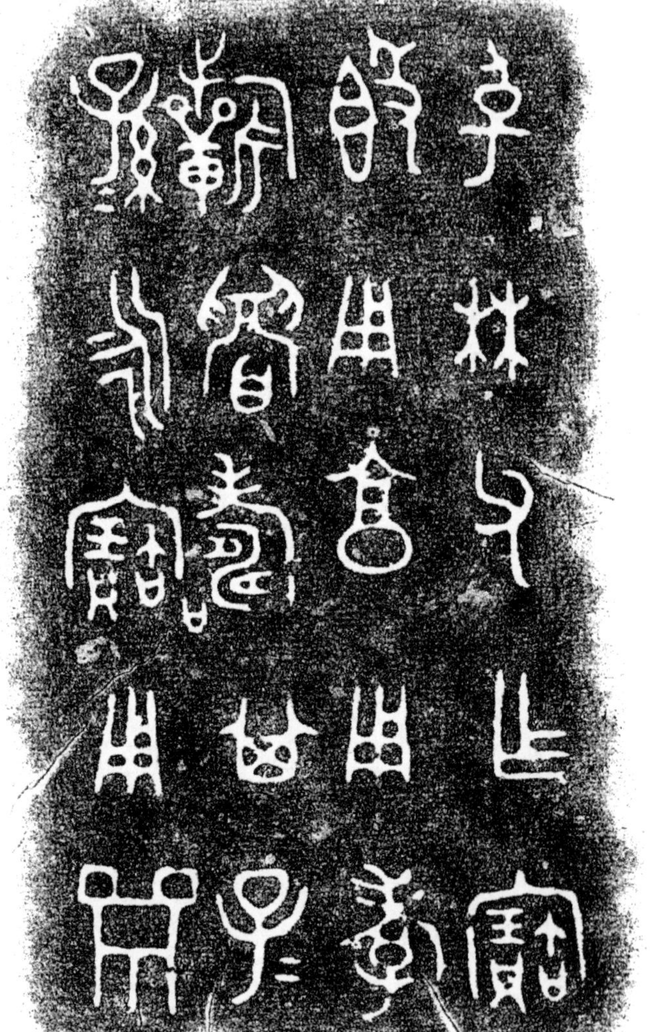

卓林父乍(作)寶𣪕，用享用孝，祈眉壽，其子子孫孫永寶用，鼎

04018

曹伯狄毁

曹伯狄乍（作）夙（宿）奴公尊毁，其萬年眉壽，子子孫孫，永寶用享

04019

天君毁

黿，癸亥，我天君鄉（饗）餂（舔）酉（酒），商（賞）貝，厥征斤貝，用乍（作）父丁尊彝

04020

寧𣪕蓋

寧肇諆（其）乍（作）乙考尊𣪕，其用各百神，用妥（綏）多福，世孫子寶

04021

寧𣪕蓋

寧肇諆（其）乍（作）乙考尊𣪕，其用各百神，用妥（綏）多福，世孫子寶

04022

伯中父毁

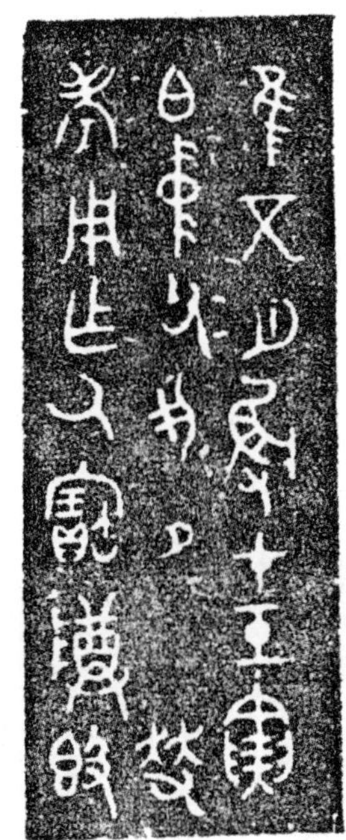

唯五月，辰在壬寅，伯中父夙夜事走(朕)考，用乍(作)厥寶尊毁

04023.1

唯五月，辰在壬寅，伯中父夙夜事走(朕)考，用乍(作)厥寶尊毁

04023.2

鄭虢仲毁

唯十又一月，既
生霸庚戌，奠（鄭）
虢仲乍（作）寶毁，
子子孫孫彶永用

04024.1

唯十又一月，既生霸庚戌，奠（鄭）虢仲乍（作）寶𣪘，子子孫孫彶永用

04024.2

鄭虢仲毁

唯十又一月，既生霸庚戌，奠（鄭）虢仲乍（作）寶毁，子子孫孫彶永用

04025.1

唯十又一月，既生霸庚戌，奠（鄭）虢仲乍（作）寶毁，孫孫（子子）孫孫彶永用

04025.2

鄭虢仲毁

唯十又一月，既生霸庚戌，奠(鄭)虢仲乍(作)寶毁，子子孫孫彶永用

04026

伯㦰父毁

伯貀父乍(作)朕皇考屖伯、吳(虞)姬尊毁，其邁(萬)年，子子孫孫永寶用

04027

毛𢍏𣪘

唯六月初吉

丙申，毛㝵乍（作）

寶𣪘，其子子

孫孫邁（萬）年，永寶用

04028

明公𣪘

唯王令明公，

遣三族伐東

或（國），在遾（撻），魯侯又（有）

囚（繇）工（功），用乍（作）旅彝

04029

史䛅毁

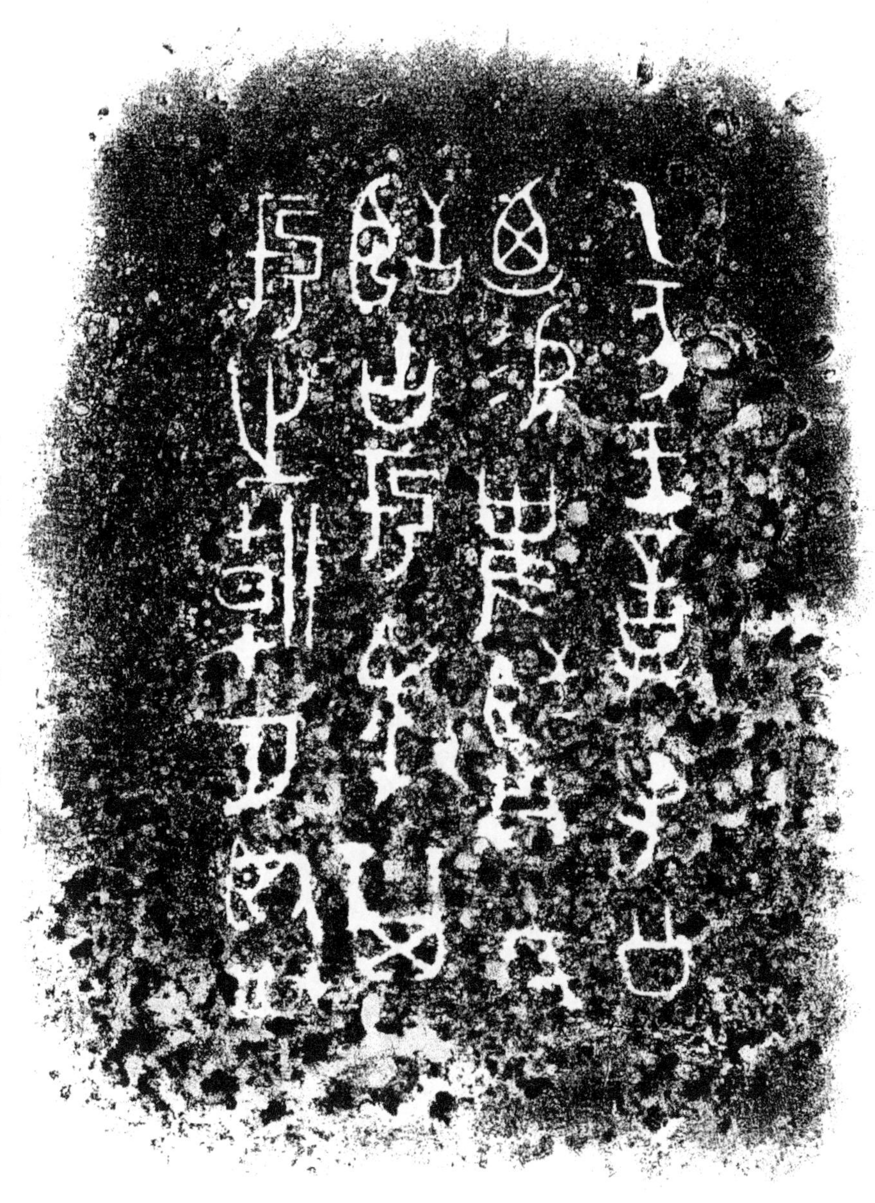

乙亥，王𢍰（誥），畢公
廼賜史䛅貝十朋，
䛅由于彝，其
于之朝夕監

04030

史䛗𣪕

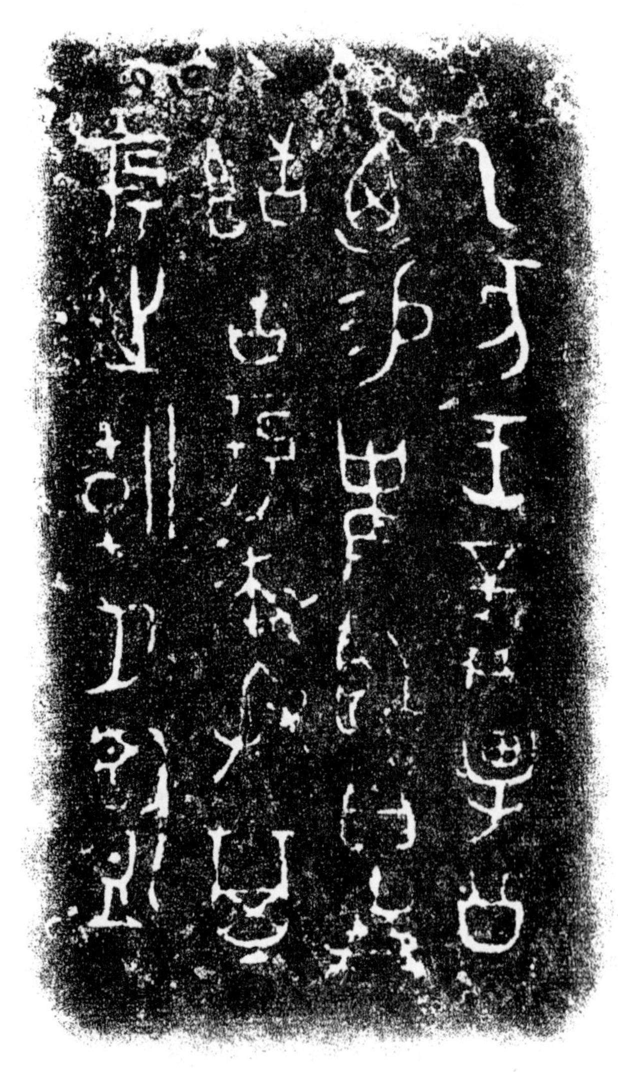

乙亥，王𢍰（誥），畢公
廼賜史䛗貝十朋，
䛗由于彝，其
于之朝夕監

04031

官夌父𣪘

唯王正月，既死霸乙卯，官（管）夌父乍（作）義友寶𣪘，孫孫子子永寶用

04032

向⿱㓚月𣪕

唯王五月甲寅，向⿱㓚月乍(作)旅𣪕，⿱㓚月其壽考萬年，孫子子永寶用

04033

向⿱㓚月𣪕

唯王五月甲寅，向⿱㓚月乍(作)旅𣪕，⿱㓚月其壽考萬年，孫子子永寶用

04034

伯吉父毁

唯十又二月初吉，伯吉父乍（作）毅尊毁，其萬年，子子孫孫永寶用

04035.1

唯十又二月初吉，伯吉父乍（作）毅尊毁，其萬年，子子孫孫永寶用

04035.2

筥小子毁

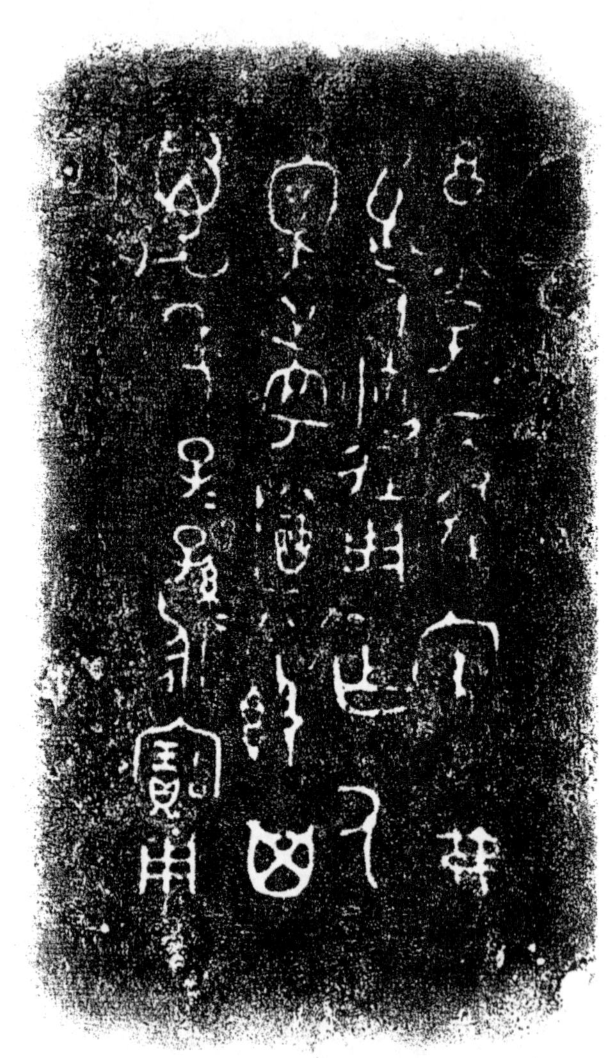

筥小子迨(跗)家弗受遡，用乍(作)厥文考隩(尊)毁，其萬年，子子孫孫永寶用

04036

筥小子𣪘

筥小子迨（附）家弗受邀，用乍（作）厥文考隮（奠）𣪘，其萬年，子子孫孫永寶用

04037

章叔㑊毁

章叔將自乍(作)尊毁，其用追孝于朕敵(嫡)考，其子子孫孫永寶用之

04038

𠩺同𣪕蓋

黄君乍（作）季𠠍

𥻮賸（媵）𣪕，用賜

眉壽、黄耇、萬年，

子子孫孫，永寶用享

04039

郜甏毁

郜䢅（譴）乍（作）寶毁，用追孝于其父母，用賜永壽，子子孫孫，永寶用享

04040.1

郜䜌（譴）乍（作）寶殷，
用追孝于其
父母，用賜永
壽，子子孫孫，永寶
用享

04040.2

禽
簋

王伐𦐊（蓋）侯，周公
某（謀），禽祝，禽又（有）
𢽍（振）祝，王賜金百寽（鋝），
禽用乍（作）寶彝

04041

易𡘋毁

易𡘋曰：趞叔休于
小臣貝三朋、臣三家，對厥
休，用乍（作）父丁尊彝

04042

易𡘋毁

易𡘋曰：趞叔休于
小臣貝三朋、臣三家，對厥
休，用乍（作）父丁尊彝

04043

御正衛段

五月初吉甲申，
懋父賞御正衛
馬匹自王，用乍（作）
父戊寶尊彝

04044

雁侯毁

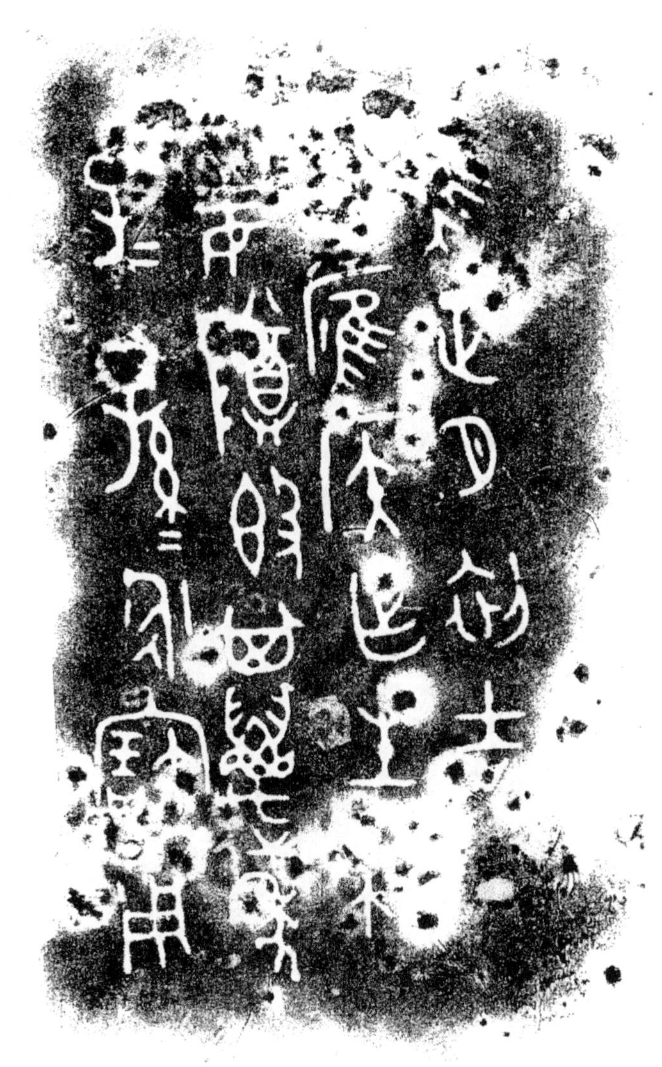

唯正月初吉丁亥，雁（應）侯乍（作）生杙姜尊毁，其邁（萬）年，子子孫孫永寶用

04045

㸒毁

唯八月初吉庚午，王
令㸒在（緇）芾、旂（旂），對揚
王休，用乍（作）宮仲念器

04046

𤼈貯毁

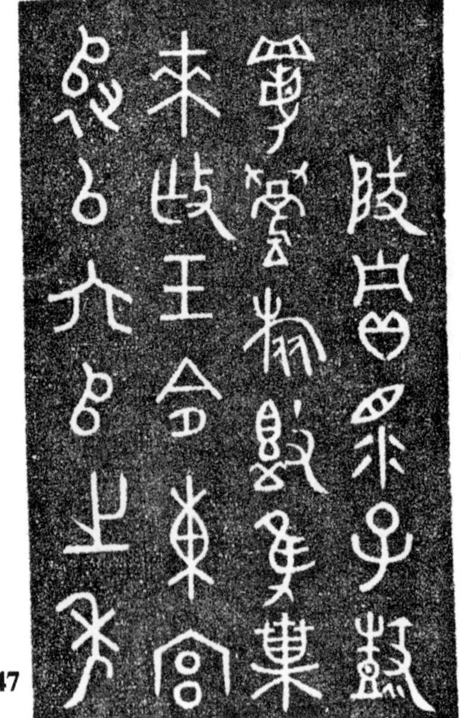

□肇貯，眔子鼓
𦋎鑄旅毁，唯巢
來钕（迮），王令東宮
追以六師之年

04047

琱伐父毁

琱我父乍（作）交尊毁，用享于皇祖、文考，用賜眉壽，子子孫孫永寶用

04048.1

琱我父乍（作）交尊毁，用享于皇祖、文考，用賜眉壽，子子孫孫永寶用

04048.2

琱伐父毁

琱我父乍(作)交尊
毁，用享于皇祖、
文考，用賜眉壽，
子子孫孫永寶用

04049.1

琱我父乍(作)交尊
毁，用享于皇祖、
文考，用賜眉壽，
子子孫孫永寶用

04049.2

琱伐父毁

琱我父乍(作)交尊毁，用享于皇祖、文考，用賜眉壽，子子孫孫永寶用

04050.1

琱我父乍(作)交尊毁，用享于皇祖、文考，用賜眉壽，子子孫孫永寶用

04050.2

曾伯文毁

唯曾伯文自乍（作）
寶毁，用賜眉
壽、黄耇，其萬年，
子子孫孫，永寶用享

04051.1

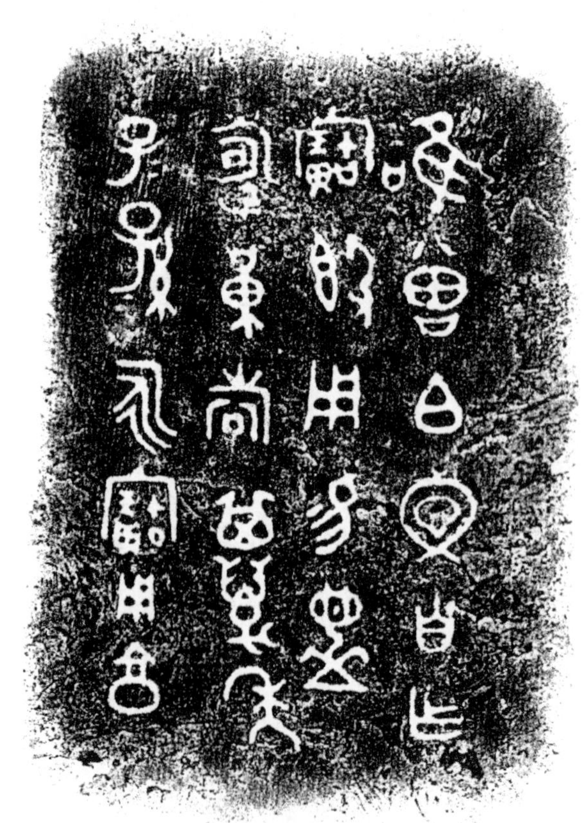

唯曾伯文自乍（作）
寶毁，用賜眉
壽、黄耇，其萬年，
子子孫孫，永寶用享

04051.2

曾伯文殷

唯曾伯文自乍（作）
寶殷，用賜眉
壽、黃耇，其萬年，
子子孫孫，永寶用享

04052.1

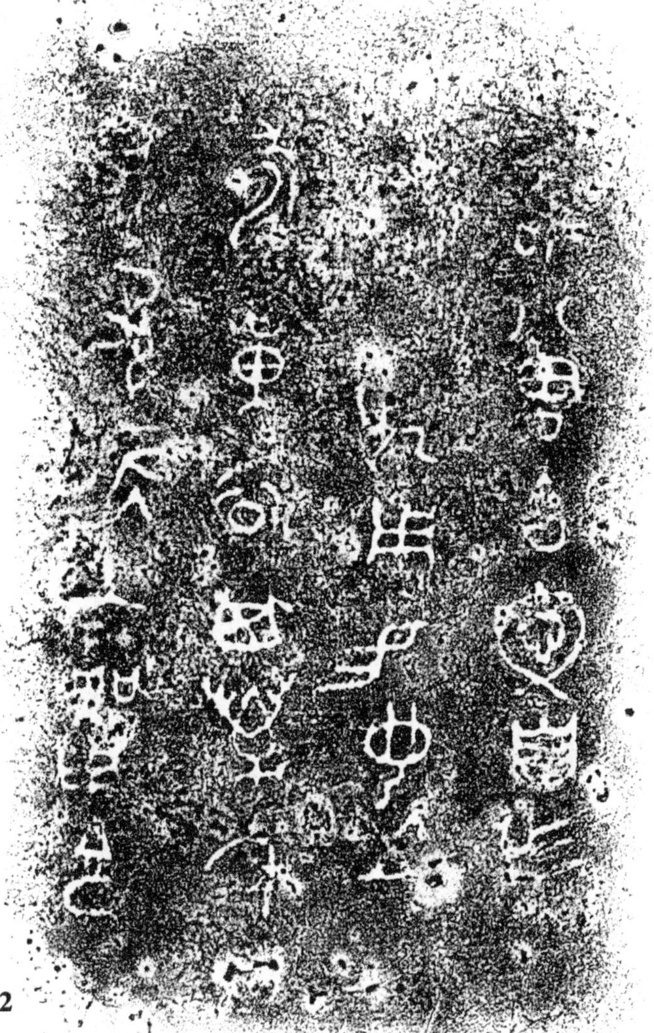

唯曾伯文自乍（作）
寶殷，用賜眉
壽、黃耇，其萬年，
子子孫孫，永寶用享

04052.2

曾伯文殷

唯曾伯文自乍(作)寶殷,用賜眉壽、黄耇,其萬年,子子孫孫,永寶用享

04053

曾大保殷

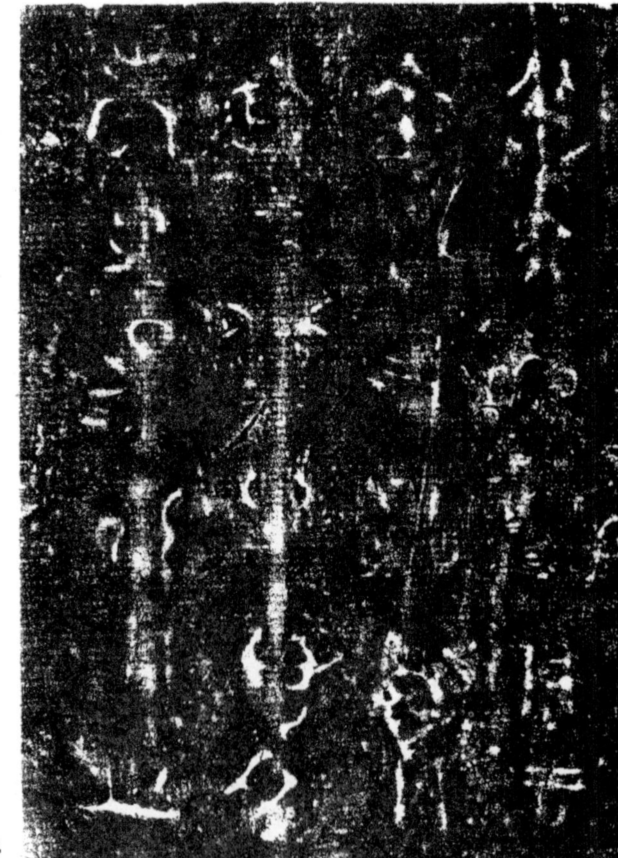

曾大(太)保□用吉金,自乍(作)□殷,用□□□,萬年眉壽,子子孫孫永用之

04054

鄧公毁蓋

唯登（鄧）九月初吉，
不故女夫人飤（以）
乍（迮）登（鄧）公，用爲女
夫人尊誋𣪘

04055

叔䢼父段

叔䢼父乍(作)鸞姬旅段，其夙夜用享孝于皇君，其萬年永寶用

04056.1

叔䢼父乍(作)鸞姬旅段

04056.2

叔噩父毁

叔噩父乍（作）鸞姬旅毁，其夙夜用享孝于皇君，其萬年永寶用

04057.1

叔噩父乍（作）鸞姬旅毁

04057.2

叔噩父殷

叔噩父乍（作）鸞姬
旅殷，其夙夜用
享孝于皇君，其
萬年永寶用

04058.1

叔噩父乍（作）
鸞姬旅殷

04058.2

渣嗣土逘㲃

王朿（來）伐商邑，祉（誕）
令康侯啚（鄙）于衛，
湈（沬）嗣土（徒）逘眔啚（鄙），
乍（作）厥考尊彝，䀠

04059

不壽毁

唯九月初吉戊戌，王在大宫，王姜賜不壽裘，對揚王休，用乍(作)寶

畢鮮毁

畢鮮乍(作)皇祖益公尊毁，用祈眉壽、魯休，鮮其萬年，子子孫孫永寶用

04060

04061

䣄叔䣄姬𣪘

04062.1

䣄（胡）叔、䣄（胡）姬乍（作）伯媿賸（媵）𣪘，用享孝于其姑公，子子孫孫其萬年，永寶用

默(胡)叔、默(胡)姬乍(作)伯
媿賸(媵)毁，用享孝
于其姑公，子子孫孫
其萬年，永寶用

04062.2

默叔默姬毁

默（胡）叔、默（胡）姬乍（作）伯
媿賸（媵）毁，用享孝
于其姑公，子子孫
其邁（萬）年，永寶用

04063.1

誅（胡）叔、誅（胡）姬乍（作）伯

媿賸（賸）𣪘，用享孝

于其姑公，子子孫

其邁（萬）年，永寶用

04063.2

㝬叔㝬姬毁

㝬（胡）叔、㝬（胡）姬乍（作）伯
媿賸（媵）毁，用享孝
于其姑公，子子孫
其邁（萬）年，永寶用

04064.1

㝬（胡）叔、㝬（胡）姬乍（作）伯

媿賸（媵）毁，用享孝

于其姑公，子子孫

其邁（萬）年，永寶用

04064.2

㝬叔㝬姬𣪘

㝬（胡）叔、㝬（胡）姬乍（作）伯媿賸（媵）𣪘，用享孝于其姑公，子子孫其萬年，永寶用，

04065.1

內（芮）叔𡫳父乍（作）寶𣪘，用享用考（孝），用賜賓（眉）壽，子子孫孫永寶用

04065.2

㝬叔㝬姬毁

㝬（胡）叔、㝬（胡）姬乍（作）伯
媿賸（媵）毁，用享孝
于其姑公，子子孫孫
其萬年，永寶用，

內（芮）叔𡫸父乍（作）
寶毁，用享用
考（孝），用賜竇（眉）壽，
子子孫孫永寶用

04066.2

04066.1

㝬叔㝬姬𣪘

㝬（胡）叔、㝬（胡）姬乍（作）伯
媿賸（媵）𣪘，用享孝
于其姑公，子子孫
其萬年，永寶用，

內（芮）叔𡉚父乍（作）
寶𣪘，用享用
考（孝），用賜賓（眉）壽，
子子孫孫永寶用

04067.2

04067.1

叔㑹父簋

牧師父弟叔㑹
父御于君，乍（作）微
姚寶𣪘，其萬年，
子子孫孫，永寶用享

04068.1

牧師父弟叔痪
父御于君，乍(作)微
姚寶毁，其萬年，
子子孫孫，永寶用享

04068.2

叔㑀父殷蓋

牧師父弟叔㑀
父御于君，乍（作）微
姚寶殷，其萬年，
子子孫孫，永寶用享

04069

叔㹈父毁蓋

牧師父弟叔瘊
父御于君，乍（作）微
姚寶毁，其萬年，
子子孫孫，永寶用享

04070

孟姬指𣪘

孟姬指（脂）自乍（作）餴（饙）𣪘，其用追考（孝）于其辟君武公，孟姬其子孫永寶

04071

孟姬指毁

孟姬指（脂）自乍（作）餴（饙）毁，其用追考（孝）于其辟君武公，孟姬其子孫永寶

伯椃毁

伯椃乍（作）厥宮室寶毁，用追考（孝）于厥皇考，唯用祈𠦪（祓）邁（萬）年，孫孫子子永寶

04073

04072

𨒅𣪘

唯七月初吉
甲戌，𨒅（傳）乍（作）朕
文考胤伯尊
𣪘，𨒅（傳）其萬年，
子子孫孫永寶用

04074

𨒅𣪘

唯七月初吉
甲戌，𨒅（傳）乍（作）朕
文考胤伯尊
𣪘，𨒅（傳）其萬年，
子子孫孫永寶用

04075

宗婦鄁嬰毀蓋

王子剌公之宗婦鄁（鄁）嬰，爲宗彝䵼彝，永寶用，以降大福，保辪（嬖）鄁（鄁）國

04076

宗婦鄁嬰毀

王子剌公之宗婦鄁（鄁）嬰，爲宗彝䵼彝，永寶用，以降大福，保辪（嬖）鄁（鄁）國

04077

宗婦鄁嬰𣪘

04078

王子剌公之宗婦鄁（鄁）嬰，爲宗彝鬻彝，永寶用，以降大福，保辪（嬖）鄁（鄁）國

宗婦鄁嬰𣪘

04079

王子剌公之宗婦鄁（鄁）嬰，爲宗彝鬻彝，永寶用，以降大福，保辪（嬖）鄁（鄁）國

宗婦鄁嬰毁

王子剌公之
宗婦鄁(鄁)嬰，爲
宗彝䵼彝，永
寶用，以降大
福，保辪(𨐾)鄁(鄁)國

04080

宗婦鄁嬰毁蓋

王子剌公之
宗婦鄁(鄁)嬰，爲
宗彝䵼彝，永
寶用，以降大
福，保辪(𨐾)鄁(鄁)國

04081

宗婦鄁嫛𣪕

王子剌公之宗婦鄁（鄀）嫛，爲宗彝𩰫彝，永寶用，以降大福，保辥（嬖）鄁（鄀）國

04082

宗婦鄁嫛𣪕

王子剌公之宗婦鄁（鄀）嫛，爲宗彝𩰫彝，永寶用，以降大福，保辥（嬖）鄁（鄀）國

04083

宗婦鄁嫛𣪘

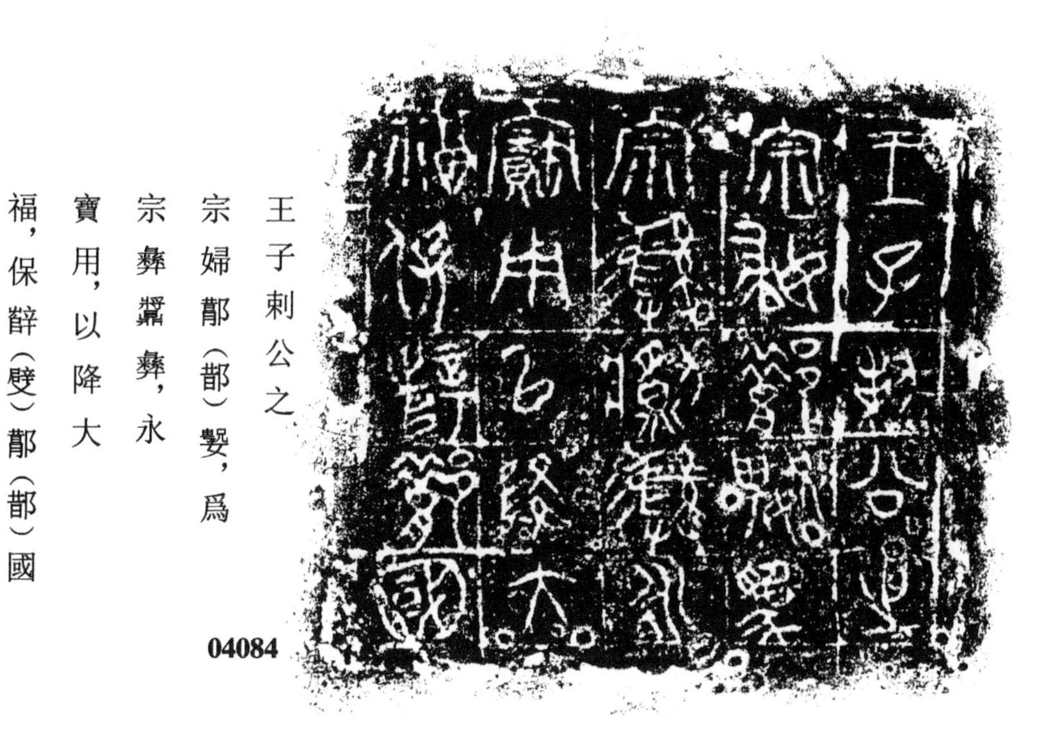

王子刺公之
宗婦鄁（部）嫛，爲
宗彝𪎭彝，永
寶用，以降大
福，保辥（乂）鄁（部）國

04084

宗婦鄁嫛𣪘

王子刺公之
宗婦鄁（部）嫛，爲
宗彝𪎭彝，永
寶用，以降大
福，保辥（乂）鄁（部）國

04085

宗婦鄁嫛毁

王子剌公之
宗婦鄁(部)嫛，爲
宗彝䵼彝，永
寶用，以降大
福，保辥(乂)鄁(部)國

04086.1

王子剌公之
宗婦鄁(部)嫛，爲
宗彝䵼彝，永
寶用，以降大
福，保辥(乂)鄁(部)國

04086.2

宗婦鄗嫛毁

王子剌公之
宗婦鄗(鄗)嫛，爲
宗彝𩱧彝，永
寶用，以降大
福，保辪(嬖)鄗(鄗)國

04087

奤毁

唯十月初吉辛巳，公
嫛(姒)賜奢貝，在葊京，用乍(作)
父乙寶彝，其子孫永寶

04088

事族𣪘

唯三月既望乙
亥，事（史）族乍（作）寶𣪘，其
朝夕用享于文考，
其子子孫孫永寶用

04089.1

唯三月既朢乙亥，事（史）族乍（作）寶𣪘，其朝夕用享于文考，其子子孫孫永寶用

04089.2

叔皮父毁

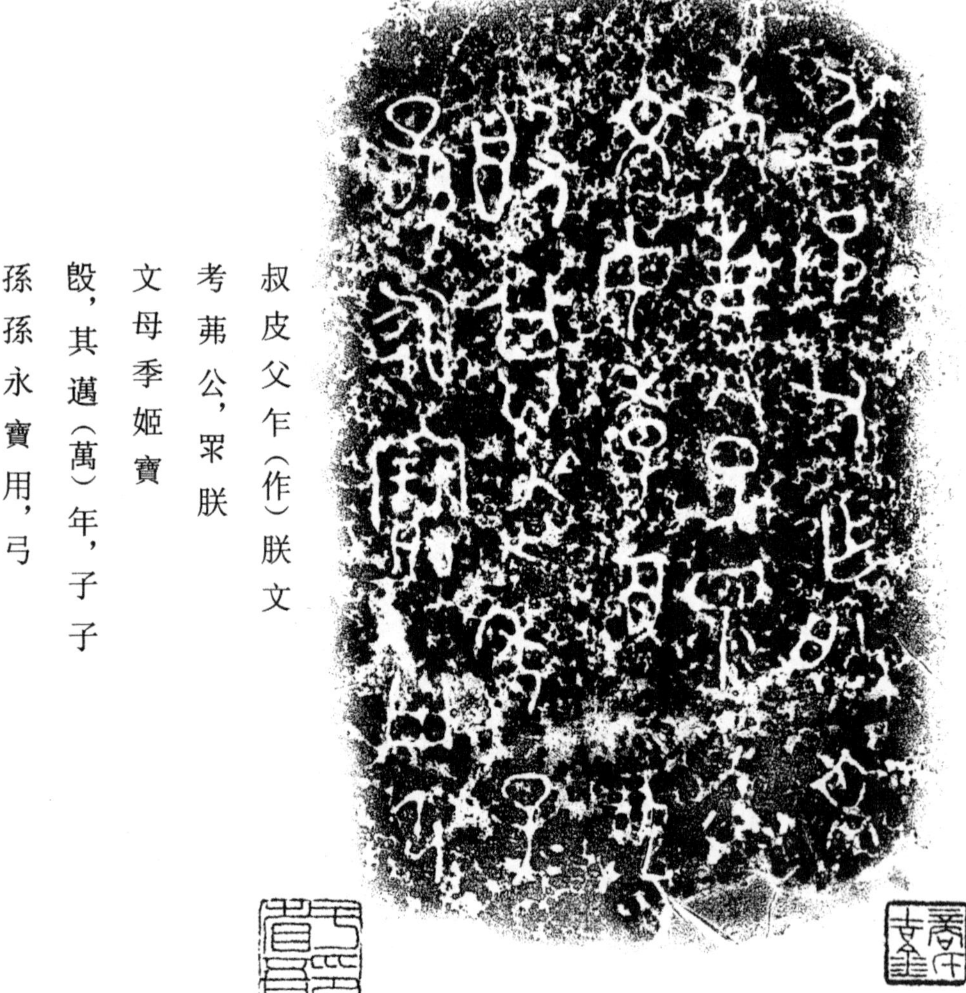

叔皮父乍（作）朕文
考茀公，眔朕
文母季姬寶
毁，其邁（萬）年，子子
孫孫永寶用，弓

04090

伯椃虘毁

伯椃虘肈乍（作）
皇考剌公尊
毁，用享用孝，萬
年眉壽，畯在
立（位），子子孫孫永寶

04091

伯椃虘毁

伯椃虘肇乍（作）皇考剌公尊毁，用享用孝，萬年眉壽，畯在立（位），子子孫孫永寶

04092

伯椃虘毁

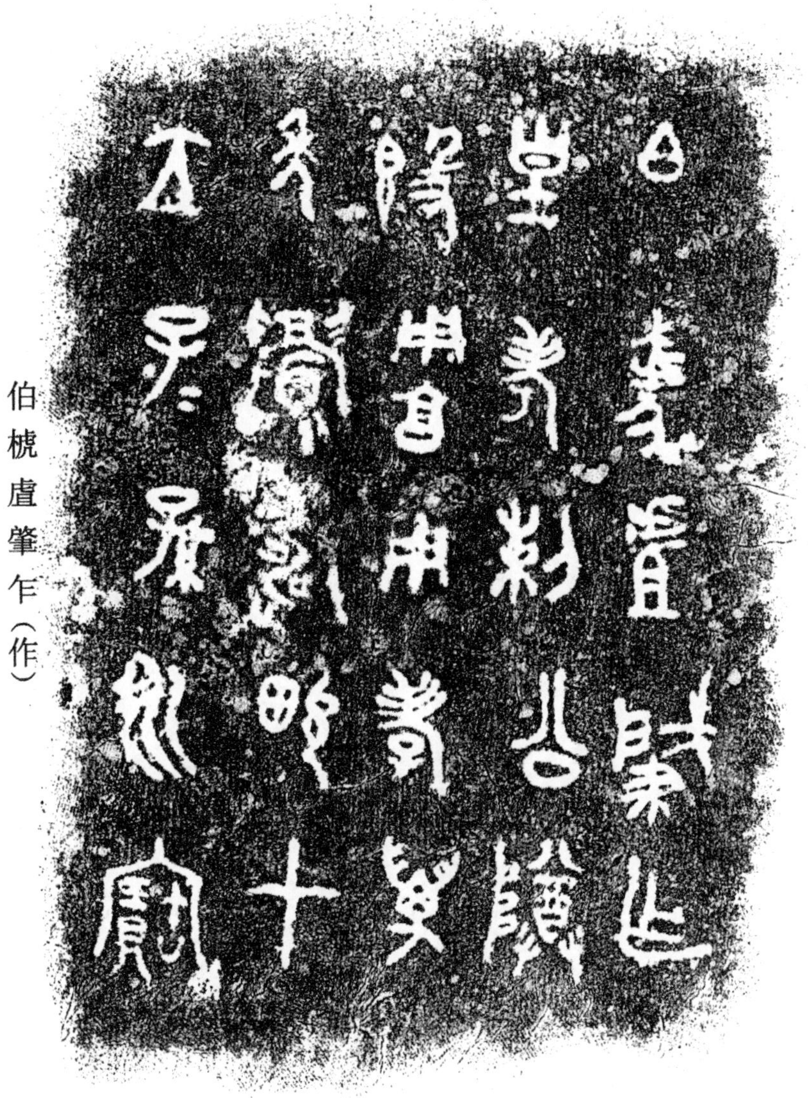

伯椃虘肇乍（作）皇考剌公尊毁，用享用孝，萬年眉壽，畯在立（位），子子孫孫永寶

04093

伯梡虘毁

伯梡虘肇乍（作）

皇考剌公尊

毁，用享用孝，萬

年眉壽，畯在

立（位），子子孫孫永寶

04094

食生走馬谷毁

唯食生（塍）走馬谷自乍（作）吉金用尊毁，用賜其眉壽、萬年，子孫永寶用享

04095

塦逆毁

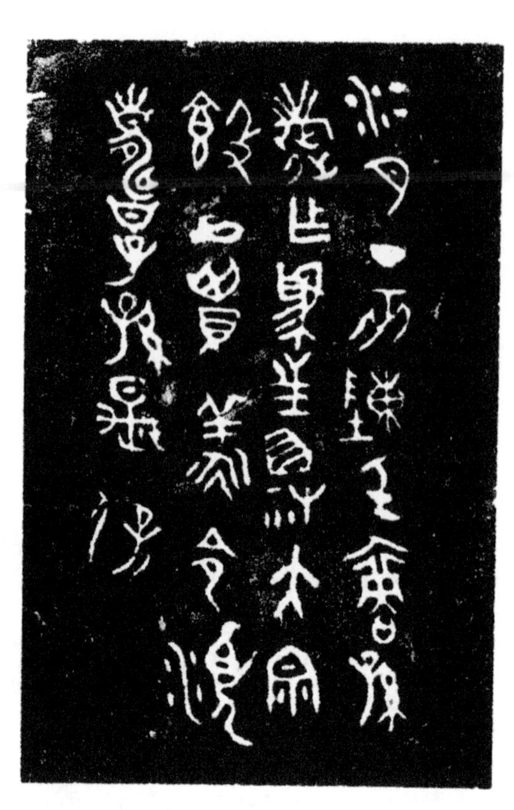

仌（冰）月（十一月）丁亥，陳屯（純）裔孫逆，乍（作）爲生（皇）祖大宗毁，以貟（貺、貺）羕（永）令（命）、頪（眉）壽，子孫是保

04096

𦉜毁

祝（兄）人師眉，贏（嬴）王爲周客，賜貝五朋，用爲寶器鼎二、毁二，其用享于厥帝（嫡）考

04097

[illegible]𣪕

唯八月既生霸，⿱耳大乍（作）文祖考尊寶𣪕，用孝于宗室，⿱耳大其萬年，孫孫子子永寶

04098

㪤𣪘

唯八月初吉丁亥，伯氏賠（貯）㪤（揁），賜㪤弓、矢束、馬匹、貝五朋，㪤用從，永揚公休

04099.1

唯八月初吉
丁亥，伯氏[illegible]（貯）斁（擯），
賜斁弓、矢束、
馬匹、貝五朋，斁用
從，永揚公休

04099.2

生史毁

召伯令生史事（使）于楚，伯錫（賜）賞，用乍（作）寶毁，用事厥𠭯（祖）日丁，用事厥考日戊

04100

生史毁

[illegible]伯令生史事（使）于楚，伯錫（賜）賞，用乍（作）寶毁，用事厥𧆞（祖）日丁，用事厥考日戊

04101

仲䱷父𣪘

仲䱷父乍(作)朕皇考遟伯、王(皇)母遟姬尊𣪘，其邁(萬)年，子子孫孫永寶，用享于宗室

04102

仲𫊸父𣪕

仲𫊸父乍(作)朕皇考遟伯、王(皇)母遟姬尊𣪕，其邁(萬)年，子子孫孫永寶，用享于宗室

04103

賢𣪘

唯九月初吉庚午，
公叔初見于衛，賢
從，公命事（使）晦賢百
晦𥂴，用乍（作）寶彝

04104.1

唯九月初吉庚午，
公叔初見于衛，賢
從，公命事（使）晦賢百
晦䨻，用乍（作）寶彝

04104.2

賢毁

唯九月初吉庚午，公叔初見于衛，賢從，公命事（使）晦賢百晦䵼，用乍（作）寶彝

04105.1

唯九月初吉庚午，公叔初見于衛，賢從，公命事（使）晦賢百晦𩰫，用乍（作）寶彝

04105.2

賢𣪕

04106

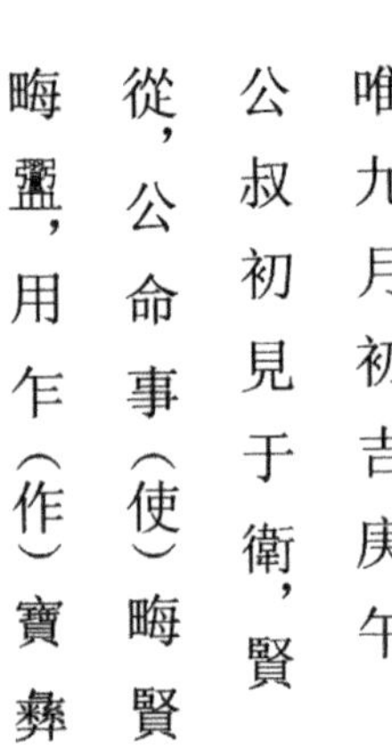

唯九月初吉庚午，
公叔初見于衛，賢
從，公命事（使）晦賢百
晦𥃝，用乍（作）寶彝

豐伯車父𣪕

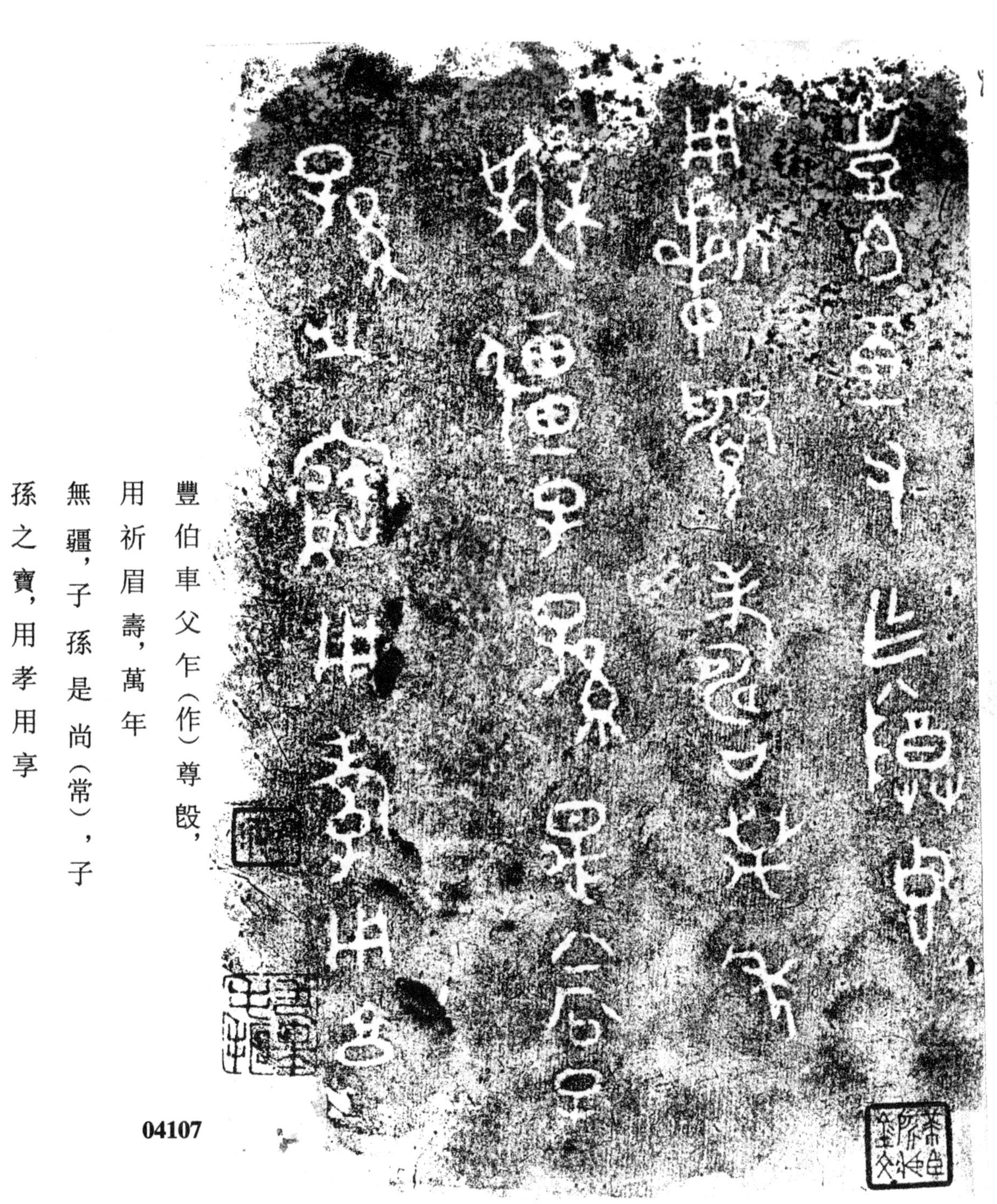

豐伯車父乍(作)尊𣪕,

用祈眉壽,萬年

無疆,子孫是尚(常),子

孫之寶,用孝用享

04107

叔□孫父毀

叔𥽙父乍（作）孟姜尊毀，綰綽、眉壽、永令（命），彌厥生，萬年無疆，子子孫孫，永寶用享

04108

内伯多父毁

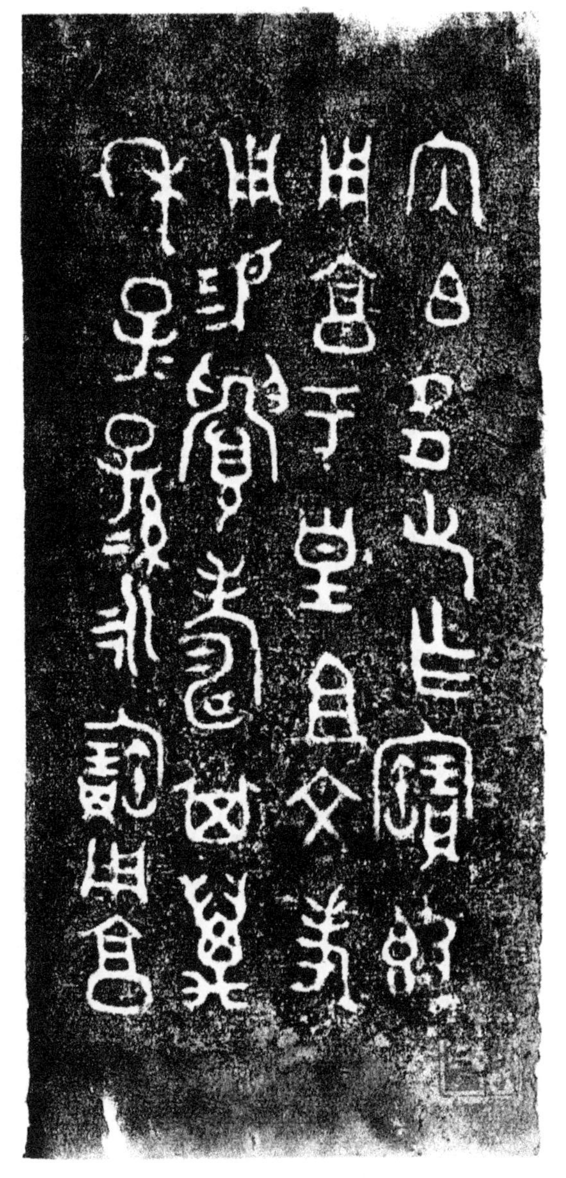

內（芮）伯多父乍（作）寶毁，
用享于皇祖、文考，
用賜眉壽，其萬
年，子子孫孫，永寶用享

04109.1

內（芮）伯多父乍（作）寶𣪘，
用享于皇祖、文考，
用賜眉壽，其萬
年，子子孫孫，永寶用享

04109.2

魯士商𪭝毁

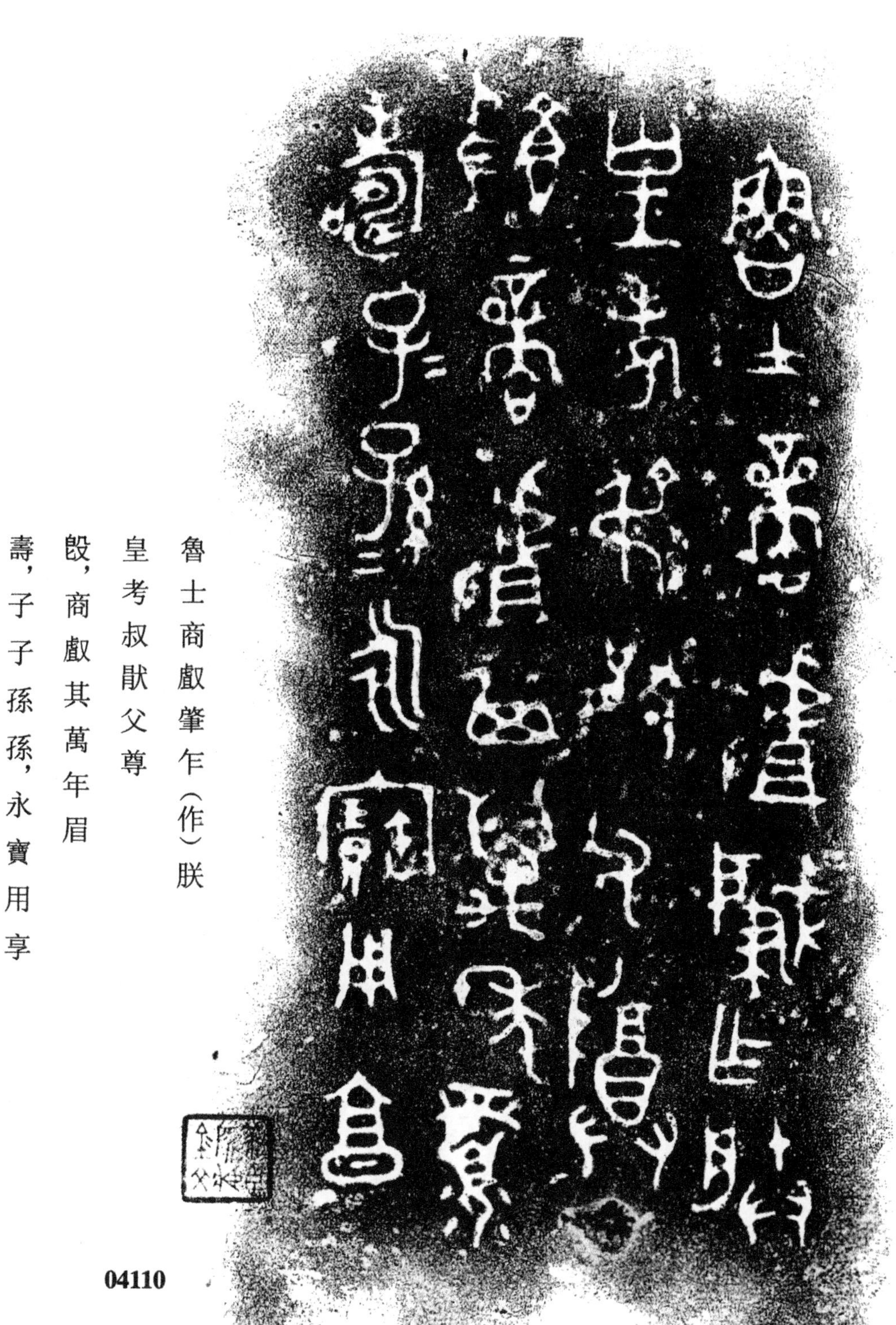

魯士商𪭝肇乍（作）朕皇考叔猷父尊毁，商𪭝其萬年眉壽，子子孫孫，永寶用享

04110

魯士商𠭯𣪕

魯士商𠭯肈乍（作）朕皇考叔䵼父尊𣪕，商𠭯（𠭯）其萬年眉壽，子子孫孫，永寶用享

04111

命毁

唯十又一月，初吉

甲申，王在華，王賜

命鹿，用乍（作）寶彝，命

其永以（與）多友毁（匓）飤

唯十又一月，初吉

甲申，王在華，王賜

命鹿，用乍（作）寶彝，命

其永以（與）多友毁（匓）飤

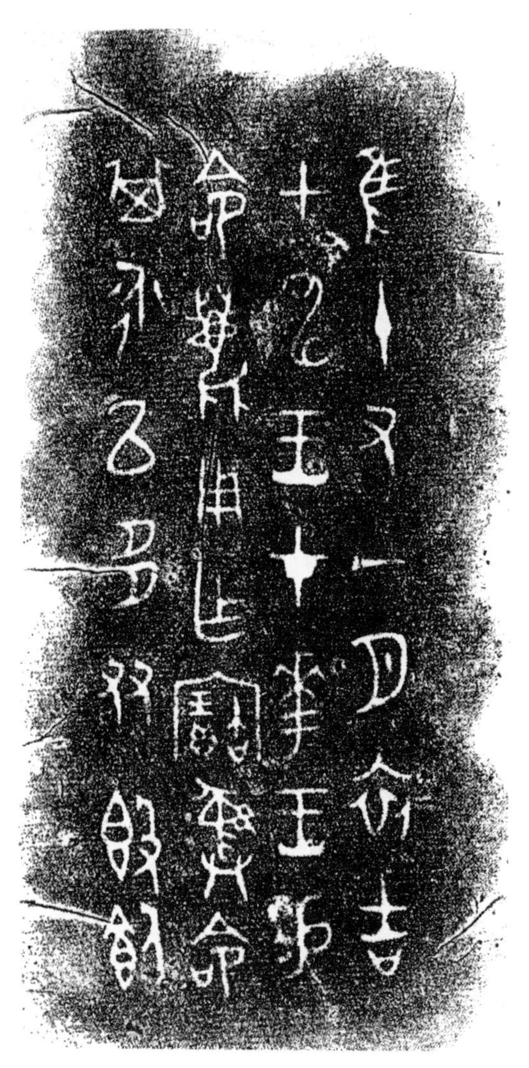

04112.2

04112.1

井南伯𣪘

唯八月初吉壬午，井南伯乍（作）鄭季姚好尊𣪘，其邁（萬）年，子子孫孫永寶，日用享考（孝）

04113

仲辛父𣪘

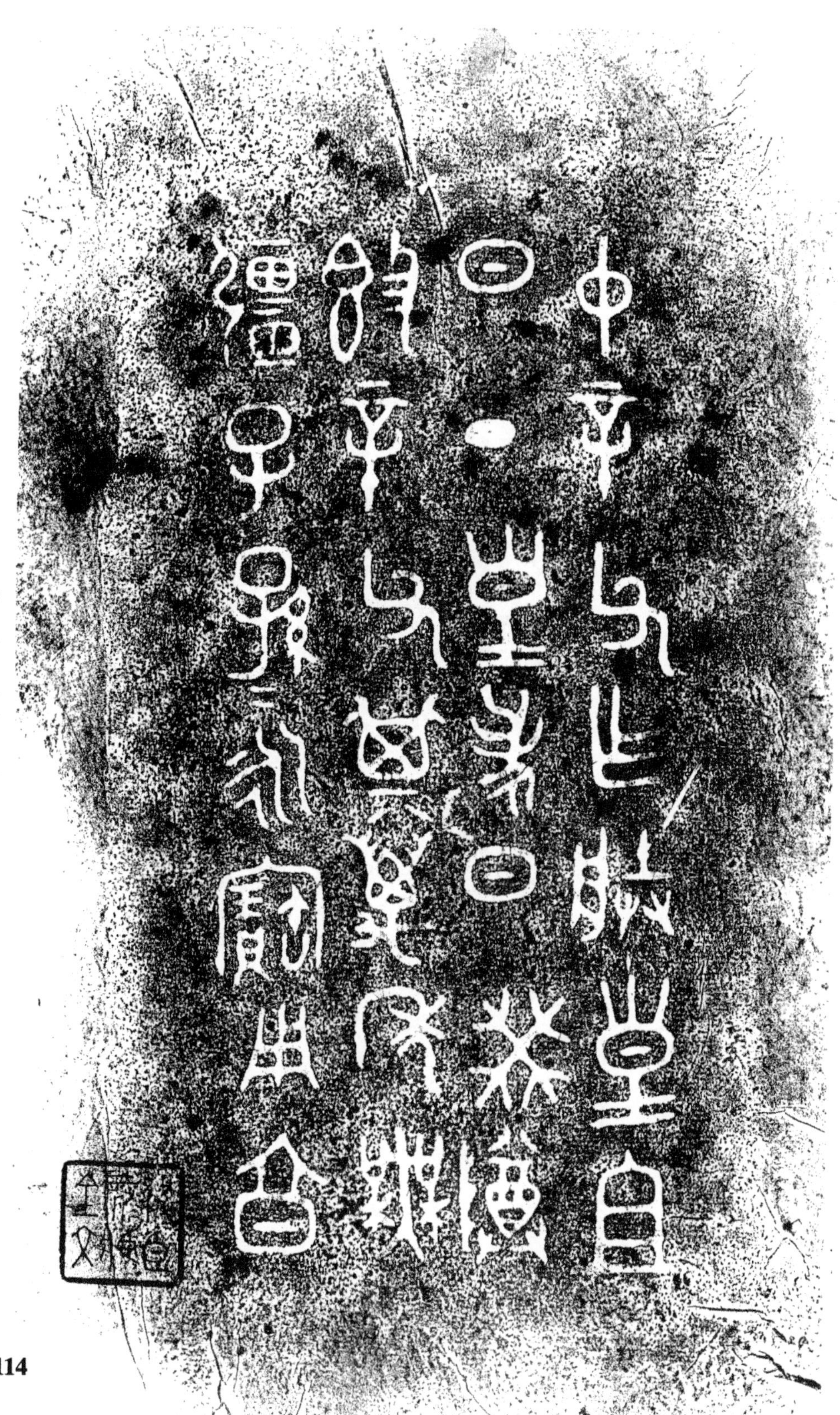

仲辛父乍(作)朕皇祖日丁、皇考日癸尊𣪘，辛父其萬年無疆，子孫孫永寶用享

04114

伯㦰𣪘

伯㦰肇其乍（作）西宮寶，唯用妥（綏）神褱（鬼），嘑（號）前文人，秉德共（恭）屯（純），唯匃萬年，子子孫孫永寶

04115

師害𣪘

麋（麋）生（甥）曶父師害及仲曶，以召（紹）其辟，休厥成事，師害乍（作）文考尊𣪘，子子孫孫永寶用

04116.1

麐（麌）生（甥）曶父師害
及仲曶，以召（紹）其
辟，休厥成事，師
害乍（作）文考尊𣪕，
子子孫孫永寶用

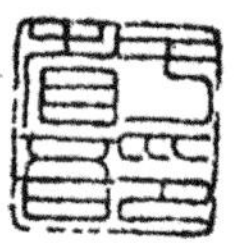

04116.2

師害𣪘

04117.1

麋（𪊨）生（甥）曶父師害及仲曶，以召（紹）其辟，休厥成事，師害乍（作）文考尊𣪘，子子孫孫永寶用

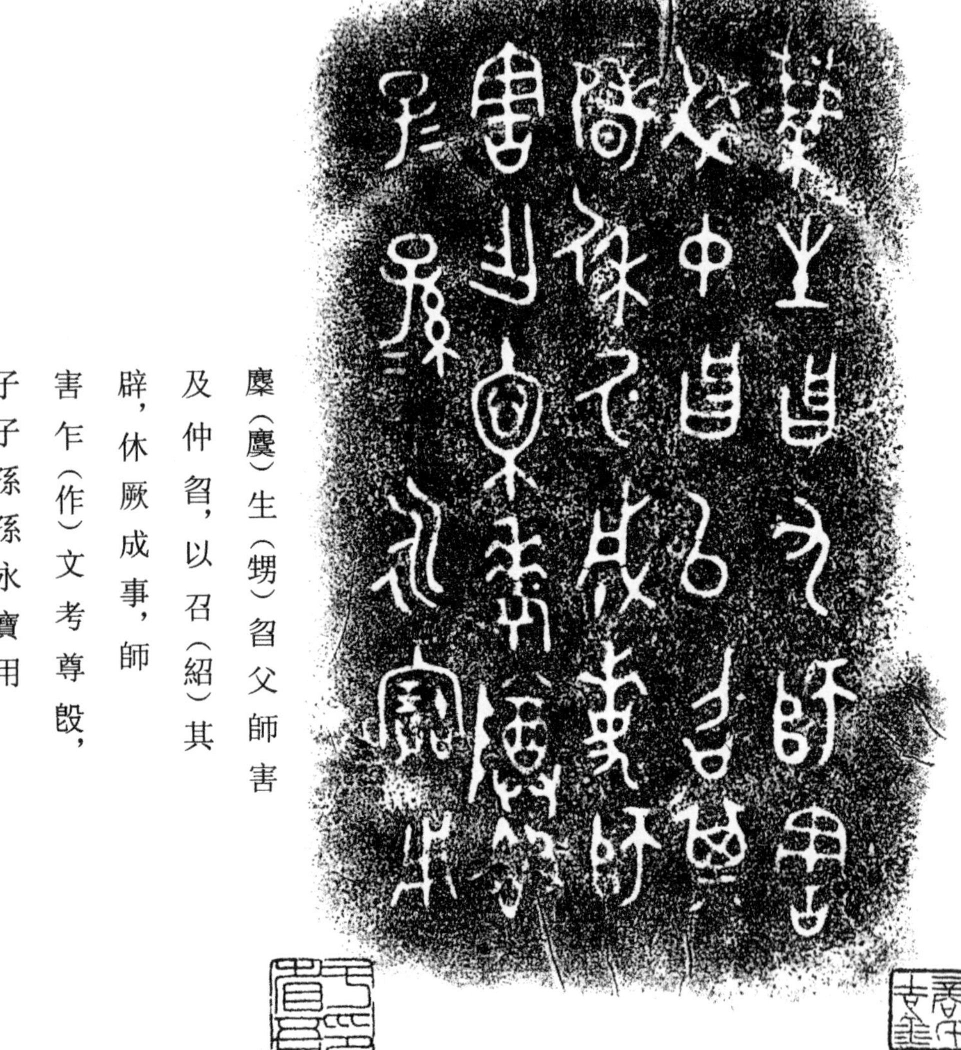

麑（麑）生（甥）曶父師害
及仲曶，以召（紹）其
辟，休厥成事，師
害乍（作）文考尊毁，
子子孫孫永寶用

04117.2

宴𣪘

唯正月初吉庚寅，宴從厧父東，多賜宴，宴用乍(作)朕文考日己寶𣪘，子子孫孫永寶用

04118.1

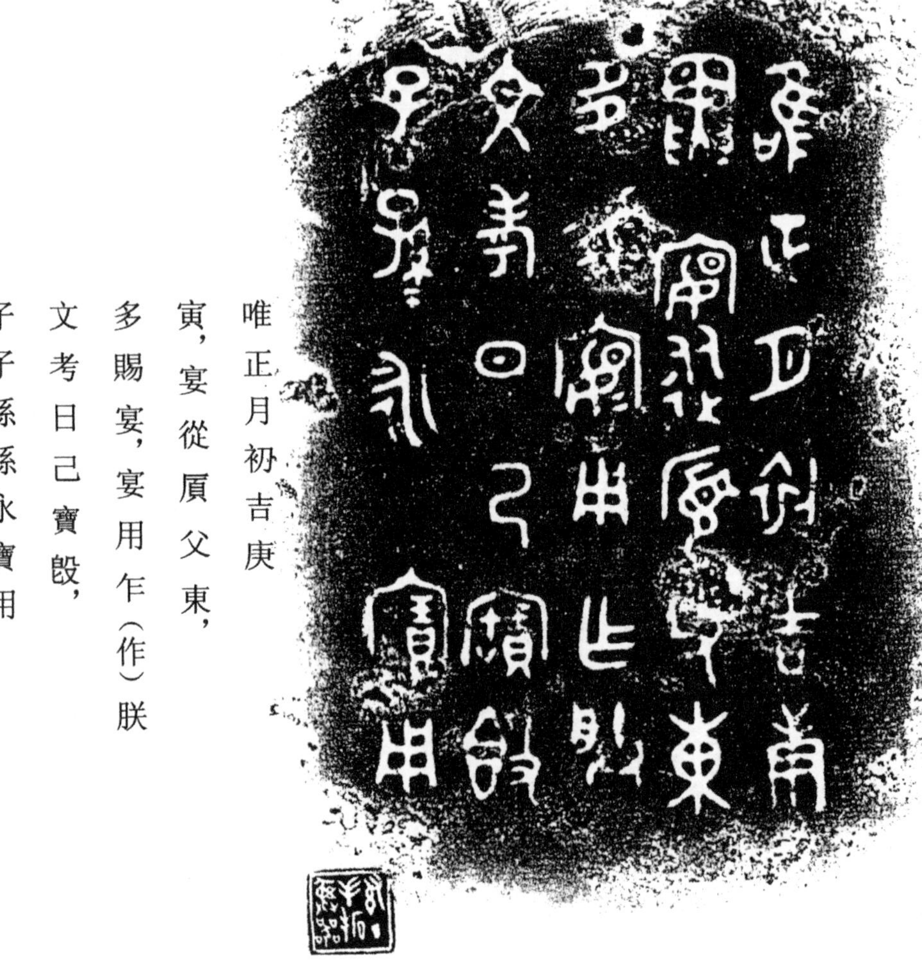

唯正月初吉庚寅，宴從𠫑父東，多賜宴，宴用乍（作）朕文考日己寶𣪘，子子孫孫永寶用

04118.2

宴 毁

唯正月初吉庚
寅，宴從䧹父東，
多賜宴，宴用乍（作）朕
文考日己寶毁，
子子孫孫永寶用

04119.1

唯正月初吉庚
寅，宴從厡父東，
多賜宴，宴用乍（作）朕
文考日己寶𣪘，
子子孫孫永寶用

04119.2

眚仲之孫毁

省仲之孫爲㝵，率
樂[illegible]子㚔父，
乍（作）召（？）伯聯（聯）保毁，
其邁（萬）年無疆，
子子孫孫，羕（永）保用享

04120

𤇈毁

唯正月甲申，𤇈（榮）各，王休賜厥臣父瓚（贊）王祼、貝百朋，對揚天子休，用乍（作）寶尊彝

04121

录作辛公毁

伯雍父來自㝬(胡)，蔑录曆，賜赤金，對揚伯休，用乍(作)文祖辛公寶䵼毁，其子子孫孫永寶

04122.1

伯雍父來自㝬(胡)，蔑录曆，賜赤金，對揚伯休，用乍(作)文祖辛公寶䵼毁，其子子孫孫永寶

04122.2

妊小毁

伯艿父事(使)䎽犢(覿)尹
人于齊師，妊小從，䎽
又(有)貾，用乍(作)妊小寶毁，
其子子孫孫永寶用，𠄌(攴)

04123

䢵仲𣪘蓋

䢵仲乍（作）朕皇考
趞仲𩰫彝尊𣪘，
用享用孝，祈匄
眉壽，其萬年無
疆，子子孫孫永寶用

04124

大毁蓋

唯十又五年六月，大
乍(作)尊毁，用享于高祖、
皇考，用賜眉壽，其
子子孫孫邁(萬)年永寶用

04125

楸季𣪘

唯王四年，八月初吉丁亥，楸季肇乍（作）朕王母叔姜寶𣪘，楸季其萬年，子子孫孫永寶

04126.1

唯王四年，八月初吉丁亥，楸季肇乍（作）朕王母叔姜寶𣪘，楸季其萬年，子子孫孫永寶

04126.2

鑄叔皮父毁

唯二月初吉，乍（作）鑄叔
皮父尊毁，其妻子
用享考（孝）于叔皮父，
子子孫孫寶，皇萬年永用

04127

復公仲𣪘蓋

復公仲若我曰：其擇吉金，用乍（作）我子孟媿寢小尊賸（媵）𣪘，其萬年永壽，用狃萬邦

04128

□叔買毁

勇叔買自乍（作）尊毁，其用追孝于朕皇祖、啻（嫡）考，用賜黄耇、眉壽，買其子子孫孫永寶用享

04129

敖叔毁蓋

唯王三月，初吉癸
卯，敖（敖）叔微鼎于
西宮，嗌貝十朋，
用乍（作）寶毁，子子孫孫，
其邁（萬）年永寶用

04130

利簋

武征商，唯甲子朝，歲鼎克聞（昏），夙又（有）商，辛未，王在闌（管）師（次），賜又（右）事（史）利金，用乍（作）旜公寶尊彝

04131

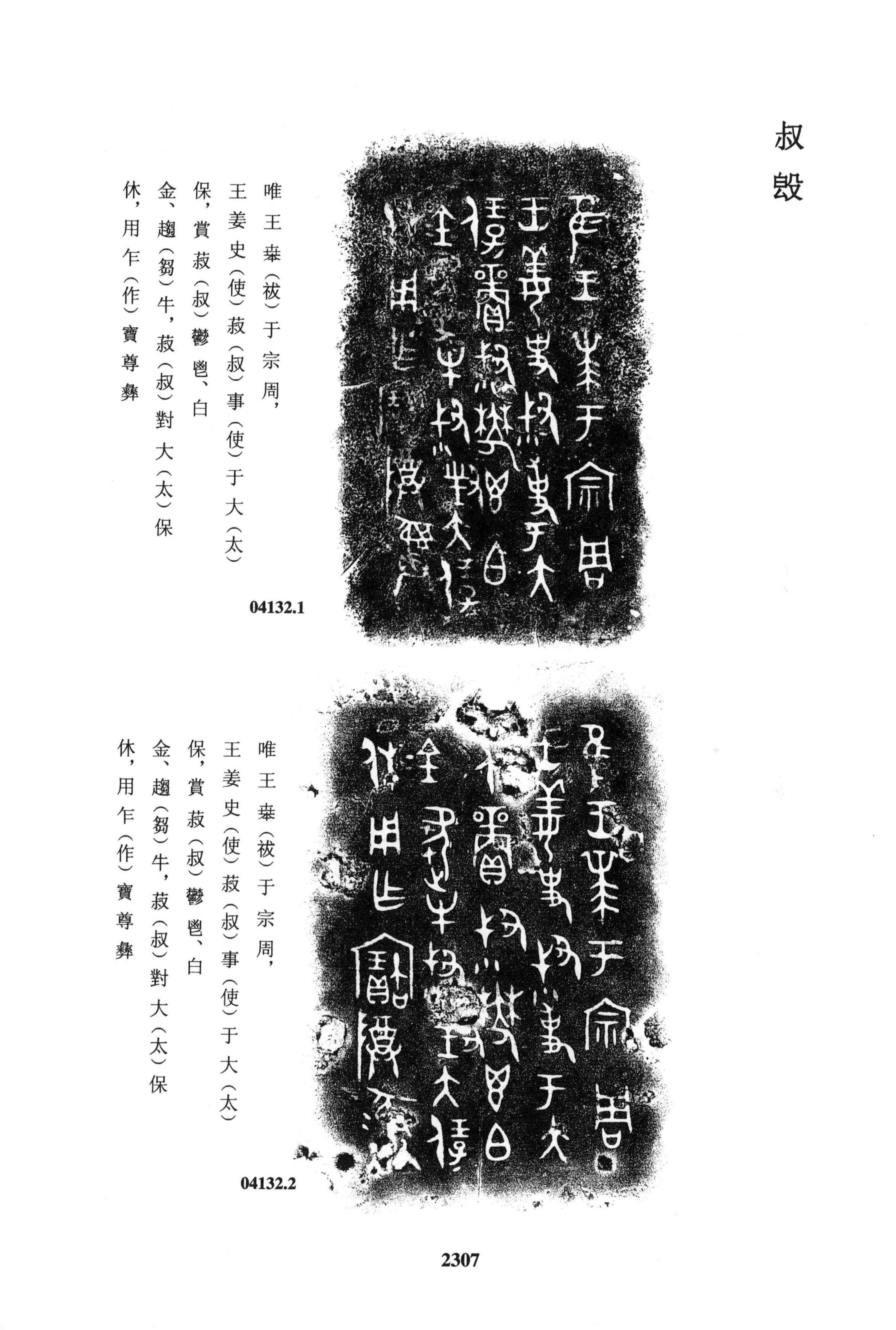

叔毁

唯王𠦪（祓）于宗周，王姜史（使）菽（叔）事（使）于大（太）保，賞菽（叔）鬱鬯、白金、趨（芻）牛，菽（叔）對大（太）保休，用乍（作）寶尊彝

04132.1

唯王𠦪（祓）于宗周，王姜史（使）菽（叔）事（使）于大（太）保，賞菽（叔）鬱鬯、白金、趨（芻）牛，菽（叔）對大（太）保休，用乍（作）寶尊彝

04132.2

叔簋

唯王𡨦（祓）于宗周，
王姜史（使）菽（叔）事（使）于大（太）
保，賞菽（叔）鬱鬯、白
金、趨（芻）牛，菽（叔）對大（太）保
休，用乍（作）寶尊彝

04133.1

唯王𡨦（祓）于宗周，
王姜史（使）菽（叔）事（使）于大（太）
保，賞菽（叔）鬱鬯、白
金、趨（芻）牛，菽（叔）對大（太）保
休，用乍（作）寶尊彝

04133.2

御史競毁

唯六月既死霸壬申，
伯屖父蔑御史競曆，
賞金，競揚伯屖父休，
用乍（作）父乙寶尊彝毁

04134

御史競毁

唯六月既死霸壬申，
伯犀父蔑御史競曆，賞金，
競揚伯犀父休，
用乍（作）父乙寶尊彝毁

04135

相侯毁

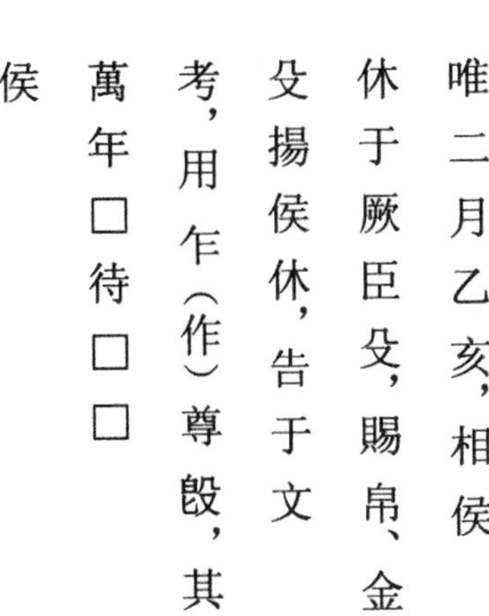

唯二月乙亥，相侯
休于厥臣殳，賜帛、金，
殳揚侯休，告于文
考，用乍(作)尊毁，其
萬年□待□□
侯

04136

叔妀毁

叔妀乍（作）寶尊毁，
眔仲氏邁（萬）年，用
侃喜百生（姓）、倗友眔
子婦，子孫永寶，用夙
夜享孝于宗室

04137

小子䍙𣪘

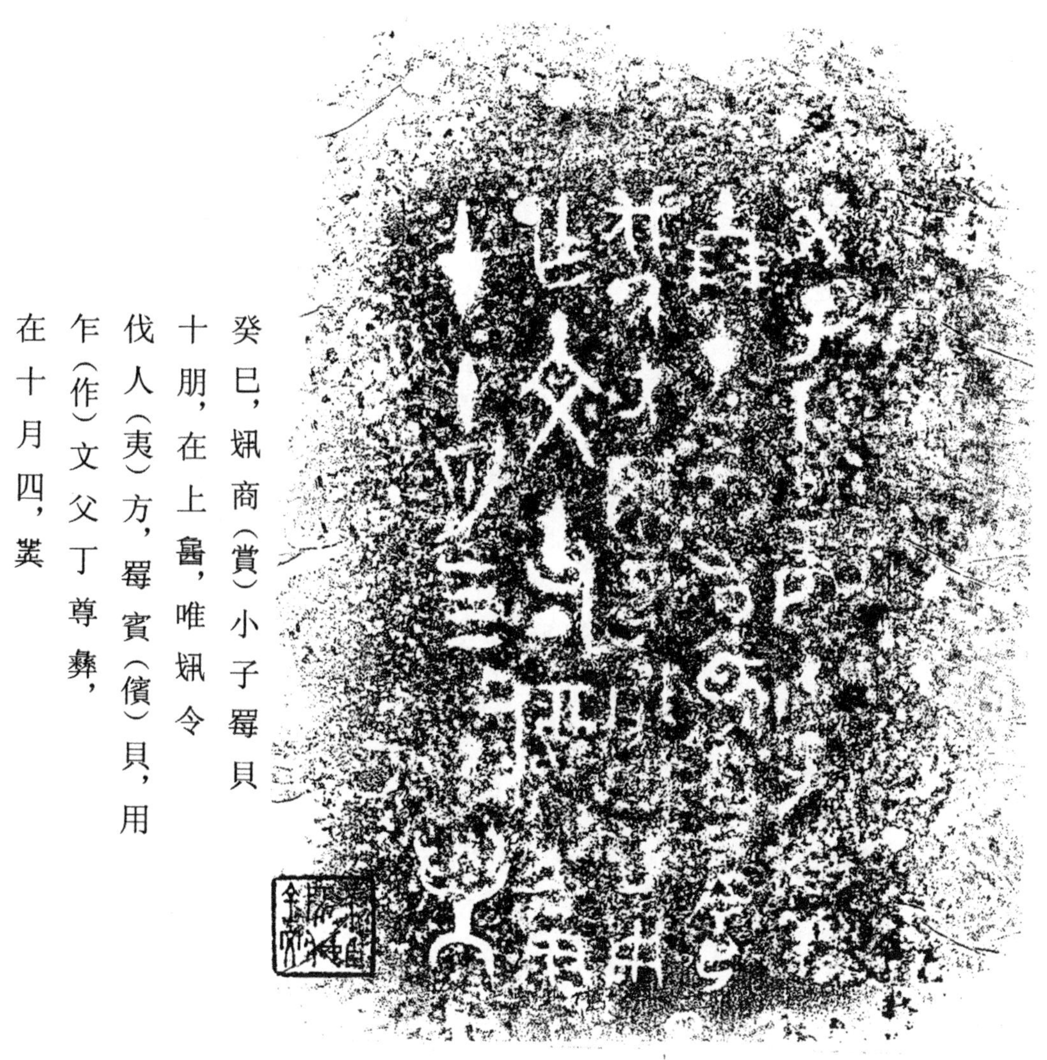

癸巳，𡚬商（賞）小子䍙貝十朋，在上𠷎，唯𡚬令伐人（夷）方，䍙賓（儐）貝，用乍（作）文父丁尊彝，在十月四，𦳑

04138

榰侯𣪘蓋

榰侯乍(作)姜氏寶𪔛彝,
堯(无)事姜氏,乍(作)寶𣪘,用永
皇堯(无)身,用乍(作)文母榰
妊寶𣪘,堯(无)其日受宔(貯)

04139

大保毁

王伐录（禄）子聽，𫊸厥反（叛），王
降征令于大（太）保，大（太）保克
敬亡遣（譴），王𣲙（永）大（太）保，賜休
余（集）土，用茲彝對令

04140

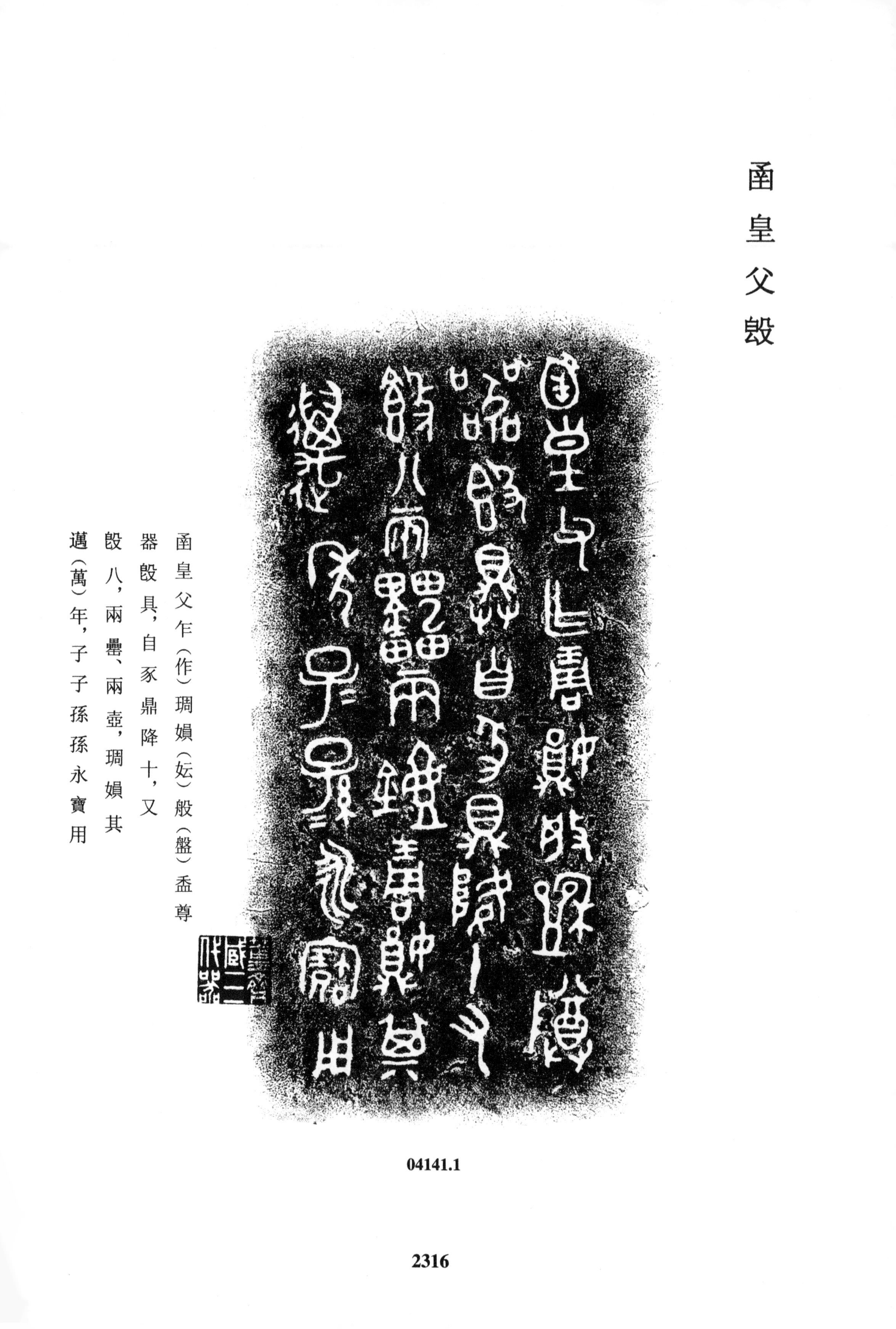

凾皇父毀

凾皇父乍（作）琱娟（妘）般（盤）盉尊器毀具，自豕鼎降十，又毀八，兩罍、兩壺，琱娟其邁（萬）年，子子孫孫永寶用

04141.1

函皇父乍（作）琱娟（妘）般（盤）盉尊
器毁具，自豕鼎降十，又
毁八，兩罍、兩壺，琱娟
其邁（萬）年，子子孫孫永寶用

04141.2

函皇父毁

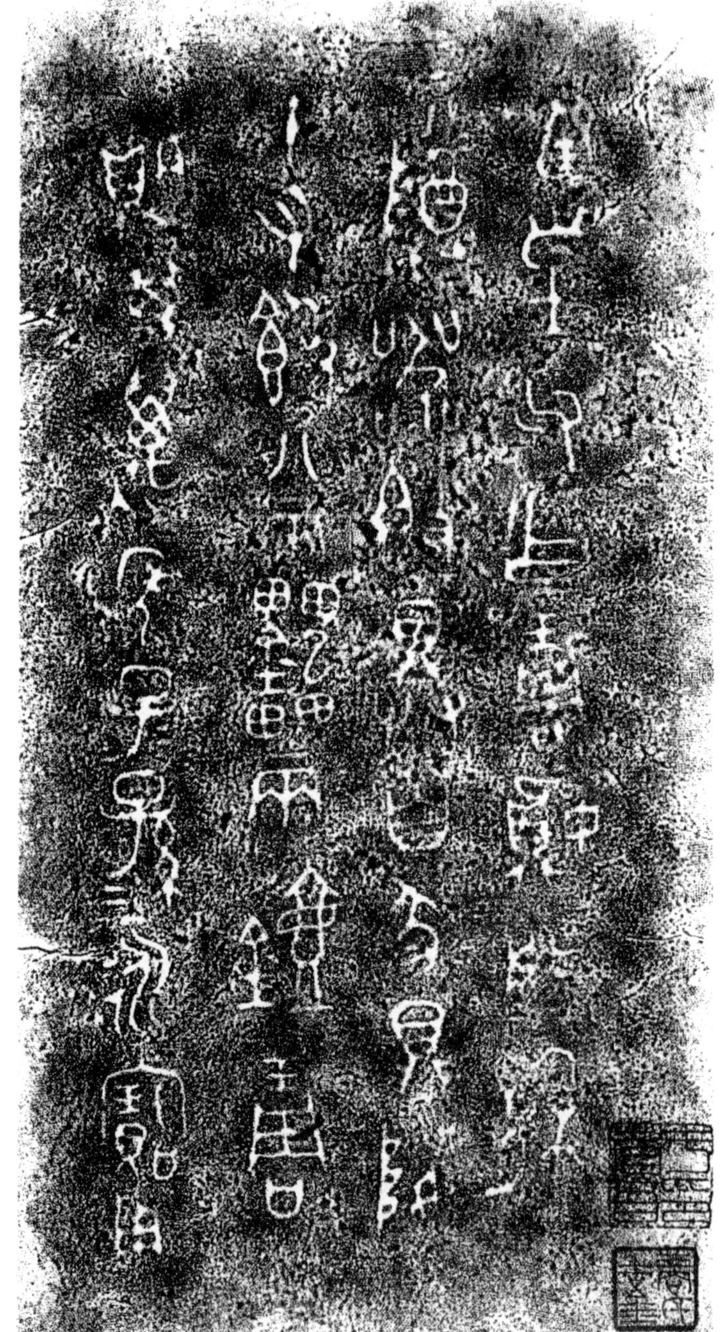

04142

函皇父乍（作）琱娟（妘）般（盤）盉尊器毁具，自豕鼎降十，又毁八，兩罍、兩壺，琱娟其邁（萬）年，子子孫孫永寶用

函皇父𣪘

函皇父乍(作)琱娟(妘)般(盤)盉尊器𣪘具，自豕鼎降十，又𣪘八，兩罍、兩壺，琱娟其邁(萬)年，子子孫孫永寶用

04143

肄作父乙毁

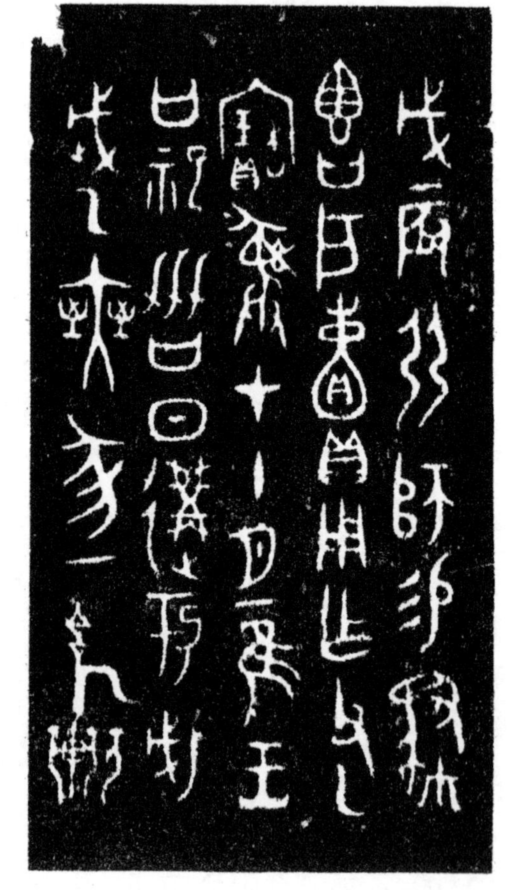

戊辰，弜師賜肄
𡩡户䡅貝，用乍（作）父乙
寶彝，在十月一，唯王
廿祀，劦日，遘于妣戊
武乙奭，豕（豕）一，幸旅

04144

陳侯午𣪘

唯十又四年，陳侯午台（以）群者（諸）侯獻金，乍（作）皇妣孝大祀祭器𨥂𨭮（敦），台（以）登（烝）台（以）嘗，保有齊邦，永枼（世）毋忘

04145

緐毀殘底

唯十又一月，初吉辛亥，公令緐伐（閥）于曩伯，曩伯𥢶（蔑）緐曆，賓（儐）柀廿、貝十朋，緐對揚公休，用乍（作）祖戊寶尊彝

04146

善夫沙其𣪘

善（膳）夫梁其乍（作）朕皇考惠仲、皇母惠𡚬尊𣪘，用追享孝，用匄眉壽，壽無疆，百字（子）千孫，孫子子孫孫，永寶用享

04147.1

善（膳）夫梁其乍（作）朕皇
考惠仲、皇母惠𡚱
尊𣪘，用追享孝，用
匄眉壽，壽無疆，百字（子）
千孫，孫子子孫孫，永寶用享

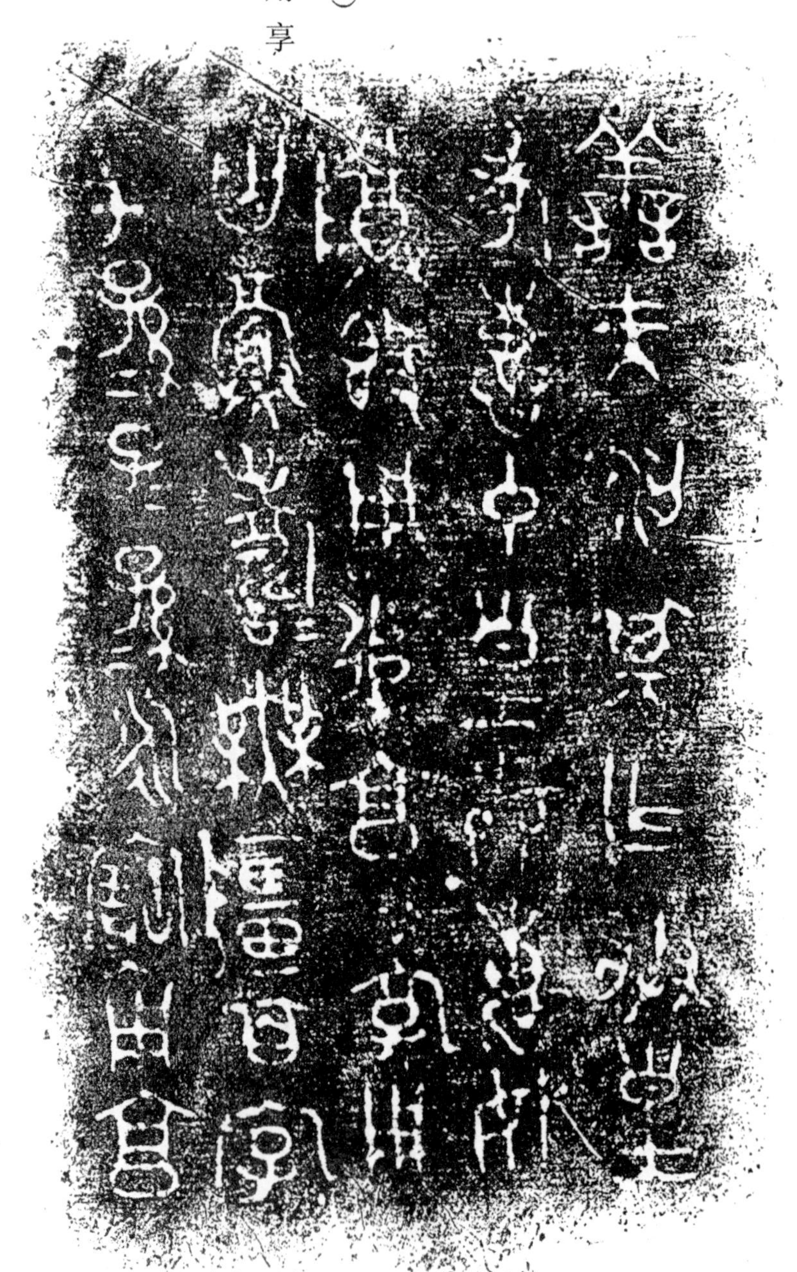

04147.2

善夫沵其毁

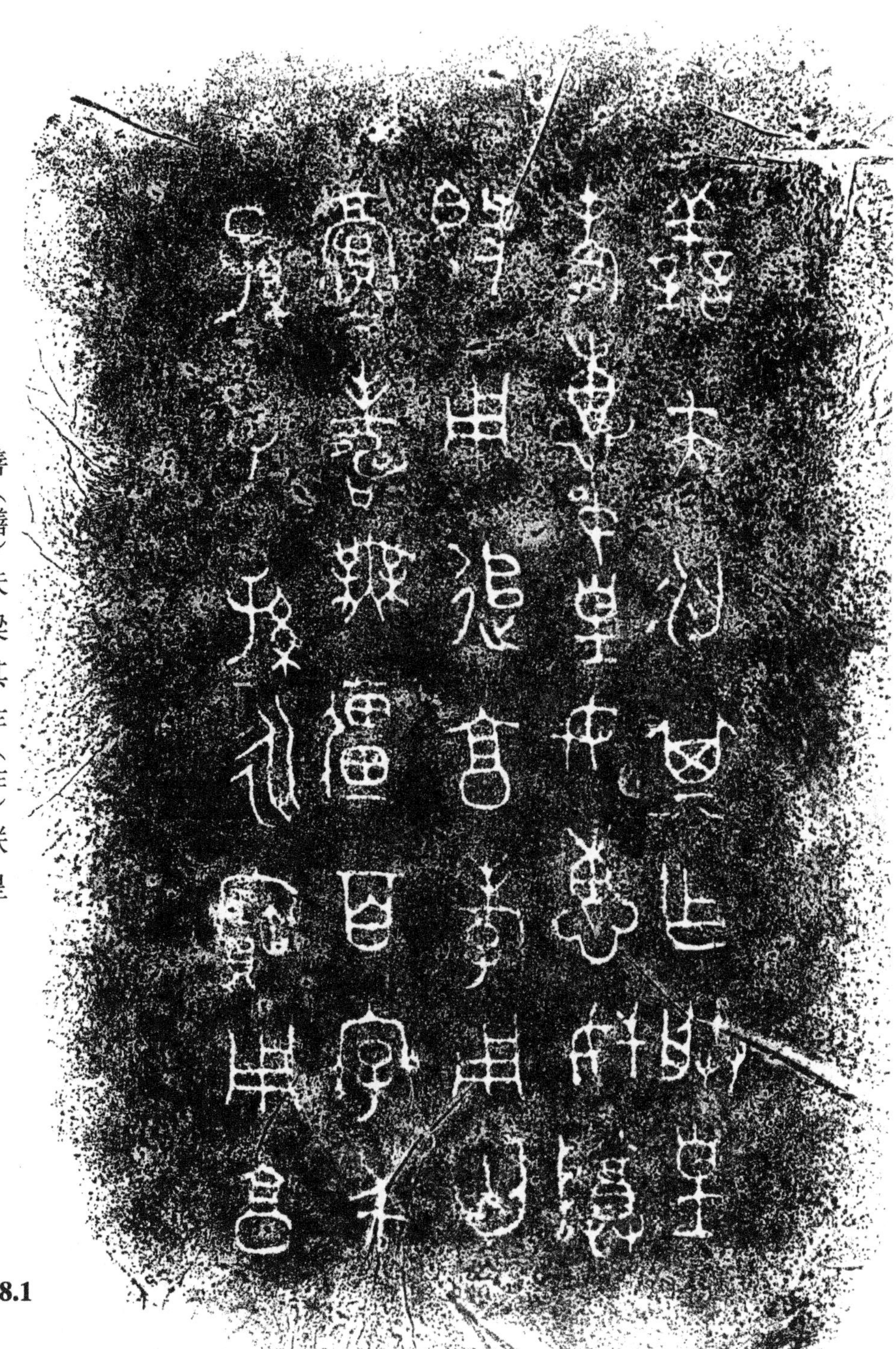

善（膳）夫梁其乍（作）朕皇考惠仲、皇母惠妣尊毁，用追享孝，用匄眉壽，壽無疆，百字（子）千孫，孫子子孫孫，永寶用享

04148.1

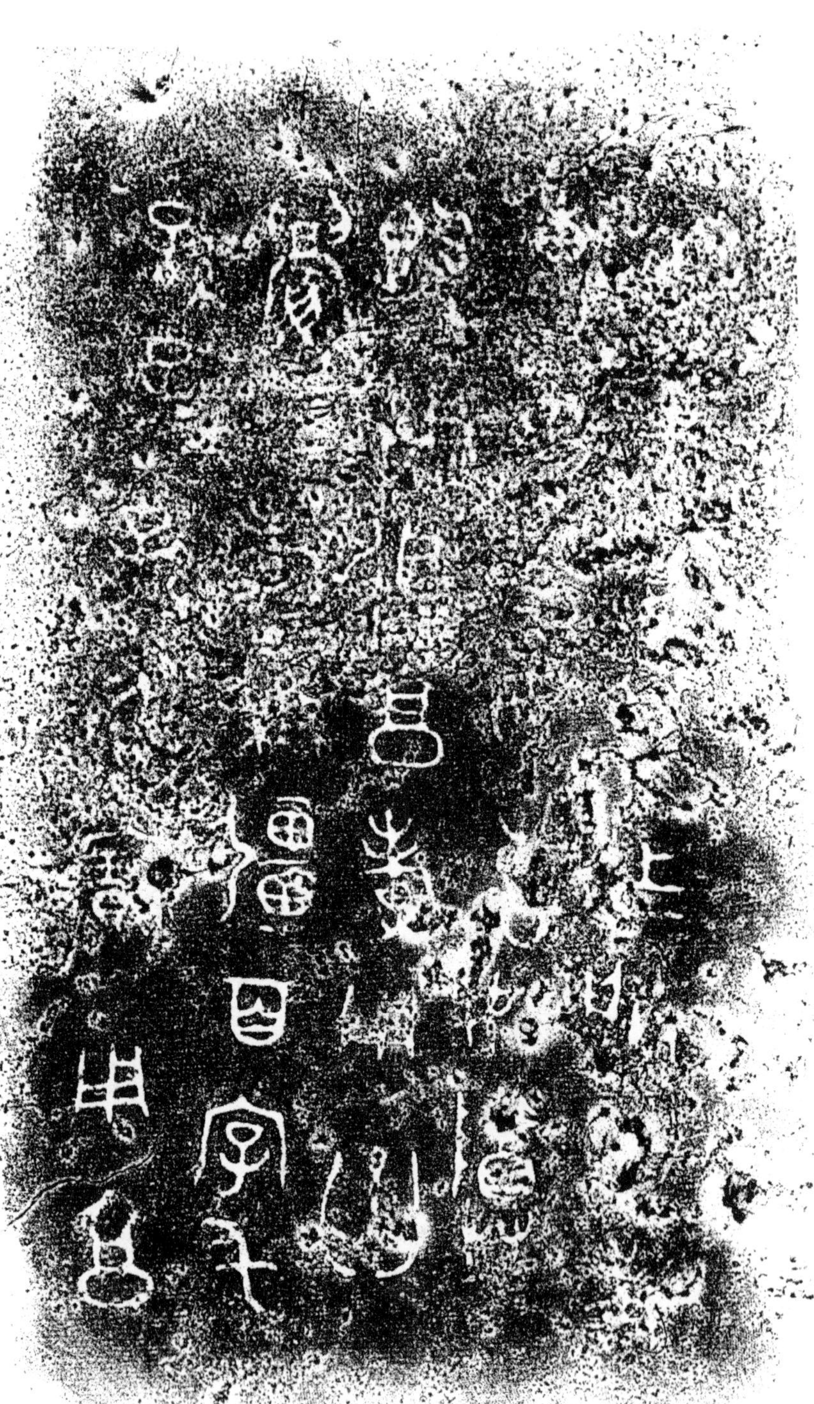

善（膳）夫梁其乍（作）朕皇
考惠仲、皇母惠㚤尊
毁，用追享孝，用匄
眉壽，壽無疆，百字（子）千
孫，孫子子孫孫，永寶用享

04148.2

善夫沙其𣪘

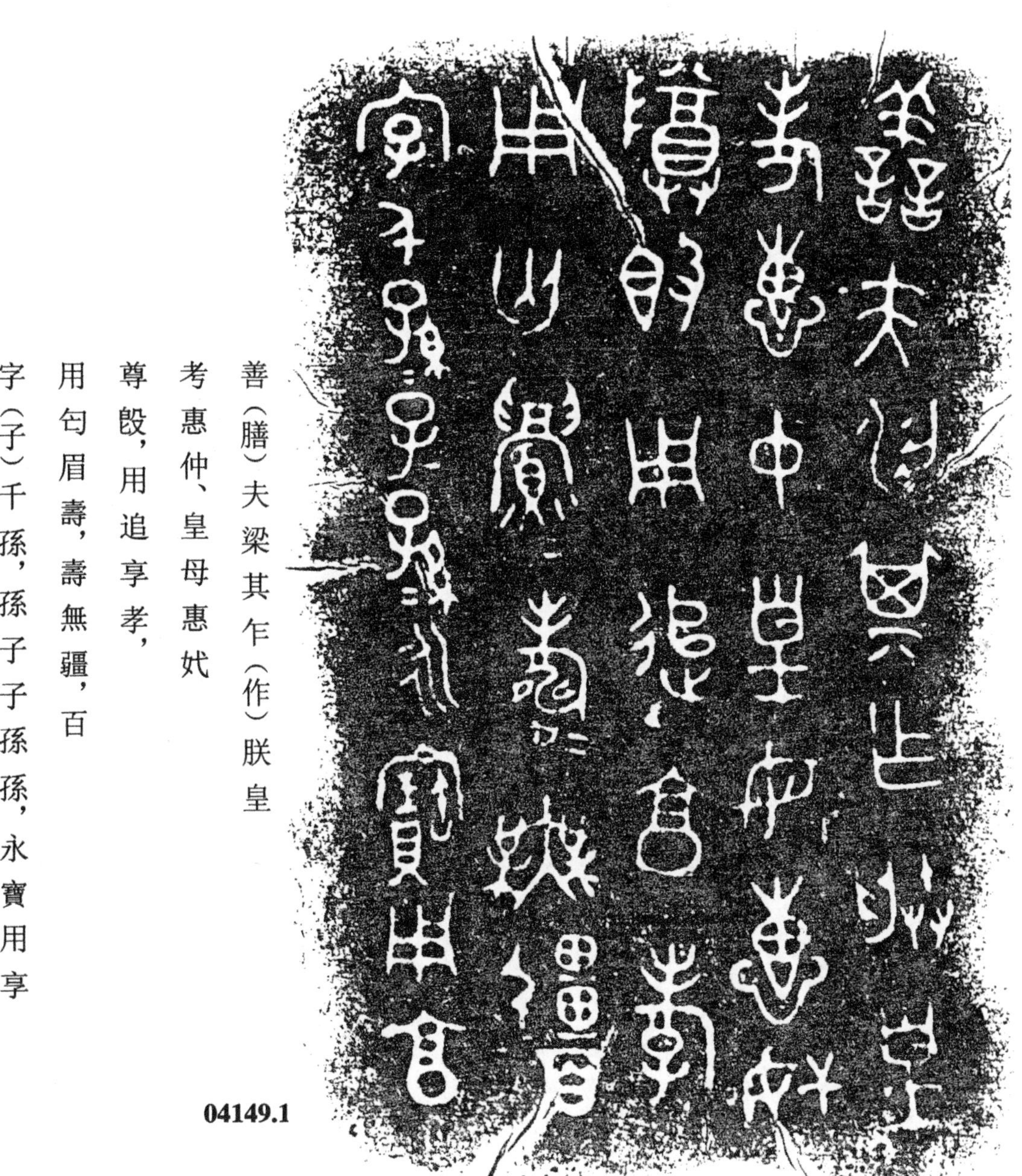

善（膳）夫梁其乍（作）朕皇
考惠仲、皇母惠妣
尊𣪘，用追享孝，
用匄眉壽，壽無疆，百
字（子）千孫，孫子子孫孫，永寶用享

04149.1

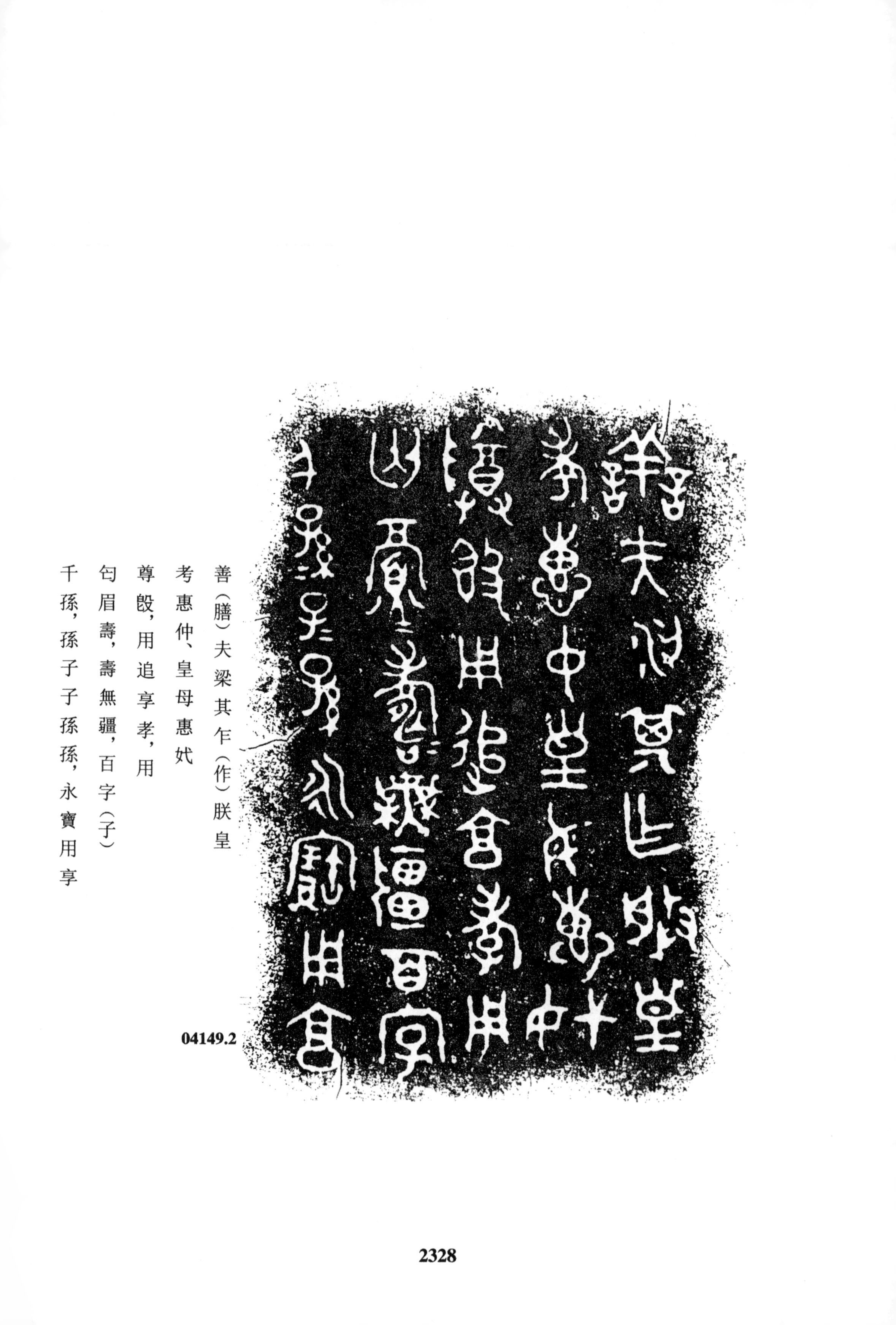

善（膳）夫梁其乍（作）朕皇考惠仲、皇母惠妣尊毁，用追享孝，用匄眉壽，壽無疆，百字（子）千孫，孫子子孫孫，永寶用享

04149.2

善夫沙其毁

善（膳）夫梁其乍（作）朕皇考惠仲、皇母惠妀尊毁，用追享孝，用匄眉壽，壽無疆，百字（子）千孫，孫子子孫孫，永寶用享

04150.1

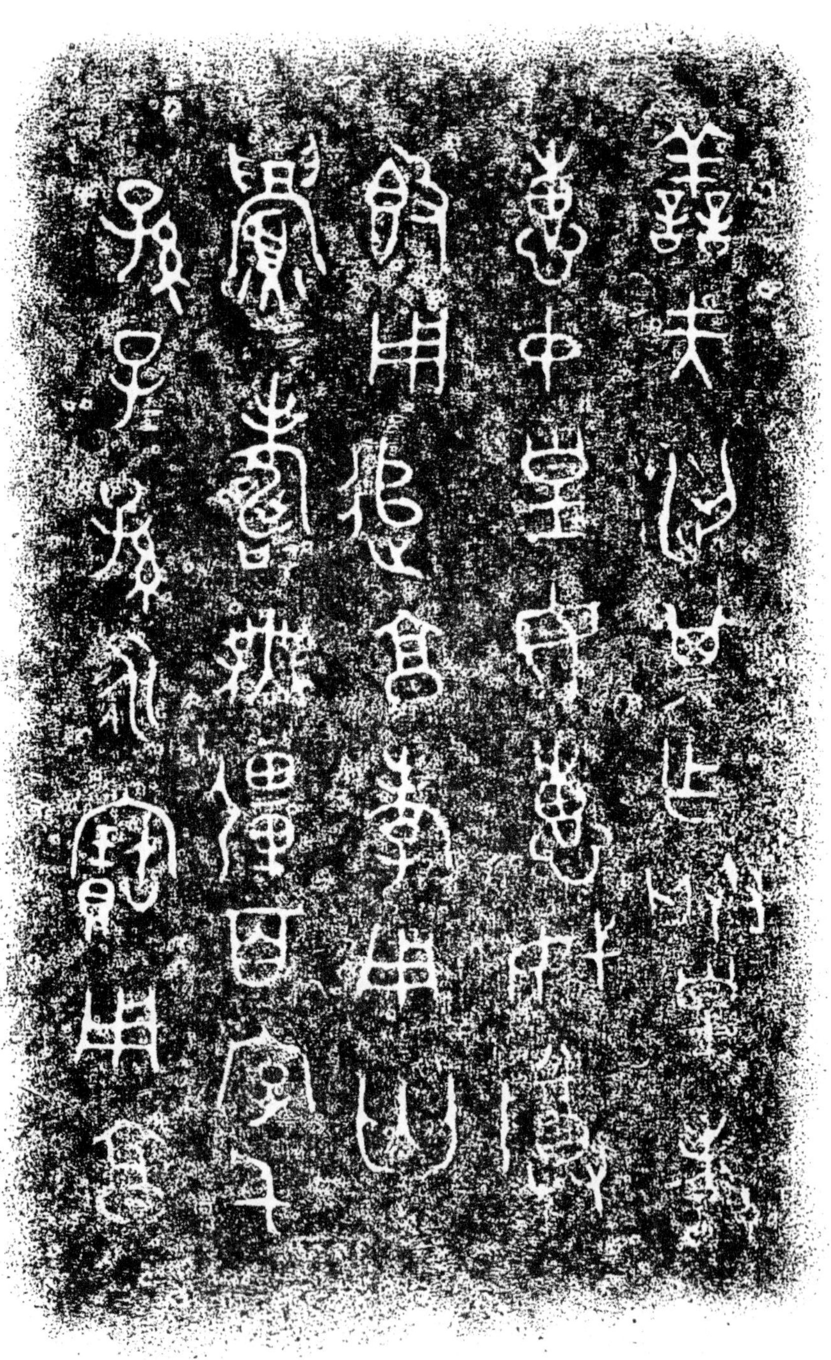

善(膳)夫梁其乍(作)朕皇考
惠仲、皇母惠妀尊
毁,用追享孝,用匄
眉壽,壽無疆,百字(子)千
孫,孫子子孫孫,永寶用享

04150.2

善夫沙其𣪘

善（膳）夫梁其乍（作）朕皇
考惠仲、皇母惠㚤
尊𣪘，用追享孝，用
匄眉壽，壽無疆，百字（子）
千孫，孫子子孫孫，永寶用享

04151

簷侯少子毁

唯五年正月丙午，簷（筥）侯少（小）子析（析）、乃孝孫不巨，𨭆（拾）趣（取）吉金，妳乍（作）皇妣𠛬（玲）君中妃祭器八毁，永保用享

04152

⿱罒大𣪕

⿸厂⿱罒大乍（作）皇祖乙公、
文公、武伯、皇考
龏伯𩱛彝，⿸厂⿱罒大其
洍洍（熙熙），萬年無疆，霝（靈）
冬（終）、霝（靈）令（命），其子子孫孫
永寶，用享于宗室

04153

仲枏父毁

唯六月初吉，師湯父有
嗣仲枏父乍（作）寶毁，用敢
鄉（饗、享）考（孝）于皇祖丂（考），用祈眉壽，
其萬年，孫孫（子子）孫其永寶用

04154

仲枏父毁

唯六月初吉，師湯父有
嗣仲枏父乍（作）寶毁，用敢
鄉（饗、享）考（孝）于皇祖丂（考），用祈眉壽，
其萬年，子子孫其永寶用

04155.1

唯六月初吉，師湯父有
嗣仲枏父乍（作）寶𣪘，用敢
鄉（饗、享）考（孝）于皇祖丂（考），用祈眉壽，
其萬年，子子孫其永寶用

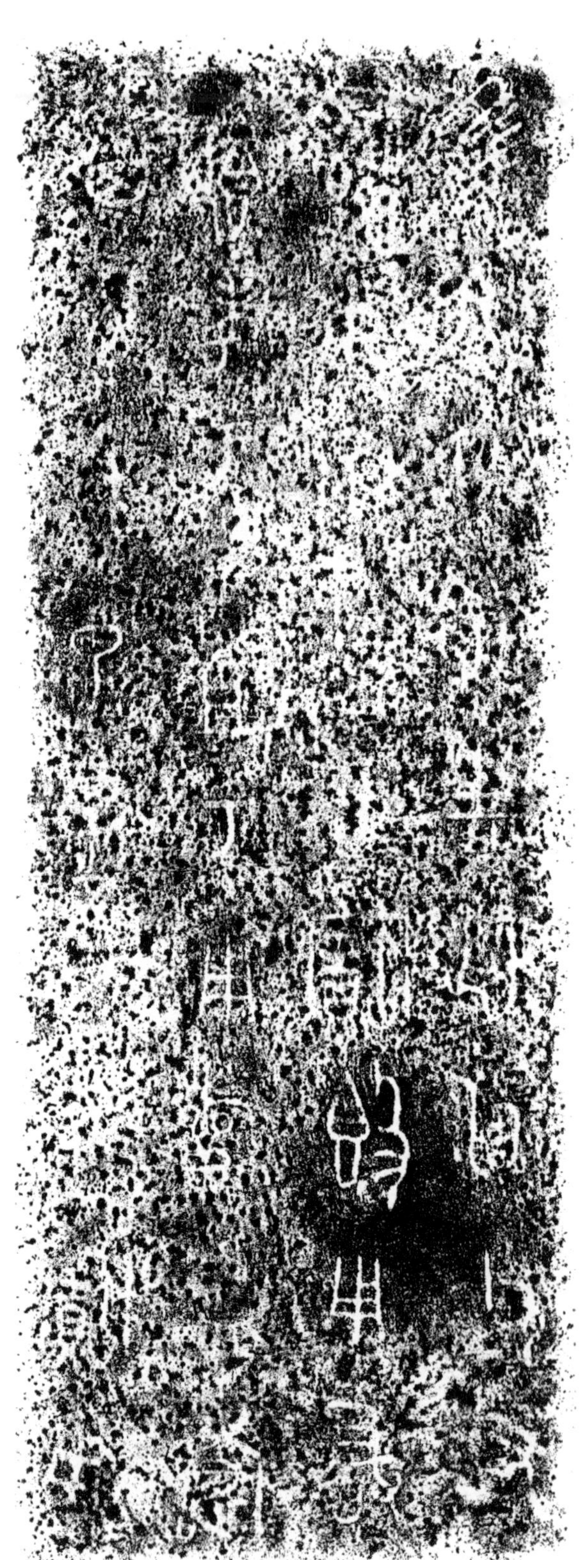

04155.2

伯家父毁蓋

唯伯家父郜迺
用吉金，自乍（作）寶
毁，用享于其皇叡（祖）、
文考，用賜害（匄）眉
壽、黄耇、霝（靈）冬（終）、萬
年，子孫永寶用享

04156

黿乎毁

乎其萬人（年）永用，朿（刺）
用匄眉壽、永令（命），
享孝皇祖、文考，
毁，用聽夙夜，用
壬戌，黿（蛇）乎乍（作）寶
唯正二月，既死霸

04157.1

唯正二月，既死霸壬戌，竈（蛇）乎乍（作）寶𣪕，用聽夙夜，用享孝皇祖、文考，用匄眉壽、永令（命），乎其萬人（年）永用，朿（刺）

04157.2

黿乎𣪕

唯正二月，既死霸

壬戌，黿（蛇）乎乍（作）寶

𣪕，用聽夙夜，用

享孝皇祖、文考，

用匄眉壽、永令（命），

乎其萬人（年）永用，朿（刺）

04158.1

唯正二月，既死霸
壬戌，竈（蛇）乎乍（作）寶
毁，用聽夙夜，用
享孝皇祖、文考，
用匃眉壽、永令（命），
乎其萬人（年）永用，朿（剌）

04158.2

亂簋

唯正月初吉丁卯，亂(蜎)
徣(延)公，公賜亂(蜎)宗彝一隊(肆)，
賜鼎二，賜貝五朋，亂(蜎)對
揚公休，用乍(作)辛公
毁，其萬年孫子寶

04159

伯康𣪘

04160

伯康乍（作）寶𣪘，用鄉（饗）倗友，用饆（饋）王（皇）父、王（皇）母，它它（施施）受茲永命，無疆屯（純）右（祐），康其萬年眉壽，永寶茲𣪘，用夙夜無訇（已）

伯康毁

伯康乍（作）寶毁，用鄉（饗）倗
友，用饙（饙）王（皇）父、王（皇）母，它它（施施）
受茲永命，無疆屯（純）右（祐），
康其萬年眉壽，永寶
茲毁，用夙夜無訇（已）

04161

孟毁

孟曰：朕文考眔毛公、
遣（遣）仲征無需，毛公賜
朕文考臣，自厥工（功），對
揚朕考賜休，用宔（鑄）茲
彝，乍（作）厥，子子孫孫其永寶

04162

孟毁

孟曰：朕文考眔毛公、
趞（遣）仲征無需，毛公賜
朕文考臣，自厥工（功），對
揚朕考賜休，用宔（鑄）茲
彝，乍（作）厥，子子孫孫其永寶

04163

孟簋

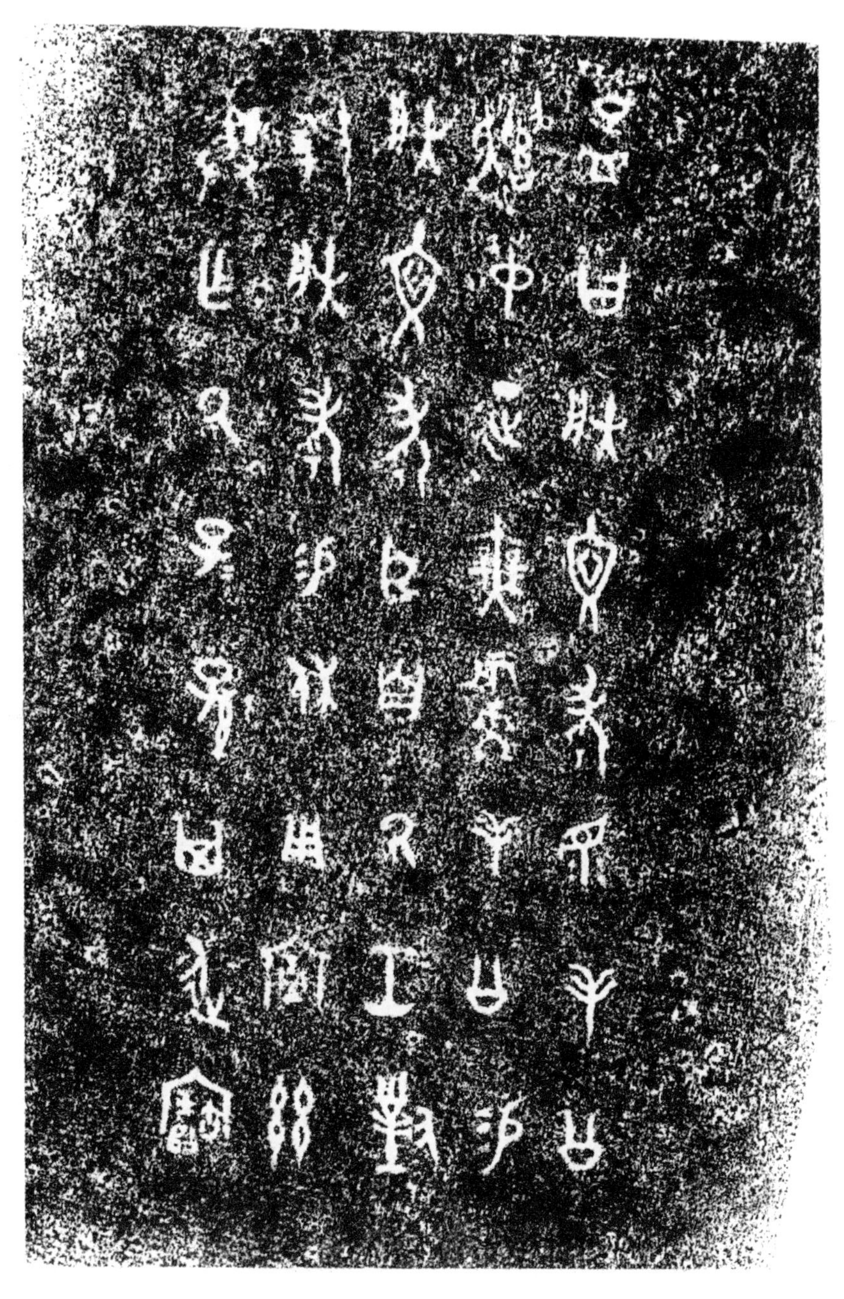

孟曰：朕文考眔毛公、趞（遣）仲征無需，毛公賜朕文考臣，自厥工（功），對揚朕考賜休，用宔（鑄）茲彝，乍（作）厥，子子孫孫其永寶

04164

大𣪘

唯六月初吉丁巳，王
在奠（鄭），穠（蔑）大曆，賜芻（犓）𩣡（騂）
㹃（犅），曰：用啻（禘）于乃考，大
拜䭫首，對揚王休，用
乍（作）朕皇考大仲尊𣪘

04165

敔簋

唯四月初吉丁亥，王在周，
各于大室，王穖（蔑）敔
曆，賜玄衣、赤祉，敔對
昜（揚）王休，用乍（作）文考父丙䵼
彝，其萬年寶

04166.1

唯四月初吉丁亥，王
在周，各于大室，王穖（蔑）
敔曆，賜玄衣、赤社，敔
對昜（揚）王休，用乍（作）文考父
丙䵼彝，其萬年寶

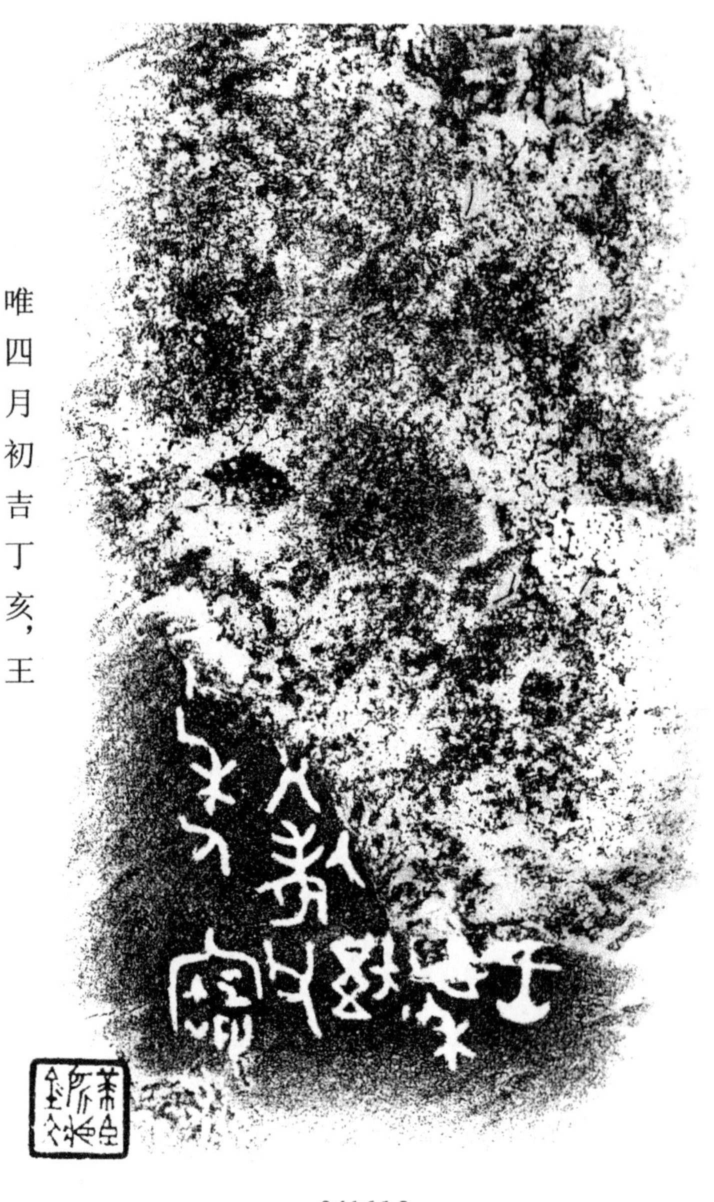

04166.2

㝨毁

04167

㝨拜韻首，休朕匋（寶）君公伯，賜厥臣弟㝨井五㮛，賜𢦚胄、干戈，㝨弗敢朢（忘）公伯休，對揚伯休，用乍（作）祖考寶尊彝

𦱤兑毁

04168

唯正月初吉壬午，
𦱤（蔣）兑乍（作）朕文祖乙
公、皇考季氏尊毁，
用祈眉壽，萬年無
疆，多寶（福），兑其萬年，
子子孫孫，永寶用享

章伯𠭰𣪕

唯王伐逨（徠）魚，徙（誕）伐淖黑，至燎于宗周，賜𤔲（郭）伯𠭰（搉）貝十朋，敢對揚王休，用乍（作）朕文考寶尊𣪕，其萬年，子子孫孫，其永寶用

04169

瘨 殷

瘨曰：覭(景)皇祖考嗣
威義(儀)，用辟先王，不
敢弗帥用夙夕，王
對瘨楙(懋)，賜佩，乍(作)祖
考殷，其盞(敦)祀大神，大神
妥(綏)多福，瘨萬年寶

04170.1

㾓曰：覭（景）皇祖考

嗣威義（儀），用辟先

王，不敢弗帥用

夙夕，王對㾓楙（懋），

賜佩，乍（作）祖考𣪘，

其盠（敦）祀大神，大神妥（綏）

多福，㾓萬年寶

04170.2

㾼殷

㾼曰：覭（景）皇祖考嗣
威義（儀），用辟先王，不
敢弗帥用夙夕，王
對㾼楙（懋），賜佩，乍（作）祖
考殷，其盞（敦）祀大神，大神
妥（綏）多福，㾼萬年寶

04171.1

㾊曰：䫄（景）皇祖考嗣
威義（儀），用辟先王，不
敢弗帥用夙夕，王
對㾊楙（懋），賜佩，乍（作）祖
考𣪕，其盩（敦）祀大神，大神
妥（綏）多福，㾊萬年寶

04171.2

瘨毁

瘨曰：䁅（景）皇祖考嗣
威義（儀），用辟先王，不
敢弗帥用夙夕，王
對瘨楙（懋），賜佩，乍（作）祖
考毁，其盩（敦）祀大神，大神
妥（綏）多福，瘨萬年寶

04172.1

㾓曰：䝉（景）皇祖考嗣
威義（儀），用辟先王，不
敢弗帥用夙夕，王
對㾓楙（懋），賜佩，乍（作）祖
考𣪘，其盩（敦）祀大神，大神
妥（綏）多福，㾓萬年寶

04172.2

㾓殷

04173.1

㾓曰：覭（景）皇祖考嗣
威義（儀），用辟先王，不
敢弗帥用夙夕，王
對㾓楙（懋），賜佩，乍（作）祖
考殷，其盩（敦）祀大神，大神
妥（綏）多福，㾓萬年寶

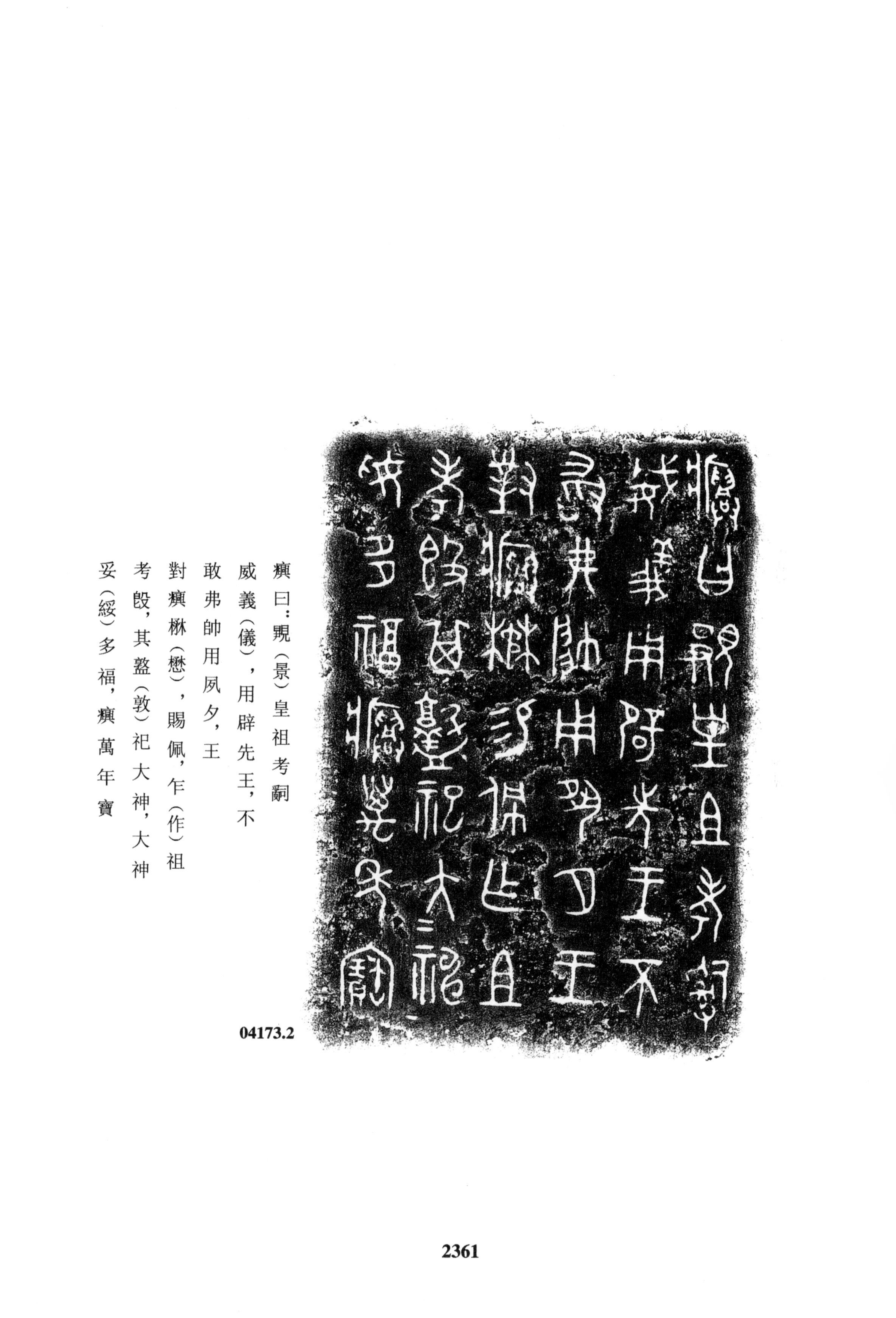

瘭曰：䫇（景）皇祖考嗣
威義（儀），用辟先王，不
敢弗帥用夙夕，王
對瘭楙（懋），賜佩，乍（作）祖
考𣪕，其盩（敦）祀大神，大神
妥（綏）多福，瘭萬年寶

04173.2

瘨

段

瘨曰：覭（景）皇祖考嗣

威義（儀），用辟先王，不

敢弗帥用夙夕，王

對瘨楙（懋），賜佩，乍（作）祖

考𣪘，其盩（敦）祀大神，大神

妥（綏）多福，瘨萬年寶

04174.1

瘨曰：䫮（景）皇祖考
嗣威義（儀），用辟先
王，不敢弗帥用
夙夕，王對瘨楙（懋），
賜佩，乍（作）祖考𣪕，
其盞（敦）祀大神，大神妥（綏）
多福，瘨萬年寶

04174.2

𤼈𣪘

𤼈曰：䫌（景）皇祖考嗣
威義（儀），用辟先王，不
敢弗帥用夙夕，王
對𤼈楙（懋），賜佩，乍（作）祖
考𣪘，其盩（敦）祀大神，大神
妥（綏）多福，𤼈萬年寶

04175.1

瘋曰：䫉（景）皇祖考
嗣威義（儀），用辟先
王，不敢弗帥用
夙夕，王對瘋楙（懋），
賜佩，乍（作）祖考毁，
其盩（敦）祀大神，大神妥（綏）
多福，瘋萬年寶

04175.2

㾓𣪘

㾓曰：覭（景）皇祖考嗣

威義（儀），用辟先王，不

敢弗帥用夙夕，王

對㾓楙（懋），賜佩，乍（作）祖

考𣪘，其盩祀大神，大神

妥（綏）多福，㾓萬年寶

04176.1

04176.2

㾓毁

㾓曰：䙝（景）皇祖考嗣威義（儀），用辟先王，不敢弗帥用夙夕，王對㾓楙（懋），賜佩，乍（作）祖考毁，其盩（敦）祀大神，大神妥（綏）多福，㾓萬年寶

04177.1

瘐曰：䫮(景)皇祖考嗣威義(儀)，用辟先王，不敢弗帥用夙夕，王對瘐楙(懋)，賜佩，乍(作)祖考毁，其盨(敦)祀大神，大神妥(綏)多福，瘐萬年寶

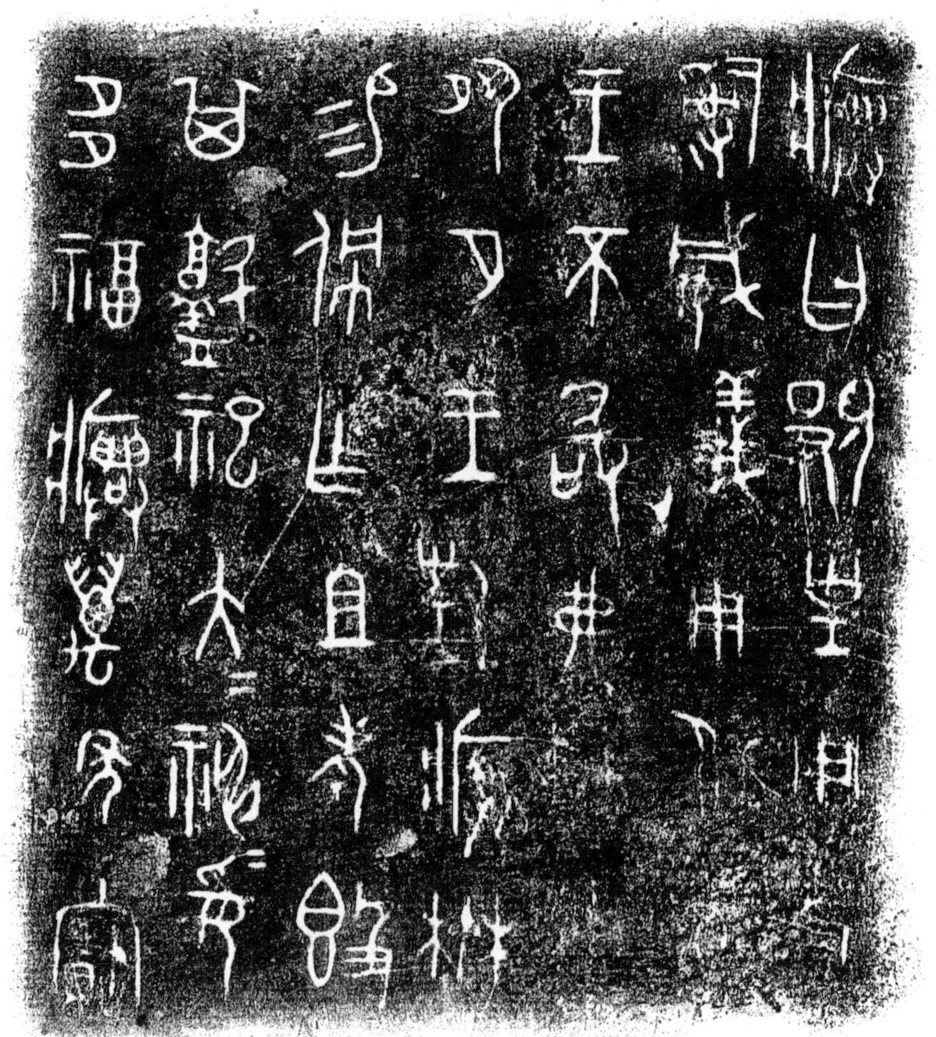

04177.2

君夫𣪘蓋

唯正月初吉乙亥，王在
康宫大室，王命君夫
曰：償求乃友，君夫敢
𢆶(奉)揚王休，用
乍(作)文父
丁䵼彝，子子孫孫，其
永用之

04178

小臣守𣪕

唯五月既死霸辛未，
王事（使）小臣守事（使）于夷，賓（儐）
馬兩、金十鈞，守敢對
揚天子休令（命），用乍（作）鑄引
仲寶𣪕，子子孫孫永寶用

04179

小臣守毁

唯五月既死霸辛未，王事（使）小臣守事（使）于侇（夷），賓（儐）馬兩、金十鈞，守敢對揚天子休令（命），用乍（作）鑄引仲寶毁，子子孫孫永寶用

04180

小臣守𣪘蓋

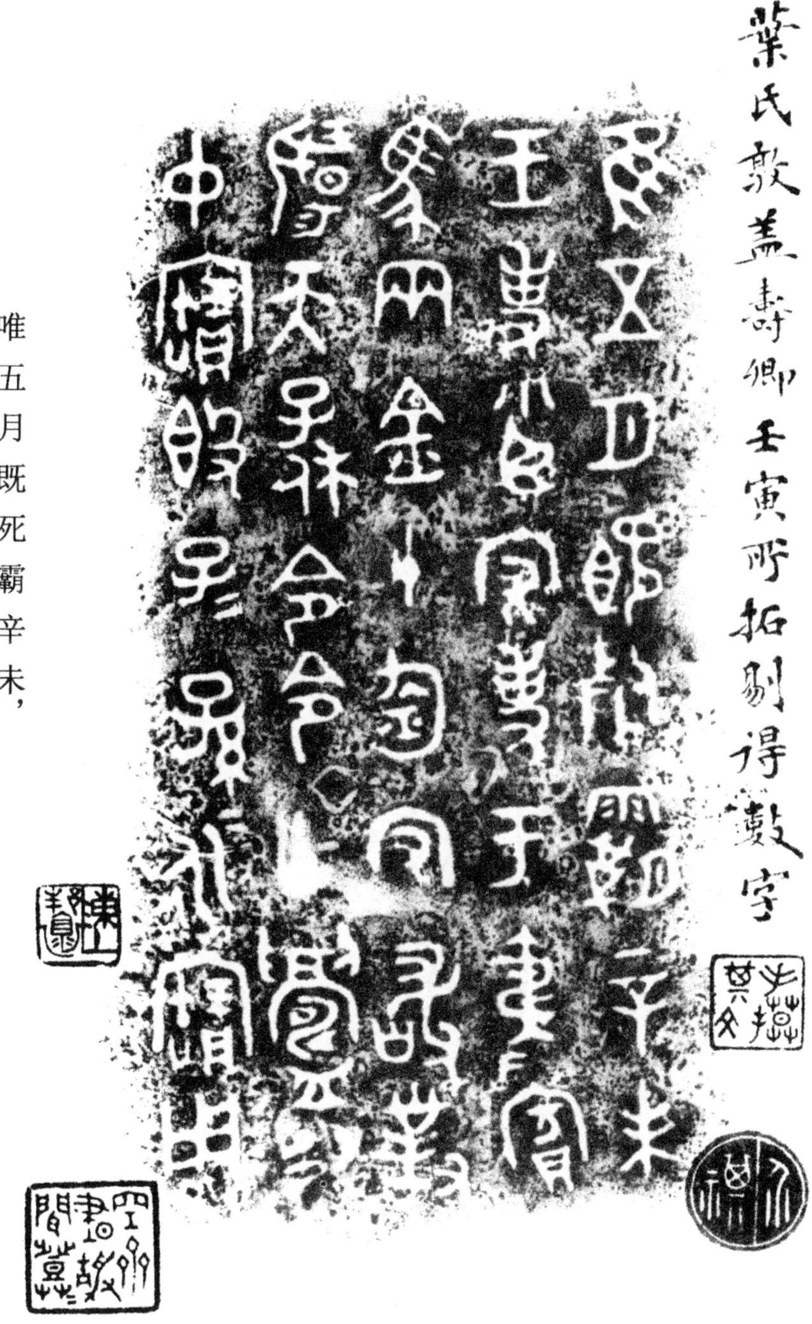

唯五月既死霸辛未,
王事(使)小臣守事(使)于侇(夷),賓(儐)
馬兩、金十鈞,守敢對
揚天子休令(命),用乍(作)鑄引
仲寶𣪘,子子孫孫永寶用

04181

虢姜毁蓋

虢姜乍（作）寶尊毁，用
禪（祈）追孝于皇考叀
仲，祈匄康𧡼、屯（純）右（祐）、
通录（祿）、永令（命），虢姜其
萬年眉壽，受福無
疆，子子孫孫，永寶用享

04182

上鄀公敄人𣪕蓋

原高二二厘米

唯鄀正二月，初吉乙丑，上鄀公敄人乍（作）尊𣪕，用享考（孝）于厥皇祖，于厥皇丂（考），用賜眉壽，邁（萬）年無疆，子子孫孫，永寶用享

04183

公臣𣪘

號仲令公臣𤔲朕
百工，賜女（汝）馬乘、鐘
五金，用事，公臣拜
䭫首，敢□（揚？）天尹不（丕）
顯休，用乍（作）尊𣪘，公
臣其萬年，永寶玆休

04184

公臣𣪘

虢仲令公臣嗣朕
百工，賜女(汝)馬乘、鐘
五金，用事，公臣拜
䭫首，敢□(揚？)天尹不(丕)
顯休，用乍(作)尊𣪘，公
臣其萬年，永寶茲休

04185

公臣毁

虢仲令公臣嗣朕百工，賜女（汝）馬乘、鐘五金，用事，公臣拜䭫首，敢**（揚？）天尹不（丕）顯休，用乍（作）尊毁，公臣其萬年，永寶兹休

04186

公臣毁

號仲令公臣嗣朕百工，賜女（汝）馬乘、鐘五金，用事，公臣拜頴首，敢𠂤（揚？）天尹不（丕）顯休，用乍（作）尊毁，公臣其萬年，永寶茲休

04187

仲爯父𣪘

仲爯父大（太）宰南䵼（申）厥
辭（辭），乍（作）其皇祖考遅王、
監伯尊𣪘，用享用孝，
用賜寶（眉）壽、屯（純）右（祐）、康勵，
邁（萬）年無疆，子子孫孫，永寶用享

04188.1

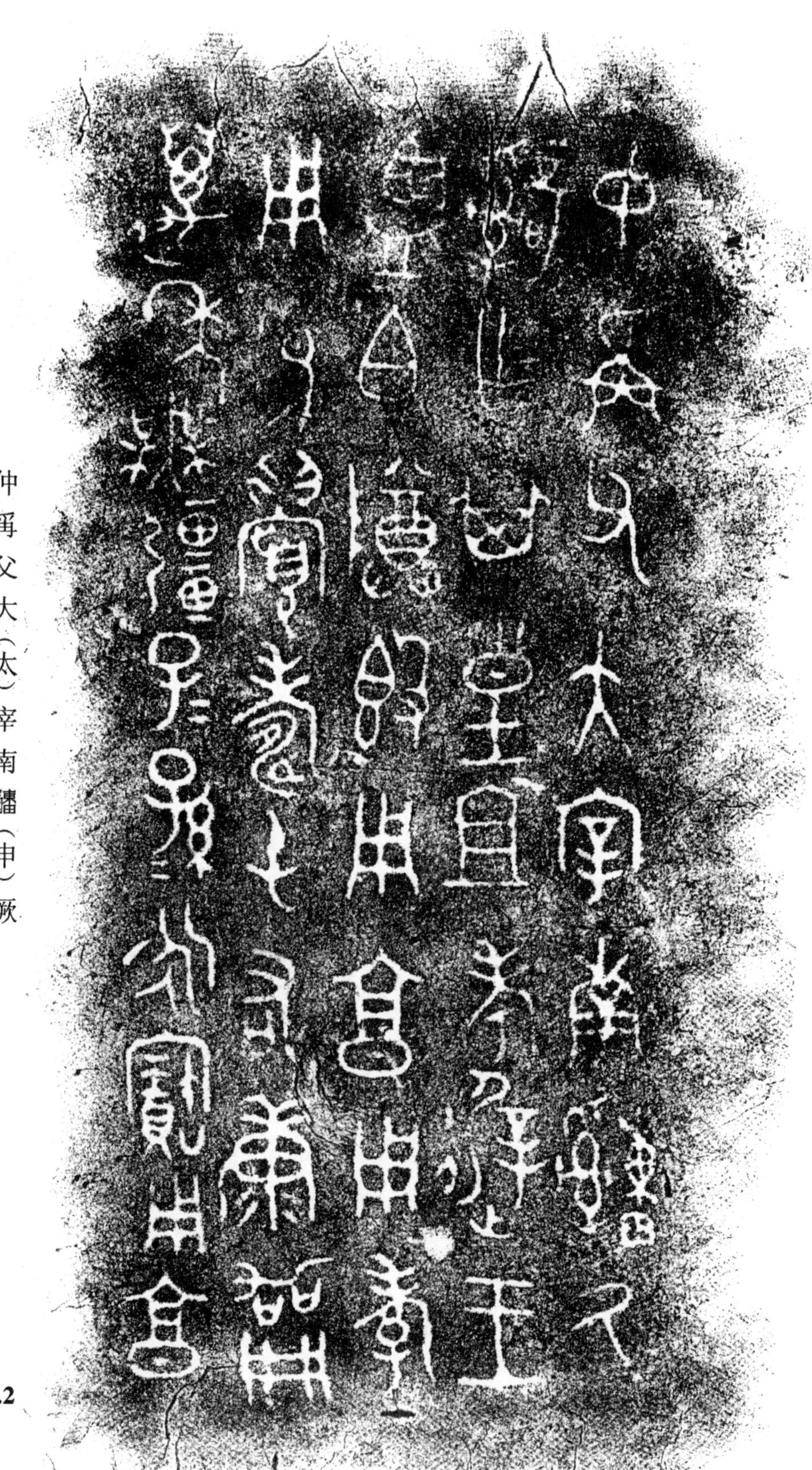

仲再父大（太）宰南𬄙（申）厥
辭（辭），乍（作）其皇祖考遅王、
監伯尊𣪘，用享用孝，
用賜𧶬（眉）壽、屯（純）右（祐）、康勵，
邁（萬）年無疆，子子孫孫，永寶用享

04188.2

仲爯父𣪘

南𩁹（申）伯大（太）宰仲爯父
厥𤔲（辭），乍（作）其皇祖考
遟王、監伯尊𣪘，用
享用孝，用賜賨（眉）壽、
屯（純）右（祐）、康勱，邁（萬）年無
疆，子子孫孫，永賨用享

04189.1

仲爯父大（太）宰南䪫（申）厥
辭（辭），乍（作）其皇祖考遟王、
監伯尊殷，用享用孝，
用賜竇（眉）壽、屯（純）右（祐）、康勵，
邁（萬）年無彊，子子孫孫，永寶用享

04189.2

陳貯𣪘蓋

孝於(于)我皇𣪘(舅),鑄
乍(作)茲寶𣪘,用追
畏忌,𨘷擇吉金,
𤔲(畢)龏(恭)
龏盄(𧒒)䰟(鬼)神,
叔和子,
𣥫(產)孫、𧒒(𩰢、萊)
丁亥,貯曰:余陳仲
唯王五月,元日

04190

穆公毁蓋

唯王初女(如)𩰤，迺自商師(次)復還至于周，𤔲(此)夕，鄉(饗)醴于大室，穆公畣(侑)卬王，兮(乎)宰□賜穆公貝廿朋，穆公對王休，用乍(作)寶皇毁

04191

肆毁

唯十又二月，既生霸丁亥，王事（使）燮（榮）檝（蔑）曆（曆），令𨒅（往）邦，乎賜䜌（鑾）旂，用保厥邦，𧟝（𧟝）對揚王休，用自乍（作）寶器，萬年以（與）厥孫子寶用

04192.1

唯十又二月，既生霸丁
亥，王事（使）燮（榮）𥀭（蔑）曆（曆），令𨒫（往）
邦，乎賜䜌（鑾）旂，用保厥邦，豨（豨）
對揚王休，用自乍（作）寶器，萬
年以（與）厥孫子寶用

04192.2

肄毁

邦，唯十又二月，既生霸丁
亥，王事（使）𤇾（榮）𥟽（蔑）曆（曆），令𢓊（往）
乎賜䜌（鑾）旂，用保厥邦，
⿰彑希（豨）對揚王休，用自乍（作）寶
器，萬年以（與）厥孫子寶用

04193

唯四月初吉丁卯，王
蔑（蔑）沓曆（曆），賜牛三，沓
既拜䭫首，升于厥
文取（祖）考，沓對揚王
休，用乍（作）厥文㝵（考）尊𣪘，
沓眔厥子子孫永寶

04194.2

𦓐毁

唯六月既生霸亲（辛）巳，王
命𦓐眔叔緐父歸（饋）吴姬
𩱧（饔）器，師黄賓（儐）𦓐章（璋）一、馬
兩，吴姬賓（儐）帛束，𦓐對揚
天子休，用乍（作）尊毁，季姜

04195.1

唯六月既生霸亲（辛）巳，王
命𦳃眔叔緐父歸（饋）吳姬
𩟄（饔）器，師黄賓（儐）𦳃章（璋）一、馬
兩，吳姬賓（儐）帛束，𦳃對揚
天子休，用乍（作）尊殷，季姜

04195.2

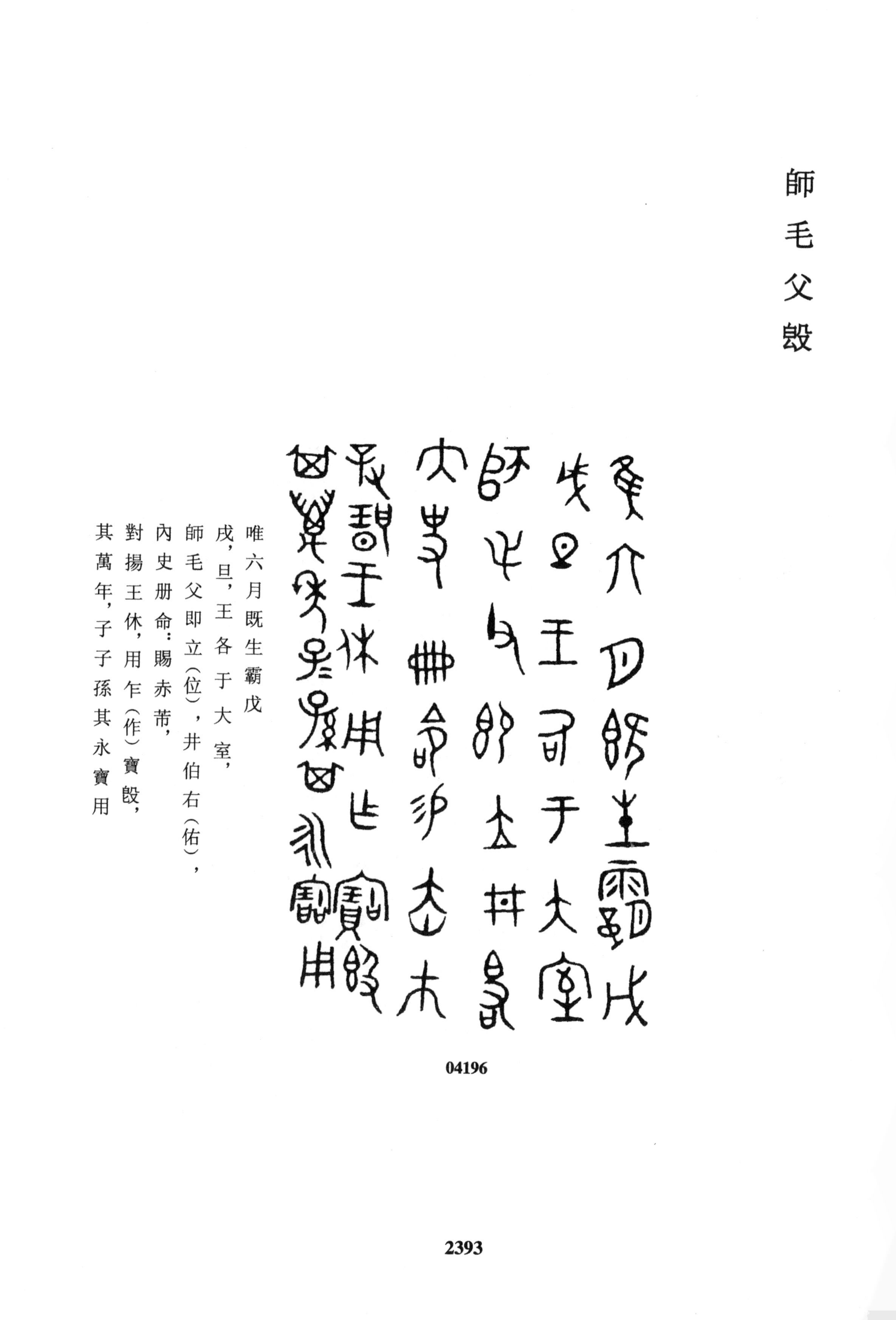

師毛父毁

唯六月既生霸戊
戌，旦，王各于大室，
師毛父即立（位），井伯右（佑），
內史册命：賜赤芾，
對揚王休，用乍（作）寶毁，
其萬年，子子孫其永寶用

04196

郜𥁰殷

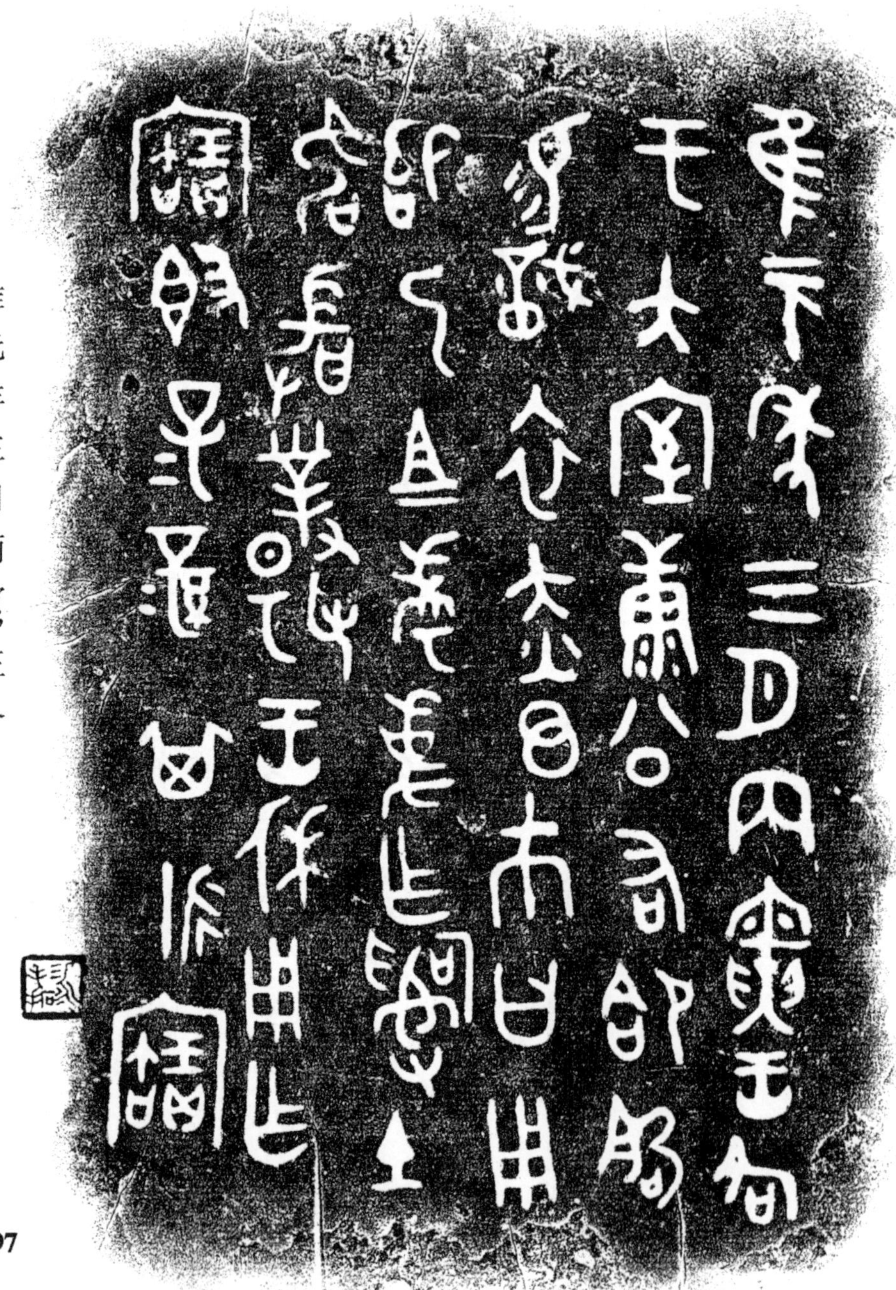

唯元年三月丙寅，王各于大室，康公右（佑）郃（郜）𥁰（𥁰），賜戠（織）衣、赤❍市，曰：用飼（嗣）乃祖考事，乍（作）𤔲土（徒），𥁰敢對揚王休，用乍（作）寶殷，子子孫孫其永寶

04197

蔡姞𣪕

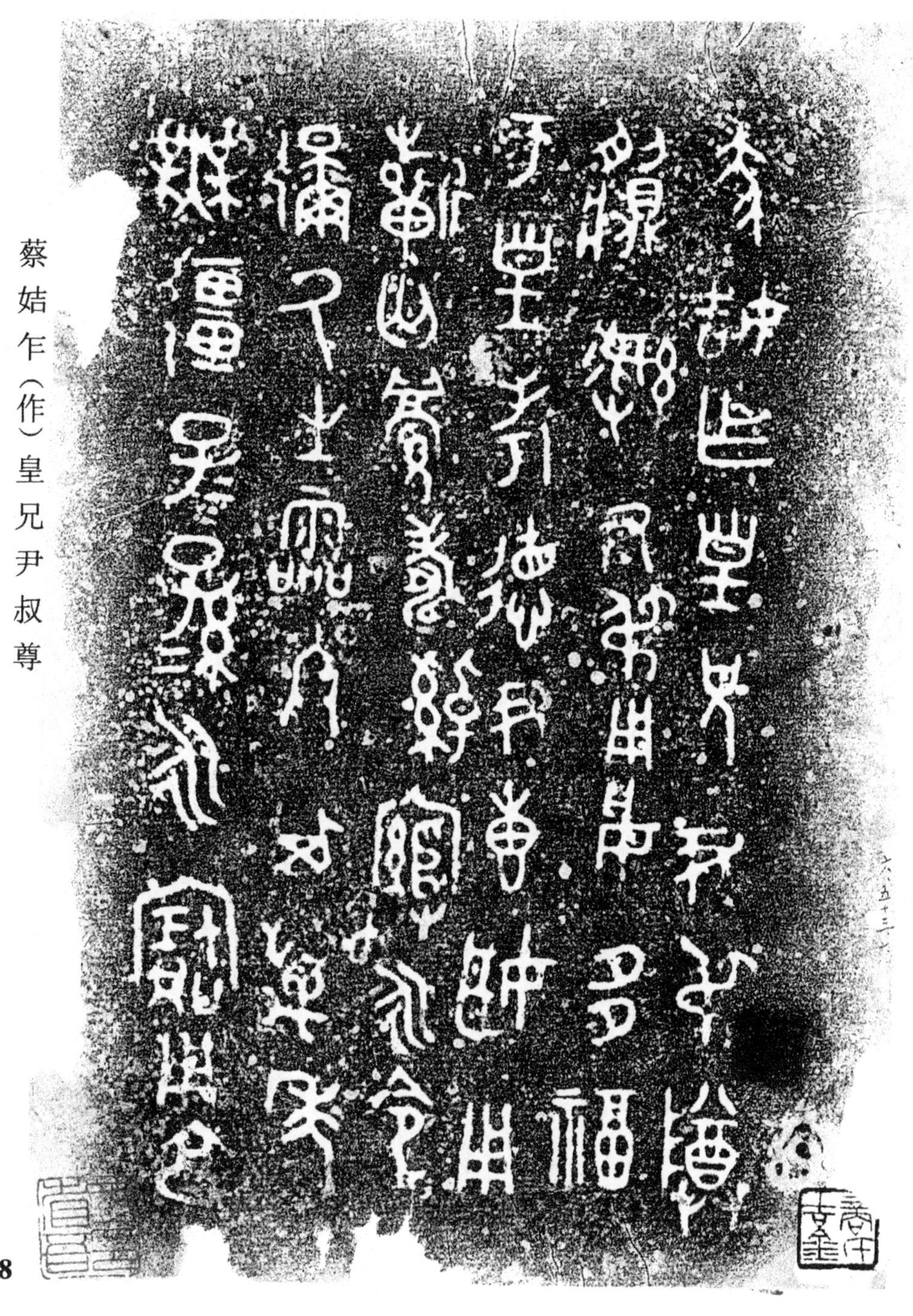

蔡姞乍(作)皇兄尹叔尊
𪔅彝，尹叔用妥(綏)多福
于皇考德尹、叀姬，用
旂(祈)匄眉壽、綽綰、永令(命)，
彌(彌)厥生，霝(靈)冬(終)，其萬年
無疆，子子孫孫，永寶用享

04198

恒毁蓋

王曰：恒，令女（汝）更喬克嗣
直啚（鄙），賜女（汝）縊（鑾）旂，用事，夙夕
勿灋（廢）朕令，恒拜䭫，敢對揚
天子休，用乍（作）文考公叔寶
毁，其萬年，世子子孫虞寶用

04199

恒𣪘蓋

王曰：恒，令女（汝）更喬克𤔲
直啚（鄙），賜女（汝）䜌（鑾）旂，用事，夙夕
勿灋（廢）朕令，恒拜䭫，敢對揚
天子休，用乍（作）文考公叔寶
𣪘，其萬年，世子子孫孫虞寶用

04200

小臣宅𣪘

唯五月壬辰，同公在豐，
令宅事伯懋父，伯賜
小臣宅畫毌、戈九、昜（錫）
金車、馬兩，揚公伯休，
用乍（作）乙公尊彝，子子孫
永寶，其萬年用鄉（饗）王出入

04201

𣧑殷

唯三月初吉庚
午，王在華宮，王
乎虢仲入右（佑）𣧑，
王賜𣧑赤芾、朱
亢（衡）、䜌（鑾）旂，𣧑拜䭫
首，對揚天子魯
命，用乍（作）寶殷，𣧑
其萬年，子子孫孫，其
永寶用

04202

曾仲大父蛕毁

唯五月既生霸庚申，
曾仲大父蛕（蛕）迺用吉攸（鋚），
攺（摭）乃鶹（鷎）金，用自乍（作）寶毁，蛕
其用追孝于其皇考，用
賜眉壽、黄耇、霝（靈）冬（終），其
邁（萬）年，子子子子（孫孫），永寶用享

04203

曾仲大父蛕段

唯五月既生霸庚申，
曾仲大父蛕（蜎）迺用吉攸（鋚），
敀（摅）乃鶷（𨭚）金，用自乍（作）寶段，蛕
其用追孝于其皇考，用
賜眉壽、黄耇、霝（靈）冬（終），其
邁（萬）年，子子孫孫，永寶用享

04204.1

唯五月既生霸庚申，
曾仲大父螽（蛕）迺用吉攸（鋚），
敀（搥）乃鵜（鑄）金，用自乍（作）寶毁，螽
其用追孝于其皇考，用
賜眉壽、黄耇、霝（靈）冬（終），其
邁（萬）年，子子孫孫，永寶用享

04204.2

獻毁

唯九月既朢庚寅，楷
伯于遘王休，亡尤，朕
辟天子，楷伯令厥臣獻
金車，對朕辟休，乍（作）朕文
考光父乙，十世不諲（忘），獻
身在畢公家，受天子休

04205

小臣傳𣪘

唯五月既望甲子，王在莽
京，令師田父殷成周年，
師田父令小臣傳非（緋）余（琜），傳
□朕考[illegible]，師田父令余嗣
□官，伯[illegible]（𠟭）父賞小臣傳
□，揚伯休，用乍（作）朕考日甲寶

04206

遹簋

唯六月既生霸，穆穆王在
蒡京，乎漁于大池，王鄉（饗）
西（酒），遹御亡遣（譴），穆穆王寴（親）賜
遹爵，遹拜首（手）䭫首，敢對
揚穆穆王休，用乍（作）文考父
乙尊彝，其孫孫子子永寶

04207

段𣪘

唯王十又四祀，十又一月
丁卯，王真畢烝，戊辰曾（贈），
王𧷢（蔑）段曆，念畢仲孫子，
令龏𡚸遺（饋）大則于段，敢
對揚王休，用乍（作）𣪘，孫孫子子
萬年用享祀，孫子取引

04208 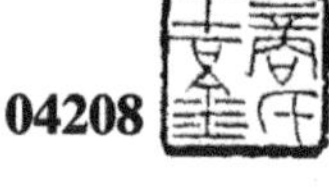

衛毁

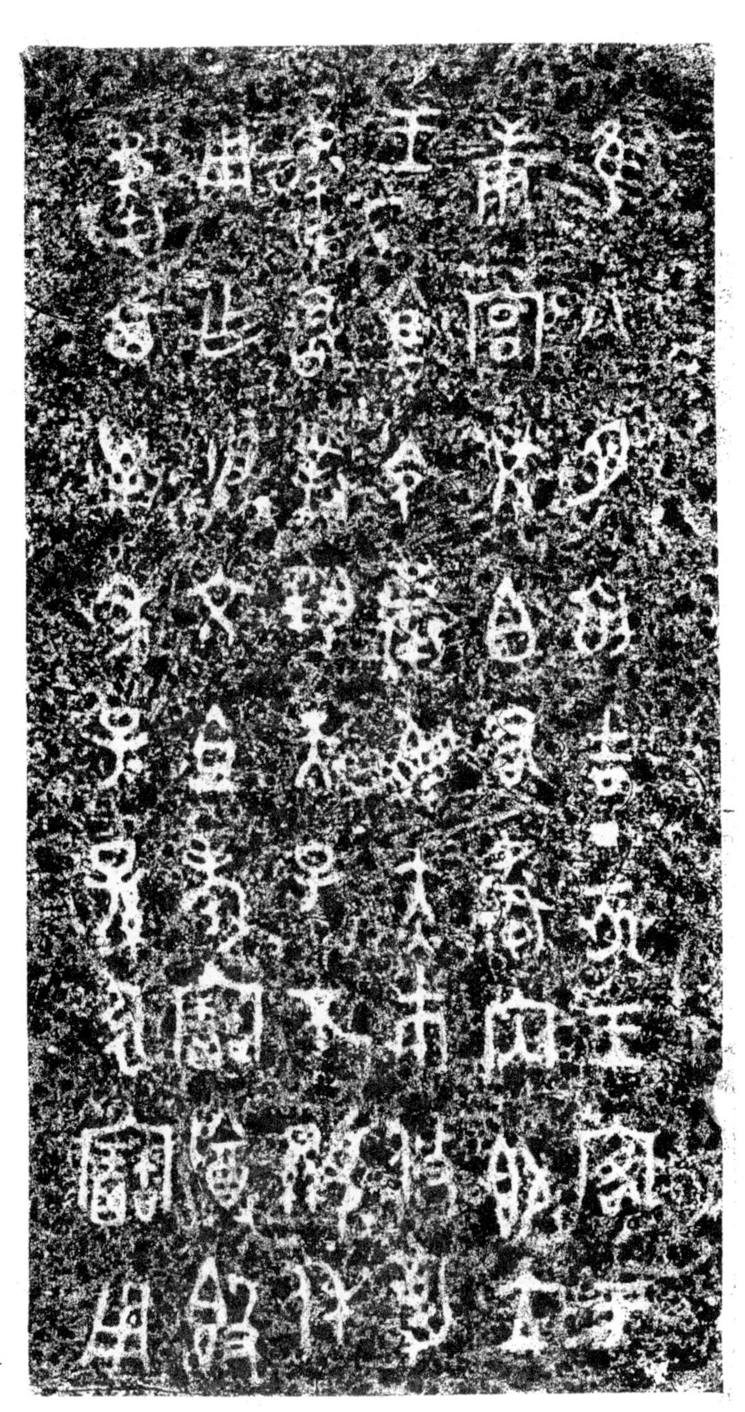

唯八月初吉丁亥，王客（各）于康宮，焚（榮）伯右（佑）衛，內（入）即立（位），王曾（增）令衛，孖（殿）赤芾、攸（鋚）勒，衛敢對揚天子不（丕）顯休，用乍（作）朕文祖考寶尊毁，衛其邁（萬）年，子子孫孫永寶用

04209.1

04209.2

唯八月初吉丁亥，王客（各）于

康宮，𤇾（榮）伯右（佑）衛，內（入）即立（位），

王曾（增）令衛，屏（殿）赤芾、攸（鋚）勒，

衛敢對揚天子不（丕）顯休，

用乍（作）朕文祖考寶尊毁，

衛其邁（萬）年，子子孫孫永寶用

衛毁

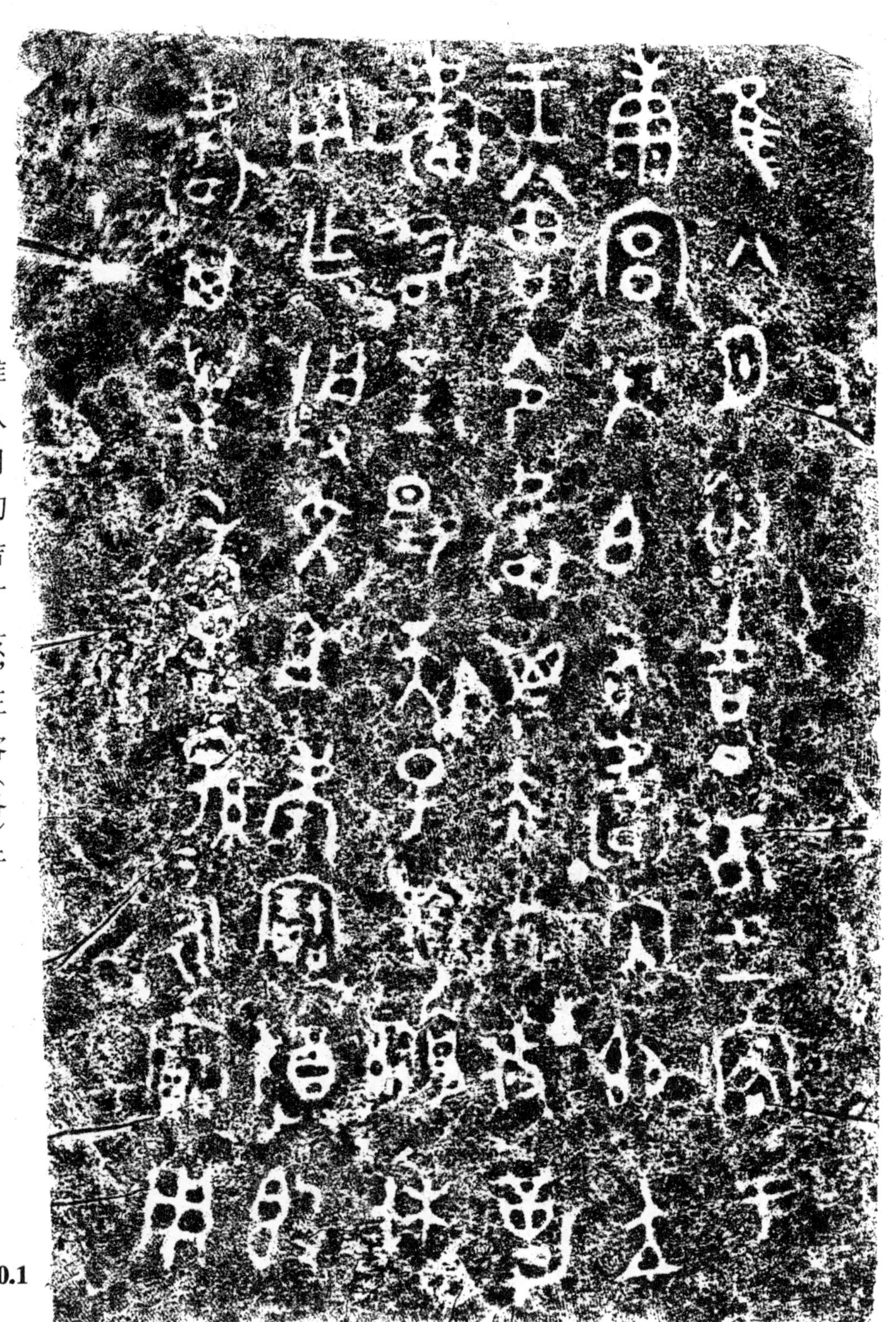

唯八月初吉丁亥，王客（各）于
康宫，燮（榮）伯右（佑）衛，内（入）即立（位），
王曾（增）令衛，屎（殿）赤芾、攸（鋚）勒，
衛敢對揚天子不（丕）顯休，
用乍（作）朕文祖考寶尊毁，
衛其萬年，子子孫孫永寶用

04210.1

唯八月初吉丁亥，王客（各）
于康宮，燚（榮）伯右（佑）衛，內（入）即
立（位），王曾（增）令衛，屎（殿）赤芾、攸（鋚）
勒，衛敢對揚天子不（丕）顯
休，用乍（作）朕文祖考寶尊
毁，衛其萬年，子子孫孫永寶用

04210.2

衛殷

04211.1

唯八月初吉丁亥，王客（各）于康宮，焚（榮）伯右（佑）衛，內（入）即立（位），王曾（增）令衛，屏（殿）赤芾、攸（鋚）勒，衛敢對揚天子不（丕）顯休，用乍（作）朕文祖考寶尊殷，衛其萬年，子子孫孫永寶用

唯八月初吉丁亥，王客（各）于
康宮，燮（榮）伯右（佑）衛，內（入）即
立（位），王曾（增）令衛，易（賜）赤巿、攸（鋚）
勒，衛敢對揚天子不（丕）顯休，
用乍（作）朕文祖考寶尊段，
衛其萬年，子子孫孫永寶用

04211.2

衛毀

04212.1

唯八月初吉丁亥，王客（各）于
康宮，焚（榮）伯右（佑）衛，內（入）即立（位），
王曾（增）令衛，屎（殿）赤市、攸（鋚）勒，
衛敢對揚天子不（丕）顯休，
用乍（作）朕文祖考寶尊毀，
衛其萬年，子子孫孫永寶用

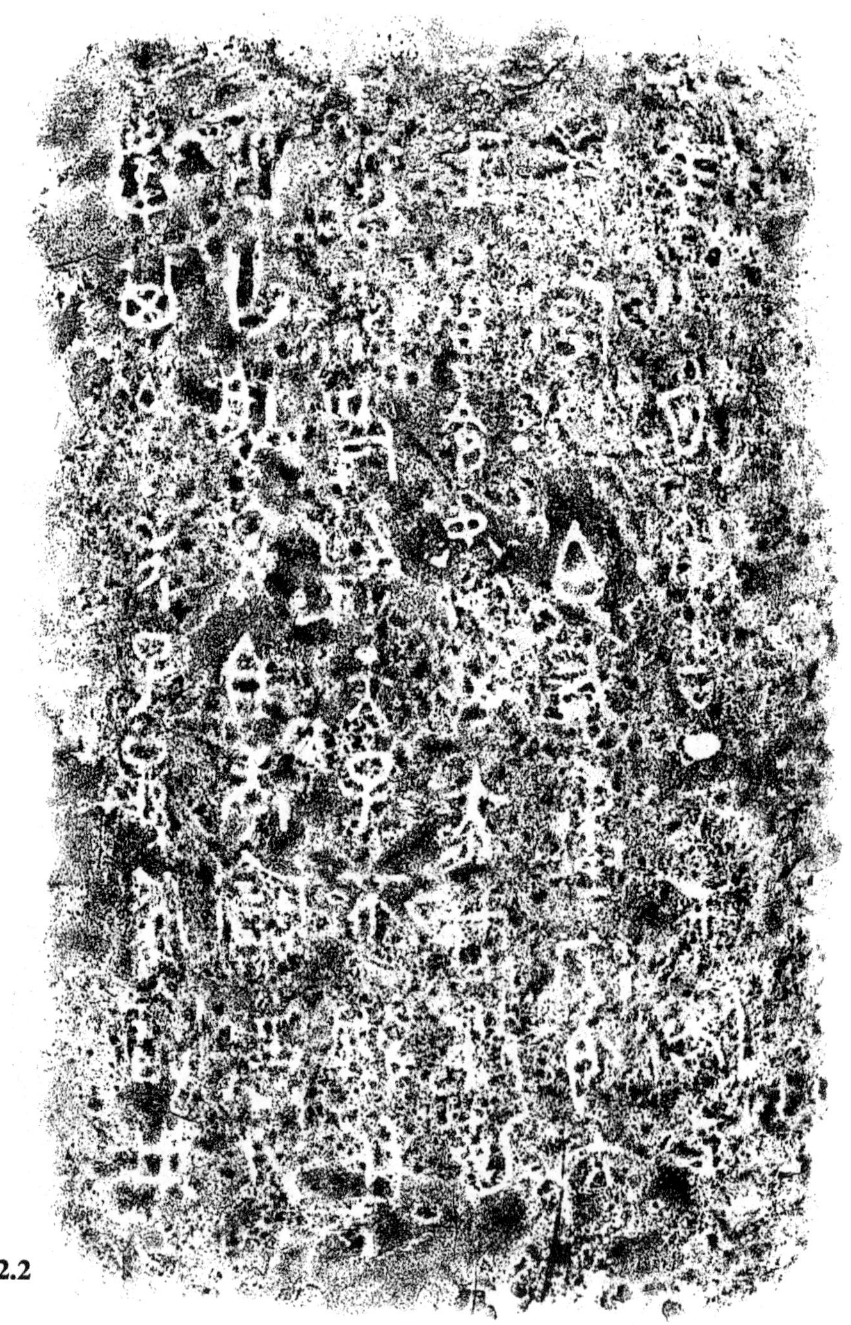

唯八月初吉丁亥，王客（各）于
康宮，燮（榮）伯右（佑）衛，內（入）即立（位），
王曾（增）令衛，𢊁（殿）赤芾、攸（鋚）勒，
衛敢對揚天子不（丕）顯休，
用乍（作）朕文祖考寶尊𣪘，
衛其萬年，子子孫孫永寶用

04212.2

㞟敖毁蓋

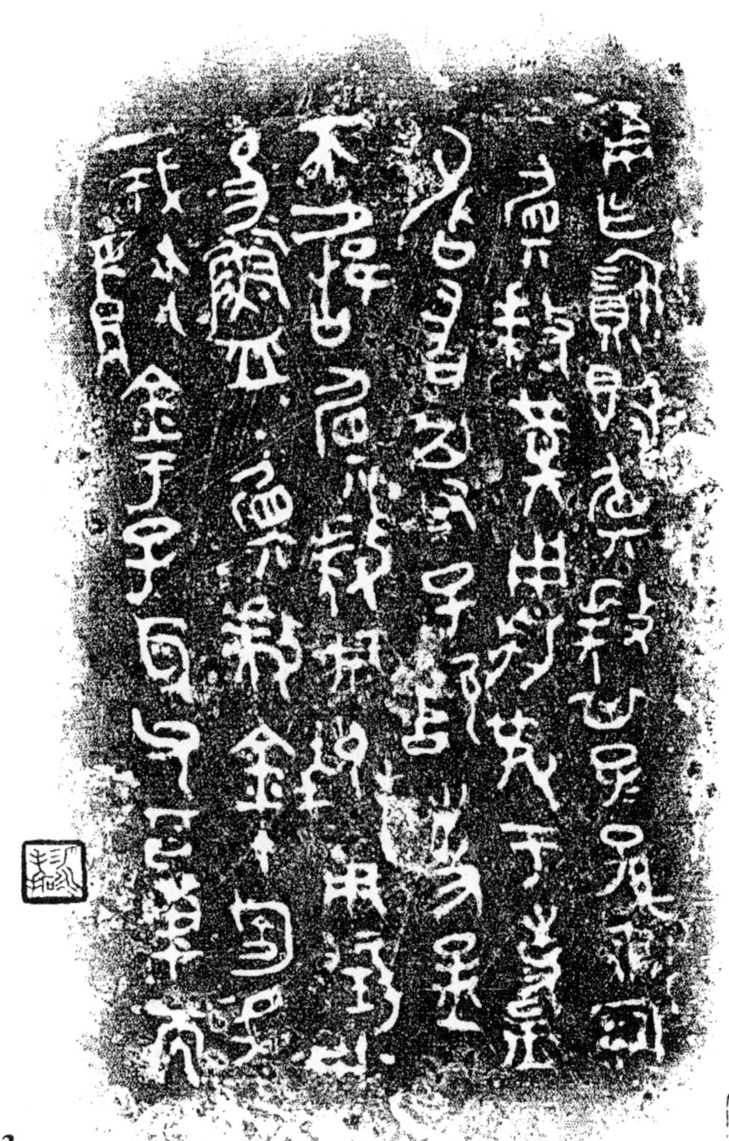

戎獻金于子牙父百車，而

賜盧(魯)㞟(殿)𢾊(敖)金十鈞，賜

不諱，㞟(殿)𢾊(敖)用𩱼(摖)用璧，用

指(頴)首，其右(佑)子歆(嘟)、事(史)孟，

㞟(殿)𢾊(敖)堇(謹)用豹皮于事(史)孟，

用乍(作)寶毁，㞟(殿)𢾊(敖)其子子孫孫永寶

04213

師遽𣪘蓋

唯王三祀四月，既生霸辛酉，王在周，客（各）新宮，王征（誕）正師氏，王乎師朕賜師遽貝十朋，遽拜䭫首，敢對揚天子不（丕）杯（丕）休，用乍（作）文考旄叔尊𣪘，世孫子永寶

04214

虘殷

唯王正月，辰在甲午，王曰：虘，命女（汝）嗣成周里人，眔者（諸）侯、大亞，訊訟罰，取徵五寽（鋝），賜女（汝）尸（夷）臣十家，用事，虘拜䭫首，對揚王休命，用乍（作）寶殷，其子子孫孫寶用

04215.1

唯王正月，辰在甲午，
王曰：䝞，命女（汝）𤔲成周
里人，眔者（諸）侯、大亞，訊
訟罰，取徵五寽（鋝），賜女（汝）
尸（夷）臣十家，用事，䝞拜
䭫首，對揚王休命，用
乍（作）寶毀，其子子孫孫寶用

04215.2

五年師旋毁

唯王五年九月，既生霸壬午，王曰：師旋，令女（汝）羞追于齊，儕（齎）女（汝）毌五、昜（鍚）登盾生皇（凰）、畫內（枘）戈琱㦰、歇（厚）必（柲）、彤沙（蘇），敬毋敗速（績），旋敢昜（揚）王休，用乍（作）寶毁，子子孫孫永寶用

04216.1

唯王五年九月，既生霸

壬午，王曰：師旋，令女（汝）

羞追于齊，儕（齎）女（汝）毌五、

昜（錫）登盾生皇（凰）、畫

內（枘）戈

琱㦸、歫（厚）必（柲）、彤

沙（蘇），敬毋

敗速（績），旋敢昜（揚）王

休，用

乍（作）寶𣪕，子子孫孫永

寶用

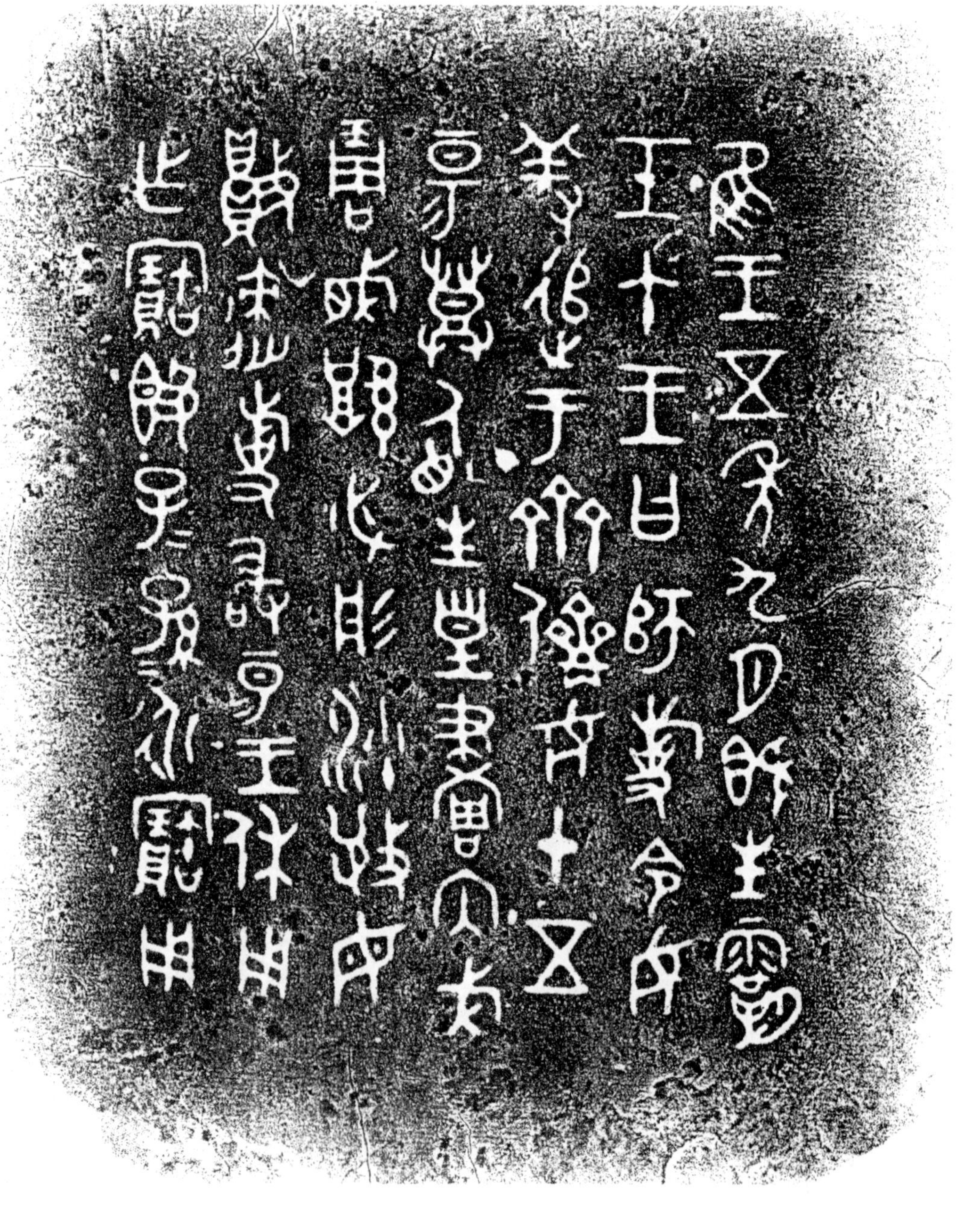

04216.2

五年師旋𣪘

唯王五年九月，既生霸
壬午，王曰：師旋，令女（汝）
羞追于齊，儕（齎）女（汝）毌五、
昜（錫）登盾生皇（凰）、畫
內（枘）戈
琱㦰、歫（厚）必（柲）、彤
沙（蘇），敬毋
敗速（績），旋敢昜（揚）王
休，用
乍（作）寶𣪘，子子孫孫永
寶用

04217.1

唯王五年九月，既生霸壬午，王曰：師旋，令女（汝）羞追于齊，儕（賫）女（汝）毌五、昜（鍚）登盾生皇（凰）、畫內（枘）戈琱胾、歌（厚）必（柲）、彤沙（蘇），敬毋敗速（績），旋敢昜（揚）王休，用乍（作）寶毁，子子孫孫永寶用

04217.2

五年師旋𣪘

唯王五年九月，既生霸壬午，王曰：師旋，令女（汝）羞追于齊，儕（齎）女（汝）毌五、昜（錫）登盾生皇（凰）、畫內（枘）戈琱㦽、歂（厚）必（柲）、彤沙（蘇），敬毋敗速（績），旋敢昜（揚）王休，用乍（作）寶𣪘，子子孫孫永寶用

04218

追毁

追虔夙夕恤厥死（尸）事，天
子多賜追休，追敢對天子
覭（景）揚，用乍（作）朕皇祖考
尊毁，用享孝于前文
人，用祈匄眉壽、永令（命），
畯臣天子，霝（靈）冬（終），追其
萬年，子子孫孫永寶用

04219

追毁

追虔夙夕恤厥死（尸）事，天子多賜追休，追敢對天子覭（景）揚，用乍（作）朕皇祖考尊毁，用享孝于前文人，用祈匄眉壽、永令（命），畯臣天子，霝（靈）冬（終），追其萬年，子子孫孫永寶用

04220

追毁

追虔夙夕恤厥死（尸）事，天子多賜追休，追敢對天子覭（景）揚，用乍（作）朕皇祖考尊毁，用享孝于前文人，用祈匄眉壽、永令（命），畯臣天子，霝（靈）冬（終），追其萬年，子子孫孫永寶用

04221

追毁蓋

04222A

追虘夙夕恤厥死（尸）事，天子多賜追休，追敢對天子䫌（景）揚，用乍（作）朕皇祖考尊毁，用享孝于前文人，用祈匄眉壽、永令（命），畯臣天子，霝（靈）冬（終），追其萬年，子子孫孫永寶用

04222B

追

簋

追虔夙夕恤厥死（尸）事，天
子多賜追休，追敢對天
子覭（景）揚，用乍（作）朕皇祖
考尊𣪘，用享孝于前
文人，用祈匄眉壽、永
令（命），畯臣天子，霝（靈）冬（終），追
其萬年，子子孫孫永寶用

04223.1

追虘夙夕恤厥死（尸）事，
天子多賜追休，追敢
對天子覭（景）揚，用乍（作）朕皇
祖考尊𣪘，用享孝于
前文人，用祈匃眉壽、
永令（命），畯臣天子，霝（靈）
冬（終），追
其萬年，子子孫孫永寶用

04223.2

追
設

追虘夙夕恤厥死（尸）事，天
子多賜追休，追敢對天
子覭（景）揚，用乍（作）朕皇祖
考尊設，用享孝于前
文人，用祈匄眉壽、永
令（命），畯臣天子，霝（靈）冬（終），追
其萬年，子子孫孫永寶用

04224

無曩毁

唯十又三年，正月初
吉壬寅，王征南尸（夷），王
賜無曩馬四匹，無曩
拜手䭫首，曰：敢對揚
天子魯休令（命），無曩用乍（作）
朕皇祖釐季尊毁，無
曩其萬年，子孫永寶用

04225.1

唯十又三年，正月初
吉壬寅，王征南尸（夷），王
賜無曩馬四匹，無曩
拜手𩒨首，曰：敢對揚
天子魯休令（命），無曩用乍（作）
朕皇祖釐季尊𣪘，無
曩其萬年，子孫永寶用

04225.2

無曩𣪕

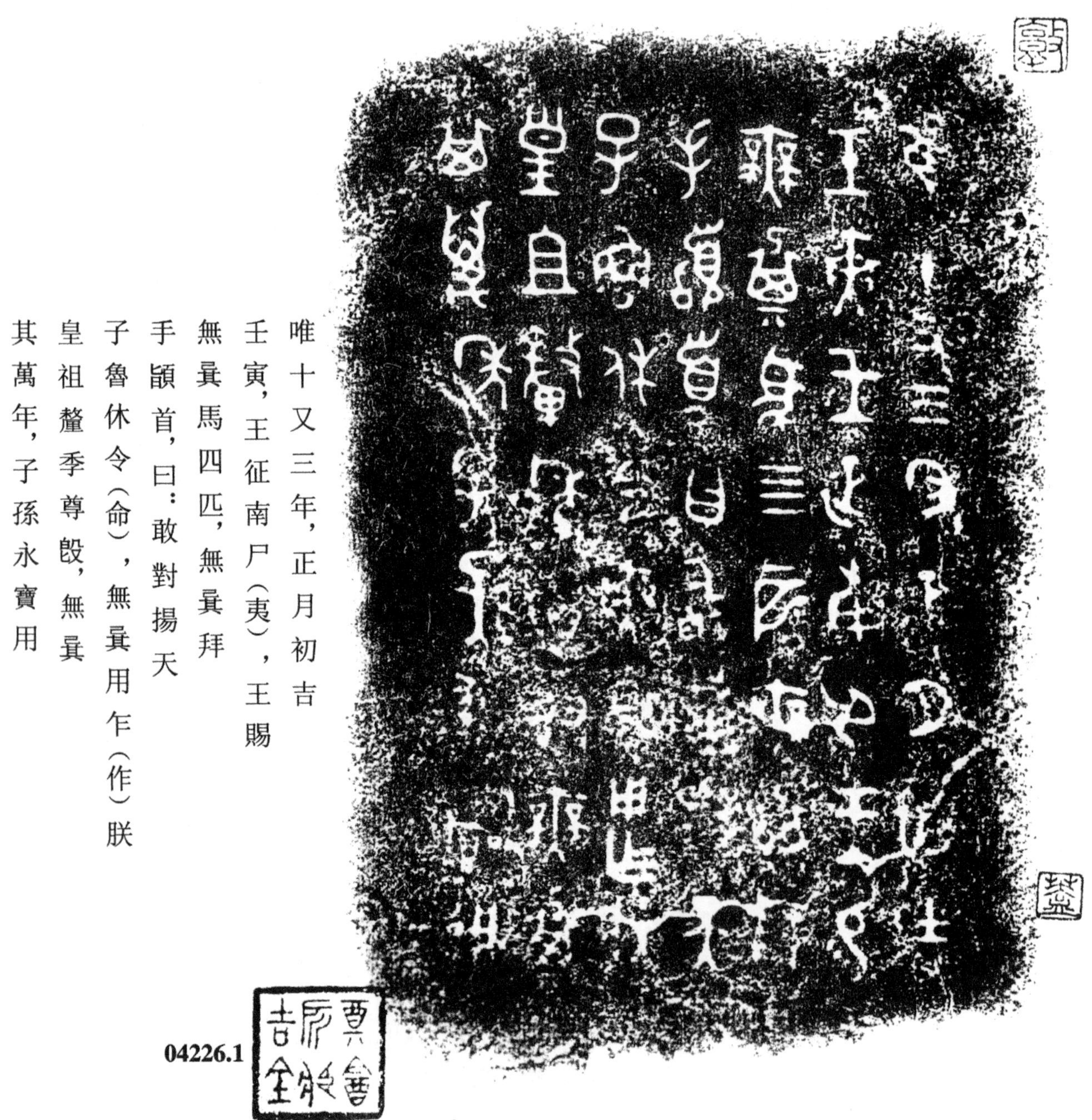

唯十又三年，正月初吉壬寅，王征南尸（夷），王賜無曩馬四匹，無曩拜手䭫首，曰：敢對揚天子魯休令（命），無曩用乍（作）朕皇祖釐季尊𣪕，無曩其萬年，子孫永寶用

04226.1

唯十又三年，正月初
吉壬寅，王征南尸（夷），王
賜無㠱馬四匹，無㠱
拜手䭫首，曰：敢對揚
天子魯休令（命），無㠱用乍（作）
朕皇祖釐季尊𣪘，無
㠱其萬年，子孫永寶用

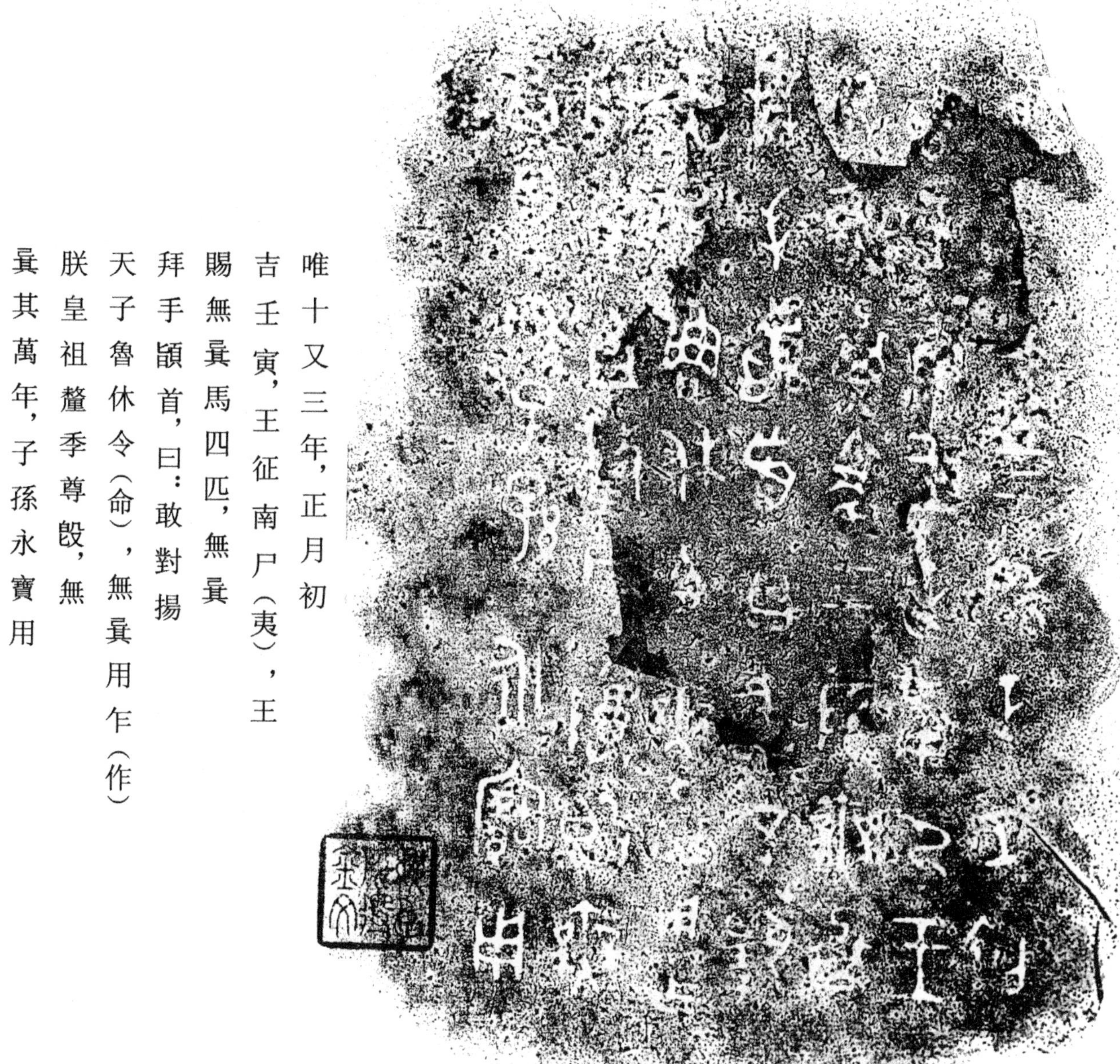

04226.2

無曩段蓋

唯十又三年，正月初
吉壬寅，王征南尸（夷），王
賜無曩馬四匹，無曩
拜手䭫首，曰：敢對揚
天子魯休令（命），無曩用乍（作）
朕皇祖釐季尊段，無
曩其萬年，子孫永寶用

04227

無㠱𣪘蓋

唯十又三年，正月初吉壬寅，王征南尸（夷），王賜無㠱馬四匹，無㠱拜手䭫首，曰：敢對揚天子魯休令（命），無㠱用乍（作）朕皇祖釐季尊𣪘，無㠱其萬年，子孫永寶用

04228

史頌𣪕

唯三年五月丁巳，王在宗
周，令史頌省穌（蘇）㴲（婣）友、里君、
百生（姓），帥堣（偶）盩于成周，休又（有）
成事，穌（蘇）賓（儐）章（璋）、馬四匹、吉金，用
乍（作）䵼彝，頌其萬年無疆，日
遅（揚）天子覭（景）令（命），子子孫孫永寶用

04229.1A

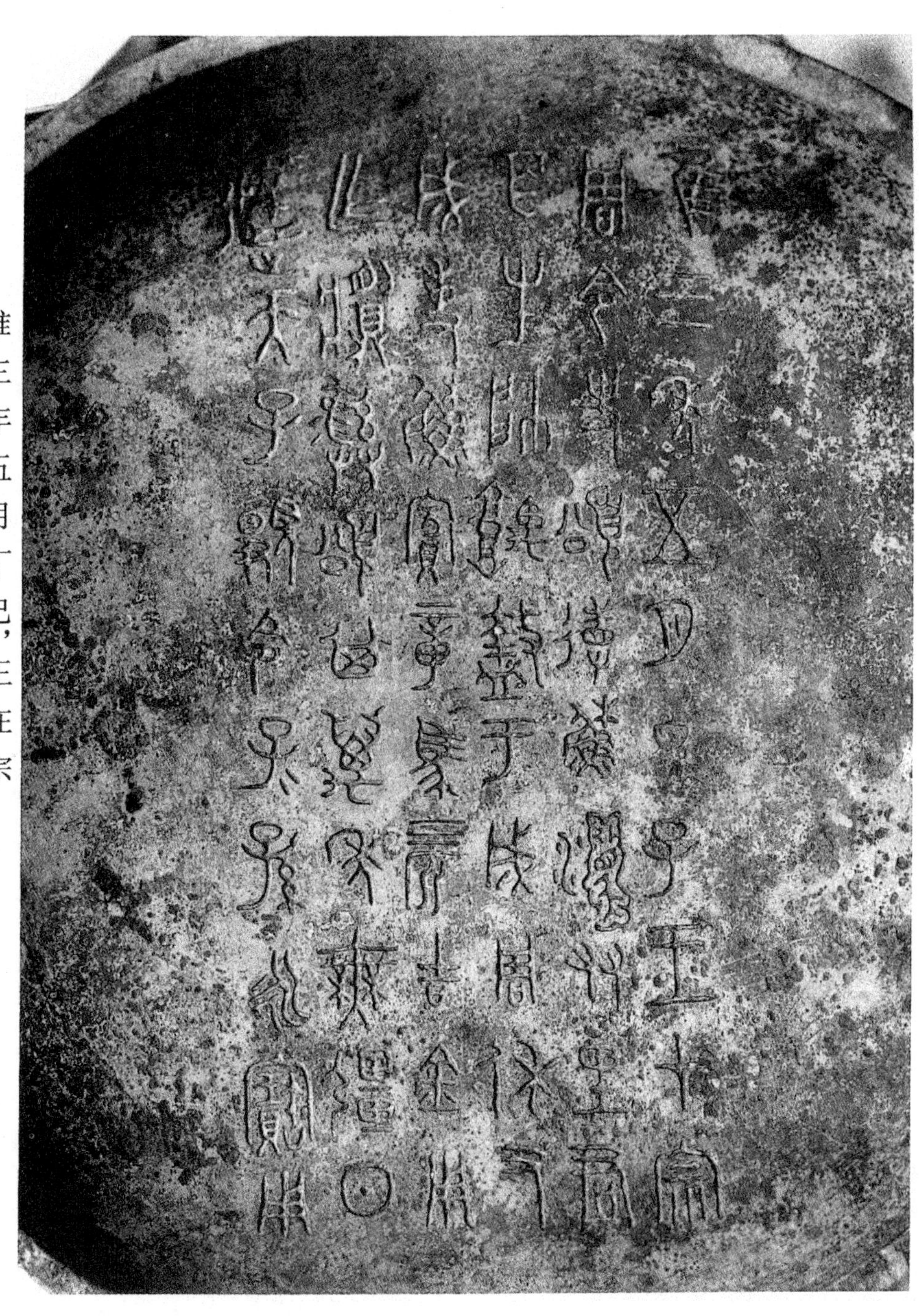

唯三年五月丁巳，王在宗周，令史頌省穌（蘇）灋（姻）友、里君、百生（姓），帥堣（偶）盩于成周，休又（有）成事，穌（蘇）賓（儐）章（璋）、馬四匹、吉金，用乍（作）鼒彝，頌其萬年無疆，日遅（揚）天子覭（景）令（命），子子孫孫永寶用

04229.1B

唯三年五月丁巳，王在宗周，令史頌省穌（蘇）㶣（婣）友、里君、百生（姓），帥堣（偶）盩于成周，休又（有）成事，穌（蘇）賓（儐）章（璋）、馬四匹、吉金，用乍（作）𩰫彝，頌其萬年無疆，日遅（揚）天子覠（景）令（命），子子孫孫永寶用

04229.2

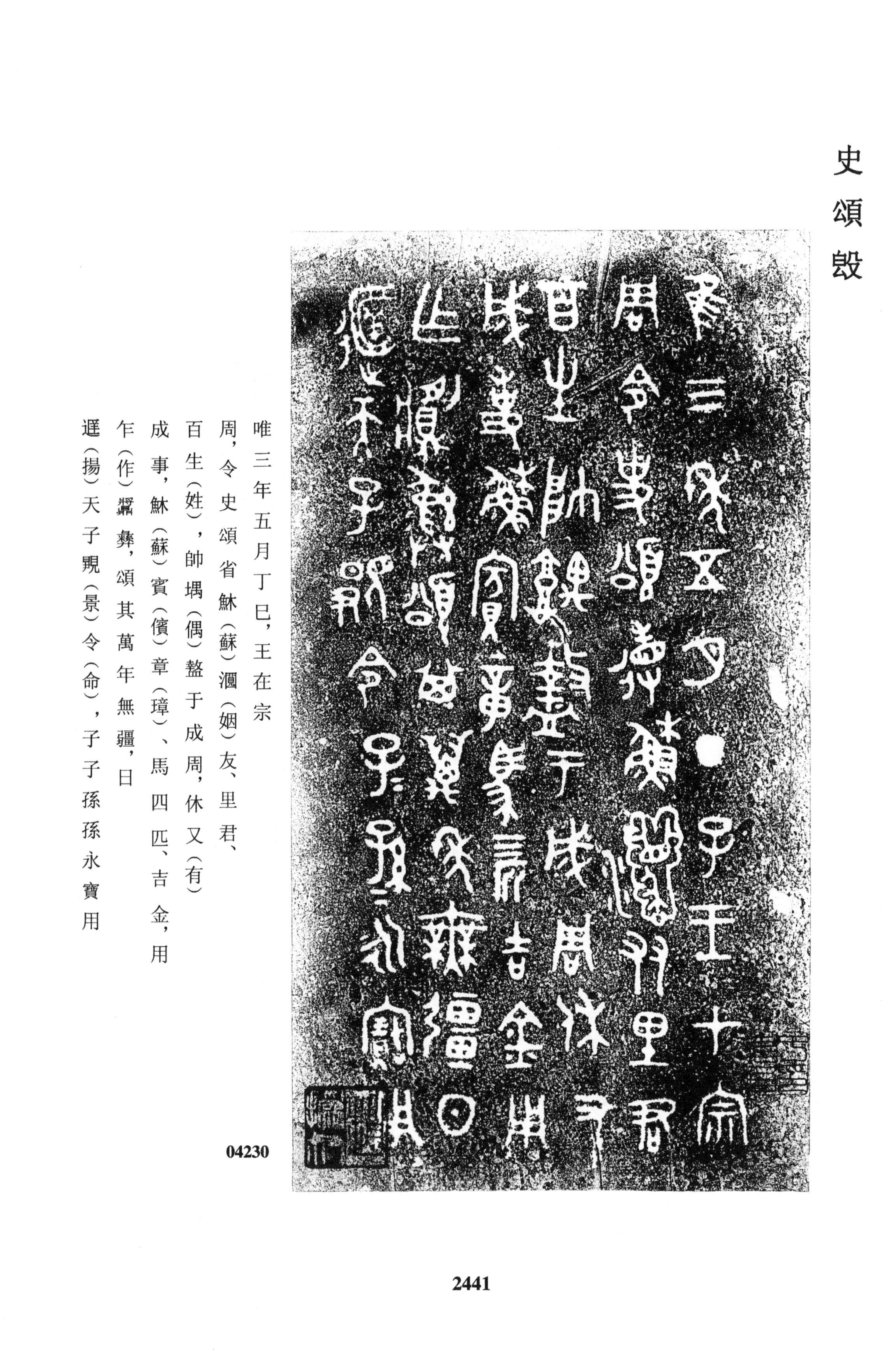

史頌𣪕

唯三年五月丁巳，王在宗
周，令史頌省穌（蘇）灋（姻）友、里君、
百生（姓），帥堣（偶）盩于成周，休又（有）
成事，穌（蘇）賓（儐）章（璋）、馬四匹、吉金，用
乍（作）𩱛彝，頌其萬年無疆，日
遅（揚）天子覭（景）令（命），子子孫孫永寶用

04230

史頌𣪘蓋

唯三年五月丁巳，王在宗
周，令史頌省穌（蘇）瀳（姻）友、里君、
百生（姓），帥堣（偶）盩于成周，休又（有）
成事，穌（蘇）賓（儐）章（璋）、馬四匹、吉金，用
乍（作）𩰫彝，頌其萬年無疆，日
遅（揚）天子覭（景）令（命），子子孫孫永寶用

04231

史頌毁

唯三年五月丁巳，王在宗周，令史頌省穌（蘇）潿（姻）友、里君、百生（姓），帥堣（偶）盩于成周，休又（有）成事，穌（蘇）賓（儐）章（璋）、馬四匹、吉金，用乍（作）□彝，頌其萬年無疆，日遅（揚）天子覭（景）令（命），子子孫孫永寶用

04232.1

唯三年五月丁巳，王在宗
周，令史頌省穌（蘇）灋（姻）友、里君、
百生（姓），帥堣（偶）盩于成周，休又（有）
成事，穌（蘇）賓（儐）章（璋）、馬四匹、吉金，用
乍（作）𩰫彝，頌其萬年無疆，日
遅（揚）天子覭（景）令（命），子子孫孫永寶用

04232.2

史頌𣪘

唯三年五月丁巳，王在宗
周，令史頌省穌（蘇）瀰（姻）友、里君、
百生（姓），帥堣（偶）盩于成周，休又（有）
成事，穌（蘇）賓（儐）章（璋）、馬四匹、吉金，用
乍（作）𩱛彝，頌其萬年無疆，日
遅（揚）天子覭（景）令（命），子子孫孫永寶用

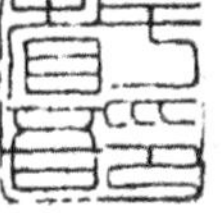

04233

史頌𣪘

唯三年五月丁巳，王在宗
周，令史頌省穌（蘇）潿（姻）友、里君、
百生（姓），帥堣（偶）盩于成周，休又（有）
成事，穌（蘇）賓（儐）章（璋）、馬四匹、吉金，用
乍（作）齍彝，頌其萬年無疆，日
遅（揚）天子覭（景）令（命），子子孫孫永寶用

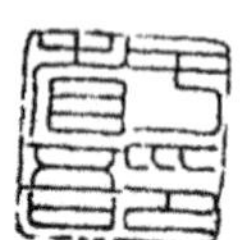

04234

史頌𣪘

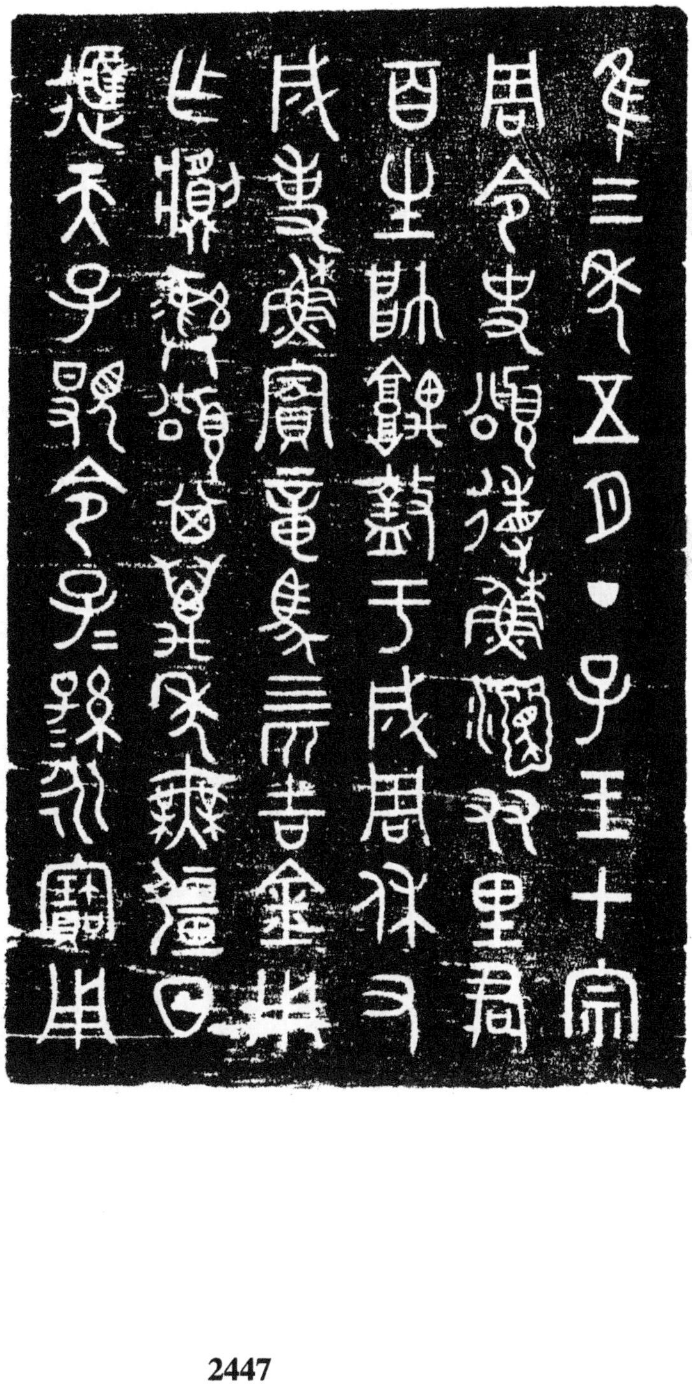

唯三年五月丁巳，王在宗周，令史頌省穌（蘇）𣳾（姻）友、里君、百生（姓），帥堣（偶）盩于成周，休又（有）成事，穌（蘇）賓（儐）章（璋）、馬四匹、吉金，用乍（作）𩰫彝，頌其萬年無疆，日遅（揚）天子䁣（景）令（命），子子孫孫永寶用

04235.1

唯三年五月丁巳，王在宗
周，令史頌省穌（蘇）凋（姻）友、里君、
百生（姓），帥堣（偶）盩于成周，休又（有）
成事，穌（蘇）賓（儐）章（璋）、馬四匹、吉金，用
乍（作）䵼彝，頌其萬年無疆，日
遅（揚）天子覭（景）令（命），子子孫孫永寶用

04235.2

史頌𣪘

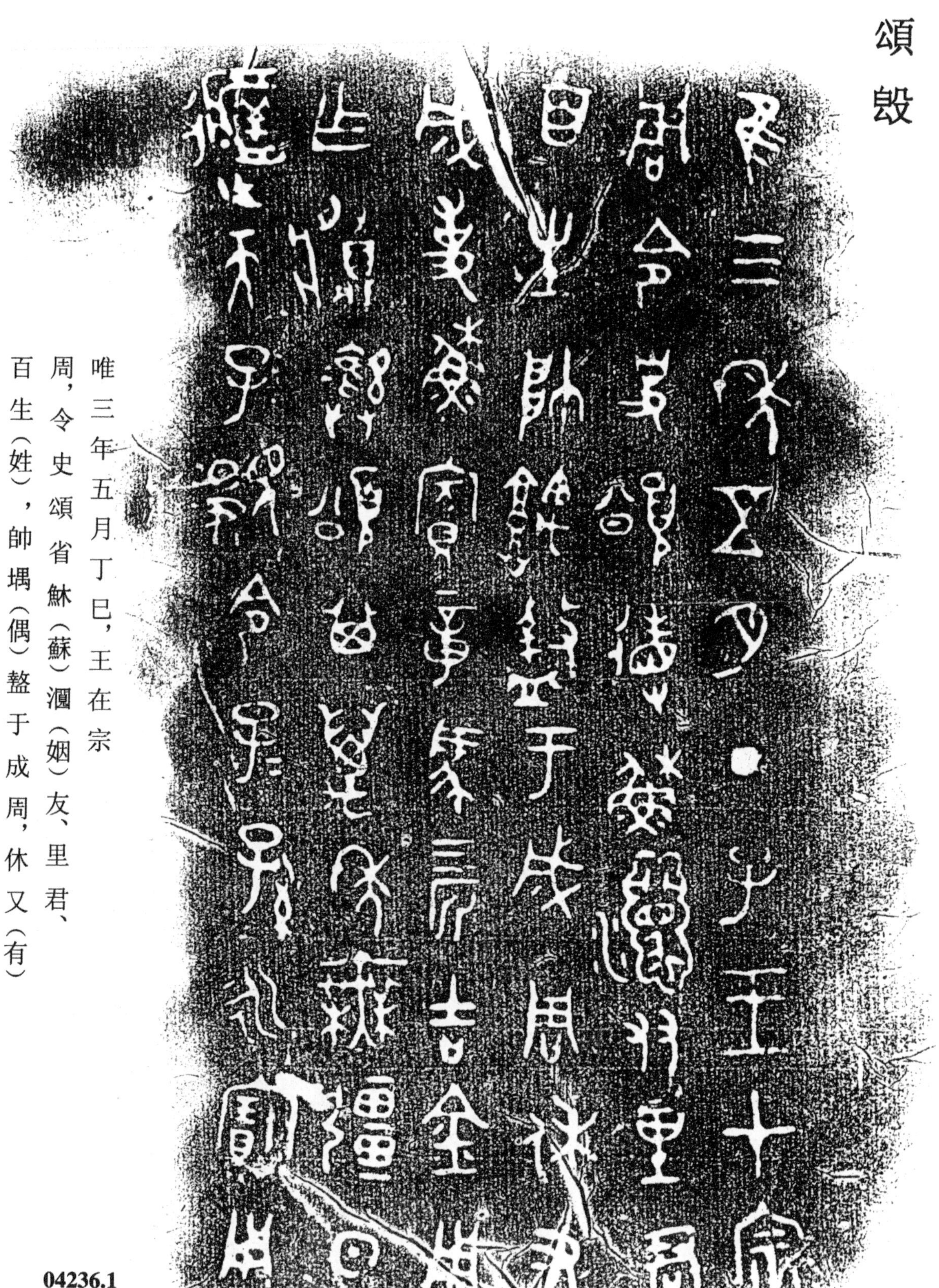

唯三年五月丁巳，王在宗周，令史頌省穌（蘇）澗（姻）友、里君、百生（姓），帥堣（偶）盩于成周，休又（有）成事，穌（蘇）賓（儐）章（璋）、馬四匹、吉金，用乍（作）𩰫彝，頌其萬年無疆，日遅（揚）天子覭（景）令（命），子子孫孫永寶用

04236.1

唯三年五月丁巳，王在宗
周，令史頌省穌（蘇）𤴓（姻）友、里君、
百生（姓），帥堣（偶）盩于成周，休又（有）
成事，穌（蘇）賓（儐）章（璋）、馬四匹、吉金，用
乍（作）𩰫彝，頌其萬年無疆，日
遅（揚）天子覭（景）令（命），子子孫孫永寶用

04236.2

臣諫𣪘

唯戎大出于軝，井（邢）侯厚（搏）

戎，祉（誕）令臣諫□□亞

旅處于軝，𢓊王□□，

諫曰：拜手頧首，臣諫□

亡，母弟引墉（庸）又（有）

望（忘），子□

余灷（朕）皇辟侯，余絺（豨）𢼄（作）

朕皇文考寶尊，唯用妥（綏）

康令于皇辟侯，匄（永福）

04237

小臣謎殷

𢼄東尸(夷)大反(叛)，伯懋父
以殷八師征東尸(夷)，唯
十又二月，遣自𠂤師(次)，述
東陕，伐海眉(堳)，雩厥復歸在牧
師(次)，伯懋父承
王令(命)，賜師率征自五
齵貝，小臣謎(誺)蔑曆，
眔賜貝，用乍(作)寶尊彝

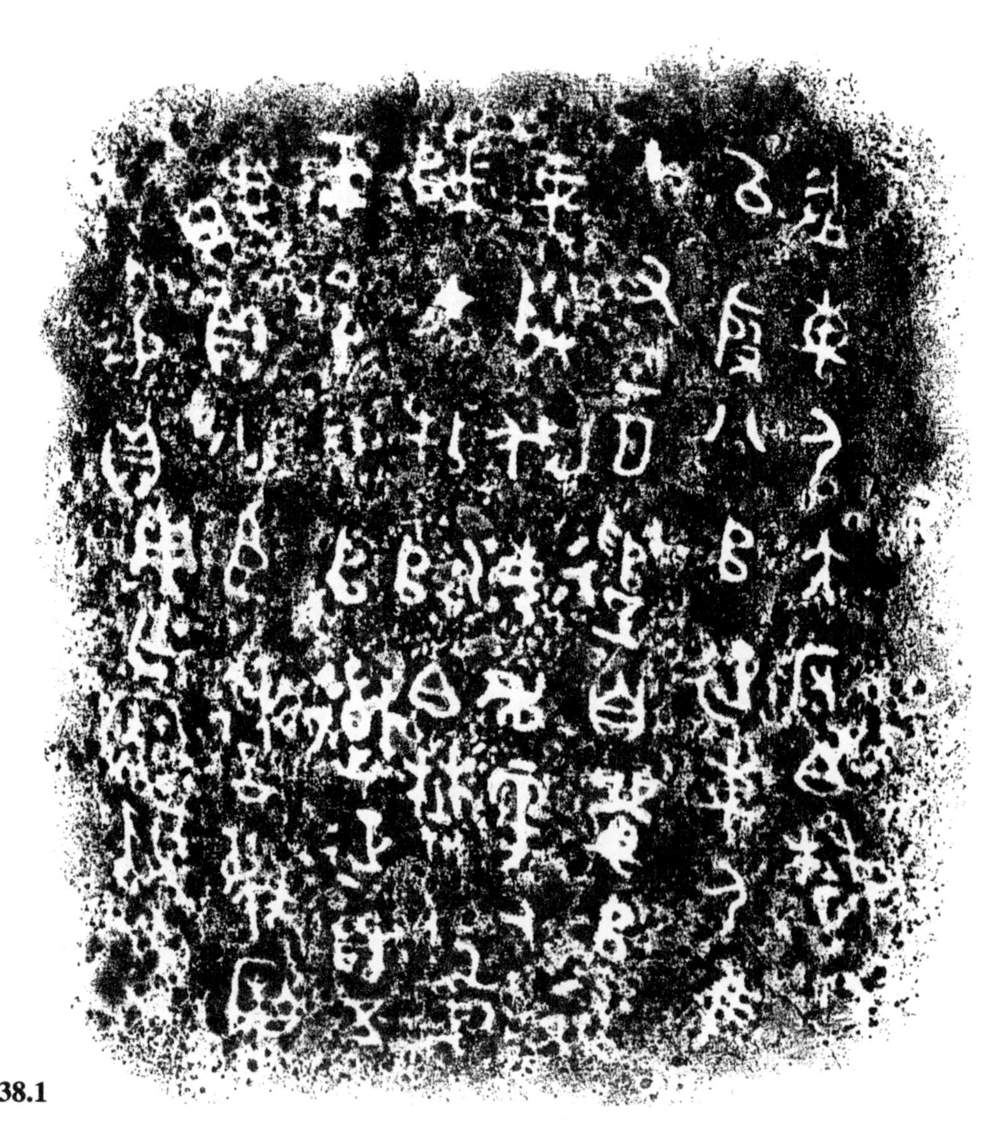

04238.1

𠭰東尸（夷）大反（叛），伯懋父
以殷八師征東尸（夷），唯
十又二月，遣自⿱罒豕師（次），述
東陕，伐海眉（堳），雩厥復歸在牧
師（次），伯懋父承
王令（命），賜師率征自五
齵貝，小臣謎（涞）蔑曆，眔
賜貝，用乍（作）寶尊彝

04238.2

小臣謎簋

䖒東尸（夷）大反（叛），伯懋父以殷八師征東尸（夷），唯十又二月，遣自䨒師（次），述東陕，伐海眉（堳），雩厥復歸在牧師（次），伯懋父承王令（命），賜師率征自五齵貝，小臣謎（誺）蔑曆，眔賜貝，用乍（作）寶尊彝

04239.1

𢦚東尸（夷）大反（叛），伯懋父以殷八師征東尸（夷），唯十又二月，遣自𥃝師（次），述東陕，伐海眉（堳），雩厥復歸在牧師（次），伯懋父承王令（命），賜師率征自五齵貝，小臣謎（誺）蔑曆，眔賜貝，用乍（作）寶尊彝

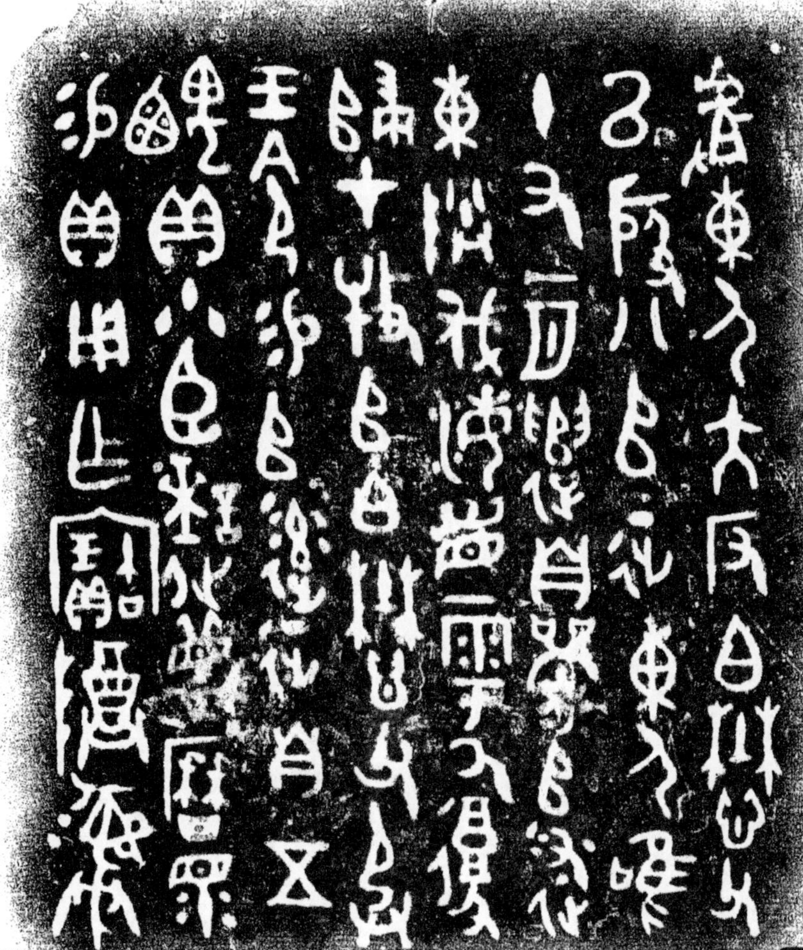

04239.2

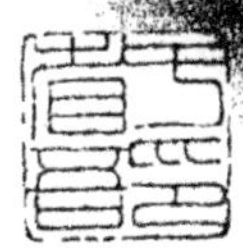

免毁

唯十又二月初吉，王在周，昧
喪（爽），王各于大廟，井叔
有（佑）免，即
令（命），王受（授）乍（作）册尹
者（書），卑（俾）册令（命）
免，曰：令女（汝）疋（胥）周師
𤔲歈（廩），賜
女（汝）赤⊖巿，用事，免對揚王休，
用乍（作）尊毁，免其萬年永寶用

04240

𤇈作周公𣪘

唯三月，王令𤇈（榮）眔內史曰：𦯞（介）井（邢）侯服，賜臣三品：州人、重人、墉（鄘）人，拜䭫首，魯天子造厥瀕（頻）福，克奔走上下，帝無冬（終）令（命）于有周，追考（孝），對不敢㒸（墜），卲（昭）朕福盟，朕臣天子，用典王令（命），乍（作）周公彝

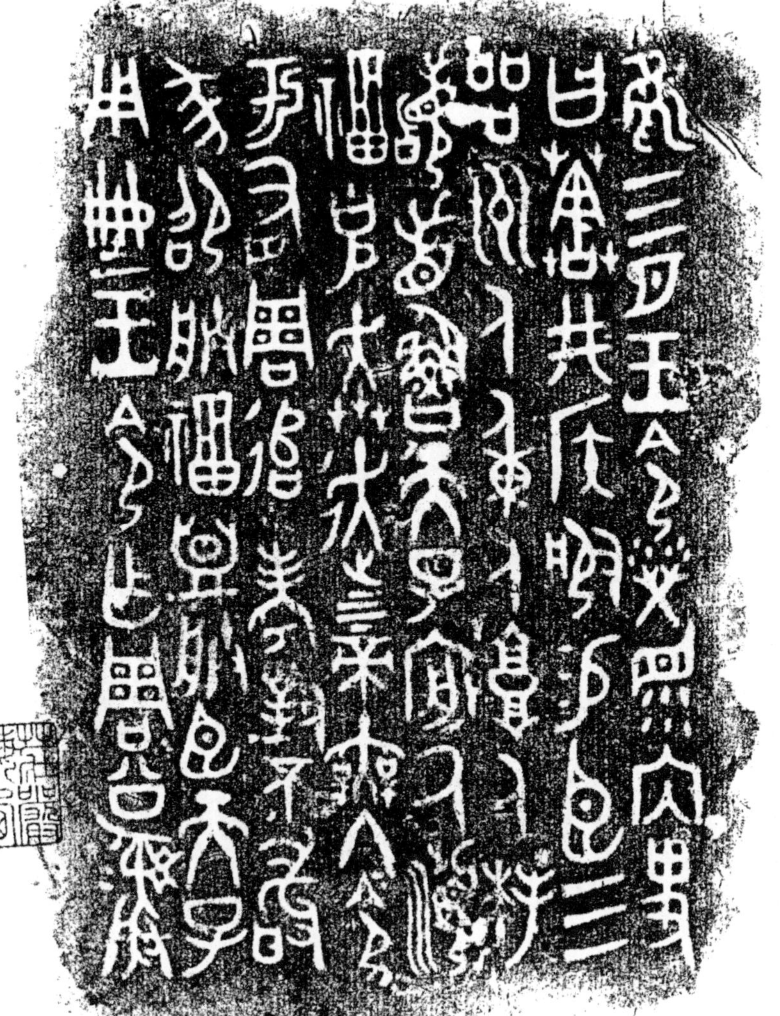

04241

叔向父禹𣪘

叔向父禹曰：余小子司（嗣）朕
皇考，肇帥井（型）先文祖，共（恭）明
德，秉威義（儀），用離（申）𨟭（恪）、奠保
我邦、我家，乍（作）朕皇祖幽大
叔尊𣪘，其嚴在上，降余多
福、繁孷（釐），廣啟禹身，勵（擢）于
永令（命），禹其邁（萬）年永寶用

04242

敄𣪘蓋

唯二月初吉，王在師嗣馬宮
大室，即立（位），井伯內（入）右（佑）救，立中廷，
北鄉（嚮），內史尹冊賜救：玄衣黹屯（純）、旂
四日，用大葡（備）于五邑守堰（堰），拜
䭫首，敢對揚天子休，用乍（作）
寶𣪘，其萬年，子子孫孫永寶用

04243

走毁

唯王十又二年，三月既望

庚寅，王在周，各大室，即

立（位），嗣馬井伯（入）右（佑）

走，王

乎乍（作）册尹（册賜）走：䝅（纘）

疋（胥）

益，賜女（汝）赤（巿、朱黄、䜌）

旂，用

考（事），走敢拜䭫首，對揚王

休，用自乍（作）寶尊毁，走其

眔厥子子孫孫，萬年永寶用

04244

三兒𣪕

唯王四月，
初吉丁巳，
[illegible](曾)孫三兒曰：
余呂以□
之孫，[illegible]□
敀子，□又
之(日)，擇厥
吉金，用(乍)
寶𣪕，用(享)
考(孝)于□，
其遵(躋)孟□
[illegible]敀子□

04245.1

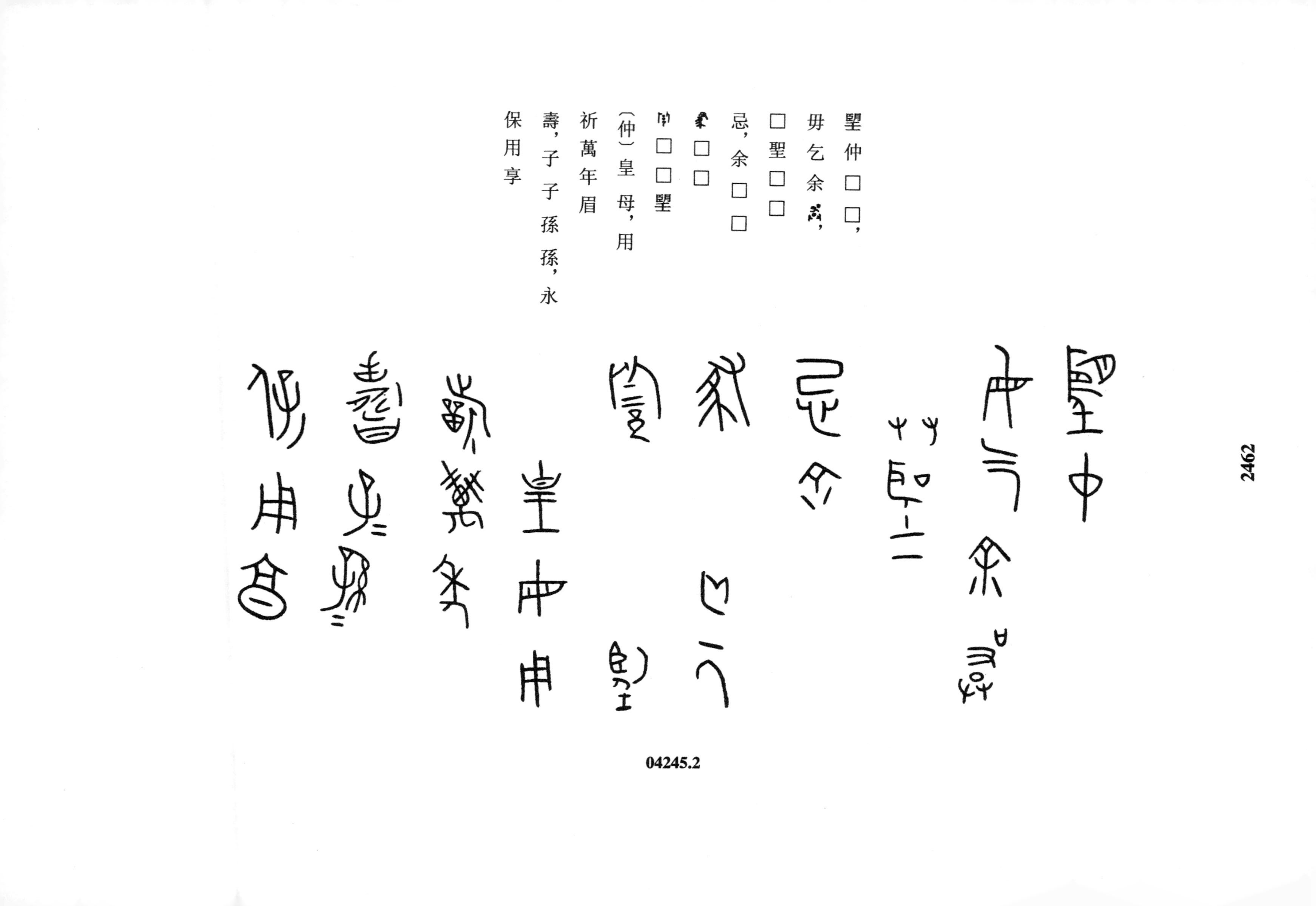

塱仲□□，
毋乞余[illegible]，
□聖□□
忌，余□□
[illegible]□□
[illegible]□□塱
（仲）皇母，用
祈萬年眉
壽，子子孫孫，永
保用享

04245.2

楚毁

唯正月初吉丁亥，王各于
康宮，仲倗父內（入）又（佑）楚，立中
廷，內史尹氏册命楚：赤⊜
巿、緣（鑾）旂，取遄（徵）五寽（鋝），嗣葊啚（鄙）
官（館）、內師舟，楚敢拜手𩒨首，
疐揚天子不（丕）顯休，用乍（作）尊
毁，其子子孫孫邁（萬）年，永寶用

04246.1

唯正月初吉丁亥，王各于
康宮，仲倗父內（入）又（佑）楚，立中
廷，內史尹氏册命楚：赤⊖
芾、䜌（鑾）旂，取遄（徵）五寽（鋝），𤔲衾啚（鄙）
官（館）、內師舟，楚敢拜手𩒨首，
疐揚天子不（丕）顯休，用乍（作）
尊𣪘，其子子孫孫邁（萬）年，永寶用

楚毁

唯正月初吉丁亥，王各于康宫，仲倗父内（入）又（佑）楚，立中廷，内史尹氏册命楚：赤⊜巿、䜌（鑾）旂，取遄（徵）五寽（鋝），𤔲飤啚（鄙）官（館）、内師舟，楚敢拜手䭫首，疐揚天子不（丕）顯休，用乍（作）尊毁，其子子孫孫邁（萬）年，永寶用

04247.1

唯正月初吉丁亥，王各于
康宮，仲倗父內（入）又（佑）楚，立中
廷，內史尹氏冊命楚：赤⊖
芾、緣（鑾）旂，取遄（徵）五寽（鋝），嗣夋
啚（鄙）官（館）、內師舟，楚敢拜手䭫
首，疐揚天子不（丕）顯休，用乍（作）
尊𣪕，其子子孫孫邁（萬）年，永寶用

04247.2

楚簋

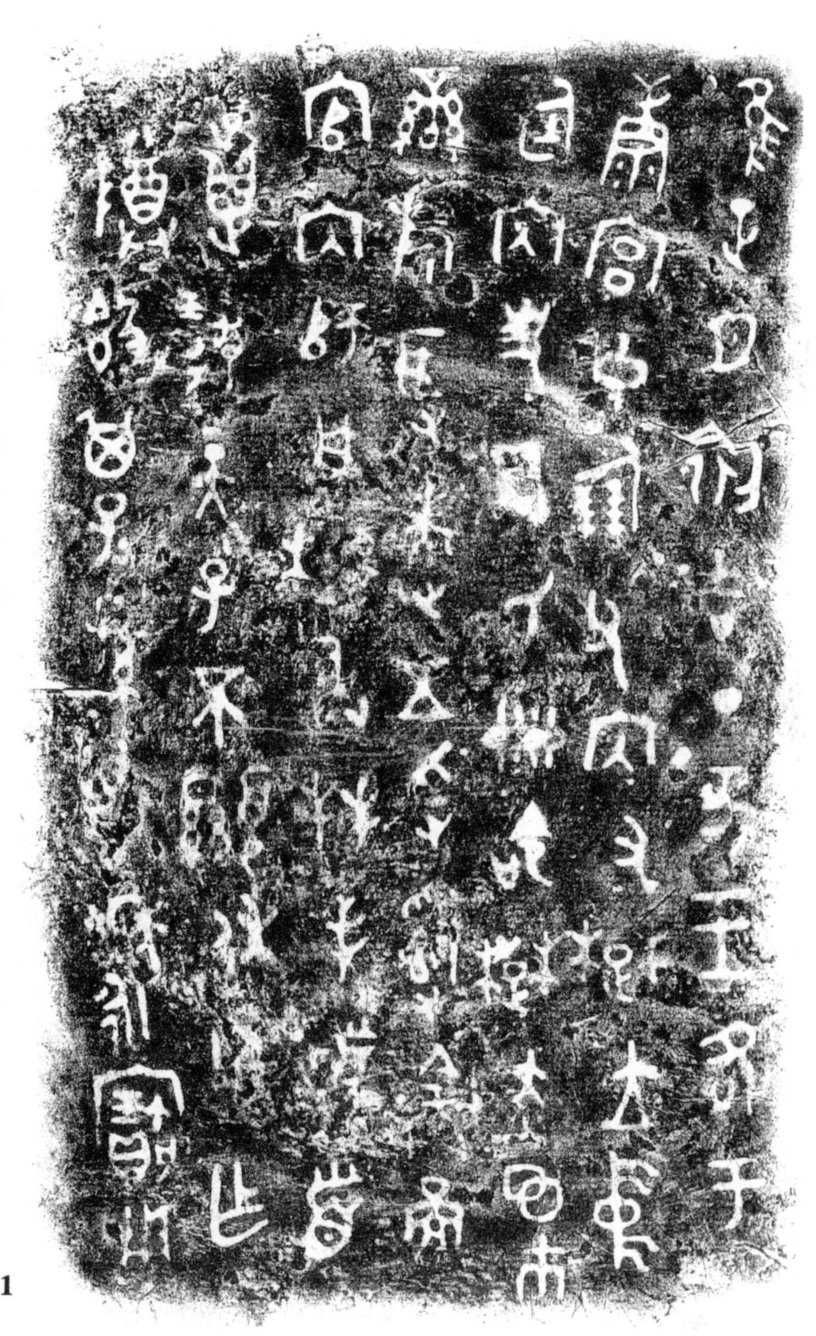

唯正月初吉丁亥，王各于康宫，仲倗父内（入）又（佑）楚，立中廷，内史尹氏册命楚：赤⊖巿、緣（鑾）旂，取遄（徵）五寽（鋝），𤔲（司）㝵啚（鄙）官（館）、内師舟，楚敢拜手𩒨首，疐揚天子不（丕）顯休，用乍（作）尊毁，其子子孫孫邁（萬）年，永寶用

04248.1

04248.2

唯正月初吉丁亥，王各于
康宫，仲倗父内（入）又（佑）楚，立中
廷，内史尹氏册命楚：赤⊜
芇、䜌（鑾）旂，取遄（徵）五寽（鋝），嗣
[illegible]啚（鄙）官（館）、内師舟，楚敢拜手䭬
首，[illegible]揚天子不（丕）顯休，用乍（作）
尊𣪘，其子子孫孫邁（萬）年，永寶用

楚毁

唯正月初吉丁亥，王各于康宮，仲倗父內（入）又（佑）楚，立中廷，內史尹氏册命楚：赤⊗芾、䜌（鑾）旂，取遄（徵）五寽（鋝），𤔲衾啚（鄙）官（館）、內師舟，楚敢拜手䭫首，疐揚天子不（丕）顯休，用乍（作）尊毁，其子子孫孫邁（萬）年，永寶用

04249

即簋

唯王三月，初吉庚申，王在康宮，各大室，定伯入右（佑）即，王乎命女（汝）：赤芾、朱黃（衡）、玄衣黹屯（純）、䜌（鑾）旂，曰：嗣琱宮人虢旞，用事，即敢對揚天子不（丕）顯休，用乍（作）朕文考幽叔寶毁，即其萬年，子子孫孫永寶用

04250

大師虘𣪘

正月既望甲午，王在周師
量宮，旦，王各大室，即立（位），王
乎師晨召（詔）大（太）師虘，入門，立
中廷，王乎宰曶賜大（太）師虘
虎裘，虘拜韻首，敢對揚天
子不（丕）顯休，用乍（作）寶𣪘，虘其
萬年永寶用，唯十又二年

04251.1

正月既望甲午，王在周師
量宫，旦，王各大室，即立（位），王
乎師晨召（詔）大（太）師虘，入門，立
中廷，王乎宰曶賜大（太）師虘
虎裘，虘拜𩒨首，敢對揚天
子不（丕）顯休，用乍（作）寶𣪘，虘其
萬年永寶用，唯十又二年

04251.2

大師虘毁

正月既望甲午，王在周師
量宮，旦，王各大室，即立（位），王
乎師晨召（詔）大（太）師虘，入門，立
中廷，王乎宰曶賜大（太）師虘
虎裘，虘拜𩒨首，敢對揚天
子不（丕）顯休，用乍（作）寶毁，虘其
萬年永寶用，唯十又二年

04252.1

正月既望甲午，王在周師
量宮，旦，王各大室，即立（位），王
乎師晨召（詔）大（太）師虘，入門，立
中廷，王乎宰曶賜大（太）師虘
虎裘，虘拜䭫首，敢對揚天
子不（丕）顯休，用乍（作）寶𣪘，虘其
萬年永寶用，唯十又二年

04252.2

弭叔師察𣪕

唯五月初吉柙（甲）戌，王在莽，

各于大室，即立中廷，井叔

內（入）右（佑）師察，王乎尹氏册命

師察：賜女（汝）赤舄、攸（鋚）勒，用楚（胥）

弭伯，師察拜𩒨首，敢對揚

天子休，用乍（作）朕文祖寶𣪕，

弭叔其邁（萬）年，子子孫孫永寶用

04253

弭叔師察毁

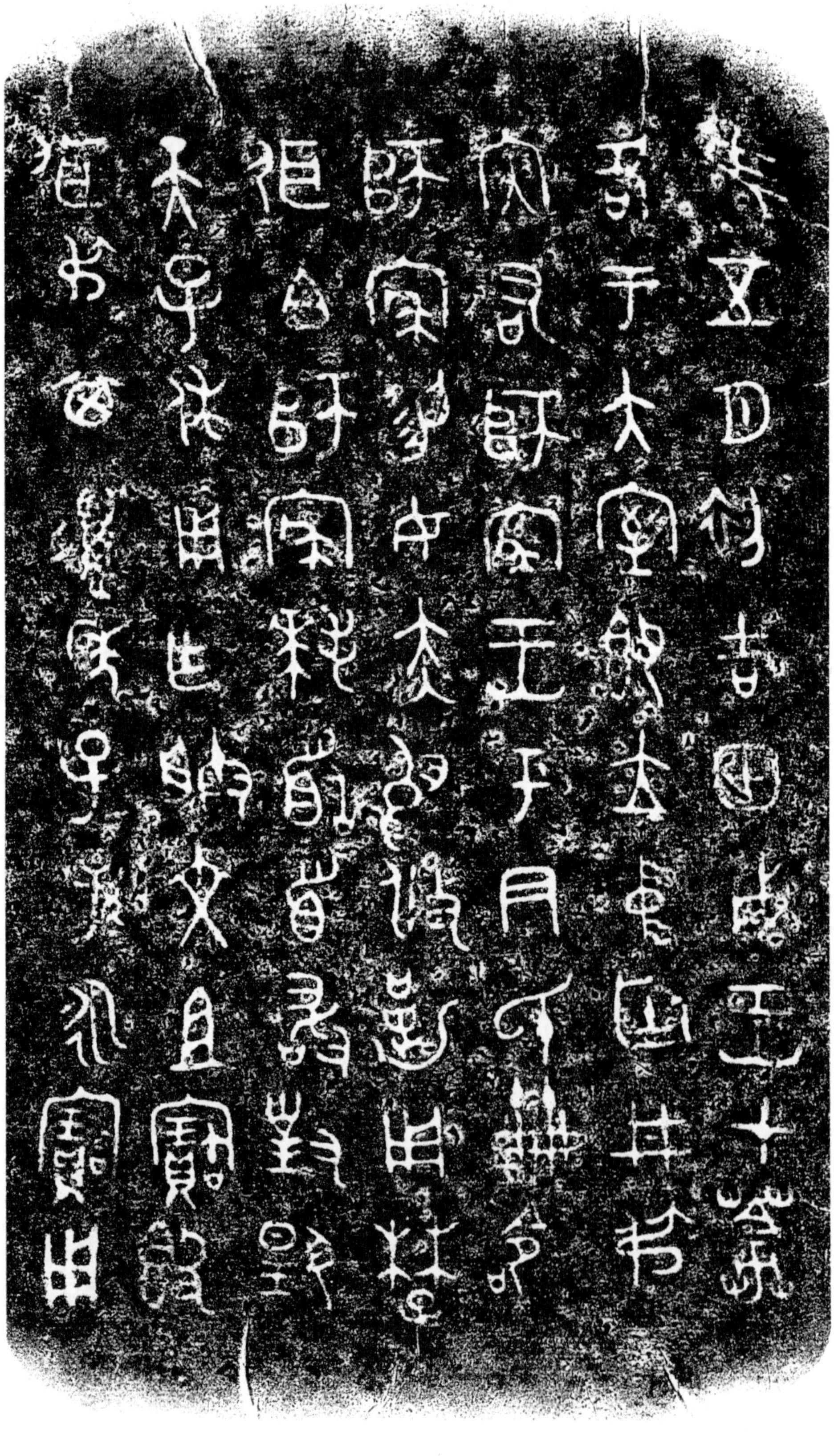

唯五月初吉柙（甲）戌，王在葊，
各于大室，即立中廷，井叔
內（入）右（佑）師察，王乎尹氏册命
師察：賜女（汝）赤舄、攸（鋚）勒，用楚（胥）
弭伯，師察拜𩒨首，敢對揚
天子休，用乍（作）朕文祖寶毁，
弭叔其邁（萬）年，子子孫孫永寶用

04254

䜴毁

唯正月乙巳，王各于大室，穆公入右（佑）䜴，立中廷，北鄉（嚮），王曰：䜴，令女（汝）乍（作）嗣土（徒），官嗣耤（藉）田，賜女（汝）戠（織）衣、赤⊖巿、䜌（鑾）旂、楚走馬，取徵五寽（鋝），用事，䜴拜䭫首，對揚王休，用乍（作）朕文考寶毁，其子子孫孫永用

04255

廿七年衛設

唯廿又七年，三月既生霸戊戌，王在周，各大室，即立（位），南伯入右（佑）裘衛，入門，立中廷，北鄉（嚮），王乎內史，賜衛載（緇）市、朱黄（衡）、䜌（鑾），衛拜䭫首，敢對揚天子不（丕）顯休，用乍（作）朕文祖考寶設，衛其子子孫孫永寶用

04256.1

唯廿又七年，三月既生霸戊
戌，王在周，各大室，即立（位），南
伯入右（佑）裘衛，入門，立中廷，
北鄉（嚮），王乎內史，賜衛載（緇）市、
朱黄（衡）、䜌（鑾），衛拜𩒨首，敢對揚
天子不（丕）顯休，用乍（作）朕文祖
考寶毁，衛其子子孫孫永寶用

04256.2

銘文説明

〇二九一一～〇四二五六

殷類

〇二九一一～〇四二五六

〇二九一一　甲殷
字數　一
時代　西周早期
著録　總集　一七九六
　　　上海　三三
　　　綜覽・殷　一〇一
　　　辭典　三六〇
　　　美全　四・一三八～一三九
　　　青全　六・一五〇～一五一
　　　上海(二〇〇四)　二二四
出土　一九二五年陝西寶鷄市鬥鷄臺
現藏　上海博物館
來源　上海博物館提供

〇二九一二　天殷
字數　一
時代　殷
著録　西甲　七・八
流傳　清宫舊藏
來源　西甲

〇二九一三　天殷
字數　一
時代　殷
著録　未見
流傳　頤和園舊藏
現藏　北京故宫博物院
來源　考古研究所拓

〇二九一四　天殷
字數　一
時代　殷
著録　總集　一七六七
　　　文物　一九七五年五期九〇頁圖一〇
　　　綜覽・小型盂　六八
　　　陝青　四・一五五
出土　一九六九年陝西長武縣劉主河村
現藏　長武縣文化館
來源　考古與文物編輯部提供

〇二九一五　大殷
字數　一
時代　西周早期
著録　總集　一七六二
　　　文物　一九五五年八期圖版五：右
　　　録遺　一一七
出土　一九五五年遼寧凌源縣馬廠溝小轉山子
流傳　河北省博物館舊藏
現藏　遼寧省博物館
來源　考古研究所拓

〇二九一六　□殷
字數　一
時代　殷
著録　總集　一七六三
　　　三代　六・一・二
　　　綴遺　六・三
　　　續殷上　三二・七
　　　善齋　八・一
　　　小校　七・三・一
　　　故青　二七
流傳　劉體智舊藏
現藏　北京故宫博物院
來源　考古研究所拓

〇二九一七　□殷
字數　一
時代　殷
著録　西清　一三・四一
　　　貞松　四・二三・一
流傳　清宫舊藏
來源　西清

〇二九一八　□殷
字數　一
時代　殷
著録　故青　二六
流傳　章乃器舊藏
現藏　北京故宫博物院
來源　考古研究所拓

〇二九一九　□殷
字數　一
時代　殷
著録　總集　一六七一
　　　三代　六・一・五
　　　攈古　一・一・四・四
　　　從古　一五・六・一
　　　綴遺　六・三・二
　　　悫齋　七・六・二
　　　簠齋　三敦二三
　　　奇觚　三・一・二
　　　周金　三・一〇〇・一
　　　殷存上　一四・九
　　　小校　七・五五・七
流傳　陳介祺舊藏
現藏　北京故宫博物院
來源　考古研究所拓
備注　除三代、小校外，各書銘文多倒置

〇二九二〇　□殷
字數　一
時代　殷
著録　綜覽・小型盂　三八
現藏　丹麥哥本哈根美術博物館
來源　綜覽

〇二九二一　□殷
字數　一
時代　殷
著録　總集　一七七三
　　　文物　一九六五年七期二七頁圖一：五
　　　綜覽・殷　八

出土　一九六三年山東蒼山縣東高堯村
　窖藏
現藏　臨沂市博物館
來源　考古研究所拓

〇二九二二　婦殷
字數　一
時代　殷
著録　雙古　一・二一
　綜覽・殷　五〇
流傳　于省吾舊藏
現藏　北京故宮博物院
來源　考古研究所拓

〇二九二三　好殷
字數　一
時代　殷
著録　總集　一七七五
　婦好墓　圖三五：六
　河南　一・一四二
　綜覽・殷　四
　殷青　四九・二
　辭典　六三
出土　一九七六年河南安陽市殷墟婦好墓
現藏　考古研究所
來源　考古研究所拓

〇二九二四　嫂殷
字數　一
時代　殷
著録　未見
現藏　中國歷史博物館
來源　考古研究所拓

〇二九二五　㚸殷
字數　一
時代　殷
著録　日精華　二・九三
　綜覽・小型盂　四〇
現藏　日本京都太田貞造氏
來源　日精華

〇二九二六　母殷
字數　一
時代　西周早期
著録　總集　一七一九
　三代　六・四・八
現藏　日本兵庫縣黑川古文化研究所
來源　考古研究所藏

〇二九二七　重殷
字數　一
時代　殷
著録　總集　一七五七
　鄴三上　二五
　鏡齋　一〇
　綜覽・小型盂　三
出土　傳安陽出土
來源　鄴三

〇二九二八　何殷
字數　一
時代　殷
著録　三代補　五七〇
出土　傳河南安陽市郊郭家灣北地
現藏　加拿大多倫多安大略博物館
來源　考古研究所藏陳夢家先生拓本

〇二九二九　[illegible]殷
字數　一
時代　殷
著録　學報　一九七九年一期八三頁圖
　六〇：一〇
　河南　一・二二〇
　綜覽・小型盂　二
　殷青　七三・一三

出土　一九六九～一九七七年河南安陽
　市殷墟西區三五五號墓
現藏　考古研究所安陽工作站
來源　考古研究所拓

〇二九三〇　[文攵]殷
字數　一
時代　西周早期
著録　總集　一七六四
　陝青　一・七四
　綜覽・殷　四六
　青全　四・三七～三九
出土　一九七七年陝西清澗縣解家溝
現藏　綏德縣博物館
來源　陝青

〇二九三一　[illegible]殷
字數　一
時代　殷
著録　未見
出土　山東濟南市劉家莊
現藏　濟南市博物館
來源　考古研究所拓

〇二九三二　詵殷
字數　一
時代　西周早期
著録　總集　一七一五
　三代　六・四・四
　貞松　四・二四・四
出土　傳洛陽出土（貞松）
來源　考古研究所藏

〇二九三三　詵殷
字數　一
時代　西周早期
著録　未見
現藏　北京故宮博物院
來源　考古研究所拓

〇二九三四　詵殷
字數　一
時代　西周早期
著録　總集　一七一六
　三代　六・四・五
　貞松　四・二四・二
　善齋　八・一一
　續殷上　三四・二
　小校　七・四・二
　頌續　三〇
出土　傳洛陽出土（貞松）
流傳　劉體智、容庚舊藏
來源　考古研究所藏劉體智拓片

〇二九三五　詵殷
字數　一
時代　西周早期
著録　總集　一七一七
　三代　六・四・六
　貞松　四・二四・三
　善齋　八・一〇
　續殷上　三四・一
　小校　七・四・三
　頌續　二九
　綜覽・殷　一五八
出土　傳洛陽出土（貞松）
流傳　劉體智、容庚舊藏
來源　考古研究所藏劉體智拓片

〇二九三六　[illegible]殷
字數　一
時代　西周早期
著録　總集　一七五五
　録遺　一一四
來源　陳邦懷先生藏

〇二九三七　⿰彳⿱幺見殷
字數　一
時代　殷
著録　總集　一七五四
　　　録遺　一一三
現藏　北京故宮博物院
來源　考古研究所拓

〇二九三八　兒殷
字數　一
時代　西周中期
著録　陝青　四・七四
出土　一九七四年陝西寶鷄市茹家莊一號墓
現藏　寶鷄市博物館
來源　寶鷄市博物館提供

〇二九三九　兒殷
字數　一
時代　西周中期
著録　未見
出土　同〇二九三八
現藏　寶鷄市博物館
來源　寶鷄市博物館提供

〇二九四〇　兒殷
字數　一
時代　西周中期
著録　未見
出土　同〇二九三八
現藏　寶鷄市博物館
來源　寶鷄市博物館提供

〇二九四一　⿱子大殷
字數　一
時代　殷
著録　總集　一六六九
　　　日精華　二・九四
　　　安陽遺寶　三一
　　　通考　二四三
　　　銅玉　圖二六頁Fig70C
　　　彙編　八・一一四二
　　　綜覽・殷　一八
　　　中藝　圖一六拓一四
出土　傳安陽出土
流傳　日本大阪廣海二三郎氏
現藏　日本東京出光美術館(中藝)
來源　綜覽

〇二九四二　⿱子大殷
字數　一
時代　殷
著録　未見
出土　傳河南安陽出土
現藏　北京故宮博物院
來源　考古研究所拓

〇二九四三　⿱艹矢殷
字數　一
時代　殷
著録　綜覽・殷　一〇七
來源　綜覽

〇二九四四　⿱卤止殷
字數　一
時代　殷
著録　總集　一七一二
　　　三代　六・三・一一
　　　夢續　二三
　　　小校　七・四・七
　　　通考　二三八
流傳　羅振玉舊藏
來源　考古研究所藏

〇二九四五　⿰足正殷
字數　一
時代　殷
著録　西拾　一〇
　　　綜覽・小型盂　七〇
流傳　頤和園舊藏
來源　西拾

〇二九四六　⿰足正殷
字數　一
時代　殷
著録　未見
流傳　張效彬舊藏
現藏　首都博物館
來源　考古研究所拓

〇二九四七　⿰足正殷
字數　一
時代　殷
著録　未見
現藏　安陽市博物館
來源　安陽市博物館提供

〇二九四八　⿸尸正殷
字數　一
時代　殷
著録　總集　一七〇八
　　　上海七
　　　綜覽・殷　二八
　　　辭典　六五
　　　青全　二・八九
　　　上海(二〇〇四)　七二
現藏　上海博物館
來源　上海博物館提供

〇二九四九　⿸尸正殷
字數　一
時代　殷
著録　總集　一七〇九
　　　三代　六・三・一〇
　　　移林　一〇
　　　小校　七・四・一
流傳　丁麟年舊藏
現藏　中國歷史博物館
來源　考古研究所拓

〇二九五〇　徙殷
字數　一
時代　殷
著録　總集　一七六五
　　　文物　一九七五年二期八九頁圖二
　　　河南　一・三四三
　　　綜覽・小型盂　二一
出土　一九六八年河南温縣小南張村墓葬
現藏　河南省博物館
來源　河南

〇二九五一　口殷
字數　一
時代　殷
著録　總集　一七六一
　　　泉屋　四〇
　　　海外吉　二六
　　　通考　二四四
　　　三代補　一〇八頁R七六九
　　　綜覽・殷　一七
　　　泉屋博古　圖一八拓一
現藏　日本京都泉屋博古館
來源　泉屋

〇二九五二　⊠殷
字數　一
時代　西周早期
著録　西清　二八・一
流傳　清宮舊藏
來源　西清

○二九五三 中毁
字數 一
時代 殷
著録 總集 一七五八
西乙 七・三六
寶蘊 四七
續殷上 三三・一二
通考 二一九
故圖下下 一二三
流傳 瀋陽故宫舊藏
現藏 臺北故宫博物院
來源 考古研究所藏

○二九五四 [illegible]毁
字數 一
時代 西周
著録 總集 一七四九
三代 七・二・二~三
攈古 一・一・四二・四~一・一・四三・一
來源 考古研究所藏

○二九五五 叙毁
字數 一
時代 西周早期
著録 總集 一七〇〇
布倫戴奇 Fig 四〇
彙編 八・一三五四
三代補 八二七
現藏 美國舊金山亞洲美術博物館(布倫戴奇藏品)
來源 彙編

○二九五六 叙毁
字數 一
時代 殷
著録 總集 一六九九
三代 六・三・六
善齋 八・二
貞松 四・二二・四
小校 七・三・二
冠斝上 一六
續殷上 三二・九
流傳 劉體智、榮厚舊藏
現藏 北京故宫博物院
來源 考古研究所拓

○二九五七 史毁
字數 一
時代 殷
著録 總集 一七〇三
布倫戴奇 Fig 一一
彙編 八・一三二五
綜覽・毁 四三
現藏 美國舊金山亞洲美術博物館(布倫戴奇藏品)
來源 彙編

○二九五八 史毁
字數 一
時代 殷
著録 總集 四四五七
三代 一一・一・六(誤作尊)
日精華 二・九八
續殷上 五〇・九(誤作尊)
彙編 八・一三二九
三代補 七三六
賽爾諾什 一二
綜覽・毁 二七
現藏 法國巴黎賽爾諾什博物館
來源 考古研究所藏

○二九五九 史毁
字數 一
時代 殷
著録 皮斯柏 四八
總集 一七〇六(四四九四)
美集録 R 九〇
彙編 八・一三二二(誤作卣)
綜覽・毁 七〇
流傳 皮斯柏舊藏
現藏 美國米里阿波里斯美術館(皮斯柏藏品)
來源 考古研究所藏陳夢家先生拓本

○二九六〇 史毁
字數 一
時代 殷
著録 總集 一七〇四
三代 六・三・七
武英 四七
貞松 四・二六・一
續殷上 三三・八
小校 七・四・五
通考 二〇一
故圖下下 一二五
流傳 承德避暑山莊舊藏
現藏 臺北故宫博物院
來源 考古研究所藏

○二九六一 史毁
字數 一
時代 殷
著録 總集 一七〇五
三代 六・三・八
積古 一・二四・四
攈古 一・一・一・六
周金 三・一一八・二
流傳 方若舊藏
現藏 北京故宫博物院
來源 考古研究所拓

○二九六二 史毁
字數 一
時代 殷
著録 總集 四四五三
三代 一一・一・二(誤作尊)
攈古 一・一・一二・四(誤作尊)
流傳 頤和園舊藏
現藏 北京故宫博物院
來源 考古研究所拓

○二九六三 史毁
字數 一
時代 殷
著録 西清 一三・三七
綴遺 六・一・二
流傳 清宫舊藏
來源 綴遺

○二九六四 [illegible]毁
字數 一
時代 殷
著録 總集 一六九四
三代 六・二・一二
貞松 四・二三・三
小校 七・四・四
續殷上 三三・一〇
善齋 八・四
善彝 五三
故圖下下 一二四
流傳 劉體智舊藏
現藏 臺北故宫博物院
來源 考古研究所藏劉體智拓本

○二九六五 [illegible]毁
字數 一
時代 殷

著録 總集 一六九三
美集録 R 二五
綜覽・𣪕 六六
現藏 美國哈佛大學福格美術博物館
來源 考古研究所藏陳夢家先生拓本

〇二九六六 奄𣪕
字數 一
時代 殷
著録 青全 四・四四
上海(二〇〇四)八〇
現藏 上海博物館
來源 上海博物館提供

〇二九六七 守𣪕
字數 一
時代 殷
著録 總集 一七〇七
三代 六・三・九
貞續上 二八・三
小校 九・九五・二
流傳 劉體智、張效彬舊藏
現藏 北京故宮博物院
來源 考古研究所拓

〇二九六八 守𣪕
字數 一
時代 殷
著録 未見
現藏 上海博物館
來源 上海博物館提供

〇二九六九 未𣪕
字數 一
時代 殷
著録 總集 一六九六
三代 六・三・三
殷存上 一四
小校 七・三・五
美集録 R 二三六
萃賞 一〇
流傳 美國盧芹齋舊藏
現藏 香港思源堂
來源 考古研究所藏

〇二九七〇 剢𣪕
字數 一
時代 殷
著録 總集 一六九二
三代 六・三・一
貞續上 二八・四
續殷上 三四・九
流傳 容庚舊藏
來源 考古研究所藏

〇二九七一 㱿𣪕
字數 一
時代 殷
著録 總集 一六九五
三代 六・三・二
鄴二上 一三
綜覽・𣪕 一九
出土 傳安陽出土
來源 陳邦懷先生藏

〇二九七二 逐𣪕
字數 一
時代 西周早期
著録 總集 一七一〇
三代 六・三・一二
貞松 四・二六・二
善齋 八・一二
小校 七・四・六
流傳 劉體智舊藏
來源 考古研究所藏

〇二九七三 牛𣪕
字數 一
時代 殷
著録 總集 一六八四
布倫戴奇 Fig 五二
彙編 九・一六三八
青全 五・五七
現藏 美國舊金山亞洲美術博物館(布倫戴奇藏品)
來源 布倫戴奇

〇二九七四 虎𣪕
字數 一
時代 西周晚期
著録 總集 一七四三
三代 七・一・一～二
恒軒 二三
愙齋 七・一三・一～二
綴遺 六・四・一～二
小校 七・五四・五～六
出土 傳陝西扶風縣法門寺出土(據吴大澂題跋)
流傳 蒲城楊氏舊藏(恒軒)
現藏 日本熱海 MOA 美術館(綜覽)
來源 考古研究所藏吴大澂手拓本

〇二九七五 虎𣪕
字數 一
時代 西周晚期
著録 日精華 四・三三二
出土 同〇二九七四
流傳 日本武内金平、安宅英一舊藏
現藏 日本神奈川箱根美術館
來源 日精華

〇二九七六 虎𣪕
字數 一
時代 西周晚期
著録 總集 一七四一
三代 七・一・三(蓋)
愙齋 七・一二・二(蓋)
殷存上 一〇・七(蓋)
小校 七・五四・八(蓋)
上海 五六・一～二(蓋、器)
青全 五・七一
辭典 四〇五
出土 同〇二九七四
流傳 蓋舊爲吴大澂收藏，後歸蘇州市文物保管委員會
現藏 上海博物館
來源 上海博物館提供

〇二九七七 虎𣪕蓋
字數 一
時代 西周晚期
著録 總集 一七四二
三代 七・一・四
愙齋 七・一二・三
殷存上 一〇・六
小校 七・五四・七
出土 同〇二九七四
流傳 吴大澂舊藏
來源 考古研究所藏

〇二九七八 虎𣪕
字數 一
時代 殷
著録 總集 一七四四
録遺 一一六

來源 考古研究所藏

〇二九七九 鳥形銘𣪘
字數 一
時代 殷
著録 總集 一六七五
三代 六・一・一
貞松 四・二一・二
小校 七・一・七
善齋 八・七
續殷上 三三・一
頌續 三六
綜覽・𣪘 二五〇
出土 傳西安出土
流傳 劉體智、容庚舊藏
現藏 北京故宮博物院
來源 考古研究所藏劉體智拓本

〇二九八〇 鳥形銘𣪘
字數 一
時代 殷
著録 總集 一六七六
三代 六・一・二
貞補上 一八・二
小校 七・一・八
善齋 八・六
流傳 劉體智舊藏
來源 考古研究所藏劉體智拓本
備注 銘在鋬内

〇二九八一 鳶𣪘
字數 一
時代 殷
著録 總集 一七五二
美集録 R 一三
綜覽・小型盂 三六
現藏 美國哈佛大學福格美術博物館

來源 考古研究所藏陳夢家先生拓本

〇二九八二 魚𣪘
字數 一
時代 西周早期
著録 總集 一六八一
三代 六・二・三
貞松 四・二二・一
貞圖上 二九
續殷上 三三・四
綜覽・𣪘 一三八
流傳 羅振玉舊藏
現藏 遼寧省博物館
來源 考古研究所拓

〇二九八三 魚𣪘
字數 一
時代 西周中期
著録 總集 一七七〇
文物 一九六三年三期四五頁圖二：八
綜覽・𣪘 三三六
流傳 西安市文物管理委員會收集品
現藏 陝西省博物館
來源 文物

〇二九八四 魚𣪘
字數 一
時代 西周中期
著録 總集 一七七一
文物 一九六三年三期圖版八：三
流傳 西安市文物管理委員會收集品
現藏 陝西省博物館
來源 文物

〇二九八五 〔奄龜〕𣪘
字數 一
時代 殷或西周早期

著録 總集 一八一七
三代 六・九・四
貞松 四・二九・一
武英 七一
續殷上 三六・二
小校 七・七・一
通考 二〇七
故圖下下 一二八
綜覽・𣪘 二三九
粢盛 二一四
商圖 三一
流傳 承德避暑山莊舊藏
現藏 臺北故宮博物院
來源 考古研究所藏

〇二九八六 亯𣪘
字數 一
時代 殷
著録 未見
現藏 北京故宮博物院
來源 考古研究所拓

〇二九八七 亯𣪘
字數 一
時代 西周早期
著録 總集 一七四五
三代 七・一・五
愙齋 七・二・二
簠齋 三敦二二・一
綴遺 六・二・二
奇觚 三・一・一
殷存上 一〇・五
小校 七・五四・一
流傳 陳介祺舊藏
來源 考古研究所藏陳介祺拓本

〇二九八八 車𣪘
字數 一
時代 殷
著録 未見
流傳 清宮舊藏
現藏 北京故宮博物院
來源 考古研究所拓

〇二九八九 韋𣪘
字數 一
時代 殷
著録 總集 一七三五
美集録 R 一六二
弗里爾 三四五頁
綜覽・𣪘 四五
青全 二・九四
現藏 美國華盛頓弗里爾美術陳列館
來源 考古研究所藏陳夢家先生拓本

〇二九九〇 〔入冂〕𣪘
字數 一
時代 殷
著録 總集 一七三七
三代 六・五・八
西乙 六・四五
寶蘊 五八
貞松 四・二三・四
續殷上 三三・一〇
通考 二四一
故圖下下 一一九
粢盛 一七四
商圖 四二
流傳 瀋陽故宮舊藏
現藏 臺北故宮博物院
來源 考古研究所藏

〇二九九一 〔入冂〕𣪘
字數 一

時代　殷
著録　綜覽・殷　一六
出土　傳河南安陽出土
現藏　瑞典斯德哥爾摩遠東古物館
來源　綜覽

〇二九九二　殷
字數　一
時代　殷
著録　文博　一九八六年一期九五頁
出土　一九八二年陝西武功縣游鳳鄉黄
　　　南窑村墓葬
現藏　武功縣文化館
來源　文博

〇二九九三　殷
字數　一
時代　西周早期
著録　總集　一七三八
　　　善齋　八・五
　　　小校　七・一・三
　　　頌續　二八
　　　通考　二二〇
　　　綜覽・殷　二五一
出土　傳出于河南洛陽
流傳　劉體智、容庚舊藏
來源　考古研究所藏

〇二九九四　殷
字數　一
時代　殷
著録　總集　一七四八
　　　三代　七・二・一
　　　殷存上　一〇・三
來源　考古研究所藏

〇二九九五　殷
字數　一

時代　殷
著録　總集　一七三三、一七四七
　　　三代　七・一・八
　　　殷存上　一〇・八
　　　貞松　四・二五・三
來源　考古研究所藏

〇二九九六　殷
字數　一
時代　殷
著録　未見
現藏　北京故宮博物院
來源　考古研究所拓

〇二九九七　殷
字數　一
時代　殷
著録　西拾　六
　　　通考　二〇八
流傳　頤和園舊藏
來源　西拾

〇二九九八　殷
字數　一
時代　殷
著録　西拾　九
　　　通考　二三六
流傳　頤和園舊藏
來源　西拾

〇二九九九　殷
字數　一
時代　殷
著録　總集　一七三一
　　　三代　六・五・六
　　　攈古　一・一・五
　　　小校　七・一・一
　　　殷存上　一四・八

流傳　直隸通州李氏舊藏（攈古録）
來源　考古研究所藏

〇三〇〇〇　殷
字數　一
時代　殷
著録　三代　六・五・七
　　　西乙　六・四二
　　　寶蘊　四二
　　　貞松　四・二五・四
　　　通考　二一六
　　　故圖下下　一二一
　　　綜覽・殷　二一四
　　　粢盛　一九六
流傳　瀋陽故宮舊藏
現藏　臺北故宮博物院
來源　考古研究所藏

〇三〇〇一　殷
字數　一
時代　殷
著録　未見
現藏　北京故宮博物院
來源　考古研究所拓

〇三〇〇二　殷
字數　一
時代　殷
著録　故青　八八
　　　總集　五五八七
出土　傳安陽出土
現藏　北京故宮博物院
來源　考古研究所拓
備注　此器爲甗，見〇九九四一

〇三〇〇三　殷
字數　一
時代　西周晚期

著録　未見
現藏　中國歷史博物館
來源　考古研究所拓

〇三〇〇四　殷
字數　一
時代　西周晚期
著録　未見
現藏　中國歷史博物館
來源　考古研究所拓

〇三〇〇五　殷
字數　一
時代　西周早期
著録　彙編　八・九八六
　　　薩克勒（西周）　五一
現藏　美國華盛頓薩克勒美術館
來源　彙編

〇三〇〇六　殷
字數　一
時代　西周早期
著録　考古與文物　一九八三年六期七頁
　　　圖四：五（銘倒）
現藏　寶鷄市博物館
來源　寶鷄市博物館提供

〇三〇〇七　殷
字數　一
時代　殷
著録　總集　一七三九
　　　美集録　R二〇
　　　綜覽・殷　六
現藏　美國紐約朋太姆氏
來源　考古研究所藏陳夢家先生拓本

〇三〇〇八　殷
字數　一
時代　殷

著録 總集 一七二八、一七三〇
三代 六・五・四
美集録 R 五〇八(附)
流傳 美國紐約羅比爾舊藏
來源 考古研究所藏陳夢家先生拓本

〇三〇〇九 冄殷
字數 一
時代 殷
著録 總集 一七二九
三代 六・五・五
十二遐 七
流傳 葉恭綽舊藏
來源 考古研究所藏

〇三〇一〇 冄殷
字數 一
時代 殷
著録 雙古 二三
綜覽・小型盂 五九
流傳 于省吾舊藏
來源 雙古

〇三〇一一 冄殷
字數 一
時代 殷
著録 未見
現藏 北京故宮博物院
來源 考古研究所拓

〇三〇一二 冄殷
字數 一
時代 西周早期
著録 寧壽 六・一四
故圖下上 六二
粢盛 二三八
流傳 清宮舊藏
現藏 臺北故宮博物院
來源 故圖

〇三〇一三 冄殷
字數 一
時代 西周早期
著録 未見
現藏 上海博物館
來源 上海博物館提供

〇三〇一四 冄殷
字數 一
時代 西周早期
著録 總集 一七二七
三代 六・五・三
貞松 四・二五・二
武英 六一
小校 七・一・二
續殷上 三三・四
通考 二二二
故圖下下 一一七
綜覽・殷 一二〇
流傳 承德避暑山莊舊藏
現藏 臺北故宮博物院
來源 考古研究所藏

〇三〇一五 鼎殷
字數 一
時代 西周早期
著録 總集 一六八五
三代 六・二・四
西乙 六・四三
寶蘊 四六
貞松 四・二七・四
續殷上 三三・二
通考 二二二
故圖下下 一一八
商圖 四〇
流傳 瀋陽故宮舊藏
現藏 臺北故宮博物院
來源 考古研究所藏

〇三〇一六 冄殷
字數 一
時代 殷
著録 西甲 七・一九
流傳 清宮舊藏
來源 西甲

〇三〇一七 冄殷
字數 一
時代 西周早期
著録 總集 一七七二
文物 一九六三年三期四五頁圖二：七
陝青一・一二六
綜覽・小型盂 二五
出土 一九五九年陝西武功縣游鳳鎮浮沱村
現藏 陝西省博物館
來源 陝西省博物館提供

〇三〇一八 戈殷
字數 一
時代 殷
著録 未見
現藏 河南安陽市博物館
來源 安陽市博物館提供

〇三〇一九 戈殷
字數 一
時代 殷
著録 總集 一六八六(四四六六)
三代 六・二・七(又一一・一一・一二重出，誤作尊)
殷存上 一九・五(又下三五・三重出，誤作尊)
小校 九・九五・一(誤作盦)
流傳 潘祖蔭舊藏
現藏 上海博物館
來源 考古研究所藏

〇三〇二〇 戈殷
字數 一
時代 殷
著録 三代 一四・三三・二(誤作觶)
貞松 九・一〇・一(誤作觶)
續殷下 四九・八(誤作觶)
小校 七・二・三(誤作彝)
綜覽・小型盂 二二
薩克勒(西周) 五九
現藏 美國華盛頓薩克勒美術館
來源 考古研究所藏

〇三〇二一 戈殷
字數 一
時代 殷
著録 總集 一六八七
三代 六・二・八
貞松 四・二四・一
小校 七・二四
續殷上 三二・一一
武英 六九
通考 二〇九
故圖下下 一二六
粢盛 二二二
流傳 承德避暑山莊舊藏
現藏 臺北故宮博物院
來源 考古研究所藏

〇三〇二二 戈殷
字數 一
時代 殷

著録 西清 一三・四〇
流傳 清宮舊藏
來源 西清

〇三〇二三 戈𣪘
字數 一
時代 殷
著録 考古 一九八二年一期一〇七頁
圖一：三
陝青 四・一九四
出土 一九七四年陝西銅川市紅土鎮
現藏 銅川市文化館
來源 考古編輯部檔案

〇三〇二四 戈𣪘
字數 一
時代 西周早期
著録 未見
出土 陝西寶鷄祀鷄臺
來源 考古研究所藏

〇三〇二五 酨𣪘
字數 一
時代 殷
著録 總集 一八一〇、一八一一
三代 六・八・五
小校 七・八・四
彙編 九・一五四六
現藏 加拿大多倫多安大略博物館
來源 考古研究所藏陳夢家先生拓本

〇三〇二六 㐅𣪘
字數 一
時代 殷或西周早期
著録 未見
流傳 頤和園舊藏
現藏 北京故宮博物院
來源 考古研究所拓

〇三〇二七 㐅𣪘
字數 一
時代 殷或西周早期
著録 考古圖 四・一九
來源 考古圖

〇三〇二八 [illegible]𣪘
字數 一
時代 西周晚期
著録 總集 一七五〇
三代 七・一・六
愙齋 七・一三
恒軒上 二四
續殷上 三四・三
小校 七・五五・四
日精華 四・三二〇
綜覽・𣪘 二九七
流傳 三原劉氏舊藏(恒軒)
現藏 日本京都藤井有鄰館
來源 考古研究所藏

〇三〇二九 尹𣪘
字數 一
時代 西周早期
著録 總集 一七六八
文物 一九七七年一二期二九頁
圖二二
出土 一九七四年遼寧喀左縣山灣子窖藏
現藏 喀左縣博物館
來源 喀左縣博物館提供

〇三〇三〇 受𣪘
字數 一
時代 殷
著録 總集 一七六六
文物 一九七四年一一期九四頁
圖一九
河北 七四
綜覽・𣪘 二〇
出土 一九六六年河北磁縣下七垣村
墓葬
現藏 河北省博物館
來源 河北

〇三〇三一 受𣪘
字數 一
時代 殷
著録 西清 一四・三三
流傳 清宮舊藏
來源 西清

〇三〇三二 山𣪘
字數 一
時代 西周早期
著録 總集 一七六三
考古 一九七六年一期三四頁圖
五：四
陝青 一・一二八
綜覽・小型盂 二六
出土 一九七三年陝西岐山縣賀家村墓葬
現藏 陝西省博物館
來源 陝西省博物館提供

〇三〇三三 [illegible]𣪘
字數 一
時代 殷
著録 總集 一七一一
三代 六・四・一
西清 一三・三五
殷存上 一四
小校 七・一・四
流傳 清宮舊藏
來源 考古研究所藏

〇三〇三四 [illegible]𣪘
字數 一
時代 西周
著録 總集 一七一三
三代 六・四・一一
攈古 一・一・四・一
筠清 五・二三・二
愙齋 七・一四・四
攀古下 三五
恒軒 四五
綴遺 六・四・二
周金 三・一〇〇・二
續殷上 三四・七
小校 七・五・四
流傳 潘祖蔭舊藏
來源 考古研究所藏

〇三〇三五 [illegible]𣪘
字數 一
時代 殷
著録 總集 一七二六
三代 六・五・一
彙編 九・一七九〇
現藏 歷史語言研究所
來源 陳邦懷先生藏

〇三〇三六 [illegible]𣪘
字數 一
時代 西周早期
著録 總集 一七二二
三代 六・五・二
貞松 五・一・二
善齋 八・三
小校 七・三・六
頌續 二七
流傳 劉體智、容庚舊藏
來源 考古研究所藏劉體智拓本

〇三〇三七　□殷

字數　一
時代　西周早期
著録　綜覽・小型盂　一
來源　綜覽

〇三〇三八　□殷

字數　一
時代　殷
著録　録遺　六一〇(原作不知名器)
現藏　北京故宮博物院
來源　考古研究所拓

〇三〇三九　□殷

字數　一
時代　殷
著録　總集　一七五六
　　　録遺　一一五
　　　綜覽・小型盂　一三
　　　薩克勒(商)　九六
現藏　美國華盛頓薩克勒美術館
來源　陳邦懷先生藏

〇三〇四〇　□殷

字數　一
時代　殷
著録　西清　一三・三三
流傳　清宮舊藏
來源　西清

〇三〇四一　啟殷

字數　一
時代　殷
著録　寧壽　六・一五
流傳　清宮舊藏
來源　寧壽

〇三〇四二　□殷

字數　一
時代　殷
著録　總集　一七五九
　　　西乙　六・二八
　　　寶蘊　五二
　　　通考　二一一
　　　故圖下下　一二〇
　　　槃盛　二二六
　　　商圖　四三
流傳　瀋陽故宮舊藏
現藏　臺北故宮博物院
來源　考古研究所藏

〇三〇四三　□殷

字數　一
時代　殷
著録　總集　一七五三
　　　美集録　R　二六八
來源　考古研究所藏陳夢家先生拓本

〇三〇四四　□殷

字數　一
時代　殷
著録　總集　一七五一
　　　三代　七・二・四
　　　貞松　五・一・一
　　　續殷上　三四・四
　　　美集録　R　二三一
　　　綜覽・殷　三一六
現藏　美國紐約乃布氏
來源　考古研究所藏

〇三〇四五　□殷

字數　一
時代　殷
著録　青全　二・九一
　　　上海(二〇〇四)七六
現藏　上海博物館
來源　上海博物館提供

〇三〇四六　□殷

字數　一
時代　西周晚期
著録　博古　一七・三
　　　薛氏　一一八・一~二
　　　嘯堂　五八・二~三
流傳　「舊藏御府」(薛氏)
來源　嘯堂

〇三〇四七　□殷

字數　一
時代　西周晚期
著録　博古　一七・四
　　　薛氏　一一八・三~四
　　　嘯堂　五八・四~五
　　　斷代　一九九
流傳　「舊藏御府」(薛氏)
來源　嘯堂

〇三〇四八　□殷

字數　一
時代　西周晚期
著録　博古　一七・五
　　　薛氏　一一八・五
　　　嘯堂　五八・六
出土　「宣和間獲于長安水中」(薛氏)
來源　嘯堂

〇三〇四九　且乙殷

字數　二
時代　殷
著録　總集　一八二七
　　　三代　七・二・六
　　　殷存上　一一・二
來源　考古研究所藏

〇三〇五〇　且戊殷

字數　二
時代　殷
著録　貞續上　三二・三
來源　考古研究所藏

〇三〇五一　且辛殷

字數　二
時代　西周早期
著録　總集　一八〇八
　　　彙編　七・九五〇
出土　傳一九三〇年河南洛陽近郊出土
現藏　加拿大多倫多安大略博物館
來源　考古研究所藏陳夢家先生拓本

〇三〇五二　父乙殷

字數　二
時代　西周早期
著録　總集　一七九二
　　　三代　六・七・一
　　　西乙　六・三八
　　　貞松　四・二八・一
　　　續殷上　三五・四
　　　寶蘊　五一
　　　故圖下下　一三三
流傳　瀋陽故宮舊藏
現藏　臺北故宮博物院
來源　考古研究所藏

〇三〇五三　父丁殷

字數　二
時代　西周早期
著録　總集　一七九三
　　　三代　六・七・二
　　　綴遺　六・一六
　　　陶齋　一・四六
　　　續殷上　三五・五

小校 七·七·三
出土 傳陝西長安斗門鎮張村
流傳 端方舊藏
來源 考古研究所藏

〇三〇五四 父丁殷
字數 二
時代 西周早期
著録 陝青 四·一六二
出土 一九六九年陝西鄠縣孫家磑
現藏 陝西鄠縣文化館
來源 陝青

〇三〇五五 父戊殷
字數 二
時代 西周早期
著録 總集 一七九五、一七九六
三代 六·七·三
殷存上 一五·七
文物 一九六四年四期五二頁圖一
流傳 山東黃縣丁樹楨舊藏
現藏 青島市博物館
來源 考古研究所藏

〇三〇五六 父戊殷
字數 二
時代 西周早期
著録 上海(二〇〇四)八二
現藏 上海博物館
來源 上海博物館提供

〇三〇五七 父己殷
字數 二
時代 殷
著録 總集 一八二八
文叢 三·三六頁圖八(銘倒)
出土 一九六一年河南鶴壁市龐村
現藏 河北省博物館
來源 文叢

〇三〇五八 父己殷
字數 二
時代 殷
著録 薛氏 四三·四
來源 薛氏

〇三〇五九 父辛殷
字數 二
時代 殷
著録 總集 一八三〇
三代 七·二·七~七·三·一
小校 七·七·五~六
貞松 五·一·三~四
流傳 劉體智舊藏
來源 考古研究所藏

〇三〇六〇 父辛殷
字數 二
時代 西周早期
著録 總集 一七九七、一七九八
三代 六·七·四
積古 一·二三·二
十六 一·三
攈古 一·一·二三·二
殷存上 一五·八
小校 七·七·四
流傳 阮元、錢坫、徐乃昌舊藏
現藏 上海博物館
來源 考古研究所藏

〇三〇六一 □乙殷
字數 二
時代 殷
著録 學報 一九七九年一期八三頁圖六〇：一二
綜覽·殷 四一

出土 一九六九~一九七七年河南安陽市殷墟西區墓葬(M七六四：四)
現藏 考古研究所安陽工作站
來源 考古研究所拓

〇三〇六二 乙戈殷
字數 二
時代 殷
著録 總集 一九〇一
鄴三上 二七
來源 考古研究所藏

〇三〇六三 乙魚殷
字數 二
時代 殷
著録 未見
流傳 山東黃縣丁樹楨舊藏
現藏 山東省博物館
來源 王獻唐先生藏

〇三〇六四 □丁殷
字數 二
時代 殷
著録 總集 一八〇四
三代 六·七·九
西乙 六·二四
貞補上 一八·四
寶蘊 五〇
續殷上 三五·七
通考 一九八
故圖下下 一二九
檠盛 一八六
禮器 四六一
流傳 瀋陽故宮舊藏
現藏 臺北故宮博物院
來源 考古研究所藏

〇三〇六五 何戊殷
字數 二
時代 殷
著録 總集 一八〇五
三代 六·八·一
從古 一五·七
攈古 一·一·二四·二
窓齋 七·三·一
綴遺 六·七·一
奇觚 三·二·一
殷存上 一五·五
小校 七·八·一
簠齋 三敦二〇·一
冠斝上 一七
出土 傳岐山出土(攈古)
流傳 陳介祺、榮厚舊藏
現藏 北京故宮博物院
來源 考古研究所拓

〇三〇六六 戈己殷
字數 二
時代 殷或西周早期
著録 總集 一八〇六
三代 六·八·二
貞松 四·二八·三
續殷上 三五·九
流傳 溥倫舊藏(貞松)
現藏 北京故宮博物院
來源 考古研究所拓

〇三〇六七 天己殷
字數 二
時代 殷
著録 薛氏 四三·五~六
流傳 南豐曾氏舊藏(薛氏)
來源 薛氏

〇三〇六八 辛□殷

字數　二
時代　殷
著録　總集一八四二
文物一九六三年三期四五頁圖二：五
陝青一・一二五
綜覽・毁七一
出土　一九五九年陝西武功縣𩃬𩃎村
現藏　陝西省博物館
來源　陝西省博物館提供

〇三〇六九　辛𤕌毁
字數　二
時代　殷
著録　總集一八一二
三代六・八・七
殷存上一五・四
小校九・九五・三(誤作盦)
美集録R四五四
布倫戴奇 Fig 一〇
綜覽・小型盂二七
現藏　美國舊金山亞洲美術博物館(布倫戴奇藏品)
來源　考古研究所藏陳夢家先生拓本

〇三〇七〇　癸山毁
字數　二
時代　西周早期
著録　總集一八〇九
三代六・八・四
從古一五・三
攈古一・一・二四・一
愙齋七・二・一
綴遺六・六・一
奇觚三・二・二
殷存上一五・二
簠齋三敦二一
小校七・八・二
美集録R一九九
薩克勒(商)九八
出土　傳岐山出土(攈古録)
流傳　陳介祺舊藏
現藏　美國華盛頓薩克勒美術館
來源　考古研究所藏

〇三〇七一　子癸毁
字數　二
時代　殷
著録　銅玉 Fig 七〇：一
彙編八・一二二七
綜覽・毁四二
現藏　英國倫敦不列顛博物館
來源　不列顛博物館提供

〇三〇七二　子▲毁
字數　二
時代　殷
著録　總集一八三六
考古一九六四年一一期五九二頁圖一：一
河南一・三二五
中原文物一九八五年一期三〇頁圖二：一〇
綜覽・毁三四
辭典六七
美全四・六二
青全二・九三
出土　一九五〇年河南安陽市郊區
著録　新鄉市博物館
來源　考古編輯部檔案

〇三〇七三　子妻毁
字數　二
時代　殷
著録　未見
流傳　清宮舊藏
來源　北京圖書館藏

〇三〇七四　子妻毁
字數　二
時代　殷
著録　總集一八一四
現藏　北京故宮博物院
來源　考古研究所拓

〇三〇七五　子妥毁
字數　二
時代　殷
著録　未見
現藏　北京故宮博物院
來源　考古研究所拓

〇三〇七六　子𡰥毁
字數　二
時代　殷
著録　博古八・一〇
薛氏一九・三
嘯堂二七
來源　嘯堂

〇三〇七七　子眘毁
字數　二
時代　殷
著録　未見
現藏　天津市歷史博物館
來源　陳邦懷先生藏

〇三〇七八　𤔲子毁
字數　二
時代　殷
著録　總集一八三四
録遺一一二
來源　録遺

〇三〇七九　子刀毁
字數　二
時代　殷或西周早期
著録　總集一八一三
三代六・八・八
西甲七・七
澂秋一二
殷存上一四・一〇
小校七・八・三
流傳　清宮舊藏，後歸陳承裘
現藏　北京故宮博物院
來源　考古研究所拓

〇三〇八〇　子刀毁
字數　二
時代　殷或西周早期
著録　未見
現藏　上海博物館
來源　上海博物館提供

〇三〇八一　帚𡛷毁
字數　二
時代　殷
著録　綜覽・毁一〇
現藏　荷蘭阿姆斯特丹亞洲藝術博物館
來源　綜覽

〇三〇八二　守婦毁
字數　二
時代　殷
著録　總集一八二二
三代六・一〇・一
西乙七・一三
寶蘊五九
貞松四・二九・二
續殷上三五・一〇

通考 二四二
故圖下下 一二七
綜覽・𣪘 六二
染盛 一八四
禮器 四四五
流傳 瀋陽故宮舊藏
現藏 臺北故宮博物院
來源 考古研究所藏

〇三〇八三 龏女𣪘

字數 二
時代 殷
著録 總集 一八三五（六〇八六）
錄遺 一二一（又三四〇重出，誤作觚）
布倫戴奇 Fig 九
現藏 美國舊金山亞洲美術博物館（布倫戴奇藏品）
來源 陳邦懷先生藏

〇三〇八四 女丫𣪘

字數 二
時代 殷
著録 總集 一八二三
三代 六・一〇・四
西甲 七・一三
貞補上 一八・三
小校 七・五六・七
流傳 清宮舊藏，後歸劉鶚
來源 考古研究所藏

〇三〇八五 康母𣪘

字數 二
時代 西周早期
著録 未見
現藏 上海博物館
來源 上海博物館提供

〇三〇八六 乙冈𣪘

字數 二
時代 殷
著録 總集 一八二九
美集録 R 四五五
綜覽・𣪘 二九
薩克勒（商）一〇二
現藏 美國華盛頓薩克勒美術館
來源 考古研究所藏陳夢家先生拓本

〇三〇八七 冈丁𣪘

字數 二
時代 殷
著録 總集 一八〇三
三代 六・七・八
貞松 四・二八
善齋 八・一六
續殷上 三五・八
小校 七・七・八
流傳 劉體智舊藏
現藏 北京故宮博物院
來源 考古研究所拓

〇三〇八八 己冈𣪘

字數 二
時代 殷或西周早期
著録 博古 八・七
薛氏 一七・四
嘯堂 二六
來源 嘯堂

〇三〇八九 癸冈𣪘

字數 二
時代 殷
著録 辭典 六八
故青 二八
出土 傳河南安陽出土
現藏 北京故宮博物院
來源 考古研究所拓

〇三〇九〇 亞吴𣪘

字數 二
時代 殷
著録 總集 一七七七（四五〇七）
三代 六・五・一
攈古 一・三七
筠清 五・一四・一
恒軒 四二
窓齋 七・一四・三
綴遺 六・六・二
攈古 一・一・二三・四
殷存上 一五・一
小校 七・五六・二
中藝 圖一五拓一三
流傳 韓芸舫、潘祖蔭舊藏
現藏 日本東京出光美術館
來源 考古研究所藏

〇三〇九一 亞吴𣪘

字數 二
時代 殷
著録 未見
現藏 安陽市博物館
來源 考古研究所拓

〇三〇九二 亞吴𣪘

字數 二
時代 西周早期
著録 青全 四・四一
上海（二〇〇四）八一
現藏 上海博物館
來源 上海博物館提供

〇三〇九三 亞奚𣪘

字數 二
時代 殷
著録 總集 一七八〇
三代 六・六・一
雙吉上 一八
續殷上 三四・一二
通考 二三七
綜覽・𣪘 一一八
出土 傳安陽出土（雙吉）
流傳 于省吾舊藏
現藏 北京故宮博物院
來源 考古研究所拓

〇三〇九四 亞缶𣪘

字數 二
時代 殷
著録 總集 一七八二
三代 六・六・三
貞續上 二九・一
續殷上 三四・一一
小校 七・六・一
頌齋 七
通考 二四六
故圖下下 一一六
綜覽・𣪘 二八六
染盛 一八八
商圖 一七
出土 一九三〇年出于安陽（頌齋）
流傳 容庚舊藏
現藏 臺北故宮博物院
來源 考古研究所藏

〇三〇九五 亞醜𣪘

字數 二
時代 殷
著録 總集 一七八六
三代 六・六・四

貞松 四・二七・一
善齋 八・一五
續殷上 三三・九
小校 七・六・三
流傳 劉體智舊藏
來源 考古研究所藏劉體智拓本

〇三〇九六 亞醜殷
字數 二
時代 殷
著録 總集 一七八三
三代 六・六・五
貞松 四・二七・二
武英 四〇
續殷上 三三・七
小校 七・六・五
通考 二〇三
故圖下下 一一五
綜覽・殷 八九
禮器 五八三
流傳 承德避暑山莊舊藏
現藏 臺北故宮博物院
來源 考古研究所藏

〇三〇九七 亞醜殷
字數 二
時代 殷
著録 總集 一七八四
三代 六・六・六
窓齋 七・一五・一
殷存上 一一・一
小校 七・五六・一
流傳 吳大澂舊藏
來源 北京圖書館藏

〇三〇九八 亞醜方殷
字數 二
時代 殷
著録 總集 一七八七・一
三代 七・二・五
西甲 七・一八
故宮 一四期
通考 二五一
故圖下上 五七
綜覽・殷 一〇〇
粢盛 二〇六
禮器 五七七
流傳 清宮舊藏
現藏 臺北故宮博物院
來源 考古研究所藏故宮拓本
備注 X光照片顯示，此器銘文由三種不同銘文接補而成(禮器)

〇三〇九九 亞醜殷
字數 二
時代 殷
著録 西清 一四・一
流傳 清宮舊藏
來源 西清

〇三一〇〇 亞盥殷
字數 二
時代 殷
著録 殷青 圖六二：八
青全 二・八八
出土 河南安陽苗圃一七二號墓
現藏 考古研究所安陽工作站
來源 考古研究所拓

〇三一〇一 亞益殷
字數 二
時代 殷
著録 總集 六四〇八
三代 一四・三九・六
綴遺 六・三・一
貞續中 三三・三
續殷下 五〇・九
流傳 器見蘇州(綴遺)
現藏 北京故宮博物院
來源 考古研究所拓
備注 三代誤作觶，貞續、續殷誤作彝

〇三一〇二 亞獏殷
字數 二
時代 殷
著録 未見
流傳 一九六四年收購
現藏 北京故宮博物院
來源 考古研究所拓

〇三一〇三 亞夫殷
字數 二
時代 殷
著録 沃森 Fig 六：七
綜覽・小型盂 七
來源 沃森

〇三一〇四 亞光殷
字數 二
時代 西周早期
著録 考古與文物 一九八四年一期
五五頁圖二：一(銘倒)
出土 一九七三年陝西鳳翔縣河北村墓葬
現藏 鳳翔縣文化館
來源 考古與文物編輯部提供

〇三一〇五 亞登殷
字數 二
時代 西周早期
著録 總集 一七七九
三代 六・五・一二
貞松 四・二六・三
現藏 旅順博物館
來源 考古研究所拓

〇三一〇六 尹舟殷
字數 二
時代 殷
著録 總集 一六九七
三代 六・三・四
貞松 四・二二・三
尊古 一・三八
通考 二三五
綜覽・小型盂 四六
流傳 北京清華大學舊藏
現藏 中國歷史博物館
來源 考古研究所拓

〇三一〇七 尹舟殷
字數 二
時代 殷
著録 未見
現藏 北京故宮博物院
來源 考古研究所拓

〇三一〇八 [髟豕]册殷
字數 二
時代 殷
著録 總集 一九七四
彙編 九・一四二〇
現藏 英國雅士莫里博物館
來源 彙編

〇三一〇九 册光殷
字數 二
時代 殷
著録 總集 六八七九(五五九五)
巖窟上 六二(誤作鑑)
録遺 五一七(誤作鋗)

出土 傳一九四〇年河南安陽出土
流傳 梁上椿舊藏
來源 録遺

〇三一一〇 □冊𣪘
字數 二
時代 殷
著録 總集 一七三四
三代 六・五・九
西乙 七・一〇（銘倒）
寶蘊 四一
貞松 四・二九・三
續殷上 三六・三
故圖下下 一二三
流傳 瀋陽故宮舊藏
現藏 臺北故宮博物院
來源 考古研究所藏

〇三一一一 鄉宁𣪘
字數 二
時代 殷
著録 皇儲 一〇二・一
綜覽・小型盂 四
彙編 八・一二九一
現藏 瑞典斯德哥爾摩皇宮
來源 考古研究所藏陳夢家先生摹本

〇三一一二 䒞戲𣪘
字數 二
時代 殷
著録 文物 一九八二年九期三九頁
圖一四
出土 傳山東費縣
現藏 北京市文物研究所
來源 考古研究所拓

〇三一一三 䒞遹𣪘
字數 二
時代 殷
著録 總集 一八二六
三代 六・一〇・七
攈古 一・二・五一・三
綴遺 六・一九・二
續殷上 三五・一二
通考 二四八
流傳 陝西長安某氏藏（攈古録）
來源 考古研究所藏

〇三一一四 䒞□𣪘
字數 二
時代 殷
著録 總集 一八三三
古器物研究專刊 第五本
一〇七八
録遺 一二〇
綜覽・𣪘 七三
出土 一九三五年安陽市侯家莊西北崗
一六〇一號墓
現藏 歷史語言研究所
來源 録遺

〇三一一五 立□𣪘
字數 二
時代 殷
著録 積古 二・一七・二
攈古 一・二・三六・一
來源 攈古

〇三一一六 弔龜𣪘
字數 二
時代 殷
著録 塞利格曼 Fig 一二
彙編 九・一六六二
三代補 七二五
流傳 英國塞利格曼舊藏
現藏 英國倫敦不列顛博物館
來源 考古研究所藏陳夢家先生手拓本
備注 各家著録皆爲摹本

〇三一一七 □萬𣪘
字數 二
時代 殷
著録 未見
現藏 北京故宮博物院
來源 考古研究所拓

〇三一一八 □大𣪘
字數 二
時代 殷
著録 未見
現藏 北京故宮博物院
來源 考古研究所拓

〇三一一九 □𣪘
字數 二
時代 殷
著録 總集 一八四〇
彙編 八・一二七〇
三代補 五七九
懷履光（一九五六） 九九頁三
綜覽・𣪘 一六七
出土 傳河南安陽郭家灣北地
現藏 加拿大多倫多安大略博物館
來源 考古研究所藏陳夢家先生手拓本

〇三一二〇 北單𣪘
字數 二
時代 殷
著録 總集 一六七七
三代 六・一・七
攈古 一・二・一〇・一
綴遺 六・五・一
敬吾下 三二・一
續殷上 三三・六
小校 七・三・四
流傳 葉東卿舊藏（綴遺）
來源 考古研究所藏葉東卿手拓本

〇三一二一 秉□𣪘
字數 二
時代 殷
著録 未見
現藏 北京故宮博物院
來源 考古研究所拓

〇三一二二 禾休𣪘
字數 二
時代 殷
著録 總集 一八三二
録遺 一一八
來源 録遺

〇三一二三 鼎□𣪘
字數 二
時代 殷
著録 總集 一八三二
録遺 一一九
來源 録遺

〇三一二四 聑□𣪘
字數 二
時代 殷
著録 未見
來源 考古研究所藏

〇三一二五 □𣪘
字數 二
時代 西周早期
著録 總集 一九六一
文物 一九七五年三期七三頁圖五
綜覽・𣪘 一〇九
陝青 四・九

出土　一九七〇年陝西寶鷄市峪泉村墓葬
現藏　寶鷄市博物館
來源　寶鷄市博物館提供

〇三一二六　車從𣪘
字數　二
時代　殷
著録　總集一七七六
考古一九六四年一一期五九二頁
圖一：四～五
綜覽・𣪘四〇
青全二・九二
出土　一九四九年前後河南安陽郊區
現藏　新鄉市博物館
來源　考古編輯部檔案
備注　器外底有人面紋

〇三一二七　⿷匚正侯𣪘
字數　二
時代　殷
著録　總集一八三七
學報一九八一年四期四九六頁
圖四：七
殷青五八・六
青全二・八五
出土　一九七六年河南安陽小屯村殷墟一八號墓
現藏　考古研究所安陽工作站
來源　考古研究所拓

〇三一二八　魚從𣪘
字數　二
時代　西周早期
著録　總集一八二二
三代六・一〇・三
貞續上二九・二
小校七・八・七
現藏　北京故宮博物院
來源　考古研究所拓

〇三一二九　魚從𣪘
字數　二
時代　西周早期
著録　未見
現藏　北京故宮博物院
來源　考古研究所拓

〇三一三〇　夆彝𣪘
字數　二
時代　西周早期
著録　總集一八三九
文物一九八一年九期二〇頁圖五
出土　一九七九年山東濟陽縣劉臺子二號墓
現藏　德州地區文物室
來源　考古研究所摹
備注　此墓出同銘𣪘兩件，因銹蝕嚴重，僅録其一

〇三一三一　夆彝𣪘
字數　二
時代　西周早期
著録　文物一九八五年一二期一八頁
圖八：二
出土　一九八二年山東濟陽縣劉臺子三號墓
現藏　濟陽縣圖書館
來源　濟陽縣圖書館提供

〇三一三二　遽從𣪘
字數　二
時代　西周早期
著録　未見
現藏　北京故宮博物院
來源　考古研究所拓

〇三一三三　作彝𣪘
字數　二
時代　西周早期
著録　總集一八二八
三代六・一〇・八
小校七・八・八
陶齋一・五二
流傳　端方舊藏
來源　考古研究所藏

〇三一三四　乇⿸厂貝𣪘
字數　二
時代　戰國
著録　小校七・五七・一
來源　考古研究所藏

〇三一三五　[illegible]且丁𣪘
字數　三
時代　殷
著録　總集一八四五
三代六・一一・一
殷存下三五・四
小校七・五七・三
尊古一・三九
流傳　溥倫舊藏
現藏　北京故宮博物院
來源　考古研究所藏

〇三一三六　門且丁𣪘
字數　三
時代　殷
著録　總集一八四六
三代六・一一・二
武英五二
貞松四・二九・四
續殷上三六・五
小校七・九・一
通考二三三
故圖下下一三〇
綜覽・小型盂四二
欒盛一九四
商圖四一
流傳　承德避暑山莊舊藏
現藏　臺北故宮博物院
來源　考古研究所藏

〇三一三七　竹且丁𣪘
字數　三
時代　殷
著録　西清一三・三
綴遺六・一五
流傳　清宮舊藏
現藏　北京故宮博物院
來源　考古研究所拓

〇三一三八　[illegible]且丁𣪘
字數　三
時代　殷
著録　總集一八四七
美集録R二八二
綜覽・小型盂七七
現藏　美國波士頓美術博物館
來源　美集録

〇三一三九　戈且己𣪘
字數　三
時代　殷或西周早期
著録　總集五一〇
録遺四五
現藏　北京故宮博物院
來源　考古研究所拓

〇三一四〇　[illegible]且己𣪘
字數　三

時代 殷
著録 綜覽・𣪘 一八五
現藏 英國雅士莫里博物館
來源 綜覽

〇三一四一 且辛亅𣪘
字數 三
時代 殷
著録 總集 一八四八
布倫戴奇 Fig 四一
彙編 九・一七七〇
現藏 美國舊金山亞洲美術博物館（布倫戴奇藏品）
來源 彙編

〇三一四二 田父甲𣪘
字數 三
時代 殷
著録 總集 一八五〇
三代 六・一一・三
貞松 四・三〇・二
董盦 二
綜覽・𣪘 六〇
流傳 日本齋藤氏舊藏
現藏 日本東京松岡美術館
來源 考古研究所藏

〇三一四三 戈父甲𣪘
字數 三
時代 西周早期
著録 博古 八・一二
薛氏 一八・四
嘯堂 二七
來源 嘯堂

〇三一四四 [?]父甲𣪘
字數 三
時代 西周早期
著録 總集 一八七〇
文物 一九七七年一二期二九頁圖一六
綜覽・𣪘 一六八
出土 一九七四年遼寧省喀左縣山灣子窖藏
現藏 喀左縣博物館
來源 喀左縣博物館提供

〇三一四五 𦍒父乙𣪘
字數 三
時代 殷
著録 總集 一八六三
三代 六・一二・七
積古 二・一七・四
攈古 一・三・一〇・四
愙齋 七・一八・二
續殷上 三七・一
小校 七・一〇・三
流傳 葉東卿舊藏
現藏 上海博物館
來源 考古研究所藏

〇三一四六 𦍒父乙𣪘
字數 三
時代 殷
著録 總集 一八六一
三代 六・一二・八
愙齋 七・一八・一
綴遺 六・一七・二
殷存上 一二・八
續殷上 三六・一〇
小校 七・五七・六
流傳 吳大澂舊藏
來源 考古研究所藏

〇三一四七 𦍒父乙𣪘
字數 三
時代 殷
著録 總集 一八六二
三代 七・三・二
西甲 六・三七
綴遺 六・一八・一
小校 七・五七・五
流傳 原藏清宮，後歸潘祖蔭
來源 陳邦懷先生藏

〇三一四八 𦍒父乙𣪘
字數 三
時代 殷
著録 三代 二・二〇・五（誤作鼎）
流傳 頤和園舊藏
現藏 北京故宮博物院
來源 考古研究所藏

〇三一四九 共父乙𣪘
字數 三
時代 殷
著録 總集 四五七三
考古與文物 一九八〇年二期一六頁圖二
出土 一九七五年陝西渭南縣陽郭公社南堡村墓葬
現藏 渭南縣圖書館
來源 考古與文物

〇三一五〇 咸父乙𣪘
字數 三
時代 殷
著録 總集 一九五一
貞續上 二九・三
小校 七・九・四
録遺 一二三
來源 陳邦懷先生藏

〇三一五一 [?]父乙𣪘
字數 三
時代 殷
著録 總集 一八五五
三代 六・一二・一
積古 一・二五・一
攈古 一・二・七
續殷上 三六・八
十二雪 六
尊古 一・四四
通考 二四七
三代補 八二二
流傳 孫壯舊藏
現藏 美國舊金山亞洲美術博物館（布倫戴奇藏品）
來源 考古研究所藏

〇三一五二 [?]父乙𣪘
字數 三
時代 殷或西周四期
著録 蘇黎世 Fig 一三 a
現藏 瑞士蘇黎世瑞列堡博物館
來源 考古研究所摹本

〇三一五三 [?]父乙𣪘
字數 三
時代 殷
著録 總集 一八五九
三代 六・一二・三
十二遐 六
流傳 葉恭綽舊藏
現藏 北京故宮博物院
來源 考古研究所拓

〇三一五四 父乙[?]𣪘
字數 三
時代 殷

著録 總集一八六〇
三代六·一二·六
貞續上二九·四
小校七·一〇·一
現藏 北京故宮博物院
來源 考古研究所拓

〇三一五五 亀父乙殷
字數 三
時代 殷
著録 總集一九九〇
三代七·六·一
愙齋七·二〇·一
殷存上一二·七
續殷上四〇·三
小校七·五七·四
現藏 北京故宮博物院
來源 考古研究所拓

〇三一五六 戈父乙殷
字數 三
時代 殷
著録 未見
現藏 北京故宮博物院
來源 考古研究所拓

〇三一五七 葡父乙殷
字數 三
時代 殷
著録 未見
現藏 北京故宮博物院
來源 考古研究所拓

〇三一五八 天父乙殷
字數 三
時代 西周早期
著録 總集一八六四
美集録 R 九五（同銘兩拓）
現藏 美國紐約市美術博物館
來源 考古研究所藏陳夢家先生手拓本

〇三一五九 天父乙殷
字數 三
時代 西周早期
著録 西清一三·一
流傳 清宮舊藏
來源 西清

〇三一六〇 □父乙殷
字數 三
時代 西周早期
著録 湖南省文物圖録 圖版七：二
綜覽·殷一二八
湖南省博物館一六四頁
辭典三五〇
出土 傳湖南石門縣
現藏 湖南省博物館
來源 湖南省文物圖録

〇三一六一 魚父乙殷
字數 三
時代 殷或西周早期
著録 考古一九八四年六期五一三頁
圖五右
出土 一九七五年湖北隨縣羊子山
現藏 湖北隨州市博物館
來源 考古編輯部檔案

〇三一六二 魚父乙殷
字數 三
時代 西周早期
著録 未見
流傳 頤和園舊藏
現藏 北京故宮博物院
來源 考古研究所藏

〇三一六三 爻父乙殷
字數 三
時代 殷
著録 總集一八五二
三代六·一一·五
恒軒上四四
殷存上一一·四
流傳 李勤伯舊藏
來源 考古研究所藏

〇三一六四 爻父乙殷
字數 三
時代 西周早期
著録 總集一八五三
三代七·三·三
殷存上一一·三
綜覽·殷二四三
來源 考古研究所藏

〇三一六五 □父乙殷
字數 三
時代 西周早期
著録 蘇黎世 Fig 一二 a
出土 傳洛陽馬坡出土
現藏 瑞士蘇黎世瑞列堡博物館
來源 考古研究所藏陳夢家銘文照片

〇三一六六 □父乙殷
字數 三
時代 西周早期
著録 總集一八五六
三代六·一一·六
貞松四·三〇·三
小校七·九·七
綜覽·殷二三七
出土 傳洛陽馬坡出土
現藏 美國舊金山亞洲美術館（布倫戴奇藏品）
來源 考古研究所藏

〇三一六七 父乙□殷
字數 三
時代 西周早期
著録 總集一八五七（六四四一）
三代六·一一·七（又一四·四二·四重出、誤作觶）
善齋八·一八
小校七·九·八
出土 傳出于洛陽馬坡
流傳 劉體智舊藏
來源 考古研究所藏劉體智拓本

〇三一六八 木父丙殷
字數 三
時代 西周早期
著録 總集一八六五
三代六·一三·一
貞松四·三一·二
海外吉一七
續殷上三七·二
泉屋一·三五
綜覽·殷一七五
泉屋博古 圖一二拓一二
現藏 日本京都泉屋博古館
來源 考古研究所藏

〇三一六九 業父丁殷
字數 三
時代 殷
著録 總集一八七七
三代六·一四·五
愙齋下一八·三
陶齋一·四七
續殷上三八·一
小校七·一一·五

流傳 楊信卿、吳大澂舊藏
現藏 北京故宮博物院
來源 考古研究所藏

〇三一七〇 冀父丁𣪘
字數 三
時代 殷
著録 總集 一八七八
三代 六・一四・六
綴遺 六・一九・一
愙齋 七・二〇・二
殷存上 一一・九
續殷上 三八・二
小校 七・一一・六
流傳 吳大澂舊藏
來源 考古研究所藏

〇三一七一 戈父丁𣪘
字數 三
時代 殷或西周早期
著録 總集 一八六六
三代 六・一三・二
殷存上 一一・五
小校 七・五七・七
流傳 潘祖蔭舊藏
現藏 上海博物館
來源 考古研究所藏

〇三一七二 戈父丁𣪘
字數 三
時代 殷
著録 總集 一八六七
三代 六・一三・三
綴遺 六・七
殷存上 一一・六
小校 七・一〇・六
上海(二〇〇：四) 七九
青全 四・三六
流傳 吳大澂舊藏
現藏 上海博物館
來源 考古研究所藏

〇三一七三 戈父丁𣪘
字數 三
時代 殷
著録 總集 一九一九
三代 七・三・五
續殷上 三七・四
流傳 頤和園舊藏
現藏 北京故宮博物院
來源 考古研究所藏

〇三一七四 亼父丁𣪘
字數 三
時代 殷或西周早期
著録 總集 一八七三、一九四九
三代 六・一三・五
西乙 六・四四
寶蘊 四八
貞松 四・三一・二
通考 二三三
故圖下下 一三四
粢盛 二四六
流傳 瀋陽故宮舊藏
現藏 臺北故宮博物院
來源 考古研究所藏

〇三一七五 父丁[illegible]𣪘
字數 三
時代 殷
著録 總集 一九五二
録遺 一二五
來源 録遺

〇三一七六 父丁□𣪘
字數 三
時代 西周早期
著録 總集 一九六三
文物 一九七七年一二期二九
頁圖一七
出土 遼寧省喀左縣山灣子
現藏 朝陽地區博物館
來源 朝陽地區博物館提供

〇三一七七 扟父丁𣪘
字數 三
時代 殷
著録 總集 一八七四
三代 六・一三・八
貞松 四・三一・四
武英 七二
續殷上 三七・八
小校 七・一〇・七
通考 二二八
故圖下下 一三七
綜覽・𣪘 二二六
流傳 承德避暑山莊舊藏
現藏 臺北故宮博物院
來源 考古研究所藏

〇三一七八 䰜父丁𣪘
字數 三
時代 殷
著録 總集 一八七六
三代 六・一四・二
愙齋 七・一七・四
續殷上 三七・五
小校 七・一一・一
流傳 福山王廉生舊藏(愙齋)
來源 陳邦懷先生藏

〇三一七九 黿父丁𣪘
字數 三
時代 殷
著録 總集 一九九六
三代 六・二〇・八
愙齋 七・一九・三
綴遺 二四・二・二(作觶)
殷存上 一六・一〇
小校 七・五九・一
流傳 潘祖蔭舊藏
來源 考古研究所藏

〇三一八〇 保父丁𣪘
字數 三
時代 西周早期
著録 總集 一九一八
三代 七・三・四
恒軒上 四〇
綴遺 六・八・三
殷存上 一一・七
流傳 吳大澂舊藏
現藏 旅順博物館
來源 考古研究所拓

〇三一八一 爻父丁𣪘
字數 三
時代 西周早期
著録 總集 一八七五
三代 六・一四・一
貞松 四・三一・三
武英 六七
續殷上 三七・七
小校 七・一〇・五
藝展 二八
通考 二一〇
故圖下下 一三六
綜覽・𣪘 一八六

箋盛 二二〇
商圖 三七
流傳 承德避暑山莊舊藏
現藏 臺北故宮博物院
來源 考古研究所藏

〇三一八二 亞父丁毁
字數 三
時代 西周早期
著録 文物 一九八三年七期九三頁圖四
流傳 陝西盩厔縣文化館收集
現藏 盩厔縣文化館
來源 文物

〇三一八三 𢦏父丁毁
字數 三
時代 西周中期
著録 總集 一九七九
三代 七・六・三~四
貞續上 三四・二~三
善齋 八・五五
續殷上 三八・七~八
小校 七・五八・三~四
流傳 劉體智舊藏
來源 三代

〇三一八四 𢦏父丁毁
字數 三
時代 西周中期
著録 總集 一九八〇
三代 七・六・五~六
貞續上 三三・四~三四・一
善齋 八・五四
續殷上 三八・五~六
小校 七・五八・一~二
蘇黎世 PL・一七
流傳 劉體智舊藏

現藏 瑞士蘇黎世瑞列堡博物館
來源 三代

〇三一八五 □父戊毁
字數 三
時代 殷
著録 未見
現藏 天津市歷史博物館
來源 陳邦懷先生藏

〇三一八六 子父戊毁
字數 三
時代 殷或西周早期
著録 總集 一八八二
三代 六・一四・八
西乙 七・一二
寶蘊 四四
貞松 四・三二・三
續殷上 三八・九
故圖下下 一三九
流傳 瀋陽故宮舊藏
現藏 臺北故宮博物院
來源 考古研究所藏

〇三一八七 父戊□毁
字數 三
時代 殷
著録 總集 一九二〇
三代 七・三・六
綴遺 六・一七・一
貞松 五・二・一
續殷上 四〇・七
小校 七・五九・三
流傳 潘祖蔭、劉體智舊藏
來源 考古研究所藏

〇三一八八 鳥父戊毁
字數 三

時代 殷
著録 總集 一九二四
三代 七・四・三
攈古 一・二・五二・三
愙齋 七・一七・三
綴遺 六・一三・一
敬吾下 三二・二
續殷上 三九・八
小校 七・一一・八
流傳 程木庵舊藏
來源 三代

〇三一八九 叔父戊毁
字數 三
時代 殷
著録 總集 一九七〇
三代 一七・二・二
貞松 一〇・二五・二
善齋 九・四八
續殷下 七四・七
小校 九・六九・二
流傳 劉體智、馮恕舊藏
現藏 北京故宮博物院
來源 考古研究所拓
備注 據故宮實物知此乃毁而改作盤者

〇三一九〇 □父戊毁
字數 三
時代 西周早期
著録 總集 一九六二
文物 一九七七年一二期二八頁
圖一二
出土 一九七四年遼寧喀左縣山灣子村
窖藏
現藏 遼寧省博物館
來源 考古研究所拓

〇三一九一 □父己毁
字數 三（銘在兩耳）
時代 殷
著録 未見
現藏 北京故宮博物院
來源 考古研究所拓

〇三一九二 □父己毁
字數 三
時代 殷
著録 總集 一八八一
三代 六・一五・四~五
雙吉上 一九
通考 二〇六
出土 安陽
流傳 于省吾舊藏
來源 考古研究所藏

〇三一九三 京父己毁
字數 三
時代 殷
著録 未見
流傳 山東省圖書館舊藏
現藏 山東省博物館
來源 王獻唐先生藏

〇三一九四 車父己毁
字數 三
時代 殷或西周早期
著録 總集 一九五三
録遺 一二六
綜覽・毁 五四
甲骨學 第十二號一九六頁
圖四五
現藏 丹麥哥本哈根美術博物館
來源 録遺

〇三一九五 □父己毁

字數 三
時代 殷
著録 總集 一八八〇
三代 六・一五・三
鄴初上 一六
續殷上 一八・一一
通考 二二三
出土 安陽
來源 考古研究所藏

〇三一九六 [illegible]父己𣪘
字數 三
時代 殷
著録 未見
現藏 中國歷史博物館
來源 考古研究所拓

〇三一九七 [illegible]父己𣪘
字數 三
時代 殷或西周早期
著録 總集 一九五七
河南賸稿 一〇
出土 安陽薛家莊
流傳 原安陽古物保存委員會舊藏
現藏 浙江省博物館
來源 考古研究所拓

〇三一九八 [illegible]父己𣪘
字數 三
時代 西周早期
著録 陝青 四・一一一
出土 陝西武功縣
現藏 武功縣文化館
來源 武功縣文化館提供

〇三一九九 [illegible]父辛𣪘(殘圈足)
字數 三
時代 殷
著録 總集 一八八九
三代 六・一六・四
恒軒下 八九
流傳 吳大澂舊藏
來源 考古研究所藏

〇三二〇〇 [illegible]父辛𣪘
字數 三
時代 殷或西周早期
著録 總集 一八八五
三代 六・一六・二
綴遺 六・一〇・二
小校 七・二二・四
現藏 北京故宮博物院
來源 考古研究所拓

〇三二〇一 鳶父辛𣪘
字數 三
時代 殷
著録 總集 一八八六
三代 六・一六・三
積古 一・一六・二
攈古 一之二・二八・四
愙齋 七・一六・二
綴遺 六・九・一
小校 七・二〇・三
殷存上 一六・二
流傳 潘祖蔭舊藏
現藏 北京故宮博物院
來源 考古研究所藏潘祖蔭拓本

〇三二〇二 枚父辛𣪘
字數 三
時代 殷
著録 總集 一八九〇
三代 六・一六・七
西甲 六・一八
故青 三二
流傳 頤和園舊藏
現藏 北京故宮博物院
來源 考古研究所拓

〇三二〇三 串父辛𣪘
字數 三
時代 殷
著録 總集 一八八七
三代 六・一六・五
西甲 六・四三
殷存上 一五・一一
小校 七・二二・五
流傳 清宮舊藏，後歸劉鶚
來源 考古研究所藏

〇三二〇四 串父辛𣪘
字數 三
時代 殷
著録 西清 一三・一五
流傳 清宮舊藏
現藏 北京故宮博物院
來源 考古研究所拓

〇三二〇五 [illegible]父辛𣪘
字數 三
時代 殷或西周早期
著録 西甲 六・一九
流傳 清宮舊藏
來源 西甲

〇三二〇六 忛父辛𣪘
字數 三
時代 西周早期
著録 總集 一八八四
三代 六・一六・一
貞松 四・三二・四
海外吉 二一
續殷上 三九・二
帝博 一三
泉屋 一・三八
通考 二二六
綜覽・𣪘 二九一
泉屋博古 圖二一 拓二七
流傳 劉體智舊藏
現藏 日本京都泉屋博古館
來源 考古研究所藏

〇三二〇七 妖父辛𣪘
字數 三
時代 西周早期
著録 總集 一八四三
學報(一九五四年)八册圖版
一五：一
陝圖 六
出土 一九五三年陝西長安縣普渡村
墓葬
現藏 陝西省博物館
來源 考古學報編輯部檔案

〇三二〇八 膚父辛𣪘
字數 三
時代 西周早期
著録 總集 一八八三
三代 六・一五・六
恒軒 二六
愙齋 七・二一・一
殷存上 一二・三
小校 七・五九・五
流傳 吳大澂舊藏
現藏 北京故宮博物院
來源 考古研究所拓

〇三二〇九 責父辛𣪘
字數 三

時代 西周早期
著録 未見
現藏 北京故宮博物院
來源 考古研究所拓

〇三二一〇 酉父癸殷
字數 三
時代 殷
著録 總集 一九五九(四六一二)
三代 一一・一一・五(誤作尊)
續殷上 五五・二
銅器選 一一
綜覽・殷 一七一
上海(二〇〇四)八三
現藏 上海博物館
來源 三代

〇三二一一 □父癸殷
字數 三
時代 殷
著録 三代 六・一七・三(蓋)
積古 一・一五・二~三
攈古 一・二・九
綴遺 六・八・一~二
奇觚 一七・九
續殷上 三九・三~四
小校 七・一三・四~五
流傳 葉東卿舊藏
來源 考古研究所藏

〇三二一二 獸父癸殷
字數 三
時代 殷
著録 未見
現藏 上海博物館
來源 考古研究所藏

〇三二一三 臤父癸殷
字數 三
時代 殷
著録 總集 一九二二
三代 七・四・一
愙齋 七・七・一
奇觚 三・三・一
小校 七・五九・六
續殷上 三九・五
流傳 陳介祺舊藏
來源 考古研究所藏陳介祺拓本

〇三二一四 □父癸殷
字數 三
時代 西周早期
著録 總集 一九六七
文物 一九五九年一期七二頁
綜覽・殷 一一一
陝青 四・五
出土 一九五八年陝西寶鷄地區青姜河桑園堡
現藏 陝西省博物館
來源 文物

〇三二一五 □父癸殷
字數 三
時代 西周早期
著録 總集 一九二三
三代 七・四・二
恒軒 二五
綴遺 六・一〇
殷存上 一二・五
流傳 吳大澂舊藏
來源 考古研究所藏

〇三二一六 魚父癸殷
字數 三
時代 殷或西周早期
著録 總集 一九五四
文物 一九五五年八期圖版四
録遺 一二七
五省 圖版二一
綜覽・小型盂 五〇
出土 遼寧凌源海島營子村
現藏 遼寧省博物館
來源 陳邦懷先生藏

〇三二一七 □父癸殷
字數 三
時代 西周早期
著録 總集 一八九四
三代 六・一七・四
西清 一三・二四
貞續上 三〇・二
續殷上 三九・六
故宮 一三期
故圖下上 五九
綜覽・小型盂 三〇
流傳 清宮舊藏
現藏 臺北故宮博物院
來源 考古研究所藏故宮拓本

〇三二一八 □父癸殷
字數 三
時代 西周早期
著録 總集 一八九八
彙編 九・一四七一
綜覽・殷 一三六
薩克勒(西周) 五〇
現藏 美國華盛頓薩克勒美術館
來源 彙編

〇三二一九 □父癸殷
字數 三
時代 西周早期
著録 總集 一九六〇
考古與文物 一九八一年一期一〇頁
圖二:五
陝青 四・一六九
出土 一九七四年陝西盩厔縣豆村
現藏 咸陽地區文物管理委員會
來源 考古與文物編輯部提供

〇三二二〇 冀母乙殷
字數 三
時代 西周早期
著録 青全 四・四五
上海(二〇〇四)八四
現藏 上海博物館
來源 考古研究所拓

〇三二二一 戈母丁殷
字數 三(銘在兩耳內)
時代 西周早期
著録 總集 一九六五
文物 一九六三年三期四五頁
圖二:一
綜覽・殷 一四〇
陝青 四・一〇八
辭典 三四九
出土 陝西武功縣柴家嘴
現藏 陝西省博物館
來源 陝西省博物館提供

〇三二二二 □母己殷
字數 三
時代 殷
著録 殷青 圖八四・一一
青全 二・九九
出土 一九七八年河南安陽市殷墟西區第八墓區
現藏 考古研究所安陽工作站

來源 考古研究所拓

〇三二二三 豙匕辛毁

字數 三
時代 殷
著録 總集 二〇一一
三代 六·二一·三
長安 一·一五
恒軒 四一
攈古 一·二·五一
愙齋 七·二二·三
綴遺 六·一二·二
奇觚 五·一七·二
敬吾下 三三·四
殷存上 一六·九
小校 七·一〇·六
流傳 劉燕庭、王懿榮舊藏
來源 考古研究所藏

〇三二二四 菐母辛毁

字數 三
時代 殷
著録 總集 一九二五
三代 一一·一二·四（誤以爲尊）
綴遺 六·一八
續殷上 五五·九
流傳 潘祖蔭舊藏，後歸李蔭軒
現藏 上海博物館
來源 考古研究所藏

〇三二二五 史母癸毁

字數 三
時代 西周早期
著録 總集 一九六六
美集録 R 九一
綜覽·毁 五五
現藏 美國紐約唐訶納氏
來源 考古研究所藏陳夢家拓本

〇三二二六 棣母癸毁

字數 三
時代 西周早期
著録 總集 一九五五
録遺 一二九
來源 陳邦懷先生藏

〇三二二七 㫃女鳶毁

字數 三
時代 殷
著録 未見
流傳 一九六二年收購
現藏 北京故宫博物院
來源 考古研究所拓

〇三二二八 帚女旋毁

字數 三
時代 殷
著録 綜覽·毁 一一
現藏 德國科隆東亞藝術博物館
來源 綜覽

〇三二二九 婦[illegible]咸毁

字數 三
時代 殷
著録 總集 一八九九
三代 六·一八·四
貞續上 三一·二
續殷上 三九·九
陶齋 一·五〇
小校 七·二二·八
流傳 端方舊藏
現藏 北京故宫博物院
來源 考古研究所拓

〇三二三〇 作己姜毁

字數 三
時代 西周早期
著録 總集 一九二六
三代 七·四·四
愙齋 七·二一
小校 七·六〇·一（又二·二二·四重出誤作鼎）
現藏 北京故宫博物院
來源 考古研究所拓

〇三二三一 弜父寶毁

字數 三
時代 西周早期
著録 未見
流傳 頤和園舊藏
現藏 北京故宫博物院
來源 考古研究所拓

〇三二三二 㫃乙亅毁

字數 三
時代 殷
著録 未見
現藏 北京故宫博物院
來源 考古研究所拓

〇三二三三 天己丁毁

字數 三
時代 殷
著録 博古 一六·二三
考古圖 三·三一
薛氏 四三
嘯堂 五一
出土 「得于龍游」（考古圖）
流傳 洛陽曾氏舊藏
來源 嘯堂

〇三二三四 丁止子毁

字數 三
時代 殷
著録 未見
現藏 上海博物館
來源 上海博物館提供

〇三二三五 亞保酉毁

字數 三
時代 西周早期
著録 總集 一七八一
三代 六·六·二
殷存上 一五·六
尊古 一·四六
綜覽·毁 一四
來源 考古研究所藏

〇三二三六 弦作[illegible]毁

字數 三
時代 西周早期
著録 總集 一九二七
三代 七·四·五
小校 七·六〇·三
現藏 上海博物館
來源 上海博物館提供

〇三二三七 戈亳冊毁

字數 三
時代 殷
著録 未見
現藏 北京清華大學圖書館
來源 考古研究所拓

〇三二三八 辰帚出毁

字數 三
時代 殷
著録 殷青 圖六二·五
青全 二·八六
出土 河南安陽市殷墟大司空村五三九號墓

現藏　考古研究所安陽工作站
來源　考古研究所拓

〇三二三九　北單戈𣪘
字數　三
時代　殷
著録　總集一七六九
學報一九五一年五册圖版
四五：一
河南一・二七四
綜覽・𣪘一三
辭典六六
青全二・八三
出土　一九五〇年河南安陽市殷墟武官村
大墓E九
現藏　中國歷史博物館
來源　考古研究所拓

〇三二四〇　作女皿𣪘
字數　三
時代　殷
著録　未見
現藏　英國某私人收藏
來源　考古研究所藏陳夢家先生手拓本

〇三二四一　林刀[illegible]𣪘
字數　三
時代　殷
著録　總集一九五六
録遺一二九
來源　録遺

〇三二四二　□伯陪𣪘
字數　三
時代　西周早期
著録　總集一九〇二
三代六・一八・六
十二居八

續殷上四〇・一
流傳　周秀木舊藏
現藏　吉林省博物館
來源　考古研究所藏

〇三二四三　西隻單𣪘
字數　三
時代　殷
著録　博古八・一七
薛氏一一一・一
嘯堂二八
來源　嘯堂

〇三二四四　虢叔𣪘
字數　三
時代　西周中期
著録　考古圖四・二七
薛氏一一一・二
出土　「得于京兆」(考古圖)
流傳　京兆田概舊藏
來源　考古圖

〇三二四五　亞□□𣪘
字數　三
時代　西周早期
著録　總集一七七八
文物一九七七年一二期二九頁
圖二〇
出土　一九七四年遼寧喀左縣山灣子村
窖藏
現藏　喀左縣博物館
來源　喀左縣博物館提供

〇三二四六　亞[illegible]衘𣪘
字數　三
時代　殷
著録　總集一八四四
三代六・一〇・二

十二架九
綜覽・𣪘一二一
流傳　商承祚舊藏
來源　考古研究所藏

〇三二四七　作旅𣪘
字數　三
時代　西周早期
著録　總集一九四四
三代七・五・八
貞松五・三・一
善齋八・二一
頌齋七
小校七・一八・八
通考三〇六
綜覽・小型盂八一
薩克勒(西周)六一
流傳　劉體智、容庚舊藏
現藏　美國華盛頓薩克勒美術館
來源　考古研究所藏

〇三二四八　作旅𣪘
字數　三
時代　西周早期
著録　總集一九四三
美集録R三七二
綜覽・𣪘一二一
薩克勒(西周)四〇
現藏　美國華盛頓薩克勒美術館
來源　考古研究所藏

〇三二四九　作旅𣪘
字數　三
時代　西周早期
著録　總集一九四五
文物一九七九年一一期三頁
圖四：二

陝青三・一八
綜覽・𣪘二二四
出土　一九七八年陝西扶風縣齊家村
一九號墓
現藏　周原扶風縣文物管理所
來源　考古研究所拓

〇三二五〇　作旅𣪘
字數　三
時代　西周早期
著録　總集一九四六
陝青三・一九
出土　一九七八年陝西扶風縣齊家村
一九號墓
現藏　周原扶風縣文物管理所
來源　考古研究所拓

〇三二五一　作寶𣪘
字數　三
時代　西周早期
著録　總集一九三六
三代七・五・五
愙齋一二・二二・二
周金三・九九・五
小校七・六〇・七
流傳　潘祖蔭舊藏
來源　考古研究所藏

〇三二五二　作寶𣪘
字數　三
時代　西周早期
著録　總集一九四二
三代七・五・三
積古六・一・三
攈古一・二・三六・二
周金三・九九・六
小校七・六〇・四

流傳 吳大澂舊藏
來源 三代

〇三二五三 作寶㲃
字數 三
時代 西周早期
著録 總集 一九四一
西清 二八・一九
綜覽・㲃 二九六
流傳 清宮舊藏
現藏 美國普林斯頓大學美術博物館(卡特氏藏品)
來源 綜覽

〇三二五四 作寶㲃
字數 三
時代 西周早期
著録 未見
現藏 北京故宮博物院
來源 考古研究所拓

〇三二五五 作寶㲃
字數 三
時代 西周早期
著録 總集 一九三九
三代 七・五・六
貞松 五・二・二
善齋 八・五三
善彝 六九
小校 七・一八・四(又七・六〇・五重出)
通考 二九四
綜覽・㲃 二〇〇
粢盛 二七二
流傳 劉體智舊藏
現藏 臺北故宮博物院
來源 考古研究所藏劉體智拓本

〇三二五六 作寶㲃
字數 三
時代 西周中期
著録 總集 一九三七
三代 七・五・四
愙齋 一二・二三・一
小校 七・六〇・八
來源 三代

〇三二五七 作寶㲃
字數 三
時代 西周中期
著録 總集 一九四〇
三代 七・五・七
貞松 五・二・四
希古 三・一一・一
流傳 潘祖蔭舊藏
來源 考古研究所藏潘祖蔭拓本

〇三二五八 作寶㲃
字數 三
時代 西周中期
著録 文物 一九八三年七期九三頁圖二
陝青 四・一七三
流傳 一九七八年收集
現藏 盩厔縣文化館
來源 盩厔縣文化館提供

〇三二五九 作寶㲃
字數 三
時代 西周中期
著録 韋森 PL 九
現藏 瑞典斯德哥爾摩韋森氏
來源 韋森

〇三二六〇 作寶㲃
字數 三
時代 西周中期
著録 總集 一九三八
三代 七・五・二
貞續上 三三・三
故宮 二九期
通考 二七〇
流傳 清宮舊藏
現藏 臺北故宮博物院
來源 考古研究所藏

〇三二六一 作旅彝㲃
字數 三
時代 西周早期
著録 未見
現藏 北京故宮博物院
來源 考古研究所拓

〇三二六二 作旅彝㲃
字數 三
時代 西周早期
著録 未見
現藏 北京故宮博物院
來源 考古研究所拓

〇三二六三 作旅彝㲃
字數 三
時代 西周早期
著録 總集 一九〇八
三代 六・一九・五
貞續上 三〇・四
小校 七・一八・二
現藏 北京清華大學圖書館
來源 三代
備注 應稱「作寶彝㲃」

〇三二六四 作寶彝㲃
字數 三
時代 西周早期
著録 西甲 七・三
奇觚 五・一六・三
周金 三・一一七・七
小校 七・一八・一
流傳 清宮舊藏
現藏 南京大學考古與藝術博物館
來源 考古研究所拓

〇三二六五 作寶彝㲃
字數 三
時代 西周早期
著録 總集 一九三五
陝青 三・七三
綜覽・㲃 二〇三
出土 一九七六年陝西扶風縣雲塘村二〇號墓
現藏 周原扶風縣文物管理所
來源 周原扶風縣文物管理所提供

〇三二六六 作寶彝㲃
字數 三
時代 西周早期
著録 故青 一一二
流傳 頤和園舊藏
現藏 北京故宮博物院
來源 考古研究所拓

〇三二六七 作寶彝㲃
字數 三
時代 西周早期
著録 未見
流傳 北京藝術學校舊藏
現藏 北京故宮博物院
來源 考古研究所拓

〇三二六八 作寶彝㲃
字數 三
時代 西周早期
著録 未見

現藏 北京故宮博物院
來源 考古研究所拓

〇三二六九 作寶彝毁
字數 三
時代 西周早期
著録 未見
現藏 北京故宮博物院
來源 考古研究所拓

〇三二七〇 作寶彝毁
字數 三
時代 西周早期
著録 總集 一九〇九
三代 六·一九·三
西清 一四·七
愙齋 七·一一·三
小校 七·六一·二
美集録 R 三六三
綜覽·毁 三〇七
流傳 清宮舊藏，後歸吴大澂，美國紐約盧芹齋
來源 考古研究所藏

〇三二七一 作寶彝毁
字數 三
時代 西周早期
著録 總集 一九三二
三代 七·四·八
愙齋 七·一一·二
周金 三·九九·七
小校 七·六一·一
貞續上 三二·四
貞圖上 三〇
流傳 吴大澂、羅振玉舊藏
來源 考古研究所藏

〇三二七二 作寶彝毁
字數 三
時代 西周早期
著録 總集 一九三一
三代 七·四·七
來源 三代

〇三二七三 作寶彝毁
字數 三
時代 西周早期
著録 總集 一九三三
三代 七·五·一
愙齋 七·一一·一
周金 三·九九·八
小校 七·六〇·一〇
流傳 陳介祺、潘祖蔭舊藏
來源 考古研究所藏潘祖蔭拓本

〇三二七四 作寶彝毁
字數 三
時代 西周早期
著録 博古 八·二二
薛氏 一一〇·五
嘯堂 二九·三
來源 嘯堂

〇三二七五 作寶彝毁
字數 三
時代 西周早期
著録 博古 八·二四
薛氏 一一〇·六
嘯堂 二九·四
來源 嘯堂

〇三二七六 作寶彝毁
字數 三
時代 西周早期
著録 博古 八·一四
嘯堂 九四·二
來源 嘯堂

〇三二七七 作寶彝毁
字數 三
時代 西周早期
著録 考古圖 四·二〇
薛氏 一九·二
嘯堂 二七·三
出土 得于新鄭
流傳 盧江李伯時舊藏
來源 嘯堂

〇三二七八 作寶彝毁
字數 三
時代 西周早期
著録 西乙 七·一
流傳 瀋陽故宮舊藏
來源 西乙

〇三二七九 作寶彝毁
字數 三
時代 西周早期
著録 西乙 七·四
流傳 瀋陽故宮舊藏
來源 西乙

〇三二八〇 作從彝毁
字數 三
時代 西周早期
著録 總集 一九一七
三代 六·二〇·二
貞松 四·三四
現藏 旅順博物館
來源 考古研究所拓

〇三二八一 作從彝毁
字數 三
時代 西周早期
著録 總集 一九一六
三代 六·二〇·一
攈古 一·二·七
貞松 四·三三
希古 四·一·三
小校 七·一八·五
流傳 劉體智舊藏
現藏 武漢市文物商店
來源 考古研究所拓

〇三二八二 作障彝毁
字數 三
時代 西周早期
著録 總集 一九六九
美集録 R 三六七
現藏 美國紐約克丁氏
來源 考古研究所藏陳夢家拓本

〇三二八三 作障彝毁
字數 三
時代 西周早期
著録 綜覽·毁 二六二
現藏 日本東京國立博物館
來源 東京國立博物館提供

〇三二八四 作障彝毁
字數 三
時代 西周早期
著録 未見
現藏 北京故宮博物院
來源 考古研究所拓

〇三二八五 伯作彝毁
字數 三
時代 西周早期
著録 文物 一九八四年一二期三五頁圖一
現藏 首都博物館
來源 考古研究所拓

○三二八六 伯作彝毁
字數 三
時代 西周早期
著録 西拾 七
綜覽·毁 二二三
流傳 頤和園舊藏
來源 西拾

○三二八七 伯作彝毁
字數 三
時代 西周早期
著録 總集 一九三〇
文叢(二) 一三二頁圖一：二
出土 一九七一年陝西白水縣
來源 文叢

○三二八八 伯作彝毁
字數 三
時代 西周早期
著録 寶鷄 二九八頁圖二〇七·三
出土 一九七四年陝西寶鷄市茹家莊西周墓(M一乙：五)
現藏 寶鷄市博物館
來源 寶鷄市博物館提供

○三二八九 伯作彝毁
字數 三
時代 西周早期
著録 總集 一九〇三、一九二九
三代 六·一八·七(又七·四·六重出)
積古 五·二三·三
金索 一·三五
攈古 一·二·九
窓齋 七·一〇·四
奇觚 一七·九·三
敬吾下 三二·三
小校 七·一五·二
流傳 陳介祺舊藏
來源 考古研究所藏

○三二九〇 伯作彝毁
字數 三
時代 西周早期
著録 西乙 六·二七
流傳 瀋陽故宮舊藏
來源 西乙

○三二九一 伯作彝毁
字數 三
時代 西周早期
著録 寧壽 六·一三
流傳 清宮舊藏
來源 寧壽

○三二九二 伯作彝毁
字數 三
時代 西周早期
著録 小校 七·一五·七
流傳 清宮舊藏
來源 考古研究所藏故宮拓本

○三二九三 伯作毁
字數 三
時代 西周早期
著録 故青 一五四
現藏 北京故宮博物院
來源 考古研究所拓

○三二九四 [illegible]作彝毁
字數 三
時代 西周早期
著録 西甲 七·九
西拾 五
流傳 頤和園舊藏
來源 西拾

○三二九五 作用毁
字數 三
時代 西周早期
著録 蘇黎世 Fig 一五a
綜覽·小型盂 七八
現藏 瑞士蘇黎世瑞列堡博物館
來源 蘇黎世

○三二九六 且癸父丁毁
字數 四
時代 西周早期
著録 總集 一九八七
三代 六·二〇·三
攈古 一·二·五三·二
綴遺 六·一六·二
殷存上 一六·三
小校 七·一八·九(又四·二七·五重出，作卣)
綜覽·毁 一五二
流傳 萬廉山、司馬承紀舊藏
現藏 英國倫敦不列顛博物館
來源 考古研究所藏

○三二九七 亞[illegible]父乙毁
字數 四
時代 殷
著録 總集 五三三
三代 二·二〇·一(誤作鼎)
來源 陳邦懷先生藏

○三二九八 父乙亞矢毁
字數 四
時代 殷
著録 總集 一九七二
三代 六·一二·五
貞補上 一九·五
海外吉 二〇
續殷上 三六·一
泉屋 一·三七
泉屋博古 圖二〇拓二〇
現藏 日本京都泉屋博古館
來源 考古研究所藏

○三二九九 亞[illegible]父乙毁
字數 四
時代 西周早期
著録 總集 二〇七六
文物 一九七七年一二期三三頁圖五六
綜覽·毁 一一〇
出土 遼寧喀左縣山灣子
現藏 遼寧省博物館
來源 考古研究所拓

○三三〇〇 亞[illegible]父乙毁
字數 四
時代 殷
著録 西甲 六·三六
流傳 清宮舊藏
來源 西甲

○三三〇一 亞□父乙毁
字數 四
時代 西周早期
著録 總集 二〇七〇
文物 一九七五年五期八九頁圖五
綜覽·毁 一四八
陝青 四·一五八
出土 一九七二年陝西長武縣張家溝
現藏 長武縣文化館
來源 文物

○三三〇二 [illegible]葡父乙毁
字數 四
時代 殷

著録 總集一九五〇
録遺 一二四
來源 録遺

〇三三〇三 [illegible]冊父乙𣪘
字數 四
時代 殷
著録 總集二〇八三
三代 六・二七・一
積古 一・二七・三
攈古 一・三・一一・一
小校 七・二四・一
現藏 北京故宫博物院
來源 考古研究所拓

〇三三〇四 [illegible]冊父乙𣪘
字數 四
時代 西周早期
著録 總集一九九三
三代 七・六・二
窓齋 七・二二
殷存上 一二・六
小校 七・六一・五
來源 考古研究所藏

〇三三〇五 [illegible]作父乙𣪘
字數 四
時代 西周早期
著録 未見
現藏 上海博物館
來源 上海博物館提供

〇三三〇六 作父乙[illegible]𣪘
字數 四
時代 西周早期
著録 總集一九九五
續殷上 四〇・四
美集録 R三一一

綜覽・𣪘 一五〇
出土 一九二九年河南省洛陽馬坡
現藏 美國聖路易市浦才耳氏
來源 考古研究所藏陳夢家先生拓本

〇三三〇七 □作父乙𣪘
字數 四
時代 西周早期
著録 總集一九九二
三代 六・二二・四
貞松 四・三〇・四
善齋 八・二二
善彝 六六
通考 二三二
小校 七・一九・二
綜覽・𣪘 一九一
流傳 劉體智舊藏
來源 考古研究所藏劉體智拓本

〇三三〇八 亞束父丁𣪘
字數 四
時代 殷
著録 總集一九七八
三代 六・一四・四
貞續上 三〇・一
善齋 八・一九
小校 七・一一・二
續殷上 三七・一
頌續 二六
流傳 劉體智、容庚舊藏
來源 考古研究所藏

〇三三〇九 亞豈父丁𣪘
字數 四
時代 殷
著録 未見
現藏 北京故宫博物院

來源 考古研究所拓

〇三三一〇 亞醜父丁𣪘
字數 四
時代 殷
著録 小校 七・五八
故青 八〇
現藏 北京故宫博物院
來源 考古研究所拓

〇三三一一 豕馬父丁𣪘
字數 四
時代 殷
著録 未見
來源 考古研究所藏

〇三三一二 文頣父丁𣪘
字數 四
時代 殷
著録 總集二〇〇〇
美集録 R六八
綜覽・𣪘 二四〇
現藏 美國紐約康恩氏
來源 考古研究所藏陳夢家先生拓本

〇三三一三 [illegible]父丁𣪘
字數 四
時代 殷
著録 未見
現藏 北京故宫博物院
來源 考古研究所拓

〇三三一四 [illegible]父丁𣪘
字數 四
時代 殷
著録 總集二〇七八
録遺 四八七
美集録 R五六
流傳 美國紐約盧芹齋舊藏

來源 考古研究所藏陳夢家先生拓本
備注 録遺誤作盤

〇三三一五 [illegible]父丁𣪘
字數 四
時代 西周早期
著録 總集二〇七七
文物 一九七七年一二期八四頁
圖四
陝青 三・三二
綜覽・𣪘 七
出土 一九七四年陝西扶風縣齊家村
現藏 扶風縣博物館
來源 扶風縣博物館提供

〇三三一六 [illegible]父丁𣪘
字數 四
時代 殷
著録 未見
現藏 北京故宫博物院
來源 考古研究所拓

〇三三一七 宁戈父丁𣪘
字數 四
時代 西周早期
著録 倫敦 圖版七：一〇
流傳 北平古物陳列所舊藏
來源 倫敦

〇三三一八 宁矢父丁𣪘
字數 四
時代 西周早期
著録 小校 七・一九・三
現藏 北京故宫博物院
來源 考古研究所拓

〇三三一九 冊劦父丁𣪘
字數 四
時代 西周早期

著録 總集 三八一
三代 二・二二・八
貞松 二・一三・二
續殷上 一四・三
綜覽・毁 一七四
來源 三代

○三三二○ 嬰父丁冊毁

字數 四
時代 殷
著録 總集 二一六○
三代 六・三三・四
愙齋 七・二二・二
殷存上 一三・二
小校 七・六七・一
流傳 王懿榮、日本東京川合氏舊藏
賽爾諾什 P 三五
現藏 法國巴黎賽爾諾什博物館
來源 考古研究所藏

○三三二一 □□父丁毁

字數 四
時代 殷
著録 兩罍 一・八
流傳 吳雲舊藏
來源 兩罍

○三三二二 子翊父丁毁

字數 四
時代 殷或西周早期
著録 總集 二○○一B
美集録 R 二四五
現藏 美國華盛頓斯美孫寧學社
來源 考古研究所藏陳夢家先生拓本

○三三二三 尹冊父戊毁

字數 四
時代 西周早期
著録 總集 一九八一
三代 六・一五・一
冠斝上 二○
綜覽・毁 六七
流傳 榮厚舊藏
來源 考古研究所藏

○三三二四 北單父己毁

字數 四
時代 殷
著録 總集 一九二二
三代 七・三・七
愙齋 七・一四・一
殷存上 一一・一○
小校 七・五九・四
流傳 潘祖蔭舊藏
來源 陳邦懷先生藏潘祖蔭拓本

○三三二五 尹舟父己毁

字數 四
時代 殷
著録 未見
現藏 北京故宮博物院
來源 考古研究所拓
備注 此毁底銘四字，兩耳内各有銘二字

○三三二六 亞夭父己毁

字數 四
時代 殷
著録 總集 二○○四
美集録 R 一五一
歐精華 一○九
通考 二○○
綜覽・毁 五七
流傳 英國倫敦 A・W・Barl 舊藏
現藏 美國芝加哥美術館
來源 考古研究所藏陳夢家拓本

○三三二七 亞戈父己毁

字數 四
時代 殷
著録 總集 一九八二
三代 六・一五・二
夢郼上 一九
續殷上 三八・一○
小校 七・一二・二
流傳 羅振玉舊藏
來源 考古研究所藏
備注 此毁僅殘存圈足部分

○三三二八 聿作父己毁

字數 四
時代 西周早期
著録 總集 二○○五
三代 六・二一・四
貞松 四・三四・三
小校 七・二○・一
善齋 八・二四
續殷上 四○・八
流傳 劉體智舊藏
來源 考古研究所藏劉體智拓本

○三三二九 又牧父己毁

字數 四
時代 西周早期
著録 總集 二○○二
三代 六・二一・五
十二貯 九
續殷上 四二・八
通考 二四五
綜覽・毁 六一
流傳 王辰舊藏
來源 考古研究所藏

○三三三○ 亞龏父辛毁

字數 四
時代 殷
著録 未見
現藏 首都師範大學歷史博物館
來源 考古研究所拓

○三三三一 亞醜父辛毁

字數 四
時代 殷
著録 總集 一九八四
三代 七・三・八
殷存上 一二・一
來源 三代

○三三三二 亞醜父辛毁

字數 四
時代 殷
著録 總集 一九八五・二
三代 六・一七・二
尊古 一・四七
鏡齋 圖版一一
綜覽・毁 一一三
來源 考古研究所藏

○三三三三 亞醜父辛毁

字數 四
時代 殷
著録 總集 一九八五・一
三代 六・一七・一
西清 二八・一六
夢續 一○
小校 三・八八・三
殷存上 一二・二
流傳 清宮舊藏，後歸丁樹楨、羅振玉
來源 考古研究所藏羅振玉拓本
備注 西清盖銘真、器銘僞

〇三三三四　亞□父辛殷
字數　四
時代　西周早期
著録　陝青　四・一一〇
出土　一九七二年陝西武功縣渠子村
現藏　武功縣文化館
來源　武功縣文化館提供

〇三三三五　賁作父辛殷
字數　四
時代　西周早期
著録　總集　二〇〇六
三代　六・二二・七
小校　七・六一・六
貞續中　七・三(誤作尊)
出土　「出南陽」(小校)
來源　三代

〇三三三六　作父辛彝殷
字數　四
時代　西周早期
著録　西乙　六・三九
流傳　瀋陽故宮舊藏
來源　西乙

〇三三三七　鄉父癸宁殷
字數　四
時代　殷
著録　總集　二〇一二(二〇八一)
美集録　R三五
布倫戴奇　Fig 一二
銅玉　Fig 八〇G
綜覽・殷　三二
現藏　美國舊金山亞洲美術博物館(布倫戴奇藏品)
來源　考古研究所藏陳夢家先生拓本

〇三三三八　亞弜父癸殷
字數　四
時代　殷
著録　總集　一九八六
三代　六・一七・七
西清　一三・二
愙齋　七・一三・三
綴遺　六・一四・一
殷存上　一二・四
小校　七・五九・七
貞續中　七・三
流傳　清宮舊藏
來源　三代

〇三三三九　亞共父癸殷
字數　四
時代　殷
著録　總集　一九八三
三代　六・一八・一
尊古　一・四八
來源　考古研究所藏

〇三三四〇　衘天父癸殷
字數　四
時代　殷
著録　總集　二〇〇七
三代　六・二一・一
奇觚　三・三・二
續殷上　三九・七
來源　考古研究所藏

〇三三四一　何父癸□殷
字數　四
時代　殷或西周早期
著録　總集　二〇〇九
三代　六・二一・八
貞松　四・三五・一
善齋　八・二五
小校　七・二〇・四
續殷上　四〇・九
頌續　三四
通考　二二四
綜覽・殷　一四
出土　洛陽出土
流傳　劉體智、容庚舊藏
來源　考古研究所藏劉體智拓本

〇三三四二　作父癸□殷
字數　四
時代　西周早期
著録　總集　二〇一〇
三代　六・二二・二
貞補上　二〇・二
善齋　八・二六
續殷上　四〇・一〇
小校　七・二〇・五
善彝　五五
頌續　三三
綜覽・殷　二八二
出土　洛陽出土
流傳　劉體智、容庚舊藏
來源　考古研究所藏

〇三三四三　彭女彝□殷
字數　四
時代　西周早期
著録　總集　二〇五一
三代　七・七・六～七
攈古　一・二・七八～七九
續殷上　四一・七～八
小校　七・六三・五～六
來源　考古研究所藏

〇三三四四　王妊作殷
字數　四
時代　西周早期
著録　北窑　八三頁圖四四AB
辭典　三五一
出土　一九六四年河南洛陽市北窑西周墓(M三七：三)
現藏　洛陽市文物工作隊
來源　考古研究所拓

〇三三四五　聑□婦姝殷
字數　四
時代　殷
著録　總集　一九六四
文物　一九七八年五期九五頁圖三
河南　一・三五三
綜覽・殷　五六
出土　一九五二年河南輝縣褚邱
現藏　新鄉市博物館
來源　河南省文物研究所提供

〇三三四六　考母作緊殷
字數　四
時代　西周早期
著録　總集　二〇六九
北窑　二一一頁圖一一〇・一
綜覽・殷　三一五
出土　河南洛陽北窑西周墓(M四一〇：二)
現藏　洛陽市文物工作隊
來源　考古研究所拓

〇三三四七　女女作殷
字數　四
時代　殷或西周早期
著録　總集　二〇六一
三代　七・八・二
流傳　端方舊藏
來源　陳邦懷先生藏端方拓本

〇三三四八　呂姜作𣪘
字數　四
時代　西周早期
著録　總集 二〇七一
　　考古 一九七六年一期四二頁圖
　　五：二
　　綜覽・𣪘 三二五
出土　一九七二年甘肅靈臺縣西嶺墓葬
現藏　甘肅省博物館
來源　考古編輯部檔案

〇三三四九　作母隮彝𣪘
字數　四
時代　西周早期
著録　總集 二〇一七
　　三代 六・三三・四
　　貞松 四・三七・一
　　善齋 八・二七
　　小校 七・二〇・七
　　頌續 三一
　　通考 二六一
　　綜覽・𣪘 二一五
出土　「出于洛陽」（頌續）
流傳　劉體智、容庚舊藏
來源　考古研究所藏劉體智拓本

〇三三五〇　伯姬作乁𣪘
字數　四
時代　西周中期
著録　總集 二〇六〇
　　三代 七・八・四
　　貞續上 三四・四
　　善齋 八・五六
　　小校 七・六三・三
流傳　劉體智舊藏
現藏　上海博物館
來源　上海博物館提供

〇三三五一　伯作旅𣪘
字數　四
時代　西周早期
著録　總集 二〇四〇
　　三代 六・二六・一
　　貞松 五・四・四
　　善齋 八・三〇
　　小校 七・二二・六
　　善彝 六五
　　故圖下下 一五五
流傳　劉體智舊藏
現藏　臺北故宮博物院
來源　考古研究所藏劉體智拓本

〇三三五二　伯作旅𣪘
字數　四
時代　西周早期
著録　總集 二〇三九
　　陝青 三・五一
　　考古與文物 一九八〇年四期
　　一三頁
　　綜覽・小型盂 七九
出土　一九七三年陝西扶風縣劉家村墓葬
現藏　扶風縣博物館
來源　考古與文物編輯部提供

〇三三五三　伯作寶𣪘
字數　四
時代　西周早期
著録　總集 二〇三五
　　三代 六・二五・七
　　西乙 一二・二七
　　寶蘊 五六
　　貞松 五・四・三
　　故圖下下 一五三
　　彙盛 二三四
流傳　瀋陽故宮舊藏
現藏　臺北故宮博物院
來源　考古研究所藏

〇三三五四　伯作寶𣪘
字數　四
時代　西周早期
著録　總集 二〇三四
　　三代 六・二五・八
　　小校 七・二二・七
　　周金 三・九一・四
　　夢郼上 二〇
　　通考 二七四
流傳　羅振玉舊藏
來源　考古研究所藏

〇三三五五　伯作寶𣪘
字數　四
時代　西周早期
著録　總集 二〇三八
　　三代 七・八・八
　　攈古 一・二・七八・二
　　周金 三・九一・三
　　希古 三・一一・四
　　小校 七・六二・五
來源　考古研究所藏

〇三三五六　伯作寶𣪘
字數　四
時代　西周早期
著録　總集 二〇三六
　　三代 七・九・一
　　積古 六・一
　　攈古 一・二・七八・一
　　筠清 三・五三
　　愙齋 七・一〇
　　周金 三・九一・二
　　小校 七・六二・三
流傳　阮元舊藏
來源　考古研究所藏

〇三三五七　伯作寶𣪘
字數　四
時代　西周早期
著録　西清 二七・二四
流傳　清宮舊藏
來源　西清

〇三三五八　伯作寶彝𣪘
字數　四
時代　西周早期
著録　總集 二〇一九
　　三代 六・三三・七
　　懷米上 二〇
　　攈古 一・二・五五・二
　　敬吾下 三七・四
　　小校 七・二二・三
流傳　曹秋舫舊藏
來源　三代

〇三三五九　伯作寶彝𣪘
字數　四
時代　西周早期
著録　總集 二〇六五
　　三代 七・八・七
　　澂秋 一三
流傳　陳承裘舊藏
現藏　北京故宮博物院
來源　考古研究所拓

〇三三六〇　伯作寶彝𣪘
字數　四
時代　西周早期

著録　總集　二〇二〇
　　文叢(三)　三六頁圖一〇
　　辭典　三七一
出土　一九六一年河南鶴壁市東南郊龐村
現藏　河南省博物館
來源　文叢

〇三三六一　伯作寶彝毁
字數　四
時代　西周早期
著録　未見
現藏　北京故宮博物院
來源　考古研究所拓

〇三三六二　伯[illegible]作寶毁
字數　四
時代　西周早期
著録　未見
出土　甘肅西峰鎮
現藏　中國歷史博物館
來源　考古研究所拓

〇三三六三　榹仲作簠毁
字數　四
時代　西周中期
著録　總集　二〇三二
　　三代　六・二五・五～六
　　貞松　四・三五・三～四
　　尊古　一・四九
　　通考　二八三
　　上海(二〇〇四)　三二六
現藏　上海博物館
來源　考古研究所藏

〇三三六四　仲作寶毁
字數　四
時代　西周中期
著録　總集　二〇六四
　　三代　七・八・六
　　學報(一九五五)一〇册一〇〇頁圖八
流傳　陳夢家先生舊藏
現藏　考古研究所
來源　考古研究所拓

〇三三六五　叔作姒[阝尊]毁
字數　四
時代　西周早期
著録　總集　二〇三一
　　三代　六・二五・四
　　西清　一三・二六
　　周金　三・一一六・五
　　貞松　四・三六・一
　　小校　七・二八・一
　　希古　四・二・三
流傳　清宮舊藏，後歸劉鶚、程木庵
現藏　中國歷史博物館
來源　考古研究所拓

〇三三六六　晨作寶[illegible]毁
字數　四
時代　西周早期
著録　未見
現藏　北京故宮博物院
來源　考古研究所拓

〇三三六七　晨作寶毁
字數　四
時代　西周早期
著録　綜覽・毁　三〇五
現藏　美國普林斯頓大學美術博物館
　　(卡特氏藏品)
來源　綜覽

〇三三六八　戠作寶毁
字數　四
時代　西周早期
著録　總集　二〇五六
　　三代　七・七・二
　　貞松　五・三・二
　　武英　五九
　　小校　七・六三・一
　　故圖下下　一六一
流傳　承德避暑山莊舊藏
現藏　臺北故宮博物院
來源　考古研究所藏

〇三三六九　戠作寶毁
字數　四
時代　西周早期
著録　總集　二〇五五
　　西甲　一二・五〇
流傳　清宮舊藏
來源　西甲

〇三三七〇　央作寶毁
字數　四
時代　西周早期
著録　未見
出土　北京房山縣琉璃河西周墓
現藏　首都博物館
來源　考古研究所拓

〇三三七一　旂作寶毁
字數　四
時代　西周早期
著録　總集　二〇四九
　　三代　七・六・七
　　貞松　五・三
來源　考古研究所藏

〇三三七二　奪作寶毁
字數　四
時代　西周早期
著録　總集　二〇五四
　　三代　七・七・四～五
　　愙齋　八・一九
　　小校　七・六二・二～三
來源　考古研究所藏

〇三三七三　舍作寶毁
字數　四
時代　西周中期
著録　總集　二〇五三
　　三代　七・七・三
　　周金　三・九九・四
　　貞松　五・四
　　希古　三・一一・二
　　小校　七・二一・三
流傳　徐乃昌舊藏
來源　考古研究所藏

〇三三七四　霝作寶飤毁
字數　四
時代　西周中期
著録　總集　二〇五二
　　三代　七・七・一
　　攈古　一・二・五五
來源　考古研究所藏

〇三三七五　舟作寶毁
字數　四
時代　西周中期
著録　總集　二〇五〇
　　三代　七・六・八
　　西清　二八・一八
　　故宮　二八期
　　通考　二七五
　　故圖下上　七一
　　綜覽・毁　二二六

棨盛 二八四
周録 六三
流傳 清宮舊藏
現藏 臺北故宮博物院
來源 考古研究所藏

〇三三七六 閱作□毁
字數 四
時代 西周早期
著録 總集 二〇五九
三代 七・八・一
西清 三一・八
窓齋 一二・四・二
周金 三・九八・三
小校 七・六三・二
美集録 R 三三九
彙編 七・八一八
綜覽・毁 二三五
出光 一〇
中藝 圖一九拓一七
流傳 原藏清宮，後歸美國盧芹齋
現藏 日本東京出光美術館
來源 三代

〇三三七七 中作□毁
字數 四
時代 西周早期
著録 總集 二〇六八
陝青 一・一六九
綜覽・雜 一一
出土 一九七四年陝西岐山縣蔡家坡
現藏 岐山縣博物館
來源 考古研究所拓

〇三三七八 戜作旅毁
字數 四
時代 西周中期
著録 未見
出土 陝西扶風縣黄堆村一六號墓
現藏 周原扶風縣文物管理所
來源 周原扶風縣文物管理所提供

〇三三七九 段作寶彝毁
字數 四
時代 西周早期
著録 總集 二〇七九
文物 一九六三年四期五一頁圖六
出土 一九六二年山西翼城縣鳳家坡墓葬
現藏 翼城縣文化館
來源 文物

〇三三八〇 □作寶彝毁
字數 四
時代 西周早期
著録 總集 二〇一三
三代 六・三三・二
貞松 四・三六・二
彙編 七・八一三
來源 考古研究所藏

〇三三八一 勻作寶彝毁
字數 四
時代 西周早期
著録 總集 二〇一二
三代 六・三三・六
周金 三・一一七・三
小校 七・二二・一
寶鼎 PL 二一
彙編 七・八一四
綜覽・毁 二五三
薩克勒(西周) 四九
流傳 吴大澂、荷蘭萬孝臣舊藏
現藏 美國華盛頓薩克勒美術館
來源 三代

〇三三八二 邵作寶彝毁
字數 四
時代 西周早期
著録 未見
流傳 端方舊藏
來源 考古研究所藏端方拓本

〇三三八三 戈作□彝毁
字數 四
時代 西周早期
著録 總集 二〇六七
三代 六・一八・八
善齋 八・二九
小校 七・二一・五
貞續上 三〇・三
流傳 劉體智舊藏
來源 三代

〇三三八四 戈作□彝毁
字數 四
時代 西周早期
著録 總集 二〇六六
善齋 八・二八
頌續 三三
小校 七・二一・四
綜覽・毁 三一四
流傳 劉體智舊藏
來源 考古研究所藏

〇三三八五 舂作旅彝毁
字數 四
時代 西周
著録 總集 二〇二三
三代 六・二四・一
從古 三・二五
攈古 一・二・五四
窓齋 七・一〇・一
清儀 一・三四
周金 三・一一七・五
小校 七・二一・一
流傳 錢天樹、張廷濟舊藏
來源 考古研究所藏

〇三三八六 □作從彝毁
字數 四
時代 西周早期
著録 冠斝 補一
綜覽・小型盂 九〇
流傳 榮厚舊藏
來源 陳邦懷先生藏

〇三三八七 豐作從彝毁
字數 四
時代 西周中期
著録 總集 二〇三〇
三代 六・二五・一
貞補上 二〇・四
貞圖上 三一
流傳 羅振玉舊藏
來源 考古研究所藏

〇三三八八 德作隮彝毁
字數 四
時代 西周早期
著録 未見
來源 考古研究所藏

〇三三八九 王作□彝毁蓋
字數 四
時代 西周晚期
著録 考古與文物 一九八二年四期 一〇六頁
出土 一九八一年陝西扶風縣南陽公社魯馬大隊溝原生產隊灰坑

現藏 扶風縣博物館
來源 扶風縣博物館提供

〇三三九〇 見作寶隮𣪕
字數 四
時代 西周早期
著録 未見
現藏 首都博物館
來源 考古研究所拓

〇三三九一 尹作寶隮𣪕
字數 四
時代 西周早期
著録 總集 二〇三三
三代 六・二五・三
貞松 七・九・一
貞續上 三一・三
海外吉 一八
泉屋續 一八〇
通考 二五七
泉屋博古 圖二三拓三四
流傳 潘祖蔭舊藏
現藏 日本京都泉屋博古館
來源 考古研究所藏潘祖蔭拓本

〇三三九二 作矩父𣪕
字數 四
時代 西周早期
著録 擄古 一・二・七七・四
來源 擄古

〇三三九三 亞□龜□𣪕
字數 四
時代 殷
著録 總集 二〇五七(二〇五八)
録遺 一三〇
彙編 八・一〇九七
韋森 Fig 一
綜覽・𣪕 六三
現藏 瑞典斯德哥爾摩韋森氏
來源 録遺
備注 録遺與彙編、韋森所録拓本相反

〇三三九四 戈□作匕𣪕
字數 四
時代 殷
著録 總集 二〇一五
三代 六・二二・六
來源 三代

〇三三九五 戈□作匕𣪕
字數 四
時代 殷
著録 總集 一九六八(二〇一六)
三代 六・二二・七~八
積古 二・一七
擄古 一・二・五七
愙齋 七・一二
綴遺 六・一二
清愛 三
敬吾下 三三
續殷上 四一・三
小校 七・六二・一 (又 四・三一・六 重出，誤作卣)，五・六二・五(誤作觚)
流傳 李芝齡、趙晉齋舊藏
來源 考古研究所藏
備注 本書〇五一一二・一重出

〇三三九六 戈□作匕𣪕
字數 四
時代 殷
著録 敬吾下 九・二
續殷上 四一・四
小校 七・六一・七
來源 考古研究所藏

〇三三九七 臣辰□冊𣪕
字數 四
時代 西周早期
著録 總集 一九七六
彙編 九・一四三二
三代補 五九九
懷履光(一九五六)一四〇頁三
綜覽・𣪕 一六四
出土 一九二九年河南洛陽
現藏 加拿大多倫多安大略博物館
來源 考古研究所藏陳夢家先生拓本

〇三三九八 宜陽右倉𣪕
字數 四
時代 戰國
著録 未見
現藏 首都博物館
來源 考古研究所拓

〇三三九九 作寶隮彝𣪕
字數 四
時代 西周早期
著録 總集 二〇四三
三代 六・二六・四
貞松 四・三七・二
武英 四八
小校 七・二三・一
通考 二七二
故圖下下 一五九
粢盛 二七八
流傳 承德避暑山莊舊藏
現藏 臺北故宮博物院
來源 考古研究所藏

〇三四〇〇 作寶隮彝𣪕
字數 四
時代 西周早期
著録 總集 二〇四四
三代 六・二六・五
西甲 七・二
積古 一・二六・二
擄古 一・二・五四・二
流傳 清宮舊藏
來源 考古研究所藏

〇三四〇一 作寶隮彝𣪕
字數 四
時代 西周早期
著録 總集 二〇四五
三代 六・二六・六~七
貞松 四・三七・三~四
小校 七・六四・一
彙編 七・八一七
綜覽・𣪕 二六九
現藏 美國華盛頓弗里爾美術博物館
來源 三代

〇三四〇二 作寶隮彝𣪕
字數 四
時代 西周早期
著録 未見
現藏 中國歷史博物館
來源 考古研究所拓

〇三四〇三 作寶隮彝𣪕
字數 四
時代 西周早期
著録 總集 二〇四八
彙編 七・八一五
綜覽・𣪕 二三一
流傳 卡特氏舊藏
現藏 美國普林斯頓大學美術博物館(卡

特氏藏品）

來源　綜覽

〇三四〇四　作寶𨺅彝𣪘

字數　四

時代　西周早期

著録　綜覽・𣪘　二〇八

　　　薩克勒（西周）　五四

現藏　美國華盛頓薩克勒美術館

來源　綜覽

〇三四〇五　作寶𨺅彝𣪘

字數　四

時代　西周早期

著録　總集　二〇四六

　　　美集録　R　三六五

　　　彙編　七・八一六

流傳　盧芹齋舊藏

現藏　美國紐約克來斯勒氏

來源　考古研究所藏陳夢家拓本

〇三四〇六　作寶𨺅彝𣪘

字數　四

時代　西周早期

著録　總集　二〇七三

　　　文物　一九七七年一二期二九頁

　　　圖一八

　　　綜覽・𣪘　一一六

出土　一九七四年遼寧喀左縣山灣子

現藏　遼寧省博物館

來源　考古研究所拓

〇三四〇七　作寶𨺅彝𣪘

字數　四

時代　西周早期

著録　總集　二〇四七

　　　陝青　三・一四七

　　　綜覽・𣪘　一七〇

出土　一九七四年陝西麟游縣蔡家河

現藏　麟游縣文化館

來源　陝青

〇三四〇八　作寶𨺅彝𣪘

字數　四

時代　西周早期

著録　考古　一九八六年一一期九七八頁

　　　圖一：一

出土　一九八四年陝西長安縣灃西

現藏　考古研究所

來源　考古研究所拓

〇三四〇九　作寶𨺅彝𣪘

字數　四

時代　西周早期

著録　總集　二〇七二

　　　考古　一九七四年六期三六六

　　　頁圖三：四

　　　綜覽・𣪘　一四七

出土　一九七三年遼寧喀左縣北洞村

　　　二號窖藏

現藏　遼寧省博物館

來源　考古研究所拓

〇三四一〇　作寶𨺅彝𣪘

字數　四

時代　西周早期

著録　西乙　七・三

流傳　瀋陽故宮舊藏

來源　西乙

〇三四一一　作寶𨺅彝𣪘蓋

字數　四

時代　西周早期

著録　考古圖四・二一

流傳　京兆田氏舊藏

來源　考古圖

〇三四一二　作寶𨺅𣪘

字數　四

時代　西周早期

著録　總集　二〇七四

　　　文物　一九七七年一一期一四頁

　　　圖八

出土　陝西岐山縣京當公社賀家村

現藏　周原岐山縣文物管理所

來源　周原岐山縣文物管理所提供

備注　銘文内填朱

〇三四一三　作寶用𣪘

字數　四

時代　西周早期

著録　總集　二〇七五

　　　陝青　三・一

　　　綜覽・𣪘　二八九

出土　一九七六年陝西岐山縣賀家村

　　　一一二號墓

現藏　周原岐山縣文物管理所

來源　周原岐山縣文物管理所提供

〇三四一四　用作寶彝𣪘

字數　四

時代　西周早期

著録　總集　二〇一八

　　　三代　六・二三・五

　　　希古　四・二

　　　移林　一一

　　　小校　七・二二・二

流傳　劉鶚、丁麟年舊藏

現藏　北京故宮博物院

來源　考古研究所拓

〇三四一五　作旅𣪘

字數　四

時代　西周早期

著録　總集　二〇六三

　　　三代　七・八・五

來源　考古研究所藏

〇三四一六　作旅𣪘

字數　四

時代　西周早期

著録　總集　二〇六二

　　　三代　七・八・三

來源　三代

〇三四一七　⿴囗亼單壴且己𣪘

字數　五

時代　殷

著録　總集　二〇八二

　　　三代　六・二六・八

　　　西乙　六・三二

　　　寶蘊　四三

　　　貞松　四・三八

　　　續殷上　三六・六

　　　通考　二一八

　　　故圖下下　一三一

　　　棨盛　一五二

流傳　瀋陽故宮舊藏

現藏　臺北故宮博物院

來源　考古研究所藏

〇三四一八　庚豕馬父乙𣪘

字數　五

時代　殷

著録　殷青　八八・三

出土　一九八二年河南安陽殷墟墓葬

現藏　考古研究所安陽工作站

來源　考古研究所拓

〇三四一九　亞共覃父乙𣪘

字數　五

時代　殷

著録 總集 二〇八〇
三代 六・二〇・七
貞松 四・三八
武英 五六
續殷上 五六・三
小校 七・一〇・二
故圖下下 一三五
桼盛 二〇〇
商圖 一九
流傳 承德避暑山莊舊藏
現藏 臺北故宮博物院
來源 考古研究所藏

〇三四二〇 子眉[illegible]父乙毁

字數 五
時代 殷
著録 總集 二〇八五
三代 六・二七・三
續殷上 四〇・二
出土 陝西鳳翔
現藏 北京故宮博物院
來源 考古研究所

〇三四二一 秉册[illegible]父乙毁

字數 五
時代 殷
著録 總集 二一五四
三代 六・三一・六
貞松 四・四二・一
小校 七・二八・四(又 二・三八・四重出、誤作鼎)
美集録 R 一〇五
綜覽・毁 一六六
薩克勒(西周) 四四
流傳 徐乃昌、加拿大明義士舊藏
現藏 美國華盛頓薩克勒美術館

來源 考古研究所藏

〇三四二二 臣辰父乙毁(殘底)

字數 五
時代 西周早期
著録 未見
出土 河南洛陽
現藏 北京故宮博物院
來源 考古研究所拓

〇三四二三 臣辰父乙毁

字數 五
時代 西周早期
著録 總集 二一一五
三代 七・九・三~二
續殷上 四二・四~五
歐精華 二・一一九
通考 三〇二
美集録 R 三〇八 ab
彙編 九・一四三五
綜覽・毁 一七七
出土 河南洛陽
現藏 美國哈佛大學福格美術博物館
來源 考古研究所藏陳夢家先生拓本

〇三四二四 臣辰父乙毁

字數 五
時代 西周早期
著録 總集 二一一六
美集録 R 三〇七
現藏 美國哈佛大學福格美術博物館
來源 考古研究所藏陳夢家先生拓本

〇三四二五 聑作父乙毁

字數 五
時代 殷
著録 總集 二〇八四
三代 六・二七・二

綴遺 六・二〇
小校 七・六四・四
來源 三代

〇三四二六 弔龜父丙毁

字數 五
時代 殷
著録 總集 二一一七
三代 七・九・五
綴遺 六・二二・二
來源 考古研究所藏

〇三四二七 弔龜父丙毁

字數 五
時代 殷
著録 總集 二一一八
三代 七・九・六
筠清 三・四三・二
窓齋 七・二二・四
攈古 一・三・三〇・一
綴遺 六・二二・一
續殷上 四二・六
敬吾下 三・一
小校 七・六四・四
流傳 葉東卿舊藏
來源 考古研究所藏葉東卿手拓本

〇三四二八 戈亳册父丁毁

字數 五
時代 殷
著録 總集 二一三八
録遺 一三一
來源 録遺

〇三四二九 [illegible]父丁毁

字數 五
時代 殷
著録 總集 二〇八六

三代 六・二七・四
貞松 四・三八
武英 七三
續殷上 四二・八
小校 七・二四・三
故圖下下 一三八
綜覽・毁 二六八
桼盛 二五六
流傳 承德避暑山莊舊藏
現藏 臺北故宮博物院
來源 考古研究所藏

〇三四三〇 [illegible]父丁毁

字數 五
時代 西周早期
著録 西甲 七・一五
流傳 清宮舊藏
來源 西甲

〇三四三一 劦册竹父丁毁

字數 五
時代 西周早期
著録 未見
現藏 中國歷史博物館
來源 考古研究所拓

〇三四三二 劦册竹父丁毁

字數 五
時代 西周早期
著録 總集 一九九七
三代 六・二一・二
西清 二八・一二
善齋 七・二三・一
小校 七・一〇・八
雙古上 二二
流傳 清宮舊藏，後歸劉體智、于省吾

現藏 北京故宮博物院
來源 考古研究所拓

〇三四三三 天工册父己殷
字數 五
時代 西周早期
著録 總集 二一六四
三代 六・三四・二
西甲 六・三九
尊古 一・四五
流傳 清宮舊藏
來源 考古研究所藏

〇三四三四 業父辛殷
字數 五
時代 殷
著録 博古 八・九
薛氏 二一・一
復齋 二六
嘯堂 二六・四
來源 嘯堂
備注 本書〇五一七一誤收爲卣

〇三四三五 囝父辛殷
字數 五
時代 殷
著録 總集 二〇九〇
三代 六・二七・七
西甲 六・三八
殷存上 一三・一
小校 七・六四・六
流傳 清宮舊藏，後歸潘祖蔭
來源 考古研究所藏

〇三四三六 [illegible]父癸殷
字數 五
時代 西周早期
著録 總集 二〇九一
三代 六・二八・一
恒軒 三五
綴遺 六・二三
流傳 吴大澂舊藏
來源 考古研究所藏

〇三四三七 [illegible]殷
字數 五
時代 西周早期
著録 總集 二一〇九
三代 六・三〇・六
小校 七・二七・四
彙編 七・七六二
現藏 上海博物館
來源 考古研究所藏

〇三四三八 皿屖殷
字數 五
時代 西周早期
著録 總集 二一四五
陝青 三・六一
綜覽・殷 八七
出土 一九七七年陝西隴縣韋家莊墓葬
現藏 寶鷄市博物館
來源 寶鷄市博物館提供

〇三四三九 新[illegible]殷
字數 五
時代 西周早期
著録 總集 二一四六
文物 一九七九年四期八九頁圖四
出土 一九七八年山東滕縣莊里西村
現藏 滕縣博物館
來源 考古研究所拓

〇三四四〇 新[illegible]殷
字數 五
時代 西周早期
著録 未見
出土 同〇三四三九
現藏 滕縣博物館
來源 考古研究所拓

〇三四四一 粃單殷
字數 五
時代 西周早期
著録 考古圖 四・一一
續考 三・三
出土 河南河清
來源 考古圖

〇三四四二 雁事殷
字數 五
時代 西周早期
著録 文物 一九八四年一二期三二頁
圖六
辭典 三七〇
出土 一九八二年河南平頂山市郊滍陽
鎮西門外
現藏 平頂山市文物管理委員會
來源 文物

〇三四四三 [illegible]殷
字數 五
時代 西周中期
著録 總集 二一二七
三代 七・一一・三
周金 三・九九・二
貞松 五・五
希古 三・一二・三
來源 考古研究所藏

〇三四四四 季[illegible]殷
字數 五
時代 西周中期
著録 總集 二一二四
三代 七・一〇・七
貞松 五・六・四
希古 三・一二・二
小校 七・六六・三
彙編 七・七六〇
現藏 上海博物館
來源 考古研究所藏

〇三四四五 舟虔殷
字數 五
時代 西周中期
著録 博古 一七・二三
薛氏 一一八・六
續考 四・七
嘯堂 六一・一
流傳 張才元舊藏(續考)
來源 嘯堂

〇三四四六 舟虔殷
字數 五
時代 西周中期
著録 博古 一七・二三
薛氏 一一九・一
續考 四・九
嘯堂 六一・二
流傳 王晉玉舊藏(續考)
來源 嘯堂

〇三四四七 仲州殷
字數 五
時代 西周
著録 考古與文物 一九八四年五期一一頁
圖四：三
流傳 早年陝西岐縣京當一帶購得
現藏 岐山縣博物館
來源 考古與文物

〇三四四八 季楚殷

字數 五
時代 西周中期
著録 總集 二一二二・二
三代 七・一〇・六
貞松 五・六・二
現藏 北京故宮博物院
來源 考古研究所

〇三四四九 赫仲子日乙𣪘
字數 五
時代 西周早期
著録 總集 二一八〇
三代 六・三六・一
貞松 四・三九・一
善齋 八・三八
續殷上 四三・六
小校 七・二六・一
通考 二五二
美集録 R 三八五
彙編 九・一六五四
綜覽・𣪘 二六〇
流傳 劉體智、盧芹齋舊藏
來源 考古研究所藏

〇三四五〇 作姬𣪘
字數 五
時代 西周早期
著録 總集 二一一〇
三代 六・三〇・五
貞松 四・四〇
周金 三・一一五・五
善齋 八・三四
小校 七・二六・八
頌續 三五
綜覽・𣪘 二一二
流傳 劉體智、鄒安、容庚舊藏

來源 考古研究所藏劉體智拓本

〇三四五一 姤𣪘
字數 五
時代 西周早期
著録 總集 二一〇八
三代 六・三〇・三
貞松 四・四〇
續殷上 四三・四
小校 七・二六・五
流傳 商承祚舊藏
來源 考古研究所藏

〇三四五二 姜□𣪘
字數 五
時代 西周早期
著録 總集 二一三〇
三代 七・一一・七
來源 三代

〇三四五三 作冢商𣪘
字數 五
時代 西周早期
著録 總集 二一四四
文物 一九五七年八期四三頁圖四
綜覽・𣪘 二一二
山西珍品 六九
山西精華 三八
出土 一九五七年山西洪趙縣永凝堡墓葬
現藏 山西省博物館
來源 考古研究所藏

〇三四五四 作車𣪘
字數 五
時代 西周早期
著録 總集 二一三二
美集録 R 三五〇

綜覽・𣪘 一一九
薩克勒(西周) 四二
現藏 美國華盛頓薩克勒美術館
來源 考古研究所藏陳夢家先生拓本

〇三四五五 作任氏𣪘
字數 五
時代 西周早期
著録 總集 二一一二
三代 六・三一・三
貞松 四・三九
善齋 八・三三
小校 七・二八・二
善彝 六三
頌續 三七
出土 河南洛陽(貞松)
流傳 劉體智、容庚舊藏
來源 考古研究所藏

〇三四五六 作任氏𣪘
字數 五
時代 西周早期
著録 總集 二一一三
貞續上 三五・三
來源 貞續

〇三四五七 大丏𣪘
字數 五
時代 殷
著録 總集 二一四一
考古 一九六一年二期七四頁
圖一三
河南 一・三一四
綜覽・𣪘 七九
出土 一九五八～一九五九河南安陽市
殷墟西區
現藏 考古研究所

來源 考古研究所拓

〇三四五八 豙馬𣪘
字數 五
時代 殷或西周早期
著録 總集 二〇四一
三代 六・二六・二
小校 七・二三・六
貞續上 三五・一
善齋 八・三二
善彝 六〇
續殷上 四一・五
通考 三三〇
流傳 劉體智舊藏
來源 考古研究所藏

〇三四五九 豙馬𣪘
字數 五
時代 殷或西周早期
著録 總集 二〇四二
三代 六・二六・三
貞續上 三五・二
善齋 八・三一
續殷上 四一・六
小校 七・二三・七
善彝 五九
故圖下下 一四一
綜覽・𣪘 三〇四
流傳 劉體智舊藏
現藏 臺北故宮博物院
來源 考古研究所藏

〇三四六〇 王作又𣪘
字數 五
時代 西周早期
著録 總集 二〇九六
三代 六・二九・一

懷米上 一九
攈古 一・三・九
愙齋 七・九
周金 三・一一五・六
續殷上 四三・三
小校 七・二五・一
上海(二〇〇四) 二四一
流傳 曹秋舫舊藏
現藏 上海博物館
來源 考古研究所藏

〇三四六一 農父殷
字數 五
時代 西周早期
著録 未見
現藏 上海博物館
來源 上海博物館提供

〇三四六二 [illegible]父殷
字數 五
時代 西周早期
著録 總集 二一二六
三代 七・一一・二
貞松 五・五
來源 三代

〇三四六三 事父殷
字數 五
時代 西周早期
著録 總集 二一〇〇、二一三七
三代 六・二九・四
貞續上 三二
頌齋 九
小校 七・二七・一(又 五・一八・六重出，誤作尊)
故圖下下 一六三
綜覽・殷 一〇八

粢盛 二二四
流傳 容庚舊藏
現藏 臺北故宮博物院
來源 考古研究所藏

〇三四六四 [illegible]父殷
字數 五
時代 西周早期
著録 總集 二一〇一
三代 六・二九・五
周金 三・一一六・一
貞松 四・三九
小校 七・二七・七
來源 考古研究所藏

〇三四六五 [illegible]殷
字數 五
時代 西周早期
著録 考古圖 四・一八
博古 八・六
薛氏 一九・五
嘯堂 二六
流傳 新平張氏舊藏
來源 嘯堂

〇三四六六 [illegible]殷
字數 五
時代 西周早期
著録 未見
現藏 四川省博物館
來源 考古研究所拓

〇三四六七 [illegible]殷
字數 五
時代 西周早期
著録 博古 八・二〇
薛氏 一一二・五
嘯堂 二九

來源 嘯堂

〇三四六八 御殷
字數 五
時代 西周早期
著録 總集 二一三三
美集録 R 二九四
現藏 美國哈佛大學福格美術博物館
來源 考古研究所藏陳夢家先生拓本

〇三四六九 [illegible]殷
字數 五
時代 西周早期
著録 總集 二一〇五
愙齋 八・九・一
陶齋 一・四八
周金 三・一一三・七
小校 七・二六・二
山東存附 三・一
美集録 R 二九一
彙編 七・七五七
綜覽・殷 一六五
薩克勒(西周) 四八
出土 山東肥城(美集録)
流傳 許延暄、端方舊藏
現藏 美國華盛頓薩克勒美術館
來源 考古研究所藏

〇三四七〇 畢殷
字數 存五
時代 西周早期
著録 總集 二〇八八(二一五三)
三代 六・二八・二
筠清 三・五四・一
攈古 二・一・五二・三
小校 七・六一・四
彙編 六・六〇〇

流傳 「道光丙申見于京師」(攈古録)
來源 考古研究所藏

〇三四七一 文殷
字數 五
時代 西周早期
著録 未見
現藏 北京故宮博物院
來源 考古研究所拓

〇三四七二 文殷
字數 五
時代 西周早期
著録 總集 二一二八
三代 七・一一・四
貞續上 三五
頌齋 八
小校 七・二七・二
故圖下下 一六二
粢盛 二五四
流傳 容庚舊藏
現藏 臺北故宮博物院
來源 考古研究所藏

〇三四七三 □□□寶彝殷
字數 五
時代 西周早期
著録 總集 二一四九
美集録 R 三五四
弗里爾 三六七頁
綜覽・殷 一三〇
現藏 美國華盛頓弗里爾美術陳列館
來源 考古研究所藏陳夢家先生拓本

〇三四七四 果殷
字數 五
時代 西周中期
著録 總集 二一二九

三代 七・一一・五～六
尊古 一・五〇
通考 三二五
綜覽・𣪕 二七三
現藏 旅順博物館
來源 考古研究所藏

〇三四七五 [illegible]𣪕
字數 五
時代 西周中期
著録 總集 二一二三
三代 七・一〇・八
西甲 七・一四
積古 六・二
攈古 一・三・三〇・三
小校 七・六四・五
流傳 清宮舊藏，後歸潘祖蔭
來源 考古研究所藏潘祖蔭拓本

〇三四七六 闇𣪕
字數 五
時代 西周中期
著録 總集 二一〇四
三代 六・二九・八
現藏 上海博物館
來源 考古研究所藏

〇三四七七 雁公𣪕
字數 五
時代 西周早期
著録 總集 二〇九七、二〇九八
三代 六・二九・二
西清 一三・一八
窓齋 九・四
周金 三・一一五・一
小校 七・六六・五
故宮 四四期

流傳 清宮舊藏
來源 考古研究所藏

〇三四七八 雁公𣪕
字數 五
時代 西周早期
著録 西清 一三・一九
流傳 清宮舊藏
現藏 北京故宮博物院
來源 考古研究所拓

〇三四七九 公𣪕
字數 五
時代 西周中期
著録 西清 一三・二〇
流傳 清宮舊藏
來源 西清

〇三四八〇 [illegible]伯𣪕
字數 五
時代 西周早期
著録 未見
出土 陝西扶風縣北呂墓地
現藏 扶風縣博物館
來源 扶風縣博物館提供

〇三四八一 縈伯𣪕
字數 五
時代 西周中期
著録 總集 二一二五
三代 七・一一・一
貞松 五・六
希古 三・一二・一
來源 考古研究所藏僧六舟拓本

〇三四八二 卂伯𣪕
字數 五
時代 西周早期
著録 總集 二一三九
録遺 一三二
小校 七・六五・二
塞利格曼 Fig 一一(摹本)
三代補 七二四(摹本)
綜覽・𣪕 二六六
流傳 英國倫敦塞利格曼氏舊藏
現藏 英國倫敦不列顛博物館
來源 〇三四八二・一不列顛博物館提供，〇三四八二・二考古研究所藏

〇三四八三 夷伯𣪕
字數 五
時代 西周中期
著録 西清 二七・二一
流傳 清宮舊藏
來源 西清

〇三四八四 □伯𣪕
字數 五
時代 西周中期
著録 總集 二一四三
文物 一九七九年九期圖版七：五
出土 一九七五年山西長子縣晉義村
現藏 長治市博物館
來源 長治市博物館提供

〇三四八五 叔[illegible]𣪕
字數 五
時代 西周早期
著録 總集 二〇九二
三代 六・二八・四
貞松 五・五・二
十二雪 七
彙編 七・七六一
綜覽・𣪕 二三八
流傳 孫壯舊藏
現藏 北京故宮博物院
來源 考古研究所藏

〇三四八六 叔京𣪕
字數 五
時代 西周早期
著録 未見
出土 一九八〇年山東滕縣莊里西村
現藏 滕縣博物館
來源 滕縣博物館提供

〇三四八七 叔臤𣪕
字數 五
時代 西周中期
著録 總集 二一二二
三代 七・一〇・四
貞松 五・五
希古 三・一一・五
小校 七・六六・三
流傳 潘祖蔭舊藏
現藏 上海博物館
來源 考古研究所藏潘祖蔭拓本

〇三四八八 伯[illegible]𣪕
字數 五
時代 西周早期
著録 總集 二一一九
三代 七・一〇・三
貞松 五・七
小校 七・六六・一
現藏 北京故宮博物院
來源 考古研究所拓

〇三四八九 伯[illegible]𣪕
字數 五
時代 西周中期
著録 總集 二一四二
文物 一九七六年六期五八頁

圖二三
陝青 二・一〇三
綜覽・小型盂 八二

出土 一九七五年陝西扶風縣白家村墓葬

現藏 扶風縣博物館

來源 扶風縣博物館提供

〇三四九〇 伯𦤎毁

字數 五

時代 西周中期

著録 總集 二一二〇
三代 七・一〇・一～二
兩罍 六・三三・一～二
筠清 三・四六
愙齋 八・一九・一～二
攈古 一・二・二九・三～四
周金 三・九九・三～一
小校 七・六五・四～三

流傳 曾六舟、張廷濟、吳雲舊藏(小校題跋)

現藏 北京故宮博物院

來源 考古研究所拓

〇三四九一 伯尚毁

字數 五

時代 西周中期

著録 西清 二七・七

流傳 清宮舊藏

來源 西清

〇三四九二 伯毁

字數 五

時代 西周中期

著録 總集 二一三五
考古與文物 一九八〇年一期一五頁圖五：二

陝青 四・三四

出土 陝西寶鷄市茹家莊

現藏 寶鷄市博物館

來源 寶鷄市博物館提供

〇三四九三 伯毁蓋

字數 五

時代 西周早期

著録 未見

現藏 中國歷史博物館

來源 考古研究所藏

〇三四九四 伯毁

字數 五

時代 西周早期

著録 文物 一九八四年五期三頁圖六
美全 四・一八五
辭典 三九六

出土 一九八二年江蘇丹徒縣母子墩墓葬

現藏 江蘇鎮江市博物館

來源 鎮江市博物館提供

〇三四九五 伯毁

字數 五

時代 西周早期

著録 總集 二一三四
西甲 七・五
貞補上 二一
泉屋 三六
海外吉 一三
通考 二六〇
綜覽・毁 二四五
泉屋博古 圖二六拓三七

流傳 清宮舊藏

現藏 日本京都泉屋博古館

來源 海外吉

〇三四九六 伯毁

字數 五

時代 西周早期

著録 日精華 二・一〇七
綜覽・毁 二八四

現藏 日本東京山本氏

來源 考古研究所藏

〇三四九七 伯毁

字數 五

時代 西周早期

著録 總集 二一三二
積古 六・二
攈古 一・三・三〇

來源 攈古

〇三四九八 伯毁

字數 五

時代 西周早期

著録 總集 二一三六
文叢(二) 二二頁圖一：一

出土 一九七一年陝西白水縣

現藏 陝西省博物館

來源 文叢

〇三四九九 伯作南宮毁

字數 五

時代 西周早期

著録 總集 二一三一
文物 一九七六年四期五六頁圖五四
陝青 四・七七
綜覽・毁 一八一
寶鷄 三六九頁圖二五二・一

出土 一九七四年陝西寶鷄市茹家莊西周墓(M二：八)

現藏 寶鷄市博物館

來源 寶鷄市博物館提供

〇三五〇〇 作且戊毁

字數 六

時代 西周早期

著録 總集 二一五三
三代 六・三一・四
貞松 四・四一
續殷上 四四・二
小校 七・六六・六

出土 河南洛陽(貞松)

流傳 容庚舊藏

來源 考古研究所藏

〇三五〇一 作且戊毁

字數 六

時代 西周早期

著録 總集 二一五二
三代 六・三一・五
貞松 四・四一
善齋 八・三五
續殷上 四四・一
小校 七・二八・三
善彝 五四
故圖下下 一三三
綜覽・毁 二八〇
粢盛 二八〇

流傳 劉體智舊藏

現藏 臺北故宮博物院

來源 考古研究所藏

〇三五〇二 文父乙毁

字數 六

時代 殷

著録 總集 二一五六・一
三代 六・三二・四
從古 一五・四

攈古 一・三・四五
愙齋 八・三
綴遺 六・二三
簠齋 三敦二六
奇觚 三・六
敬吾下 三八・三
殷存上 二三・八
小校 五・二〇・二
流傳 陳介祺舊藏
來源 考古研究所藏

〇三五〇三 戈作父乙毁
字數 六
時代 西周早期
著録 西清 一三・三九
流傳 清宮舊藏
來源 西清

〇三五〇四 亞㠱侯吴父乙毁
字數 六
時代 西周早期
著録 總集 二二四八
三代 六・三二・二
西清 一三・一七
貞松 五・一〇・四
澂秋 一四
續殷上 四二・三
流傳 清宮舊藏，後歸盛昱、陳承裘
來源 考古研究所藏盛昱拓本

〇三五〇五 亞㠱吴作父乙毁
字數 六
時代 西周早期
著録 總集 二二四七
三代 七・九・三
寧壽 六・八
貞松 五・七

續殷上 四二・二
藝展 二九
故圖 一〇
故圖下上 五八
綜覽・毁 三二七
㮚盛 二六八
周録 二二
流傳 清宮舊藏
現藏 臺北故宮博物院
來源 考古研究所藏

〇三五〇六 臣辰□册父乙毁
字數 六
時代 西周早期
著録 未見
現藏 上海博物館
來源 上海博物館提供

〇三五〇七 用作父乙毁
字數 六
時代 西周早期
著録 總集 二二四〇
文物 一九八〇年四期四二頁圖六：三
陝青 三・七四
出土 一九七六年陝西扶風縣雲塘村二〇號墓
現藏 周原扶風縣文物管理所
來源 周原扶風縣文物管理所提供

〇三五〇八 令作父乙毁
字數 六
時代 西周早期
著録 西清 一三・三四
小校 七・六六・七
流傳 清宮舊藏
來源 考古研究所藏

〇三五〇九 作父乙毁
字數 六
時代 西周早期
著録 總集 二一九四
三代 七・一一・八
殷存上 一三
綜覽・毁 三〇六
來源 考古研究所藏

〇三五一〇 作父乙毁
字數 六
時代 西周早期
著録 總集 二一五八
三代 六・三三・二
小校 七・二八・六
美集録 R 二九七
現藏 美國西點克林克氏
來源 三代

〇三五一一 作父乙毁
字數 六
時代 西周早期
著録 總集 二一五九
三代 六・三三・三
小校 七・二八・五
綜覽・毁 二八三
來源 三代

〇三五一二 □作父丁毁
字數 六
時代 西周早期
著録 西甲 六・三三
流傳 清宮舊藏
現藏 北京故宮博物院
來源 考古研究所拓

〇三五一三 亞㠱侯吴父戊毁
字數 六
時代 西周早期
著録 總集 二二五〇
三代 七・九・七
來源 考古研究所藏

〇三五一四 作父戊毁
字數 六
時代 西周早期
著録 總集 二一六五
三代 六・三三・八
西甲 六・二一
積古 一・二六
攈古 一・三・四五
流傳 清宮舊藏
現藏 北京故宮博物院
來源 考古研究所拓

〇三五一五 □作父己毁
字數 六
時代 西周早期
著録 總集 二一六六
三代 六・三四・一
西乙 六・二三
寶蘊 四五
貞松 四・四二
續殷上 四六・二
故圖下下 一四〇
流傳 瀋陽故宮舊藏
現藏 臺北故宮博物院
來源 考古研究所拓

〇三五一六 □作父庚毁
字數 六
時代 西周早期
著録 未見
現藏 上海博物館
來源 上海博物館提供

〇三五一七　豛作父庚毀
字數　六
時代　西周早期
著録　總集　二二六七
三代　六・三四・三
殷存上　一七・四
小校　五・二一
美集録　R　二九九
彙編　七・六六一
流傳　盛昱舊藏
現藏　美國波斯頓美術博物館
來源　三代

〇三五一八　⿰米丮作父辛毀(殘底)
字數　六
時代　西周早期
著録　總集　二二六九
三代　六・三四・四
奇觚　五・六・一
夢郼上　二二
續殷上　四四・九
小校　五・二一・五(又七・二八・七重出)
流傳　羅振玉舊藏
現藏　旅順博物館
來源　考古研究所拓

〇三五一九　□作父辛毀
字數　六
時代　西周早期
著録　總集　二二六八、二二二八
美集録　R　三四六
現藏　美國波斯頓美術博物館
來源　考古研究所藏陳夢家先生拓本

〇三五二〇　虘作父辛毀
字數　六
時代　西周早期
著録　總集　二二三二
陝青　三・四三
綜覽・毀　一九四
出土　一九七二年陝西扶風縣劉家村墓葬
現藏　陝西省文物管理委員會
來源　陝青

〇三五二一　⿰口攵作父癸毀
字數　六
時代　殷或西周早期
著録　總集　二二七三
三代　六・三四・七
奇觚　五・八
殷存上　一七・九
小校　七・六七・三
出土　山西聞喜縣南王村
現藏　上海博物館
來源　考古研究所藏

〇三五二二　臣辰[illegible]册父癸毀
字數　六
時代　西周早期
著録　總集　二二五八
三代　七・一六・一~二
貞續上　三七・一~二
來源　三代

〇三五二三　臣辰[illegible]册父癸毀
字數　六
時代　西周早期
著録　總集　二二五九
三代　七・一六・三~四
貞續上　三六・三~四
來源　三代

〇三五二四　⿰阝妥伯毀
字數　六
時代　西周早期
著録　總集　二二三五
學報　一九七七年二期一〇七頁圖八：一四
綜覽・毀　一六三
出土　一九六七年甘肅靈臺縣白草坡墓葬
現藏　甘肅省博物館
來源　考古學報編輯部檔案

〇三五二五　⿰阝妥伯毀
字數　六
時代　西周早期
著録　未見
出土　同〇三五二四
現藏　甘肅省博物館
來源　甘肅省博物館提供

〇三五二六　亶伯毀
字數　六
時代　西周早期
著録　總集　二二三六
文物　一九七七年一二期二九頁圖一五
綜覽・毀　二七二
出土　一九七四年遼寧喀左縣山灣子村
現藏　遼寧省博物館
來源　考古研究所拓

〇三五二七　𢐗伯毀
字數　六
時代　西周早期
著録　寶鷄　二九頁圖二一・二
青全　六・一五八
辭典　三八八
出土　一九八一年寶鷄市紙坊頭西周墓(M一：七)
現藏　寶鷄市博物館
來源　寶鷄市博物館提供

〇三五二八　𢐗伯毀
字數　六
時代　西周早期
著録　寶鷄　二九頁圖二一・一
辭典　三八九
出土　同〇三五二七(M一：六)
現藏　寶鷄市博物館
來源　寶鷄市博物館提供

〇三五二九　𢐗伯毀
字數　六
時代　西周早期
著録　未見
出土　同〇三五二七
現藏　寶鷄市博物館
來源　寶鷄市博物館提供

〇三五三〇　⿰亻充伯毀
字數　六
時代　西周早期
著録　美集録　R　三六二
彙編　七・六六六
綜覽・毀　二一八
現藏　美國哈佛大學福格美術博物館
來源　考古研究所藏陳夢家先生拓本

〇三五三一　⿰亻充伯毀
字數　六
時代　西周早期
著録　總集　二二〇九
三代　七・一三・七
貞松　五・七
小校　七・六七・七
流傳　劉體智舊藏

來源　三代

○三五三二　伯矩毁

字數　六
時代　西周早期
著録　總集　二一九九
三代　七·一二·四
筠清　五·一八
攈古　一·三·四三
周金　三·九七·二
流傳　王味雪舊藏
來源　考古研究所藏僧六舟拓本

○三五三三　伯矩毁

字數　六
時代　西周早期
著録　總集　二二〇〇
愙齋　九·四
攀古上　二三
恒軒　三一
周金　五·一〇四·二
小校　七·二九·四
流傳　潘祖蔭舊藏
現藏　美國紐約侯希泰特（美集録A二〇七）
來源　小校

○三五三四　伯魚毁

字數　六
時代　西周早期
著録　總集　二一九五
三代　七·一二·一
攈古　一·三·五六·三
愙齋　一〇·三
從古　一五·三〇·一
奇觚　三·五·一
簠齋　三　敦　一八上
周金　三·九六·五
小校　七·七一·二
出土　傳易州出土
流傳　陳介祺舊藏
現藏　北京故宮博物院
來源　考古研究所拓

○三五三五　伯魚毁

字數　六
時代　西周早期
著録　總集　二一九六、二一九八
三代　七·一二·二~三
攈古　一·三·五六
愙齋　一〇·二
從古　一五·二九·一~二
奇觚　三·四
簠齋　三敦一八　下~一九上
貞松　五·九
小校　七·七〇·七~八
流傳　陳介祺舊藏
現藏　上海博物館
來源　考古研究所藏陳介祺拓本

○三五三六　伯[illegible]毁

字數　六
時代　西周早期
著録　總集　二一七七
三代　六·三五·五
尊古　一·四一·一
通考　二六五
荷比　一〇二頁 PL 一一
彙編　七·六六四
綜覽·毁　一〇六
現藏　荷蘭某氏
來源　考古研究所藏

○三五三七　伯要毁

字數　六
時代　西周早期
著録　總集　二二〇一
三代　七·一二·五~六
攈古　一·三·五六·一~二
愙齋　八·一八·二~三
敬吾下　三
周金　三·九七·三
小校　七·六九·一~二
流傳　朱善旂舊藏
來源　考古研究所藏

○三五三八　伯丂庚毁

字數　六
時代　西周早期
著録　琉璃河　一四七頁圖九〇B·三
出土　北京房山縣琉璃河西周墓（M二五一：一二）
現藏　首都博物館
來源　考古研究所拓

○三五三九　伯丂庚毁

字數　六
時代　西周早期
著録　琉璃河　一四七頁圖九〇B·四
出土　同○三五三八（M二五一：一三）
現藏　首都博物館
來源　考古研究所拓

○三五四〇　伯作乙公毁

字數　六
時代　西周早期
著録　總集　二二三四
銅器選　二七
綜覽·毁　一三〇
琉璃河　一四〇頁圖八七E
辭典　三五六
美全　四·一六七
青全　六·一五
出土　一九七四年北京房山縣琉璃河西周墓（M二〇九：一）
現藏　北京市文物研究所
來源　銅器選

○三五四一　伯毁

字數　六
時代　西周早期
著録　總集　二二〇三
周金　三·九一·一
小校　七·六七·六
尊古　二·一
通考　二九二
彙編　七·六六七
綜覽·毁　二二七
現藏　澳大利亞維多利亞美術館
來源　考古研究所藏

○三五四二　伯毁

字數　六
時代　西周早期
著録　總集　二二〇二
三代　七·一三·一
貞松　五·八·四
彙編　七·六六八
布倫戴奇　Fig 四四
流傳　溥倫舊藏（貞松）
現藏　美國舊金山亞洲美術博物館（布倫戴奇藏品）
來源　考古研究所藏

○三五四三　仲隻父毁

字數　六
時代　西周早期
著録　總集　二二〇五

三代 七・一三・三
積古 六・六
兩罍 六・四二
從古 三・三〇
攈古 一・三・五五
窓齋 九・四
敬吾上 五二
周金 三・九八
清儀 一・三四
小校 七・六八・一
彙編 七・六七四
流傳 張廷濟、吳雲舊藏
來源 考古研究所藏

〇三五四四 仲傚殷
字數 六
時代 西周早期
著録 三代 一三・一八・六（誤作卣）
窓齋 一九・一〇・二
周金 五・一〇二・一
小校 四・四二・二
上海（二〇〇四）二三〇
現藏 上海博物館
來源 上海博物館提供

〇三五四五 仲自父殷
字數 六
時代 西周中期
著録 總集 二二〇四
三代 七・一三・二
恒軒上 三八
周金 三・九七
小校 七・七〇・三
流傳 吳大澂舊藏
現藏 上海博物館
來源 考古研究所藏

〇三五四六 仲口父殷
字數 六
時代 西周中期
著録 總集 二二七九
三代 六・三五・七
小校 七・二九・七
貞補上 二四・二
善齋 八・三九
流傳 劉體智舊藏
來源 考古研究所藏劉體智拓本

〇三五四七 仲酉父殷
字數 六
時代 西周晚期
著録 博古 一七・二六
薛氏 一一九・二
嘯堂 六一
來源 嘯堂

〇三五四八 仲言父殷
字數 六
時代 西周晚期
著録 考古圖 三・二二
流傳 劉原父舊藏
來源 考古圖

〇三五四九 櫑仲殷
字數 六
時代 西周中期
著録 總集 二二三三
文叢(三) 二三頁圖七
陝青 四・一六一
出土 一九六九年陝西長武縣
現藏 陝西省博物館
來源 陝青

〇三五五〇 敔仲殷
字數 六
時代 西周中期
著録 未見
現藏 遼寧省博物館
來源 考古研究所拓

〇三五五一 城虢仲殷
字數 六
時代 西周晚期
著録 總集 二二二一
三代 七・一四・一
恒軒 三七
窓齋 一〇・一三
周金 三・九七・七
小校 七・七〇・一
銘文選 三五五
流傳 吳大澂舊藏
現藏 上海博物館
來源 考古研究所藏

〇三五五二 叔虢殷
字數 六
時代 西周中期
著録 總集 二二〇六
三代 七・一三・四
窓齋 一二・三・一
周金 三・九八・一
小校 七・六九・三
流傳 錢獻之、潘祖蔭舊藏
現藏 北京故宮博物院
來源 考古研究所藏

〇三五五三 叔虢殷
字數 六
時代 西周中期
著録 三代 七・一三・五
從古 一・一六
攈古 一・三・五七・二
流傳 徐乃昌舊藏
來源 考古研究所藏徐乃昌拓本

〇三五五四 叔虢殷
字數 六
時代 西周中期
著録 總集 二二〇七
周金 三・九八・二
小校 七・六九・四
流傳 徐同柏舊藏
來源 考古研究所藏徐同柏拓本

〇三五五五 叔若父殷
字數 六
時代 西周晚期
著録 總集 二二一九
攈古 一・三・五五・二
來源 攈古

〇三五五六 季屖殷
字數 六
時代 西周早期
著録 總集 二二八一
三代 六・三六・二
清愛 一一
攀古上 二四
恒軒 四六
攈古 一・三・五五
窓齋 八・一一
敬吾下 三四・三
周金 三・一一五
小校 七・二九・八
出土 「傳易州出土」（清愛）
流傳 劉喜海、潘祖蔭舊藏
現藏 上海博物館
來源 考古研究所藏

〇三五五七 季[illegible]殷

字數 六
時代 西周早期
著録 總集 二二二二
録遺 一三六
現藏 歷史語言研究所
來源 録遺

〇三五五八 嬴季殷
字數 六
時代 西周早期
著録 總集 二一八三
三代 六・三六・三
貞補上 二一・三
續殷上 四五・三
彙編 七・六七二
來源 三代

〇三五五九 𩰬父殷
字數 六
時代 西周早期
著録 未見
現藏 北京故宮博物院
來源 考古研究所拓

〇三五六〇 □父殷
字數 六
時代 西周早期
著録 未見
現藏 上海博物館
來源 上海博物館提供

〇三五六一 安父殷
字數 六
時代 西周早期
著録 總集 二一八五
三代 六・三六・五
擄古 一・三・六四・一
敬吾下 三五・三
小校 七・二九・一
彙編 七・六七六
中藝 圖二 拓一八
流傳 吳式芬舊藏
現藏 日本東京出光美術館
來源 考古研究所藏

〇三五六二 [illegible]父殷
字數 六
時代 西周早期
著録 西甲 七・一
流傳 清宮舊藏
來源 西甲

〇三五六三 姞□父殷
字數 六
時代 西周早期
著録 總集 二二一六
三代 七・一四・四
貞松 五・七
來源 考古研究所藏

〇三五六四 員父殷
字數 六
時代 西周早期或中期
著録 擄古 一・三・五四
筠清 一・三〇
敬吾下 九
流傳 吳式芬舊藏
來源 考古研究所藏

〇三五六五 霸姞殷
字數 六
時代 西周早期
著録 總集 二一八四
三代 六・三七・四
積古 五・二九
擄古 一・三・四六
希古 四・二・四
小校 七・三一・一
現藏 北京故宮博物院
來源 考古研究所藏僧六舟拓本

〇三五六六 𦥑攴殷
字數 六
時代 西周早期
著録 總集 二二二九
考古 一九五九年一一期六三四頁
圖一
出土 解放後出土于陝西岐山縣雙庵村
現藏 岐山縣博物館
來源 考古編輯部檔案

〇三五六七 [illegible]殷
字數 六
時代 西周早期
著録 總集 二一八七
三代 六・三七・一
貞松 四・四三
美集録 R 二九〇
歐精華 二・一一二
通考 二九一
綜覽・殷 一三九
出土 「此器近出洛陽」（貞松）
現藏 美國紐約沃森氏
來源 考古研究所藏陳夢家先生銘文照片

〇三五六八 [illegible]殷
字數 六
時代 西周早期
著録 總集 二一八二
三代 六・三六・六
陶齋 一・五一
周金 三・一一五・四
小校 七・三〇・一
尊古 二・二
通考 二九九
美集録 R 三四八
彙編 七・六七七
流傳 端方、溥倫舊藏
來源 考古研究所藏

〇三五六九 㚸姬殷
字數 六
時代 西周中期
著録 總集 二二一七
三代 七・一四・六
擄古 一・三・四四
希古 三・一二・四
來源 考古研究所藏

〇三五七〇 王作姜氏殷
字數 六
時代 西周晚期
著録 總集 二二三〇
文物 一九七五年七期九一頁
圖二・三
陝青 四・一七四
出土 一九七四年陝西盩厔縣城關公社墓葬
現藏 盩厔縣文化館
來源 盩厔縣文化館提供

〇三五七一 姜林母殷
字數 六
時代 西周晚期
著録 總集 二二一三
三代 七・一四・五
西甲 一三・九
頌續 三九
通考 二八〇

斷代 一一三
流傳 原藏清宮，後歸容庚
來源 考古研究所藏

〇三五七二 向毁
字數 六
時代 西周早期
著録 總集 二一九〇
三代 六・三七・六
貞松 四・四三・二
希古 三・一四
尊古 一・四二
續殷上 四五・四
小校 七・三二・一
通考 二二七
綜覽・毁 二八五
流傳 黄濬、溥倫舊藏
來源 考古研究所藏

〇三五七三 師蘨毁
字數 六
時代 西周早期
著録 總集 二二一四
三代 七・一四・七
攈古 一・三・五七
懷米上 二四
流傳 曹載奎舊藏
來源 考古研究所藏

〇三五七四 噩叔毁
字數 六
時代 西周早期
著録 總集 二二二八
文物 一九五九年一〇期三二頁
圖一
上海 三二
斷代 四六

銅器選 三二
銘文選 一五七
綜覽・毁 一八九
青全 六・一〇七
辭典 三六五
上海（二〇〇四） 二二六
現藏 上海博物館
來源 考古研究所藏

〇三五七五 農毁
字數 六
時代 西周早期
著録 總集 二一一一
三代 六・三二・一～二
西乙 七・九
寶蘊 五四
貞松 四・四〇
通考 二五八
故圖下下 一五二
粢盛 二三六
周録 二二
流傳 瀋陽故宮舊藏
現藏 臺北故宮博物院
來源 考古研究所藏

〇三五七六 田農毁
字數 六
時代 西周早期
著録 總集 二二一二
録遺 一三五
來源 録遺

〇三五七七 卜孟毁
字數 六
時代 西周早期
著録 總集 二二一〇
録遺 一三四・一～二

美集録 R 三四三
中藝 圖一八拓一六b
流傳 美國盧芹齋舊藏
現藏 日本東京出光美術館
來源 録遺

〇三五七八 陽尹毁
字數 六
時代 西周
著録 未見
現藏 上海博物館
來源 上海博物館提供

〇三五七九 年[illegible]毁
字數 六
時代 西周早期
著録 未見
現藏 北京故宮博物院
來源 考古研究所拓

〇三五八〇 利毁
字數 六
時代 西周早期
著録 總集 二二三七
使華 九・一
三代補 一〇七頁R 七五六
彙編 七・六六三
綜覽・毁 二〇五
流傳 德國陶德曼氏舊藏
來源 考古研究所藏

〇三五八一 長由毁
字數 六
時代 西周中期
著録 總集 二二二五・二
學報 一九五七年一期七九頁圖
二：七
五省 圖版二九

陝圖 三四
綜覽・毁 二二五
出土 一九五四年陝西長安縣普渡村墓
葬
現藏 陝西省博物館
來源 陳邦懷先生藏

〇三五八二 長由毁
字數 六
時代 西周中期
著録 總集 二二二六
學報 一九五七年一期七九頁圖
二：八
陝圖 三五
出土 同〇三五八一
現藏 陝西省博物館
來源 陳邦懷先生藏

〇三五八三 史㝨毁
字數 六
時代 西周
著録 未見
現藏 北京故宮博物院
來源 考古研究所拓

〇三五八四 癸子旅毁
字數 六
時代 西周中期
著録 總集 二二二二
三代 七・一四・二～三
來源 三代

〇三五八五 嬴霝悳毁
字數 六
時代 西周中期
著録 總集 二二一五
三代 七・一五・一
貞松 五・八

善齋 八・五七
續殷上 四五
小校 七・七〇・二
善彝 八五
頌續 四一
出土 傳河南洛陽出土
流傳 陶祖光、劉體智、容庚舊藏
來源 考古研究所藏劉體智拓本

〇三五八六 叚金歸毁
字數 六
時代 西周中期
著録 總集 二一九一
三代 六・三七・七
貞松 五・八・二
小校 七・七〇・六
出土 「近出洛陽」
流傳 劉體智舊藏
來源 三代

〇三五八七 叚金歸毁
字數 六
時代 西周中期
著録 總集 二一九二
三代 六・三八・一
貞松 五・八・一
小校 七・七〇・五
綜覽・毁 二九二
出土 傳出土于洛陽
流傳 容庚舊藏(貞松)
現藏 丹麥哥本哈根某私人收藏
來源 三代

〇三五八八 □作耋伯毁
字數 六
時代 西周中期
著録 總集 二二一〇
三代 七・一三・八
雙吉上 一三
頌續 四〇
出土 傳順義縣牛狼山出土(雙吉)
流傳 于省吾、容庚舊藏
來源 考古研究所藏于省吾拓本

〇三五八九 荓侯毁
字數 六
時代 西周晚期
著録 總集 二二〇八
三代 七・一三・六
從古 八・三四
攈古 一・三・五七・四
愙齋 八・七
周金 三・九七・五
小校 七・六八・四
流傳 朱善旂舊藏
來源 考古研究所藏

〇三五九〇 鄧公牧毁
字數 六
時代 春秋早期
著録 總集 二一八八
文物 一九八二年九期八六頁圖八
辭典 六三九
現藏 湖北襄樊市文物管理處
來源 湖北襄樊市文物管理處提供

〇三五九一 鄧公牧毁
字數 六
時代 春秋早期
著録 未見
現藏 湖北襄樊市文物管理處
來源 湖北襄樊市文物管理處提供

〇三五九二 蔡侯䌜毁
字數 六
時代 春秋晚期
著録 總集 二二二七
蔡侯墓 圖版三三：一
五省 圖版四三
銘文選 五九四
青全 七・六五
辭典 六五〇
徽銅 七〇
出土 一九五五年安徽壽縣西門内蔡侯墓
現藏 安徽省博物館
來源 考古研究所編輯部檔案

〇三五九三 蔡侯䌜毁
字數 六
時代 春秋晚期
著録 青全 七・六四
出土 一九五五年安徽壽縣西門内蔡侯墓
現藏 安徽省博物館
來源 考古研究所編輯部檔案

〇三五九四 蔡侯䌜毁
字數 六
時代 春秋晚期
著録 未見
出土 一九五五年安徽壽縣西門内蔡侯墓
現藏 安徽省博物館
來源 考古研究所編輯部檔案

〇三五九五 蔡侯䌜毁
字數 六
時代 春秋晚期
著録 未見
出土 一九五五年安徽壽縣西門内蔡侯墓
現藏 安徽省博物館
來源 考古研究所編輯部檔案

〇三五九六 蔡侯䌜毁
字數 六
時代 春秋晚期
著録 未見
出土 一九五五年安徽壽縣西門内蔡侯墓
現藏 安徽省博物館
來源 考古研究所編輯部檔案

〇三五九七 蔡侯䌜毁
字數 六
時代 春秋晚期
著録 未見
出土 一九五五年安徽壽縣西門内蔡侯墓
現藏 安徽省博物館
來源 考古研究所編輯部檔案

〇三五九八 蔡侯䌜毁
字數 六
時代 春秋晚期
著録 未見
出土 一九五五年安徽壽縣西門内蔡侯墓
現藏 安徽省博物館
來源 考古研究所編輯部檔案

〇三五九九 蔡侯䌜毁
字數 六
時代 春秋晚期
著録 未見
出土 一九五五年安徽壽縣西門内蔡侯墓
現藏 安徽省博物館
來源 安徽省博物館提供

〇三六〇〇 [illegible]作且丁毁
字數 七
時代 西周早期
著録 總集 二二七二
攈古 二・一・五・二
善齋 八・四〇
小校 七・三三
善彝 五八

綜覽・𣪘 一三四
流傳 葉東卿、劉體智舊藏
來源 考古研究所藏劉體智拓本

〇三六〇一 倗凵作且癸𣪘
字數 七
時代 殷
著録 總集 二二三九
三代 六・三八・三
貞松 四・四三
泉屋 一・四二
帝博 一二
通考 一九九
彙編 六・五九七
泉屋博古 圖二五拓四五
流傳 「此彝原在土佐藩主山内容堂侯處，後歸町田久成君」（泉屋）
現藏 日本京都泉屋博古館
來源 考古研究所藏

〇三六〇二 作父乙𣪘
字數 七
時代 西周早期
著録 總集 二二五五
三代 七・一五・二～三
貞續上 三六
小校 七・七一・五～六
彙編 六・五九三
來源 考古研究所藏

〇三六〇三 天禾作父乙𣪘
字數 七
時代 西周早期
著録 總集 二二四一
三代 六・三八・五
貞續上 三二
善齋 八・三六
續殷上 四四・五
小校 七・三四・二
流傳 劉體智舊藏
現藏 上海博物館
來源 上海博物館提供

〇三六〇四 宄父丁𣪘
字數 七
時代 殷
著録 總集 二二一六
三代 六・四三・二
貞補上 二三
出土 「近出洛陽」（貞補）
現藏 北京故宮博物院
來源 考古研究所拓

〇三六〇五 叔作父丁𣪘
字數 七
時代 西周早期
著録 總集 二二五六
三代 七・一五・四
續殷上 四五・八
流傳 潘祖蔭舊藏
來源 考古研究所藏潘祖蔭拓本

〇三六〇六 [魚隹]作文父日丁𣪘
字數 七
時代 西周早期
著録 西清 一三・一六
流傳 清宮舊藏
來源 西清

〇三六〇七 古作父丁𣪘
字數 七
時代 西周早期
著録 博古 八・一一
薛氏 二一・三
嘯堂 二七
來源 嘯堂

〇三六〇八 宰□作父丁𣪘
字數 七
時代 西周早期
著録 總集 二二四二
三代 六・三八・六
貞松 四・四三・四
善齋 八・四一
續殷上 四五・七
小校 七・三四・四
流傳 劉體智舊藏
現藏 中國歷史博物館
來源 考古研究所藏

〇三六〇九 休作父丁𣪘
字數 七
時代 西周中期
著録 總集 二二四三
三代 六・三八・七
西清 二八・三
攈古 四五
恒軒 三六
愙齋 七・九
殷存上 一三
小校 七・七一・六
流傳 清宮舊藏，後歸潘祖蔭
現藏 北京故宮博物院
來源 考古研究所藏

〇三六一〇 [土卩]作父戊𣪘
字數 七
時代 西周早期
著録 總集 二二七〇
録遺 一三九
現藏 北京故宮博物院
來源 考古研究所拓

〇三六一一 廣作父己𣪘
字數 七
時代 西周早期
著録 總集 二二四五
三代 六・三九・二
清愛 四
筠清 五・四
攈古 二・一・三
綴遺 一八・七
殷存上 一七
小校 七・三五・一
流傳 劉喜海舊藏
現藏 北京故宮博物院
來源 考古研究所拓

〇三六一二 衛作父庚𣪘
字數 七
時代 西周早期
著録 總集 二二七三
考古 一九七六年一期三四頁
圖五：五
陝青 一・一五九
綜覽・𣪘 一七六
出土 一九七三年陝西岐山縣賀家村墓葬
現藏 陝西省博物館
來源 陝西省博物館提供

〇三六一三 𢦏作父辛𣪘
字數 七
時代 西周早期
著録 總集 二二五七
三代 七・一五・五
彙編 六・五九四
綜覽・𣪘 一四九

現藏 日本兵庫縣黑川古文化研究所
來源 三代

〇三六一四 匽侯毀
字數 七
時代 西周早期
著録 未見
現藏 山東濟南市博物館
來源 考古研究所拓

〇三六一五 [illegible]伯毀
字數 七
時代 西周早期
著録 總集 二二五四
美集録 R 三八二
彙編 六・五九五
綜覽・毀 二八七
現藏 美國華盛頓弗里爾美術陳列館
來源 考古研究所藏陳夢家先生拓本

〇三六一六 𢐗伯毀
字數 七
時代 西周中期
著録 總集 二二七五
寶鷄 二九八頁圖二〇七・一
陝青 四・五六
綜覽・毀 二七〇
辭典 三八七
出土 一九七四年陝西寶鷄市茹家莊墓葬(M一乙：八)
現藏 寶鷄市博物館
來源 寶鷄市博物館提供

〇三六一七 𢐗伯毀
字數 七
時代 西周中期
著録 總集 二二七六
陝青 四・八四
寶鷄 三六九頁圖二五二・一
出土 同〇三六一六(M二：一一)
現藏 寶鷄市博物館
來源 寶鷄市博物館提供

〇三六一八 𢐗伯毀
字數 七
時代 西周中期
著録 總集 二二七四
寶鷄 二九八頁圖二〇七・二
陝青 四・五五
綜覽・毀 二一七
出土 同〇三六一六(M一乙：六)
現藏 寶鷄市博物館
來源 寶鷄市博物館提供

〇三六一九 義伯毀
字數 七
時代 西周
著録 總集 二二六一
三代 七・一六・六
貞松 五・一〇
希古 三・一三・一
流傳 吳大澂舊藏(希古)
現藏 上海博物館
來源 考古研究所藏

〇三六二〇 媬仲毀
字數 七
時代 西周晚期
著録 總集 二二六四
三代 七・一七・二～三
貞松 五・一〇
來源 考古研究所藏

〇三六二一 陸婦毀
字數 七
時代 西周早期
著録 總集 二二七一
陝圖 九五
綜覽・毀 七四
出土 解放前陝西岐山縣周公廟
現藏 陝西省博物館
來源 陝西省博物館提供

〇三六二二 召父毀
字數 七
時代 西周早期
著録 博古 八・一八
薛氏 一一二
嘯堂 二八
來源 嘯堂

〇三六二三 [illegible]毀
字數 七
時代 西周
著録 總集 二二六〇
三代 七・一六・五
窓齋 八・九
奇觚 三・五
簠齋 三敦九
周金 三・九六・三
小校 七・六七・四
流傳 陳介祺舊藏
現藏 北京故宮博物院
來源 考古研究所拓

〇三六二四 叔單毀
字數 七
時代 西周早期
著録 總集 二二七七
日精華 二・一〇二
彙編 六・五九二
三代補 六三九
綜覽・毀 一八〇
流傳 日本京都川合定治郎舊藏
現藏 日本東京松岡美術館
來源 日精華

〇三六二五 [illegible]毀
字數 七
時代 殷
著録 總集 二二五一
三代 六・三九・七
陶齋 一・四九
周金 三・一一四
續殷上 四六・四
小校 七・三六・二
流傳 端方舊藏
來源 考古研究所藏

〇三六二六 [illegible]毀
字數 七
時代 西周早期
著録 琉璃河 一四四頁圖八八A
出土 北京房山縣琉璃河西周墓(M二五一：一〇)
現藏 首都博物館
來源 考古研究所拓

〇三六二七 [illegible]毀
字數 七
時代 西周早期
著録 琉璃河 一四六頁圖八九B
青全 六・一一
出土 同〇三六二六(M二五一：一一)
現藏 首都博物館
來源 考古研究所拓

〇三六二八 旆毀
字數 七
時代 西周早期
著録 總集 二二六五

三代 七・一七・四
貞松 五・九
小校 七・七二・五
彙編 六・六〇一
流傳 劉體智舊藏
來源 考古研究所藏

〇三六二九 𠂤殷

字數 七
時代 西周早期
著録 總集 二二四九
三代 六・四〇・一
小校 七・七二・一
彙編 六・五九一
現藏 美國舊金山亞洲美術博物館（布倫戴奇藏品）
來源 三代

〇三六三〇 粃殷

字數 七
時代 西周
著録 總集 二二六二
三代 七・一六・七
窓齋 八・二・二
奇觚 三・七
周金 三・九六・二
小校 七・七二・四
來源 考古研究所藏

〇三六三一 伊生殷

字數 七
時代 西周早期
著録 總集 二二五二
三代 六・三九・八
西甲 六・二八
貞松 四・四四
希古 四・三・一

流傳 清宮舊藏，後流出，一九六二年收購
現藏 北京故宮博物院
來源 考古研究所拓

〇三六三二 寧遹殷

字數 七
時代 西周早期
著録 總集 二二六三
三代 七・一七・一
攈古 二・一・二一・三
周金 三・九六・一
流傳 「江蘇吴江凌氏藏」（攈古）
來源 三代

〇三六三三 大師殷

字數 七
時代 西周晚期
著録 考古與文物 一九八一年一期圖版五：五
出土 一九七二年陝西盩厔縣下倉峪村
現藏 盩厔縣文化館
來源 考古與文物編輯部提供

〇三六三四 邵王之諻殷

字數 七
時代 春秋晚期
著録 總集 二二六七
三代 七・一七・五
窓齋 九・三
小校 七・七二・二
十二遐 四
通考 三四九
銘文選 六四六
辭典 六四九
上海（二〇〇四）四九六
流傳 潘祖蔭、葉恭綽舊藏

現藏 上海博物館
來源 陳邦懷先生藏潘祖蔭拓本

〇三六三五 邵王之諻殷

字數 七
時代 春秋晚期
著録 總集 二二六八
三代 七・一七・六
金匱 七〇
流傳 陳仁濤舊藏
現藏 德國柏林東亞美術博物館
來源 三代

〇三六三六 曾侯乙殷

字數 七
時代 戰國早期
著録 未見
出土 一九七八年湖北隨縣曾侯乙墓
現藏 湖北省博物館
來源 湖北省博物館提供
備注 〇三六三六～〇三六四三均出土於該墓中室，編號C一〇五～一一二，其中C一〇九見曾侯乙墓圖版五八，圖一〇七、一〇八。餘未見於報告。又辭典八三四爲其中之一

〇三六三七 曾侯乙殷

字數 七
時代 戰國早期
著録 未見
出土 同〇三六三六
現藏 湖北省博物館
來源 湖北省博物館提供

〇三六三八 曾侯乙殷

字數 七
時代 戰國早期
著録 未見

出土 同〇三六三六
現藏 湖北省博物館
來源 湖北省博物館提供

〇三六三九 曾侯乙殷

字數 七
時代 戰國早期
著録 未見
出土 同〇三六三六
現藏 湖北省博物館
來源 湖北省博物館提供

〇三六四〇 曾侯乙殷

字數 七
時代 戰國早期
著録 青全 一〇・一一八
出土 同〇三六三六
現藏 湖北省博物館
來源 湖北省博物館提供

〇三六四一 曾侯乙殷

字數 七
時代 戰國早期
著録 未見
出土 同〇三六三六
現藏 湖北省博物館
來源 湖北省博物館提供

〇三六四二 曾侯乙殷

字數 七
時代 戰國早期
著録 未見
出土 同〇三六三六
現藏 湖北省博物館
來源 湖北省博物館提供

〇三六四三 曾侯乙殷

字數 七
時代 戰國早期

著録 未見
出土 同 〇三六三六
現藏 湖北省博物館
來源 湖北省博物館提供

〇三六四四 史梅兕作且辛毁

字數 八
時代 西周早期
著録 總集 二二八二
三代 六・四〇・三
筠清 五・五・一
攈古 二・一・二〇・三
殷存上 一三・六
小校 七・三六・五
美集録 R 三五六
歐精華 二・一一五
弗里爾 一五・一〇二
彙編 六・五四七
綜覽・毁 二八八
流傳 李山農舊藏
現藏 美國華盛頓弗里爾美術陳列館
來源 考古研究所藏李山農拓本

〇三六四五 作且癸毁

字數 八
時代 西周早期
著録 總集 二二八三
三代 六・四〇・四
積古 一・二八・三
攈古 二・一・三四・三
奇觚 一七・九・五
殷存上 一八・六
流傳 丁彥臣舊藏
現藏 北京故宮博物院
來源 考古研究所拓

〇三六四六 史述作父乙毁

字數 八
時代 西周早期
著録 總集 二三〇〇
美集録 R 三八八
流傳 美國紐約姚叔來舊藏
現藏 美國哈佛大學福格美術博物館奥斯古藏品
來源 考古研究所藏陳夢家先生拓本

〇三六四七 堇臨作父乙毁

字數 八
時代 西周早期
著録 總集 二二八七B
三代 六・四〇・五
西甲 六・三二
續殷上 二三・一一
故青 一一八
流傳 清宮舊藏
現藏 北京故宮博物館
來源 考古研究所拓

〇三六四八 堇臨作父乙毁蓋

字數 八
時代 西周早期
著録 總集 〇八九〇
三代 三・一四・四(誤作鼎)
積古 一・一四
兩罍 三・九
窓齋 三・一二
奇觚 六・一四
續殷上 二二・一二
小校 二・四九・二
流傳 阮元、吳雲舊藏
現藏 上海博物館
來源 陳邦懷先生藏吳雲拓本

〇三六四九 [illegible]作父丁毁

字數 八
時代 西周早期
著録 總集 二二八五
三代 六・四〇・七
窓齋 一二・三
尊古 一・四〇
小校 七・七三・一
通考 二五三
蘇黎世 Fig 一四a(摹本)
綜覽・毁 一四五
流傳 許延暄舊藏
現藏 瑞士蘇黎世某私人收藏
來源 考古研究所藏

〇三六五〇 [illegible]作 父 丁毁

字數 八
時代 西周早期
著録 總集 二二八六
三代 六・四〇・八
冠斝上 二二
流傳 榮厚、李蔭軒舊藏
現藏 上海博物館
來源 考古研究所藏

〇三六五一 牧共作父丁毁

字數 八
時代 西周早期
著録 總集 二二七九
三代 七・一八・一
窓齋 一一・一五
奇觚 三・七
殷存上 一三
小校 七・七二・六
流傳 吳大澂舊藏
來源 考古研究所藏

〇三六五二 龠作父丁毁

字數 八
時代 西周早期
著録 考古與文物 一九八四年三期
圖版二：三
流傳 上海文物管理委員會舊藏
現藏 廣東省博物館
來源 考古與文物

〇三六五三 子阩作父己毁

字數 八
時代 西周早期
著録 總集 二三〇八
録遺 一四〇
現藏 北京故宮博物院
來源 考古研究所拓

〇三六五四 [臼兄]作父壬毁

字數 八
時代 西周早期
著録 故青 一二一
現藏 北京故宮博物院
來源 考古研究所拓

〇三六五五 亞高作父癸毁

字數 八
時代 西周早期
著録 總集 二二八〇
三代 六・三九・四
長安 一・一六
攈古 二・一・二三
攀古上 二六
窓齋 一二・三
敬吾下 三七
殷存上 一八
小校 七・七一・七
美集録 R 九七
薩克勒(西周) 四五

流傳 劉喜海、潘祖蔭舊藏
現藏 美國華盛頓薩克勒美術館
來源 考古研究所藏陳夢家先生拓本

〇三六五六 集𡨦作父癸𣪘
字數 八
時代 西周早期
著録 總集 二二九三
三代 七・一八・三~四
十二遐 二
通考 二五五
來源 陳邦懷先生藏
流傳 葉恭綽舊藏

〇三六五七 集𡨦作父癸𣪘
字數 八
時代 西周早期
著録 總集 二二九二
三代 六・四一・六
懷米上 二一
筠清 五・八
攈古 二・一・二一
愙齋 一〇・四(又一九・一一重出)
奇觚 一七・一一
敬吾下 三七
殷存上 一八
小校 四・五三・二(誤作卣)
流傳 曹載奎、郭止亭、潘祖蔭舊藏
現藏 遼寧省博物館
來源 考古研究所藏

〇三六五八 集𡨦作父癸𣪘
字數 八
時代 西周早期
著録 綜覽・𣪘 一二七
現藏 日本東京松岡美術館

來源 綜覽

〇三六五九 子令作父癸𣪘
字數 八
時代 西周早期
著録 總集 二二九六
三代 六・四二・二
寧壽 六・一〇
貞松 五・一一
續殷上 四六・七
藝展 三〇
故宮 三四期
通考 二一七
故圖下上 七〇
綜覽・小型盂 七六
周録 二〇
流傳 清宮舊藏
現藏 臺北故宮博物院
來源 考古研究所藏

〇三六六〇 歠作父癸𣪘
字數 八
時代 西周早期
著録 總集 二三〇一
三代 七・一八・二
來源 三代

〇三六六一 歠作父癸𣪘
字數 八
時代 西周早期
著録 布倫戴奇 一四〇頁 Fig 四三
彙編 六・五四五
綜覽・小型盂 八九
現藏 美國舊金山亞洲美術博物館(布倫戴奇藏品)
來源 布倫戴奇

〇三六六二 歠作父癸𣪘
字數 八
時代 西周早期
著録 未見
現藏 上海博物館
來源 上海博物館提供

〇三六六三 □作父癸𣪘
字數 八
時代 西周早期
著録 總集 二二九〇・一
三代 六・四一・七
積古 一・二六
攈古 二・一・二三
夢郼上 二三
殷存上 一八・二
小校 七・三六・六
流傳 羅振玉舊藏
現藏 旅順博物館
來源 考古研究所拓
備注 器外底及圈足有「父癸」「戈」三字，僞，不録

〇三六六四 無敄𣪘
字數 八
時代 西周早期
著録 總集 三六六七
日精華 二・九九
彙編 六・五四四
綜覽・𣪘 二四六
流傳 日本東京廣田熙氏舊藏
來源 彙編

〇三六六五 戈□作兄日辛𣪘
字數 八
時代 殷
著録 總集 二二九八
三代 七・一八・七
西清 二八・二
貞松 五・一一
小校 七・七三・五
流傳 清宮舊藏，後歸日本住友氏(貞松)
來源 考古研究所藏

〇三六六六 木工册作母日甲𣪘
字數 八(又合文 一)
時代 西周早期
著録 西甲 六・四四
流傳 清宮舊藏
來源 西甲

〇三六六七 倗□𣪘
字數 八
時代 西周早期
著録 總集 二二九四
文物 一九七七年一二期圖版一：四
出土 一九七四年遼寧喀左縣山灣子村
現藏 遼寧省博物館
來源 考古研究所拓

〇三六六八 噩侯𡨦季𣪘
字數 八
時代 西周早期
著録 總集 二三〇三
文叢(三)四五頁圖二〇
現藏 洛陽市博物館
來源 考古研究所拓

〇三六六九 噩季奞父𣪘
字數 八
時代 西周早期
著録 總集 二三〇二
文物 一九六四年七期一五頁圖四
斷代 四八

現藏 上海博物館
來源 上海博物館提供

〇三六七〇 滕侯𣪘
字數 八
時代 西周早期
著録 考古 一九八四年四期三三六頁
圖八左
辭典 三六一
青全 六・七八
出土 一九八二年山東滕縣莊里西村墓葬
現藏 滕縣博物館
來源 考古研究所拓

〇三六七一 旟𤔲土椃𣪘
字數 八
時代 西周早期
著録 總集 二三〇四
三代 七・一九・一
筠清 三・五一
攈古 二・一・二八
愙齋 八・一四
敬吾下 二
小校 七・七三・四
來源 考古研究所藏

〇三六七二 北伯邑辛𣪘
字數 八
時代 西周早期
著録 未見
現藏 北京故宮博物院
來源 考古研究所拓

〇三六七三 □作厥母𣪘
字數 八
時代 西周早期
著録 總集 二三〇九
來源 録遺
録遺 一四一

〇三六七四 伯作詿子𣪘
字數 八
時代 西周
著録 總集 二二九九
三代 六・四二・七
攈古 二・一・二四
愙齋 七・一〇
敬吾下 三四
小校 七・三七・二
流傳 朱善旂舊藏
來源 考古研究所藏葉東卿手拓本

〇三六七五 戒者𣪘
字數 八
時代 西周中期
著録 總集 二二九五
三代 六・四二・五
愙齋 八・一二
周金 三・九五・六（又 五・一三
重出，誤作尊）
小校 七・七四・一
流傳 潘祖蔭舊藏
來源 考古研究所藏

〇三六七六 旅𣪘
字數 八
時代 西周早期
著録 總集 二三一〇
陝青 一・一六八
出土 一九七〇年陝西岐山縣小營原村
現藏 岐山縣博物館
來源 岐山縣文化館提供

〇三六七七 罠𣪘
字數 八
時代 西周中期
著録 總集 二三〇七
筠清 三・四七
攈古 二・一・二七
小校 七・七三・六
流傳 吴式芬舊藏
來源 小校

〇三六七八 伯蔡父𣪘
字數 八
時代 西周中期
著録 總集 二三一一
文物 一九六四年九期三六頁
圖五下右
現藏 天津市歷史博物館
來源 考古研究所拓

〇三六七九 伯嘉父𣪘
字數 八
時代 西周晚期
著録 文物 一九八二年四期四〇頁
圖一
出土 一九八一年河南靈寶縣
現藏 靈寶縣文物管理委員會
來源 文物

〇三六八〇 伯嘉父𣪘
字數 八
時代 西周晚期
著録 考古 一九八四年七期五九〇頁
出土 同〇三六七九
現藏 首都博物館
來源 考古編輯部檔案

〇三六八一 毅𣪘
字數 八
時代 西周晚期
著録 西甲 一二・三六
流傳 清宮舊藏
來源 西甲

〇三六八二 大師小子師望𣪘
字數 八（又合文 二）
時代 西周晚期
著録 博古 一七・一二
薛氏 一二一・三
嘯堂 六〇
來源 嘯堂

〇三六八三 亞保且辛𣪘
字數 九
時代 西周早期
著録 未見
現藏 上海博物館
來源 上海博物館提供

〇三六八四 劃亯作且戊𣪘
字數 九
時代 西周早期
著録 總集 二三一二
三代 六・四三・一
清愛 一五
筠清 三・四五
攈古 二・一・四一・一
殷存上 一三・八
夢續 一六
小校 七・三七・三
彙編 六・五〇四
綜覽・𣪘 二四七
中藝 圖二四拓一九
流傳 劉喜海、羅振玉舊藏
現藏 日本東京出光美術館
來源 考古研究所藏

〇三六八五 見作父己𣪘
字數 九

時代 西周早期
著録 未見
現藏 上海博物館
來源 上海博物館提供

〇三六八六 玴□冀作父癸毀
字數 九
時代 西周早期
著録 總集 二三二八
三代 六・四三・七
十二雪 八
貞松 四・四五・一
流傳 孫壯舊藏
來源 考古研究所藏

〇三六八七 [illegible]婦毀
字數 九
時代 西周早期
著録 總集 二三三二
録遺 一四三
現藏 上海博物館
來源 上海博物館提供

〇三六八八 通□作父癸毀
字數 九
時代 西周早期
著録 故青 一二三
現藏 北京故宮博物院
來源 考古研究所拓

〇三六八九 亞㠱吳作母辛毀
字數 九
時代 西周早期
著録 總集 四八〇八
三代 一一・二九・一～二(誤作尊)
殷存上 二四・四：上 二六・一
小校 五・二一・八：五・二六・五

現藏 上海博物館(器)
來源 考古研究所藏

〇三六九〇 伯毀
字數 九
時代 西周中期
著録 總集 二三六〇
三代 七・二四・五
雙王 一一
善齋 八・六〇
貞松 五・一四
周金 三・九〇・七
小校 七・八〇・一
流傳 劉體智舊藏
來源 考古研究所藏劉體智拓本

〇三六九一 伯好父毀
字數 九
時代 西周晚期
著録 考古與文物 一九八四年五期一一頁圖四：一
出土 一九八一年陝西岐山縣劉家村
現藏 岐山縣博物館
來源 考古與文物編輯部提供

〇三六九二 伯𢦏毀蓋
字數 九
時代 西周中期
著録 總集 二三三二・一
録遺 一四四・一
現藏 北京故宮博物院
來源 考古研究所拓

〇三六九三 伯𢦏毀蓋
字數 九
時代 西周中期
著録 總集 二三三二・二
録遺 一四四・二

現藏 北京故宮博物院
來源 考古研究所拓

〇三六九四 叔宿毀
字數 九
時代 西周中期
著録 總集 二三三七
三代 七・一九・六
筠清 三・四六
攈古 二一・一・四一
敬吾下 四二
殷存上 一三
小校 七・七五・三
流傳 勞小山舊藏
來源 考古研究所藏

〇三六九五 妹叔昏毀
字數 九
時代 西周早期
著録 總集 二三三三
美集録 R 二九三
皮斯柏 三五
彙編 六・五〇六
綜覽・毀 八八
現藏 美國米里阿波里斯美術館(皮斯柏藏品)
來源 考古研究所藏陳夢家拓本

〇三六九六 𤔲土𤔲毀
字數 九
時代 西周早期
著録 總集 二三二九
三代 六・四三・六
西甲 六・二二
積古 五・三一
攈古 二・一・三四
奇觚 一七・一二

流傳 清宮舊藏
現藏 北京故宮博物院
來源 考古研究所拓

〇三六九七 𤔲土𤔲毀
字數 九
時代 西周早期
著録 愙齋 八・一四
周金 三・一一二
小校 七・七四・四
流傳 潘祖蔭舊藏
來源 小校

〇三六九八 朿人□父毀
字數 九
時代 西周早期
著録 綜覽・毀 二五二
來源 綜覽

〇三六九九 □大□毀
字數 九
時代 西周早期
著録 江漢考古 一九八二年二期四五頁圖六：六
出土 一九七七年湖北黄陂縣魯臺山墓葬
現藏 黄陂縣文化館
來源 江漢考古

〇三七〇〇 跳毀
字數 九
時代 西周中期
著録 總集 二三三〇
三代 六・四三・八
西乙 一二・二八
積古 六・四・一
寶蘊 六〇
通考 三〇九

流傳　瀋陽故宮舊藏
來源　考古研究所藏

〇三七〇一　[兄光]毁

字數　九
時代　西周中期
著録　總集　二三三一
三代　六・四四・一
兩罍　六・二八
從古　一一・三〇
攈古　二之一・三九
愙齋　八・二
周金　三・九五
小校　七・七五・四
流傳　朱筱漚、吴雲舊藏
來源　考古研究所藏

〇三七〇二　条毁

字數　九
時代　西周中期
著録　總集　二三三三
三代　七・一九・四(蓋)
攈古　二之一・四〇・一～二
筠清　一・三二・二～一
愙齋　九・五・一(蓋)
從古　一一・二八・一～二
貞續上　三七三(蓋)
周金　三・八一・二(蓋)
小校　七・七四・五
流傳　黄安濤、吴大澂、孟乙清舊藏
(從古、筠清、愙齋)
現藏　蓋藏上海博物館，器佚
來源　考古研究所藏

〇三七〇三　同自毁

字數　九
時代　西周中期
著録　總集　二三三五
三代　七・二〇・一～二
西乙　一二・三六
寶蘊　六二
貞松　五・一二・三～四
通考　三一四
故圖下下　一七五
彙編　六・四九九
綜覽・毁　二九三
衆盛　二九六
周録　六二
流傳　瀋陽故宮舊藏
現藏　臺北故宮博物院
來源　考古研究所藏

〇三七〇四　孟𢖶父毁

字數　九
時代　西周晚期
著録　總集　二三三四
三代　七・一九・五
貞松　五・一二
善齋　八・五九
小校　七・七五・一
流傳　劉體智舊藏
現藏　上海博物館
來源　考古研究所藏劉體智拓本

〇三七〇五　師寏父毁

字數　九
時代　西周晚期
著録　總集　二三三八
三代　七・二〇・五
攈古　二之一・四一・三
愙齋　八・八・二
敬吾下　一二・一
小校　七・七四・六
流傳　劉鏡古、潘祖蔭舊藏
現藏　上海博物館
來源　考古研究所藏

〇三七〇六　師寏父毁

字數　九
時代　西周晚期
著録　總集　二三三六
三代　七・二〇・三～四
西乙　一二・二九
寶蘊　六八
貞松　五・一三
通考　三三五
故圖下下　一八二(蓋)
衆盛　三三〇
周録　一〇二
流傳　瀋陽故宮舊藏
現藏　臺北故宮博物院
來源　考古研究所藏

〇三七〇七　内公毁蓋

字數　九
時代　西周晚期
著録　西清　二七・八
流傳　清宮舊藏
來源　西清

〇三七〇八　内公毁蓋

字數　九
時代　西周晚期
著録　總集　二三三九
三代　七・二〇・六
西清　二七・九
貞松　五・一三
故宮　一期
通考　三三〇
故圖下上　七七
綜覽・毁　四一二
銘文選　五一一
衆盛　三三八
周録　一〇七
流傳　清宮舊藏
現藏　臺北故宮博物院
來源　考古研究所藏

〇三七〇九　内公毁蓋

字數　九
時代　西周晚期
著録　西清　二七・一〇
流傳　清宮舊藏
來源　西清

〇三七一〇　西替毁

字數　九
時代　戰國
著録　未見
出土　一九五八年江蘇邳縣劉林墓葬
現藏　南京博物院
來源　考古研究所拓

〇三七一一　且乙告田毁

字數　一〇
時代　西周早期
著録　總集　二三三五
三代　六・四四・三
愙齋　七・九
奇觚　三・一〇
殷存上　一八
小校　七・七六・一
現藏　上海博物館
來源　考古研究所藏

〇三七一二　鳳作且癸毁

字數　一〇
時代　西周早期

著録 總集 二三三九
三代 七・二一・一
貞松 五・一三
故宮 三〇期
流傳 清宮舊藏
來源 考古研究所藏

〇三七一三 亞若癸毁

字數 一〇
時代 殷
著録 總集 二三八一
三代 六・四〇・二
綴遺 二八・五
愙齋 七・一五・二
奇觚 一・一一
續殷上 四六・六
小校 七・七二・三(又九・九五・四重出)
美集録 R 四五三
皮斯柏 三七
彙編 八・一〇二七
綜覽・小型盂 三五
流傳 潘祖蔭舊藏
現藏 美國米里阿波里斯美術館(皮斯柏藏品)
來源 陳邦懷先生藏

〇三七一四 辨作文父己毁

字數 一〇
時代 西周早期
著録 總集 二三一三
三代 六・四三・三
貞松 四・四四・四
善彝 八・四三
小校 七・三七・四
續殷上 四七・二
善圖 六一
故圖下下 一八五
綜覽・毁 三〇三
周録 五四
出土 「近出洛陽」(貞松)
流傳 劉體智舊藏
現藏 臺北故宮博物院
來源 考古研究所藏

〇三七一五 辨作文父己毁

字數 一〇
時代 西周早期
著録 總集 二三一四
三代 六・四三・四
貞松 四・四四・三
善彝 八・四四
小校 七・三七・五
續殷上 四七・三
善圖 六二
故圖下下 一八六
彙盛 二八六
周録 五五
出土 同〇三七一四
流傳 劉體智舊藏
現藏 臺北故宮博物院
來源 考古研究所藏

〇三七一六 辨作文公己毁

字數 一〇
時代 西周早期
著録 總集 二三一五
録遺 一四二
來源 録遺

〇三七一七 戈册父辛毁

字數 一〇
時代 殷或西周早期
著録 總集 二三三六
積古 一・二九
攈古 二・一・六六
流傳 曹秋舫舊藏
來源 攈古

〇三七一八 伯毁

字數 一〇
時代 西周中期
著録 西甲 七・六
流傳 清宮舊藏
現藏 北京故宮博物院
來源 考古研究所拓

〇三七一九 𠫑伯毁

字數 一〇
時代 西周早期
著録 博古 八・二五
薛氏 一一三・二
嘯堂 二九
來源 嘯堂

〇三七二〇 康伯毁

字數 一〇
時代 西周中期
著録 彙編 六・四七一
現藏 新加坡某私人收藏
來源 彙編

〇三七二一 康伯毁蓋

字數 一〇
時代 西周中期
著録 考古與文物 一九八四年三期七頁圖二
流傳 上海文物管理委員會舊藏
現藏 廣東省博物館
來源 考古與文物

〇三七二二 彝伯毁

字數 一〇
時代 西周晚期
著録 未見
現藏 天津市歷史博物館
來源 考古研究所拓

〇三七二三 仲毁

字數 一〇
時代 西周早期
著録 總集 二三四一
三代 七・二一・二
從古 一五・五
攈古 二・一・四八
愙齋 八・四
奇觚 三・九
敬吾下 三四
簠齋 三敦一七
周金 三・九四・一
小校 七・三九・一
彙編 六・四七三
綜覽・毁 三一一
流傳 陳介祺舊藏
來源 考古研究所藏陳介祺拓本

〇三七二四 叔宇毁

字數 一〇
時代 西周早期
著録 總集 二三四二
三代 七・二一・三
周金 三・九一・五
貞松 五・一四
希古 三・一四・三
小校 七・七七・一
流傳 文後山、潘祖蔭舊藏
現藏 中國歷史博物館
來源 考古研究所拓

〇三七二五　叔友父𣪘蓋
字數　一〇
時代　西周中期
著録　總集　二三四〇
三代　七・二一・四
攈古　二・一・五二
十二居　二〇
流傳　周季木舊藏
來源　考古研究所藏

〇三七二六　友父𣪘
字數　一〇
時代　西周中期
著録　總集　二三八一
齊家村　一四
陝青　二・一五四
出土　一九六〇年陝西扶風縣齊家村墓葬
現藏　陝西省博物館
來源　陝西省博物館提供

〇三七二七　友父𣪘
字數　一〇
時代　西周中期
著録　總集　二三八二
齊家村　一五
陝青　二・一五五
出土　同〇三七二六
現藏　陝西省博物館
來源　陝西省博物館提供

〇三七二八　叔妃𣪘蓋
字數　一〇
時代　西周中期
著録　攈古　二・一・五二・二
現藏　北京故宮博物院
來源　考古研究所藏

〇三七二九　叔妃𣪘
字數　一〇
時代　西周中期
著録　未見
現藏　山東省博物館
來源　考古研究所拓

〇三七三〇　季餀𣪘
字數　一〇
時代　西周中期
著録　總集　二三四四
三代　七・二一・五
西清　二八・五
恒軒　三四
攈古下　三六
愙齋　八・一一
周金　三・九三
小校　七・七七・二
蔭軒　一・二九
上海（二〇〇四）三二七
流傳　清宮舊藏，後歸潘祖蔭、李蔭軒
現藏　上海博物館
來源　考古研究所藏

〇三七三一　□𣪘
字數　一〇
時代　西周早期
著録　總集　二三三七
三代　六・四四・四
貞松　五・一四
來源　考古研究所藏

〇三七三二　鬳𣪘
字數　一〇
時代　西周早期
著録　總集　二三四六
三代　七・二一・七（器）
積古　六・三
十六　二・一三
攈古　二・一・五一・四～三
奇觚　一六・二七・二～三
周金　三・九五・一；三・九五・三
小校　七・七六・五～六
大系　二六・三～四
銘文選　一〇三
美全　四・二〇三（器）
辭典　三五四
流傳　錢坫舊藏
現藏　中國歷史博物館
來源　考古研究所藏

〇三七三三　德𣪘
字數　一〇
時代　西周早期
著録　總集　二三六四
美集録　R三二一
歐精華　二・一一〇
沃森　PL.三七a
斷代　五〇
銘文選　四二
現藏　美國哈佛大學福格美術博物館
來源　考古研究所藏陳夢家拓本

〇三七三四　辰𣪘蓋
字數　一〇（又重文二）
時代　西周中期
著録　總集　二三七八、二六七二・二
美集録　R三九七a
薩克勒（西周）五六
來源　考古研究所藏
現藏　美國華盛頓薩克勒美術館
備注　藏家誤將此蓋與妊小𣪘（〇四一二三）扣在一起

〇三七三五　旂𣪘蓋
字數　一〇（又重文二）
時代　西周中期
著録　未見
流傳　頤和園舊藏
現藏　北京故宮博物院
來源　考古研究所拓

〇三七三六　旂𣪘蓋
字數　一〇（又重文二）
時代　西周中期
著録　總集　二三七五
三代　七・二六・三
從古　六・四二
攈古　二・一・七三
周金　三・九〇・二
小校　七・八一・六
流傳　何夙明、王幾舊藏（攈古、小校）
現藏　中國歷史博物館
來源　考古研究所藏

〇三七三七　□𣪘
字數　一〇（又重文二）
時代　西周中期
著録　總集　二三七二
三代　七・二六・二
攈古　二・一・七二
流傳　劉鏡古舊藏
現藏　中國歷史博物館
來源　考古研究所藏

〇三七三八　□𣪘
字數　一〇
時代　西周中期
著録　總集　二三四三
三代　七・二一・一
愙齋　一一・五

周金 三・九三・四
小校 七・七七・三
來源 考古研究所藏

〇三七三九 穌公毀
字數 一〇
時代 西周晚期
著録 總集 二三四五
三代 七・二一・六
金索金 一・五〇
恒軒 三二
愙齋 一二・五
奇觚 三・八
小校 七・七六・二
大系 二八〇
銘文選 五一七
流傳 孔荃溪、潘祖蔭舊藏（金索）
來源 陳邦懷先生藏潘祖蔭拓本

〇三七四〇 齊史逗毀
字數 一〇
時代 西周中期
著録 總集 二三三〇
三代 七・二〇・七
貞補上 二四
小校 七・七五・二
來源 考古研究所藏

〇三七四一 作寶毀
字數 一〇
時代 西周早期
著録 總集 二三三八
三代 六・四四・六
貞松 五・一四
希古 三・一四・二
尊古 二・三
通考 二六九

綜覽・毀 一九八
現藏 中國歷史博物館
來源 考古研究所拓

〇三七四二 作寶障毀
字數 一〇（又重文 二）
時代 西周中期
著録 總集 二三六一
三代 七・二四・六
奇觚 三・九
周金 三・九一・六
小校 七・八〇・四
流傳 潘祖蔭舊藏
來源 考古研究所藏

〇三七四三 保侃母毀蓋
字數 一一
時代 西周早期
著録 總集 二三五三
三代 七・二三・二
貞松 五・一五・四
雙吉上 一二
小校 七・八〇・二
斷代 八七
出土 「出于河北」（雙吉）
流傳 劉體智、于省吾舊藏
現藏 北京故宮博物院
來源 考古研究所拓

〇三七四四 保侃母毀
字數 一一
時代 西周早期
著録 綜覽・毀 二二
現藏 意大利羅馬國立東方藝術博物館
來源 日本林巳奈夫教授提供
備注 或疑此與上器原爲一器，後失散

〇三七四五 欶毀
字數 一一
時代 西周早期
著録 總集 二三五九
三代 七・二三・四
愙齋 八・二・四
陶續 一・三二
周金 三・九二・一
雙吉上 一四
小校 七・七九・二
燕園 六四
流傳 顧子嘉、端方、于省吾舊藏（愙齋）
現藏 北京大學賽克勒考古與藝術博物館
來源 考古研究所藏

〇三七四六 數𡨦敄毀
字數 一一
時代 西周早期
著録 總集 二三五七
三代 七・二三・三
貞松 五・一五・三
武英 六三
小校 七・八〇・三
續殷上 四七・七
通考 二二五
故圖下下 一四二
彙盛 二一八頁
周録 一九
流傳 承德避暑山莊舊藏
現藏 臺北故宮博物院
來源 考古研究所藏

〇三七四七 仲爯毀
字數 一一
時代 西周早期
著録 總集 二三四八
三代 六・四五・二
貞松 四・四五
續殷上 四七・五
小校 七・三九・四
美集録 R 二九二
歐精華 二・一一一
彙編 六・四六〇
綜覽・毀 九三
現藏 美國芝加哥美術館
來源 考古研究所藏

〇三七四八 伯者父毀
字數 一一
時代 西周早期
著録 總集 二三六六
美集録 R 二八八
高本漢（一九三六）E 四〇
弗里爾（一九四六）二〇
彙編 六・四五九
綜覽・毀 八一
現藏 美國華盛頓弗里爾美術陳列館
來源 考古研究所藏

〇三七四九 [illegible]毀
字數 一一
時代 西周早期
著録 總集 二三四九
三代 六・四五・三
續殷上 四七・六
十二貯 一〇
綜覽・毀 一四一
流傳 北平王辰舊藏（貯厂）
來源 唐蘭先生藏

〇三七五〇 [illegible]見駒毀
字數 一一

時代 西周早期
著録 總集 二三四七
三代 六・四五・一
西甲 六・四〇
殷存上 一九・一
流傳 清宮舊藏
來源 考古研究所藏

〇三七五一 [illegible]父甲毁
字數 一一
時代 西周
著録 總集 二三五〇
三代 七・二二・二
流傳 頤和園舊藏
現藏 北京故宮博物院
來源 考古研究所拓

〇三七五二 [illegible]侯毁
字數 一一
時代 西周
著録 總集 二三五八
三代 七・二四・三
貞補上 二五
來源 三代

〇三七五三 仲自父毁
字數 一一
時代 西周中期
著録 總集 二三五二
美集録 R 三九三
盧氏(一九二四) 一三
現藏 美國紐約何母斯氏
來源 考古研究所藏

〇三七五四 仲自父毁
字數 一一
時代 西周中期
著録 總集 二三五一
三代 七・二二・三
西清 二八・一〇
從古 一・一七
攈古 二・一・六〇・四
周金 三・九三・一
小校 七・七九・一
流傳 清宮舊藏，後歸文後山、姚觀光(從古、美集録)
現藏 上海博物館
來源 考古研究所藏

〇三七五五 中友父毁
字數 一一(又重文二)
時代 西周晚期
著録 總集 二三七九
齊家村 圖一〇
陝青 二・一五〇
綜覽・毁 三四四
出土 一九六〇年陝西扶風縣齊家村窖藏
現藏 陝西省博物館
來源 陝西省博物館提供

〇三七五六 中友父毁
字數 一一(又重文二)
時代 西周晚期
著録 總集 二三八〇
齊家村 圖一一
陝青 二・一五一
辭典 四一〇
出土 同〇三七五五
現藏 陝西省博物館
來源 陝西省博物館提供

〇三七五七 仲⊠父毁蓋
字數 一一
時代 西周晚期
著録 總集 二三五五
三代 七・二二・四
兩罍 六・四〇
長安 一・二二
愙齋 八・五・一
周金 三・九二・三
小校 七・七八・二
流傳 劉喜海、吳雲舊藏
現藏 首都師範大學歷史博物館
來源 考古研究所拓

〇三七五八 仲⊠父毁蓋
字數 一一
時代 西周晚期
著録 總集 二三五六
三代 七・二二・五
愙齋 八・五・二
攈古 二・一・六〇・二
周金 三・九二・二
小校 七・七八・三
流傳 孫春山舊藏(愙齋)
現藏 北京故宮博物院
來源 考古研究所拓

〇三七五九 仲⊠父毁
字數 一一
時代 西周晚期
著録 總集 二三五四
三代 七・二三・一
攈古 二・一・六〇・三
來源 考古研究所藏

〇三七六〇 叔臨父毁
字數 一一(又重文二)
時代 西周晚期
著録 金索 一・三二
流傳 馮雲鵷得于任城
現藏 上海博物館
來源 考古研究所藏

〇三七六一 [illegible]毁蓋
字數 一一(又重文二)
時代 西周晚期
著録 總集 二三九一
三代 七・二七・一
積古 六・四
金索 一・四〇
愙齋 九・五
小校 七・八三・三
周金 三・八九・三
流傳 馮雲鵷、吳大澂、曲阜顏氏舊藏(金索)
來源 北京圖書館藏

〇三七六二 伯奈父毁
字數 一一(又重文二)
時代 西周
著録 總集 二三九三
三代 七・二七・三
攈古 二・一・八三
愙齋 八・六
從古 一五・二八
奇觚 三・一〇
周金 三・八九・一
簠齋 三敦一六
小校 七・八三・四
流傳 陳介祺舊藏
來源 考古研究所藏陳介祺拓本

〇三七六三 [illegible]伯睘毁
字數 一二(又合文二)
時代 西周早期
著録 總集 二四〇三
三代 六・四六・二

西甲 一二・三九
擴古 二・二・三・二
愙齋 八・一四・三
奇觚 一七・一一・二
敬吾下 三九・一
周金 三・一一〇・四
小校 七・四〇・一
彙編 五・四〇〇

流傳 清宮舊藏，後歸郭承勳、顧子嘉（愙齋、擴古）

來源 考古研究所藏顧子嘉拓本

〇三七六四 叔杲父殷

字數 一二（又重文二）

時代 西周早期

著録 西甲 六・二五
積古 六・三
擴古 二・二・六
奇觚 一六・二三

流傳 清宮舊藏

現藏 北京故宮博物院

來源 考古研究所拓

備注 積古據「趙太常摹本」，擴古、奇觚皆據積古摹本

〇三七六五 伯幾父殷

字數 一二（又重文二）

時代 西周中期

著録 未見

出土 一九八〇年陝西扶風縣黄堆雲塘强家一號墓

現藏 扶風縣博物館

來源 扶風縣博物館提供

〇三七六六 伯幾父殷

字數 一二（又重文二）

時代 西周中期

著録 未見

出土 同〇三七六五

現藏 扶風縣博物館

來源 扶風縣博物館提供

〇三七六七 䝲追殷

字數 一二

時代 西周中期

著録 未見

現藏 北京故宮博物院

來源 考古研究所拓

〇三七六八 䝲追殷

字數 一二

時代 西周中期

著録 總集 二三七六
三代 七・二六・四
西清 二八・二〇
周金 三・九〇・三
美集録 R 三九四

流傳 清宮舊藏，後歸潘祖蔭（美集録）

現藏 美國紐約盧芹齋（美集録）

來源 考古研究所藏

〇三七六九 乎殷

字數 一二（又重文二）

時代 西周中期

著録 三代 七・三〇・二～三
貞續上 三八・三～四
小校 七・八四・三～四
歐精華 二・一一八
通考 三〇四
美集録 R 四〇二 ab
彙編 五・三九七

現藏 美國波士頓美術博物館

來源 唐蘭先生藏

〇三七七〇 降人𩰫殷

字數 一二（又重文二）

時代 西周中期

著録 總集 二四一六
三代 七・三〇・一
擴古 二・二・八・一
小校 七・八六・三
旅順 二八

流傳 劉喜海舊藏（擴古）

現藏 旅順博物館

來源 考古研究所拓

〇三七七一 晉人殷

字數 一二

時代 西周中期

著録 總集 二三七七
陝圖 一三
陝青 四・一〇二
綜覽・殷 二二三

出土 一九五六年陝西寶鷄縣虢鎮

現藏 陝西省博物館

來源 陝西省博物館提供

〇三七七二 己侯殷

字數 一二（又重文一）

時代 西周中期

著録 總集 二三九四
三代 七・二七・四～五
從古 一五・二四
擴古 二・一・八二・二～三
愙齋 一一・六・一～二
奇觚 三・一一～三・一二・一
周金 三・八八・三～四
大系 二三五・二～三
簠齋 三敦一五
小校 七・八四・一～二
山東存紀 一・一・～二

斷代 一六三附
銘文選 三四八
蔭軒 一・二八
青全 六・八六
上海（二〇〇四）三二八

流傳 陳介祺舊藏，後歸李蔭軒

現藏 上海博物館

來源 考古研究所藏

〇三七七三 伯闢殷

字數 一二（又重文二）

時代 西周中期

著録 總集 二四〇七
三代 六・四六・四
愙齋 一〇・一二・二
奇觚 三・一二・二
簠齋 三敦一四
周金 三・八七・五
小校 七・八六・五

流傳 陳介祺舊藏

來源 考古研究所藏

〇三七七四 伯闢殷

字數 一二（又重文二）

時代 西周中期

著録 總集 二四〇八
三代 六・四六・五
貞松 五・一七・二
周金 三・八八・一
善齋 八・四五
小校 七・四〇・四

流傳 劉體智舊藏

來源 考古研究所藏劉體智善齋拓本

〇三七七五 鄧公殷

字數 一二

時代 春秋早期

著録 總集 二三八五
考古 一九八一年四期三七〇頁
圖二
銘文選 三三六
辭典 三八六
出土 一九七九年河南平顶山市郊滍陽
鎮
現藏 平顶山市文物管理委員會
來源 平顶山市文物管理委員會提供

〇三七七六 鄧公毁
字數 一二
時代 春秋早期
著録 總集 二三八四
考古與文物 一九八三年一期
一〇九頁圖二
出土 同 〇三七七五
現藏 平頂山市文物管理員會会
來源 平頂山市文物管理委員會提供

〇三七七七 散伯毁
字數 一二
時代 西周晚期
著録 總集 二三六八・二(蓋)
三代 七・二五・二(蓋)
小校 七・八〇・七(蓋)
美集録 R 三九二a(蓋)
三代 七・二五・一(器)
周金 三補(器)
美集録 R 三九一a(器)
現藏 美國哈佛大學福格美術博物館
來源 考古研究所藏

〇三七七八 散伯毁
字數 一二
時代 西周晚期
著録 總集 二三六八・一(二三六
九・一)(蓋)
小校 七・八一・一(蓋)
貞松 五・二六・三(蓋)
周金 三・九〇・一(蓋)
希古 三・一六・一(蓋)
雙古上 二四(左)(蓋)
總集 二三六九・二(二三七
〇・一)(器)
三代 七・二五・三(器)
貞續上 三八・一(器)
小校 七・八〇・八(器)
雙古上 二四(右)(器)
流傳 于省吾舊藏
來源 唐蘭先生藏

〇三七七九 期伯毁
字數 一二
時代 西周晚期
著録 總集 二三六七・一(二三七
〇・二)(蓋)
三代 七・二五・四(蓋)
小校 七・八一・二(又七・八
〇・五重出)(蓋)
貞松 五・一六・四(蓋)
希古 三・一六・二(蓋)
周金 三・九〇・二(蓋)
美集録 R三九一a、R四八六p(蓋)
彙編 六・四二九・一(蓋)
綜覽・毁 三五四左(蓋)
總集 二三六七・二(器)
小校 七・八〇・六(器)
美集録 R 三九二b(器)
彙編 六・四二九・二(器)
綜覽・毁 三五四右(器)
流傳 蓋曾藏南陵徐乃昌氏(貞松)
現藏 美國哈佛大學福格美術博物館
來源 考古研究所藏

〇三七八〇 散伯毁
字數 一二
時代 西周晚期
著録 總集 二三七一
三代 七・二五・五~六
貞松 五・一六・一~二
小校 七・八一・三~四
上海 五五・一~二
彙編 六・四三〇・一~二
銘文選 三六二
蔭軒 一・三二
辭典 三八一
青全 六・一四六
上海(二〇〇四) 三三四
出土 清光緒年間陝西鳳翔(青全)
現藏 上海博物館
流傳 李蔭軒舊藏
來源 考古研究所藏

〇三七八一 侯氏毁
字數 一二
時代 西周晚期
著録 總集 二三八三
文物 一九八二年九期 八六頁圖一〇
出土 湖北襄陽縣
流傳 一九七九年湖北襄樊市文物管理
委員會從廢銅中揀選出來
現藏 襄陽地區博物館
來源 考古研究所拓

〇三七八二 侯氏毁
字數 一二
時代 西周晚期
著録 未見
出土 一九七二年湖北襄陽縣團山磚瓦廠
現藏 襄陽地區博物館
來源 考古研究所拓

〇三七八三 仲競毁
字數 一二(又重文一)
時代 西周晚期
著録 總集 二三九六
三代 七・二八・三
貞續上 三八・二
小校 七・八二・一
颂齋 释六
通考 三一五
綜覽・毁 三七三
流傳 容庚舊藏
來源 考古研究所藏

〇三七八四 伯嗣毁
字數 一二(又重文一)
時代 西周晚期
著録 總集 二三八七
三代 七・二六・五
恒軒 三三
小校 七・八三・五
流傳 「李勤伯大守藏」(恒軒)
現藏 北京故宮博物院
來源 考古研究所拓
備注 徽銅一二與此相近

〇三七八五 戲召妊毁
字數 一二(又重文一)
時代 西周晚期
著録 總集 二三八九
三代 七・二六・六
積古 六・二・四
攈古 二・一・七二・一
周金 三・八九・四

夢鄣上 二六
小校 七・八三・七
流傳 羅振玉舊藏
來源 考古研究所藏

〇三七八六 史寏殷
字數 一二（又重文二）
時代 西周晚期
著録 總集 二四一一
三代 七・二八・六～五
懷米下 二三
筠清 三・三一・一
愙齋 八・一七・二～八・一八・一
攈古 二・二・六・一～二
周金 三・七八・三～四
小校 七・八六・一～二
流傳 劉喜海、曹秋舫、潘祖蔭舊藏（愙齋、小校）
現藏 上海博物館
來源 考古研究所藏潘祖蔭拓本

〇三七八七 保子達殷
字數 一二（又重文二）
時代 西周晚期
著録 總集 二三九五
三代 七・二八・一～二
攈古 二・一・八三・二～三
十二居 一二
小校 七・八三・六（器）
綜覽・殷 三九四
流傳 呈式芬、周季木舊藏（十二）
現藏 上海博物館
來源 陳邦懷先生藏

〇三七八八 達殷
字數 一二
時代 西周
著録 薛氏 一一九・三
流傳 「舊藏永興軍駐泊都監曹佹家」（薛氏）
來源 薛氏

〇三七八九 史張父殷蓋
字數 一二
時代 西周晚期
著録 博古 一七・二五
薛氏 一二一・一
嘯堂 六一
來源 嘯堂

〇三七九〇 臣梱殘殷
字數 一三
時代 西周早期
著録 總集 二三八八
三代 六・四五・六
周金 三・一一一・一
小校 七・三九・五
山東存附 七
銘文選 三七
流傳 鄒安、羅振玉舊藏
現藏 北京故宮博物院
來源 考古研究所拓

〇三七九一 [illegible][illegible]君殷
字數 一三
時代 西周早期
著録 未見
流傳 湖北省廢品公司揀選出
現藏 武漢市文物商店
來源 考古研究所拓

〇三七九二 伯[illegible]殷
字數 一三（又重文二）
時代 西周中期
著録 總集 二四二四
三代 七・三〇・六
愙齋 九・六・二
小校 七・八七・三
現藏 上海博物館
來源 考古研究所藏

〇三七九三 伯汈父殷
字數 一三（又重文二）
時代 西周晚期
著録 總集 二四四八
學報 一九六二年一期圖一二（下右）
張家坡 圖版一九（左）
（以上僅録蓋銘）
出土 一九六一年陝西長安縣張家坡窖藏
現藏 陝西省博物館
來源 陝西省博物館提供

〇三七九四 伯汈父殷
字數 一三（又重文二）
時代 西周晚期
著録 總集 二四四七
張家坡 圖版一八・一～二
斷代 一五〇
出土 同〇三七九三
現藏 陝西省博物館
來源 陝西省博物館提供

〇三七九五 伯汈父殷
字數 一三（又重文二）
時代 西周晚期
著録 總集 二四四九
學報 一九六二年一期圖一二（下左）
張家坡 圖版一九（右）
（以上僅録器銘）
出土 同〇三七九三
現藏 陝西省博物館
來源 陝西省博物館提供

〇三七九六 伯汈父殷
字數 一三
時代 西周晚期
著録 未見
出土 同〇三七九三
現藏 陝西省博物館
來源 陝西省博物館提供

〇三七九七 [illegible]叔山父殷
字數 一三
時代 西周晚期
著録 總集 二三九八
陝青 三・一二五（器）
銘文選 三七四
出土 一九六〇年陝西扶風縣召陳村窖藏
現藏 陝西省博物館
來源 陝西省博物館提供

〇三七九八 [illegible]叔山父殷
字數 一三
時代 西周晚期
著録 總集 二四〇〇
陝青 三・一二六
出土 同〇三七九七
現藏 陝西省博物館
來源 陝西省博物館提供

〇三七九九 [illegible]叔山父殷
字數 一三
時代 西周晚期
著録 總集 二三九九
陝青 三・一二七（蓋）
出土 同〇三七九七
現藏 陝西省博物館
來源 陝西省博物館提供
備注 器銘銹蝕過甚，無法施拓

〇三八〇〇　歸叔山父簋

字數　一三
時代　西周晚期
著録　未見
現藏　扶風縣博物館
流傳　一九八一年扶風縣徵集品
來源　扶風縣博物館提供

〇三八〇一　歸叔山父簋

字數　一三
時代　西周晚期
著録　未見
流傳　一九八一年扶風縣徵集品
現藏　扶風縣博物館
來源　扶風縣博物館提供

〇三八〇二　叔侯父簋

字數　一三（又重文二）
時代　西周晚期
著録　總集二四三二
　三代七・三二・五
　周金三補
　小校七・九〇・三
現藏　北京故宮博物院
來源　考古研究所拓

〇三八〇三　叔侯父簋

字數　一三（又重文二）
時代　西周晚期
著録　總集二四三三
　三代七・三二・六
　愙齋一一・一四
　周金三補
　小校七・九〇・四（又七・九〇・五重出）
　彙編五・三八五
現藏　北京故宮博物院
來源　考古研究所藏

〇三八〇四　枯衍簋蓋

字數　一三（又重文二）
時代　西周晚期
著録　總集二四四一
　三代七・三四・一
　攈古二・二・一五・一
　小校七・九一・四
流傳　都門鄂泉山舊藏（攈古録）
來源　考古研究所藏

〇三八〇五　害叔簋

字數　一三（又重文二）
時代　西周晚期
著録　總集二四三三
　三代七・三三・一～二
　愙齋一二・一八・一～二
　周金三・八三・四～三・八四・一
　小校七・九一・一～二
　上海（二〇〇四）三三一
流傳　潘祖蔭舊藏（小校）
現藏　上海博物館
來源　考古研究所藏潘祖蔭拓本

〇三八〇六　害叔簋

字數　一三（又重文二）
時代　西周晚期
著録　總集二四三四・二
　三代七・三三・四
　奇觚三・一三・一
　陶齋二・三（左）
　支美二四（下）
　小校七・九〇・七
　美集録R三九六b
　彙編五・三八二（下）
流傳　端方舊藏
現藏　美國堪薩斯納爾遜美術陳列館
來源　考古研究所藏
備注　陈夢家云「蓋銘（R三九六a）当是僞刻」（美集録）

〇三八〇七　叡先伯簋

字數　一三
時代　西周晚期
著録　總集二三九二
　三代七・二七・二
　貞松五・一七・一
　小校九・七〇・四
流傳　丁樹楨舊藏（貞松）
來源　考古研究所藏

〇三八〇八　兮仲簋

字數　一三（又重文二）
時代　西周晚期
著録　總集二四二五・一（蓋）
　三代七・三一・二（蓋）
　愙齋一〇・八・二（又一〇・七・二重出）（蓋）
　從古三・二九・一（蓋）
　清儀一・四三（蓋）
　小校七・八九・五（蓋）
　周金三・八五・三（蓋）
　總集二四二六・二（器）
　三代七・三一・五（器）
　愙齋一〇・六・三（器）
　奇觚三・一三・二（器）
　小校七・八九・三（器）
出土　「何曉山、文廷誥客西安時所得」（清儀）
流傳　顧子嘉、張廷濟舊藏（愙齋）
現藏　北京故宮博物院
來源　考古研究所拓

〇三八〇九　兮仲簋

字數　一三（又重文二）
時代　西周晚期
著録　總集二四二五・二（蓋）
　三代七・三一・三（蓋）
　積古六・五・二（蓋）
　愙齋一〇・八・一（蓋）
　從古八・三二・一（蓋）
　十六二・六・二（蓋）
　周金三・八五・一（蓋）
　小校七・八八・一（蓋）
　總集二四二七・二（器）
　三代七・三一・六（器）
　積古六・五・三（器）
　愙齋一〇・五・一（器）
　從古八・三二・二（器）
　攈古二・二・一四・一（器）
　十六二・六・一（器）
　周金三・八五・二（器）
　小校七・八八・二（器）
流傳　錢獻之、瞿穎山舊藏（攈古録）
來源　考古研究所藏移林館拓本

〇三八一〇　兮仲簋

字數　一三（又重文二）
時代　西周晚期
著録　總集二四二六・一（蓋）
　三代七・三一・四（蓋）
　愙齋一〇・七・一（蓋）
　奇觚三・一三・三（蓋）
　周金三・八六・三（蓋）
　小校七・八九・四（蓋）
　總集二四二八・二（器）
　三代七・三二・三（器）
　愙齋一〇・六・一（器）

流傳 陶續 一・三四(器)
周金 三・八六・三(器)
小校 七・八九・一(器)
蓋舊藏鮑年康(奇觚)，器舊藏顧子嘉、端方(窓齋、陶齋)
現藏 北京故宮博物院
來源 考古研究所拓

〇三八一一 兮仲𣪘
字數 一三(又重文二)
時代 西周晚期
著録 總集 二四二七・二
三代 七・三二・一
窓齋 一〇・五・二
流傳 潘祖蔭舊藏(窓齋)
來源 三代

〇三八一二 兮仲𣪘
字數 一三(又重文二)
時代 西周晚期
著録 總集 二四二八・一
三代 七・三二・二
窓齋 一〇・六・二
周金 三・八五・四
小校 七・八八・四(又七・八九・二重出)
弗里爾(一九六七) 八〇
彙編 五・三八四
流傳 顧子嘉舊藏(窓齋)
現藏 美國華盛頓弗里爾美術陳列館
來源 三代

〇三八一三 兮仲𣪘蓋
字數 一三(又重文二)
時代 西周晚期
著録 總集 二四二九
三代 七・三三・四
攈古 二・二・一四・三
希古 三・一六・四
周金 三・八六・一
彙編 五・三八三
流傳 山東利津李竹朋舊藏(攈古録)
來源 考古研究所藏

〇三八一四 兮仲𣪘
字數 一三(又重文二)
時代 西周晚期
著録 小校 七・八八・三
流傳 李山農舊藏
來源 考古研究所藏李山農拓本

〇三八一五 𨻰侯𣪘
字數 一三
時代 西周晚期
著録 總集 二四〇一
文物 一九七七年八期五頁圖一四
銘文選 四六四
出土 一九七六年陝西臨潼縣零口公社西段大隊窖藏
現藏 臨潼縣博物館
來源 考古研究所拓

〇三八一六 齊嬗姬𣪘
字數 一三(又重文一)
時代 西周晚期
著録 總集 二四一七
録遺 一四六
來源 録遺

〇三八一七 寺季故公𣪘
字數 一三(又重文二)
時代 西周晚期
著録 總集 二四三九
三代 七・三三・六
從古 一一・一八
攈古 二・二・一三・三
周金 三・八四・三
小校 七・九二・一
大系 二二二・二
山東存邿 四・一
銘文選 四九六(蓋)
流傳 江蘇江寧甘氏、嘉興李金瀾舊藏(從古、攈古)
來源 三代

〇三八一八 寺季故公𣪘
字數 一三(又重文二)
時代 西周晚期
著録 總集 二四四〇
三代 七・三三・七
積古 六・四
金索 一・四七・二
攈古 二・二・一三・二
奇觚 一六・二九・二
周金 三・八四・二
小校 七・九二・二
山東存邿 四・二
大系 二二二・四
銘文選 四九六(器)
流傳 吳式芬舊藏(攈古録)
現藏 北京故宮博物院
來源 考古研究所拓

〇三八一九 叔旦𣪘
字數 一三(又重文二)
時代 西周晚期
著録 薛氏 一一九・四
來源 薛氏

〇三八二〇 虢姜𣪘
字數 一三
時代 西周晚期
著録 復齋 一九・一
積古 六・四
攈古 二・一・八二・一
奇觚 一六・二五・二
來源 復齋

〇三八二一 漳伯𣪘
字數 一三(又重文二)
時代 西周晚期
著録 未見
現藏 北京故宮博物院
來源 考古研究所拓

〇三八二二 效父𣪘
字數 一四
時代 西周早期
著録 總集 二四〇四、二四〇六
三代 六・四六・三
懷米上 二二
攈古 二・二・四・三
奇觚 一七・一三・二
彙編 五・三九九b
綜覽・𣪘 一二五
銘文選 一三三
流傳 曹秋舫舊藏
來源 考古研究所藏

〇三八二三 效父𣪘
字數 一四
時代 西周早期
著録 總集 二四〇五
日精華 二・一〇六
彙編 五・三九九
現藏 日本奈良寧樂美術館
來源 彙編

〇三八二四 ⿴囗支𣪘
字數 一四

時代　西周早期
著録　辭典　三六四
　青全　六・一二
出土　遼寧喀左縣小波汰溝
現藏　遼寧省博物館
來源　考古研究所拓

〇三八二五　圉毁
字數　蓋銘　一四、器銘　六
時代　西周早期
著録　青全　六・一三
　琉璃河　一五一頁圖九二E
出土　北京房山縣琉璃河西周墓葬
　(M二五三：一四)
現藏　首都博物館
來源　考古研究所拓

〇三八二六　[亘區戈]毁
字數　存四
時代　西周早期
著録　總集　二四二三
　録遺　一四五
來源　陳邦懷先生藏
備注　拓片上方「皇且公父于」五字乃偽刻

〇三八二七　敔毁
字數　一四
時代　西周早期
著録　總集　二四〇二
　三代　六・四六・一
　十二鏡　四
流傳　张效彬舊藏
現藏　首都博物館
來源　考古研究所藏

〇三八二八　滕虎毁
字數　一四
時代　西周中期
著録　總集　二四一二・一
　三代　七・二九・一
　夢郼上　二七
　小校　七・八六・六
　大系　二二二・一
　山東存滕　一・二
　通考　二九三
　綜覽・毁　三〇七
　銘文選　三三八乙(蓋)
流傳　羅振玉舊藏
來源　考古研究所藏

〇三八二九　滕虎毁
字數　一四
時代　西周中期
著録　總集　二四一二・二
　三代　七・二九・二
　山東存滕　一・三
　銘文選　三三八甲(器)
　故青　一五六
流傳　頤和園舊藏
現藏　北京故宫博物院
來源　考古研究所拓

〇三八三〇　滕虎毁蓋
字數　一四
時代　西周中期
著録　總集　二四一三
　三代　七・二九・三
　雙吉上　二七
　山東存滕　二・一
　大系　二二一・三
　銘文選　三三八甲(蓋)
流傳　于省吾舊藏
現藏　北京故宫博物院
來源　考古研究所拓

〇三八三一　滕虎毁
字數　一四
時代　西周中期
著録　總集　二四一四
　三代　七・二九・四
　攈古　二・二・五・四
　貞圖上　三四
　周金　三・一一〇・三
　小校　七・四〇・二
　大系　二二一・四
　山東存滕　二・二
流傳　羅振玉舊藏
來源　考古研究所藏

〇三八三二　滕虎毁
字數　一四
時代　西周中期
著録　貞松　四・四五・三
　小校　七・四〇・三
流傳　羅振玉舊藏
來源　小校

〇三八三三　伯賓父毁
字數　一四(又重文二)
時代　西周中期
著録　總集　二四七八
　文物　一九六五年七期二〇頁圖五
出土　早年陝西扶風縣北岐山某溝出
現藏　陝西省博物館
來源　陝西省博物館提供

〇三八三四　伯賓父毁
字數　一四(又重文二)
時代　西周中期
著録　總集　二四七九
　文物　一九六五年七期二〇頁圖三、四
　綜覽・毁　三四九
出土　同　〇三八三三
現藏　陝西省博物館
來源　陝西省博物館提供

〇三八三五　蓳毁
字數　一四(又重文二)
時代　西周中期
著録　總集　二四七六
　録遺　一四九
現藏　北京故宫博物院
來源　考古研究所拓

〇三八三六　衛[illegible]毁蓋
字數　一四(又重文二)
時代　西周中期
著録　總集　二四七五
　録遺　一四八
現藏　北京故宫博物院
來源　考古研究所拓

〇三八三七　伯喜父毁
字數　一四
時代　西周晚期
著録　未見
流傳　一九五九年在長沙收集，據説出自河南
現藏　湖南省博物館
來源　考古編輯部檔案

〇三八三八　伯喜父毁
字數　一四
時代　西周晚期
著録　總集　二四一九
考古　一九六三年一二期六八〇頁圖二：二
流傳　同　〇三八三七

現藏 湖南省博物館
來源 考古編輯部檔案

○三八三九 伯喜父殷
字數 一四
時代 西周晚期
著録 總集 二四二〇
考古 一九六三年一二期六八〇頁
圖二：一
流傳 同○三八三七
現藏 湖南省博物館
來源 考古編輯部檔案

○三八四〇 詰殷
字數 一四(又重文二)
時代 西周晚期
著録 總集 二四七三・一(蓋)
三代 七・四〇・一(蓋)
貞松 五・二〇・二(蓋)
十二尊 七・二(蓋)
小校 七・九五・一(蓋)
總集 二四七三・二(器)
三代 七・四〇・三(器)
貞松 五・二〇・二(器)
十二尊 九・二(器)
小校 七・九五・二(器)
現藏 北京故宮博物院
來源 考古研究所拓

○三八四一 詰殷
字數 一四(又重文二)
時代 西周晚期
著録 總集 二四七四・一(蓋)
三代 七・四〇・二(蓋)
貞松 五・二〇・三(蓋)
十二尊 九・二(蓋)
小校 七・九五・四(蓋)
總集 二四七三・一(器)
三代 七・三九・五(器)
貞松 五・二〇・一(器)
十二尊 七・二(器)
小校 七・九五・三(器)
現藏 北京故宮博物院
來源 考古研究所拓

○三八四二 孟鄭父殷
字數 一四(又重文二)
時代 西周晚期
著録 總集 二四五八
三代 七・三五・四
西乙 一二・三一
貞松 五・二一・三
寶蘊 七〇
故圖下下 一八四
彙編 五・三六七
粢盛 三二二頁
周録 九九
流傳 瀋陽故宮舊藏
現藏 臺北故宮博物院
來源 考古研究所藏

○三八四三 孟鄭父殷
字數 一四(又重文二)
時代 西周晚期
著録 總集 二四五九
三代 七・三五・五
貞補上 二五・二
現藏 北京故宮博物院
來源 考古研究所拓

○三八四四 孟鄭父殷
字數 一四(又重文二)
時代 西周晚期
著録 總集 二四六〇
三代 七・三五・六
攈古 二・二・二九・二
周金 三・八七・一
小校 七・八七・四
流傳 袁理堂、潘祖蔭舊藏(攈古録、小校)
現藏 上海博物館
來源 陳邦懷先生藏

○三八四五 妊[illegible]每殷
字數 一四(又重文二)
時代 西周晚期
著録 總集 二四六七
三代 七・三八・一
從古 一一・二九
愙齋 八・七・一
攈古 二・二・二八・三
奇觚 三・一四・一
簠齋 三 敦 二五
周金 三・八〇・一
善齋 八・六二
小校 七・九六・一
善彝 六七
通考 三一〇
綜覽・殷 三七一
流傳 胡介亭、陳介祺、李璋煜、劉體智舊藏(從古、愙齋、攈古録)
來源 考古研究所藏

○三八四六 訇伯殷蓋
字數 一四(又重文二)
時代 西周晚期
著録 總集 二四五六
三代 七・三五・三
陶齋 二・一九
周金 三・七九・四
夢續 一八
小校 七・九四・五
流傳 端方、羅振玉舊藏
來源 考古研究所藏

○三八四七 倗伯殷蓋
字數 一四
時代 西周晚期
著録 總集 二四三〇
三代 七・三一・一
銘文選 三七五
周金 三・八六・四
希古 三・一六・三
貞松 五・一七・三
小校 七・八七・二
流傳 方濬益舊藏(周金)
現藏 上海博物館
來源 考古研究所藏

○三八四八 遣小子師殷
字數 一四
時代 西周晚期
著録 總集 二四一〇
三代 七・二八・四
積古 六・八・三
從古 五・一四・一(又一二・一七・一重出)
金索 一・四八・一
攈古 二・二・七・一
愙齋 一二・四・三
奇觚 一六・二七・一
清儀 一・四〇
周金 三・八七・二
小校 七・八五・一
山東存 邿 六
流傳 張廷濟舊藏(清儀)

來源 考古研究所藏

〇三八四九 叔向父毁
字數 一四（又重文二）
時代 西周晚期
著録 總集 二四六二
三代 七・三六・三～四
大系 一二九・三（蓋）
斷代 一五五附
來源 蓋拓考古研究所藏，器拓用三代

〇三八五〇 叔向父毁
字數 一四（又重文二）
時代 西周晚期
著録 總集 二四六三
三代 七・三七・一～二
周金 三補
大系 一二九・二（器）
薩克勒（西周） 五七
現藏 美國華盛頓薩克勒美術館
來源 考古研究所藏

〇三八五一 叔向父毁
字數 一四（又重文二）
時代 西周晚期
著録 總集 二四六四
三代 七・三七・三
愙齋 一一・二一・一
小校 七・九三・一
銘文選 四〇一甲（蓋）
流傳 潘祖蔭舊藏（小校）
來源 考古研究所藏

〇三八五二 叔向父毁
字數 一四（又重文二）
時代 西周晚期
著録 總集 二四六五
三代 七・三七・四
愙齋 一一・二一・二
殷存上 一四・一
小校 七・九三・二
銘文選 四一〇（器）
上海（二〇〇四）三八〇
流傳 潘祖蔭舊藏（小校）
現藏 上海博物館
來源 考古研究所藏

〇三八五三 叔向父毁
字數 一四（又合文二）
時代 西周晚期
著録 總集 二四六六
貞松 五・二三・三～四
彙編 五・三六六
綜覽・毁 三八一
現藏 日本奈良寧樂美術館
來源 彙編

〇三八五四 叔向父毁
字數 一四（又重文二）
時代 西周晚期
著録 未見
現藏 北京故宮博物院
來源 考古研究所拓

〇三八五五 叔向父毁
字數 一四（又重文二）
時代 西周晚期
著録 貞松 五・二三・一～二
小校 七・九三・三～四
現藏 北京故宮博物院
來源 考古研究所拓

〇三八五六 伯家父毁
字數 一四（又重文二）
時代 西周晚期
著録 總集 二四六一
三代 七・三六・一～二
周金 三・八〇・二～三
希古 三・一七・一～二
貞松 五・二四・一～二
小校 七・九二・四（器）
美集録 R 四一〇
出土 「近年秦中新出土」（小校）
流傳 鄭安、程洪溥舊藏（美集録）
現藏 美國魯本斯氏（美集録）
來源 三代

〇三八五七 伯家父毁
字數 一四（又重文二）
時代 西周晚期
著録 巖窟上 一七
貞續上 三九・一～二
綜覽・毁 三九六
出土 傳陝西出土
流傳 梁上椿舊藏
來源 考古研究所藏梁上椿拓本

〇三八五八 鄧公毁
字數 一四
時代 春秋早期
著録 未見
來源 考古研究所藏

〇三八五九 辛叔皇父毁
字數 一四
時代 西周晚期
著録 西清 二八・六
流傳 清宮舊藏
來源 西清

〇三八六〇 雁侯毁
字數 一四
時代 西周中期
著録 考古圖 三・一七
博古 一七・一一
薛氏 一一三
嘯堂 六〇
流傳 「扶風乞伏氏」舊藏（考古圖）
來源 嘯堂

〇三八六一 作父己毁
字數 一五
時代 殷或西周中期
著録 總集 二四四六
鄴三 上二六
録遺 一四七・一～二
綜覽・小型盂 四三
故青 三〇
出土 傳出洛陽
現藏 北京故宮博物院
來源 考古研究所拓

〇三八六二 遽父乙毁
字數 一五
時代 西周早期
著録 總集 二四二一
三代 六・四七・一
西清 一三・三六
古文審 五・一一
殷存上 一九・二
小校 七・四二・一
流傳 清宮舊藏，後歸潘祖蔭（小校）
來源 考古研究所藏猗文閣拓本

〇三八六三 录毁
字數 一五（又重文一）
時代 西周早期
著録 總集 二四五五
三代 七・三五・二
周金 三・八一・一

貞松 五・二二
流傳 烏程顧氏、日本小川氏舊藏（周金、貞松）
來源 考古研究所藏移林館拓本

〇三八六四 伯毁
字數 存一五
時代 西周早期
著録 未見
現藏 山東曲阜縣文物管理委員會
來源 山東曲阜縣文物管理委員會提供

〇三八六五 戜且庚毁
字數 一五（又重文二）
時代 西周中期
著録 銘文選 一七七
蔭軒 二・一九
上海(二〇〇四) 三二一
流傳 潘祖蔭、李蔭軒舊藏
現藏 上海博物館
來源 考古研究所藏

〇三八六六 城虢遣生毁
字數 一五
時代 西周中期
著録 總集 二四四二
三代 七・三四・二
從古 一五・二二
攈古 二・二・一三・四
窓齋 一〇・一三・一
奇觚 三・一四・二
敬吾上 五八・二
周金 三・八三・三
簠齋 三 敦 一三
小校 七・九一・三
流傳 陳介祺舊藏
來源 考古研究所藏

〇三八六七 洹秦毁
字數 一五（又耳內重文一）
時代 西周中期
著録 總集 二四二二
三代 七・三〇・四～五
貞松 五・一八・三
善齋 八・四六
善彝 五六
小校 七・四〇・五
彙編 五・三八六
流傳 劉體智舊藏
現藏 上海博物館
來源 考古研究所藏

〇三八六八 且辛毁
字數 一五（又重文二）
時代 西周早期
著録 總集 二四八六
三代 七・四〇・四
積古 六・二七・三
從古 五・一三
攈古 二・二・四二・二
奇觚 一六・二四・一
小校 七・九二・三
流傳 張季勤舊藏（積古）
來源 考古研究所藏僧六舟手拓本

〇三八六九 大僕毁
字數 一五（又重文二）
時代 西周中期
著録 總集 二四五四
三代 七・三五・一
貞松 五・二一・一
希古 三・一八・一
來源 考古研究所藏

〇三八七〇 叔向父爲備毁
字數 一五（又合文一）
時代 西周晚期
著録 古文字研究九輯 三三二頁
山西珍品 九三
出土 一九七九年山西芮城縣柴村墓葬
現藏 山西芮城縣博物館
來源 考古研究所藏

〇三八七一 矢王毁蓋
字數 一五（又重文二）
時代 西周晚期
著録 總集 二五一一
文物 一九八二年二期 五三頁圖一
文物 一九八四年六期一八頁圖三
考古與文物 一九八三年六期六頁圖二：一
陝青 四・一〇四
出土 一九七四年陝西寶鷄縣賈村塬上官村
現藏 寶鷄市博物館
來源 寶鷄市博物館提供

〇三八七二 旅仲毁
字數 一五（又重文二）
時代 西周晚期
著録 總集 二五〇九
文物 一九七六年五期四一頁圖二三
陝青 一・一八九
出土 一九七五年陝西岐山縣董家村一號窖藏
現藏 岐山縣博物館
來源 岐山縣博物館提供

〇三八七三 槩毁
字數 一五（又重文二）
時代 西周晚期
著録 考古與文物 一九八三年六 期六頁圖二：二
文物 一九八四年六期一九頁圖六
出土 一九七四年陝西寶鷄縣賈村塬上官村
現藏 寶鷄市博物館
來源 寶鷄市博物館提供

〇三八七四 旛嫚毁蓋
字數 一五（又重文二）
時代 西周晚期
著録 總集 二五〇一
三代 七・四六・一
小校 七・一〇一・三
夢續 一九
流傳 羅振玉舊藏
來源 考古研究所藏

〇三八七五 旛嫚毁蓋
字數 一五（又重文二）
時代 西周晚期
著録 總集 二五〇二
三代 七・四六・二
周金 三・七九・一（又三・七九・三重出）
小校 七・一〇一・一
陶齋 二・二二（又二・二三重出）
流傳 端方舊藏
來源 考古研究所藏

〇三八七六 旛嫚毁蓋
字數 一五（又重文二）
時代 西周晚期
著録 總集 二五〇三
三代 七・四六・三
陶齋 二・二二

周金 三・七九・二
小校 七・一〇一・二
流傳 端方舊藏
來源 三代

〇三八七七 季□父毁蓋
字數 一五（又重文二）
時代 西周晚期
著録 總集 二四九五
三代 七・四五・二
貞松 五・二四・三
希古 三・一八・二
小校 七・九四・四
流傳 蕭山陸氏慎齋舊藏
來源 考古研究所藏慎齋拓本

〇三八七八 鄭牧馬受毁蓋
字數 一五（又重文二）
時代 西周中期
著録 總集 二五〇六
録遺 一五〇
流傳 侯外廬舊藏
現藏 中國歷史博物館
來源 考古研究所拓

〇三八七九 鄭牧馬受毁蓋
字數 一五（又重文二）
時代 西周中期
著録 總集 二五〇七
斷代 一一七
出土 傳陝西出土
流傳 羅伯昭舊藏
現藏 中國歷史博物館
來源 考古研究所藏

〇三八八〇 鄭牧馬受毁蓋
字數 一五（又重文二）
時代 西周中期
著録 未見
現藏 北京故宮博物院
來源 考古研究所拓

〇三八八一 柭車父毁
字數 一五（又重文二）
時代 西周晚期
著録 總集 二四三五・一
陝青 三・一一八
銘文選 五三二（器）
辭典 三七四
出土 一九六〇年陝西扶風縣召陳村莊白村窖藏
現藏 陝西省博物館
來源 陝西省博物館提供

〇三八八二 柭車父毁
字數 一五（又重文二）
時代 西周晚期
著録 總集 二四三五・二
文物 一九七二年六期三一頁圖三（蓋）
陝青 三・一一九
綜覽・毁 三八六
出土 同〇三八八一
現藏 陝西省博物館
來源 陝西省博物館提供

〇三八八三 柭車父毁
字數 一五（又重文二）
時代 西周晚期
著録 總集 二四三七
陝青 三・一二〇（器）
出土 同〇三八八一
現藏 陝西省博物館
來源 陝西省博物館提供
備注 蓋銘銹蝕嚴重，故未録

〇三八八四 柭車父毁
字數 一五（又重文二）
時代 西周晚期
著録 總集 二四三八
陝青 三・一二一
銘文選 五三二（蓋）
出土 同〇三八八一
現藏 陝西省博物館
來源 陝西省博物館提供

〇三八八五 柭車父毁
字數 存七
時代 西周晚期
著録 未見
出土 同〇三八八一
現藏 陝西省博物館
來源 陝西省博物館提供

〇三八八六 柭車父毁
字數 一五（又重文二）
時代 西周晚期
著録 未見
流傳 陝西扶風縣博物館一九八一年徵集
現藏 扶風縣博物館
來源 扶風縣博物館提供

〇三八八七 伯遟父毁蓋
字數 一五（又重文二）
時代 西周晚期
著録 總集 二五〇五
三代 七・四七・一
攈古 二・二・四二
愙齋 一一・六・一
小校 七・九九・三
流傳 沈秉成舊藏（愙齋）
來源 考古研究所藏

〇三八八八 叡毁
字數 一五（又重文二）
時代 西周晚期
著録 總集 二四九三
三代 七・四四・三～四
懷米下 二四
攈古 二・二・四一
愙齋 八・一六・二～八・一七・一
周金 三・七八・一～二
小校 七・九九・五～六
蔭軒 二・二四
流傳 曹秋舫、潘祖蔭舊藏（愙齋），後歸李蔭軒
現藏 上海博物館
來源 考古研究所藏

〇三八八九 叡毁
字數 一五（又重文二）
時代 西周晚期
著録 總集 二四九四
三代 七・四五・一
積古 六・一五・一
攈古 二・二・四二・一
奇觚 一六・二八・一
周金 三・七八・三
夢郼上 二八
小校 七・一〇〇・一
流傳 阮元、劉鶚、羅振玉舊藏（積古、夢郼）
來源 考古研究所藏

〇三八九〇 廣毁蓋
字數 一五（又重文二）
時代 西周晚期
著録 總集 二四九六
三代 七・四四・二

擴古 二・二・四二・四
窓齋 八・二〇・一
敬吾下 一〇・二
周金 三補
小校 七・一〇〇・三
流傳 葉東卿舊藏（擴古録）
來源 考古研究所藏陳介祺拓本

〇三八九一 井□叔安父殷
字數 一五
時代 西周晚期
著録 西清 二七・二六
流傳 清宮舊藏
來源 西清

〇三八九二 師吴父殷
字數 一五（又重文一）
時代 西周晚期
著録 三代 七・二四・四
周金 三・七八・四
希古 三・一七・三
現藏 上海博物館
來源 上海博物館提供
備注 周金、希古所録拓本首行乃僞刻

〇三八九三 齊巫姜殷
字數 一五（又重文一）
時代 西周晚期
著録 總集 二四六八
三代 七・三八・二
擴古 二・二・二九・一
敬吾下 一二・二
周金 三・八〇・四
小校 七・九五・五
山東存齊 五・一
銘文選 四九八

蔭軒 一・四二
上海（二〇〇四） 三九一
出土 「是器出青川」（山東存）
流傳 潘祖蔭舊藏（小校），後歸李蔭軒
現藏 上海博物館
來源 唐蘭先生藏

〇三八九四 学父殷
字數 一五
時代 西周晚期
著録 薛氏 一二五・二
來源 A、薛氏；
B、薛氏石刻殘本

〇三八九五 䣄仲郑父殷
字數 一五（又重文二）
時代 西周晚期
著録 博古 一七・二〇
薛氏 一二二・一
嘯堂 六〇
來源 嘯堂

〇三八九六 共姜大宰己殷
字數 一五（又重文二）
時代 西周晚期
著録 社會科學戰綫 一九八〇年三期二二一頁
內蒙古文物考古 一九八二年二期六頁圖三：三 圖版貳（下）
銘文選 四七八
辭典 四一五
出土 一九七四年內蒙古哲里木盟札魯特旗巴雅爾吐胡碩公社
現藏 內蒙古自治區哲里木盟博物館
來源 內蒙古自治區哲里木盟博物館提供

〇三八九七 杞伯每𠬪殷
字數 一五（又重文二）
時代 春秋早期
著録 總集 二四八八・一
三代 七・四一・二
擴古 二・二・四五・一
周金 三・八二・一
十二居 一五
山東存杞 三・一
大系 二三二・三
出土 「道光、光緒間出土于新泰縣」（山東存）
流傳 吴式芬、周季木舊藏（擴古録、十二）
現藏 中國歷史博物館
來源 唐蘭先生藏周季木拓本

〇三八九八 杞伯每𠬪殷
字數 一五（又重文二）
時代 春秋早期
著録 總集 二四八九
三代 七・四一・三～七・四二・一
擴古 二・二・四三・二～二・二・四四・一
周金 三・八三・一～二
小校 七・九八・三～二
大系 二三三・三～四
山東存杞 二・二，四・二
出土 同〇三八九七
來源 考古研究所藏張叔未拓本
備注 山東存杞四・二銘文印反，小校蓋與器倒

〇三八九九 杞伯每𠬪殷
字數 一五（又重文二）
時代 春秋早期
著録 總集 二四九〇・二
三代 七・四二・二～七・四三・一
擴古 二・二・四三・一（器）
窓齋 一〇・一一・一～二
周金 三・八二・三（蓋）
小校 七・九七・二～三
山東存杞 三・二～四・一
大系 二三三・二～一
蔭軒 一・五〇
銘文選 八〇二（器）
上海（二〇〇四） 四四八
出土 同〇三八九七
流傳 陳介祺、潘祖蔭舊藏（窓齋、小校），後歸李蔭軒
現藏 上海博物館（蓋）
來源 蓋拓考古研究所藏，器拓用三代
備注 據青全和銘文選，〇三八九九・二爲〇三九〇一的器銘，此處誤植

〇三九〇〇 杞伯每𠬪殷蓋
字數 一四（又重文二）
時代 春秋早期
著録 總集 二四八八・二
三代 七・四三・二
擴古 二・二・四五・二
周金 三・八二・二
貞松 五・一九・二
大系 二三二・四
山東存杞 五・二
出土 同〇三八九七
來源 考古研究所藏

〇三九〇一 杞伯每𠬪殷
字數 一五（又重文二）
時代 春秋早期
著録 總集 二四九一

三代 七・四四・一
攈古 二・二・四四・二
窓齋 一〇・一二・一
周金 三・八二・四
小校 七・九八・一
山東存杞 五・一
大系 二三二・二
彙編 五・三四二
銘文選 八〇二(蓋)
青全 九・八一
上海(二〇〇四) 四四八

出土 同 〇三八九七

流傳 潘祖蔭舊藏(窓齋)，後歸李蔭軒

現藏 上海博物館

來源 三代

備注 據青全和銘文選，此銘爲〇三八九九・二的蓋銘

〇三九〇二 杞伯每亡毁

字數 一五(又重文二)

時代 春秋早期

著録 總集 二四九二
文物 一九六二年一〇期五八頁
青全 六・一四(此器銘，蓋銘未著録)

現藏 武漢市文物商店

來源 考古研究所拓

〇三九〇三 嗽侯作嘉姬毁

字數 一五(又重文二)

時代 春秋早期

著録 總集 二四八二
三代 六・四七・四
西甲 六・二四
積古 六・六・二
攈古 二・二・四〇・二

窓齋 九・六・一
小校 七・九六・二
上海 六五
彙編 五・三四三
銘文選 三三五
綜覽・毁 三三一
辭典 六三六
青全 六・九六
上海(二〇〇四) 三八六

流傳 清宮舊藏

現藏 上海博物館

來源 考古研究所藏

〇三九〇四 小子[illegible]毁

字數 一六(又合文二)

時代 殷

著録 總集 二五一五
三代 七・四七・二
窓齋 七・四
奇觚 三・二〇
簠齋 三敦一〇
續殷上 四八・二
小校 八・三・三
蔭軒 二・一〇

流傳 陳介祺舊藏，後歸李蔭軒

現藏 上海博物館

來源 考古研究所藏

〇三九〇五 [illegible]父丁毁

字數 一六

時代 西周早期

著録 總集 二四〇九
三代 六・四六・六
西乙 七・七
寶蘊 四九
貞松 四・四六・一

通考 二二九
續殷上 四七・八
故圖下下 一六〇
彙編 五・三三九
綜覽・毁 一一七
粢盛 二六〇頁
周録 一八

流傳 瀋陽故宮舊藏

現藏 臺北故宮博物院

來源 考古研究所藏

〇三九〇六 攸毁

字數 一六(又合文一)

時代 西周早期

著録 銘文選 〇五三
琉璃河 一三五頁圖八六D
辭典 三五五
青全 六・一四

出土 一九七四年北京房山縣琉璃河西周墓(M五三：八)

現藏 首都博物館

來源 考古研究所拓

〇三九〇七 過伯毁

字數 一六

時代 西周早期

著録 總集 二四五一
三代 六・四七・三
周金 三・一〇九・二
夢郼上 二四
小校 七・四〇・六
大系 二六
通考 二九五
綜覽・毁 一九九
銘文選 一〇二
旅順 二四

流傳 劉鶚、鄒安、羅振玉舊藏(周金)

現藏 旅順博物館

來源 考古研究所拓

〇三九〇八 量侯毁

字數 一六(又重文一)

時代 西周早期

著録 總集 二四八三
三代 六・四七・五
攀古上 四二
恒軒 三〇
窓齋 一一・一三・二
周金 三・七五・二
小校 七・九六・三
銘文選 一五三
蔭軒 一・一八
上海(二〇〇四) 二三八

流傳 潘祖蔭舊藏，後歸李蔭軒

現藏 上海博物館

來源 考古研究所藏

〇三九〇九 [illegible]毁

字數 一六(又重文一)

時代 西周早期

著録 考古 一九八四年九期七八六頁圖三：一

流傳 一九六一年在陝西長安縣馬王村徵集，傳出于墓葬

現藏 考古研究所西安研究室

來源 考古研究所拓

〇三九一〇 是要毁

字數 一六

時代 西周中期

著録 總集 二四八一
考古 一九七四年一期四頁圖五：二(此器銘，蓋銘未著録)

出土 一九七三年陝西長安縣灃西馬王村窖藏
現藏 西安市文物管理委員會
來源 西安市文物管理委員會提供

〇三九一一 是要毁

字數 一六
時代 西周中期
著録 總集 二四八〇
考古 一九七四年一期四頁圖五：一（此器銘，蓋銘未著録）
綜覽·毁 三三二
出土 同〇三九一〇
現藏 西安市文物管理委員會
來源 西安市文物管理委員會提供

〇三九一二 爯毁

字數 一六（又重文二）
時代 西周晚期
著録 總集 二五一三
三代 六·四八·三
筠清 五·一三
從古 一二·七
攈古 二·二·六八·二
流傳 曹秋舫舊藏（攈古録）
現藏 北京故宮博物院
來源 考古研究所拓

〇三九一三 爯毁

字數 一六（又重文二）
時代 西周晚期
著録 總集 二五一四
三代 六·四八·四
窓齋 一二·六·二
周金 三·一〇八·三
小校 八·二·三
流傳 曹秋舫、長洲王氏舊藏（周金）
來源 考古研究所藏

〇三九一四 大自事良父毁蓋

字數 一六（又重文二）
時代 西周晚期
著録 總集 二五二〇
三代 七·四九·一
周金 三·七六·三
流傳 費念慈舊藏（周金）
現藏 蘇州市博物館
來源 蘇州市博物館提供

〇三九一五 周[illegible]生毁

字數 一六（又重文二）
時代 西周晚期
著録 總集 二五一九
三代 七·四八·二
筠清 三·四〇
攈古 二·二·六二·二
窓齋 八·一三·二
奇觚 三·一五·二
敬吾上 五六·一
周金 三·七五·一
小校 八·一·三
斷代 未一三
流傳 李芝齡、潘祖蔭舊藏（筠清、窓齋）
來源 陳邦懷先生藏

〇三九一六 姞氏毁

字數 一六（又重文二）
時代 西周晚期
著録 總集 二五二二
三代 七·四八·三～四
攈古 二·二·六四·一～二
敬吾上 五六·五～六
周金 三·七六·一～二
小校 八·一·四～八·二·一
流傳 朱善旂、李山農、劉鶚舊藏（周金）
來源 考古研究所藏移林館拓本

〇三九一七 是[illegible]毁

字數 一六（又重文二）
時代 西周中期
著録 總集 二五一七
三代 七·四七·三
西清 二七·一三
周金 三·七五·三
貞松 五·二六·一
希古 三·一八·三
小校 七·一〇一·四
斷代 未一五
辭典 三九四
蔭軒 一·三〇
上海（二〇〇四） 三二三
流傳 清宮舊藏，後歸潘祖蔭（小校），又歸李蔭軒
現藏 上海博物館
來源 三代
備注 西清收器、蓋兩拓，餘皆僅收一器拓

〇三九一八 陵仲孝毁

字數 一六（又重文二）
時代 西周中期
著録 總集 二四八五
三代 六·四七·六
冠斝上 二二
綜覽·毁 二七六
流傳 榮厚舊藏
現藏 北京故宮博物院
來源 考古研究所拓

〇三九一九 [illegible]公昏毁

字數 一六（又重文二）
時代 西周晚期
著録 總集 二五一六
三代 七·四八·一
窓齋 一一·一一·一
小校 八·四·一
現藏 上海博物館
來源 考古研究所藏

〇三九二〇 伯百父毁

字數 一六
時代 西周中期
著録 考古圖 三·一九·二
博古 一六·三九
薛氏 一二〇·三
嘯堂 五三·三
復齋 二七·三
斷代 一五〇
出土 「得于驪山白鹿原」（考古圖）「此敦得于藍田」（薛氏引先秦古器記）
流傳 劉原父舊藏（考古圖）
來源 嘯堂

〇三九二一 叔叡父毁

字數 一六
時代 西周晚期
著録 考古與文物 一九八四年五期一一頁圖四：二
出土 一九八一年陝西岐山縣劉家村
現藏 岐山縣博物館
來源 考古與文物編輯部提供

〇三九二二 叔叡父毁

字數 一六
時代 西周晚期

著録 未見
現藏 上海博物館
來源 上海博物館提供

〇三九二三 豐井叔殷

字數 一六（又重文二）
時代 西周晚期
著録 總集 二五二九
文物 一九七九年四期九一頁圖八
陝青 三・一三九
出土 一九七八年陝西扶風縣齊村
現藏 扶風縣博物館
來源 扶風縣博物館提供

〇三九二四 東仲□父殷蓋

字數 一六
時代 西周晚期
著録 總集 二五二七
文物 一九六六年四期四頁圖一一
現藏 湖南省博物館
來源 湖南省博物館提供

〇三九二五 命父諲殷

字數 一六（又重文二）
時代 西周晚期
著録 未見
現藏 天津市歷史博物館
來源 陳邦懷先生藏

〇三九二六 命父諲殷

字數 一六
時代 西周晚期
著録 未見
現藏 天津市歷史博物館
來源 考古研究所拓

〇三九二七 伯田父殷

字數 一六（又重文二）
時代 西周晚期

著録 總集 二五一八
三代 七・四七・四
奇觚 三・一六・一
周金 三・七四・二
小校 八・二・二
陶齋 二・一
美集録 R 四一七
支美 二三
彙編 五・三二八
綜覽・殷 三五九
流傳 丁麟年、端方舊藏（奇觚、陶齋）
現藏 美國堪薩斯納爾遜美術陳列館
來源 考古研究所藏丁麟年移林館拓本

〇三九二八 噩侯殷

字數 一六（又重文一）
時代 西周晚期
著録 總集 二四九七
三代 七・四五・三
貞松 五・二五・一
故宮六期
大系 九〇・二
通考 三三八
故圖下上 六九
彙編 五・三四〇
粢盛 三〇八頁
流傳 清宮舊藏
現藏 臺北故宮博物院
來源 考古研究所藏

〇三九二九 噩侯殷

字數 一六（又重文一）
時代 西周晚期
著録 總集 二四九八
三代 七・四五・四
貞松 五・二五・二

武英 七五
小校 七・九六・五
大系 九〇・三
故圖下下 一八三
斷代 一五四附
彙編 五・三四一
粢盛 三一〇
周録 一〇四
流傳 承德避暑山莊舊藏
現藏 臺北故宮博物院
來源 考古研究所藏

〇三九三〇 噩侯殷

字數 一六（又重文一）
時代 西周晚期
著録 總集 二四九九、二五〇〇
三代 七・四五・五
筠清 三・二二・一
攈古 二・二・四〇・一
奇觚 一六・二四・二
敬吾下 二・三
周金 三・七七・二
小校 七・九六・四（又七・九
七・一重出）
周録 一〇五
流傳 葉東卿舊藏（攈古録）
來源 考古研究所藏葉東卿拓本

〇三九三一 毳殷

字數 一六
時代 西周晚期
著録 總集 二四六九
三代 七・三八・三～四
貞松 五・二二・一～二
故青 一六二
出土 「近出洛陽」（貞松）

現藏 北京故宮博物院
來源 考古研究所拓
備注 三代器蓋顛倒

〇三九三二 毳殷

字數 一六
時代 西周晚期
著録 總集 二四七〇
三代 七・三八・五～六
貞續上 四〇・一～二
小校 七・九三・五～六
現藏 北京故宮博物院
來源 考古研究所拓

〇三九三三 毳殷

字數 一六
時代 西周晚期
著録 總集 二四七一
三代 七・三九・一～二
貞松 五・二二・三（蓋）
貞續 上 四〇・三（器）
小校 七・九四・一～二
善齋 八・六四
善彝 七七
通考 三一三
故圖下下 一七四（蓋）
彙編 五・三六五
綜覽・殷 三三四
粢盛 二九四頁
周録 五九
出土 「近出洛陽」（貞松）
流傳 劉體智舊藏
現藏 臺北故宮博物院
來源 考古研究所藏劉體智拓本
備注 粢盛二九四頁拓片爲集成〇三九
三三・二，四〇八頁説明却爲〇

三九三四，其集成著録誤植
三・二六七五

〇三九三四　毳毁
字數　一六
時代　西周晚期
著録　總集　二四七二
　　三代　七・三九・三~四
　　貞松　五・二二・四
　　小校　七・九四・三~四
　　善齋　八・六三
　　善彝　七六
　　故圖下下　一七三（器）
　　彙編　五・三六四
　　周録　五八
出土　同〇三九三三
流傳　劉體智舊藏
現藏　臺北故宮博物院
來源　考古研究所藏劉體智拓本

〇三九三五　延生鉿毁
字數　一六
時代　西周晚期
著録　薛氏　一二三・二
來源　薛氏

〇三九三六　仲駒父毁蓋
字數　一六（又重文一）
時代　西周晚期
著録　博古　一六・三三
　　薛氏　一二五・一
　　嘯堂　五三・二
來源　嘯堂

〇三九三七　仲駒父毁
字數　一六（又重文二）
時代　西周晚期
著録　博古　一六・三〇
　　薛氏　一二四・一~二
　　嘯堂　五四・一~二
　　續考　四・二四
流傳　趙周臣所藏（續考）
來源　嘯堂

〇三九三八　仲駒父毁
字數　一六（又重文二）
時代　西周晚期
著録　博古　一六・三二
　　薛氏　一二四・三~四
　　嘯堂　五四・三~四
來源　嘯堂

〇三九三九　禾毁
字數　一六
時代　春秋晚期
著録　總集　二四五〇
　　三代　六・四七・二
　　貞松　四・四六・二
　　小校　七・四二・二
　　銘文選　八五五
　　上海（二〇〇四）　五六〇
現藏　上海博物館
來源　考古研究所藏

〇三九四〇　亚鳥作且丁毁
字數　一七
時代　殷
著録　總集　二四五三
　　三代　七・三四・六
　　愙齋　七・一六・一
　　奇觚　三・一五・一
　　續殷上　四八・一
　　小校　七・八七・一
流傳　吴大澂舊藏（愙齋）
現藏　北京故宮博物院
來源　考古研究所藏移林館拓本

〇三九四一　寯敄毁
字數　一七（又合文一）
時代　殷
著録　總集　二五二五
　　録遺　一五一
來源　録遺

〇三九四二　叔德毁
字數　一七
時代　西周早期
著録　總集　二五二六
　　銘文選　四三
　　美集録　R　三二〇
　　彙編　五・三二六
　　斷代　五一
現藏　美國哈佛大學福格美術博物館
來源　考古研究所藏

〇三九四三　伯䉙毁
字數　一七
時代　西周
著録　總集　二四八七
　　三代　七・四一・一
　　筠清　三・五〇・一
　　攗古　二・二・四〇・三
　　周金　三・七七・一
　　小校　七・一〇〇・二
流傳　「嘉興張以銘藏器」（筠清）
來源　考古研究所藏猗文閣拓本

〇三九四四　鑄子叔黑𦣞毁
字數　一七
時代　春秋早期
著録　未見
出土　清光緒初年山東桓臺縣出土（文參一九五一年八期）
流傳　山東黄縣丁幹圃舊藏
現藏　山東省博物館
來源　考古研究所藏

〇三九四五　觴姬毁蓋
字數　一七（又重文二）
時代　西周晚期
著録　總集　二五〇四
　　三代　七・四六・四
　　陶齋　二・二〇
　　周金　三・六九・二
　　善齋　八・六九
　　小校　八・七・二
　　雙古上　二五
　　綜覽・毁　三八八
流傳　端方、劉體智、于省吾舊藏
現藏　歷史語言研究所
來源　考古研究所藏

〇三九四六　中伯毁
字數　一七（又重文二）
時代　西周晚期
著録　西甲　一二・四八
流傳　清宮舊藏
來源　西甲

〇三九四七　中伯毁
字數　一六
時代　西周晚期
著録　西清　二七・二三
流傳　清宮舊藏
來源　西清

〇三九四八　臣卿毁
字數　一八
時代　西周早期
著録　總集　二五一〇
　　三代　六・四八・一

擴古 二・二・六二
窓齋 六・四
周金 三補
澂秋 一五
歐遺 八七
流傳 陳承裘舊藏
來源 三代

〇三九四九 季[illegible]毀
字數 一八（又重文二）
時代 西周中期
著録 總集 二五四五
三代 六・四八・六
西清 一三・二九
貞松 四・四七
小校 七・四四・一
流傳 清宮舊藏
來源 考古研究所藏

〇三九五〇 琟叔毀（誃毀）
字數 一八
時代 西周中期
著録 文物一九八六年一期一二頁圖一三
青全 五・五四
辭典 三九五
出土 一九八〇年陝西長安縣花園村墓葬
現藏 陝西省文物管理委員會
來源 陝西省文物管理委員會提供

〇三九五一 琟叔毀（誃毀）
字數 一八
時代 西周中期
著録 未見
出土 同〇三九五〇
現藏 陝西省文物管理委員會

來源 陝西省文物管理委員會提供

〇三九五二 格伯作晉姬毀
字數 一八（又重文二）
時代 西周中期
著録 總集 二五四七
三代 八・五・四
擴古 二・二・八三・二
窓齋 八・六・二
奇觚 三・一八・一
從古 一五・二五・一
周金 三・六七・二
簠齋 三敦一二
小校 八・八・一
雙吉上 一六
通考 三一七
大系 六七・一
綜覽・毀 三六二
流傳 陳介祺、于省吾舊藏
現藏 北京故宮博物院
來源 考古研究所拓

〇三九五三 辰在寅毀
字數 存一八
時代 西周中期
著録 總集 二五四二
三代 八・五・三
貞松 五・二六
希古 三・一八・四
小校 八・七・三
來源 三代

〇三九五四 仲幾父毀
字數 一八
時代 西周晚期
著録 總集 二五二四
三代 七・五〇・二

擴古 二・二・六二
陶齋 二・五
小校 八・三・一
流傳 陳介祺、端方舊藏（擴古録），後歸李蔭軒
現藏 上海博物館
來源 考古研究所藏

〇三九五五 兑毀
字數 一八（又重文二）
時代 西周晚期
著録 總集 二五五〇
三代 八・六・四
貞松 五・二八・一
武英 七七
小校 八・七・四
通考 三三三
故圖下下 一七七
彙編 五・三〇一
綜覽・毀 三三六
粢盛 三一八頁
周録 一〇三
流傳 承德避暑山莊舊藏
現藏 臺北故宮博物院
來源 考古研究所藏

〇三九五六 仲叀父毀
字數 一八（又重文二）
時代 西周晚期
著録 總集 二五四九
三代 八・六・一～二
西清 二八・八
擴古 二・二・八四
貞松 五・二八
小校 八・九・一
癡續 一七

流傳 清宮舊藏，後歸袁理堂、李泰棻（擴古録）
來源 考古研究所藏移林館拓本

〇三九五七 仲叀父毀
字數 一八（又重文二）
時代 西周晚期
著録 總集 二五四八
三代 八・六・三
窓齋 一一・七
周金 三補
小校 八・九・二
美集録 R 四〇六
流傳 潘祖蔭、盛昱舊藏（美集録）
現藏 美國波士頓美術博物館
來源 考古研究所藏潘祖蔭拓本

〇三九五八 叔角父毀蓋
字數 一八（又重文二）
時代 西周晚期
著録 總集 二五五二
擴古 二・三・四・二
流傳 江蘇陽湖呂堯仙藏（擴古録）
來源 擴古

〇三九五九 叔角父毀
字數 一八
時代 西周晚期
著録 總集 二五五一
三代 八・七・一
擴古 二・二・六三
窓齋 一一・八
奇觚 三・一六
周金 三・七六
小校 八・三・二
來源 考古研究所藏

〇三九六〇 孟[illegible]父毀

字數　一四（又重文二）
時代　西周晚期
著録　總集　二四四四、二四四三
　　三代　七・三四・三～四
　　山東存邾　四・四～五・一
出土　「民國二十二年春滕縣東北安上村出土」（山東存）
流傳　山東省圖書館舊藏
現藏　中國歷史博物館
來源　考古研究所拓

〇三九六一　孟䢃父𣪕
字數　一四（又重文二）
時代　西周晚期
著録　總集　二四四五
　　三代　七・三四・五
　　山東存邾　五・二
出土　同〇三九六〇
流傳　山東省圖書館舊藏
現藏　中國歷史博物館
來源　考古研究所拓

〇三九六二　孟䢃父𣪕
字數　一八（又重文二）
時代　西周晚期
著録　總集　二五二三
　　三代　七・五〇・一
　　山東存邾　四・一
出土　同〇三九六〇
流傳　山東省圖書館舊藏
現藏　中國歷史博物館
來源　考古研究所拓

〇三九六三　孟䢃父𣪕
字數　蓋銘一八，器銘一六（又各重文二）
時代　西周晚期
著録　總集　二五二二
　　三代　七・四九・二～三
　　山東存邾　四・三～二
出土　同〇三九六〇
流傳　山東省圖書館舊藏
現藏　中國歷史博物館
來源　考古研究所拓
備注　三代、山東存誤将器、蓋互倒

〇三九六四　仲殷父𣪕
字數　一八（又重文一）
時代　西周晚期
著録　總集　二五三五
　　三代　八・三・三～二
　　窓齋　一一・一一・一～一一・一〇
　　周金　三・七〇・三～三・七一・二
　　小校　八・一〇・一～二
　　蔭軒　二・二二
流傳　金蘭坡、李蔭軒舊藏
現藏　上海博物館
來源　考古研究所藏

〇三九六五　仲殷父𣪕
字數　一八（又重文一）
時代　西周晚期
著録　總集　二五三六
　　三代　八・四・一～二
　　筠清　三・四四
　　攈古　二・二・七三・一～二
　　窓齋　一一・一二・二～一一・一三・一
　　希古　三・一九・一
　　小校　八・一一・一～二
流傳　葉東卿舊藏（筠清）
來源　考古研究所藏葉東卿拓本

〇三九六六　仲殷父𣪕
字數　一八（又重文一）
時代　西周晚期
著録　總集　二五三七
　　三代　八・四・三～四
　　攈古　二・二・七三・三
　　窓齋　一一・一二・一～一一・一一・一
　　一・二
　　奇觚　三・一七・一～二
　　周金　三・七〇・四～三・七一・一
　　小校　八・一〇・三～四
　　蔭軒　二・二三
流傳　潘祖蔭舊藏，後歸李蔭軒
現藏　上海博物館
來源　考古研究所藏

〇三九六七　仲殷父𣪕
字數　一八（又重文二）
時代　西周晚期
著録　總集　二五三八
　　三代　八・五・一～二
　　奇觚　一六・三八・二（器）
　　貞松　五・二七
　　希古　三・一九・二（蓋）
　　周金　三・七〇・一（器）
　　小校　八・九・四～五
　　尊古　二・四
　　通考　三三三
　　綜覽・𣪕　三七九
流傳　潘祖蔭舊藏（奇觚）
現藏　北京故宮博物院
來源　考古研究所拓

〇三九六八　仲殷父𣪕
字數　一八（又重文二）
時代　西周晚期
著録　總集　二五四〇
　　積古　六・八
　　攈古　二・二・七三・四
　　周金　三・七〇・二
　　小校　八・一一・三
來源　周金

〇三九六九　仲殷父𣪕
字數　一八（又重文一）
時代　西周晚期
著録　總集　二五四一
　　文物一九六四年四期五二頁圖三
流傳　陳介祺舊藏
現藏　青島市博物館
來源　青島市博物館提供

〇三九七〇　仲殷父𣪕
字數　一八（又重文一）
時代　西周晚期
著録　未見
現藏　上海博物館
來源　上海博物館提供

〇三九七一　虢季氏子組𣪕
字數　一八（又重文二）
時代　西周晚期
著録　總集　二五五三
　　三代　八・七・二
　　筠清　三・四二・二
　　從古　八・三
　　攈古　二・二・七〇
　　敬吾上　五六・二
　　周金　三・六七・三
　　小校　八・五・二
流傳　徐問渠、吳式芬舊藏（小校）
來源　考古研究所藏

〇三九七二　虢季氏子組𣪕

字數 一八（又重文二）
時代 西周晚期
著録 總集 二五五四
三代 八・八・一
敬吾上 五六・四
陶續上 三五
周金 三・六八・一（又三・六八・二重出）
小校 八・六・一（又八・六・三重出）
大系 二八四・二
綜覽・殷 四〇四
流傳 端方舊藏
現藏 英國倫敦維多利亞和艾伯特博物館
來源 三代

〇三九七三 虢季氏子組殷
字數 一八（又重文二）
時代 西周晚期
著録 總集 二五五五
三代 八・八・二
敬吾上 五六・三
周金 三・六九・一
小校 八・六・二
大系 二八四・三
銘文選 五二二
上海（二〇〇四） 三八三
現藏 上海博物館
來源 考古研究所藏金蘭坡拓本

〇三九七四 魯伯大父作季姬婧殷
字數 一八
時代 春秋早期
著録 總集 二五二八
文物 一九七三年一期六四頁圖二
銘文選 四八三
辭典 六三八
青全 六・六七
出土 山東歷城北草溝
現藏 濟南市博物館
來源 考古研究所拓

〇三九七五 邐殷（耶殷）
字數 一九（又合文一）
時代 殷
著録 總集 二五四六
三代 六・四九・一
貞松 四・四七
續殷上 四八・四
小校 七・四三・三
故青 二九
現藏 北京故宮博物院
來源 考古研究所拓

〇三九七六 犾駿殷
字數 一九
時代 西周中期
著録 總集 二五四三
小校 七・四三・二
大系 二六
銘文選 一〇六
來源 考古研究所藏

〇三九七七 己侯貉子殷蓋
字數 一九
時代 西周中期
著録 總集 二五三三
三代 八・二・二
愙齋 一一・二五
周金 三・七四
夢續 二〇
小校 八・七・一
大系 二三四
山東存紀 一
通考 三〇八
斷代 九〇
銘文選 三四六
流傳 李山農、丁樹楨、羅振玉舊藏（愙齋、周金）
現藏 瑞典斯德哥爾摩遠東古物館（甲骨學一二号一九七頁）
來源 考古研究所藏

〇三九七八 濂姬殷
字數 一九
時代 西周中期
著録 總集 二五三〇
三代 八・一・一
筠清 三・五二
攈古 二之二・七二
愙齋 九・三
小校 八・三
流傳 葉東卿舊藏（攈古録）
來源 唐蘭先生藏

〇三九七九 呂伯殷
字數 一九
時代 西周中期
著録 西清 二七・一一
斷代 八八
流傳 清宮舊藏
來源 西清

〇三九八〇 吴尨父殷
字數 一九（又重文二）
時代 西周晚期
著録 總集 二五六〇・二、二五六一・一
三代 八・一〇・四～八・一〇・一
澂秋上 一七～一八
貞松 五・三一・一～五・三〇・二
希古 三・二一・二～三
小校 八・一一・三（器）
大系 二八七・一～二八七・四
流傳 陳承裘舊藏
現藏 北京故宮博物院
來源 考古研究所拓

〇三九八一 吴尨父殷
字數 一九（又重文二）
時代 西周晚期
著録 總集 二五六一・二、二五六〇・一
三代 八・一〇・二～三
澂秋上 一九、上 一六
貞松 五・三〇・一、五・三〇・三
希古 三・二〇・三～三・二一・一
小校 八・一二・四
大系 二八七・三～二
流傳 陳承裘舊藏
現藏 北京故宮博物院
來源 考古研究所拓

〇三九八二 吴尨父殷
字數 一九（又重文二）
時代 西周晚期
著録 總集 二五六二
三代 八・一一・一
攈古 二之三・五
周金 三・六五・四
十二居 一九
大系 二八六・三
流傳 吴式芬、周進舊藏（攈古録、十二）
現藏 上海博物館
來源 考古研究所藏

〇三九八三 伯庶父殷

字數 一九
時代 西周晚期
著録 考古圖 三・一三
薛氏 一二〇・一
出土 嘉祐中劉原父得于扶風（集古録）
來源 薛氏

〇三九八四 陽飤生毁蓋

字數 一九（又重文二）
時代 西周晚期
著録 未見
出土 湖北棗陽縣資川王城
現藏 襄陽地區博物館
來源 考古研究所拓

〇三九八五 陽飤生毁蓋

字數 一九（又重文二）
時代 西周晚期
著録 未見
出土 同〇三九八四
現藏 襄陽地區博物館
來源 考古研究所拓

〇三九八六 德克毁

字數 一九（又重文二）
時代 西周晚期
著録 總集 二五六三
三代 八・一一・二
貞松 五・二九
希古 三・一九・三
貞圖上 三五
小校 八・一三・二
出土 「出山西大同之豐鎮」（貞松）
流傳 羅振玉舊藏
來源 考古研究所藏

〇三九八七 魯大宰邍父毁

字數 一九
時代 春秋早期
著録 總集 二五三四
三代 八・三・一
筠清 三・二三
攈古 二・二・六九
奇觚 一六・三四
敬吾下 一三
周金 三・七二・二
小校 八・五・一
山東存魯 三
大系 二二六
銘文選 四八五
來源 考古研究所藏

〇三九八八 魯伯大父作孟□姜毁

字數 一九
時代 春秋早期
著録 總集 二五三二
三代 八・一・二
西乙 一二・三三
積古 六・一〇
攈古 二・二・七一・二
寶蘊 六四
山東存魯 四
大系 二二八
通考 三三一
故圖下下 一八〇
通釋 二五一
綜覽・毁 四〇三
銘文選 四八一
楽盛 三三六頁
周録 一〇八
流傳 瀋陽故宮舊藏
現藏 臺北故宮博物院
來源 考古研究所藏

〇三九八九 魯伯大父作仲姬俞毁

字數 一九
時代 春秋早期
著録 總集 二五三三
三代 八・二・
從古 六・四一
攈古 二・二・七一
周金 三・七一・三
善齋 八・六八
小校 八・四・二
山東存魯 五
大系 二二七
銘文選 四八二
流傳 王幾、劉體智、舊藏（從古、善齋）
現藏 北京故宮博物院
來源 考古研究所藏

〇三九九〇 亚𠨘父乙毁

字數 二〇
時代 殷
著録 總集 二五四四
三代 六・四八・五
從古 一一・二〇・一
攈古 二・三・三・一
奇觚 三・二〇
敬吾下 三七・一
續殷上 四八・三
小校 七・四三・一
流傳 浙江嘉善蔡氏舊藏（攈古録）
來源 考古研究所藏

〇三九九一 且日庚毁

字數 二〇（又重文一）
時代 西周早期
著録 總集 二五六四
三代 八・一一・三
窓齋 七・七
奇觚 三・一九
周金 三・六七
簠齋 三敦一
小校 八・一二・一
流傳 陳介祺舊藏
現藏 上海博物館
來源 考古研究所藏

〇三九九二 且日庚毁

字數 二〇（又重文一）
時代 西周早期
著録 總集 二五六五
三代 八・一二・一
窓齋 七・八
小校 八・一二・二
日精華 二・一一〇
彙編 五・二九〇
流傳 陳介祺、日本川合定治郎舊藏
現藏 日本奈良天理參考館
來源 考古研究所藏

〇三九九三 習毁

字數 二〇（又重文二）
時代 西周早期
著録 總集 二五八〇
文物 一九六三年二期五四頁
銘文選 三六七（蓋）
出土 一九六一年湖北江陵縣萬城
現藏 荊州地區博物館
來源 考古研究所拓

〇三九九四 習毁

字數 二〇（又重文二）
時代 西周早期
著録 銘文選 三六七（器）

出土 同〇三九九三
現藏 荆州地區博物館
來源 考古研究所拓

〇三九九五 伯父□𣪘
字數 二〇（又重文二）
時代 西周晚期
著録 總集二五七六
録遺一五三
現藏 中國歷史博物館
來源 考古研究所拓

〇三九九六 害文𣪘
字數 二〇（又重文二）
時代 西周晚期
著録 總集二五七七
録遺一五四
來源 陳邦懷先生藏

〇三九九七 伯喜𣪘
字數 二〇（又重文二）
時代 西周中期
著録 總集二五七九
學報一九六二年一期圖版一一（蓋）、圖四（器）
張家坡 圖版二一·一～二
斷代一五〇
綜覽·𣪘三九一
出土 一九六一年陝西長安縣張家坡
現藏 陝西省博物館
來源 陝西省博物館提供

〇三九九八 伯喜𣪘
字數 二〇（又重文二）
時代 西周中期
著録 未見
出土 同〇三九九七
現藏 陝西省博物館
來源 陝西省博物館提供

〇三九九九 伯喜𣪘
字數 二〇（又重文二）
時代 西周中期
著録 未見
出土 同〇三九九七
現藏 陝西省博物館
來源 陝西省博物館提供

〇四〇〇〇 伯喜𣪘
字數 二〇（又重文二）
時代 西周中期
著録 未見
出土 同〇三九九七
現藏 陝西省博物館
來源 陝西省博物館提供

〇四〇〇一 豐兮夷𣪘
字數 二〇（又重文二）
時代 西周晚期
著録 總集二五七四
三代八·一三·三～四
積古六·九～一〇
從古三·二七一～二
攈古二·三·一一·二～二·三·一二·一
奇觚三·二一·一；一六·二八
周金三·六四
夢郼上二九
小校八·一四·一～二
流傳 張廷濟舊藏（積古）
現藏 上海博物館
來源 考古研究所藏張廷濟清儀閣拓本

〇四〇〇二 豐兮夷𣪘
字數 二〇（又重文二）
時代 西周晚期
著録 總集二五七五
三代八·一四·一～二
從古一五·二三
攈古二·三·一二·二～二·三·一三·一
愙齋一二·一四
奇觚三·二二·一（器）
周金三·六五一～二
簠齋三敦八
小校八·一五
流傳 陳介祺舊藏
來源 考古研究所藏陳介祺簠齋拓本

〇四〇〇三 豐兮夷𣪘
字數 二〇（又重文二）
時代 西周晚期
著録 古文字研究一〇輯二五六頁圖十一
現藏 湖南省博物館
來源 湖南省博物館提供

〇四〇〇四 叔多父𣪘
字數 二〇（又重文二）
時代 西周晚期
著録 總集二五九〇
三代八·一五·二
攈古二·三·二三·二
周金三·六二·二
小校八·一九·一
流傳 李山農舊藏
來源 考古研究所藏

〇四〇〇五 叔多父𣪘
字數 二〇（又重文二）
時代 西周晚期
著録 總集二五八九
三代八·一五·三～四
懷米下二二
攈古二·三·二二·二～二三·一
愙齋八·一五·二～八·一六·一
周金三·六三·一～二
小校八·一九·三～二
流傳 曹秋舫、潘祖蔭舊藏（愙齋）
現藏 上海博物館
來源 考古研究所藏

〇四〇〇六 叔多父𣪘
字數 二〇（又重文二）
時代 西周晚期
著録 總集二五九一
三代八·一六·一
愙齋八·一五·一
小校八·一九·二
現藏 上海博物館
來源 三代

〇四〇〇七 㳄伯寺𣪘
字數 二〇（又重文二）
時代 西周晚期
著録 總集二五七三
三代八·一三·二
陶齋二·六
周金三·六五
小校八·一六·一
流傳 端方舊藏
來源 考古研究所藏

〇四〇〇八 兮吉父𣪘
字數 二〇（又重文二）
時代 西周晚期
著録 總集二五七八
西清二七·二五
録遺一五五
流傳 清宮舊藏

現藏 北京故宮博物院
來源 考古研究所拓

〇四〇〇九 毛伯𣪘

字數 二〇（又重文二）
時代 西周晚期
著録 總集 二五七二A
三代 八・一三・一
西乙 一二・一六
積古 六・九
攈古 二・三・四・一
寶蘊 七二
通考 三二九
故圖下下 一七九
銘文選 五二八
綜覽・𣪘 四〇五
粢盛 三三二頁
周録 九八
流傳 瀋陽故宮舊藏
現藏 臺北故宮博物院
來源 考古研究所藏
備注 蓋銘後刻

〇四〇一〇 及偖生𣪘

字數 二〇（又重文二）
時代 西周晚期
著録 薛氏 一二三・三
嘯堂 九八
來源 嘯堂

〇四〇一一 復公子𣪘

字數 二〇
時代 西周晚期
著録 總集 二五五六
三代 八・九・二
貞松 五・二七・一
希古 三・二〇・一
周金 三補
小校 八・八・二
現藏 上海博物館
來源 考古研究所藏

〇四〇一二 復公子𣪘

字數 二〇
時代 西周晚期
著録 總集 二五五七
三代 八・九・三
攈古 二・二・八三
來源 三代

〇四〇一三 復公子𣪘

字數 二〇
時代 西周晚期
著録 總集 二五五八
積古 六・一一・一～二
攈古 二・二・八二・二～一
來源 A、拓本，唐蘭先生藏；B、摹本，用攈古

〇四〇一四 鮇公子𣪘

字數 二〇（又重文二）
時代 春秋早期
著録 總集 二五七一・一A
三代 八・一二・二
筠清 三・三九・一
從古 八・三〇・一
攈古 二・三・一一・一
敬吾上 五四・一
周金 三・六三・三
小校 八・一六・二
銘文選 五一六
流傳 瞿穎山舊藏（攈古録）
來源 考古研究所藏

〇四〇一五 鮇公子𣪘

字數 二〇（又重文二）
時代 春秋早期
著録 總集 二五七一・二A
三代 八・一二・三
西乙 一二・三七
寶蘊 六六
貞松 五・二九
大系 二八一
通考 三三二
故圖下下 一八一
彙編 五・二八二
粢盛 三四〇頁
周録 九七
流傳 瀋陽故宮舊藏（貞松）
現藏 臺北故宮博物院
來源 考古研究所藏
備注 蓋銘後刻

〇四〇一六 鄁公𣪘

字數 二〇（又重文二）
時代 春秋早期
著録 總集 二五八三
考古 一九八二年二期一四〇頁
圖二：一
出土 一九七四年湖北隨州市三里崗
鄉尚店
現藏 隨州市博物館
來源 考古研究所拓

〇四〇一七 鄁公𣪘

字數 二〇（又重文二）
時代 春秋早期
著録 未見
出土 同〇四〇一六
現藏 隨州市博物館
來源 考古研究所拓

〇四〇一八 卓林父𣪘蓋

字數 二〇（又重文二）
時代 春秋早期
著録 總集 二五六九
三代 八・一四・三
筠清 三・三七
攈古 二・三・一〇
敬吾下 一六
周金 三・六四・一
小校 八・一七・一
大系 二六五
斷代 未一四
流傳 葉東卿舊藏（攈古録）
現藏 旅順博物館
來源 考古研究所拓

〇四〇一九 曹伯狄𣪘

字數 二〇（又重文二）
時代 春秋早期
著録 總集 二五八一
文物 一九八〇年五期六七頁
出土 山東某地
現藏 天津市歷史博物館
來源 考古研究所拓

〇四〇二〇 天君𣪘

字數 二一
時代 西周早期
著録 西清 二七・五
流傳 清宮舊藏
來源 西清

〇四〇二一 寧𣪘蓋

字數 二一
時代 西周早期
著録 總集 二五六七
学報 一九五六年三期一一四頁

圖二
流傳　易縣陳氏舊藏
現藏　中國歷史博物館
來源　考古研究所藏

○四○二二　寧𣪕蓋

字數　二
時代　西周早期
著録　總集　二五六六
録遺　一五二
斷代　八一
流傳　易縣陳氏舊藏
現藏　中國歷史博物館
來源　唐蘭先生藏

○四○二三　伯中父𣪕

字數　二一
時代　西周中期
著録　總集　二五五九
三代　六・四九・三
西甲　一二・四二
陶續　一・三七
周金　三・六六・一
小校　八・一三・一
美集録　R 三九五
彙編　五・二九一
流傳　清宮舊藏，後歸端方
現藏　美國堪薩斯納爾遜美術陳列館
來源　蓋銘用西甲，器拓考古研究所藏

○四○二四　鄭虢仲𣪕

字數　二一（又重文二）
時代　西周晚期
著録　總集　二五九五
三代　八・一七・三～四
西清　二七・二八
貞松　五・三三・二～一
周金　三・六○・二～三
尊古　二・五
通考　三二四
大系　二○一
彙編　五・二七五
綜覽・𣪕　三九五
書道　五九
流傳　李山農舊藏（貞松）
現藏　日本東京書道博物館
來源　考古研究所藏

○四○二五　鄭虢仲𣪕

字數　二一（又重文二）
時代　西周晚期
著録　總集　二五九六
三代　八・一八・一～二
貞松　五・三二・二～一
周金　三・六一・二～一
小校　八・一八・四（蓋）
大系　二○一
銘文選　四五六
上海（二○○四）　三九○
流傳　李山農舊藏
現藏　上海博物館
來源　考古研究所藏

○四○二六　鄭虢仲𣪕

字數　二一（又重文二）
時代　西周晚期
著録　總集　二五九七
三代　八・一八・三
冠斝上　二三
流傳　榮厚舊藏
來源　三代

○四○二七　伯𢦚父𣪕

字數　二一（又重文二）
時代　西周晚期
著録　總集　二六○○
三代　八・一九・四
西甲　一二・四九
流傳　清宮舊藏
現藏　北京故宮博物院
來源　考古研究所拓

○四○二八　毛舁𣪕

字數　二一（又重文二）
時代　西周晚期
著録　總集　二五八八
三代　八・一五・一
貞松　五・三一
周金　三・六○
善齋　八・七○
小校　八・二○・三
流傳　劉體智舊藏
來源　考古研究所藏

○四○二九　明公𣪕（魯侯尊）

字數　二二
時代　西周早期
著録　總集　四八六○
三代　六・四九・二
西清　一三・九
貞松　七・一七
周金　五・八
小校　五・三五・一
山東存魯　一・一
大系　四
通考　三○一
斷代　一一
蔭軒　一・一三
銘文選　五八
青全　六・七一
辭典　四四九
上海（二○○四）　二五四
流傳　清宮舊藏，後歸潘祖蔭、李蔭軒
現藏　上海博物館
來源　上海博物館提供

○四○三○　史䭾𣪕

字數　二二（又合文一）
時代　西周早期
著録　總集　二五八七
文物　一九七二年六期圖五
陝青　一・一五二
銘文選　七九甲
綜覽・𣪕　一五一
辭典　三五二
青全　五・五一
出土　一九六六年陝西岐山縣賀家村墓葬
現藏　陝西省博物館
來源　陝西省博物館提供

○四○三一　史䭾𣪕

字數　二二（又合文一）
時代　西周早期
著録　總集　二五八六
三代　六・五○・二
筠清　五・一一・一
攈古　二・三・二一・二
周金　三・一○七・一
大系　二二
考古　一九七二年五期四七頁圖三
銘文選　七九乙
流傳　頤和園舊藏
現藏　北京故宮博物院
來源　考古研究所拓

○四○三二　官叏父𣪕

字數 二二（又重文二）
時代 西周晚期
著錄 總集 二六〇八
三代 八・二二・一
貞松 五・三五
來源 三代

〇四〇三三 向𥃝殷
字數 二二（又重文一）
時代 西周晚期
著錄 總集 二六〇一
三代 八・二〇・一
貞松 五・三四
善齋 八・七一
善彝 七九
小校 八・一七・三
綜覽・殷 三八九
流傳 劉體智舊藏
現藏 上海博物館
來源 考古研究所藏劉體智善齋拓本

〇四〇三四 向𥃝殷
字數 二二（又重文一）
時代 西周晚期
著錄 總集 二六〇二
三代 八・二〇・二
貞松 五・三四
善齋 八・七二
善彝 八〇
小校 八・一七・四
流傳 劉體智舊藏
現藏 上海博物館
來源 考古研究所藏

〇四〇三五 伯吉父殷
字數 二二（又重文二）
時代 西周晚期
著錄 總集 二六〇三
文物 一九七四年一一期八五頁
圖三
陝青 三・一〇〇
綜覽・殷 三八二
出土 一九七二年陝西扶風縣北橋
現藏 扶風縣博物館
來源 扶風縣博物館提供

〇四〇三六 筥小子殷
字數 二二（又重文二）
時代 西周晚期
著錄 總集 二六〇九
三代 六・五一・二
擄古 二・三・三八
山東存莒 二
故青 一六三
現藏 北京故宮博物院
來源 考古研究所拓

〇四〇三七 筥小子殷
字數 二二（又重文二）
時代 西周晚期
著錄 總集 二六一〇
三代 六・五一・三
擄古 二・三・三八
十二居 九
山東存莒 一
綜覽・殷 二七七
銘文選 三三〇
上海（一〇〇四） 三三四
現藏 上海博物館
來源 陳邦懷先生藏

〇四〇三八 章叔淵殷
字數 二二（又重文一）
時代 西周晚期
著錄 未見
現藏 北京故宮博物院
來源 考古研究所拓

〇四〇三九 叀同殷蓋
字數 二二（又重文二）
時代 西周晚期
著錄 總集 二六〇四
三代 八・二一・二
貞松 五・三五
希古 三・二四
周金 三・五九
大系 一八七・三
銘文選 六二五
流傳 歸安姚覲元舊藏（貞松）
現藏 北京故宮博物院
來源 考古研究所拓

〇四〇四〇 郜鷔殷
字數 二二（又重文二）
時代 春秋早期
著錄 總集 二六〇五
三代 八・二〇・三～八・二一・一
西甲 一二・三七
積古 六・六
從古 一一・二六
金索 一・四七
擄古 二・三・二八
窓齋 九・二（器）
敬吾下 一七
周金 三・五九・二～三
小校 八・二〇・五～四
善齋 八・七三・二～八・七四・一
山東存郜 四・三～五・一
大系 二二三・二～一
銘文選 八四〇
流傳 清宮舊藏，後歸斌備卿、多智友、劉體智（金索、擄古錄）
來源 考古研究所藏

〇四〇四一 禽殷
字數 二三
時代 西周早期
著錄 總集 二五八五
三代 六・五〇・一
十六二・三
積古 五・二八
清愛 一〇
從古 一〇・三〇
擄古 二・三・二二
敬吾下 四二・二
周金 三・一〇八・二
小校 七・四五・一
大系 四
斷代 一三
銘文選 二七
綜覽・殷 一五九
辭典 三六六
流傳 錢坫、劉喜海、王蘭谿舊藏
現藏 中國歷史博物館
來源 考古研究所拓

〇四〇四二 易𡗜殷（小臣殷）
字數 二三（又合文一）
時代 西周早期
著錄 總集 二六〇六
三代 六・五一・一
擄古 二・三・二七・二
從古 一二・五・一
敬吾下 三九・二
周金 三・一〇七・二
小校 七・四六・一

故青 一一七
流傳 郭止亭、方蓮卿、劉鶚舊藏（攈古録、從古、周金）
現藏 北京故宫博物院
來源 考古研究所拓

〇四〇四三 [illegible]殷
字數 二三（又合文一）
時代 西周早期
著録 總集 二六〇七
録遺 一五六
銘文選 三六九
來源 考古研究所藏

〇四〇四四 御正衛殷
字數 二三
時代 西周早期
著録 總集 二五八四
三代 六・四九・六
貞松 四・四七・三
小校 七・四四・四
武英 五七
通考 二六七
大系 一一・二
故圖下下 一五六
彙編 五・二七四
斷代 一八
銘文選 一二二
綜覽・殷 二七九
楽盛 二六六頁
周録 二六
流傳 承德避暑山莊舊藏（貞松）
現藏 臺北故宫博物院
來源 考古研究所藏

〇四〇四五 雁侯殷
字數 二三（又重文二）
時代 西周中期
著録 總集 二六二二
小校 八・二三・三
録遺 一五八
銘文選 三六四（器）
來源 考古研究所藏

〇四〇四六 [illegible]殷
字數 二三
時代 西周中期
著録 總集 二五九八
三代 八・一九・三
貞松 五・三三
小校 八・一八・三
斷代 一四四
流傳 劉體智舊藏
現藏 上海博物館
來源 三代

〇四〇四七 [illegible]貯殷
字數 二三
時代 西周中期
著録 西清 二七・三〇
大系 八五
銘文選 一六〇
流傳 清宫舊藏
來源 西清

〇四〇四八 琱伐父殷
字數 二三（又重文二）
時代 西周晚期
著録 總集 二六二三
考古 一九六三年一〇期五七五頁圖五：一
文博 一九八四年創刊號三八頁
出土 器于一九六一年出于扶風縣齊家村窖藏，蓋于一九八四年出于原窖藏北三〇米處，現合而爲一
現藏 陝西省考古研究所
來源 器拓爲考古編輯部檔案，蓋拓爲考古與文物編輯部提供

〇四〇四九 琱伐父殷
字數 二三（又重文二）
時代 西周晚期
著録 總集 二六二二
考古 一九六三年一〇期五七五頁圖五：二
出土 同〇四〇四八
現藏 陝西省博物館
來源 器拓爲考古編輯部檔案，蓋拓爲考古與文物編輯部提供

〇四〇五〇 琱伐父殷
字數 二三（又重文二）
時代 西周晚期
著録 總集 二六二四
陝青 二・一六九
文叢 （二）圖版一一（此爲器銘，蓋銘未著録）
辭典 四〇九
出土 同〇四〇四八
現藏 陝西省博物館
來源 陝西省博物館提供
備注 陝青云：「同坑出土共三件，形制、紋飾、銘文基本相同。現分藏陝西省博物館和陝西省考古研究所」

〇四〇五一 曾伯文殷
字數 二三（又重文二）
時代 西周晚期
著録 文物 一九七三年五期二五頁圖八
銘文選 四七一
出土 一九七〇年湖北隨縣熊家老灣
現藏 襄陽地區博物館
來源 考古研究所拓

〇四〇五二 曾伯文殷
字數 二三（又重文二）
時代 西周晚期
著録 總集 二六二五
綜覽・殷 四〇六
出土 同〇四〇五一
現藏 襄陽地區博物館
來源 考古研究所拓

〇四〇五三 曾伯文殷
字數 二三（又重文二）
時代 西周晚期
著録 未見
出土 同〇四〇五一
現藏 襄陽地區博物館
來源 考古研究所拓
備注 此殷器底銹蝕過重，無法施拓，故僅録蓋銘

〇四〇五四 曾大保殷
字數 存二〇
時代 春秋早期
著録 考古一九八四年六期五一二頁圖四（上右）
出土 一九七六年湖北隨縣萬店鄉塔兒灣周家崗墓葬
現藏 隨州市博物館
來源 考古編輯部檔案

〇四〇五五 鄧公殷蓋
字數 二三
時代 春秋早期
著録 總集 二五九二

三代 八・一六・二
陶齋 二・一八・一
周金 三・六二
夢續 二二
小校 八・一七・二
大系 一九一
銘文選 七七一
綜覽・㲃 四〇九
流傳 端方、羅振玉舊藏
現藏 中國歷史博物館
來源 考古研究所拓

〇四〇五六 叔𩁹父㲃
字數 蓋 二三，器 八
時代 西周晚期
著録 總集 二五九三，二三〇五(蓋)
三代 八・一六・三(蓋)
貞松 五・三四・四(蓋)
周金 三補(蓋)
小校 八・二〇・二(蓋)
彙編 五・二七二(a)(蓋)
三代 七・一九・二(器)
貞松 五・一一・三(器)
希古 三・一三(器)
彙編 六・五四八(器)
流傳 上海博物館舊藏
現藏 中國歷史博物館
來源 考古研究所藏

〇四〇五七 叔𩁹父㲃
字數 蓋 二三，器 八
時代 西周晚期
著録 總集 二五九四・一，二三〇六(蓋)
三代 八・一七・一(蓋)
貞松 五・三四・三(蓋)
彙編 五・二七三(蓋)
三代 七・一九・三(器)
小校 七・七四・二(器)
彙編 五・五七二(b)(器)
現藏 上海博物館
來源 考古研究所藏

〇四〇五八 叔𩁹父㲃
字數 蓋 二三，器 八
時代 西周晚期
著録 總集 二五九四・二(蓋)
三代 八・一七・二(蓋)
愙齋 一二・七・一(蓋)
小校 八・二〇・一(蓋)
彙編 五・二七一(上)(蓋)
綜覽・㲃 三五六(蓋)
歐遺 一〇七(蓋)
彙編 五・二七一(下)(器)
現藏 英國牛津雅士莫里博物館(彙編)
來源 考古研究所藏

〇四〇五九 𣼽𤔲土𨒅㲃(又名康侯㲃)
字數 二四
時代 西周早期
著録 總集 二六一一
通考 二五九
録遺 一五七
斷代 四
銘文選 三一
青全 六・三〇
出土 出土地有三説：汲縣、濬縣、輝縣固圍村(斷代)
流傳 倫敦馬爾孔氏舊藏(海外銅)
現藏 英國倫敦不列顛博物館
來源 考古研究所藏

〇四〇六〇 不壽㲃
字數 二四
時代 西周中期
著録 總集 二六一二
西甲 六・三四
録遺 一五九
斷代 一二六
銘文選 一一三
故青 一一六
流傳 頤和園舊藏
現藏 北京故宮博物院
來源 考古研究所拓

〇四〇六一 畢鮮㲃
字數 二四（又重文二）
時代 西周中期
著録 總集 二六一八
三代 八・二六・一
銘文選 三一
攈古 二・三・四一
敬吾下 一六
周金 三・五五
小校 八・二五・三
流傳 程木庵舊藏
來源 三代

〇四〇六二 㝬叔㝬姬㲃
字數 二四（又重文二）
時代 西周晚期
著録 陝青 四・一二八(此爲蓋銘，器銘未著録)
出土 一九七八年陝西武功縣任北村窖藏
現藏 武功縣文化館
來源 考古研究所拓

〇四〇六三 㝬叔㝬姬㲃
字數 二四（又重文一）
時代 西周晚期
著録 陝青 四・一三〇(此爲蓋銘，器銘未著録)
銘文選 三七一
出土 同〇四〇六二
現藏 武功縣文化館
來源 考古研究所拓

〇四〇六四 㝬叔㝬姬㲃
字數 二四（又重文一）
時代 西周晚期
著録 陝青 四・一二九(此爲蓋銘，器銘未著録)
出土 同〇四〇六二
現藏 武功縣文化館
來源 考古研究所拓

〇四〇六五 㝬叔㝬姬㲃(內叔𩵦父㲃)
字數 蓋 二四（又重文一），器 二〇（又重文二）
時代 西周晚期
著録 陝青 四・一三一(蓋)，四・一二四(器)
出土 同〇四〇六二
現藏 武功縣文化館
來源 考古研究所拓
備注 〇四〇六五、〇四〇六六、〇四〇七三㲃，蓋銘與器銘不同，因出土時扣在一起，故作一器處理

〇四〇六六 㝬叔㝬姬㲃(內叔𩵦父㲃)
字數 蓋 二四，器 二〇（又各重文二）
時代 西周晚期
著録 總集 二六三四
考古 一九八一年二期一三一頁圖

七(蓋)
陝青 四・一三二(蓋)，四・一二
五(器)
出土 同 〇四〇六二
現藏 武功縣文化館
來源 考古研究所拓

〇四〇六七 㝬叔㝬姬毁(内叔𨻰父毁)
字數 蓋二四(又重文一)器 二〇 (又重文二)
時代 西周晚期
著録 總集 二五八二
考古 一九八一年二期一三〇頁圖六(器)
陝青 四・一二七(蓋)，四・一二六(器)
銘文選 三五四
辭典 四〇六
出土 同 〇四〇六二
現藏 武功縣文化館
來源 考古研究所拓

〇四〇六八 叔湨父毁
字數 二四(又重文二)
時代 西周晚期
著録 總集 二六二九
三代 八・二六・二～三
貞松 五・三七・三～五・三八・一
小校 八・二五・二～一
善齋 八・七六
出土 「出于陝西鳳翔」(雙吉一五)
來源 考古研究所拓

〇四〇六九 叔湨父毁蓋
字數 二四(又重文二)
時代 西周晚期
著録 總集 二六三〇
三代 八・二七・一
貞松 五・三八・二
小校 八・二五・三
雙吉 一五
出土 同 〇四〇六八
流傳 于省吾舊藏
現藏 歷史語言研究所
來源 考古研究所藏

〇四〇七〇 叔湨父毁蓋
字數 二四(又重文二)
時代 西周晚期
著録 總集 二六三一
三代 八・二七・二
貞松 五・三七・二
出土 同 〇四〇六八
現藏 中國歷史博物館
來源 考古研究所藏

〇四〇七一 孟姬湝毁
字數 二四
時代 西周晚期
著録 未見
流傳 一九七七年湖北棗陽縣資川鄉王城收購站收集
現藏 襄陽地區博物館
來源 考古研究所拓

〇四〇七二 孟姬湝毁
字數 二四
時代 西周晚期
著録 未見
流傳 同 〇四〇七一
現藏 襄陽地區博物館
來源 考古研究所拓

〇四〇七三 伯𧇊毁
字數 二五(又重文二)
時代 西周早期
著録 總集 二六一三
三代 六・五二・一
尊古 二・六
通考 二八五
斷代 未八
綜覽・大型盂 一〇
來源 考古研究所藏

〇四〇七四 𨑍毁
字數 二五(又重文二)
時代 西周晚期
著録 三代 八・三〇・一
來源 考古研究所藏

〇四〇七五 𨑍毁
字數 二五(又重文二)
時代 西周晚期
著録 總集 二六三九
清儀 一・三八
積古 六・一七
兩罍 六・三〇～三一
從古 三・二六
攈古 二・三・四七
奇觚 一六・二五
周金 三・五四・四
小校 八・二七・二
流傳 「嘉慶七年購於京師内城隆福寺集」(清儀)，張廷濟舊藏(積古)
現藏 上海博物館
來源 考古研究所藏

〇四〇七六 宗婦鄁嬰毁蓋
字數 二五
時代 春秋早期
著録 總集 二六一四・一
三代 八・二二・二
窓齋 一二・二〇・一
周金 三・五六・三
十二居 一八
大系 一五二・三
出土 「光緒間陝西鄠縣出土」(通考)
流傳 周季木舊藏(十二)
來源 考古研究所藏

〇四〇七七 宗婦鄁嬰毁
字數 二五
時代 春秋早期
著録 總集 二六一四・二
三代 八・二二・三
十二居 一七
出土 同 〇四〇七六
流傳 周季木舊藏(十二)
來源 考古研究所藏

〇四〇七八 宗婦鄁嬰毁
字數 二五
時代 春秋早期
著録 總集 二六一五・二
三代 八・二三・二
周金 三・五七・二
上海(二〇〇四) 四五一
出土 同 〇四〇七六
現藏 上海博物館
來源 考古研究所拓
備注 上海(二〇〇四)誤將一〇一五二盤銘與此合爲一器

〇四〇七九 宗婦鄁嬰毁
字數 二五
時代 春秋早期
著録 總集 二六一五・一，二六一六・一
三代 八・二三・三(又八・二三・

一重出)
愙齋 一二・一九・二
周金 三・五六・一
小校 八・二三・二
上海 (二〇〇四)四五一

出土 同 〇四〇七六
來源 陳邦懷先生藏

〇四〇八〇 宗婦鄁嫛𣪘

字數 二五
時代 春秋早期
著録 總集 二六一六・二
三代 八・二三・四
愙齋 一二・二〇・二
陶續 二・二・一
善齋 八・七五
善圖 八二
周金 三・五六・四
頌續 三八
小校 八・二三・一
大系 一五二・四
通考 三四三

出土 同 〇四〇七六
流傳 端方、劉體智舊藏
來源 考古研究所藏

〇四〇八一 宗婦鄁嫛𣪘

字數 二五
時代 春秋早期
著録 總集 一一八三，二六一七・一
三代 八・二四・一
貞松 五・三六・二
希古 三・二五・一
周金 三・五八・一
小校 八・二二・三
大系 一五三・三
銘文選 九一四(蓋)
蔭軒 一・五一
辭典 六三七
上海(二〇〇四) 四五一

出土 同 〇四〇七六
流傳 潘祖蔭舊藏，後歸李蔭軒
現藏 上海博物館
來源 考古研究所藏
備注 現與〇四〇八四扣合爲一

〇四〇八二 宗婦鄁嫛𣪘

字數 二五
時代 春秋早期
著録 總集 二六一八・一
三代 八・二四・三
周金 三・五八・三
小校 八・二二・一

出土 同 〇四〇七六
現藏 上海博物館
來源 陳邦懷先生藏
備注 現與〇四〇八三扣合爲一

〇四〇八三 宗婦鄁嫛𣪘

字數 二五
時代 春秋早期
著録 總集 二六一七・二
三代 八・二四・二
周金 三・五八・二
小校 八・二二・四

出土 同 〇四〇七六
來源 陳邦懷先生藏
備注 現與〇四〇八二扣合爲一

〇四〇八四 宗婦鄁嫛𣪘

字數 二五
時代 春秋早期
著録 總集 二六一八・二
三代 八・二四・四
小校 八・二二・二
銘文選 九一四(器)

出土 同 〇四〇七六
流傳 潘祖蔭舊藏
現藏 上海博物館
來源 考古研究所藏
備注 現與〇四〇八一扣合爲一

〇四〇八五 宗婦鄁嫛𣪘

字數 二五
時代 春秋早期
著録 總集 二六一九・一
三代 八・二五・一
周金 三・五七・三

出土 同 〇四〇七六
來源 陳邦懷先生藏

〇四〇八六 宗婦鄁嫛𣪘

字數 二五
時代 春秋早期
著録 總集 一一八〇，二六二〇・二(蓋)
三代 八・二五・四(蓋)
周金 三・五六・二(蓋)(又二・
三七・四重出，誤作鼎)
小校 二・九六・一(蓋)(誤作鼎)
總集 二六二〇・一(器)
三代 八・二五・三(器)
周金 三・五七・一(器)

出土 同 〇四〇七六(器)
流傳 吳大澂、潘祖蔭舊藏
來源 陳邦懷先生藏

〇四〇八七 宗婦鄁嫛𣪘

字數 二五
時代 春秋早期
著録 總集 二六一九・二
三代 八・二五・二
愙齋 一二・一九・一
周金 三・五七・四

出土 同 〇四〇七六
來源 考古研究所藏

〇四〇八八 夰𣪘

字數 二六
時代 西周早期
著録 總集 二六二六
三代 六・五一・四
愙齋 八・一三・一
奇觚 五・一七・三
小校 七・四六・三(又八・二
六・一重出)
斷代 四二
蔭軒 二・一七

流傳 潘祖蔭舊藏，後歸李蔭軒
現藏 上海博物館
來源 三代

〇四〇八九 事族𣪘

字數 二六 (又重文二)
時代 西周晚期
著録 總集 二六四三
三代 八・三〇・四～三
愙齋 一一・一七
攈古 二・三・五一～五二
奇觚 三・二三
陶續 一・三六 (蓋)
夢續 二二 (蓋)
周金 三・五四・二(器)
小校 八・二九

流傳 端方、羅振玉舊藏
現藏 中國歷史博物館(蓋)
來源 考古研究所藏

○四○九○　叔皮父毀

字數　二六（又重文一）

時代　西周晚期

著録　總集　二六四○

三代　八·三○·二

貞松　五·三九

小校　八·二八·一

來源　考古研究所藏

○四○九一　伯椃虘毀

字數　二六（又重文二）

時代　西周晚期

著録　博古　一七·七

薛氏　一二二·三

嘯堂　五九·一

復齋　二八·一

積古　六·七·三

斷代　未一九

來源　嘯堂

○四○九二　伯椃虘毀

字數　二六（又重文二）

時代　西周晚期

著録　總集　二六四二B

博古　一七·八

薛氏　一二三·一

嘯堂　五九·二

來源　嘯堂

○四○九三　伯椃虘毀

字數　二六（又重文二）

時代　西周晚期

著録　總集　二六四一

攈古　二·三·五一·一

奇觚　一六·二九·一

周金　三·五五·一

小校　八·二八·三

流傳　「錢棣溪藏器」（周金）

現藏　遼寧省博物館

來源　考古研究所拓

○四○九四　伯椃虘毀

字數　二六（又重文二）

時代　西周晚期

著録　總集　二六四二A

文物　一九八○年五期六二頁

圖二

現藏　首都博物館

來源　考古研究所拓

○四○九五　食生走馬谷毀

字數　二六

時代　西周晚期

著録　帝室　二八

彙編　四·二四三

現藏　日本東京帝室博物館

來源　帝室

○四○九六　陳逆毀

字數　二六

時代　戰國早期（齊平公）

著録　總集　二六三二

三代　八·二八·一

攈古　二·三·四○

敬吾下　一一

小校　八·二四·二

山東存齊　一七

銘文選　八五四

流傳　葉東卿舊藏

來源　三代

○四○九七　窋毀

字數　二七（又合文一）

時代　西周中期

著録　總集　二六四五

三代　八·三一·三

銘文選　八五四

愙齋　一二·一

小校　八·二八·二

上海（二○○四）三二二

現藏　上海博物館

來源　考古研究所藏

○四○九八　[illegible]毀

字數　二七（又重文二）

時代　西周中期

著録　總集　二六五二

三代　八·三一·四

從古　八·二九

愙齋　一二·九

攈古　二·三·五五

周金　三·五四

小校　八·三一·三

來源　考古研究所藏

○四○九九　戴毀

字數　二七（又合文一）

時代　西周中期

著録　總集　二六五三

冠斝上　二四

録遺　一六○·一～二

斷代　一○○

故青　一六一

流傳　榮厚舊藏

現藏　北京故宮博物院

來源　考古研究所拓

○四一○○　生史毀

字數　二七

時代　西周中期

著録　未見

出土　陝西扶風縣黄堆公社八號墓

現藏　周原扶風縣文物保管所

來源　周原扶風縣文物保管所提供

○四一○一　生史毀

字數　二七

時代　西周中期

著録　未見

出土　同○四一○○

現藏　周原扶風縣文物保管所

來源　周原扶風縣文物保管所提供

○四一○二　仲戲父毀

字數　二七（又重文二）

時代　西周中期

著録　總集　二六四八

三代　八·三二·二

愙齋　九·七·一

小校　八·三○·四

流傳　潘祖蔭舊藏（愙齋）

現藏　北京故宮博物院

來源　考古研究所拓

○四一○三　仲戲父毀

字數　二七（又重文二）

時代　西周中期

著録　總集　二六四九

三代　八·三二·三

貞松　五·三九

周金　三·五一·二

希古　三·二六·一

小校　八·三○·三

流傳　南陵徐乃昌舊藏（小校），後歸李蔭軒

現藏　上海博物館

來源　考古研究所藏

〇四一〇四 賢簋
字數 二七
時代 西周中期
著録 總集 二六三五，二六三八
三代 八・二八・三～四
窓齋 九・七・二～九・八・一
綴遺 一二・三一・一（蓋）
周金 五・六九・一～五・六八
小校 八・二七・一～二
大系 二六一・三～四
出土 「光緒戊子河南出土」（羅表）
流傳 吳大澂舊藏（綴遺）
現藏 上海博物館（蓋）
來源 蓋拓考古研究所藏，器拓用三代

〇四一〇五 賢簋
字數 二七
時代 西周中期
著録 總集 二六三六
三代 八・二九・一～二
窓齋 九・八・二～九・一
小校 八・二六・三～四
大系 二六五・一～二
銘文選 三五〇
上海（二〇〇四）三三二
現藏 上海博物館
來源 考古研究所拓

〇四一〇六 賢簋
字數 二七
時代 西周中期
著録 總集 二六三七
三代 八・二九・三
貞補上 二六・一
來源 三代

〇四一〇七 豐伯車父簋
字數 二七
時代 西周晚期
著録 攈古 二・三・四八～四九
敬吾下 一三
流傳 孫家良舊藏（攈古）
來源 考古研究所藏移林館拓本
備注 此器王國維疑僞

〇四一〇八 叔□孫父簋
字數 二七（又重文二）
時代 西周晚期
著録 博古 一七・一八
薛氏 一二八
嘯堂 五五
來源 嘯堂

〇四一〇九 内伯多父簋
字數 二七（又重文二）
時代 西周晚期
著録 總集 二六五一
三代 八・三三・一
攈古 二・三・五五・二～五六・一
周金 三・五三・二～三
銘文選 五一四
來源 考古研究所藏

〇四一一〇 魯士商𠭯簋
字數 二七（又重文二）
時代 西周晚期
著録 總集 二六四七
三代 八・三二・一
攈古 二・三・五六
周金 三・五一
山東存魯 一九
大系 二三一
銘文選 四八八

流傳 「浙江海寧蔣沐藏」（攈古録）
來源 考古研究所藏移林館拓本

〇四一一一 魯士商𠭯簋
字數 二七（又重文二）
時代 西周晚期
著録 西清 二八・四
流傳 清宮舊藏
現藏 北京故宮博物院
來源 考古研究所拓

〇四一一二 命簋
字數 二八
時代 西周早晚期
著録 總集 二六四四
三代 八・三一・二～一
小校 八・三〇・一～二
歐精華 二・一一七
通考 二八四
柏景寒 一五三頁
美集録 R 三七九 ab
彙編 四・二三〇
綜覽・小型盂 八八
銘文選 一三二
現藏 美國芝加哥美術館
來源 考古研究所藏

〇四一一三 幷南伯簋
字數 二八（又重文二）
時代 西周中期
著録 小校 八・二六・二
斷代 未一二
銘文選 三六一
上海（二〇〇四）三三三
流傳 劉體智舊藏
現藏 上海博物館
來源 考古研究所藏

〇四一一四 仲辛父簋
字數 二八（又重文一）
時代 西周中期
著録 總集 二六四六
三代 八・三一・四
周金 三・五三・一
貞松 五・四〇・一
小校 八・三二・一
來源 考古研究所藏移林館拓本

〇四一一五 伯𢦏簋
字數 二九（又重文二）
時代 西周中期
著録 總集 二六五八
攈古 二・三・六一
小校 八・三三
大系 三五
銘文選 一八一
來源 陳邦懷先生藏

〇四一一六 師害簋
字數 二九（又重文二）
時代 西周晚期
著録 總集 二六五六・一，二六五七・二
三代 八・三三・三～四
從古 一五・一八
攈古 二・三・六二
窓齋 一一・一二・一～一三・二
奇觚 三・二四・一～三・二五・二
敬吾下 一八・一
周金 三・四九・二～三・五〇・一
簠齋 三敦六～七
小校 八・三三・一～八・三四・二
流傳 陳介祺舊藏（窓齋）
來源 考古研究所藏陳介祺簠齋拓本

〇四一一七 師害簋

字數 二九（又重文二）
時代 西周晚期
著録 總集 二六五七・一，二六五六・二
三代 八・三四・一～二
攈古 二・三・六一・二
筠清 三・四一・一
從古 一五・一六・一～二
窓齋 一二・一二・二～一二・一三
簠齋 三敦七～六
奇觚 三・二四・二～三・二五・一
周金 三・四九・三～三・五〇・二
小校 八・三四・一～八・三三・二
流傳 陳介祺舊藏（窓齋）
來源 考古研究所藏

〇四一一八 宴𣪘

字數 二九（又重文三）
時代 西周晚期
著録 總集 二六六三
三代 八・三六・三～四
攈古 二・三・七一
奇觚 三・二二
周金 三補
小校 八・三五・二～三
斷代 未九
流傳 蕭山陸氏、盛昱舊藏（奇觚）
來源 考古研究所藏蕭山陸氏拓本

〇四一一九 宴𣪘

字數 二九（又重文二）
時代 西周晚期
著録 總集 二六六四
三代 八・三七・一（器）
攈古 二・三・七〇（器）
周金 三・一〇六・二（蓋）～三補（器）
小校 八・三六・一（器）
流傳 浙江慈溪葉夢漁舊藏（攈古録）
來源 考古研究所藏猗文閣金蘭坡手拓本

〇四一二〇 訔仲之孫𣪘

字數 二九（又重文二）
時代 春秋早期
著録 西清 二七・二七
流傳 清宮舊藏
來源 西清

〇四一二一 癹𣪘（艾𣪘）

字數 三〇
時代 西周早期
著録 總集 二五七〇A
三代 六・四九・五
西甲 六・四二
斷代 八五
銘文選 一二三
故青 一二〇
流傳 清宮舊藏
現藏 北京故宮博物院
來源 考古研究所拓

〇四一二二 录作辛公𣪘

字數 三〇（又重文二）
時代 西周中期
著録 總集 二六六〇
三代 八・三五・二～三
從古 一五・二〇
攈古 二・三・六九
窓齋 一一・一五
奇觚 三・二七
周金 三・四八
簠齋 三敦五
大系 三四
海外吉 二四
泉屋 三・一〇五
通考 二七八
日精華 二・一〇八
彙編 四・二〇六
銘文選 一七五
綜覽・𣪘 三〇八
泉屋博古 圖三〇拓五七
流傳 陳介祺得之都市
現藏 日本京都泉屋博古館
來源 考古研究所藏

〇四一二三 妊小𣪘

字數 三〇（又重文二）
時代 西周晚期
著録 總集 二六六九，二六七二・一
美集録 R 三九八
盧氏（一九四〇） 九
彙編 四・二〇一
斷代 二一八
綜覽・𣪘 三八五
薩克勒（西周） 五六
流傳 盧芹齋舊藏
現藏 美國華盛頓薩克勒美術館
來源 考古研究所藏
備注 藏家將此器與美集録R三九七辰𣪘蓋誤合爲一

〇四一二四 尌仲𣪘蓋

字數 三〇（又重文二）
時代 西周晚期
著録 總集 二六六七
三代 八・三八・二
攈古 二・三・六八
窓齋 一一・一八
周金 三・四八
小校 八・三七・二
流傳 翁大年（小校）、南海李氏（周金）舊藏
來源 考古研究所藏猗文閣拓本

〇四一二五 大𣪘蓋

字數 三〇
時代 西周晚期
著録 未見
出土 一九七八年陝西鄠縣楊家坡
現藏 咸陽地區文物管理委員會
來源 咸陽地區文物管理委員會提供

〇四一二六 𣐼季𣪘（寶敦）

字數 三〇（又重文二）
時代 西周晚期
著録 總集 二六六八・一，二六六八・二B
考古圖 三・三
博古 一六・二五
薛氏 一二六
嘯堂 五二
斷代 未一八
出土 「得于乾之永壽」（考古圖）
流傳 「藏長安呂微仲丞相家」（金石録）
來源 嘯堂

〇四一二七 鑄叔皮父𣪘

字數 三〇（又重文二）
時代 春秋早期
著録 總集 二六六六
三代 八・三八・一
筠清 三・三八
攈古 二・三・六七
窓齋 一一・二〇
奇觚 三・二六
敬吾下 一

周金 三・四九
小校 八・三六・四
山東存鑄 五
流傳 朱善旂、王雪樵舊藏
來源 考古研究所藏移林館拓本

○四一二八 復公仲毁蓋
字數 三○
時代 春秋晚期
著録 未見
現藏 北京故宫博物院
來源 考古研究所拓

○四一二九 □叔買毁
字數 三一(又重文二)
時代 西周晚期
著録 總集 二六七三
三代 八・三九・一
周金 三・四七・二
貞松 五・四一
希古 三・二六・二
小校 八・三八・一
流傳 吴縣潘氏、江陰奚氏(周金)
現藏 中國歷史博物館
來源 考古研究所拓

○四一三○ 𢦏叔毁蓋
字數 三一(又重文二)
時代 西周晚期
著録 總集 二六六五
三代 八・三七・二
筠清 三・五四
攈古 二・三・七四
愙齋 一一・一○
小校 八・三六・五
流傳 湖北漢陽葉氏舊藏(攈古)
來源 考古研究所藏

○四一三一 利毁
字數 三二
時代 西周早期(武王)
著録 總集 二六七一
文物 一九七七年八期二頁圖二
銘文選 二二
綜覽・毁 八六
美全 四・一三一
青全 五・四九
辭典 三六三
出土 一九七六年陝西臨潼縣零口鎮西段村
現藏 中國歷史博物館
來源 考古研究所拓

○四一三二 叔毁(史叔隋器、叔卣)
字數 三二
時代 西周早期
著録 銘文選 一一二
録遺 一六一甲
綜覽・雜 九
故青 一三五
流傳 「一九五一年七月見于杭州浙江省文物管理委員會，共一對」(斷代)
現藏 北京故宫博物院
來源 考古研究所拓
備注 此器形制特異，各家定名不一，此從陳夢家説

○四一三三 叔毁(史叔隋器、叔卣)
字數 三二
時代 西周早期
著録 録遺 一六一乙
斷代 五四
綜覽・雜 九
辭典 四九一
流傳 同○四一三二
現藏 北京故宫博物院
來源 考古研究所拓

○四一三四 御史競毁
字數 三二
時代 西周早期
著録 總集 二六六一
三代 八・三六・一
貞松 五・四○・二
大系 三七
斷代 七九附
彙編 四・二○八
銘文選 一八七
綜覽・毁 三一三
出土 一九二六(或一九二五)年河南洛陽邙山廟溝墓葬
流傳 加拿大懷履光舊藏
現藏 加拿大多倫多安大略博物館
來源 陳邦懷先生藏

○四一三五 御史競毁
字數 三二
時代 西周早期
著録 總集 二六六二
三代 八・三六・二
貞松 五・四一・一
斷代(五) 圖版六：上右
彙編 四・二○七
流傳 加拿大懷履光舊藏
現藏 加拿大多倫多安大略博物館
來源 陳邦懷先生藏

○四一三六 相侯毁
字數 三二
時代 西周早期
著録 總集 二六三三
三代 八・二八・二
愙齋 一一・九
周金 三・四六
小校 八・三八・三
銘文選 一三七
流傳 潘祖蔭舊藏(愙齋)
現藏 上海博物館
來源 考古研究所藏

○四一三七 叔妣毁
字數 三二 (又重文一)
時代 西周晚期
著録 總集 二六七四
三代 八・三九・二
奇觚 三・三○
周金 三補
流傳 葉東卿、潘祖蔭、李蔭軒舊藏
現藏 上海博物館
來源 考古研究所藏猗文閣拓本

○四一三八 小子𦉢毁(文父丁毁)
字數 三三
時代 殷
著録 三代 八・三三・二
續殷上 四九・二
小校 八・四○・二
考古 一九七五年五期二七七頁圖四
現藏 德國某氏
來源 考古研究所藏移林館拓本

○四一三九 𬀩侯毁蓋(方毁)
字數 三三
時代 西周中期
著録 總集 二六七○
日精華 四・三○四

斷代 八九
彙編 四・二〇〇
銘文選 三二九
出土 傳出于保定(日精華)
現藏 日本東京書道博物館
來源 考古研究所藏

〇四一四〇 大保毁
字數 三四
時代 西周早期
著録 總集 二六五七
三代 八・四〇・一
攈古 二・三・八二
愙齋 七・五
奇觚 三・三二
尊古 二・七
周金 三・四七
大系 一三・一
小校 八・三八・二
山東存下 七・二
通考 二八一
斷代 二三
彙編 四・一九五
銅玉 八六頁Fig八三
考古與文物 一九八〇年四期二七頁圖二
銘文選 三六
綜覽・毁 九九
出土 傳出山東壽張縣梁山下，梁山七器之一
流傳 鍾養田(攈古)、李山農(愙齋)、溥倫及美國 Agnes E・Meyer 舊藏
現藏 美國華盛頓弗里爾美術博物館
來源 考古研究所藏

〇四一四一 函皇父毁(周娟毁)
字數 三四
時代 西周晚期
著録 總集 二六七八
三代 八・四〇・二～八・四一・一
從古 一五・二六
攈古 三・一・四・二～五・二
愙齋 一〇・一四
奇觚 三・三〇
周金 三・四六
簠齋 三敦四
銅玉 二六
大系 一二八
日精華 四・三二四
小校 八・三九・三～四
斷代 一七七
彙編 四・一八二
出土 傳一八七〇年前後陝西扶風縣出土
流傳 陳介祺舊藏
現藏 日本奈良天理參考館
來源 考古研究所藏陳介祺拓本

〇四一四二 函皇父毁
字數 三四 (又重文二)
時代 西周晚期
著録 總集 二六七九
三代 八・四一・二
攈古 三・一・五
小校 八・三九・一(又八・三九・二重出)
出土 同〇四一四一
流傳 陝西長安孫氏藏(攈古録)
來源 考古研究所藏

〇四一四三 函皇父毁
字數 三四 (又重文二)
時代 西周晚期
著録 總集 二六八〇
録遺 一六二
陝圖 六四
銘文選 四五一
綜覽・毁 三八四
出土 傳一九三三年陝西扶風縣康家村窖藏(陝圖)
現藏 陝西省博物館
來源 考古研究所拓

〇四一四四 肆作父乙毁(戊辰彝)
字數 三五 (又合文一)
時代 殷
著録 總集 二六七六
三代 六・五二・二
攈古 二・三・八六
美集録 R一五三
彙編 四・一九一
銘文選 六
綜覽・毁 七六
青全 二・一〇一
薩克勒(西周) 一〇三
流傳 舊藏美國盧芹齋、加拿大明義士、紐約薩克勒氏
現藏 美國華盛頓薩克勒美術館
來源 考古研究所藏猗文閣拓本

〇四一四五 塦侯午毁
字數 三六
時代 戰國早期(齊桓公田午)
著録 總集 二六八二
三代 八・四二・三
西乙 一二・四四
寶蘊 七四
貞松 五・四二・二
大系 二六〇
山東存齊 一九
通考 三四七
故圖下下 一八九
彙編 四・一八四
粢盛 三七八頁
流傳 瀋陽故宮舊藏
現藏 臺北故宮博物院
來源 考古研究所藏

〇四一四六 繇毁殘底
字數 存三六 (又重文一、合文一)
時代 西周早期
著録 未見
現藏 北京故宮博物院
來源 考古研究所拓

〇四一四七 善夫沙其毁
字數 三六(又重文四)
時代 西周晚期
著録 總集 二六九一
録遺 一六四(器)
斷代 一九一
彙編 四・一七二
現藏 澳大利亞觀寶氏
來源 録遺(器)，彙編(蓋)

〇四一四八 善夫沙其毁
字數 三六 (又重文五)
時代 西周晚期
著録 未見
現藏 中國歷史博物館
來源 考古研究所拓

〇四一四九 善夫沙其毁
字數 三六 (又重文五)

時代 西周晚期
著録 總集 二六九二
弗里爾(一九六七) 四二九頁
彙編 四・一七三
現藏 美國華盛頓弗里爾美術博物館
來源 彙編

〇四一五〇 善夫汈其毁
字數 三六(又重文三)
時代 西周晚期
著録 銘文選 三九八
蔭軒 一・三六
辭典 三九八
上海(二〇〇四) 三八八
流傳 李蔭軒舊藏
現藏 上海博物館
來源 上海博物館提供

〇四一五一 善夫汈其毁
字數 三五(又重文三)
時代 西周晚期
著録 未見
現藏 上海博物館
來源 上海博物館提供

〇四一五二 鄘侯少子毁
字數 三六(又合文一)
時代 春秋晚期
著録 總集 二六八一
三代 八・四三・一
攈古 三・一・八
周金 三補
大系 一八八
小校 八・四〇・一
貞圖上 三六
山東存苩 二
通考 三四八

流傳 羅振玉舊藏
來源 考古研究所藏

〇四一五三 [illegible]毁(龔伯彝)
字數 三七(又重文一)
時代 西周晚期
著録 考古圖 三・七
博古 一七・一四
嘯堂 五一
薛氏 一二七
斷代 未一一
出土 「得于盩厔」(考古圖)
流傳 「臨江劉氏原父」舊藏
來源 嘯堂

〇四一五四 仲枏父毁
字數 三七(又重文一)
時代 西周晚期或春秋早期
著録 總集 二六八五
考古 一九七九年二期一一九頁圖一
銘文選 二一七
陝青 四・一八〇
綜覽・毁 三五〇
辭典 三七六
出土 一九六七年陝西永壽縣好時河
現藏 陝西省博物館
來源 考古編輯部擋案
備注 據銘文選二一七知，此爲蓋銘，缺器銘

〇四一五五 仲枏父毁
字數 三七(又重文二)
時代 西周晚期或春秋晚期
著録 總集 二六八六
文物 一九六五年一一期四六頁圖二(蓋)

斷代 一四八
故青 一九三(蓋)
流傳 一九六四年于北京收購
現藏 北京故宮博物院
來源 考古研究所拓

〇四一五六 伯家父毁蓋
字數 三八
時代 西周晚期
著録 總集 二六八三
三代 八・四三・二
貞松 五・四三・一
貞圖上 三七
流傳 羅振玉舊藏
來源 考古研究所藏

〇四一五七 竈乎毁
字數 三八
時代 西周晚期
著録 未見
出土 一九六六年湖北京山縣蘇家壠
現藏 湖北省博物館
來源 考古研究所拓

〇四一五八 竈乎毁
字數 三八
時代 西周晚期
著録 總集 二六八四
文物 一九七二年二期五三頁圖十三
綜覽・毁 三四八
出土 同〇四一五七
現藏 湖北省博物館
來源 考古研究所拓

〇四一五九 曐毁
字數 三八(又合文一、重文一)
時代 西周早期

著録 總集 二六九三
録遺 一六三
斷代 五七
銘文選 三二八
綜覽・毁 二八一
故青 一五三
現藏 北京故宮博物院
來源 考古研究所藏

〇四一六〇 伯康毁
字數 三九(又重文一)
時代 西周晚期
著録 總集 二六八九
三代 八・四五・一
貞松 六・一・二
善齋 八・七九
小校 八・四〇・三
善彝 七二
綜覽・毁 三四二
上海(二〇〇四) 三三五
流傳 劉體智舊藏
現藏 上海博物館
來源 考古研究所藏

〇四一六一 伯康毁
字數 三九(又重文一)
時代 西周晚期
著録 總集 二六九〇
三代 八・四五・二
貞松 六・一
善齋 八・八〇
小校 八・四〇・四
善彝 七三
通考 三一二
上海(二〇〇四) 三三五
流傳 劉體智舊藏

現藏 上海博物館
來源 考古研究所藏

○四一六二 孟毁
字數 四〇（又重文二）
時代 西周早期
著錄 總集 二六九六
學報 一九六二年一期圖版二
張家坡 圖版五
斷代 九一
綜覽·毁 二九八
出土 一九六一年陝西長安縣張家坡窖藏
現藏 陝西省博物館
來源 考古研究所拓

○四一六三 孟毁
字數 四〇（又重文二）
時代 西周早期
著錄 總集 二六九七
銘文選 二六五
學報 一九六二年一期三頁
張家坡 圖版六
青全 五·六〇
出土 同〇四一六二
現藏 陝西省博物館
來源 考古研究所拓

○四一六四 孟毁
字數 四〇（又重文二）
時代 西周早期
著錄 未見
出土 同〇四一六二
現藏 陝西省博物館
來源 考古研究所拓

○四一六五 大毁
字數 四〇
時代 西周中期
著錄 總集 二六八八
三代 八·四四·三
西甲 一二·四〇（器蓋兩銘）
斷代 一二一
銘文選 三九三
故青 一八八
現藏 北京故宮博物院
來源 考古研究所拓

○四一六六 敔毁
字數 四〇（器）蓋僅殘存九
時代 西周早期
著錄 總集 二六八七
三代 八·四四·一～二
從古 六·一〇
攈古 三·一·一五～一六
周金 三·四五·二
大系 九二
小校 八·四一·一～二
斷代 八四
銘文選 四一二
流傳 張讓木、劉鐵雲舊藏
來源 考古研究所藏

○四一六七 豦毁
字數 四一
時代 西周中期
著錄 總集 二六九四
三代 六·五二·三
積古 五·三三·一
攈古 三·一·一六·二
周金 三·一〇六·一
斷代 一一〇
流傳 孫星衍舊藏
來源 考古研究所藏猗文閣拓本
備注 諸書皆稱此器爲「彝」，今依猗文閣拓本題跋定爲毁

○四一六八 𩰫兑毁
字數 四一（又重文二）
時代 西周晚期
著錄 總集 二六九五
三代 八·四六·一
小校 八·四二·二
尊古 二·八
銘文選 二七九
綜覽·毁 三九〇
流傳 潘祖蔭、黃鏡涵舊藏
現藏 北京故宮博物院
來源 考古研究所拓

○四一六九 章伯𠩺毁
字數 四二（又重文二，合文一）
時代 西周早期
著錄 總集 二七〇四
三代 八·五〇·四
貞補上 二六
皮斯柏 三六
美集錄 A一九二
彙編 四·一四九
斷代 九九
出土 傳西安出土
現藏 美國米里阿波里斯美術館（皮斯柏藏品）
來源 三代
備注 美集錄未收拓片

○四一七〇 癲毁
字數 四二（又重文二）
時代 西周中期
著錄 總集 二七一三
陝青 二·三三
綜覽·毁 三九〇
辭典 三八四
出土 一九七六年陝西扶風縣莊白一號窖藏
現藏 周原扶風文物管理所
來源 周原扶風文物管理所提供

○四一七一 癲毁
字數 四二（又重文二）
時代 西周中期
著錄 總集 二七一四
陝青 二·三四（蓋）
文物 一九七八年三期一一頁
圖一四（器）
吉鑄 一五
出土 同〇四一七〇
現藏 周原扶風文物管理所
來源 周原扶風文物管理所提供

○四一七二 癲毁
字數 四二（又重文二）
時代 西周中期
著錄 總集 二七一五
陝青 二·三五（器）
出土 同〇四一七〇
現藏 周原扶風文物管理所
來源 周原扶風文物管理所提供

○四一七三 癲毁
字數 四二（又重文二）
時代 西周中期
著錄 總集 二七一六
陝青 二·三六（蓋）
出土 同〇四一七〇
現藏 周原扶風文物管理所
來源 周原扶風文物管理所提供

○四一七四 癲毁
字數 四二（又重文二）

時代 西周中期
著録 總集 二七一七
陝青 二・三七(器)
出土 同 〇四一七〇
現藏 周原扶風文物管理所
來源 周原扶風文物管理所提供

〇四一七五 𤼈𣪘
字數 四二(又重文二)
時代 西周中期
著録 總集 二七一八
陝青 二・三八(蓋)
銘文選 二八七(蓋)
青全 五・六五
出土 同 〇四一七〇
現藏 周原扶風文物管理所
來源 周原扶風文物管理所提供

〇四一七六 𤼈𣪘
字數 四二(又重文二)
時代 西周中期
著録 總集 二七一九
陝青 二・三九(蓋)
出土 同 〇四一七〇
現藏 周原扶風文物管理所
來源 周原扶風文物管理所提供

〇四一七七 𤼈𣪘
字數 四二(又重文二)
時代 西周中期
著録 總集 二七二〇
陝青 二・四〇(器)
出土 同 〇四一七〇
現藏 周原扶風文物管理所
來源 周原扶風文物管理所提供

〇四一七八 君夫𣪘蓋
字數 四二(又重文二)

時代 西周中期
著録 總集 二七〇五
三代 八・四七・二
從古 一五・一五
攈古 三・一・二四
窓齋 一一・四
奇觚 四・一
簠齋 三敦二
周金 三・四二
大系 三〇
小校 八・四四・三
銘文選 三三三
流傳 陳介祺舊藏
現藏 天津市藝術博物館
來源 考古研究所藏

〇四一七九 小臣守𣪘
字數 四二(又重文三)
時代 西周早期
著録 總集 二七〇七
三代 八・四七・三
來源 三代

〇四一八〇 小臣守𣪘
字數 四二(又重文三)
時代 西周早期
著録 總集 二七〇八
三代 八・四八・一
窓齋 一〇・九
奇觚 四・二
周金 三・四四・二
小校 八・四四・一
銘文選 三二四
蔭軒 一・三二
上海(二〇〇四) 三八九
流傳 葉東卿、潘祖蔭舊藏，後歸李

蔭軒
現藏 上海博物館
來源 陳邦懷先生藏

〇四一八一 小臣守𣪘蓋
字數 四二(又重文三)
時代 西周早期
著録 總集 二七〇九
三代 八・四八・二
筠清 三・二〇
攈古 三・一・二六
奇觚 一六・三二
周金 三・四四・一
小校 八・四四・二
流傳 葉氏舊藏
來源 陳邦懷先生藏

〇四一八二 虢姜𣪘蓋
字數 四二(又重文二)
時代 西周晚期
著録 總集 二七一二
考古圖 三・一八
薛氏 一二八～一二九
大系 二八三
斷代 未二〇
銘文選 五二五
流傳 睢陽王氏仲至舊藏(考古圖)
來源 薛氏

〇四一八三 上鄀公敄人𣪘蓋
字數 四二(又重文二)
時代 春秋早期
著録 總集 二七〇六
三代 八・四七・一
積古 六・一六
攈古 三・一・二三～二四
從古 一一・二三～二四

周金 三・四二
大系 一八九
小校 八・四三・一
銘文選 六三六
流傳 秦敦甫、劉喜海舊藏
現藏 中國歷史博物館
來源 考古研究所藏徐同柏拓本

〇四一八四 公臣𣪘
字數 四三
時代 西周晚期
著録 總集 二六九九
文物 一九七六年五期四〇頁
圖一八
陝青 一・一九二
銘文選 四二〇
綜覽・𣪘 三五〇
出土 一九七五年陝西岐山縣董家村一號窖藏
現藏 岐山縣博物館
來源 岐山縣博物館提供

〇四一八五 公臣𣪘
字數 四三
時代 西周晚期
著録 總集 二七〇〇
陝青 一・一九三
辭典 四〇八
出土 同 〇四一八四
現藏 岐山縣博物館
來源 岐山縣博物館提供

〇四一八六 公臣𣪘
字數 四三
時代 西周晚期
著録 總集 二七〇一
陝青 一・一九四

出土 同〇四一八四
現藏 岐山縣博物館
來源 岐山縣博物館提供

〇四一八七 公臣𣪘
字數 四三
時代 西周晚期
著録 總集 二七〇二
陝青 一・一九五
出土 同〇四一八四
現藏 岐山縣博物館
來源 岐山縣博物館提供

〇四一八八 仲爯父𣪘
字數 四二（又重文二）
時代 西周晚期
著録 中原文物 一九八四年四期一五頁圖四（器）
出土 一九八一年河南南陽市郊磚瓦廠内墓葬
現藏 南陽市博物館
來源 南陽市博物館提供

〇四一八九 仲爯父𣪘
字數 四三（又重文二）
時代 西周晚期
著録 中原文物 一九八四年四期一五頁圖五（蓋）
青全 六・一〇六（蓋）
出土 同〇四一八八
現藏 南陽市博物館
來源 南陽市博物館提供

〇四一九〇 墬肪𣪘蓋
字數 四三
時代 戰國早期
著録 總集 二六九八
三代 八・四六・二
攈古 三・一・二二
周金 三・四五
善齋 八・八一
大系 二五七
小校 八・四二・一
善彝 八七
通考 三四六
山東存齊 一六
故圖下下 一八八
彙編 四・一五九
銘文選 八六二
粢盛 三七六頁
流傳 劉喜海、劉體智舊藏
現藏 臺北故宮博物院
來源 考古研究所藏

〇四一九一 穆公𣪘蓋
字數 四四（又合文二）
時代 西周中期
著録 總集 二七〇四
考古與文物 一九八一年四期二七頁圖一
現藏 甘肅慶陽縣文化館
來源 陳邦懷先生藏

〇四一九二 肄𣪘（封敦、槿𣪘、艾伯彝）
字數 四四
時代 西周中期
著録 總集 二七一〇
三代 八・四九・一～二
兩罍 六・二四
從古 六・二三
清儀 一・三七
攈古 三・一・二三
愙齋 一一・一四
小校 八・四五・二
通考 三一九
斷代 九四
銘文選 一二四
故青 一五八
流傳 吳雲、張廷濟舊藏
現藏 北京故宮博物院
來源 考古研究所拓

〇四一九三 肄𣪘
字數 四四
時代 西周中期
著録 總集 二七一一
三代 八・五〇・一
攀古下 三四
恒軒 二九
周金 三・四三
流傳 潘祖蔭舊藏
現藏 北京故宮博物院
來源 考古研究所拓

〇四一九四 𡨦𣪘（丁卯𣪘、友𣪘）
字數 四四（又重文二）
時代 西周中期
著録 總集 二七一三
三代 八・五一・二
西清 二七・一（器蓋兩銘）
奇觚 四・四
周金 三補
善齋 八・八三
小校 八・四六・一
善彝 六八
通考 三二〇
故圖下下 一七六
斷代 九六
彙編 四・一四四
綜覽・𣪘 三五八
粢盛 二九八頁
周録 五七
流傳 舊藏清宮，後歸潘祖蔭、劉體智
現藏 臺北故宮博物院
來源 西清（蓋），考古研究所藏（器）
備注 西清以外各書著録皆缺蓋銘

〇四一九五 𦿐𣪘
字數 四五
時代 西周中期
著録 總集 二七一二
三代 八・五〇・二～三
貞松 六・二
善齋 八・八四～八五
小校 八・四五・三～四
善彝 七八
通考 三二八
斷代 一六二
銘文選 三二五
綜覽・𣪘 三六〇
上海（二〇〇四）三三〇
流傳 劉體智舊藏
現藏 上海博物館
來源 考古研究所藏劉體智拓本

〇四一九六 師毛父𣪘（毛父敦、井伯敦）
字數 四六（又重文二）
時代 西周中期
著録 總集 二七二五
博古 一七・一六
薛氏 一二七～一二八
嘯堂 五二
大系 六〇
斷代 一一〇

銘文選 二三〇
來源 嘯堂

〇四一九七 郚[illegible]殷
字數 四八（又重文二）
時代 西周晚期
著録 總集 二七二六
錄遺 一六五
斷代 一二四
銘文選 八八
現藏 廣州博物館
來源 商承祚先生藏

〇四一九八 蔡姞殷（龙姞彝）
字數 四八（又重文二）
時代 西周中期
著録 總集 二七二七
三代 六・五三・一
愙齋 一一・二二
奇觚 五・一八
周金 三・一〇五
大系 一九二
小校 七・四九・一
山東存附 一一
銘文選 三三二
出土 傳山東蓬萊縣出土（山東存）
流傳 潘祖蔭舊藏
來源 考古研究所藏

〇四一九九 恒殷蓋
字數 四九（又重文二）
時代 西周中期
著録 總集 二七二八
銘文選 三二〇
文物 一九七五年八期圖版九：三、六二頁圖一〇
陝青 三・一〇八

銘文選 三二〇
出土 一九七四年陝西扶風縣強家村窖藏
現藏 陝西省博物館
來源 陝西省博物館提供

〇四二〇〇 恒殷蓋
字數 四九（又重文二）
時代 西周中期
著録 總集 二七二九
文物 一九七五年八期六二頁圖九
陝青 三・一〇九
出土 同〇四一九九
現藏 陝西省博物館
來源 陝西省博物館提供

〇四二〇一 小臣宅殷
字數 五一（又重文一）
時代 西周早期
著録 總集 二七三一
三代 六・五四・一
周金 三補
貞松 四・四八
大系 一二
貞圖上 三二
通考 二六六
斷代 一七
銘文選 七五
綜覽・殷 三二二
流傳 羅振玉舊藏。一九五五年旅順博物館由廢銅中揀出（文參一九五五年三期一四六頁）
現藏 中國歷史博物館
來源 考古研究所拓

〇四二〇二 [illegible]殷（何殷、寶敦）
字數 五一（又重文二）
時代 西周早期
著録 總集 二七三三
續考 三・二五
嘯堂 九七
大系 一〇六
斷代 一七九
銘文選 四二一
流傳 「榮詢之所收」（續考）
來源 嘯堂

〇四二〇三 曾仲大父螽殷
字數 五一（又重文二）
時代 西周晚期
著録 總集 二七三二
文物 一九七三年五期二五頁圖九
銘文選 四七〇
綜覽・殷 四〇七
出土 一九七二年湖北隨縣熊家老灣
現藏 湖北省博物館
來源 考古研究所拓

〇四二〇四 曾仲大父螽殷
字數 五一（又重文二）
時代 西周晚期
著録 辭典 六四〇
出土 同〇四二〇三
現藏 湖北省博物館
來源 考古研究所拓

〇四二〇五 獻殷（楷伯殷）
字數 五二
時代 西周早期
著録 總集 二七三〇
三代 六・五三・二
夢郼上 二五
周金 三・一〇五
大系 二三
小校 七・四九・二
斷代 二六
銘文選 八〇
綜覽・殷 二〇一
出土 「近出保安」（夢郼）
流傳 羅振玉舊藏
來源 考古研究所藏
備注 周金云「初見衹殘銅一片，旋成器，是否原璧不可知」

〇四二〇六 小臣傳殷（師田父敦）
字數 五二
時代 西周早期
著録 總集 五五〇六
三代 八・五二・一
積古 六・一二
攈古 三・一・三七
愙齋 一三・一一
綴遺 一七・二八
周金 五・八〇
小校 五・三九・二
山左 一・一二
銘文選 一一七
流傳 「摹之于歷城肆中」（山左）吴雲舊藏（綴遺）
來源 陳邦懷先生藏吴雲拓本
備注 綴遺小校作尊，周金作卣，山左云「形如博古一六・三巳丁敦」，今依此暫定爲殷

〇四二〇七 遹殷
字數 五三（又重文五）
時代 西周中期（穆王）
著録 三代 八・五二・二
銘文選 一六二
貞松 六・三

周金 三・四〇・二
善齋 八・八六
小校 八・五一・一
大系 二七
善彝 八三
通考 三〇七
斷代 一〇四
周録 五二

出土 「庚戌年秦中出土」(小校)
流傳 端方、劉體智舊藏
現藏 臺北故宮博物院
來源 考古研究所藏

〇四二〇八 段毁（畢敦、畢中孫子敦、畢段毁）

字數 五五（又重文二）
時代 西周中期
著録 總集 二七三七
三代 八・五四・一
筠清 三・二三
古文審 六・一五
攈古 三・一・四一
愙齋 一一・一九
奇觚 四・六
敬吾下 一一・二
周金 三・三六・一
大系 二四
小校 八・四七・一
銘文選 二六一
蔭軒 一・二四
上海(二〇〇四) 三一七

流傳 葉東卿、潘祖蔭舊藏，後歸李蔭軒
現藏 上海博物館
來源 考古研究所藏

〇四二〇九 衛毁

字數 五五（又重文三）
時代 西周中期
著録 總集 二七三八
考古 一九七四年一期三頁圖四
綜覽・毁 三三三

出土 一九七三年陝西長安縣馬王村窖藏
現藏 西安市文物管理委員會
來源 考古編輯部檔案

〇四二一〇 衛毁

字數 五五（又重文三）
時代 西周中期
著録 銘文選 二〇四
出土 同〇四二〇九
現藏 西安市文物管理委員會
來源 考古編輯部檔案

〇四二一一 衛毁

字數 五五（又重文三）
時代 西周中期
著録 青全 五・六六
出土 同〇四二〇九
現藏 西安市文物管理委員會
來源 考古研究所拓

〇四二一二 衛毁

字數 五五（又重文三）
時代 西周中期
著録 未見
出土 同〇四二〇九
現藏 西安市文物管理委員會
來源 考古研究所拓

〇四二一三 屓敖毁蓋

字數 五五（又重文二）
時代 西周晚期
著録 總集 二七三五
三代 八・五三・一
周金 三・四一・一
夢郼上 三〇
小校 八・四六・二
銘文選 四八〇

流傳 羅振玉舊藏
現藏 北京故宮博物院
來源 考古研究所藏
備注 郭沫若先生考定此器爲齊桓公時物(考古 一九七三年二期)

〇四二一四 師遽毁蓋

字數 五六（又合文一）
時代 西周中期
著録 總集 二七三六
三代 八・五三・二
積古 六・一五
攈古下 三三
恒軒 三九
攈古 三・一・四〇
愙齋 一一・二一
奇觚 四・七
周金 三・三六・二
大系 六九
小校 八・四七・二
斷代 一一六
銘文選 一九六
蔭軒 一・二二
上海(二〇〇四) 三一四

出土 傳陝西岐山出土(隴右金石録 一・三)
流傳 潘祖蔭、吴大澂、徐乃昌舊藏(周金、斷代)，後歸李蔭軒
現藏 上海博物館
來源 考古研究所藏猗文閣拓本

〇四二一五 [illegible]毁([illegible][illegible]毁)

字數 五六（又重文二）
時代 西周晚期
著録 總集 二七四三
三代 九・四・一～二
貞補上 二七
善齋 八・八八
大系 一〇四
小校 八・五〇・二
善彝 八一
通考 三二六
故圖下下 一七八
銘文選 三一九
綜覽・毁 三六八
粢盛 二九八頁
周録 五六

現藏 臺北故宮博物院
來源 考古研究所藏

〇四二一六 五年師旋毁

字數 五七（又重文二）
時代 西周晚期
著録 總集 二七四四
張家坡 圖版一四(蓋)、一五(器)
銘文選 二五九
青全 五・六三

出土 一九六一年陝西長安縣張家坡窖藏
現藏 陝西省博物館
來源 陝西省博物館提供

〇四二一七 五年師旋毁

字數 五七（又重文二）
時代 西周晚期
著録 總集 二七四五
張家坡 圖版一六(蓋)

學報 一九六二年一期圖版八(蓋)
斷代 一四六
綜覽・毁 三七〇
出土 同 〇四二一六
現藏 陝西省博物館
來源 陝西省博物館提供

〇四二一八 五年師旋毁

字數 五七(又重文二)
時代 西周晚期
著録 未見
出土 同 〇四二一六
現藏 陝西省博物館
來源 陝西省博物館提供

〇四二一九 追毁

字數 五八(又重文二)
時代 西周中期
著録 總集 二七四六
三代 九・五・一
彙編 三・一一八b
流傳 承德避暑山莊(美集録)、頤和園舊藏
現藏 北京故宮博物院
來源 考古研究所拓

〇四二二〇 追毁

字數 五八(又重文二)
時代 西周中期
著録 總集 二七四七
三代 九・五・二
貞松 六・四
故宮 一八期
通考 三一六
故圖下上 六八
彙編 三・一一七
綜覽・毁 三四一

粢盛 三一四頁
周録 一〇〇
現藏 臺北故宮博物院
來源 考古研究所藏

〇四二二一 追毁

字數 五八(又重文二)
時代 西周中期
著録 總集 二七四八
三代 九・六・一
積古 六・一四
金索 一・二七
攈古 三・一・四三~四四
小校 八・五一・二
奇觚 四・一〇
周金 三・三五・二
美集録 R 四〇四
彙編 三・一一六
流傳 何天衢、馮雲鵬、吴縣吴氏、費念慈、盧芹齋舊藏
現藏 美國舊金山亞洲美術博物館(布倫戴奇藏品)
來源 考古研究所藏僧達受手拓本

〇四二二二 追毁蓋

字數 五八(又重文二)
時代 西周中期
著録 總集 二七四九
三代 九・六・二
從古 六・三九~四〇
懷米下 二五
攈古 三・一・四二~四三
敬吾上 五五
周金 三・三五・一
清儀 一・四四
銅玉 一一七

彙編 三・一一五
流傳 曹秋舫、張廷濟舊藏
現藏 日本東京書道博物館
來源 A、考古研究所藏；B、日本樋口隆康教授提供

〇四二二三 追毁

字數 五八(又重文二)
時代 西周中期
著録 總集 二七五一
西清 二七・二〇
銅器選 四四(器)
彙編 三・一一八(器)
銘文選 三三三
辭典 三九一
故青 一五七
現藏 北京故宮博物院
來源 考古研究所拓

〇四二二四 追毁

字數 五八(又重文二)
時代 西周中期
著録 總集 二七五〇
西清 二七・一八
流傳 清宮舊藏
來源 西清

〇四二二五 無㠱毁

字數 五八
時代 西周中期
著録 總集 二七三九
三代 九・一・一~二
愙齋 九・一〇・二~一一・一
周金 三・三七
夢郼上 三一
大系 一〇七
小校 八・四九・一

通考 三二一
斷代 九五
銘文選 二九三
綜覽・毁 三七五
流傳 故宮博物院舊藏
現藏 中國歷史博物館
來源 考古研究所拓
備注 蓋銘「季」誤爲「年」

〇四二二六 無㠱毁

字數 五八(又重文二)
時代 西周中期
著録 總集 二七四〇
三代 九・二・一~二
奇觚 四・五・一~二
周金 三・三八
大系 一〇八
小校 八・四八・一~二
蔭軒 一・二五
辭典 三七七
上海(二〇〇四) 三二〇
流傳 潘祖蔭舊藏，後歸李蔭軒
現藏 上海博物館
來源 三代(蓋)，考古研究所藏(器)

〇四二二七 無㠱毁蓋

字數 五八
時代 西周中期
著録 總集 二七四一
三代 九・三・一
貞松 六・三
周金 三・四〇・一
善齋 八・八七
小校 八・五〇・一
大系 一〇九・一
流傳 劉體智、上海博物院舊藏

現藏 中國歷史博物館
來源 考古研究所藏

〇四二二八 無㠱𣪕蓋

字數 五八
時代 西周中期
著録 總集 二七四二
三代 九・三・二
愙齋 九・九
周金 三・三九・一（又三・三九・二重出）
大系 一〇九・二
小校 八・四九・二
欒盛 三〇八頁
現藏 上海博物館
來源 考古研究所藏

〇四二二九 史頌𣪕

字數 六〇（又重文二、合文一）
時代 西周晚期
著録 總集 二七五二・二
三代 九・七・一～二
恒軒上 二七・二～二八・一
愙齋 一〇・一七・一～二
奇觚 四・八
大系 四〇・一～二
小校 八・五六・一～二
彙編 三・一〇七
現藏 日本東京書道博物館
來源 〇四二二九・一 A，考古研究所藏，B，日本樋口隆康教授提供；〇四二二九・二考古研究所藏猗文閣拓本

〇四二三〇 史頌𣪕

字數 六〇（又重文二、合文一）
時代 西周晚期
著録 總集 二七五二・一，二七五三・二
三代 九・八・一
筠清 三・三二・一
從古 二・一五
攈古 三・一・五三
周金 三・三二・二
愙齋 一〇・一八・一
清儀 一・三八・二
大系 四一・一
小校 八・五七・一
流傳 張廷濟舊藏（周金）
來源 考古研究所藏趙撝叔拓本

〇四二三一 史頌𣪕蓋

字數 六〇（又重文二、合文一）
時代 西周晚期
著録 總集 二七五四
三代 九・八・二
攈古 三・一・五五・一
周金 三・三四・二
大系 四三・二
小校 八・五八・一
流傳 金蘭坡、徐乃昌、程木庵舊藏（周金）
現藏 上海博物館
來源 考古研究所藏猗文閣拓本

〇四二三二 史頌𣪕

字數 六〇（又重文二、合文一）
時代 西周晚期
著録 總集 二七五三・一，（二七五八），二七五五
三代 九・一〇・二（蓋）、九・九・一（器）
兩罍 六・三六（蓋）
攈古 三・一・五四（蓋）；三・一・五五・二（器）
愙齋 一〇・一五・一～二
敬吾下 一五（蓋）
周金 三・三四・一（蓋），三・三・二（器）
大系 四一・二（蓋）
小校 八・五五・一～二
銘文選 四三〇
上海（二〇〇四）三八一
流傳 吳雲、吳大澂、劉省三舊藏（兩罍、愙齋）
現藏 器在上海博物館，蓋不知現藏何處
來源 考古研究所藏吳雲拓本
備注 此據愙齋將器、蓋合而爲一

〇四二三三 史頌𣪕

字數 六〇（又重文二、合文一）
時代 西周晚期
著録 總集 二七五六
三代 九・九・二
貞松 六・五
大系 四二・一
故宮 二二期
通考 三三七
故圖下上 六七
彙編 三・一〇五
綜覽・𣪕 三八七
欒盛 三三〇頁
周録 一〇一
現藏 臺北故宮博物院
來源 考古研究所藏

〇四二三四 史頌𣪕

字數 六〇（又重文二、合文一）
時代 西周晚期
著録 總集 二七五七
三代 九・一〇・一
澂秋 二〇
攈古 三・一・五四・二
大系 四二・二
小校 八・五七・二
流傳 陳承裘舊藏
來源 考古研究所藏陳承裘澂秋館拓本

〇四二三五 史頌𣪕

字數 六〇（又重文二、合文一）
時代 西周晚期
著録 總集 二七五九
西清 二七・一六
流傳 清宮舊藏
來源 西清

〇四二三六 史頌𣪕

字數 六〇（又重文二、合文一）
時代 西周晚期
著録 日精華 四・三二三（蓋）
出光 四一（蓋）
中藝 圖二六拓二〇
流傳 日本京都小川睦之輔舊藏
現藏 日本東京出光美術館
來源 出光美術館提供

〇四二三七 臣諫𣪕

字數 存六二
時代 西周中期
著録 總集 二七七四
考古 一九七九年一期二五頁圖四
銘文選 八二
綜覽・𣪕 二三二
美全 四・一七二
辭典 三五七
出土 一九七八年河北元氏縣西張村墓葬

現藏　河北省文物研究所
來源　考古編輯部檔案

○四二三八　小臣謎𣪕(白懋父𣪕)

字數　六四
時代　西周早期
著録　總集　二七六〇
三代　九・一一・一～二
貞松　六・六
善齋　八・九一～九二
大系　一〇
小校　八・五九・一～二
善彝　七一
通考　三〇五
故圖下下　一七二
斷代　八
彙編　三・一〇二
銘文選　七一
綜覽・𣪕　二五九
粢盛　二六四頁
周録　二五
出土　傳一九三一年出于濬縣
流傳　劉體智舊藏
現藏　臺北故宮博物院
來源　考古研究所藏

○四二三九　小臣謎𣪕

字數　六四
時代　西周早期
著録　總集　二七六一
三代　九・一二・一(蓋)
貞補上　二八(蓋)
善齋　八・九〇(器)
大系　九(器)
小校　八・五九・三(器)
善彝　七〇(器)
故圖下下　一七一(器)
彙編　三・一〇三(器、蓋)
周録　二四
出土　河南濬縣
流傳　蓋舊藏「中央研究院歷史語言研究所」，器舊藏劉體智
現藏　臺北故宮博物院
來源　考古研究所藏

○四二四〇　免𣪕

字數　六四
時代　西周中期
著録　總集　二七六二
三代　九・一二・二
筠清　三・一八
攈古　三・一・五六
愙齋　九・一六・二
奇觚　一六・三二
敬吾上　五七
周金　三・三三
大系　七九
小校　八・五八・二
斷代　一二八
銘文選　二五一
上海(二〇〇四)　三一六
流傳　葉志詵、潘祖蔭舊藏
現藏　上海博物館
來源　考古研究所藏
備注　器身已殘，僅存器底

○四二四一　㷀作周公𣪕(周公𣪕、井侯𣪕)

字數　六七(又合文一)
時代　西周早期
著録　總集　二七六四
三代　六・五四・二
貞松　四・四八
大系　二〇
小校　七・五〇・一
歐精華　二・一〇三
猷氏　PL 一三・一四
通考　二八二
沃森(一九六二)　PL 三九 Fig 九
斷代　五八
彙編　三・九六
銘文選　六六
綜覽・𣪕　二二九
青全　六・三四
現藏　英國倫敦不列顛博物館
來源　考古研究所藏

○四二四二　叔向父禹𣪕

字數　存六五
時代　西周晚期
著録　總集　二七六三
三代　九・一三・一
攈古　三・一・五九・二
愙齋　一一・九
周金　三・三一
大系　一二九
通考　三四〇
小校　八・六〇・一
斷代　一五五
銘文選　四〇九
綜覽・𣪕　四〇〇
上海(二〇〇四)　三七九
流傳　潘祖蔭舊藏
現藏　上海博物館
來源　考古研究所藏潘祖蔭拓本

○四二四三　投𣪕蓋(救𣪕蓋)

字數　六七(又重文二)
時代　西周中期
著録　總集　二七六五
文物　一九七九年二期九四頁
圖一
流傳　在天津電解銅廠廢銅中揀選出
現藏　天津市文物管理處
來源　天津市文物管理處提供
備注　陳邦懷先生釋器名爲「鴉𣪕」

○四二四四　走𣪕(徒敦)

字數　存六七(又重文二)
時代　西周晚期
著録　總集　二七七六
西甲　一二・四四
大系　六一
斷代　一一二
銘文選　二二八
流傳　清宮舊藏
來源　西甲

○四二四五　三兒𣪕

字數　存六七(又重文二)
時代　春秋
著録　總集　二七六六
録遺　一六六・一～二
來源　録遺

○四二四六　楚𣪕

字數　六九(又重文二)
時代　西周晚期
著録　陝青　四・一二二
出土　一九七八年陝西武功縣任北村窖藏
現藏　武功縣文化館
來源　武功縣文化館提供

○四二四七　楚𣪕

字數　六九(又重文二)
時代　西周晚期

著録 總集 二七六八
考古 一九八一年二期一三〇頁
圖五
銘文選 二三二
陝青 四・一二〇
（蓋銘未見著録）
出土 同〇四二四六
現藏 武功縣文化館
來源 武功縣文化館提供

〇四二四八 楚簋

字數 六九（又重文二）
時代 西周晚期
著録 銘文選 二三二（蓋）
陝青 四・一二一
辭典 三八三
出土 同〇四二四六
現藏 武功縣文化館
來源 武功縣文化館提供

〇四二四九 楚簋

字數 六九（又重文二）
時代 西周晚期
著録 陝青 四・一二三
出土 同〇四二四六
現藏 武功縣文化館
來源 武功縣文化館提供

〇四二五〇 即簋

字數 七〇（又重文二）
時代 西周中期
著録 總集 二七七三
文物 一九七五年八期六一頁圖六
陝青 三・一〇六
銘文選 二四一
綜覽・簋 三二四
辭典 三七三
出土 一九七四年陝西扶風縣强家村窖藏
現藏 陝西省博物館
來源 陝西省博物館提供

〇四二五一 大師虘簋

字數 七〇
時代 西周中期
著録 故青 一六〇
出土 傳一九四一年西安出土
現藏 北京故宮博物院
來源 考古研究所拓

〇四二五二 大師虘簋

字數 七〇
時代 西周中期
著録 總集 二七六七
上海 五二
彙編 三・九五
斷代 一三七
銘文選 三八八
綜覽・簋 三一九
辭典 三八二
青全 五・六七
上海（二〇〇四） 三七七
出土 同〇四二五一
現藏 上海博物館
來源 上海博物館提供

〇四二五三 弭叔師察簋

字數 七〇（又重文二）
時代 西周晚期
著録 總集 二七七一
文物 一九六〇年二期七頁
銘文選 二七二
綜覽・簋 三四七
青全 六・一三〇
出土 一九五九年陝西藍田縣寺坡村
現藏 藍田縣文物管理委員會
來源 考古研究所藏

〇四二五四 弭叔師察簋

字數 七〇（又重文二）
時代 西周晚期
著録 總集 二七七二
文物 一九六〇年二期九頁
斷代 一四七
出土 同〇四二五三
現藏 藍田縣文物管理委員會
來源 考古研究所藏

〇四二五五 𢦏簋（京叔彝、𢦏敦）

字數 七〇（又重文二）
時代 西周晚期
著録 總集 二七七〇
考古圖 三・二二
薛氏 一二九
嘯堂 九三
大系 一四三
斷代 一二五
銘文選 三一七
出土 「得于扶風」（考古圖）
流傳 「河南張氏景元」舊藏
來源 嘯堂

〇四二五六 廿七年衛簋

字數 七一（又重文二）
時代 西周中期
著録 總集 二七七五
文物 一九七六年五期三六頁
圖一三（蓋）
陝青 一・一七一（器）
銘文選 一九〇
綜覽・簋 二九九
辭典 三七二
出土 一九七五年陝西岐山縣董家村一號窖藏
現藏 岐山縣博物館
來源 岐山縣博物館提供